suhrkamp taschenbuch
wissenschaft 1014

W0393245

Dieser Band erzählt die Geschichte des Verfassers der *Logisch-philosophischen Abhandlung*, eines Buches, das bekannter ist unter dem Titel der englischen Übersetzung: *Tractatus logico-philosophicus*. Unter diesem Namen hat Wittgensteins Buch Geschichte – mehr als bloß Philosophiegeschichte – gemacht, denn es ist nicht nur die Summe einer weit zurückreichenden Tradition, sondern zugleich Ankündigung und Paradigma neuer Strömungen, die im »Wiener Kreis«, in der »analytischen Philosophie«, im »exakten Denken« vieler Schulen und verschiedener Disziplinen Ausdruck gefunden haben.

Wittgenstein, der als Begründer mindestens zweier philosophischer »Schulen« gilt (die eine angeregt durch sein Frühwerk, den *Tractatus*, die andere durch die spätere Lehrtätigkeit in Cambridge und die postum veröffentlichten *Philosophischen Untersuchungen*), der (wie Bertrand Russell im Gespräch erfuhr) das Nachdenken über die Logik nicht wirklich zu trennen vermochte vom Nachdenken über seine »Sünden«, hat eine Lebensgeschichte, die erzählenswert ist, auch weil sie eng verflochten ist mit den Ereignissen und der intellektuellen Entwicklung einer Epoche und einer Umwelt, die ihn prägten, die er ablehnte und die er zugleich nicht missen mochte. Die Zeit: das Ende der Donaumonarchie, der Erste Weltkrieg. Die Stationen: das Elternhaus in Wien, das Ingenieurstudium in Berlin und Manchester, die logisch-philosophischen Studien in Cambridge, die schöpferische Einsamkeit in Norwegen, die verschiedenen Kriegsfronten im Osten und Süden, die Gefangenschaft in Italien, die Heimkehr nach Wien, der Beginn eines neuen Lebens und die Veröffentlichung des *Tractatus*.

Die Geschichte des jungen Wittgenstein wird hier von einem Autor erzählt, der die Zeugnisse vieler Zeitgenossen, Freunde und Verwandten Wittgensteins sowie alle einschlägigen Dokumente kennt, der als Herausgeber zahlreicher Materialien zu Wittgensteins Denken mit dessen Leben und Werk bestens vertraut ist und der auch philosophisch das Zeug dazu hat, das Leben und Werk Wittgensteins darzustellen.

Brian McGuinness lehrte mehr als 30 Jahre als Fellow des Queen's College Philosophie an der Universität Oxford. Seit 1990 ist er o. Professor für Philosophie an der Universität Siena, außerdem Honorarprofessor in Graz.

Brian McGuinness

Wittgensteins frühe Jahre

Übersetzt von Joachim Schulte

Suhrkamp

Titel der Originalausgabe:
Wittgenstein: A Life
Young Ludwig (1889-1921)
© 1988 by Brian McGuinness
Erschienen 1988 bei
Gerald Duckworth & Co. Ltd., London

Die Deutsche Bibliothek – CIP-Einheitsaufnahme
McGuinness, Brian:
Wittgensteins frühe Jahre / Brian McGuinness.
Übers. von Joachim Schulte. –
1. Aufl. dieser Ausg. – Frankfurt am Main : Suhrkamp, 1992
(Suhrkamp-Taschenbuch Wissenschaft ; 1014)
Einheitssacht.: Wittgenstein <dt.>
ISBN 3-518-28614-5
NE: GT

suhrkamp taschenbuch wissenschaft 1014
Erste Auflage 1992
© dieser Ausgabe Suhrkamp Verlag Frankfurt am Main 1988
Suhrkamp Taschenbuch Verlag
Alle Rechte vorbehalten, insbesondere das
des öffentlichen Vortrags, der Übertragung
durch Rundfunk und Fernsehen
sowie der Übersetzung, auch einzelner Teile.
Satz und Druck: Wagner GmbH, Nördlingen
Printed in Germany
Umschlag nach Entwürfen von
Willy Fleckhaus und Rolf Staudt

1 2 3 4 5 6 – 97 96 95 94 93 92

Inhalt

Vorwort

Eigentlich war es die Entdeckung einiger Dokumente, durch die ich mich für Wittgensteins Leben zu interessieren begann. Ich hatte mich schon seit langem mit dem *Tractatus* beschäftigt und zusammen mit David Pears eine Übersetzung dieses Werks herausgebracht, da kamen diese Schriftstücke ans Licht, die geradezu nach Veröffentlichung verlangten. Zunächst stieß ich auf den literarischen Nachlaß von Friedrich Waismann, auf dessen Existenz ich von James Griffin und Robert Stoothoff hingewiesen wurde. Dieser Nachlaß enthielt Waismanns Aufzeichnungen von Wittgensteins Gesprächen mit Mitgliedern des Wiener Kreises. Die Arbeit an der Ausgabe dieser Gesprächsaufzeichnungen brachte mich in Kontakt mit Hans Motz und J. Hevesi. Von Hevesi erfuhr ich etwas über die Schriften Paul Engelmanns, der damals noch lebte und in Tel Aviv wohnte, sowie über eine Maschinenschrift des *Tractatus*, die sich in Engelmanns Besitz befand. Ich wollte Engelmann aufsuchen, doch er war zu höflich, mir die anstrengende Reise zuzumuten, so daß ich ihn nur durch seine Briefe kennenlernte und eine Ausgabe in die Wege leitete, die Wittgensteins Briefe an ihn und seine Erinnerungen an Wittgenstein enthielt. Auf diese Weise gelang es mir auch, Engelmann dazu zu bewegen, sein Typoskript des *Tractatus* der Bodleian Library in Oxford zu überlassen.
Diese Veröffentlichungen setzten eine gewisse Bekanntschaft mit dem biographischen Hintergrund voraus, über den ich, soweit er mir damals bekannt wurde, in einem Vorwort beziehungsweise einem Anhang zu den betreffenden Ausgaben berichtet habe. Schon zu diesem Zeitpunkt, also vor über zwanzig Jahren, konnte ich mich auf die Hilfe mancher Angehöriger Wittgensteins stützen: Thomas Stonborough, Arvid Sjögren, Clara Sjögren, Felix Salzer, John Stonborough und seine Frau zeigten mir die Häuser, die Wittgenstein gekannt (oder gar selbst gebaut) hatte, und sie gewährten mir Einblick in die Schätze der Familie, in Alben, Briefe, Bibliotheken und Erinnerungsstücke jeglicher Art. Vor allem aber unterhielten sie sich ganz freimütig mit mir über alle Seiten jener faszinierenden Welt, ohne mit der Wahrheit hinter dem Berg zu halten.

Nun hat es so lange gedauert, bis ich die Ergebnisse meiner Forschungsarbeit zum Druck bringen konnte, daß die ersten vier Genannten – mit welchen Gefühlen der Zustimmung oder des Widerspruchs auch immer – sie leider nicht mehr haben lesen können. Im Falle von Arvid und Clara Sjögren sollte ich namentlich die Großzügigkeit betonen, mit der sie mir ihre Häuser in Wien und auf der Hochreith (dem Landgut der Wittgensteins, wie der Leser alsbald erfahren wird) als Stützpunkte für meine Nachforschungen zur Verfügung stellten. Hier in England bin ich in ständiger Verbindung mit John Stonborough gewesen; als zuverlässiger Briefschreiber hat er meine vielen zudringlichen Fragen stets ausführlich beantwortet. Er und seine Frau zeigten mir auch die Villa Toscana in Gmunden, in der Wittgensteins Schwester Margaret Stonborough in erzherzoglichem Glanz gelebt hatte. In Oxford blieb ich durch Frau Kuhn, eine entfernte Verwandte Wittgensteins, in Berührung mit der Familie. Frau Kuhn und Heinrich Kuhn waren meine herzlichen Gastgeber in Thumersbach, wo sie mich mit weiteren Cousins und Cousinen und der ganzen Atmosphäre dieses Zweigs der Familie bekannt machten.
Doch zu dieser Zeit hatte ich auf meinem Weg als Biograph schon eine erhebliche Strecke zurückgelegt. Den eigentlichen Anstoß verdanke ich (neben vielem anderem) Georg Henrik von Wright. Er hatte mir schon geholfen, mit der Familie Wittgenstein Verbindung aufzunehmen, und nun sprach ich mit ihm über die Notwendigkeit, das zu anderen Zwecken gesammelte Material einer Person zu überlassen, die schließlich Wittgensteins Biographie schreiben würde. Nach von Wrights Ansicht sollte diese Aufgabe von jemandem übernommen werden, der Wittgenstein nicht persönlich gekannt hatte, und er ermunterte mich, diese Arbeit doch selbst zu tun. Anschließend versorgte er mich ständig mit einschlägigen Dokumenten, sorgte dafür, daß ich ihn in Helsinki besuchen und seine eigene Sammlung von Wittgensteiniana in Augenschein nehmen konnte, und las mein Manuskript mit Anteilnahme, aber nicht, ohne hier und da Bedenken anzumelden. Ich hoffe, viel von ihm gelernt zu haben.
Elizabeth Anscombe und Rush Rhees, die beiden anderen Erben Wittgensteins und Verwalter seines Nachlasses, haben

ebenfalls ihr Entgegenkommen bewiesen und mein Vorhaben gutgeheißen. Elizabeth Anscombe, die neben den Rechten auch manches aus Wittgensteins Besitz geerbt hatte, zeigte mir viele Erinnerungsstücke, Photographien und Notizbücher. Daneben verdanke ich den Unterhaltungen mit ihr und ihrem Gatten Peter Geach eine Reihe wertvoller Hinweise. Rush Rhees verschaffte mir Einblick in Wittgensteins nicht sonderlich umfangreichen, aber interessanten Bücherschatz und beantwortete jede meiner Anfragen mit umsichtigen und ausführlichen Briefen, die ihn von Arbeiten abgehalten haben müssen, die für ihn persönlich wichtiger waren.

Vor allem diesen drei Personen verdanke ich den unschätzbaren Vorteil ungehinderten Zugangs zum größten Teil von Wittgensteins Manuskripten, Typoskripten, Notizkalendern, Briefen und allen möglichen anderen Dokumenten. Weitere Zeugnisse habe ich in Österreich in den Häusern der Familie zu Gesicht bekommen sowie im Hause Hermann Hänsels, dem Sohn von Wittgensteins altem Freund, der mit größter Gefälligkeit auf meine zahlreichen Besuche und Anfragen reagierte.

Unter den Freunden und Angehörigen Wittgensteins, die mich unterstützt haben, nimmt Friedrich von Hayek eine Sonderstellung ein. Er, der Cousin Wittgensteins, ist meines Wissens der erste, der Material zu einer Biographie zusammengetragen hat. Er stand im Briefwechsel mit Wittgensteins Schwestern und Bruder, die damals noch am Leben waren (das Vorhaben aber nicht fördern wollten), und vielen anderen Zeugen der Zeit, die etwas beizutragen hatten, so zum Beispiel mit dem eben genannten Ludwig Hänsel. Hayek gab mir nicht nur die Möglichkeit, ihn im persönlichen Gespräch über seine Erinnerungen zu befragen, sondern überließ mir auch die von ihm verfaßte »Skizze« zu Wittgensteins Leben und – mit außergewöhnlichem Entgegenkommen – den Briefwechsel, auf dem diese »Skizze« basiert. Auch George Pitcher, der seinerseits einiges Material gesammelt hatte, übergab mir, was er hatte.

Der vorliegende Band schildert (fast genau) die erste Hälfte von Wittgensteins Leben. Die Erwähnung einiger anderer Personen, denen ich Dank schulde, muß ich zögernd auf das Vorwort zum zweiten Band verschieben und mich hier auf diejenigen beschränken, deren Hilfe mir bei der Behandlung der früheren Zeit zugute gekommen ist. Geht man nach der Reihenfolge der Ereignisse, dürfte der verstorbene William Eccles als erster kommen; er war im Ruhestand, als ich ihn in Irland aufsuchte. In die Frühzeit gehören natürlich auch Engelmanns Freunde, die Angehörigen des Olmützer Kreises: Heinrich Groag, mit dem ich viele faszinierende Gespräche geführt habe, und Max Zweig, der sich, als ich das letzte Mal aus Jerusalem von ihm hörte, seines hohen Alters erfreute. Wenig später kam Fritz Parak, der nach dem Ersten Weltkrieg zusammen mit Wittgenstein in der Gefangenschaft war. Und über die unmittelbar anschließende Zeit habe ich ungemein viel von dem verstorbenen Rudolf Koder erfahren, der mir freimütig erzählte, was er wußte.

Von keinem der genannten Erben, Angehörigen oder Freunde, die noch am Leben sind, kann ich mit Sicherheit wissen, ob sie der gleichen Ansicht über Wittgenstein sind wie ich. Denn das, was ich hier vorlege, ist durch eine bestimmte Sichtweise geprägt und verdankt sich in gewissem Sinne sowohl der Dichtung – oder besser: der Einbildungskraft – als auch der Wahrheit. Ich möchte nicht so tun, als wollte ich hier ein Nachschlagewerk veröffentlichen, in dem alles steht, was man über Wittgenstein weiß (und *nur* das, was man tatsächlich über ihn weiß). Vielmehr versuche ich, Wittgensteins Leben – beziehungsweise zunächst einen Teil seines Lebens – als ein verständliches Ganzes darzustellen, das als Einheit gesehen werden kann, als die Entfaltung eines Dämons, wie Goethe ihn in jenem Lieblingsgedicht Wittgensteins beschreibt, das hier als Motto abgedruckt ist. Ich bin überzeugt, daß Wittgenstein selbst sein Leben in dieser Weise sehen wollte. Was mir hier zu schildern obliegt, ist ebensosehr die Persönlichkeit, die er schaffen wollte, wie die Persönlichkeit, die er wirklich war – sofern es überhaupt einen Unterschied gibt zwischen den beiden. Ich glaube auch, daß er eine Beschreibung seines Lebens wünschte; das geht aus verschiedenen Aufzeichnungen über sein seelisches Befinden hervor. Aus späterer Zeit gibt es sogar verschlüsselte Anweisungen, die sich gleichsam an den Verwalter seines Nachlasses richten. Ich fühle mich also keineswegs durch die Meinung von Wittgensteins Bruder gebunden, der in einem Brief an Hayek schrieb, eine Biographie sei nichts weiter

als Indiskretion. Auf einem anderen Blatt steht freilich die Frage (die ich selbst allerdings nicht zu beantworten habe), ob ich objektiv gesehen der richtige Autor für diese Biographie bin. Hier sollte ich vielleicht hinzusetzen, daß die augenscheinlich von mir geäußerten Meinungen, Urteile oder Betrachtungen über Wittgenstein, seine Familie oder sonst ein Thema ein schriftstellerisches Hilfsmittel sind, mit dem ich in gewissem Maße den Chor der griechischen Tragödie imitiere. Die konventionellen Ansichten, die da zum Ausdruck gebracht werden, dienen dazu, die Individualität des Protagonisten, ja auch die seiner Familie deutlicher hervortreten zu lassen.
Aus subjektiver Sicht kann ich die langen Jahre, die ich an diese Arbeit gewendet habe, nicht bereuen. Derart verschiedene Menschen und Orte kennenzulernen, das kann niemand einfach langweilig finden. Doch ich habe, glaube ich, in beiden Hinsichten besonderes Glück gehabt. Durch die Arbeit an diesem ersten Band fühlte ich mich in eine frühere Zeit zurückversetzt: Im Trinity College und in Mitteleuropa konnte ich in gewisser Weise die Erfahrungen der Generation meiner Eltern nacherleben. Überdies hatte ich mir auch die interessanten Seiten einer besonders verfeinerten deutschen Kultur zu eigen zu machen. Insoweit mir das möglich war, verdanke ich es vielen österreichischen Freunden. Einige der bereits Genannten wurden Freunde, die mir dabei halfen. Andere kannte ich schon von früher: Die kürzlich in hohem Alter verstorbene Emily Wellesz machte mich mit Stifter, Grillparzer, Keller und vielen anderen Autoren bekannt. Die ebenfalls vor kurzem verstorbene Magda Minio-Paluello und ihr Bruder Leo Ungar halfen mir, das Wien von Karl Kraus und Adolf Loos zu verstehen.
Falls es mir gelingt, einige der mir zuteil gewordenen Anregungen an den Leser weiterzugeben, sehe ich darin einen Erfolg, und der Leser wird besser imstande sein, sich sein eigenes Urteil über Ludwig Wittgenstein zu bilden.
Informationen mit Bezug auf Bertrand Russell verdanke ich der verstorbenen Dora Russell, Lady Katharine Tait, Conrad Russell und dem Bertrand Russell Archive der McMaster University, dort vor allem dem verstorbenen William Ready und Kenneth Blackwell. Briefe von Russell an Lady Ottoline Morrell werden mit freundlicher Genehmigung der Library of the

University of Texas in Austin zitiert. Vieles über Cambridge in der Zeit vor dem Ersten Weltkrieg habe ich von Philip Gaskell, dem ehemaligen Bibliothekar des Trinity College, erfahren sowie von dem ersten Lord Adrian, Sir J. R. M. Butler, H. Hollond und J. E. Littlewood. Für manche Auskunft über David Pinsent (dessen Tagebuch mir in Auszügen von der Bibliothek des Trinity College zur Verfügung gestellt wurde) bin ich der verstorbenen Hester Adrian und ihrer Tochter, Mrs. Keynes, verpflichtet. Mitteilungen über G. E. Moore verdanke ich vor allem der verstorbenen Dorothy Moore und Paul Levy, der mich auch über die Bloomsbury-Gruppe im allgemeinen unterrichtete. In der Bibliothek des King's College, Cambridge, war mir Penelope Bulloch bei der Konsultation von Keynes' Briefwechsel behilflich; weitere Informationen zu Keynes stammen von dem verstorbenen Geoffrey Keynes. Meinem alten Freund John Commander danke ich für seine Ratschläge zu Fragen der Literatur, des Verlags- und Bibliothekswesens. Colin Haycraft vom Verlag Duckworth, mit dem ich ebenfalls seit langem befreundet bin, hat mir nicht nur den Rücken gestärkt, sondern darüber hinaus unendliche Geduld bewiesen.

Immer wieder unterstützt haben mich die Mitarbeiter der Bibliothek des Verteidigungsministeriums in London, des Kriegsarchivs und des Innenministeriums in Wien sowie des Wittgensteinmuseums in Kirchberg am Wechsel (Niederösterreich). Freilich, ohne Bodley, Blackwell und sein College wäre der Oxfordmann verloren. Mein College war mir eine große Hilfe und hat mir vieles gegeben: Forschungsurlaub, eine gute Bibliothek, einen Computer und hervorragende Schreibkräfte. Queen's College verdanke ich auch die Bekanntschaft mit Joachim Schulte, der großzügigerweise die erste und schließlich die vorliegende Fassung dieses Textes gelesen hat. Er hat mir insbesondere bei Fragen der deutschen Sprache und Literatur geholfen, und er hat die deutsche Fassung dieses Teils der Biographie Wittgensteins hergestellt, in der zahlreiche Zitate aus Briefen, Dokumenten und Erinnerungen zum erstenmal veröffentlicht werden.

B. F. McG. Queen's College, Oxford, Juli 1987

ΔΑΙΜΩΝ

Wie an dem Tag, der dich der Welt verliehen,
Die Sonne stand zum Gruße der Planeten,
Bist alsobald und fort und fort gediehen
Nach dem Gesetz, wonach du angetreten.
So mußt du sein, dir kannst du nicht entfliehen,
So sagten schon Sibyllen, so Propheten;
Und keine Zeit und keine Macht zerstückelt
Geprägte Form, die lebend sich entwickelt.

GOETHE, *Urworte. Orphisch*

1. Familienähnlichkeiten

Die Ursprünge des Hauses Wittgenstein, das uns hier interessiert, sind in Laasphe zu suchen, einem Städtchen im Wittgensteiner Land, nicht weitab vom Schloß der gleichnamigen Fürstenfamilie. Das genaue Jahr, in dem Moses Meier, der Sohn von Meyer Moses aus Laasphe und Verwalter des Fürsten, den Landesnamen zu seinem eigenen machte, ist nicht bekannt; vielleicht geschah es nicht in einem bestimmten Jahr. Der Hang zur Legendenbildung, das Bedürfnis, jeden Vorfall in eine vertraute Kategorie einzustufen, und später womöglich der Wunsch nach einem Vorfahren, der zwar nicht unbedingt Fürst, aber doch wenigstens Nichtjude sein sollte, haben dazu geführt, daß die Annahme dieses Namens mit Nebenumständen und Beweggründen ausgeschmückt wurde: Der Fürst soll seinen anmaßenden Verwalter verprügelt haben; ferner heißt es, der Verwalter habe durch die Annahme des Namens (in freilich recht abwegiger Form) seiner Empörung Ausdruck verliehen darüber, daß sein 1802 geborener Sohn in Wirklichkeit ein Fürstenbankert war; dagegen scheint der Erlaß Jerome Bonapartes, jeder Jude müsse einen Familiennamen annehmen, darauf hinzudeuten, daß die Namensänderung im Jahre 1808 vorgenommen wurde. Diese Erklärung dürfte die wahrscheinlichste sein, denn zum einen entspricht die abwechselnde Namensreihe Meier Moses, Moses Meier der alten unter Juden üblichen Art der Namengebung, zum anderen wurde ihnen durch Jeromes Gesetzeserlaß ausdrücklich untersagt, einen Ortsnamen wie etwa Laasphe anzunehmen, was zweifellos der Grund war, weshalb gleich mehrere Familien in oder aus dieser Gegend den Namen Wittgenstein angenommen haben, so zum Beispiel eine Familie in Berleburg und eine andere in Höxter. Dabei besteht kein Grund zu der Vermutung, sie seien mit unseren Wittgensteins verwandt. Sollte die Annahme des Namens tatsächlich 1808 erfolgt sein, so war Moses Meier zu dieser Zeit schon nach Korbach im Fürstentum Waldeck gezogen, wo der bereits genannte Sohn 1802 geboren wurde und wo sein Vater 1805 starb.

Die Porträts von Moses Meier Wittgenstein und seiner Frau,

einer geborenen Brendel Simon, hängen zwar noch in der Wiener Villa ihrer Ururenkelin, aber von den wirklichen Personen, die dort so steif, patriarchalisch und unnahbar dargestellt sind, ist nicht mehr viel bekannt. Es dürfte der Vater dieses Moses sein, der in der Überlieferung der weniger ehrerbietigen Familienmitglieder weiterlebt als »der alte Meyer Laasphe, der in Korbach auf dem Markt Fische verkauft hat«. Das sich hierin aussprechende Gefühl des Gegensatzes zwischen der Wiener Kultiviertheit und dem in Wien erworbenen Wohlstand einerseits und der bescheidenen Herkunft der Familie andererseits ist wahrscheinlich übertrieben, denn in Korbach besaßen die Wittgensteins eines der größten Geschäfte, und der alte Herr hat, ebenso wie später sein Sohn und einer seiner Enkel, wohltätige Stiftungen errichtet.

Aber jüdisch war die Familie natürlich: »pur sang«, wie Moses Meiers Enkel Louis es seiner Schwester Milly gegenüber mit einem Anflug jener bereits wahrgenommenen Ironie ausdrückte; nicht auf ihr gegenwärtiges Judentum waren sie stolz, sondern auf ihre jüdische Vergangenheit. Und als in der folgenden Generation die Idee von Hermann Christians unehelicher Geburt in Umlauf gesetzt oder wiederbelebt wurde,[1] lehnte Margaret Stonborough diesen ihren Schwestern gebotenen Ausweg geringschätzig ab. Man wollte den Anspruch auf Sonderbehandlung für sie lieber mit den im neunzehnten Jahrhundert von ihrer Familie erbrachten Leistungen begründen, vor allem durch Hinweis auf den Charakter ihres Großvaters, dessen Auftreten und Lebensführung nichts spezifisch Jüdisches hatten. Diese ambivalente Einstellung zu ihrer jüdischen Abstammung ist ein zeitlich und geographisch bedingter Charakterzug. Vor allem im späteren Deutschen Reich gaben sich die Juden der Assimilationszeit nicht nur alle Mühe, ihrerseits jede Spur der alten Kultur abzulegen, sondern betrachteten

1 Die vorherrschende Annahme war, er sei ein unehelicher Sohn aus der Linie Pyrmont-Waldeck gewesen, in deren Gebiet sein Geburtsort Korbach lag. Manche sahen Ähnlichkeiten zwischen der Familie Wittgenstein und den Ahnenbildern der Familie Pyrmont-Waldeck (oder bildeten sich ein, solche Ähnlichkeiten zu sehen), doch während eine Beziehung zur Familie Sayn-Wittgenstein wirklich bestand, ist keine Verbindung mit den Pyrmont-Waldecks nachzuweisen.

deren Anzeichen auf seiten anderer, ja sogar die rassische Zugehörigkeit selbst als eine Art Makel, den abzustreifen ihnen, wenn überhaupt, nur durch Glück und Selbstbeherrschung gelungen sei. Sonach sind Hermann Christians Sohn Karl, von dem der Ausspruch »In Ehrenangelegenheiten geht man zu keinem Juden« überliefert ist (und derart ungezügelter Äußerungen war er zweifellos fähig), sowie dessen im Mittelpunkt unseres Buches stehender Sohn Ludwig mit seinem Nachdenken über die Frage, ob ein jüdischer Denker (wie er selbst etwa) je mehr sein könne als bloß reproduktiv, eigentlich nur Beispiele für ein seinerzeit durchaus nicht ungewöhnliches Phänomen: den Juden, der Verständnis aufbringt für den Antisemitismus. Heute, nach Hitler, haben die meisten Familien mit jüdischem Blut, unter ihnen auch manche Nachfahren Hermann Christians, eine – wie auch immer berechtigte – andere Einstellung zu ihrer Abstammung und sehen gerade in ihr die Quelle ihrer Energie und ihrer Intelligenz; doch Ludwig gehörte zu einer anderen Denkrichtung und empfand etwas von dem jüdischen Selbsthaß eines Karl Kraus und eines Otto Weininger.

Als die nationalsozialistischen Behörden 1938 Nachforschungen anstellten über die Vorfahren von Ludwigs Schwestern, konnten sie in den jüdischen Archiven von Hermann Christians Heimat kein Dokument über seine Geburt ausfindig machen, obwohl Mrs. Stonborough sie zweimal zur Überprüfung aufforderte. Der Name Christian konnte in solchen Archiven natürlich nicht vorkommen, und selbst der Name Hermann wäre für einen Juden ungewöhnlich gewesen und wurde vielleicht bei der Taufe angenommen. Auch das Datum der Taufe steht nicht fest. Seine Enkelin Hermine meint, er sei unmittelbar vor seiner Eheschließung im Jahre 1839 getauft worden, während andere Familiendokumente den Zeitpunkt in die Kindheit verlegen – sei es ins Jahr 1811 (als er acht) oder ins Jahr 1815 (als er zwölf Jahre alt war) – und nur darin übereinstimmen, daß er »stehend getauft« worden sei. Wir wissen, daß seine spätere Gattin tatsächlich erst kurz vor der Heirat getauft wurde; und daß sie ihm darin Folge leistete, ist eher wahrscheinlich, als daß beide zum Christentum übertraten, um zu heiraten. Sollte er damals schon eine Zeitlang Christ gewesen sein, könnte dieser Umstand beitragen zur Erklärung einer gewissen im Wortlaut seines Testaments anklingenden Entfremdung von seiner Familie, denn in diesem Testament schreibt er, nachdem er seinem Schöpfer dafür gedankt hat, daß er sich nicht zu sorgen braucht um eine bescheidene Existenz für seine Frau und seine Kinder: »Ich habe unter andern sorgenvollen Umständen meine Carrière begonnen; auf eigene Kraft angewiesen war ich nie kleinmütig, habe nie um die Gunst eines Menschen geworben, oder sie empfangen und bestrebt es den Besseren gleich zu thun, war ich niemals von ihnen verachtet.« Seine Enkelin Hermine nennt seine Haltung »steif und würdevoll«, und ihre Worte werden zweifellos bestätigt durch das knappe Testament, in dem er auch einen religiösen Ernst – ein Gefühl für das Leben als Aufgabe – an den Tag legt, der später bei vielen seiner Nachkommen wieder auftaucht. Nicht minder typisch ist der von ihm vermittelte Eindruck, die Aufgabe bestehe im wesentlichen in anständigem und ordentlichem Geschäftsgebaren, durch das man in der Welt eine solide Position erringt. Für die Mittel zu diesem Zweck sorgen dann die ebenfalls im Geschäftsleben heimischen Tugenden Tatkraft und Beharrlichkeit.

Photographien zeigen ihn in fortgeschrittenem Alter als einen Mann von strotzendem, entschlossenem und ziemlich jähzornigem Aussehen. Ebenso eindrucksvoll wirkte er wahrscheinlich auch schon mit 35 oder 36, als er Fanny Figdor kennenlernte, seine spätere Frau, deren Schilderung ihres ersten persönlichen Eindrucks von ihm erhalten ist. Ihr Bruder Gustav hatte Hermann Christian in Pest getroffen. Dieser war im Wollhandel tätig und besuchte seine Lieferanten in Ungarn und Polen ebenso häufig wie seine Kunden in Holland und England. 1838 kam er zusammen mit einem holländischen Geschäftsfreund nach Wien, um dort für acht Tage zu bleiben. Gustav lud sie beide in das Haus seines Vaters ein, und es traf sich, daß Wittgenstein Fanny als Tischherr zugewiesen wurde. Sein strenges, kaltes und abweisendes Aussehen und der Ernst seiner Unterhaltung standen in auffallendem Gegensatz zu der charmanten Oberflächlichkeit, die schon damals für Wiener Abendgesellschaften charakteristisch war. Nach zwei weiteren Begegnungen begann das Eis zu brechen: Sie fand ihn jetzt zwar nicht schöner, aber doch immerhin anziehender, während er seinerseits genug gesehen hatte, um um ihre Hand anzuhalten. Für die damals Vierundzwanzigjährige, die bis dahin schon viele Anträge erhalten haben muß, war es das erste Mal, daß sie keinen entschiedenen Widerwillen empfand,[2] doch der Papa mußte nach Baden reisen, während Wittgenstein – nachdem er seinen Aufenthalt verlängert hatte und seine künftige Braut somit seit beinahe drei Wochen kannte – seine Geschäfte in Frankfurt nicht länger aufschieben konnte, so daß man sich in Augsburg bei Frau Obermeier nach seinem Charakter und seinen Einkommensverhältnissen erkundigen mußte. Wie von zwei Handelsherren mit ausgeprägten Ansichten nicht anders zu erwarten, wurde man sich einig, und im Laufe des Jahres 1839 wurden die Biedermeiermöbel angeschafft, man kümmerte sich um die (auch heute noch viel benutzten) Silberbestecke und Wäschestücke, die Mitgift wurde in Zwanziggulden-Stücken ausgezahlt, und Fanny reiste nach Dresden, zunächst, um sich taufen zu lassen, und dann, um in der lutherischen Kirche zu heiraten.[3]

Hermann Christian hatte sich offenbar bereits für Leipzig als Hauptquartier entschieden. In Korbach hatten die Geschäfte mittlerweile nachgelassen, und er selbst war, wie es scheint, inzwischen selbständig geworden und nicht mehr abhängig von der Familienfirma. Ab 1838 oder 1839 war die Familie seiner Frau – ebenso wie später in Wien – an seinem Unternehmen beteiligt. Das junge Ehepaar ließ sich in Gohlis nieder, damals am Stadtrand von Leipzig, heute in der Nähe des Zentrums. Hier erlebten sie ihren Aufstieg zu solidem Wohlstand; hier wurden die meisten ihrer elf Kinder geboren; und hier wurde ihr Familienleben entscheidend geprägt. Haushalt und Familienleben waren die eines deutschen Kaufmanns, der im Mittelpunkt des Buch- und Wollhandels wohnte: dem Geburtsort Richard Wagners, der Stadt, in der Gustav Freytag seinen

2 Dies behauptete sie jedenfalls gegenüber einer Freundin, wobei sie einen vom Papa abgewiesenen ungarischen Grafen vielleicht aus dem Gedächtnis verloren oder stillschweigend verdrängt hatte.

3 Allem Anschein nach wurde die Ehe auch in den Dokumenten der jüdischen Gemeinde Wiens verzeichnet.

Roman *Soll und Haben* schrieb – ein Buch, das in dieser Familie womöglich länger gelesen wurde als in anderen. Und zu seiner Lektüre braucht man in der Tat einen Blick fürs Historische. Die mittelständischen Werte der Kaufleute – die im Hause T. O. Schröder gegebene Ordnung, Ruhe und Nüchternheit inmitten des Überflusses – werden allzu unvermittelt in Gegensatz gebracht zu Müßiggang und Verschwendung auf seiten der Adligen, zu Neid und Gier bei den Juden (außer dem Lieblingssohn Bernhard, der Gelehrter wird und früh stirbt) und zu den schlampigen Verhältnissen – wahrhaft »polnischer Wirtschaft« – und zielloser Auflehnung bei den polnischen Nachbarn. Es ist nicht so, als hätten sich die späteren Wittgensteins von ganzem Herzen mit irgendwelchen Figuren identifiziert, die eine Rolle spielen in diesem Gesellschaftsroman, der, um die Wahrheit zu sagen, eine gewisse Sensibilität vermissen läßt: Der Autor ist nicht wirklich imstande, die Atmosphäre oder den Gehalt einer Freundschaft oder eines menschlichen Problems zu vermitteln, und er scheint sie ein wenig distanziert zu beschreiben. In solchen Dingen urteilten die Wittgensteins nach den höchsten Maßstäben und sahen die in Deutschland verbrachte Zeit ihrer Familie durch eine andere Brille, so zum Beispiel Wilhelm von Kügelgens *Jugenderinnerungen eines alten Mannes*. In diesem Buch wird das Wiedererwachen des deutschen Geistes während der ersten Jahrzehnte des Jahrhunderts geschildert, hier aber im Rahmen eines ungebrochenen Familienlebens, in dem die Mutter ruhig und – weil sie nicht nach Vernunftgründen fragt – bedingungslos auf den höchsten Maßstäben der Ehrlichkeit und Pflichterfüllung beharrt, während der Vater von stillem Vertrauen auf die eigene Arbeit und den eigenen Wert erfüllt ist. Onkel, Erzieher und Freunde der Familie – sie alle tragen dazu bei, den Knaben zu zeigen, daß herzlichste Zuneigung und Gerechtigkeitssinn miteinander verbunden werden können und sollten. Erst später wird aus der gewonnenen Erkenntnis, daß wir trotz allem nichtswürdig sind, dieser gewissenhaften bürgerlichen Ethik ein religiöses Element hinzugefügt. Für nachfolgende Generationen der Familie Wittgenstein wurde dieses Buch eine Art Spiegel der richtigen Gesinnung – ihr Sachsenspiegel sozusagen. Ein weiteres Buch, mit dessen Hilfe sie auf jene Zeit zurückblickten, war Fritz Reuters *Ut mine Stromtid*[4]: Hier, wie im wirklichen Leben, sind einige der Gutsherren unzuverlässig, einige der Juden habgierig und einige der Bauern mürrisch, doch die entscheidende Lehre liegt in der Art und Weise, in der Ehrlichkeit und Fleiß sowie die Kraft der schlichten und natürlichen Gefühle des Menschen das ihm widerfahrende Unglück zwar vergrößern, ihn jedoch zugleich instand setzen, es zu ertragen, wenn er mit seinem Gewissen im reinen ist und sich auf einige wenige verlassen kann, die ihn gut kennen und ihn gerecht beurteilen können.

Es war eine Welt voll tiefer Gefühle und harter Arbeit, die trotzdem ein wenig karg war; und von Fanny Figdor, die einen Hauch der urbaneren Welt Wiens mit sich brachte, wird berichtet, sie sei angesichts des gescheuerten und mit Sand bestreuten Fußbodens ihrer neuen Leipziger Wohnung in Tränen ausgebrochen. Diese Geschichte geht wahrscheinlich auf sie selbst zurück; jedenfalls hätte niemand sie als eine der künftigen Mutter und Großmutter gemäße Anekdote erfunden, denn sie sah zwar alles, was nicht in Ordnung war, doch sie tadelte eher, als daß sie jammerte. In Einklang mit der Geschichte steht jedoch, daß die Wittgensteins zehn Jahre später nach Österreich zogen und so einen Schritt taten, den auf Fannys Initiative zurückzuführen nicht nur naheliegend, sondern wahrscheinlich auch zutreffend ist.

Dennoch lag die Erziehung von Anna, Marie, Paul, Fine, Louis, Karl, Bertha, Clara, Lydia, Milly und schließlich Clothilde (die ihr langes Leben als Unmündige verbrachte) in den Händen dieser resoluten und scharfzüngigen Frau, in deren strengem Haushalt es genügsamer zuging, als aufgrund der Vermögensverhältnisse der Familie nötig gewesen wäre. Die Mädchen trugen die alten Kleider ihrer Schwestern auf. Verstöße wurden durch Einsperren in ein Zimmer oder in den Keller geahndet, und selbst als Heranwachsende wurden die Töchter von ungeeigneten Verehrern ferngehalten, wenn auch nicht buchstäblich hinter verschlossenen Türen. Innerhalb der Fami-

4 Ludwigs Freunde und seine jungen Verwandten mußten sich sehr anstrengen, um ihren durch und durch österreichischen Zungenschlag an den plattdeutschen Text anzupassen. »Mining«, der Rufname von Ludwigs Schwester Hermine, stammt aus diesem Buch Reuters.

lie waren die Kinder gerade durch ihre große Zahl einigermaßen geschützt, und wenn es das eine oder andere von ihnen erwischte, waren die übrigen imstande, die Strenge abzumildern. Einige von ihnen erbten die Unrast und Entscheidungsfreude der Mutter, andere lernten sich damit abzufinden. (Eine besonders gern erzählte Geschichte berichtet, sie habe, als sie in Italien Ferien machte, mal schnell das Schiff nach Ägypten genommen.) Etwas von dieser Entschlußfreudigkeit, die mit einem raschen Allgemeinverstand einhergeht, läßt sich, allerdings in einer durch tiefsitzende Höflichkeit gewandelten Form, auch an manchen Angehörigen späterer Generationen beobachten.

Eine für die Wittgensteins überaus charakteristische Eigenschaft besaß Fanny nicht, zumindest nicht im gleichen Maße wie ihr Mann. Diese Eigenschaft ist zwar ganz unspezifisch und schwer zu definieren, doch sobald man auf andere angewiesen ist, erkennt man sie sofort: die Fähigkeit, etwas durchzusetzen. In übertriebener Form trat diese Eigenschaft in der Hartnäckigkeit zutage, mit der Hermann Christian sogar an einer Fehlinvestition festhielt, einem Gut zum Beispiel, das er in Unkenntnis der örtlichen Gegebenheiten erworben hatte und unbedingt rentabel machen wollte. Ein anderer Aspekt der gleichen Eigenschaft war sein uneingeschränktes Vertrauen auf die eigene Autorität innerhalb der Familie. Als Fanny nicht in der Lage war, sich gegenüber ihrem jüngeren Vetter Joseph Joachim durchzusetzen, gab er ihr brieflich den – durchaus vernünftigen – Rat, dem Jungen in einem anderen Haus ein Zimmer zu mieten, und meinte abschließend: »Ich bin so wahrhaftig überzeugt von dem, was ich schreibe, daß ich mit Beruhigung Deiner Zustimmung entgegenharre und diesen Gegenstand verlasse.« Daß sein Sohn Karl eigene Wege ging, wurmte ihn, obwohl er erkannte, daß sie zum Erfolg geführt hatten. Doch Karl hatte, wie wir sehen werden, nichts anderes getan, als in die Fußtapfen des Vaters zu treten und dessen Weisungen Folge zu leisten. Ebenso wie Hermann Christian, hatte er es sich gestattet, ganz auf sich allein gestellt zu sein, und – wie Hermann Christian es im Falle Joachims gewollt hatte – die Erfahrung gemacht, »daß der Mensch oft vom Schicksal wie aus Laune von den Armen des Wohllebens auf das Pflaster der härtesten Entbehrungen geworfen wird, wogegen nichts schützt als der Stoicismus, nämlich Abhärtung.«[5] In dieser Hinsicht war er der einzige in der Familie, denn obwohl die Resolutheit der Mutter zusammen mit den Prinzipien des Vaters dazu beitrugen, die Kinder zur Bedürfnislosigkeit zu erziehen, geriet keines der anderen je in eine wirkliche Notlage. Auch insofern er seine eigenen Wege ging, war Karl, wie es scheint, der einzige. Anzeichen der gleichen Haltung finden sich allerdings bei seiner Schwester Fine, die, als Kind in ein Zimmer gesperrt, aus dem Fenster sprang und die sich während ihres ganzen 89jährigen Lebens eine gewisse Respektlosigkeit und Originalität bewahrte. Sie war eine von Ludwigs Lieblingstanten, doch die liebste von allen war ihm seine »Berufstante« Tante Clara, die unverheiratet blieb und als Vorbild hingestellt wurde wegen ihrer Liebenswürdigkeit, ihrer Sorge um das sittliche und leibliche Wohl anderer und auch wegen ihrer Würde und ihres Auftretens, die es nur teilweise als Scherz erscheinen ließen, wenn man sie die Kaiserin von Laxenburg nannte.

Paul und Louis, die beiden übrigen Brüder, richteten sich bereitwilliger nach den Wünschen ihres Vaters. Der eine gab sein Jurastudium auf, um dem Vater zu helfen, und der andere tat das gleiche, um nicht mit seinem Bruder im Wettstreit zu liegen. Als gebildete und vernünftige Männer gingen sie den ihnen zugedachten Weg, doch es fällt schwer, sich des Eindrucks zu erwehren, daß die Schwestern auf die ihnen allen zuteil gewordene Erziehung am besten ansprachen. Und als Ludwigs Schwester Hermine gegen Ende des Zweiten Weltkriegs ihre Familienerinnerungen niederschrieb, waren es – abgesehen vom eigenen Vater – vor allem dessen Schwestern, auf die sie zurückblickte.

Natürlich war Hermine auch darauf bedacht, den Jüngeren den früheren Rang der Familie ins Gedächtnis zu rufen, während ihr Name durch die herrschenden Nationalsozialisten ausgelöscht – und in einigen Fällen buchstäblich von bestehenden Denkmälern entfernt – wurde, doch in der gleichen Atmosphäre und Ehrfurcht, die sie zu beschwören suchte, war auch

5 Zitat nach einem an Fanny gerichteten Brief Hermann Christians über Joseph Joachim.

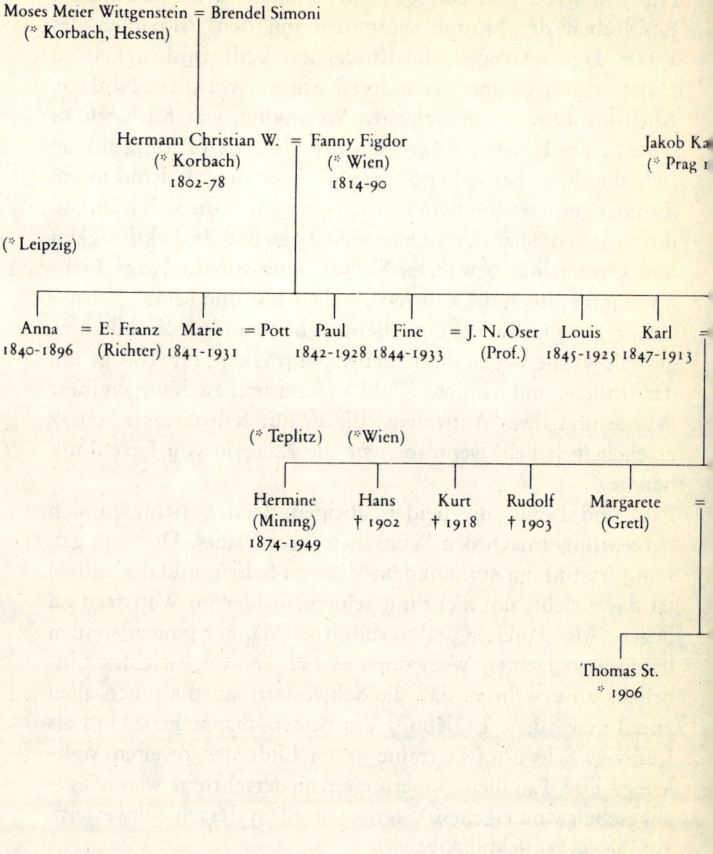
Moses Meier Wittgenstein = Brendel Simoni
(* Korbach, Hessen)
Hermann Christian W. = Fanny Figdor
(* Korbach)
1802-78
(* Wien)
1814-90
Jakob Ka
(* Prag
(* Leipzig)
Anna
1840-1896
= E. Franz
(Richter)
Marie
1841-1931
= Pott
Paul
1842-1928
Fine
1844-1933
= J. N. Oser
(Prof.)
Louis
1845-1925
Karl
1847-1913
=
(* Teplitz)
(*Wien)
Hermine
(Mining)
1874-1949
Hans
† 1902
Kurt
† 1918
Rudolf
† 1903
Margarete
(Gretl)
=
Thomas St.
* 1906

Stammbaum Ludwig Wittgensteins

1aria Stallner
* Steiermark)
1825-1921

(* Österreich)

ne Bertha = K. Kupelwieser Klara Lydia = J. von Siebert Milly = T. von Brücke
K. 1848-1908 (Anwalt) 1850-1935 1851-1920 General 1854-1939 (Richter)

e Stonborough Helene = Max Salzer Paul Ludwig
(Lenka) * 1887 1889-1951

Carl Sjögren = Mima Bacher

hn St. Felix Sa. Clara = Arvid Sj. Talla Sj.
*1912 *1905 * 1905 * 1902

Ludwig selbst aufgewachsen. Stets hatte er die besonders glänzenden Seiten der Familiengeschichte vor Augen, und die Vielzahl und Mannigfaltigkeit seiner Verwandten mit ihren Angehörigen und Gefährten bildeten schon von sich aus eine eigene soziale Welt. Wodurch zeichneten sie sich aus, und worin bestand ihr Rang, wenn man sie heute mit unbefangenerem Auge und Karl als Sonderfall betrachtet? Um hier klar zu sehen, muß man zunächst einen Blick auf die gesellschaftliche Stellung der Familie werfen. Hermann Christian kam in den späten fünfziger Jahren nach Wien, und er war einer von vielen Neuankömmlingen aus Deutschland, die – vielleicht zu spät – die Doppelmonarchie umgestalten sollten. Typisch war, daß er zunächst im Auftrag des Hauses Esterhazy handelte und darüber hinaus Güter verwaltete oder kaufte und rentabel machte, mit denen ihre adligen Besitzer nichts anfangen konnten. Freilich, seine Frau stammte aus einer Familie österreichischer Juden – Kunstsammler, die mit Grillparzer befreundet gewesen waren –, doch die besonders angesehenen Personen, mit denen er und seine Familie in Wien bekannt waren (Hebbel, Bonitz, Brücke, ja Brahms), sind zwar berühmte Namen der österreichischen Geschichte, aber auch sie kamen eigentlich aus Deutschland. Nicht anders als viele in England lebende Amerikaner, verbanden die Wittgensteins starke Zuneigung zu ihrer Heimat mit beträchtlicher Unleidlichkeit gegenüber ihren Gebräuchen, über die sie sich in ähnlicher Weise ärgerten wie ein Ehemann, der seiner Frau häufig gerade die Eigenschaften übelnimmt, derentwegen er sie geheiratet hat. Ganz bezeichnend ist die anhaltende Bismarckverehrung der Wittgensteins, und es überrascht auch nicht, daß sie die deutschsprachigen Elemente der Monarchie bevorzugten und sich nach dem Ersten Weltkrieg (mitunter) sogar für den Anschluß an Deutschland aussprachen. Auch durch ihren Protestantismus (der im Laufe der Zeit allerdings durch Eheschließungen verwässert wurde) sahen sie sich in eine nicht unverdächtige Klasse versetzt, und in höherem Maße als die Gelehrten und Schriftsteller repräsentierten sie die neue Unternehmerklasse, die Eindringlinge darstellten in der alten Heimat des Habsburgerreichs.

Der besondere Rang, den die Familie für sich beanspruchte, lag nicht nur in ihrer Leistungskraft – in ihrem Reichtum, ihrem Zusammenhalt und ihrem sichtbaren Erfolg –, sondern weit mehr in dem damit verbundenen Lebensstil: Behaglichkeit, Korrektheit, Geschmack ohne Protzertum; private und öffentliche Förderung von Musik, Krankenhäusern, Kirchen und Forschungseinrichtungen. Durch Einheirat waren sie mit den meisten Bereichen des österreichischen Lebens verbunden: Ein Bruder und eine Schwester heirateten in die Familie Franz, die zu den führenden Mitgliedern der protestantischen Gemeinde gehörte, später in den Adelsstand erhoben wurde und in Ludwigs Zeit durch einen bedeutenden Heeresoffizier und einen Botschafter vertreten war. Die Familie Franz stand ihrerseits in Verbindung mit den (ebenfalls protestantischen) Salzers, von denen zwei von den Wittgensteins adoptiert wurden, während zwei weitere in die Familie einheirateten, wodurch auch Chirurgen und Beamte hinzukamen. Eine weitere Schwester vermählte sich mit Karl Kupelwieser, einem Sohn des mit Schubert befreundeten Malers – und dies war die Verbindung, durch die Karl Wittgenstein in die Stahlindustrie Eingang fand. Weitere Ehen wurden geschlossen mit einem Professor für Forstwirtschaft, einem hochrangigen Offizier (was allerdings erst nach Hermann Christians Tod möglich wurde) und einem Richter, nämlich Theodor von Brücke (einem Sohn des Physiologen). Karl war der einzige, der eine Frau aus teilweise jüdischer Familie heiratete. Alles in allem führten diese Eheschließungen zu einer Dynastie, die nicht aus Geschäftsleuten bestand, sondern aus Angehörigen höherer Berufe mit ererbtem Vermögen. Es war, als wollten sie alle ihre Herkunft hinter sich lassen, und wiewohl Karl diesem Hang auf seiten seiner Kinder Widerstand entgegensetzte, muß man ihn durchaus berücksichtigen, wenn man diese Entwicklung – die mitunter wie der »Aufstieg und Fall des Hauses Wittgenstein« anmutet – beurteilen will. Der Schneid und die Tatkraft, die während der Gründerzeit für sie so charakteristisch waren, gingen zum Teil zwar einfach verloren, aber das war nicht alles, sondern diese Eigenschaften waren immer schon mit Idealen einhergegangen, durch die ihre Wirkung schließlich in andere Richtungen gedrängt wurde.

Betrachtete man diese große Familie von außen, war eigentlich für alle Eventualitäten gesorgt: Da gab es den Vetter, der ein Visum besorgen konnte; den Onkel, der einen beim Herrn General einführen konnte; den Neffen, der ein projektiertes Forschungsinstitut leiten konnte; den Bruder, der im Hinblick auf die Erziehung der Kinder Rat geben oder sogar tätig helfen konnte. Die Qualität dieses Lebens beruhte zum Teil auf ebender wechselseitigen Abhängigkeit, die dazu führte, daß die Angehörigen eine bedeutende Rolle spielten im Leben der anderen Familienmitglieder, und die nur in seltenen Fällen (Ludwig und sein Bruder sind hier vielleicht die bedeutendsten Ausnahmen) Distanzierung und Abkapselung auslöste. Zugleich war es ein Leben auf hohem kulturellem Niveau. Hermann Christian, der seine eigene Sammlung deutscher Gedichte niederschrieb und den jungen Joseph Joachim, den Vetter seiner Frau, in Leipzig von Mendelssohn unterrichten ließ, sorgte auch dafür, daß seine Töchter bei Clara Schumann Stunden nahmen, und gab seinen Kindern jede Möglichkeit, ihre musikalischen und sonstigen künstlerischen Fähigkeiten zu entwickeln. Diese Fähigkeiten waren zwar nicht aufsehenerregend, aber auch nicht ganz unbeträchtlich: Eines der Geschwister Wittgenstein, Paul, malte Porträts der übrigen, und eines der anderen malte ebenfalls; ein drittes fertigte Skulpturen an; mehrere von ihnen musizierten selbst und unterstützten und förderten die Musik in ihren großen Privathäusern wie im Konzertsaal. In ihrer Welt gab es viel Platz sowie genügend Zeit und Energie, und vor allem war ihre Kultur noch nicht fragmentiert und spezialisiert, so daß ihre Hausmusik oder ihre selbstgemalten Bilder zwar vielleicht graduell, aber nicht der Art nach verschieden waren von den größten Leistungen ihres Zeitalters. Dies war in mancher Beziehung ein Überbleibsel einer früheren Einstellung. Die Welt des Biedermeier – die Welt Mendelssohns – war zwar schon vergangen, doch die Wittgensteins hatten sich die Verhaltensweisen dieser Welt bewahrt, ihr vielleicht trügerisches Gefühl der kulturellen Einheit ebenso wie ihre Gleichsetzung der Bildungswerte mit den bürgerlichen. In dieser Hinsicht entspricht Ludwigs – allerdings reflektiertere – Haltung der seiner Familie, wenn er den Gedanken äußert, eigentlich sei die europäische Kultur in den späten vierziger Jahren des vorigen Jahrhunderts zu Ende gegangen. Aber nicht einmal bei ihm ist klar, inwieweit er erkannt hat, daß der Untergang dieser Kultur zusammenhing mit ebenden Leistungen der Gründerzeit, von denen er gleichfalls in ganz besonderem Ton spricht, denn die Fähigkeit zur Verehrung – obwohl überaus wählerisch hinsichtlich der verehrten Gegenstände – war bei ihm ebenso stark ausgeprägt wie bei den übrigen Wittgensteins.

»Die Geschwister Wittgenstein« – inwieweit hatten ihre Nachkommen und Freunde recht, wenn sie in ihnen mehr sahen als eine große und auf vielfältigen Gebieten erfolgreiche Familie? Gibt es bestimmte Charakterzüge, die ihnen allen gemeinsam sind? Haben sie alle oder zumindest viele von ihnen etwas an sich, was sich mit dem (oft ehrfürchtig gebrauchten) Wort »wittgensteinisch« bezeichnen läßt? Der Generation, von der hier die Rede ist, wurde in Leipzig im frostigen Licht der Sterne beigebracht, Kassiopeia stünde für »Wittgenstein«; ein Jahrhundert später, auf dem feuchten Rasen in Cambridge, wollte Ludwig nichts davon wissen, als ein Freund sagte, dieses Sternbild stünde für »Malcolm«. Vielleicht der allgemeinste Charakterzug, den man mit dieser Familie in Verbindung bringt, ist einer, der namentlich Hermann Christian zugeschrieben wurde, nämlich die Entschlossenheit, die Dinge gründlich zu erledigen. Dabei handelt es sich nicht um das Wetteifernwollen, das mit einem Minderwertigkeitsgefühl einhergeht und jüdischstämmigen Familien häufig nachgesagt wird, sondern um eine weit aristokratischere Einstellung: ein Bewußtsein der eigenen Fähigkeiten und ein ausgeprägtes Gefühl der Pflicht, diese Fähigkeiten in die Tat umzusetzen. Ehrgeiz spielt dabei keine Rolle. Ludwigs Onkel Louis etwa war nicht der Mann, der mit anderen Gutsbesitzern konkurrieren wollte, brachte es aber dennoch fertig, daß man seine Felder in der Nähe von Puchberg schon allein an der hervorragenden Qualität des Ertrags erkannte. Auch mit dem Streben nach Anerkennung hatte es nichts zu tun; sie kannten ihren eigenen Wert viel zu gut, als daß sie sich wie Neureiche verhalten hätten. Angriffen seitens der Presse begegnete man mit Geringschätzung; und wenn Angebote der Erhebung in den Adelsstand kamen (etwa im Falle Karls und des mit Bertha verheirateten Karl Kupelwieser), ließ man sich Gründe einfallen, um sie abzulehnen. Eine weitere Eigenschaft, die in vielen Fällen ihren Verstandesgebrauch wie auch ihren Charakter überhaupt beeinflußte, war das Schlagfertige und Nervös-Tatkräftige, das man vor allem an Fanny wahrnahm. Das Rasche ihres Denkens zeigte sich oft in schnellen Entschlüssen, manchmal in Ungeduld, gelegentlich in dem vorschnellen Urteil über einen Freund oder Mittelsmann, auf ihn sei Verlaß. Auserkorenen Freunden hielten sie in ganz ungewöhnlicher Weise die Treue, doch zugleich waren sie derart nervös und empfindlich, daß mit vielen von ihnen schwer auszukommen war, es sei denn, das Temperament des Gefährten war von einer Unerschütterlichkeit sondergleichen. Zu dieser letzteren Gruppe gehörte etwa Karl Kupelwieser, der seiner Frau auf ihre erregte Darstellung der Änderungen, die Karl Wittgenstein an ihrem Haus vornehmen wollte, mit immer tiefer werdender Stimme seelenruhig erwiderte: »Nix geschieht, nix geschieht, nix geschieht.« Vom gleichen Schlage war Nepomuk Oser, der nichts dagegen hatte, daß seine Braut auf der Hochzeitsreise im Nichtraucherabteil reiste, solange sie ihn nur im Raucherabteil fahren ließ. Diese kernigen Österreicher brachten ein notwendiges Element in die Familie ein, doch Neffen und Nichten hatten nichts aufzubieten gegen einen Onkel wie Paul, der sich weder mit Ludwig vertragen wollte, als dieser es sich herausnahm, die Philosophie an den Nagel zu hängen und zur Architektur überzuwechseln, noch mit Ludwigs Geschwistern, als diese die von ihm gewollte Aufteilung seines Erbes akzeptiert (oder vielmehr: nicht verhindert) hatten. Den Geschwistern Wittgenstein fiel es schwer, eine Freundschaft aufrechtzuerhalten oder wieder aufleben zu lassen, wenn das uneingeschränkte Vertrauen erst einmal verlorengegangen war; es fiel ihnen schwer, hinwegzukommen über die Reihe der Kränkungen, die zu geringfügig sind, als daß man darüber spräche, zu gewichtig, als daß man sie nicht spürte, und die die meisten menschlichen Beziehungen im Laufe der Zeit verkümmern lassen. So mußte Clara es erleben und verschmerzen, daß sich vertraute Freunde ihrer weniger anspruchsvollen Schwägerin Poldy zuwandten. In ihrem Wesen war sie so feinfühlig, daß ihr der Verlust weh tat, ohne daß sie den Wechsel übelnahm.

Clara war wie gesagt der Inbegriff der Geschwister Wittgenstein, und sie ganz besonders hatte einen Charakterzug, der sie alle auszeichnete: das Bedürfnis, andere zu bessern und zu erziehen. Dieses zeitaufwendige und vertrauten Umgang erfordernde Bedürfnis bestimmte zum Teil den Lebensstil vieler von ihnen. Wer seinen Gefährten, Nichten, Schützlingen und Dienstboten soviel Aufmerksamkeit widmete, brauchte darüber hinaus keine Gesellschaft. Ein typisches Beispiel für die hierbei aufgewandte Fürsorge ist die Geschichte von den drei identischen Mahlzeiten, die Clara nacheinander zubereiten ließ: beim ersten Mal von der Köchin, während die Nichte zuschaute, beim zweiten Mal von der Köchin und der helfenden Nichte gemeinsam, beim dritten Mal von der Nichte allein.

Die meisten der elf Geschwister erreichten ein hohes Alter. Dabei konnte es in einer so großen Familie nicht ausbleiben, daß Krankheit und plötzlicher Tod ihren Tribut forderten unter den Kindern; und wie es das Geschick wollte, ging die Tendenz dahin, daß die Zahl der Frauen überwog. Eine dunklere Seite – damals zumeist als unerklärlich hingestellt und einfach hingenommen – kam durch die Nervenkrankheit der jüngsten Tante zum Vorschein sowie durch den Selbstmord eines von Ludwigs Vettern und dreier seiner Brüder. In ihrem eigenen Verhalten taten die Tanten und Onkel alles, was damals von ihnen erwartet wurde, das heißt, die Tanten waren über jeden Tadel erhaben, und wenn ein Onkel beim Kartenspiel ein Haus verlor und ein anderer lieber mit seiner Schwägerin zusammenlebte als mit seiner Frau, so galten dergleichen Schwächen als entschuldbar. Diese selbstsicheren und unabhängigen Figuren bilden den seinerseits nicht alltäglichen Hintergrund, vor dem sich das Leben Karls und seiner Kinder abhebt.

Karls Begabung war nicht von vornherein so offenkundig wie seine Originalität und sein Eigensinn. Die besonders gefragten Witze und Parodien stammten von ihm, und er war es, der das feierliche Familienmahl, an dem auch der Vater teilnahm, als »Hochamt« bezeichnete. Sein Leben lang neigte er dazu, ein ernstes Gespräch mit einem Scherzwort abzubrechen, spielte gern Streiche und zögerte nicht, faulen Zauber zu entlarven oder zu mutmaßen. Seine kindlichen Eskapaden waren oft regelrechte Unternehmungen: Die Schloßuhr wurde repariert, so daß sie die ganze Nacht hindurch schlug, die Geige wurde verpfändet, um Geld aufzutreiben für Experimente im Glasschleifen. Diese und andere Streiche ließen Findigkeit und einen Hang zum Praktischen erkennen. Ein größer angelegtes Unterfangen war, daß er als Elfjähriger von der Schule (und von zu Hause) fortlief. Die Familie hatte inzwischen ihr Vösendorfer Schloß verlassen und war nach Wien gezogen, und der Ausreißer Karl gelangte bis nach Klosterneuburg, wo er sich als Leipziger Waisenkind ausgab, aber nicht damit durchkam. (Den Dialekt, der Goethe einst so aufgebracht hatte, beherrschten die Kinder zwar noch, aber sie fanden ihn ein wenig komisch.) Karl hing an seiner Geige und spielte sie gern, doch die Schule verdroß ihn. In einer Reihe von Fällen erwiesen sich die Wittgensteins, wie es scheint, als Spätentwickler, und Karl behielt einige kindische Unzulänglichkeiten länger bei als üblich, so zum Beispiel die gleiche Unsicherheit der Rechtschreibung und Interpunktion, die auch in Ludwigs Briefen und Manuskripten zum Vorschein kommt. Eine zutreffendere Erklärung dieses Sachverhalts liegt vielleicht in der bereits erwähnten Gründlichkeit: Er mußte die Dinge selbständig lernen und reagierte bockig auf den Unterricht am Gymnasium. Seine Geschwister waren da zufriedener mit ihrem Hauslehrer, dem Herrn Wessel, einem Gelehrten und Freund des großen Theodor Gomperz. Karls Ungenügen an der Schule wirkte auf seinen Vater (über dessen eigene Schulbildung nichts bekannt ist) wie Arbeitsscheu, was vermuten läßt, daß er sogar in den Fächern Latein und Mathematik – auf die er dann bei den eigenen Kindern großen Wert legte – nicht sonderlich gut abschnitt. Später äußerte er eine starke Abneigung gegen Fächer wie Geschichte und Erdkunde, und dabei spielte nicht nur seine Unleidlichkeit eine Rolle, sondern auch seine Intoleranz gegenüber eingebürgerten Vorstellungen. Schon früh legte er diese Einstellung an den Tag, als er in einem Schulaufsatz die Unsterblichkeit der Seele leugnete, was dann den unmittelbaren Anlaß abgab dafür, daß man ihm im Jahre 1864 das »consilium abeundi« vom Gymnasium gab.

Karl war damals im letzten Schuljahr, und der Vater beschloß, er müsse durch Privatunterricht weiter lernen und zum folgenden Ostertermin die Matura machen. Der Junge müsse zu der Einsicht gebracht werden, daß man nur durch Arbeit ans Ziel gelangen kann, und daß es möglich ist, durch Arbeit tatsächlich etwas zu erreichen. Doch schließlich verschwand Karl im Januar 1865 von zu Hause und ließ fast ein Jahr lang nichts von sich hören.

Gegen Ende seines Lebens diktierte Karl seiner Tochter Hermine einige zurückhaltend formulierte und aufs Faktische beschränkte autobiographische Notizen, in denen er auf diese Zeit ausführlicher eingeht als auf seine Geschäftslaufbahn. Als er sein Zuhause verließ, besaß er nichts weiter als zweihundert Gulden von einer seiner Schwestern und die Geige. Nachdem er sich zwei Monate mitten in Wien versteckt gehalten hatte, kaufte er einem bedürftigen Studenten dessen Paß ab und verwendete ihn, um nach New York zu fahren, wo er im April ganz ohne Geld ankam. Dort arbeitete er zunächst als Kellner, dann in Lokalen als Geiger, bis nach Präsident Lincolns Ermordung alle öffentlichen Belustigungen untersagt wurden. Anschließend war er Steuermann auf einem Kanalboot nach Washington, wo er als Barkeeper arbeitete und seinen ersten guten Lohn verdiente, weil er im Gegensatz zum Wirt imstande war, die Gesichter der Schwarzen auseinanderzuhalten. Von dort kehrte er, neu eingekleidet, nach New York zurück und schickte zum ersten Mal eine Nachricht nach Hause. Dort blieb er noch ein Jahr und hielt sich durch Stundengeben über Wasser, indem er in verschiedenen Gegenden des Staates New York Geige, Horn, Mathematik, Latein, Griechisch, Trigonometrie und (wie er in einem Brief schreibt) »alles mögliche« unterrichtete. Er selbst berichtet, Anfang 1867 sei er mit Geld und neuen Kleidern nach Hause zurückgekehrt, doch wie sich seine Schwester Fine erinnert, war seinen Kleidern wie auch seinem Äußeren anzusehen, welche Strapazen er durchgemacht hatte; er habe niedergeschlagen gewirkt wie jemand, der sich von einem Schock noch nicht richtig erholt hat.

Nach einem solchen Abenteuer mußte Karl eine Zeitlang als »der mißratene Sohn« gelten, und er selbst empfand, daß er seine Eltern, von denen er Vergebung bedurfte, und seine

Geschwister, deren anhaltende Zuneigung ihn erstaunte, tief gekränkt hatte. Gerade diese Gefühle hatten ihn wahrscheinlich so lange in Amerika zurückgehalten, denn seine Geschwister schickten ihm Geld (das er nicht immer gleich anrührte) und hätten ihm zweifellos geholfen, früher heimzukehren. Aus seinen Briefen geht hervor, daß er sicher sein wollte, daß sich der Vater mit ihm aussöhnen würde, und sein Handeln zeigt, daß er nicht im Stile eines verlorenen Sohns zurückzukehren wünschte. Es gibt kaum Hinweise darauf, was man seinerzeit über die Ursachen der ganzen Sache gedacht hat, sofern man überhaupt viel darüber nachdachte. Als sich Karls Tochter sehr viel später in ihren »Familienerinnerungen« Gedanken darüber macht, meint sie, es sähe zwar so aus, als habe »ein schönes, frisches Leben einen Sprung bekommen«, aber eigentlich habe »es sich nur um einen sehr bitteren, aber notwendigen Übergang« gehandelt. Nach ihrer Auffassung brauchte eine so ungewöhnliche Persönlichkeit auch eine aus dem Rahmen fallende Entwicklungsgeschichte. Es war ein gesundes, dem neunzehnten Jahrhundert verhaftetes Gefühl, das in den Vorfällen der Jugend nichts weiter sah als Aspekte der sich bildenden Persönlichkeit, und was da im Falle Karls zum Vorschein kam, waren in der Tat Aspekte einer starken Persönlichkeit: Er kehrte seiner Familie den Rücken. Er machte keinen Versuch, innerhalb des ihm zur Verfügung gestellten Rahmens die beste Lösung oder einen Kompromiß zu finden. Er brach mit allem, ja er tat es auf einen Schlag, ohne daß eine lange Zeit sichtbarer Spannung vorhergegangen wäre. Heute benahm er sich so amüsant wie eh und je, am nächsten Tag war er verschwunden. Es liegt auf der Hand, daß er durch seinen Hang zum Verwegenen und Unkonventionellen in Gegensatz geriet zur steifen Förmlichkeit seines Vaters, und nie (jedenfalls nicht nach dem amerikanischen Abenteuer) gab es zwischen den beiden eine herzliche und offene Beziehung, wie sie etwa zwischen Hermann Christian und seinem Sohn Paul bestand. Dabei hatte Karl in Amerika ebendie Eigenschaften an den Tag gelegt, die sein Vater hochschätzte: die Fähigkeit zur praktischen Handhabung der Dinge, die Bereitschaft, Entbehrungen auf sich zu nehmen, die Entschlossenheit, ein einmal in Angriff genommenes Unternehmen zu Ende zu führen. Der Unterschied zwischen ihnen war zum Teil eine Frage des Temperaments. Hermann Christian war kein geeigneter Vater für einen Sohn, der eher durch seine Lebhaftigkeit auffiel als durch sein Pflichtgefühl; aber sie hatten auch Eigenschaften miteinander gemein, die beide Seiten der Vater-Sohn-Beziehung problematisch machten. In beiden war robuster Unabhängigkeitssinn vereinigt mit entschiedenen Ansichten über das, was anderen guttäte. Jeder der beiden war daher in gewissem Grade Selfmademan, und jeder hatte mit wenigstens einem seiner Söhne Probleme.

Diese Wanderjahre waren von bleibendem Einfluß auf Karl. Er gewann Zutrauen zu den eigenen Kräften und wurde in seiner Auffassung bestätigt, vielfältige Erfahrungen taugten mehr als bloße Schulbildung. In Amerika lernte er ein kapitalistisches System kennen, das durch keine Traditionsfesseln gehemmt war. Viele seiner ab 1888 geschriebenen Zeitungsartikel stimmen ein Loblied auf Amerika an: »Überdies macht jeder Einwanderer in den ersten Jahren eine Schule durch, wie sie für die Erziehung eines Menschen nicht glücklicher gedacht werden kann; er unterliegt einem furchtbaren Zwange, seine Kräfte aufs äußerste anzuspannen, um überhaupt nur leben zu können.«[6]

Was die Unabhängigkeit vom Vater anging, hatte Karl sich durchzusetzen gewußt. Seine weitere Ausbildung folgte einem Muster, das er selbst entworfen hatte. In Amerika hatte er gedacht, der Vater erwarte von ihm, daß er sich, wie seine Brüder, mit Besitz- und Vermögensverwaltung beschäftige, doch in Wirklichkeit wurde der Vorschlag der Mutter befolgt und ein technisches Studium gewählt. Nach einer kurzen Atempause auf einem gepachteten Gut studierte er ein Jahr lang Ingenieurwissenschaften an der Technischen Hochschule in Wien und arbeitete nachmittags in der Fabrik der Staatsbahn. Seine weitere Ausbildung bestand in einer Reihe von Anstellungen als Zeichner oder Ingenieur bei Eisenbahn- und Schiffsbaugesellschaften sowie als Fachmann im Turbinenbau. Häufig mußte er sich, wie etwa in dem zuletzt genannten Beruf, mit

6 »Reise-Eindrücke aus Amerika«, *Neue Freie Presse*, 15. 8. 1888. Abgedruckt in: Karl Wittgenstein, *Politico-Economic Writings*, Hg. J. C. Nyíri, Amsterdam/Philadelphia: Benjamins, 1984, S. 3.

Dingen auseinandersetzen, von denen er zunächst gar nichts verstand. Doch überall – in Budapest wie in Triest – war der Eindruck, den er durch seine Energie, seine Entschlußkraft und seine Anpassungsfähigkeit machte, durchaus nicht der eines mißratenen Sohns.

Der eigentliche Beginn seiner Laufbahn dürfte auf das Jahr 1872 zu datieren sein, als er nach Ternitz in Niederösterreich ging, um als Techniker unter Paul Kupelwieser zu arbeiten, dem Bruder seines Schwagers und Direktor des Teplitzer Walzwerks, für das er Pläne zeichnen sollte. Im Herbst 1873 zog er in das im Sudetenland gelegene Teplitz selbst, um dort am Bau des Hochofens mitzuwirken. Nach eigenem Bericht verlobte er sich etwa zur gleichen Zeit mit Leopoldine Kalmus, der Schwägerin eines seit 1872 in Laxenburg, dem Wohnschloß der Wittgensteins, einquartierten Offiziers. Fräulein Poldy war eine gute Bekannte seiner Schwestern Clara und Fine wie auch seiner Mutter, während er seinerseits sie vor allem durch gemeinsames Musizieren kennengelernt hatte. Die Mutter und die Schwestern hatten schon seit langem gehofft, daß es zu dieser Verbindung kommen würde. Fanny schrieb der ihr verheißenen künftigen Schwiegertochter: »Karl hat ein gutes Herz, hellen Verstand, aber – er ist zu früh aus dem Elternhaus gekommen. Die endgültige Erziehung, Regelmäßigkeit, Ordnung, Selbstbeherrschung, das, hoffe ich, wird er durch Ihren liebevollen Umgang lernen.«[7] Überraschend ist, daß Hermann Christian Poldy noch nicht kannte, und Karl war ein wenig verlegen, als er seine Absicht, »einen Engel« zu heiraten, dem Vater mitteilen mußte, der daraufhin antwortete: »Das sind sie alle. Aber später häuten sie sich.« Die Erwartungen der Mutter bewahrheiteten sich, wie wir sehen werden, in höherem Maße als die des Vaters.

In seinen autobiographischen Aufzeichnungen nennt Karl lediglich das Jahresgehalt (1200 Gulden), das er zur Zeit seiner Verlobung verdiente. Vor der Geburt des ersten Kindes gab er seine Stellung auf, weil er bei Streitigkeiten im Verwaltungsrat in seiner typisch kompromißlosen Weise zu Paul Kupelwieser gehalten hatte. Ehe zwei Jahre herum waren, legte Kupelwie-

7 Hermine Wittgenstein zitiert diesen Brief in ihren (größtenteils unveröffentlichten) »Familienerinnerungen«.

sers Gegner sein Amt nieder, und Karl wurde Direktor mit Sitz in Wien, worauf er seinerzeit jedoch nicht spekuliert haben kann. Ein Jahr später wurde er Kupelwiesers Nachfolger als geschäftsführender Direktor, blieb aber weiterhin in Wien wohnen.

Dies war die Zeit, in der – zum Glück derjenigen, die sie zu nutzen verstanden – die österreichische Wirtschaft sich von der auf den Börsenkrach von 1873 folgenden Flaute zu erholen begann. Wittgensteins Laufbahn war im folgenden die eines Geschäftsmanns und Industrieunternehmers, und obwohl beträchtliche technische Kenntnisse wesentlich waren für seinen Erfolg, lagen die Hauptgründe in seiner Entscheidungsfreudigkeit, seiner Verwegenheit und seinem Talent für das Unerwartete, das ihm die Möglichkeit gab, sich eine Lösung oder ein Projekt einfallen zu lassen, mit dem seine Kunden oder seine Konkurrenten nicht gerechnet hatten. So gelang es ihm 1878 im Wettbewerb mit Krupp und anderen, während des russisch-türkischen Kriegs einen Vertrag über die Lieferung von Schienen an die Russen abzuschließen, indem er auf den Nutzen leichterer Schienen hinwies und an Ort und Stelle die Ersparnis in Pud und Werst ausrechnete. Dabei war noch nicht einmal sicher, ob der Kunde, der die Option auf die versprochenen Schienen hatte, deren Lieferung freigeben würde. Ferner erwarb er 1880 die Rechte auf das Bessemerverfahren (das den Einsatz der phosphorhaltigen böhmischen Erze gestattete) nicht nur für das Teplitzer Werk, sondern gleich für ganz Böhmen außer Kladno.

Es kam darauf an, die Böhmische Montan-Gesellschaft auszuschalten, die große phosphorhaltige Erzvorkommen besaß und das Verfahren daher weit effektiver ausnutzen konnte als er selbst. Duschanek, der Vertreter dieser Gesellschaft, hatte es nicht für möglich gehalten, daß eine so kleine Firma wie die Wittgensteins ernsthaft daran interessiert sein konnte. Außerdem hatte er gemeint, die Zustimmung des Prinzen Fürstenberg abwarten zu müssen, traf auch am Morgen nach Ablauf der Option damit ein, nur um dann jedoch zu hören, daß Wittgenstein mit Massanetz (dem Inhaber des Patents) diniert und das Geschäft um Mitternacht abgeschlossen hatte. Die nunmehr großenteils von Bontoux kontrollierte Böhmische Montan-Gesellschaft reagierte natürlich, indem sie das Teplitzer Walzwerk in ihren Besitz zu bringen versuchte, woraufhin Wittgenstein mit höchstem Wagemut handelte und die Anteile der Gutmanns – der Hauptaktionäre des Teplitzer Werks – selbst aufkaufte, wobei ihm Freunde und das Geld der Familie (einschließlich seiner Frau) zu Hilfe kamen. Doch der – letztliche – Erfolg dieses gewagten Spiels beruhte eigentlich auf der in den folgenden Jahren in seinen Händen liegenden Geschäftsführung der Teplitzer Anlagen und dem Aufbau des österreichischen Schienenkartells sowie später der Tyres-Bandagen-Walzwerke, deren Organisation sich hauptsächlich seinen Anstrengungen verdankte und denen Paul Kupelwiesers, der inzwischen geschäftsführender Direktor der Rothschildwerke in Witkowitz geworden war.

Die Böhmische Montan-Gesellschaft hatte den Konkurrenzkampf ohnehin schon verloren, doch das 1882 erfolgte Scheitern von Bontoux' französischer Union Générale ermöglichte es der Wittgenstein-Gruppe (Karl Kupelwieser, Weinberger, Wessely, Wolfmann und Wittgenstein selbst), die Gesellschaft unter günstigen Bedingungen zu erwerben. Zum Abschluß kam die Organisation der böhmischen Eisenindustrie 1885, als die Prager Eisenindustriegesellschaft nominell die Anteile der Gruppe übernahm, wobei Wittgenstein den Gesamtkomplex leitete und Leute seines Vertrauens an die Führungsspitze der verschiedenen Einzelunternehmen setzte. In Kladno errichtete er seiner Frau ein Denkmal, indem er dort ein neues Werk – die Poldihütte – bauen ließ, die als »Poldinka« in sozialrevolutionären tschechischen Romanen vorkommt und daher auch heute noch berüchtigt ist. Das einzige weitere große böhmische Eisenwerk war das in Witkowitz, und es fiel Wittgenstein nicht schwer, sich mit Paul Kupelwieser zu einigen und in Wien ein gemeinsames Verkaufsbüro zu eröffnen. Darüber hinaus leitete er 1886 die Organisation des Österreichischen Eisenkartells (das nunmehr alle Erzeugnisse selbst herstellte). Dementsprechend schreibt Wittgenstein später, im Jahre 1898, in einem Artikel: »Der Industrielle muß wagen, er muß, wenn es der Moment erfordert, imstande sein, auch alles auf eine Karte zu setzen, selbst auf die Gefahr hin, daß er die Früchte, die er zu erreichen hofft, nicht einheimst, seinen Einsatz verliert und wieder von neuem anfangen muß.«[8] Angeregt wurden diese Worte durch eine Amerikareise, und in der Tat kam Wittgenstein den durch ihn verdrängten Personen – wie etwa Duschanek mit seiner Anhänglichkeit an die Feudalaristokratie – wie ein draufgängerischer Geschäftsmann amerikanischen Stils vor. Sein Aufstieg gehört auch mit zu einem weiteren Phänomen dieser Zeit: dem Wachstum jüdischen und protestantischen Kapitals in der Donaumonarchie. Bontoux' österreichische und französische Abenteuer waren ein vergeblicher Versuch, diesem Vorgang von katholischer und adliger Seite etwas entgegenzusetzen. Womöglich hätten schon Vorurteil und Konservatismus genügt, um in offiziellen Kreisen ein Klima der Opposition gegen Wittgenstein und seine Gesellschafter aufkommen zu lassen, doch diese Opposition selbst war zugleich ein Reflex politischer Realitäten. Die Steuer- und Zollpolitik der Regierung, die Schutzmaßnahmen zugunsten der Bauern und vor allem die Sonderstellung Ungarns attakkierte Wittgenstein in verschiedenen Zeitungsartikeln voller Spott. Er ging wie selbstverständlich davon aus, daß Industrialisierung und Produktivitätssteigerung die einzigen vernünftigen Zielsetzungen für eine Regierung seien. Schwächen des Nationalcharakters und die Dummheit der Minister hätten dazu geführt, daß Österreich hinter anderen westlichen Ländern zurückgeblieben sei. Viele der besten Arbeiter seien ausgewandert, »weil seit Jahrzehnten keine der vielen Regierungen auch nur *einen* Mann gehabt hat, dem Befähigung, Erfahrung und Einfluß das Recht gegeben hätten, die Arbeit, die auf wirtschaftlichem Gebiete zu leisten ist, auf sich zu nehmen«[9]. So sprach Wittgenstein in seinem Gefechtsstand in der Alleegasse. Aber sofern Österreich einen Bismarck oder gar einen Karl Wittgenstein brauchte, die Monarchie konnte ihnen keinen Rückhalt geben. In gewissem Maße war der Streit der österreichischen Volksgruppen tatsächlich, wie Wittgenstein sagte, ein Kampf ums tägliche Brot, doch das Wachstum der Industrie unterstrich den Gegensatz zwischen den Völkerschaften, und je besser es ihm gelang, seine Unternehmungen auszuweiten und Tschechen für einen Lohn zu beschäftigen,

8 »Die Ursachen der Entwicklung der Industrie in Amerika«, a. a. O., S. 59.
9 »Neujahrsbetrachtungen« (1905), a. a. O., S. 167f.

mit dem Deutsche sich nicht zufriedengegeben hätten, desto mehr trug er (wie Karl Kraus andeutet)[10] zur Slavisierung der Industriegebiete im tschechischen Raum und zur Verschärfung des Konflikts zwischen den Volksgruppen bei. Es gab viele Gründe, weshalb es nicht Kapitalisten und Liberale seines Schlages waren, die die Zukunft der zur Doppelmonarchie gehörenden Länder bestimmen sollten.

Dies waren auch in etwa die Gründe, die Karl Wittgenstein für seinen Anfang 1898 erfolgten dramatischen Rücktritt von allen Ämtern in den Verwaltungsgremien der Stahlindustrie nannte. Die gegen ihn gerichtete Feindseligkeit der Regierung schadete, wie er verlauten ließ, den von ihm geleiteten Werken. Im *Berliner Börsen-Courier* vom 10. Januar werden als unmittelbarer Anlaß für den Rücktritt Gespräche genannt zwischen dem Handelsminister, Baron Di Pauli, und Wittgensteins Kollegen Kestranek, in denen die Regierung durch Androhung von Steuererhöhungen Druck ausgeübt habe auf das Stahlkartell, damit dieses die Preise senke. Dies scheint jedoch nicht der einzige strittige Punkt gewesen zu sein. Wittgenstein stand auf dem Höhepunkt seiner Karriere und hätte mit dem nächsten Schritt eine wirklich beherrschende Stellung in der österreichischen Wirtschaft einnehmen können. Seit über dreizehn Jahren hatte seine Gruppe in Böhmen und in der Steiermark Bergwerksanlagen aufgekauft zur Versorgung ihrer Stahlwerke und Fertigungsbetriebe zur Versorgung durch die Stahlwerke. Schließlich wechselte der Direktor der Prager Gesellschaft, die sich bis dahin einer Prager Bank bedient hatte, zu der mächtigen Credit-Anstalt, deren bisheriger Direktor den Direktorenposten in der Prager Gesellschaft übernahm, woraufhin diese ihre Geschäfte über die Credit-Anstalt abwickelte. Credit-Anstalt und Gesellschaft erwarben nun beide beträchtliche Anteile der Alpinen Montan-Gesellschaft, die aus ihren nicht phosphorhaltigen Erzvorkommen keinen großen Vorteil mehr zog und überdies schlecht geführt war. Mauthner von der Credit-Anstalt bestritt jede Absicht einer Einflußnahme auf die Geschäftsleitung, während dies offenbar das Ziel der Wittgenstein-Gruppe war. An die Spitze setzte sie ihren eigenen Mann,

10 *Die Fackel*, Nr. 31 (Februar 1900), S. 3.

von Hall, der neue Buchhaltungssysteme einführte und der Firma wieder auf die Beine half. Eine vollständige Fusion mit der Prager Eisenindustriegesellschaft wurde jedoch von den Steuerbehörden verhindert, die ihre Befugnisse zu Ungunsten der Wittgenstein-Gruppe einsetzten.

Wittgenstein trennte sich nur allmählich und nicht ohne Kontroversen von seinen industriellen Belangen. Gegen Ende des Jahres 1898 versuchten seine Kollegen eine Verteilung einiger der zur Prager Gesellschaft gehörenden Rücklagen, die erst kurz vorher angesammelt worden waren. Dieses Vorgehen erweckte den Eindruck eines durchsichtigen Börsenmanövers und wurde in der offiziellen Presse heftig kritisiert. Es heißt, sogar der damalige Anwärter auf die Thronfolge, Erzherzog Franz Ferdinand, habe interveniert. Schließlich wurde die Verteilung um ein Jahr verschoben, und die Direktoren der Credit-Anstalt schieden aus dem Verwaltungsrat der Prager Gesellschaft aus, während sich Wittgenstein seinerseits aus dem Verwaltungsrat der Credit-Anstalt zurückzog. Es kann kaum Zufall gewesen sein, daß der Wert der Aktien (die an dem Tag von Wittgensteins Ausscheiden aus dem Stahlgremium um 27 Gulden fielen) gerade in dem Augenblick, in dem er sich seiner Anteile entledigte, derart hochgetrieben wurde. Ein Jahr später konnte Karl Kraus darauf hinweisen,[11] einerseits sei die Dividende von 60 auf 50 Gulden gefallen und die Aktien um 100 Gulden, andererseits habe Wittgenstein verlauten lassen, daß er mit der Firma nichts mehr zu tun habe. Eine weitere bedeutende Veränderung war der Zusammenschluß zweier Banken, um der Prager Gesellschaft eine Alternative zur Credit-Anstalt zu bieten. Die Modalitäten dieses Vorgehens wurden ebenfalls kritisiert, doch Wittgenstein konnte geltend machen, seine Zusammenkünfte mit den Herren Feilchenfeld, Kestranek und Weinberger seien rein freundschaftlicher Natur gewesen.

Als Zweiundfünfzigjähriger also zog sich Wittgenstein ins Privatleben zurück. Allerdings nicht zur Gänze: Er schrieb ein paar Artikel und ging jeden Morgen ins Büro, wo er, wie er sagte, zur Verfügung stehe, falls der Herr Handelsminister vorbeizuschauen wünsche. Die einem Direktor zustehenden

11 *Die Fackel*, Nr. 56 (Oktober 1900), S. 7.

Bezüge nahm er jedoch nicht mehr in Anspruch, transferierte sein Vermögen in Grundbesitz und ausländische Wertpapiere und sicherte so die Zukunft der Familie, wobei er nicht aus Ärger oder durch einen glücklichen Zufall so handelte, sondern weil er die für einen Industrieunternehmer unerläßliche Fähigkeit besaß, »neben allen sichtbaren auch die ungewissen, in der Zukunft liegenden Momente in Rechnung zu ziehen. Diese Fähigkeit, sowie der Mut zu ihrer Ausübung sind nicht angeboren, wie etwa das Talent zur Musik, sondern müssen anerzogen, durch Fleiß und Übung erworben werden.«[12] Karl Wittgenstein war ganz sicher, daß er sich um sein Vaterland verdient gemacht hatte. Für ihn stand es stets außer Frage, daß er das Recht dazu hatte, alle Instrumente des Marktes auszunützen, und obwohl er Geld als Nebenprodukt von Schweiß bezeichnete, erachtete er es offenbar für ein Zeichen von Verdienst. Er war ein paternalistischer Kapitalist, der seinen Arbeitern zahlte, was ihnen nach seiner und des Marktes Ansicht zustand, und den verbleibenden Gewinn verwendete er teils zur Finanzierung des ihm nach seiner Auffassung gebührenden Lebensstils und teils zur Unterstützung seiner Diener, der Angestellten oder der Gemeinde, je nachdem, wie es ihm am passendsten dünkte. Daher die Krankenhäuser, die er für seine Werke bauen ließ, daher der wegen eines kleinen Angestellten aus Berlin herangeschaffte Spezialist, der Bismarck behandelt hatte, daher die an Lokomotivführer verteilten Zigarren, daher die schweren Goldmünzen, die, in Monte Carlo aus dem Restaurant kommend, lässig auf den Spieltisch geworfen wurden, daher die Finanzierung des Sezessionsgebäudes, die die zusätzliche Genugtuung einer harmlosen Provokation der offiziellen Kunstwelt mit sich brachte, daher also all das willkürliche Drum und Dran, das mit Selbstbewußtsein und Reichtum einhergeht. Als der führende deutsche Volkswirtschaftler Adolf Wagner in Wien die – heutzutage zumindest in theoretischer Hinsicht bescheiden wirkende – These verteidigte, der größte Teil des Wertzuwachses aus Grundbesitz solle der Stadt zugute kommen, denn dieser Zuwachs werde durch die wirtschaftliche Tätigkeit der gesamten

12 »Die Ursachen der Entwicklung der Industrie in Amerika« (1908), a. a. O., S. 60f.

Gemeinde erzeugt, wurde er von Wittgenstein ausgelacht: *Jede* wirtschaftliche Tätigkeit verdanke ihren Erfolg der Gesellschaft als ganzer. Demnächst werde Wagner noch behaupten, die Gesellschaft solle von allen profitieren und einen Teil ihres Erwerbs den Professoren geben.[13]

Die Kritik und Neidbekundungen, die Wittgenstein auf sich zog, rührten großenteils daher, daß er das gleiche, was die anderen taten, mit mehr Erfolg und in größerem Stil tat. Auch die weniger kontroverse Seite seines Lebens hatte etwas Distinguiertes an sich. Daß er es gern geräumig hatte, war nach Ansicht seiner Tochter darauf zurückzuführen, daß er seine Kindheit in den Schlössern gepachteter Güter verbracht hatte, doch was sich darin bekundete, war zugleich der vielen erfolgreichen Geschäftsleuten eigene Hang zum Grandseigneuralen. Es war durchaus typisch für seine Klasse, daß er ein prunkvolles, schon vor einiger Zeit von einem Grafen Nako erbautes, finster ausschauendes Haus in der Alleegasse kaufte und es mit den besten (wenn auch nicht immer leichtesten) Möbeln, Gobelins und Bronzestatuen vollstopfte. Daraus wurde das (von der Familie selbst freilich nie so genannte) Palais Wittgenstein, der Mittelpunkt ihres Lebens, mit dem eigenen Dienstmann draußen auf seinem Hocker, den Büroräumen im Erdgeschoß, der Schale für Visitenkarten – bei der die Kinder darauf achteten, daß die Karte der braven Prinzessin stets zuoberst lag –, dem imposanten Treppenaufgang, dem großen Musikzimmer und den zahlreichen Schützlingen, Privatlehrern und Dienstboten. Doch in diesem Haus befanden sich nicht nur das von Krämer gemalte Bildnis des hoch zu Roß sitzenden Karl und später das von Laszlo angefertigte Modeporträt, wie sie jeder erfolgreiche Geschäftsmann besitzen mochte, sondern dort brachte er auch eine Sammlung von weit moderneren Bildern aus der Zeit zwischen 1870 und 1910 zusammen, darunter Gemälde von Segantini, Rudolf von Alt und Klimt. Unterstrichen wurde der Eindruck dieser Bilder durch Plastiken von Rodin und Mestrovic und eine berühmte Beethovenbüste von Max Klinger. Hermine, Karls ältestes Kind und zugleich die ihm vielleicht am nächsten stehende Gefährtin, half ihm

13 Vgl. *Die Fackel*, Nr. 71 (März 1901), S. 10ff.

bei der Zusammenstellung dieser Sammlung, obwohl sein Geschmack, wie sie sagte, den Ausschlag gab. Die Sammlung sollte eine Einheit bilden, und daher wurde zum Beispiel ein Goya ausgeschlossen, weil er mit den anderen Bildern nicht harmoniert hätte. Sie beschreibt ihren Eindruck mit folgenden Worten: »Sonderbarerweise scheint mir für alle unsere Bilder eine gewisse ernste Ruhe in der Komposition charakteristisch, ein Betonen der Senkrechten und Waagrechten, das ich ›ethisch‹ nennen möchte«,[14] und den Ausdruck »sonderbarerweise« gebraucht sie zweifellos deshalb, weil Ruhe so ziemlich die letzte Eigenschaft war, die sie mit ihrem Vater in Verbindung brachte. Doch es war etwas überaus Wittgensteinisches an der Vorstellung einer intensiven, ja fieberhaften Erregtheit, die in augenscheinliche Spontaneität umgeleitet wird und deren Inhalt bildet. In Ludwig Wittgensteins Leben und Werk kommt sie immer wieder zum Vorschein, in seinen Ermahnungen, die Schwester und Mareile Hänsel (die Tochter eines Freundes) sollten ehrlich und anständig zeichnen, in seiner Bewunderung der heitersten und ungezwungensten, doch in den elendesten Verhältnissen komponierten Werke Schuberts, in dem besessenen Umformulieren und Umstellen seiner philosophischen Bemerkungen, wodurch er die natürlichste und am wenigsten akademische Ausdrucksweise und Gedankenfolge ausfindig machen wollte. Zu erkennen ist sie auch in der Ausführung wie im Gegenstand von Klimts Bildnis seiner Schwester. Klimt war verrufen wegen seines Verhaltens gegenüber seinen Modellen, und es gab Leute, die sich eines Lächelns nicht enthalten konnten, als Karl Wittgenstein die junge Margaret Stonborough seiner Obhut überließ. Das Resultat jedoch gibt dem Vater recht und zeigt all die Energie und leidenschaftliche intellektuelle Intensität der Tochter, die irgendwie in einer Ruhe aufgefangen sind, die betont wird durch die prächtig, aber umsichtig angelegte Ornamentik des Hintergrunds. Dieses Bild enthält nichts von der lastenden Sexualität vieler Porträts, die Klimt von eleganten Frauen gemalt hat. Zumindest der Vater und die Töchter blieben von dieser Malaise des ausgehenden Jahrhunderts unberührt.

14 S. 77 von Hermine Wittgensteins »Familienerinnerungen«.

Karls Geschmack war jedoch unausgeglichen. Sein Hang, das Unerwartete zu tun, verleitete ihn zu gelegentlichen Übertreibungen, so zum Beispiel, als er das Blockhaus – also noch nicht einmal das Hauptgebäude – seines Landsitzes von Josef Hoffmann im prächtigen Stil der Sezession einrichten und damit ein verschwenderisch angelegtes städtisches Interieur schaffen ließ, das dennoch nur für seine Frau und ihn selbst bestimmt war. Aus der gleichen Gesinnung heraus bezahlte er für Klimts »Philosophie«, als dieses und die drei anschließenden Fresken vom aufgebrachten Professorenkollegium der Wiener Universität abgelehnt wurden. Ebenfalls hierhin gehört, daß er eine Plastik des proletarischen Künstlers Kundmann in Neuwaldegg in seinem Garten vergraben ließ. Aber ebenso war er imstande, sich konform zu verhalten und Geschmack oder Geschmacklosigkeit seiner Klasse zu beherzigen; so vielleicht mit der Wahl des Hauses in der Alleegasse und zweifellos mit dem in der Nähe des bereits erwähnten Blockhauses errichteten Bau des bombastischen Steinhauses, das als Überraschung gedacht war für Frau und Tochter, denen es weniger willkommen war, als er erwartet hatte und als sie vorgaben.

Vielleicht mehr noch als ein Haus der Bilder und Plastiken, mehr als ein Haus der Diener und des Reichtums, war »die Alleegasse« (wie das Haus von der Familie genannt wurde) ein Haus der Musik. F. R. Leavis erinnert sich an Ludwig Wittgensteins Äußerung: »Im Haus meines Vaters standen sieben Konzertflügel.«[15] Daß er diesen Umstand hervorhob, ist interessant, obwohl sich kaum mehr als drei oder vier Flügel wirklich nachweisen lassen, es sei denn, man rechnet die in Karls übrigen Häusern in Neuwaldegg oder auf der Hochreith mit hinzu. Bruno Walter berichtet in *Thema und Variationen*, er habe nur wenig von der Wiener Gesellschaft gesehen, doch die Alleegasse habe ihn durch das echte musikalische Gefühl der Wittgensteins angezogen. Nicht nur mit den romantischen Komponisten, meint Hermine Wittgenstein, sondern auch mit den späten Klassikern habe man noch in Verbindung gestanden. Im Hause spielte das Joachim-Quartett, und der seinerseits von

15 F. R. Leavis, »Wittgenstein – einige Erinnerungsbilder«, in: Rush Rhees (Hg.), *Ludwig Wittgenstein: Porträts und Gespräche*, Frankfurt: Suhrkamp, 1987, S. 90.

Mendelssohn geschulte Joachim hatte noch Musiker gekannt, die Beethoven spielen gehört hatten. Karls Schwestern hatten, wie gesagt, bei Clara Schumann Stunden genommen, und Brahms war ein guter Bekannter der Familie. Ihren Höhepunkt erlebte die Alleegasse vielleicht an jenem Abend des Jahres 1892, an dem Karl Wittgenstein eine Privataufführung von Brahms' bisher nur öffentlich gespieltem Klarinettenquintett veranstaltete, das der Komponist, wie Karl zu Ohren gekommen war, zu hören wünschte. Im Anschluß daran kam Brahms des öfteren, und Hermine besuchte ihn zusammen mit ihrer Mutter, als er im Sterben lag. Wenn Brahms zu Besuch kam, gab es unvergeßliche Szenen: Die Töchter begrüßten ihn an der Tür; beim Treppensteigen nahm er sie an die Hand; als er sagte, eine von ihnen müsse Champagner an ihr Haar tun, wurde das Gewünschte sogleich heraufgebracht; dann ließ man den alten Herrn auf dem Treppenabsatz allein, so daß er in Ruhe der Musik lauschen konnte; und Onkel Paul, der Maler, zeichnete ihn dort. Er paßte sehr gut ins Haus. Freilich, er war nicht gern Hahn im Korb, doch bloße Parteigesinnung wurde ihm nicht zuteil in der Alleegasse, wo die Kinder die *Meistersinger* auswendig lernten, und gegen das Verehrungsvermögen der Wittgensteins, welches in seinem Fall ihrer tiefen Musikalität entsprang, konnte er auch keine Einwände haben. Sie teilten die Menschheit ein in große Männer einerseits (zu denen in den Augen seiner Töchter auch Karl gehörte) und gewöhnliche Sterbliche andererseits; dagegen kamen, wie aus weiteren Beispielen hervorgehen wird, Entwicklung oder Widersprüche in ein und derselben Perönlichkeit für sie einfach nicht in Betracht. Jeder Charakterzug eines großen Mannes galt ihnen als Aspekt seiner Größe, nicht zuletzt vielleicht auch Brahms' Reizbarkeit, auf die er selbst recht stolz war und die vieles gemein hatte mit Karls Abneigung gegen faulen Zauber. Zu zitieren pflegten sie Brahms' Äußerung gegenüber einem Komponisten, der ihm eine Partitur vorgelegt hatte: »Dafür ist der Papierkorb da!« Aber die Größe entsprach ihrerseits der spezifischen historischen Situation, in der sie sich befanden. Für sie war es die Epoche seit Haydn, die im wesentlichen die Musik ausmachte, und Brahms war der letzte Repräsentant dieser Epoche. Seine Musik war durchgestaltet und in ihrer Wirkung nicht abhängig von orchestralen Klangfarben, sondern in Kammermusikwerken und Bearbeitungen für vier Hände zugänglich, die sie zu Hause hören oder selber spielen konnten. Brahms hatte aber nicht nur seine Sonnenseite, sondern man konnte in ihm auch das Satanische hören, das womöglich zum Ausbruch kommen wollte. Ludwig vernahm es zum Beispiel in einem der Quartette Brahms', und wenn er während des Ersten Weltkriegs von der Front beurlaubt und zu Hause war, wollte er unbedingt diesen Komponisten hören, dessen Musik beide Aspekte vereinigt. Ebenso wie die alten Wittgensteins war Brahms Deutscher, der in Wien eine Umgebung gefunden hatte, die die zu ernsten oder melancholischen Elemente seines eigenen Wesens ergänzte. Wie sehr er dieser Ergänzung bedurfte, zeigt sich in seiner Bewunderung für ungarische Musik und die Walzer von Strauß. Vor allem jedoch repräsentierte Brahms keinen Umsturz überlieferter Formen, sondern er stand für den Versuch, die gleichen Probleme, denen sich Beethoven gegenübergesehen hatte, im Rahmen dieser Formen zu entwickeln, allerdings in »irdischer« Weise, wie Ludwig sagt, und sicherlich in einer Art, die seiner Zeit angemessener war. Die Wittgensteins hatten für die Bedeutung jeder Stelle eines musikalischen Werks das Gespür des ausübenden Musikers, und gerade an Brahms hat man hervorgehoben, wie »angemessen jedes Thema dem eben auszudrückenden Gefühlszustand entspricht«.[16]

Die Alleegasse war ein musikalisches Haus. Brahms kam zu Besuch, und bei den Aufführungen spielten der junge Casals, das Rosé-Quartett oder Josef Labor. Eine Vorzugsstellung im Haushalt hatten Brahms' Lieblingsgeigerin Marie Soldat-Röger und die Pianistin Marie Baumayer, die beide zu Clara Wittgensteins Gefährtinnen zählten und praktisch von ihr protegiert wurden. Aber in erster Linie waren die Orgel und die

16 So Fuller Maitland in *Encyclopaedia Britannica*, 11. Aufl., 4.390. Dieses Zitat ist deshalb von Interesse, weil es stark an Wittgensteins ästhetische Idealvorstellung erinnert, wie sie von Paul Engelmann beschrieben wird: »Eben diese Wahrhaftigkeit, diese völlige Angemessenheit des Ausdrucks an das Empfinden, ist das, was Wittgenstein in der Kunst gesucht hat.« (Engelmann, *Ludwig Wittgenstein: Briefe und Begegnungen*, Hg. B. McGuinness, Wien u. München: Oldenbourg, 1970, S. 66.)

Konzertflügel für die Familie selbst da. Karl nahm seine Geige überallhin mit; in den Ferien spielte er zusammen mit seiner Frau Sonaten, auf Geschäftsreisen Solosuiten. Es lag in seiner Art, die Tränen, die ihm durch manche Stellen in die Augen getrieben wurden, mit einem Scherzwort abzutun. Aber als er an seiner letzten Krankheit litt, konnte er ohne Musik nicht auskommen. Angesichts einer ernsten Operation verbrachte er den Vorabend, indem er gemeinsam mit seiner Frau musizierte.

Für Leopoldine Wittgenstein war die Musik vielleicht die Haupttriebfeder des Lebens. Vor allem durch die Musik stand sie mit ihrem Mann und den Kindern in Verbindung – durch die Musik und womöglich auch durch die Märchen, die sie den Kindern so herrlich zu erzählen wußte. Sie war schmächtig und geradezu durchsichtig, ihre Hände vermochten nur eben eine Oktave zu greifen, ihre Füße erreichten kaum das Pedal, doch am Klavier oder an der Orgel überwand sie jeden körperlichen Nachteil und jedes altersbedingte Nachlassen des Koordinationsvermögens. Auch wirkliche oder scheinbare intellektuelle Schranken fielen, sobald es um Musik ging, so daß sie, der es laut Darstellung der eigenen Tochter schwerfiel, einen komplizierten Satz zu erfassen, die vertracktesten Stücke vom Blatt spielen konnte. Sie war Schülerin Goldmarks gewesen, war Bruno Walters treffliche Partnerin beim vierhändigen Spiel, konnte vom Blatt spielen oder transponieren, improvisierte in reizender Manier, war aber weder Berufsmusikerin noch Virtuosin. So konnte sie zum Beispiel nicht nach der Orchesterpartitur spielen – ihre Musik war eben die Hausmusik des neunzehnten Jahrhunderts. Die Betonung lag stets auf dem Ausdruck der musikalischen Idee, und über sie diskutierte man mit einem Minimum an Fachterminologie und dem Wortschatz gebildeter und aufmerksamer Zuhörer bei den langen Besprechungen, die in der Alleegasse auf jedes Konzert der Wiener Philharmoniker folgten. Am Klavier spielte Poldy ihre Rolle als Frau und Mutter am besten und hielt durch ihre Stimme Vater und Söhne zusammen, wenn Kammermusik gespielt wurde, oder wenn sie durch ihre Begleitung die Ausführung eines Lieds bestimmte. Heute leben nur noch wenige, die sich an ihr Spiel erinnern. Und wer sich daran erinnert, hielt es damals für besser als das des Sohnes, der Konzertpianist wurde, und es soll sogar besser gewesen sein als das jenes musikalischen Wunderkindes, dem diese Laufbahn untersagt wurde. Bezeichnend für ihr Spiel war vor allem das Vermeiden jeglicher Übertreibung, jeglicher Effekthascherei und jeglicher Entstellung der musikalischen Logik. Auf anderen Gebieten wußte sie zwar, was sie selbst zu tun hatte, war aber vielleicht nicht scharfsichtig genug, um die Schwächen anderer zu entdecken oder zu korrigieren. Auf musikalischem Gebiet dagegen war sie ihrer selbst völlig sicher: Wie konnte sie mit einem solchen musikalischen Idioten zusammenspielen? War es denn wirklich nötig, das Klavier zu *bearbeiten*? Ersteres sagte sie ihrem Enkel ins Gesicht, letzteres über ihren (nicht in Hörweite befindlichen) Sohn.

Poldy und ihre Verwandten spielten eine weit geringere Rolle als die Wittgensteins in dem Bild, das sich Ludwig und seine Geschwister von sich selbst und ihrer Familie machten. Zum Teil lag das an der damals üblichen Betonung der väterlichen Abstammungslinie, zum Teil äußerten sich die Wittgenteins eben in lebhafterer Weise und waren überhaupt bemerkenswerter. Daher war in der jüngeren Generation von den Kalmus und den Stallners sogar noch weniger die Rede als von den Figdors, der mütterlichen Linie der vorigen Generation. Dort gab es ja die Beziehung zu Joachim und zu dem Kunstsammler Albert Figdor, auf die man nicht nur stolz sein, sondern die man auch genießen konnte. Diese Figdors gehörten zur gleichen Welt wie man selbst, und zum Zeichen dessen hatten sowohl Willi Figdor als auch Onkel Paul in die Familie Hochstetter eingeheiratet und waren dadurch mit dem berühmten protestantischen Geologen verwandt. Die Familie Kalmus hatte ein weit schlichteres Leben geführt. Der 1870 verstorbene Jakob Kalmus war der sanftmütige und treuergebene Gatte Marie Stallners gewesen, eines hübschen Mädchens aus dem Ort Lichtenwald, der damals zur Steiermark gehörte und heute in Jugoslawien liegt. Sie war der einzige beglaubigte nichtjüdische Großelternteil Ludwigs, die Tochter eines Provinzkaufmanns, der es zum Grundbesitzer gebracht hatte.[17] Jakob Kal-

17 Aus dieser Familie stammt F. A. von Hayek, der als erster biographisches Material über Ludwig Wittgenstein gesammelt hat.

mus war Witwer und erwartete von Marie Stallner kaum mehr als gute Manieren und elegantes Auftreten; ihre sittliche Bildung sollte sie ihrer Schwiegermutter abgucken. Jakob Kalmus, seinerseits ein recht erfolgreicher Kaufmann, war in Prag geboren, wo Ernst Wehli, ein Großvater mütterlicherseits, Vorsteher der jüdischen Gemeinde gewesen war. Doch Sophie Kalmus, die Tochter ebendieses Wehli und sittliche Erzieherin Maries, hatte sich in fortgeschrittenem Alter taufen lassen und war fromme Katholikin. Konvertiten hatte es auch schon auf der Seite ihres Mannes gegeben, denn Pater Kalmus, ein Vetter, war ein bekannter Kaplan, zunächst in der Armee, später in einem beliebten Kloster der Ursulinerinnen, der, wie alle Priester, so tat, als sei jene Aufgabe weit weniger mühevoll gewesen als diese. Es ist vielleicht möglich, daß auch von dieser Seite manche Charakterzüge erhalten blieben: dunkle Erinnerungen an die karge Würde des Prager Ghettos. Doch für Poldys Kinder repräsentierte die Familie Kalmus eher das Österreichische ihrer Herkunft, den gesetzteren und tieferen, den katholischen Strom der deutschen Kultur, auf den sogar Goethe voll Neid geblickt hatte.

Poldys verwitwete Mutter erreichte ein hohes Alter; als sie 1911 starb, hatte sie ihre Zeit, nachdem einige Anfangsschwierigkeiten mit Karl vergessen waren, in zärtlicher Hingebung an ihre stets so anhängliche Tochter verbracht. Die beiden älteren Schwestern Poldys hatten einen weniger einnehmenden Charakter und zeichneten sich in den Augen der Wittgensteins durch keine ausgleichende Besonderheit aus. Gern gesehen war jedoch die Tochter der einen, Elsa von Bruckner (später Elsa Stradal), weil sie eine hübsche Stimme hatte, und willkommen war auch Dora Hauser, eine entferntere Kusine, denn sie konnte malen und war von unabhängiger Gesinnung. Sie ließ sich nicht davon abhalten, in Cilli, in der Nähe der Stallnerschen Wohnung, zu leben, bis ihr Haus im Zweiten Weltkrieg von Partisanen niedergebrannt wurde, obwohl sie sich heftig dagegen wehrte. Doch dies waren eben nur wenige engere Beziehungen, und trotz freundlicher Verbindungen zu anderen Vettern und Cousinen – zu den Grögers in Zürich zum Beispiel, deren Adresse im Ersten Weltkrieg als kostbarer neutraler Briefkasten fungierte – spielten Poldy Wittgensteins Verwandte keine bedeutende Rolle im Lebensrahmen der Kinder. Poldy wie ihre Kinder gingen ganz im Beziehungsgeflecht der Wittgensteins auf. Doch Poldy brachte ihrerseits zwei überaus wichtige Elemente in das gemeinschaftliche Leben ein: erstens die Musik – ihr einziges, geschickt eingesetztes Talent – und zweitens einen sittlichen Ernst und eine Selbstlosigkeit, die man durchaus als extrem bezeichnen darf. Ihr Sohn Ludwig meinte später, trotz allem, was er geschrieben habe, sei die Hälfte seines Lebens – nämlich die Musik – nicht darin zum Ausdruck gekommen. Was das Ethische anging, erkannte Poldys Schwiegermutter schon bald, daß »ein Engel« zu sein doch kein so großer Vorteil war. Sie schrieb ihr: »Liebe Poldy, es gibt ein Wörtchen ›*zu*‹, man kann auch *zu* gut, *zu* selbstlos sein.«[18] Die Selbstlosigkeit, durch die sie zur Lieblingstochter geworden war, trug dazu bei, daß sie vielleicht nicht zur vollkommenen Ehefrau wurde. Auch einer äußerst gesinnungsstarken Frau wäre es schwergefallen, ein Gegengewicht zu bilden gegen Karl Wittgensteins Zuversicht und Tatendrang. Für Poldy, die nichts mehr fürchtete, als anderen Menschen Unannehmlichkeiten zu bereiten oder die eigene Pflicht nicht erfüllt zu haben, war es ein Ding der Unmöglichkeit – und dies um so mehr, als ihr ganzer Horizont von der Verantwortung für ihren Gatten ausgefüllt war. Dabei opferte sie sich nicht erst völlig auf, als er sterbenskrank war. In *dieser* Situation mag es richtig gewesen sein, lieber Schmerzen zu ertragen als ihn zu stören, lieber ein Nasenbluten vorzutäuschen als ihn glauben zu lassen, der Bericht des Arztes habe ihr die Tränen in die Augen getrieben. Doch da sie ihn ihr ganzes Leben lang in dieser Weise behandelt hatte, war er (wie sogar ihre Tochter meinte) von ihr verwöhnt worden, und vor allem war sie nicht imstande gewesen, seinen weniger wohlerwogenen Plänen oder Vorurteilen vernünftig begründeten Widerstand entgegenzusetzen. Für ihn verhielt es sich in der Ehe nicht anders als im Geschäft: Er hatte – sei's zum Guten oder Schlechten – nur stille Teilhaber.

Unter allen Kindern der Geschwister Wittgenstein nahmen die »Karl-Kinder« eine Sonderstellung ein. Es gab zwar Wissen-

18 Hermine Wittgenstein zitiert diesen Brief Fanny Figdors auf S. 93 ihrer »Familienerinnerungen«.

schaftler, Wirtschaftsführer und Chirurgen unter ihren Vettern, die im Schnitt zumindest ebenso viele – und vom Tragischen weniger kontrapunktierte – Erfolge errangen. Doch durch ihre verheißungsvolle Ausstrahlung, ihre Intensität, ihre Besonderheit, eben ihre Eigenschaft des Wittgensteinischen stachen diese Kinder gegen die anderen ab. Ausgerechnet der Rebell Karl hatte als einziger in eine jüdischstämmige Familie eingeheiratet, und obwohl seine Ehe von *einem* Standpunkt gesehen wie eine Verbindung von draufgängerischem praktischem Können mit nahezu spürbarem Selbstargwohn wirkte, scheint er von einem anderen Standpunkt gewisse Tendenzen in seinen eigenen Anlagen nicht ausgeglichen, sondern zusätzlich verstärkt zu haben: den sittlichen Ernst, die übertriebene Gewissenhaftigkeit und die Melancholie Hermann Christians und das sprudelnd nervöse Künstlertemperament Fanny Figdors. So wie das Heiraten in die immer gleichen Sippen nach verbreiteter Auffassung dazu geführt haben soll, daß in jüdischen Familien wissenschaftliches und musikalisches Talent sowie manisch-depressive Psychosen häufiger vorkommen als sonst, so haben in diesem Fall Karls und Poldys eigene Anlagen und das, was sie durch Vererbung und die ethische Atmosphäre, in der sie lebten und die sie wieder aufleben ließen, insgesamt dazu beigetragen, eine Generation von Menschen hervorzubringen, die sich durch ihre außergewöhnliche Begabung stärker auszeichneten als durch ihre Fähigkeit zu Eintracht und Glücklichsein.

2. Kindheit und Schulzeit

Ludwig Wittgenstein wurde am 26. April 1889 abends um halb neun im Haus in der Alleegasse als achtes und jüngstes der bis ins Erwachsenenalter überlebenden Kinder von Karl und Poldy Wittgenstein geboren. Später gehörte es zu seinen Eigenheiten, daß er darauf pochte, nette Menschen müßten im April geboren sein – übrigens der gleiche Monat, in dem auch sein Vater Geburtstag hatte und in dem er selbst sterben sollte. Die ersten Photographien zeigen ihn als blondlockiges Kindchen mit großen blauen Augen; auf zahllosen späteren Aufnahmen ist er als Knabe im Matrosenanzug inmitten seiner Angehörigen zu sehen oder in Gouvernantenbegleitung auf Terrasse, Rasen oder Wiese eines der väterlichen Landhäuser; er schaut gewinnend aus, ein wenig ernst, aber keineswegs verängstigt – der typische Benjamin einer wohlhabenden Industriellenfamilie, wie es sie damals dort gab. Ebenfalls typisch war – zumindest, was die ersten zehn oder zwölf Jahre betrifft – seine Erziehung und die seiner Geschwister. Sie gingen nicht zur Schule, sondern wurden von Hauslehrern und Erzieherinnen unterrichtet. Damals gab es noch gut ausgebildete Hauslehrer und -lehrerinnen, deren Muttersprache Französisch oder Englisch war, und von ihnen lernten sie diese Sprachen schon von frühester Jugend auf. Im Ersten Weltkrieg erzählte Ludwig einem österreichischen Freund: »Mein Französisch ist schlecht, aber Englisch *kann* ich.« Doch alle seine Angehörigen – nicht nur diejenigen, die etliche Jahre in England oder Amerika verbracht hatten – konnten von kleinauf Englisch schreiben und sprachen es mit jener leicht altertümlichen Reinheit und Kultiviertheit in Aussprache und Wortschatz, wie man es heute nur noch von Überlebenden ihrer Generation oder älteren Mitgliedern außerenglischer Königshäuser hört. Auch ihr Deutsch war von einer Schönheit und Eleganz, die man heute nicht mehr oft vernimmt; es war das im damaligen Österreich übliche Bildungs- und Bühnendeutsch, das vom Reichsdeutsch zwar merklich verschieden, dabei aber keineswegs ein Dialekt war. Mit den normalen Leuten kamen sie überhaupt kaum in Berührung, außer insoweit diese als Diener und Abhängige auftraten. Bei ihren Kinderfei-

ern oder in der Tanzschule war die Oberschicht unter sich. Freilich, ihre Einstellung und alle ihre Gewohnheiten waren die von Österreichern, aber eben von Österreichern jener Gesellschaftsklasse. Diese Distanz wurde durch den Hausunterricht noch unterstrichen. Das gewöhnliche Leben der meisten Österreicher war ihnen fremd, und zwar nicht nur das Leben des »Volkes«, sondern auch das künftiger Schriftsteller und Wissenschaftler etwa. Ludwig schrieb zum Beispiel stets mit kühnen lateinischen Buchstaben; doch als er Volksschullehrer wurde, mußte er sich anstrengen und die gebräuchliche Kurrentschrift erlernen. Ihre Erziehung war also durchaus typisch, aber eben typisch für eine bestimmte Gesellschaftsschicht in einer bestimmten Epoche.
Üblich war es auch, daß sie den Vater verehrten, die Mutter selten zu Gesicht bekamen und im Beisein von Tanten und Onkeln nicht viel sagen durften. Eingeprägt wurde ihnen vor allem die Bedeutung der Ehrlichkeit, der strikten Pflichterfüllung und des verantwortungsvollen Benehmens gegenüber Dienern und Abhängigen. Verglichen damit spielte die religiöse Erziehung nur eine geringe Rolle in ihrem Leben. Ihre sittliche, ihre kulturelle und ihre materielle Überlegenheit gegenüber der Umgebung (bzw. das Bewußtsein dieser drei Sachverhalte) waren unauflöslich miteinander verflochten und formten die Atmosphäre, in der sie ihr Leben führten.
Dieser Haushalt hatte natürlich seine ganz besondere Atmosphäre. Hermine, die älteste Tochter – die nach einer Figur von Fritz Reuter »Mining« gerufen wurde –, meinte, alle Kinder hätten sie als eine Atmosphäre ständiger Erregung empfunden: eine nie nachlassende Spannung, die in erster Linie vom Vater ausging. Seine Vitalität und Entschlossenheit hätten wohl jede Familie geprägt. Er, der auf dem Gipfel des geschäftlichen Erfolgs stand und Probleme, mit denen sich seine Untergebenen vergebens abgeplagt hatten, in kürzester Frist aus der Welt schaffte, dabei aber trotzdem genügend Zeit hatte, um zu fechten und zu reiten wie ein Kavallerist, mußte als Vater einen überwältigenden Eindruck machen. Er war überaus intelligent, und es gibt viele Anekdoten, die von seiner Fähigkeit zu raschem Kopfrechnen handeln. Die bedeutendste seiner postum veröffentlichten Arbeiten (eine Analyse der industriel-

len Errungenschaften Amerikas) ist das Manuskript eines mitsamt zahlreichen Tabellen, statistischen Angaben und sonstigem Anschauungsmaterial frei gehaltenen Vortrags.[1] Moralische oder menschliche Probleme erledigte er mit der gleichen Forschheit; er mochte keine Debatten und pflegte sie mit einem pointierten Witz abzubrechen. Ein solcher Charakter hat durchaus seine Reize, ja gerade die Stärke der Persönlichkeit ist ein zusätzlicher Reiz, wenn alles darauf hinzielt, für Annehmlichkeiten, kleine Aufmerksamkeiten oder Behaglichkeit zu sorgen. Karl Wittgenstein sah gut aus, war voller Leben, zuversichtlich, hatte (soweit die Kinder das zu erkennen vermochten) stets recht in seinen Urteilen, war witzig und gewandt und verschaffte sich durch seine Gelegenheitslektüre eine umfassende Allgemeinbildung. Die Geschäftskonkurrenten bemerkten seine bestrickenden Überredungskünste, und für die Kinder kam alles Erfreuliche von ihm. Er war der Schöpfer dieser Welt mit ihren großen Häusern, Parkanlagen und Gütern, die sie als ihre natürliche Umwelt empfanden. Kein Wunder also, daß besonders seine Töchter, denen er den Hof machte, ihn anbeteten. Er blieb ihr Mannesideal, und noch lange nach seinem Tod hieß es stets, wenn ein Diener etwas versäumt hatte: »Wenn der Papa das erlebt hätte!« In ihren Gedanken war jeder Fleck auf ihren Spazierwegen mit irgendeinem kleinen Vorfall verknüpft, in dem der Vater eine Rolle gespielt, etwa ein Enkelkind beschenkt hatte oder dergleichen.

Auch Ludwig und Paul, der zweitjüngste Bruder, bewahrten nur gute Erinnerungen an den Vater oder gestatteten sich keine anderen. Die Idee der Autorität sagte ihnen beiden durchaus zu. Sie waren gewillt, eine Welt absoluter, unmittelbar erkennbarer ethischer Werte gelten zu lassen, denen man nicht erst nach abwägendem Überlegen zuzustimmen brauchte, und denen nicht restlos Genüge zu tun gleichbedeutend war mit völligem Versagen. Sie ähnelten Karl auch darin, daß sie für faulen Zauber nichts übrig hatten und nicht zögerten, jeden Unsinn bloßzustellen. Bis zum Zweiten Weltkrieg, als die Verbindung zwischen ihnen (aus komplizierten Gründen) abriß, bestand Pauls Korrespondenz mit Ludwig größtenteils aus

1 »Die Ursachen der Entwicklung der Industrie in Amerika«, in: *Politico-Economic Writings*, a. a. O., S. 22-67.

»Nonsens«: offenkundig unsinnigen oder albernen Zeitungsausschnitten, die Ludwig sorgfältig in seiner – im Testament speziell erwähnten – Absurditätensammlung aufhob.
Sogar die beiden jüngsten Söhne wurden, obwohl sie keinen Groll gegen den Vater empfanden, dennoch in vieler Hinsicht durch die von ihm bestimmte Erziehungsweise benachteiligt, obschon er seine Vorschriften zu ihrer Zeit bereits ein wenig abgemildert hatte. Denn sein Elan und seine Selbstsicherheit wurden, wie nicht anders zu erwarten, mit einem Mangel an Feingefühl, ja gelegentlich mit einer gewissen Roheit bezahlt. Trotz seiner Großzügigkeit war er imstande, eine Bitte schroff abzuschlagen, wenn sie nach seiner Meinung irgendwie töricht oder ungeschickt vorgetragen wurde. Sein Abscheu gegen faulen Zauber konnte in böse Streiche umschlagen, die auf Kosten derjenigen gespielt wurden, die sich in Gesellschaft unsicher fühlten: So wurden einmal alle Gäste dazu bewogen, zum Diner heimlich Abendkleidung anzulegen, um einen Neuankömmling, der laut Auskunft des Dieners keinen Frack mitgebracht hatte, in Verlegenheit zu bringen. Bei anderer Gelegenheit gab es zum Scherz speziell gravierte Ehreneinladungen zu einer Zirkusvorstellung. Frei von Selbstzweifeln und seiner Wertvorstellungen sicher, wollte er diese auch seinen Söhnen aufzwingen, wobei er sich um ihre Begabungen nicht viel und um ihre Neigungen gar nicht kümmerte. Sie sollten Mathematik und Latein lernen und waren – von ihm – dazu bestimmt, das Technische mit dem Kaufmännischen zu verbinden, wie er selbst es getan hatte. Womit sie sich darüber hinaus beschäftigen wollten, das würden sie sich schon selbst aussuchen. Sollte einer von ihnen musikalisch besonders begabt sein – na schön, das war dann ein Prä, aber nichts, was sich auf die Gestaltung seines Lebens auswirken durfte. Am schlimmsten betroffen von dieser Haltung wurde das zweite Kind, Hans, der älteste Sohn und zweifellos ein musikalisches Wunderkind. Professor Epstein nannte Hans ein Genie. Als Neunjähriger spielte er in der Peterskirche die Geige, daneben beherrschte er die Orgel und das Klavier und konnte eine Reihe musikalischer Kabinettstücke vorführen. Dabei fehlte es ihm keineswegs an den geistigen Fähigkeiten, die die Ausführung des väterlichen Plans voraussetzte; so beschreibt seine Schwester Hermine in der

Einbildung und in der Wirklichkeit ausgeführte Kinderspiele, bei denen es um komplizierte Messungen und Rechnungen ging und die gerade an Karl Wittgensteins Anlage zum Kopfrechnen erinnern. Hans hatte einfach kein Interesse an der ihm zugedachten Berufslaufbahn, und die sei's auch verabscheuten, aber immerhin regelmäßigen Arbeitsgewohnheiten, die ihm durch eine gewöhnliche Schulerziehung hätten vermittelt werden können, hatte er sich nicht angeeignet. So kam es, daß er, als man ihn ohne eigentliche Ausbildung nach Böhmen, Deutschland und England schickte, um dort in verschiedenen Betrieben die notwendigen Kenntnisse zu erwerben, keine Ahnung hatte, was eigentlich von ihm erwartet wurde, und sich weit mehr darum kümmerte, Streichquartette auf die Beine zu stellen. Wenn er sich im Urlaub zu Hause aufhielt, war die Atmosphäre zwischen ihm und seinem Vater wenig behaglich. Im Alter von 26 Jahren verschwand er in der Chesapeake Bay von einem Schiff, und zwar unter Umständen, die auf Selbstmord hindeuteten. Was immer die Hinweise gewesen sein mögen, in der Familie ist sein Tod jedenfalls stets als Selbstmord gedeutet worden.
Die Familiengeschichte der Wittgensteins enthält (hierin ganz in Einklang mit jener Zeit) viele Anekdoten, die im Anhang einer psychoanalytischen Abhandlung stehen könnten. So wird zum Beispiel berichtet, das erste Wort, das Hans gelernt habe, sei der Name »Ödipus« gewesen. Es ist jedenfalls nicht unbegründet, wenn man behauptet, er habe sich mit der Mutter identifiziert und den Vater abgelehnt. Die Gründe dafür liegen nicht nur in dem ungeeigneten Erziehungssystem, sondern weit tiefer in der Dynamik der Familie. Aber auch die Einstellung der Mutter zu diesem System war typisch. Der Vater hatte keine Zeit, um die von ihm vorgeschriebene Erziehung zu überwachen, und die Mutter hatte ohnehin wenig Zeit, es sei denn, es ging um den Vater. Da sie sich überdies selbst nicht viel zutraute, zögerte sie, diejenigen, die für sie arbeiteten, zurechtzuweisen oder im Zaum zu halten. Als die Kinder klein waren, standen sie zunächst unter der Obhut eines mürrischen Kindermädchens, das sich um ihr Tun, ihr Benehmen, ja selbst um ihr leibliches Wohlergehen wenig kümmerte. Poldys Mutter und andere sahen das ganz deutlich und machten ihr deswe-

gen Vorwürfe, aber offenbar hatte sie nicht den Mut, sich auf ein Programm der Besserung und des Einschreitens festzulegen, und so blieb Fräulein Elise zweiundzwanzig Jahre in der Familie, also bis Ludwig sechs Jahre alt war. Und nicht anders ging es, wenn manche der Hauslehrer nichts leisteten. Vor allem äußerte sie keine Einwände gegenüber ihrem Mann wegen dessen schroffer Behandlung des Sohnes Hans (und das bedauerte sie selbst, als sie später, als Witwe, auf diese Zeit zurückblickte). Heute lassen sich die Konflikte zwischen Gefühl und ausgeprägtem Pflichtbewußtsein, die ihre Ruhelosigkeit verursachten, nicht mehr genau nachzeichnen, doch dic Kinder spürten sie – jedenfalls die Tochter, auf deren Familienerinnerungen sich diese Darstellung großenteils stützt – und sie erkannten, daß die Hingabe an die eigene Mutter und den Gatten ihre ganze Geduld aufgezehrt hatten. Sobald es um die Probleme der Kinder ging, schien ihr das notwendige Gefühl für deren Eigencharakter zu fehlen, und vor allen Dingen war sie zu sehr darauf bedacht zu glauben, alles sei in bester Ordnung, damit sie nicht in Streitigkeiten hineingezogen wurde, die über ihre Kräfte gingen.

Ihre Sanftmut, Höflichkeit und Selbstlosigkeit erschienen den Kindern stets vorbildlich. Sie bemerkten auch ihre Sorge, ob sie nur ja keine Pflicht versäumt habe – und viele der Kinder erbten diese Besorgtheit –, aber sie litten darunter, daß die Mutter nicht deutlich zu erkennen vermochte, wo ihre Pflicht eigentlich lag, und außerstande war, die geeignetsten Maßnahmen zu ersinnen und durchzusetzen. Aus inneren Gründen und durch ihre Ehe glich sie einer Person, die sich in einem Unwetter behaupten muß; sie war nicht nur weit davon entfernt, den Kindern Rückhalt zu geben, sondern bedurfte im Gegenteil ihrer Unterstützung und Nachsicht. Dieser Zug trat während der Witwenschaft deutlicher hervor, und ihre letzten Jahre haben auf die Erinnerungen der Kinder sicher besonders stark abgefärbt. Doch schon die Art und Weise ihrer Witwenschaft zeigt, daß sie die Unterstützung seitens anderer brauchte, und besonders ihre Söhne hatten, wie es scheint, mehr Hingabe, Verständnis und individuelle Fürsorge nötig, als sie ihnen zu geben vermochte.

Was Hans betrifft, war seine ältere Schwester im Zweifel, ob er überhaupt glücklich hätte werden können, selbst wenn es ihm freigestanden hätte, sein ganzes Leben der Musik zu widmen. Sein Spiel hatte etwas Gewaltsames und Erregtes an sich, das einem Zug seines ganzen Wesens zu entsprechen schien. Sie meinte, allen ihren Brüdern habe es in jungen Jahren an »Lebenskraft«, »Lebenswillen« oder »jugendlichem Lebensgefühl« gemangelt.

Daß Rudi, der dritte Sohn, Selbstmord beging, steht außer Zweifel; er vergiftete sich in Berlin. Als Siebenjähriger sollte er sich einer Volksschulprüfung unterziehen, doch er wirkte so verängstigt und elend, daß der Prüfer die Mutter warnte und ihr sagte, das Kind sei nervös, man solle gut auf es aufpassen. Diese Warnung wurde dann von der Mutter als gelungener Witz weitererzählt. In der Erinnerung lebt Rudi als derjenige Bruder, der am meisten Sinn für die Literatur hatte, vielleicht nicht im Sinne eines schöpferischen Autors, wohl aber eines begabten Literaturkritikers. Der Selbstmord wird gewöhnlich seiner wirklichen oder von ihm selbst vermuteten Homosexualität zugeschrieben, doch in einer Darstellung aus zweiter Hand heißt es, es sei ihm schwergefallen, sich nach dem behaglichen Leben im Vaterhaus in Berlin selbständig durchzusetzen, und auch von einer Geschlechtskrankheit wird gemunkelt. Sein Selbstmord fällt ebenso wie der seines Bruders Hans in die ersten Jahre dieses Jahrhunderts.

Kurt, der zweitälteste der Brüder, beging als dritter Selbstmord, doch das war viel später. Er war allem Anschein nach der am wenigsten von Sorgen gepeinigte Sohn (was zum Teil allerdings eine wittgensteinsche Formulierung dafür sein mag, daß er keine hervorstechende Begabung hatte), und wer sich seiner erinnerte, dachte hauptsächlich daran, wie er sich ans Klavier zu setzen und mit reizender Musikalität zu spielen pflegte, was er vorher im Opernhaus gehört hatte. Der Vater sorgte dafür, daß man ihn zum Direktor einer Firma ernannte. Von dieser Beschäftigung war er zwar gar nicht angetan, doch anscheinend ertrug er sie, ohne seine Heiterkeit einzubüßen. Zwei Heiratsversuche waren gescheitert, und wie es schien, war er ein wohlhabender, kultivierter Junggeselle ohne sonderlich ernste Verpflichtungen. Eine 1918 aufgenommene Photographie zeigt ihn zusammen mit der übrigen Familie auf der Terrasse der

Hochreith sitzend: in Kleidung, Haltung und Ausdruck der frohgemute Kavallerieoffizier. Ein paar Monate später, gegen Ende des Krieges, geschah es während des Rückzugs vor den Italienern, daß er das Biwak verließ, nachdem er gesagt hatte, er wolle sich ein wenig die Füße vertreten – dann hörte man einen Schuß. Für diesen Selbstmord sind eine ganze Reihe von Gründen genannt worden: die Schande angesichts der Niederlage bzw. der Weigerung seiner Soldaten, weiterzukämpfen; das Grauen vor der Kriegsgefangenschaft. Aber – ebenso wie im Falle Rudis – scheint der genaue Auslöser wenig Gewicht zu haben im Vergleich mit der Bedeutung der Tatsache, daß es in dieser einen Familie zu drei Selbstmorden gekommen ist, und daß auch die beiden übrigen Brüder (wie ihre Schwester meint) mitunter so nahe daran waren, daß ihr Überleben bis ins reife Mannesalter reiner Zufall zu sein schien. Sie dachte, es habe vielleicht an einem Mangel des »harten Muß« gelegen, jenes strengen Pflichtgefühls, das der Vater ihnen unbedingt vermitteln wollte. Einleuchtender wirkt jedoch folgende Variante dieser Erklärung: Sowohl vom Vater als auch von der Mutter hatten sie ein allzu ausgeprägtes Pflichtgefühl geerbt, und vom Vater lernten sie, ihre Aufgabe im Leben bestehe darin, zu handeln, in irgendeiner Weise die Welt zu verändern. Karl glaubte, jedes Problem sei durch technische Fortschritte zu lösen, zumindest stand er mit der ganzen Kraft seiner Persönlichkeit hinter dieser Überzeugung. Er verkörperte jene Fortschrittsidee, die Ludwig, der sie für ein wesentliches Merkmal der Gesellschaft seiner Zeit und den Grund seiner Entfremdung von ihr hielt, später so beunruhigend und abstoßend fand. Doch das Temperament, das die Söhne von der Mutter geerbt hatten, paßte ganz und gar nicht zu diesen Überzeugungen und zu dieser Aufgabe, denn es war ein Temperament der Passivität, der Empfindsamkeit und der Selbstzweifel. Es ist nicht verwunderlich, daß sich dieses Naturell im Falle der drei älteren Söhne nicht zu behaupten vermochte und ihnen keine Möglichkeit gab, das Leben erträglich zu gestalten. In diesem Zusammenhang sollten die plötzlichen Richtungswechsel des Vaters allerdings nicht unberücksichtigt bleiben: Ein Versagen, und sei es noch so geringfügig, war auch er nicht zu verwinden imstande. Den Söhnen aber fehlte seine nachgerade manische

Überzeugung, alles sei machbar. Ihrer depressiver veranlagten Persönlichkeit erschien jeder Fehlschlag wie ein absolutes Scheitern, sei es im Hinblick auf die berufliche Laufbahn, die ethischen Werte oder das Schicksal des Vaterlands.
Alles in allem wurden die drei Töchter den an sie gestellten Ansprüchen am besten gerecht, zweifellos deshalb, weil man weniger von ihnen erwartete. Hermine – oder Mining – wurde die eigentliche Gefährtin ihres Vaters. Zusammen mit ihr legte er seine Gemäldesammlung an, ihr diktierte er seine autobiographischen Notizen, und im wesentlichen für sie erwarb er den Landsitz Hochreith und baute ihn aus. Auch in bezug auf die jüngeren Geschwister übernahm sie in gewissem Maße die Stelle der Mutter. Später wurde sie faktisch zum Oberhaupt der Familie, wohnte in den Haupthäusern – entweder in der Alleegasse oder auf der Hochreith – und hieß in ihren Kreisen nur »das gnädige Fräulein«; sie war der Schrein der Familienüberlieferung und schrieb zum Schluß die Geschichte der Familie. Sie führte ein harmonisches Leben, in etwa in der Art der älteren Wittgensteins. Sie malte und zeichnete mit Geschmack, zumeist häusliche Familienszenen und Schauplätze auf der Hochreith. Sie spielte Klavier und organisierte musikalische Abendveranstaltungen oder ließ dergleichen Veranstaltungen durchführen. Sie bewirtete die zahlreichen Protegés der Familie und ließ mit erlesenem Geschmack gewählte Geschenke senden. Bis zum Ersten Weltkrieg widmete sie sich ausschließlich familiären Verpflichtungen, doch während des Krieges war sie in einem Lazarett tätig, und anschließend leitete sie eine Kindertagesstätte – freilich mit zahlreichen und zum Glück geschickt ausgesuchten Helfern, denn sie hatte vieles von der unpraktischen Seite ihrer Mutter geerbt, wenn auch nicht die damit einhergehende Ängstlichkeit. Ihre Neffen und Nichten hatten den Eindruck von einem ausgefüllten Leben; sie konnten sie sich zum Beispiel nicht als verheiratete Frau vorstellen. Natürlich kam es manchmal zu stürmischen Szenen mit ihren Geschwistern, die größtenteils klare Vorstellungen davon hatten, wie sich die anderen benehmen sollten, doch fast durchweg wurde sie geachtet, ohne daß man sie, wie ihre Mutter, hätte schonen müssen.
Harmonisch verlief auch das Leben der zweiten Schwester,

Helene oder Lenka gerufen. Wie es in dieser Familie gelegentlich vorkam, trat die Stärke ihrer Persönlichkeit in der Jugend nicht zutage, denn damals galt sie (nach strengen Maßstäben gemessen) als leichtsinnig. Sie heiratete dann einen soliden und humorvollen Beamten aus strikt protestantischer und mit den Wittgensteins bereits verbundener Familie: Max Salzer, der die Familie später in allen praktischen Angelegenheiten beriet. Sie war eine der musikalischsten Wittgensteins und organisierte in der Zeit zwischen den Kriegen einen Kammerchor. Als leichtsinnig galt sie nicht mehr, doch sie bewahrte sich eine lebhafte Form des wittgensteinschen Humors (wie er etwa in den Briefen ihres Vaters an seine Schwestern zum Vorschein kommt), und mit ihrem Bruder Ludwig, mit dem sie diesen Charakterzug gemein hatte, konnte sie stundenlang herumalbern. In dieser Weise blieben die beiden in Verbindung miteinander: durch harmlose Scherze – zum Beispiel ein Feuerwerk, das er ihr zum Geburtstag schenkte, und dergleichen – und durch gemeinsames Musizieren oder Gespräche über Musik. Da ihr die mütterlichen Privilegien Minings ebenso abgingen wie der unentwegte Menschenverbesserungseifer der dritten Schwester, ließ sie ihn in Ruhe und nahm keinen Einfluß auf seine Lebensgestaltung.

Unter den Schwestern kam Margarete – Gretl gerufen – Ludwig im Hinblick auf Alter, Fähigkeit und Temperament am nächsten, beeinflußte seine Entwicklung auch weit stärker als die anderen. Sie war ihr ganzes Leben lang eine imponierende Persönlichkeit. Nur im Vergleich mit ihr und in den Beziehungen zu ihr konnten die beiden anderen Schwestern wie weniger charakterstarke Personen wirken. Für Neffen und Nichten wie für Außenstehende waren »das gnädige Fräulein« und »die Frau Sektionschef« eindrucksvolle Damen, bei denen man sich nichts herausnehmen durfte. Niemand außer Gretl befürchtete, in einer Notlage könnten die beiden – wie sie an Ludwig schrieb – moralisch womöglich nicht stark genug sein (sie meinte vor allem: nicht klarsichtig genug); niemand außer ihr war bestrebt, Einfluß auf sie zu nehmen; und niemand außer ihr hätte die Verantwortung auf sich nehmen können, einem von Lenkas Kinder »eine Seele zu geben«.

Sie war auch stets fortschrittlicher als die anderen beiden. Freilich, ebenso wie sie, brachte sie es fertig, bis in die Mitte des zwanzigsten Jahrhunderts ein Leben zu führen wie die alten Wittgensteins, vielleicht ein wenig versnobt, vielleicht ein wenig borniert (in dieser Hinsicht war Gretls Freundschaft mit Freud umsonst), doch im Grunde wohlmeinend und glücklich, sofern mäßige Selbstzufriedenheit das gleiche ist wie Glück. Doch in ihrer Unleidlichkeit gegenüber dem bloß Hergebrachten, in ihrer Passion für neue Ideen – für die Psychoanalyse etwa oder den Sozialismus –, in ihrer Entschlossenheit, zu verstehen, zu analysieren, zu verbessern, ja sogar im Umfang ihrer Unternehmungen erinnerte sie von allen Kindern vielleicht am ehesten an die Vielseitigkeit und den Tatendrang des Vaters. Soweit diese Eigenschaften jetzt nicht mehr auf technische, sondern menschliche Probleme gerichtet waren, lag das nicht nur daran, daß sie eine Frau war, sondern das war eben die Gesinnung der Wittgenstein-Generation, der sie angehörte.

Paul und Ludwig waren die beiden übrigen Söhne, der eine fünf, der andere sieben Jahre jünger als Gretl, und daher konnte es nicht ausbleiben, daß sie im Alltag sehr viel zusammen waren. Pauls Natur war grundverschieden von der Ludwigs. Er kümmerte sich weit weniger um die Meinungen anderer. Sein ganzes Leben lang wollte er nach niemandes Pfeife tanzen. Geachtet oder gar gefürchtet zu sein, war ihm weit wichtiger, als geliebt zu werden, und die nötige Kraft und Entschlossenheit, eine solche Reaktion auszulösen, besaß er tatsächlich. Er war Leschetitzky-Schüler und sollte Berufspianist werden (ein deutliches Zeichen dafür, daß der Vater seine Vorschriften abgemildert hatte). Sein erstes öffentliches Konzert gab er 1913. Doch in den ersten Kriegsmonaten verlor er an der Ostfront den rechten Arm. Nachdem ihn die Russen bei einem Gefangenenaustausch nach Hause entlassen hatten, brachte er es nicht nur fertig, sich als Adjutant wieder ins Feld schicken zu lassen, sondern lernte auch, allein mit der linken Hand zu spielen (Graf Zichy, für den Liszt Stücke komponiert hatte, war ebenfalls einarmig gewesen). Er beauftragte Richard Strauss, Ravel und andere Komponisten, Stücke für ihn zu schreiben, die er dann aufführte, und er setzte seine Laufbahn als Konzertpianist wie als Lehrer mit großem Erfolg fort. Die strengsten Kritiker fand er, wie nicht anders zu erwarten, in der eigenen Familie, und Pauls Interpretationsstil entsprach durchaus nicht immer dem Geschmack seiner Geschwister, von der Mutter ganz zu schweigen. Sie hörten bei seinem Spiel etwas Gewaltsames heraus, das sich nur teilweise durch die Erfordernisse der linkshändigen Ausführung erklären ließ. Sie, die Joachim gehört und über Sarasate die Nase gerümpft hatten, waren argwöhnisch gegenüber jedem Effekt, der nicht ausschließlich von der Musik selbst bedingt war. Für den modernen Hörer klingen seine Schallplatten zwar virtuos, doch es ist die Virtuosität eines österreichischen Interpreten der Vergangenheit, und sein Spiel ist weniger schlank und brillant als das eines modernen Interpreten. Die Aufnahmen sind freilich weniger klangscharf als die von heute, und die von den Wittgensteins so deutlich empfundene Unnatürlichkeit seines Ausführungsstils läßt sich dort nicht feststellen.

In vieler Hinsicht schien er der Natur und seinen eigenen Kräften Zwang anzutun. Es dürfte kaum notwendig gewesen sein, daß er, der doch Pianist war, mit dem ihm gebliebenen Arm boxen lernte, was zu seinen ständigen Übungen gehörte, durch die er eine ebenso aufrechte und gerade Haltung gewinnen wollte wie ein Zweiarmiger. Dem gleichen Zweck dienten auch seine unglaublich langen Wanderungen, die der liebsten Ferienbeschäftigung seines Vaters entsprachen, außer daß dieser stets seine Frau, die keine ausdauernde Wanderin war, und seine älteste Tochter dabeihaben wollte, während Paul allein losging. Er hatte einen schroffen und verschwiegenen Zug, der vielleicht das Resultat der widrigen Umstände war und der Strapazen ihrer Überwindung. So wohnte er bis kurz vor dem Zweiten Weltkrieg bei seiner Familie, doch nur durch einen Zufall kam etwas von seinem Privatleben ans Licht. Dann verließ er seine Angehörigen, und zwar unter Umständen, die wahrscheinlich von beiden Seiten völlig mißverstanden wurden: Die Familie meinte, er habe sie im Stich gelassen, während die Gründe nach seinem Eindruck auf der Hand lagen; und plötzlich kam eine bisher verborgen gebliebene Ehefrau zum Vorschein. Der »Anschluß« war, wie sich herausstellte, noch schwerer zu verwinden als das Elend des Ersten Weltkriegs und die Demütigungen der Niederlage. Zum ersten Mal sagte Ludwig: »Paul ist ein armer Kerl!« – etwas, was durch seine Beziehungen zur Familie symbolisiert wurde, war dadurch schließlich in die Brüche gegangen.

Paul war ein fähiger, hitziger Mensch mit guten Literaturkenntnissen und den Manieren eines Grandseigneurs, und so schien er, als Professor in New York tätig, die ganze Atmosphäre eines untergegangenen Zeitalters um sich zu verbreiten. Die bei den Starhembergs und mit den Offizieren seines alten Regiments (des 6. Dragonerregiments) verbrachte Zeit blieb ihm stets präsent, obwohl es doch gerade die Deutschen gewesen waren, die ihn ausgeschlossen hatten. Auch seine umfassende Bildung und das Interesse an der Natur gingen nicht verloren – ebenfalls Eigenschaften eines Aristokraten. Auf seinen langen Wanderungen in Österreich pflegte er einen Band Livius in der einen Tasche und ein botanisch besonders interessantes Pflanzenexemplar in der anderen zu tragen. Überaus charakteristisch für ihn war stets sein spöttischer, an den Vater gemahnender Humor, durch den er anmaßendes Verhalten entlarvte und Debatten vorzeitig zum Abschluß brachte. In den Erinnerungen seiner Schwester taucht er bei der ersten Erwähnung in ebendieser Eigenschaft auf: ein kleiner Junge, der das inzwischen gealterte Dienstmädchen mit einem Strom von Albernheiten peinigt und nur mit Mühe in Schach gehalten wird von der aus dem gleichen harten Holz wie er selbst geschnitzten Haushälterin seiner Großmutter.

Auf die Geschwister, deren Einstellung bekannt ist, wirkte »Luki« oder »der Lukerl« zunächst schutzbedürftig, und das nicht nur wegen des Altersunterschieds, denn zu Paul hatte ja niemand diese Einstellung. Lukis Temperament war zart und empfindlich, seine Gesundheit mit ziemlicher Sicherheit ebenfalls. Es steht fest, daß er als Vierzehnjähriger vom schulischen Sportunterricht freigestellt werden mußte, und es heißt, er habe sich schon vor den Strapazen des Ersten Weltkriegs mehreren kleineren Operationen unterziehen und operative Korrekturen in Kauf nehmen müssen (anscheinend litt er an einem doppelten Bruch). Zu dieser Zeit brauchte er Zuneigung und erbat sie auch.

Ludwigs spätere Äußerungen über seine Kindheit müssen überaus zurückhaltend aufgefaßt werden, außer freilich insofern, als sie Aufschluß geben über seine Verfassung zum späteren Zeitpunkt. Ein regelrechter Widerspruch liegt allerdings nicht vor: Es ist durchaus möglich, den besten Vater, die besten Schwestern und die beste häusliche Umgebung zu haben und dennoch unglücklich zu sein, vorausgesetzt, die Möglichkeit werde nicht ausgeschlossen, daß das Unglücklichsein einer Schwäche des eigenen Charakters zuzuschreiben ist. Und Ludwig war nicht nur weit davon entfernt, diese Möglichkeit auszuschließen, sondern erkannte sie vollauf an. Er blickte mit ähnlichen Augen auf seine Kindheit zurück wie Augustinus und suchte in allen Zufällen und Velleitäten der Kindheit nach Sünden und Fehlern. Dabei war es oft gerade im Zusammenhang einer umfassenden Beichte, daß er auf jene Jahre zu sprechen kam. Zugleich war er stolz auf die Art der Fähigkeiten, die er entwickelt hatte, und auf die Art der geistigen und ethischen Kultur, die ihn umgab. Dieser Stolz war so etwas wie eine Bejahung der eigenen Identität, wie sie in ähnlicher Weise bei dem von Wittgenstein zitierten französischen Politiker zum Ausdruck kam, der meinte, Französisch sei die einzige Sprache, in der die Worte in der Ordnung stehen, in welcher man sie denkt.

Als »gute geistige Kinderstube« pflegte er die frühen Jahre zu bezeichnen, womit er sich – wenn auch nicht ausschließlich – auf die vierzehn zu Hause verbrachten Jahre bezog. Das »Gute« an der Kinderstube war größtenteils nicht das Verdienst der Hauslehrer und Erzieherinnen. Deren Kompetenz war unterschiedlich, und vor allen Dingen wurden sie ihrerseits nicht beaufsichtigt. Man mußte schon ein sehr ehrlicher Mensch sein, um den eigenen Brotherrn darüber aufzuklären, daß man sich außerstande sehe, die Faulheit oder Unlust seiner Kinder zu überwinden. Sogar Ludwigs Klavierunterricht wurde nach einer ungeeigneten Methode vorgenommen und nach einiger Zeit eingestellt. Dieser Vorfall mutet ein wenig seltsam an, denn Paul, von dem dieser Bericht stammt[2] und der Ludwigs ungewöhnliche Musikalität hervorhebt, hat es ja seinerseits fertiggebracht, das Klavierspiel zu lernen. Ludwig bevorzugte, wie es scheint, Dinge, die er sich selbst beibringen konnte, wie er ja später selbständig Klarinette spielen lernte.

2 Erzählt wird die Geschichte in einem Brief an F. A. von Hayek.

Vielleicht war ihm auch, wo es um Musik ging, die Rolle des Kritikers oder des Leiters anderer lieber als die des Ausführenden. Jedenfalls war er, was seine Musikerfahrungen betrifft, auf das musikalische Leben des Haushalts angewiesen: die häufig besuchten oder im eigenen Haus veranstalteten Konzerte, die vielen Familienaufführungen von Mendelssohns Chorgesängen und Duetten, Schumanns dreistimmigen Gesängen, von Kammermusik und Sonaten, die von Mutter, Vater und Brüdern gespielt zu werden pflegten. Er lernte äußerst exakt und ausdrucksvoll zu pfeifen und begriff die allgemeine Musiklehre ohne weiteres. Diese Dinge fielen ihm so leicht, als habe er zu Hause nebenbei eine zweite Muttersprache gelernt.
In erster Linie jedoch bestand die Kinderstube in dem, was man zu Hause las und darüber sagte. Bestimmte Stellen wurden immer wieder erneut besprochen und überdies auswendig gelernt. Werke, die man als für einen der anderen geeignet erachtete, wurden dem Betreffenden herausgelegt. Es war eine ständige Erörterung des Lebens mit Hilfe der Literatur, und man legte Wert darauf, die Dinge in zurückhaltender Sprache und ohne Rhetorik zu formulieren. So sagte Ludwig einmal zu einem Freund, es komme nicht darauf an, was man getan habe, selbst wenn man jemanden umgebracht habe. Das, worauf es ankäme, wäre, wie man darüber rede, oder ob man überhaupt darüber rede. Ebendarum ging es ihm auch in den Werken der Literatur. Russell empfahl er die Lektüre von Tolstois *Hadschi Murat*, einer seiner Schwestern legte er ans Herz, Kleists *Michael Kohlhaas* zu lesen; und dies sind Werke, in denen die jeweilige Hauptfigur dem Unglück nicht mit stoischem Gleichmut begegnet, sondern – wie der wahre Mann bei Aristoteles – die Bereitschaft an den Tag legt, Schreckliches zu tun und zu erleiden, weil es in der gegebenen Situation mit zu dem von ihm gewählten guten oder edlen Leben gehört. Sein Leben ist zerstört – ὅμως δὲ καὶ ἐν τούτοις διαλάμπει τὸ καλόν – doch seine edle Haltung schimmert durch das Unglück hindurch; und das gilt nicht nur für die dargestellten Ereignisse, sondern auch für den Stil; ja eigentlich kann man nur dem Stil entnehmen, wie sich diese Männer mit ihrem Schicksal abfinden, denn das läßt sich, um mit Wittgenstein zu reden, nicht sagen, sondern nur zeigen.

Von diesen spezifischen Werken wissen wir lediglich, daß er sie vor dem Ersten Weltkrieg las. Darauf, welche Werke und welche Autoren er schon als Kind und Jugendlicher kennenlernte, gibt es nur überzeugende Hinweise. Auf die großen Dichter – Goethe, Schiller, Mörike, Lessing – kommt er sein Leben lang immer wieder zurück. Sie seien wie Sonnen, sagt er, womit er meint, daß sie im Mittelpunkt einer Kultur stehen und diese bestimmen. Namentlich Goethe behandele Probleme der abendländischen Kultur, wenn auch freilich nicht so wie Beethoven, aber eben doch Probleme, an die kein Philosoph je herangekommen sei; Nietzsche habe sie vielleicht gerade eben gestreift, aber Nietzsche sei halt eher Dichter als Philosoph gewesen (und in dieser Kennzeichnung liegt keine Spur eines Tadels). Diese Bemerkungen stammen aus den dreißiger Jahren, und das darin ausgedrückte Bewußtsein, die abendländische Kultur sei nichts weiter als eine von mehreren Phasen der Menschheitsgeschichte, steht in Einklang mit seiner Hochschätzung der Ideen Spenglers. Den Gedanken, daß die Kultur, die er selbst repräsentierte, der Vergangenheit angehörte, empfand Ludwig nicht als quälend, sondern er fand sich in schlichterer Form damit ab und entwickelte mit Hilfe ebendieses Gedankens seine Auffassung vom Sinn des Lebens (und brachte sie so schließlich auch zum Ausdruck). Die Musik ist ein gutes Beispiel für diese Haltung: Für ihn und seine Familie hieß Musik nichts anderes als die Musik Wiens von Haydn bis Brahms. Die Notwendigkeit eines Wandels sah er nicht, und Bergs Werke etwa fand er skandalös. Das klassische Repertoire enthalte mehr als genug, worüber man sein ganzes Leben lang nachdenken könne. In dieser Hinsicht glich seine Beziehung zur Musik seiner Beziehung zur Muttersprache: Er hatte es nicht nötig, über sie hinauszugehen und jenseits von ihr nach Ausdrucksmitteln zu suchen. Zur Musik blieb diese Einstellung sein Leben lang die gleiche; und in der Jugend war dies auch seine Beziehung zu einer bestimmten Art von (im Grunde) deutscher Kultur, bis dann eine gewisse Reife und der Krieg seinem Empfinden neue Dimensionen vermittelten. Als der Student Wittgenstein nach England ging, nahm er viele der damals erhältlichen eleganten, aber nicht luxuriösen Ausgaben der Werke dieser zentralen Autoren mit. Nach dem Ersten

Weltkrieg wurden diese Bücher verkauft, und als er später wieder in England lebte, legte er eine Sammlung weniger kostbarer, antiquarisch erworbener Ausgaben an, wobei zweifellos »sowohl innere als auch äußere Gründe« eine Rolle spielten, um einen seiner Lieblingsausdrücke zu verwenden.
Er war kein Vielleser, doch er las intensiv. Immer wieder kam er auf die gleiche Stelle oder das gleiche Gedicht zurück, wenn dieses ihm »etwas sagte«, wie er auch beim Hören einer Schallplatte die Nadel mehrmals an die gleiche Stelle und an einen musikalischen Übergang zurückführte, aus dem er alles herausholen wollte. Dies war seine Einstellung zur Literatur, und ebenfalls zur Philosophie, und in den Bemerkungen seines Freundes Engelmann wird diese Einstellung zutreffend wiedergegeben.[3] Es war nicht seine Reaktion, zu sagen: »Ja, das haben wir nun begriffen, wie geht's denn weiter?«, sondern er reagierte, indem er bei jeder bedeutungsvollen Äußerung verweilte und versuchte, sein Verständnis dieser Äußerung zu vertiefen. Kein Wunder also, daß seine Notizbücher zahlreiche Zitate von Goethe und Schiller enthalten.
Später gewannen andere Autoren und spezielle Werke Bedeutung, doch hier geht es uns um diejenigen, die zu seiner bleibenden geistigen Ausstattung gehörten und, wie er selber es nennt, seine Kinderstube ausmachten. Lessing ist in seinen Augen ein Beispiel für die Untrennbarkeit von Ethik und Ästhetik. In dieser Hinsicht habe sich die Welt gewandelt, und Ludwig gelangt zu der Auffassung, die Kultur habe die Integrität eingebüßt, die vonnöten ist, damit sich die besten und stärksten Persönlichkeiten eines Zeitalters den Künsten zuwenden können, doch er selbst sei ein Überbleibsel einer früheren Denkungsart. Oft spricht er davon, daß die Welt, zu der er gehöre, mit Schumanns Tod untergegangen sei. Auch in seiner Bewunderung für Schiller liegt etwas Unzeitgemäßes: Der ihm sympathische Idealismus und Freiheitsdrang nimmt bei Schiller Formen an, die eher der Zeit vor den Napoleonischen Kriegen angemessen sind. Mörikes Verdienst liegt in der Schlichtheit und Natürlichkeit seiner Sprache, wobei es nicht so sehr auf Zurückhaltung ankommt, sondern auf die genaue Anpassung

3 Engelmann, *Ludwig Wittgenstein: Briefe und Begegnungen*, a. a. O., S. 110.

des Gefühls – und daher natürlich der Sprache – an die Situation. Ebendiese Qualität findet Ludwig auch bei Gottfried Keller, dessen Werke (wie wir zufällig wissen) zu denen gehören, die er nach England mitnahm, und den er, wie Engelmann berichtet, leidenschaftlich verehrte.[4] Bei Keller wird der Ton nie auch nur eine Spur zu laut für das entsprechende Gefühl. Das zeigt sich in den Züricher Novellen, die Ludwig gern seinen Freunden empfahl: »Der Landvogt von Greifensee« und »Kleider machen Leute« sind typische Beispiele seiner Vorliebe für die augenscheinlich einfache Parabel. Aber auch die Figur des Heinrich Lee im *Grünen Heinrich* erinnert an Ludwig und seine Urteile über sich selbst, sowohl im Hinblick auf seine Scham angesichts jugendlicher Treubrüche als auch im Hinblick auf das (in Heinrich Lees Fall berechtigte) Gefühl, sich ständig verweigert und zurückgezogen zu haben, sobald ihm eine Gelegenheit geboten wurde.

Wollte man angeben, was Wittgenstein an Goethe bewunderte, so liefe das angesichts der zahlreiche Goetheschen Themen und Gesichtspunkte, die in seinem Denken eine Rolle spielen, beinahe auf das gleiche hinaus wie eine Liste der Dinge, die er am Leben überhaupt bemerkenswert und wertvoll fand: die Verachtung rein akademischer Bildung; die Fruchtbarkeit und Originalität eines Geistes, der nach neuen Vergleichsgrundlagen Ausschau hält und sich nicht einmal mit der Autorität eines Newton abfindet. Allgemeiner gesprochen: die Vollkommenheit und Harmonie eines Charakters, der jedem Satz, den er schreibt, seinen eigenen Stempel aufdrückt, so daß man das »voilà un homme« ersetzen könnte durch ein »voilà un style«. Obwohl Ludwig selbst die Sinnlichkeit nicht sonderlich hochhielt, ließ er die »Römischen Elegien« nicht außer acht; wahrscheinlich berührte ihn das in ihnen ausgedrückte Gefühl der Befreiung. Vor allem galt ihm Goethe als Mann der Aufklärung, der die Konflikte des Lebens und eines Zeitalters der Verwirrung und Wechselfälle in seinem eigenen Bereich einer Lösung zugeführt hatte.

Eine tiefere Affinität empfand Ludwig jedoch vielleicht zu einigen österreichischen Autoren. Von Grillparzer etwa sagte er,

4 Engelmann, a. a. O., S. 66.

wir wüßten gar nicht, wie schön er sei. Schon daraus, daß er Russell die Lektüre von Goethes *Iphigenie* ans Herz legte, kann man ersehen, daß ihm Grillparzers Klassizismus zusagen mußte, und darüber hinaus steht das Thema von *Ein treuer Diener seines Herrn* etwa ganz in Einklang mit Ludwigs eigener Einstellung zu rechtmäßiger Autorität.[5] (In diesem Stück, von dem wir wissen, daß Ludwig es besonders liebte, geht es um den treuen Diener, der bereitwillig jede Kränkung hinnimmt, weil er meint, das schlimmste Elend bestünde darin, wenn er selber eine Verfehlung beginge.) Doch in der Alleegasse kannte man alle Stücke Grillparzers, einschließlich derjenigen, die eine edle und durchaus nicht servile Anerkennung des Hauses Habsburg und ein Gefühl für die besondere ethische Aufgabe Österreichs nahelegen, die nicht so sehr in der Herrschaft über viele Völkerschaften bestehen soll, sondern darin, daß es der deutschen Kultur eine wahre, klarsichtige und nicht übertriebene Sittlichkeit schenkt. Engelmann spricht in diesem Zusammenhang von Verstand *mit* Gefühl, Kopf *mit* Herz. Und Grillparzer selbst sagt von Österreich: »Inmitten / Dem Kind Italien und dem Manne Deutschland / Liegst du, der wangenrote Jüngling, da.«[6] In Sachsen und am Rhein, meint er, gibt es womöglich Leute, die mehr in Büchern lesen. »Allein, was nottut und was Gott gefällt, / Der klare Blick, der offne, richtige Sinn, / Da tritt der Österreicher hin vor jeden, / Denkt sich sein Teil und läßt die andern reden!«
Die Epigramme und Tagebücher enthalten noch weit Kritischeres über die deutsche Volksgesinnung, was zum Teil daran liegt, daß viele dieser Bemerkungen nach dem Jahre 1848, das in Grillparzers Augen den Triumph der Barbarei brachte, entstanden sind. In Politik, Literatur und Denken sei Deutschland gekennzeichnet durch Dünkel, Abstraktheit und Schwulst. Schuld daran sei vielfach Hegel, gegen den zahlreiche Epigramme Grillparzers gerichtet sind, mal verdrießlich, mal treffend: »Ich mindstens glaube lieber zehn Mirakel, / als einen Hegel«, schreibt er mit Bezug auf David Friedrich Strauß, und an anderer Stelle heißt es: »Was mir an deinem System am

5 Engelmann, a. a. O., S. 67f.

6 Grillparzer, *König Ottokars Glück und Ende*, III. Akt.

besten gefällt? / Es ist so unverständlich als die Welt.«[7] Bezeichnend für die österreichische Literatur sei dagegen Bescheidenheit, gesunder Menschenverstand und echtes Gefühl. Grillparzer nennt den Komödiendichter Raimund als Beispiel, um den Deutschen vorzuführen, daß sich die Aufgabe der Kunst nicht in der Idee erschöpft, sondern in der *Belebung* der Idee besteht. In vielen dieser gegen Nationalismus, Radikalismus, Fortschritt und dergleichen gerichteten Äußerungen Grillparzers spiegelt sich zweifellos die österreichische Angst vor Kräften, die womöglich zur Teilung des Habsburgerreichs führen würden, doch zugleich gibt er sich als einer der wahren Erben der Weimarer Klassik, die jetzt in ihrem eigenen Land mißachtet werde. Aus ähnlicher Gesinnung beruft er sich auch auf Kant. Dabei waren diese Empfindungen nicht auf Österreich beschränkt, sondern fanden sich ebenso bei Schopenhauer und Nietzsche. Deren Namen sowie die Raimunds, Nestroys und Grillparzers selbst – also alles Namen von Autoren, die Wittgenstein verehrte – verweisen zwar nicht auf den Hauptstrom, aber doch auf eine bestimmte Strömung innerhalb der deutschen Kultur, der er sich zugehörig fühlte und die mit seiner wehmütigen Sehnsucht nach der Zeit vor 1848 harmoniert. Adalbert Stifter, der andere typische Vertreter des Klassizismus, gehörte nicht zu seinen Lieblingsautoren, vielleicht weil seine Kunstlosigkeit zu oft bemüht wirkt; Stifters Fehler liegt vielleicht in seiner »künstlichen Banalität«, um mit Engelmann zu reden[8], einer gewissen falschen Schlichtheit. Großen Eindruck auf Ludwig machte dagegen ein weiterer Österreicher, der einen anderen Strang dieser Kultur repräsentiert: Lenau, dessen Faust ihm wie ein katholischer Faust vorkam, der zum Goetheschen im gleichen Verhältnis stehe wie Bruckners neunte Symphonie zur Neunten Beethovens. In beiden Fällen ist seine Bewunderung für die Männer der Aufklärung größer, doch er empfindet Sympathie für die Vertreter des Katholizismus. Lenaus Faust zeigt, was wirkliche Verzweiflung ist und wie wenig der Mensch vermag. Es war *dieser* Faust, mit dem Wittgenstein sich selbst und sein Einsamkeitsgefühl verglich.

7 Vgl. David Heald, »Grillparzer and the Germans«, in: *Oxford German Studies* 6 (1971/2).

8 Engelmann, a. a. O., S. 92.

Daß Wittgenstein mit diesen Autoren vertraut war, bedarf keiner besonderen Erklärung. Sie gehörten zu seinem kulturellen Erbe, ihre Werke standen in den Bibliotheken der väterlichen Häuser. Auf seine speziellen Vorlieben allerdings scheint seine Schwester Gretl Einfluß genommen zu haben. Zusammen mit Rudi, dem wenig älteren Bruder, und den mit ihm befreundeten Brüdern Zitkovsky, die begeisterte Schauspieler waren, brachte sie kulturelle Unruhe in den Haushalt der Wittgensteins. Die zu Hause stattfindenden Liebhaberaufführungen klassischer Dramen konnten die Tanten und Onkel natürlich nicht vor den Kopf stoßen, und auf diese Weise lernte Ludwig Molière kennen, den er stets als Sittenlehrer anerkannte, sowie Shakespeare – nach seiner Auffassung eine in der abendländischen Kultur einzigartige Erscheinung, die wie die Natur oder wie eine Landschaft einfach da ist, und der, vielleicht weil er nichts vom Sittenlehrer hatte, mehr Schöpfer war als Dichter. Bei diesen Aufführungen bekam er natürlich immer wieder Grillparzer zu hören, und besonders denkwürdig war Gretl in der Rolle der aus Unkenntnis blutschänderischen Berta in der *Ahnfrau*. Doch die jungen Leute verehrten nicht nur diese anerkannten Autoren, sondern hatten eine besondere Vorliebe für moderne Schriftsteller und moderne Denker. Gretls durchaus nicht zurückhaltendes Eintreten für sie wurde von Tante Clara zwar in verständiger und rationaler Form akzeptiert, doch einige ältere Angehörige der Familie fanden es aggressiv (eine verbreitete Reaktion auf freimütige Äußerungen zugunsten einer Sache, für die man selbst nicht viel übrig hat). Interesse an zeitgenössischer Literatur hat Ludwig dagegen nie erkennen lassen. Hofmannsthal war ein entfernter Verwandter, und einen gewissen Reiz hatte seine Idee der Rückkehr zum Barock, um sich so dem kulturellen Verfall der eigenen Zeit zu entziehen. Ludwig zitierte immerhin gern seinen Ausspruch: »Man soll anständig handeln. Irgendwie irgendwann irgendwo macht es sich bezahlt.« Doch alles in allem stand er Jung-Wien fremd gegenüber, ja er kannte kaum die Namen der Autoren, die Ficker 1914 als Empfänger seiner Spende aussuchte. Mit Musil ist er zwar oft verglichen worden, doch gelesen hat er ihn wahrscheinlich nie; vor 1906 wäre es ohnehin nicht möglich gewesen. Die wichtigste Ausnahme von seiner gleichgültigen Haltung gegenüber der zeitgenössischen Literatur – eine Ausnahme, die wirklich die Regel bestätigt –, war der von ihm bewunderte Karl Kraus, der, wie er in den dreißiger Jahren meinte, zu den bedeutendsten Einflüssen auf sein Denken gehörte. An einer Stelle nennt er diese Einflüsse in der Reihenfolge Boltzmann, Hertz, Russell, Kraus, Loos, Weininger, Spengler und Sraffa, und damit soll vermutlich die zeitliche Reihenfolge der Beeinflussung wiedergegeben werden. Es ist jedoch wahrscheinlich, daß er Kraus schon von Jugend auf kannte. Die Erstausgaben von Broschüren wie *Die demolierte Literatur* oder *Sittlichkeit und Kriminalität* stehen noch heute in den Bibliotheken der Familie auf den Regalen, und Ludwigs Schwester Gretl besaß (wie vielleicht noch weitere Angehörige) die vollständige Serie der *Fackel*, trotz der grimmigen Angriffe auf ihren Vater. Was Ludwig an Kraus mochte, liegt auf der Hand: Es ist wieder die Einheit von Stil und Mensch. Die Satire, die Bloßstellung moralisch niederträchtiger Einstellungen und der Hohn wurden durch eine Art des Sprachgebrauchs und der Sprachkritik vermittelt, die eher ethischer als literarischer Natur war. Ludwig hatte sein Leben lang die gleiche Gewohnheit wie Kraus, das ganze sittliche Wesen einer Person aus einem einzigen unbedachten Satz abzulesen. Außerdem gehörten die Autoren, die Kraus dennoch hochschätzte und seinen Lesern nahebringen wollte, ebenfalls der schon genannten Richtung der deutschsprachigen Literatur an. Ein Beispiel ist der Feuilletonist Kürnberger, von dem das Motto des *Tractatus* stammt, wobei es sich wahrscheinlich nicht um Beeinflussung im eigentlichen Sinne handelt, sondern eher um eine gewisse Übereinstimmung im Geschmack, denn der Band *Literarische Herzenssachen*, dem das Motto entnommen ist, stand auch zu Hause auf dem Regal. Ferner gehört Lichtenberg zu dieser Gruppe von Autoren. Die zu Anfang des neunzehnten Jahrhunderts edierte Ausgabe der *Vermischten Schriften* war zur Hand, denn bei den Wittgensteins fanden sich eher frühe und schöne Ausgaben als kritische Editionen. Gegenüber von Wright meinte Ludwig, Lichtenberg sei »terrific«,[9] und schon

9 Auf Ähnlichkeiten zwischen Wittgenstein und Lichtenberg hat von Wright schon sehr früh hingewiesen; vgl. seinen Artikel »Georg Christoph Lichtenberg als Philosoph«, *Theoria* 8, 1942. Parallelen zwischen Lichtenberg und

viel früher – vor dem Ersten Weltkrieg – hatte er für Russell antiquarisch eine Ausgabe aufgetrieben. Auch bei Lichtenberg spielt das Thema der Irrtümer und Fehler, die sich aus Mißbrauch oder Mißverständnis der Sprache ergeben oder sich in ihnen widerspiegeln, eine hervorstechende Rolle. Auffällig ist überdies die aphoristische Schreibweise, die sich Ludwig seinerseits später zu eigen machte. Es war das naheliegende Verfahren für jemanden, der Systemen nicht traute und dafür an den plötzlichen Einfall glaubte, so als ergäben sich die Probleme aus einem mißlungenen Gebrauch der Sprache und könnten gelöst werden, wenn man genau die richtige Formulierung fände. So sehnt sich Ludwig nach dem »erlösenden Wort« und schreibt in einem seiner Briefe an Engelmann: »Ich weiß daß Geistreichtum nicht das Gute ist und doch wollte ich jetzt, ich könnte in einem geistreichen Augenblick sterben.«[10] Lichtenbergs Ideen waren für ihn sicher von Bedeutung und müssen besprochen werden, während die Krausschen Gedanken eher indirekt auf ihn wirkten, denn er bemerkte kaum ihr Vorhandensein. So schreibt er an einer Stelle: »Rosinen mögen das Beste an einem Kuchen sein; aber ein Sack Rosinen ist nicht besser als ein Kuchen; und wer im Stande ist, uns einen Sack voll Rosinen zu geben, kann damit noch keinen Kuchen backen, geschweige, daß er etwas besseres kann. Ich denke an Kraus und seine Aphorismen, aber auch an mich selbst und meine philosophischen Bemerkungen.«[11] Wenn es um seine eigenen Schriften ging, wandte er sehr viel Zeit auf die Anordnung und das Umstellen der einzelnen Bemerkungen, doch Kraus las er, entsprechend dem eben zitierten, aus der Spätzeit stammenden Gedanken, stets wegen der Rosinen und lachte herzlich über die recht unbarmherzigen Witze, etwa die Kor-

Wittgensteins Spätwerk werden genannt und besprochen in J. P. Sterns *Lichtenberg*, London 1963, insbes. S. 158ff.

10 *Briefe*, Frankfurt: Suhrkamp, 1980, S. 152. Im Gespräch könne man weit mehr sagen als durch das geschriebene Wort – ein Thema, das in den Briefen immer wieder angeschnitten wird. Dieser Brief an Engelmann wurde im August 1925 geschrieben. Der Ruf nach dem »erlösenden Wort« äußert sich zum Beispiel in den *Tagebüchern 1914-1916* (= TB), Eintrag vom 20. Januar 1915.

11 *Vermischte Bemerkungen* (= VB), Frankfurt: Suhrkamp, Werkausgabe Bd. 8/Bibliothek Suhrkamp, S. 544/130.

rektur des Panegyrikus »Er war ein Mann von Eisen und Stahl« zu »Er war ein Mann von Eisen, und stahl«.
Was die modernen Denker angeht, ist zu berücksichtigen, daß Rudi zur Zeit seines Selbstmords Naturwissenschaft studierte, und auch Gretl widmete sich chemischen und mathematischen Studien, ehe sie sich der Psychologie zuwandte. Außerdem gehörte es damals zur Allgemeinbildung, philosophische oder für philosophisch geltende Schriften zu lesen. Rudis Exemplar der *Sieben Welträtsel* von Emil du Bois Reymond stand in Gretls Bücherschrank, doch es ist unwahrscheinlich, daß Ludwig je eine auch nur annähernd positive Einstellung gehabt hat zu diesem Versuch, die Probleme der Metaphysik durch die Methoden der Naturwissenschaft zu lösen oder als gelöst anzusehen. Im *Tractatus* heißt es daher: »*Das Rätsel* gibt es nicht.« In der Wissenschaft ist die Erklärung nicht enthalten, ja sie berührt unsere Probleme nicht einmal. Und insofern Wittgenstein die Erklärungsrolle der Wissenschaft bestreitet, steht er Mach näher, der in seiner Jugend als Idol verehrt wurde und dessen Schriften er sicher kannte. An Russell schreibt er jedoch, Machs Stil sei abscheulich, und hinter dieser Bemerkung steckt eine ganze Menge, denn auch Mach ist ein Fall, in dem der Stil das Denken widerspiegelt und die gleichen Schwächen erkennen läßt. Die Häufung der Beispiele, das Fehlen eines zentralen Themas und einer übergreifenden Gliederung in Machs Schriften entsprechen dem Gedanken, alle Phänomene seien gleichwertig, die Wissenschaft sei eine ökonomische Form des Denkens, die uns durch Evolution und schiere Wiederholung der Phänomene aufgezwungen wird, und sogar das Ich sei nichts weiter als eine hervorstechende Verknüpfung von Empfindungen. Machs Schreibweise mangelt die Eigenart; Epigramme und frappierende Bilder kommen nicht vor, denn er hielt sich nicht für einen Philosophen; ohne die eigene Rolle zu erkennen, konservierte er die Naturwissenschaft seiner Zeit. Dies war zwar eine beeindruckende Leistung, und er war zu Recht einflußreich, doch nicht in allen Fällen geben seine historischen Ausführungen den besten Aufschluß, und für einen originellen Denker mochte er nicht immer von Nutzen sein. Weit mehr lernte Wittgenstein von Hertz und Boltzmann. Hier stieß er auf den Gedanken, die Wissenschaft sei ein Bild

oder Modell, das der Geist – häufig mit äußerster Kühnheit und Ungebundenheit – selbst schafft. Später bediente er sich der Idee Boltzmanns, verschiedene Grundhypothesen (von Wittgenstein als »Netzwerke« bezeichnet) könnten der Welt gleichermaßen entsprechen, und er benutzte die Gedanken beider Wissenschaftler zur Entwicklung seiner allgemeinen Darstellung der Sprache wie der Wissenschaft. So zitierte er gern folgenden Satz von Hertz: »Wie ich Philosophie treibe, ist es ihre ganze Aufgabe, den Ausdruck so zu gestalten, daß gewisse Beunruhigungen verschwinden«.[12] Boltzmann kannte er mit Sicherheit, ehe er die Schule verließ, denn es war (wahrscheinlich recht unfundiert) die Rede davon, er habe bei ihm studieren wollen, was nur durch Boltzmanns Selbstmord im Jahre 1906 vereitelt worden sei. Boltzmanns *Populäre Schriften* (die in separater Form freilich großenteils schon vorher greifbar gewesen waren) erschienen 1905, und diese Sammlung war dem Gedenken Schillers gewidmet, Schiller und – in kaum geringerem Maße – Beethoven waren Boltzmanns Leitbilder gewesen, und diese Verschmelzung von Musik, Literatur und Philosophie entspricht genau Wittgensteins eigener Denkweise. Daß er Hertz schon kannte, ehe er Student wurde, ist eine Vermutung, die sowohl darauf basiert, daß er ihn in der genannten Liste unter den ersten erwähnt, als auch darauf, daß Hertz und Maxwell eben zu den Autoren gehörten, die man in der Alleegasse zu lesen pflegte.

Von diesen wissenschaftlichen Autoren abgesehen, scheint Schopenhauer seine erste philosophische Lektüre gewesen zu sein. Von Wright berichtet, Wittgensteins erste Philosophie sei, bis zur Bekehrung durch Freges Werke, ein erkenntnistheoretischer Idealismus in Schopenhauerscher Manier gewesen. Es steht fest, daß er *Die Welt als Wille und Vorstellung* kannte und gern Sprüche aus den *Aphorismen zur Lebensweisheit* anführte, sogar das diesem Buch als Motto vorangestellte Goethewort pflegte er aus den *Aphorismen* zu zitieren. Miss Anscombe meint, er habe auch *Die vierfache Wurzel des Satzes vom zureichenden Grunde* gelesen und davon profitiert. Nun besaß Wittgenstein zwar durchaus nicht die Tugend (bzw. die

12 Manuskript 213, Abschnitt 89.

Schwäche) des Gelehrten, alles in der weniger zugänglichen und ursprünglicheren Form lesen zu wollen, doch es ist nicht auszuschließen, daß er sich auch mit diesem Werk beschäftigt hätte, wenn darin etwas Eigenes enthalten gewesen wäre und falls ihn die Schriften Schopenhauers besonders beeindruckt hätten. Doch wie es scheint, war keine dieser beiden Bedingungen erfüllt. Was die erstere betrifft, muß sich jeder Leser, der etwas für deutsche Streitschriften übrig hat, sein eigenes Urteil bilden. Was die letztere angeht, pflegte Wittgenstein später Bedenken gegen Schopenhauer anzumelden. »Schopenhauer ist so klar, daß man auf den Grund blicken kann«, sagte er zu seinem Freund Drury, »Berkeley dagegen ist wirklich tief« (die hier gewählte Kontrastfigur kommt zwar überraschend, ist aber bezeichnend). Und im gleichen Sinne schrieb er über Schopenhauer: »Dort, wo eigentliche Tiefe anfängt, hört die seine auf.«[13] In welcher Weise er das Schopenhauersche Denken dem eigenen Werk dienstbar gemacht hat, muß an späterer Stelle nachgezeichnet werden, doch welche Anziehungskraft Schopenhauer auf jeden Heranwachsenden und namentlich auf Ludwig auszuüben vermochte, ist klar: Seine Schreibweise ist trotz mitunter schriller Töne elegant; gern führt er andere Autoren an, und Zitate sind über seine Schriften verstreut; er verachtet die Professorenphilosophie der Philosophieprofessoren, mit der seine eigene, in jeder Zeile eigenständige und persönliche Philosophie nichts zu schaffen hat, die eindringlich seinen stolzen und einsamen Geist ausdrückt, der sich einerseits faszinieren läßt von der Klarheit seiner Weltsicht, der Formbarkeit der Welt als Gegenstand der Erkenntnis, andererseits jedoch entsetzt ist über die dunklen, vernunftlosen Kräfte, die in dieser Welt und in ihm selbst wirken. Diese Einsamkeit, diese Faszination, diese Obsessionen finden sich auch bei Wittgenstein. Häufig spricht er in Briefen von seinen »bösen Geistern« und ist, ebenso wie Schopenhauer, überzeugt, die Kunst, insbesondere die Musik, könne diese Kräfte in solcher Weise verkörpern, daß er sie dadurch besser zu begreifen vermöchte; und um sich in Zukunft von ihnen zu befreien, gebe es keine andere Möglichkeit als eine Form von Verzicht oder Verneinung des Willens.

13 *Vermischte Bemerkungen*, S. 500/74.

Durch eine ähnliche Problematik, eine ähnliche Gleichheit der Einstellungen wurde er von Weininger angezogen, dessen *Geschlecht und Charakter* im Jahre 1903 erschien. Es ist verlockend, in den zurückhaltender formulierten, 1906 postum veröffentlichten Schriften *Über die letzten Dinge* nach Parallelen zu Wittgenstein zu suchen, denn dort sagt Weininger zum Beispiel: »Jedes wahre, ewige Problem aber ist eine ebenso wahre, ewige Schuld; jede Antwort eine Sühnung, jede Erkenntnis eine Besserung.« Aber was Ludwig zunächst und vor allem beeindruckte und worüber er später mit seinen Freunden diskutierte, war das populäre Buch und die darin zum Ausdruck gebrachte Einstellung. Hier liegen, ebenso wie im Falle Schopenhauers, Einzelheiten vor, auf die man im Kontext einer gelehrten Interpretation eingehen müßte: die Theorie der Elemente, die Weininger von Mach und Avenarius übernommen hat und die später auch im *Tractatus* anklingt; die Einstufung von Logik und Ethik auf ein und derselben Ebene. Doch der entscheidende Aspekt war der persönliche. Weiningers mitunter oberflächliche und unausgegorene Gedanken über das Wesen des Charakters nahmen ihren Ausgang von seiner tiefen Beunruhigung über ethische Probleme des eigenen Lebens. Dies erklärt auch, warum Ludwig später meinte, das Buch sei wichtig wegen der darin aufgeworfenen Fragen; selbst wenn man ein »nicht« vor alle seine Antworten schreibe, lohne sich das Nachdenken darüber dennoch. Nach Weiningers Ansicht gibt es im Charakter des Menschen zwei ethische Pole: Der eine ist positiv und kreativ und bezieht sich auf Realität und Wahrheit; der andere ist negativ und amoralisch und richtet sich nicht auf objektive Wahrheit oder das Gute, sondern auf das Triebhafte, vor allem das Sexuelle. Es ist zwar natürlich das auffallendste, wenn auch bei weitem nicht das wichtigste Merkmal des Buchs, daß Weininger den einen Pol mit dem Männlichen und den anderen mit dem Weiblichen gleichsetzt, jeden Menschen als Mischung aus Mann und Weib begreift – gleichsam als MMMW oder MWWW etwa –, den Grund dieser Mischung im Zellaufbau vermutet und sogar Freuds Reduktion von Gefühlen auf Sexualität vorwegnimmt bzw. plagiiert, wie man ihm vorgeworfen hat. Diese hochgestochenen Thesen und die mit ihnen verbundenen Ungereimtheiten sind jedoch nicht das Wesentlichste an diesem Buch. Sein Hauptverdienst besteht darin, daß seine Erkenntnis und Artikulierung eines sittlichen Ideals, welches Wahrheit, Schönheit, das Gute und alles Verehrungswürdige umfaßt, mit der Einsicht einhergeht, daß dem Wesen des Menschen – und häufig gerade dem, was uns wertvoll erscheint – Prinzipien innewohnen, die jenem Ideal unmittelbar entgegengesetzt sind. In den späteren Aphorismen drückt Weininger sein Ideal so aus: »Der höchste Ausdruck aller Moral ist: Sei! / Der Mensch handle so, daß in jedem Momente seine *ganze* Individualität liege.« Das Paradoxe besteht darin, daß der Mensch Elemente enthält, die gerade diesem Ausdruck entgegenstehen. Freilich, dies sind zugleich Elemente, die die Bildung der Seele hemmen und nicht zum Ich gehören, so daß sich zu ihrer Beschreibung Ideen wie die der Erbsünde oder des Teufels als naheliegend anbieten. Dennoch seien diese Elemente eben vorhanden, und Weiningers zweites Verdienst besteht darin, daß er die praktische Unmöglichkeit ihrer Überwindung formuliert, wenn auch von einem eher ethischen als wissenschaftlichen Standpunkt; ja für den in die Zeit eingebundenen Menschen sei ihre Überwindung überhaupt unmöglich, es sei denn vielleicht durch einen heroischen Akt des »Genies«, wie Weininger sagt. Weiningers Bedeutung für Wittgenstein lag schließlich auch in seiner Einstellung zum Selbstmord; dieser sei der Ausweg des Anständigen, wenn er spüre, daß das Böse schließlich auch in ihm die Oberhand gewinnt. Dies waren Weiningers Worte, und in der Praxis handelte er beinahe danach, denn kurz nach Erscheinen des Buches brachte er sich um, weil er mit seinen Anlagen, wie er meinte, die selbstgestellten moralischen Forderungen nicht hätte erfüllen können.

Manchmal wird Weininger mit der Begründung in Schutz genommen, seine psychologischen Theorien seien zwar absurd, doch die Probleme des eigenen Lebens stelle er überaus anschaulich dar. Mit diesem Lob ist jedoch wenig getan. Weininger ist ja nicht bloß ein Fall für die Lehrbücher, sondern soweit ihm als phantasiebegabtem Autor überhaupt etwas gelingt, dann nicht deshalb, weil er private Sorgen zum Ausdruck bringt, sondern allgemein menschliche. Dennoch ist es richtig, daß viele redliche Menschen dieses Schuldgefühl und diese Ohnmacht nicht empfinden, sie sogar mißbilligen, sei es, weil sie keine Religion haben, sei es, weil sie auf anderem Wege zur Religion gelangt sind. In manchen Fällen, zu denen vielleicht auch der Weiningers gehört, scheinen sich diese Gefühle fast nur negativ auszuwirken. In anderen, so zum Beispiel vielleicht im Falle Wittgensteins, zerbrechen sich Freunde und Angehörige den Kopf, um herauszubekommen, warum sich ein Mensch, der offenbar ein anständiges Leben führt, derart mit Gewissensbissen quält, und es ärgert sie sogar, daß er sich auf die eigenen Schwächen konzentriert, anstatt ohne weiteres gute Werke zu tun. Ihre Natur hat deshalb nicht weniger Göttliches an sich; auch der Einfältige kann unmittelbar und je nach der Beschaffenheit des Falles und seinen Fähigkeiten erkennen und handeln; im Rahmen der menschlichen Grenzen, die auch für den anderen gelten, vermag er, ohne unter Gefühlen der Nichtswürdigkeit und des Scheiterns zu leiden, zu wahrer moralischer Einsicht zu gelangen, die nicht unbedingt rein konventionell oder utilitarisch zu sein braucht. Der Denker jedoch kann nicht umhin, anders vorzugehen, wobei unter einem »Denker« nicht unbedingt ein Intellektueller oder ein Wissenschaftler zu verstehen ist, sondern jemand, der über das Leben des Menschen überhaupt und über das eigene Leben nachdenkt und die Notwendigkeit empfindet, daraus klug zu werden und ihm einen Sinn zu geben. Dieses Vorgehen ist von sich aus keineswegs besser und weit davon entfernt, zu größerem Glück zu verhelfen, doch es gehört mit zum Gesamtsystem des menschlichen Lebens, denn auch über die Kräfte, die im Leben des einfachen Menschen wirksam sind, gibt es Aufschluß.[14] Daher kommt es, daß selbst Menschen, denen dergleichen Probleme fremd sind, Autoren wie Augustinus und Tolstoi lesen, die sich diesem Vorgehen – das eben auch das Vorgehen Weiningers und Wittgensteins war – angeschlossen haben.

Weininger stammte zwar aus bescheidenen Verhältnissen, wurde von seinem Vater bewundert, war physisch recht unattraktiv und stand offensichtlich am Rande des Wahnsinns,

14 An dieser Stelle benutze ich Formulierungen, die Wittgenstein in einem Brief an seinen Freund Arvid Sjögren verwendet; dieser Brief Wittgensteins stützt sich seinerseits in hohem Maße auf das bereits erwähnte Buch Kügelgens.

doch er besaß zwei Eigenschaften, die ihm und dem jungen Ludwig Wittgenstein gemeinsam waren: Erstens war er Jude. Er litt unter dem Bewußtsein, es zu sein. Er setzte das Jüdische mit allem gleich, was (seiner Theorie zufolge) weiblich und negativ war. Es war eine Schande, die sich durch nichts ausmerzen ließ, und bildete zusammen mit der verabscheuten eigenen Sexualität jene radikale Unzulänglichkeit seines Charakters, der er durch den Tod entkommen wollte. Dieses Thema: daß das Leben und Denken eines Menschen durch sein Judentum geprägt wird, kehrt auch in Wittgensteins späteren Aufzeichnungen häufig wieder, obwohl er darin freilich eher eine geistige als eine moralische Beschränkung sah. Schon als Kind war er auf praktischerer Ebene darauf bedacht, sich aus gesellschaftlichen und sogar aus moralischen Gründen von all den verschiedenen Schichten des österreichischen Judentums zu lösen. Wir werden sehen, mit welchen Gewissensbissen er dafür bezahlte, und können dementsprechend ermessen, wie stark das Bedürfnis nach Loslösung gewesen sein muß. Noch fundamentaler als diese Obsession des Jüdischseins – und in Wittgensteins Fall weit wichtiger – ist die Bedeutung, die Weininger und Wittgenstein dem Charakter oder dem individuellen Wesen des Menschen als einer unentrinnbaren Gegebenheit beimaßen: ἦθος ἀνθρώπῳ δαίμων – so interpretierten sie, wie Goethe, den Spruch Heraklits. Dies hängt mit der zweiten Eigenschaft Weiningers zusammen, die wichtig ist für das Verständnis seiner Anziehungskraft auf Wittgenstein. Auch Weiningers Jugend war einsam gewesen, zweifellos eher aus inneren denn aus äußeren Gründen, und er wurde nicht nur introspektiv, sondern – im intellektuellen Sinne des Wortes – egozentrisch oder gar solipsistisch; das heißt, er neigte dazu, die ganze Welt in Beziehung zum eigenen Standpunkt zu sehen. Er war ihr Mikrokosmos und hielt (was vielleicht die wichtigste Konsequenz ist) alles, was in der Welt von Übel war, für seine eigene Schuld.

Im Hinblick auf die eigene Geschlechtlichkeit empfand Weininger besondere Schuldgefühle, die (nach einigen Darstellungen) besonders heftig waren, weil er durch seine Homosexualität – ebenso wie durch sein Judentum – als einer der weiblichsten Männer gekennzeichnet war. Auf seiten Wittgensteins dagegen deutet nichts darauf hin, daß er ähnlich fühlte. Eine gewisse Beschäftigung mit dem Sexuellen ist vom Heranwachsen einfach nicht zu trennen, und in den erhaltenen Tagebüchern aus etwas späterer Zeit, nämlich den Jahren des Ersten Weltkriegs, merkt er wiederkehrende »Sinnlichkeit« an, doch er formuliert diese Einträge ohne offenbare Schuldgefühle, als durchaus normale Fakten, Ablenkungen, über die sich zu ärgern nutzlos wäre. Für ihn, wie für die meisten Menschen, scheinen die Gefahren einer erotischen Beziehung nicht im bloßen Bestehen einer solchen Beziehung gelegen zu haben, sondern in dem Risiko unaufrichtigen oder feigen Benehmens oder in eventueller Niedertracht und Eifersucht gegenüber dem anderen oder einer dritten Person.

Durch unsere Erörterung der Literatur und der Gedanken, die Ludwig in seinen ersten achtzehn Lebensjahren kennenlernte, sind wir dahin gelangt, religiöse Begriffe zu verwenden. Die Probleme, mit denen sich die betreffenden Autoren auseinandersetzen, sind in gewissem Sinne offenbar religiöse Probleme, und auch im folgenden werden wir uns ständig bemühen müssen, den intendierten Sinn von Religiosität zu bestimmen. Fest steht, daß Ludwig offiziellen Religionsunterricht erhielt; ein Priester, der später Bischof wurde und demnach vermutlich hohes Ansehen genoß in der Wiener Gesellschaft, wurde ins Haus geholt, um den Unterricht zu erteilen. Ludwig jedoch verlor, wie er dem Freund Arvid Sjögren berichtete, seinen Kinderglauben, nachdem er sich mit seiner Schwester Gretl darüber ausgesprochen hatte. Sie war damals in intellektuellen Dingen ein rechtes Enfant terrible und neigte insbesondere dazu, Tradition und Äußerlichkeiten abzulehnen sowie alles, was irgendwie nach faulem Zauber roch. Sehr viel später äußerte sie Bedenken gegen von Wrights Äußerung, Wittgenstein habe gewiß keinen christlichen Glauben gehabt[15], und verwies auf den Einfluß, der von dem »starken, strengen, zum Teil asketischen Christentum des Großvaters und seiner vielen Kinder« ausgegangen sei. Ferner sagte sie im Hinblick auf Lud-

15 G. H. von Wright, »Ludwig Wittgenstein: Eine biographische Skizze«, in: von Wright, *Wittgenstein*, Frankfurt: Suhrkamp, 1986, S. 41; sowie in: Norman Malcolm, *Erinnerungen an Wittgenstein*, Frankfurt: Suhrkamp, 1987 (BS 957), S. 35.

wig: »So wie ich die Sache sehe, *war* er Christ.« In fortgeschrittenem Alter waren sie und ihre Schwestern unter dem Einfluß eines eindrucksvollen geistlichen Beraters ihrer Kirche wieder nähergekommen. Doch als man noch in der Alleegasse wohnte, ging man selten in die Kirche, und der stärkste religiöse Einfluß ging, wie Gretl selbst andeutet, von ihrem Großvater sowie von den Onkeln und Tanten aus, die ja nicht einmal nominell katholisch waren. Wittgenstein hielt sich sein Leben lang fern von offiziellen Religionsausübungen; er selbst sagt an einer Stelle, er bringe es nicht fertig, niederzuknien. Daß er während des Ersten Weltkriegs betete und durch und durch christliche Werke las, werden wir später sehen, doch dieses Verhalten wurde von Russell, nach dessen Eindruck Ludwig vor dem Krieg religionsfeindlich gewesen war, als auffallende Veränderung wahrgenommen. Insofern Russell hier einen Wandel feststellte, hatte er sicher recht; doch so weit unsere Kenntnis der inneren Einstellung Ludwigs zurückreicht, sprechen die Anzeichen dafür, daß er sich in seinem Denken stets mit Sünden und Schuld, mit guten und mit bösen Geistern auseinandergesetzt hat. Ein großer Teil des religiösen und eschatologischen Räderwerks scheint für ihn der natürliche Ausdruck moralischer Gegebenheiten gewesen zu sein.

Dies also war, soweit wir darüber Bescheid wissen, die geistige Kinderstube Wittgensteins: die Musik, die Bücher und Denker, die er kennen und schätzen lernte und die ihm zumeist auch weiterhin eine Stütze waren. Dies ist zwar der Teil seiner Kindheit, über den er selbst sich am positivsten geäußert hat, doch auch hier können wir nicht umhin, einen düsteren Einschlag festzustellen. Von ihm selbst erfahren wir wenig über den damals empfangenen Unterricht. Seine Schwester berichtet über das mürrische und unfähige Kindermädchen, und sein Bruder Paul gibt später eine Schilderung der zwar bereitwilligen, aber nicht immer fähigen Hauslehrer und Erzieherinnen, denen es überaus schwergefallen sei, die lebhaften Knaben – hier spricht Paul offenbar von sich selbst – zu fleißiger Arbeit anzuhalten. Schließlich geschah es, daß ein Hauslehrer, der ehrlicher war als die übrigen, dem Vater die freimütige Mitteilung machte, die Knaben lernten gar nichts. Entsetzt über eine so natürliche Folge des Fehlens elterlicher Aufsicht, griff Karl nun ziemlich hitzig ein, unterzog die Jungen zunächst einer Prüfung, stellte fest, daß sie nichts wußten, und änderte dann seinen Erziehungsplan, indem er sie auf normale Schulen schickte. Was die Änderung dieses Plans betrifft, muß man bedenken, daß Karl jetzt entschieden älter war als beim letzten Mal, da er für die Erziehung eines Sohnes zu sorgen hatte (Paul und Ludwig waren die jüngsten Knaben, und der Altersunterschied zwischen ihnen und den älteren Brüdern betrug etliche Jahre). Überdies traf gerade zu diesem Zeitpunkt, nämlich 1903, die Nachricht vom Freitod des Bruders Hans ein (Rudi tötete sich erst später) und führte die Mängel des bisherigen Erziehungssystems vor Augen.

Die Behauptung, die Knaben hätten gar nichts gelernt, war zweifellos eine Übertreibung von seiten Pauls, doch Ludwig legte in den verschiedenen Schulfächern tatsächlich erst sehr viel später Begabung an den Tag. In seiner Familie hatte es, wie gesagt, schon vorher Spätentwickler gegeben. In seinem Fall nahm dieses Phänomen – ebenso wie in dem seines Vaters – die Form an, daß er sich fähig erwies, auf jedem beliebigen Gebiet das, was zu einem bestimmten Zweck erforderlich war, äußerst rasch aufzunehmen. So meisterte er zum Beispiel die (damals ganz neuartigen) Grundlagentheorien der Mathematik in kürzester Zeit, und auf bescheidenerer Ebene ist als Beispiel zu nennen, mit welcher Mühelosigkeit er Latein las, sobald die Vulgata und die *Bekenntnisse* des Augustinus für sein geistiges Leben wichtig wurden. Nie gehörte er zu denen, die eine Vielzahl von Dingen lernen, weil es von ihnen erwartet wird, weil sie mit den Kameraden wetteifern oder ihren allgemeinen, unkritischen Wissens- und Informationsdurst stillen wollen. Mag sein, daß er mit der gewöhnlichen Schulerziehung, die solche Motive ja fördert, einfach zu spät begann; wahrscheinlicher ist jedoch, daß *er* zumindest ein Kind war, dem die Methoden des Vaters in intellektueller Hinsicht angemessen waren. Seine Denkweise hatte etwas ausnehmend Praktisches an sich. Im Gegensatz zu vielen akademisch Gebildeten legte er keine umfassenden Vorräte verschiedenartiger Informationen an, die sich eines Tages als nützlich erweisen könnten. Sein Geist arbeitete nicht wie ein Humusboden, in dem bisher unbeachtete Bruchstücke liebevoll verwahrt werden und sich schließlich als fruchtbarer Grundstock erweisen. Nicht einmal eine sonderlich leistungsfähige Maschine für das Sammeln, Sortieren, Speichern und Abrufen der jeweils eingegebenen Informationen war er. Soweit dergleichen Fähigkeiten wirklich erforderlich waren, besaß er sie offenbar, und im Laufe der Zeit erwarb er eine umfassende Allgemeinbildung. Doch die Besonderheit, durch die sich sein Geist auszeichnete, war seine Konzentrationsfähigkeit. Sobald ihn ein Problem oder eine Frage gepackt hatte, lernte er alle erforderlichen Verfahrensweisen mit größter Schnelligkeit. Andererseits machte er nur dann Fortschritte, wenn ihn das Problem wirklich gepackt hatte. Es kam den Wünschen des Vaters entgegen, daß seine Denkweise die des Technikers war; eine Denkweise, die darauf ausgerichtet ist, ein Problem grundsätzlich und konkret anzugehen und sich jede mögliche Kombination, die zu einer Lösung führen könnte, auszumalen und zu erkunden. Es hat etwas Paradoxes, war aber vielleicht die Quelle seines Erfolgs, daß er sich mit diesen Anlagen in Probleme vertiefte, die, wie er selbst gesagt hat, für die abstraktesten gelten, die es überhaupt gibt.

Auch in buchstäblicherem Sinne besaß er die Fähigkeiten des künftigen Ingenieurs; und seine Schwester Hermine bemerkte den Gegensatz zu den Interessen des Bruders Paul, der sich von Blumen, Tieren und Landschaften angezogen fühlte. Als Zehnjähriger war Ludwig technisch bereits so weit fortgeschritten, daß er aus Holzstäbchen und Draht ein Modell der zu Hause verwendeten Nähmaschine herstellte, mit dem man tatsächlich ein paar Stiche nähen konnte. Das Interesse an der Logik der Maschinen blieb ihm sein Leben lang erhalten, und in den letzten Jahren pflegte er in das Wissenschaftsmuseum von South Kensington zu gehen, um dort die Dampfmaschinen zu betrachten. Er dachte gern in Einklang mit der Maschine, wollte jedes Detail ihrer Funktionsweise begreifen, und dies erklärt sowohl sein Interesse an den älteren und übersichtlicheren Maschinentypen (während er sich für Autos etwa nie zu begeistern vermochte) als auch den Erfolg, mit dem er defekte Maschinen reparierte. Dabei ging er stets so vor, daß er die Maschine zunächst aufs sorgfältigste von allen Seiten beobachtete und dann aufs äußerste konzentriert darüber nachdachte, bis er ihr Funktionsprinzip begriffen hatte. In der gleichen

Weise hatte er die mißtrauische Näherin in der Alleegasse beobachtet, und ebenso beobachtete er später – manchmal zum Ärger der Zuschauer – den Scheinwerfer, den Dampfkessel oder was es sonst sein mochte, um endlich, wie ein geschickter Arzt bei der Untersuchung des Patienten, erst dann einzugreifen, wenn ihm der einzuschlagende Kurs völlig klar war. Die in seinem Nachlaß erhaltenen Notizbücher und Zettel enthalten häufig schematische Zeichnungen von Maschinen. Eine, die in seinen philosophischen Schriften vorkommt, ist von besonderem Interesse, weil sie an seine Jugend erinnert: Es ist die Skizze einer scheinbar besonders leistungsfähigen Maschine, deren Funktionsprinzip seinem Vater in den Sinn gekommen war, die aber in Wirklichkeit gar nicht funktioniert.[16] Dies ist ein frühes Beispiel für eines von Wittgensteins Lieblingsthemen, nämlich die Neigung unseres Geistes, sich in die Irre führen zu lassen durch eine oberflächliche Ähnlichkeit zwischen dem Bild, das er von einer bestimmten Situation zeichnet, und anderen Bildern, mit denen er vertraut ist. Das, worauf es ankommt, ist, ein Bild zu haben, das der wirklichen Komplexität der Situation entspricht, und dieses Bild richtig zu verstehen. Wie es scheint, war Ludwig der einzige in der Familie, der in dieser Hinsicht die gleichen Interessen hatte wie sein Vater.

Dies war die kulturelle und intellektuelle Atmosphäre, in der Ludwig bis zu seinem vierzehnten Lebensjahr aufwuchs; und damit ist auch seine Erziehung gekennzeichnet sowie die Interessen, die er an den Tag legte. Das Leben spielte sich, wie unsere ganze Darstellung des Hauses Wittgenstein zeigt, hauptsächlich im Rahmen der großen Familie ab. Von Besuchen bei Tanten und Onkeln abgesehen, pflegte man das Jahr zumeist in dem finsteren Alleegassen-Palais zu verbringen; im Frühjahr und im Herbst hielt man sich etwa einen Monat in Neuwaldegg auf, wo Karl zwei Häuser besaß mit ausgedehnten Gartenanlagen, die sich bis auf die dahinterliegenden Hügel erstreckten und so einen privaten Wienerwald bildeten. Im Sommer zog die Familie auf die Hochreith. Dieses Gut kaufte Karl, als Ludwig fünf Jahre alt war, und Ludwigs ganze

16 Dieses Beispiel findet sich in *Philosophische Grammatik*, S. 194.

Jugendzeit hindurch war Karl damit beschäftigt, diesen Erwerb abzurunden, indem er eine Straße anlegen und Häuser bauen ließ und dafür sorgte, daß Anpflanzungen und Rodungen durchgeführt wurden. Zu diesem Ort konnte außer der Familie und den engsten Freunden niemand vordringen. Sogar das nahegelegene Örtchen St. Aegyd gehörte mit zur Wittgensteinwelt, denn Karl war der ehemalige Besitzer der dortigen Fabrik und, ganz in der Manier des optimistischen Großgrundbesitzers, ließ er da in dem von ihm bevorzugten, nunmehr recht bombastisch wirkenden Sezessionsstil eine Kirche seiner eigenen Konfession bauen. Diese zwar reiche und vielgestaltige, aber dennoch abgeschlossene Umwelt verstärkte Ludwigs Gefühl der Isoliertheit in mehr als einer Hinsicht. Zunächst wurde er dadurch auf einen kleinen Kreis beschränkt, in dem es den Eltern, wie wir gesehen haben, aufgrund ihres Charakters und ihrer Beschäftigungen trotz guten Willens nicht gelang, dem Kind durch elementare Herzenswärme Rückhalt zu geben. Freilich, die Geschwister vermittelten ihm das Gefühl der Zuneigung; Paul in etwas lässiger, männlicher Form, während sich die Schwestern voller Begeisterung und ohne Zurückhaltung um ihren lieben, guten Luki kümmerten. Offenbar hatten sie nur das Beste für ihn im Sinn, ja Gretl meinte einmal, sie wünschten ihm sogar Gutes, das er selbst sich nicht zu wünschen vermochte; doch sie waren eben Schwestern, wobei die bei Familienbeziehungen normalen Spannungen noch unterstrichen wurden durch die in dieser Familie keineswegs zurückhaltend geäußerte Sorge um das geistige wie leibliche Wohl der anderen. Überdies waren die Schwestern, wenn man die Maßstäbe der Kindheit und Jugend anlegt, weit älter als er. Und Ludwig brauchte, wie er stets fühlte, einen Freund. In dieser Hinsicht machte sich das Zuhause in anderer Form bemerkbar, nämlich durch das ethisch, kulturell und sogar gesellschaftlich Anspruchsvolle, dessentwegen ihm die meisten menschlichen Beziehungen lästig waren, und dies zweifellos in erhöhtem Maße, weil er zunächst keine große Vielfalt solcher Beziehungen kennengelernt hatte. Im Ersten Weltkrieg erzählte er gern Schopenhauers Gleichnis von den Stachelschweinen, die sich an einem kalten Wintertag zusammendrängen, um sich aneinander zu wärmen, und sich dann wieder entfernen, um die Stacheln der anderen zu vermeiden, bis sie nach mehrmaligem Hin und Her eine mäßige Entfernung herausfinden, in der sie es aushalten können. Nicht anders verhalte es sich bei den Menschen: »Die mittlere Entfernung, die sie endlich herausfinden, und bei welcher ein Beisammensein bestehn kann, ist die Höflichkeit und feine Sitte.« In dieser Weise wird das Bedürfnis nach gegenseitiger Erwärmung nur unvollkommen befriedigt, doch zum Ausgleich wird keiner von den Stacheln des anderen gestochen. Wer jedoch viel innere Wärme hat (ein ausgezeichneter Mensch also), wird es vorziehen, weder Ärgernis zu verursachen noch zu erdulden, und daher die Gesellschaft anderer überhaupt meiden.[17] Falls es solche Menschen gibt, gehörte Wittgenstein sicher nicht zu ihnen. In hohem – ja für die Glücksvorstellung der meisten Menschen zu hohem – Maße besaß er sowohl das Bedürfnis nach Zuneigung und Wärme als auch ein ausgeprägtes Gespür für die Reibungen und Differenzen, von denen keine Beziehung frei sein kann. Diese Eigenschaften bzw. die hochgradige Ausprägung dieser Eigenschaften braucht man keineswegs als krankhaft aufzufassen. Eine Lehre von der goldenen Mitte läßt sich nicht so ohne weiteres auf sie anwenden. Beide Eigenschaften scheinen zum Wohl des Menschen zu gehören, obwohl sie in derart hochentwickelter Form dazu beitragen, ihm das Leben schwerzumachen. Zusammen mit der Intensität und Konzentration, mit der Wittgenstein an jede Aufgabe heranging, sorgten sie dafür, daß er stets als Sonderling und Ausnahmeerscheinung galt.

Später kam Wittgenstein nur selten auf seine Kindheit zu sprechen. Er sagte gewöhnlich, er sei in dieser Zeit unglücklich und einsam gewesen; doch in seinen Äußerungen schwang keine Beschuldigung anderer mit, namentlich nicht seiner Eltern. Ebenso, wie er stolz war auf seine geistige Kinderstube, so war er auch froh über eine Erziehung, die ihm »Maßstäbe« vermittelt hatte: Maßstäbe, die für die intellektuelle Arbeit galten wie für das Publizieren und alle sonstigen kulturellen und moralischen Dinge, seien sie noch so bedeutend oder geringfügig. Man könnte nahezu meinen, daß er gerade die Dinge akzeptierte und bejahte, die ihm das Leben erschwerten.

17 Schopenhauer, *Parerga und Paralipomena*, II, Kap. 31, § 396.

Auf seine Vergangenheit blickte er, wie gesagt, in ähnlicher Weise zurück wie Augustinus, entdeckte Fehler und Beweggründe, die ihm seinerzeit kaum bewußt gewesen sein können, und analysierte sie ebenso erbarmungslos, wie er (bei manchen Gelegenheiten) die Gesten oder Formulierungen eines Freundes analysierte. Ein solcher analysierender Überblick ist in skizzenhafter Form in seinem Nachlaß erhalten. Unklar ist, ob dieses Schema der Vorbereitung auf ein Geständnis vor Angehörigen und Freunden dienen sollte oder als Lebensschilderung für den Psychiater gedacht war (einmal kam es nämlich vor, daß er sich einer Untersuchung unterziehen mußte). Wie dem auch sei, die Absicht wäre ohnehin die gleiche gewesen: »Ich will nicht gegen mich satirisch, sondern versuchen gerecht zu sein.« Der Entwurf beginnt mit zusammenhängend ausgeführten Stellen, wird dann jedoch immer skizzenhafter. Die Notizen am Ende des Schemas betreffen Ludwigs Linzer Aufenthalt und werden später zitiert.

Ich war ein zärtliches dabei aber ein charakterschwaches Kind soweit meine Erinnerung zurückreicht.
Ich habe schon sehr früh die größere Charakterstärke meines Bruders Paul erkannt. Wenn er ein wenig krank gewesen und rekonvaleszent war und man fragte ihn ob er schon aufstehen oder lieber noch ins Bett bleiben möchte so sagte er ruhig, er wolle lieber noch liegen bleiben; während ich im gleichen Fall die Unwahrheit sagte (ich wollte aufstehen) weil ich die schlechte Meinung meiner Umgebung fürchtete.
Mit etwa 8 oder 9 Jahren hatte ich ein Erlebnis welches wenn nicht richtunggebend so doch für mein damaliges Wesen charakteristisch war. Wie es dazu kam weiß ich nicht ich sehe mich nur in einer Tür unseres Hauses stehen und denken: »Warum soll man die Wahrheit sagen, wenn es einem vorteilhafter ist zu lügen?« Ich sah nichts was dem entgegenstünde.
Nun ist es aber nicht so daß ich darauf mit teuflischer Bosheit zu Werke gegangen wäre, es sei denn daß man die Lüge an sich teuflisch nennt. Ich war nicht boshaft und meine Lügen hatten den Zweck mich in den Augen anderer angenehm erscheinen zu lassen. Es waren lauter Lügen aus Feigheit.
Ich will nicht gegen mich satirisch, sondern versuchen gerecht zu sein.
Aus meinem 10ten oder 11ten Jahr erinnere ich mich an folgenden Vorfall:

Ohrfeige
Turnschule suchen arische Abstammung
Turnschule Liebe zu Erich
Rauferei
Verhältnis zu Paul
zu Gretl
zu Rudi gute Erinnerung
Wolfrum ich trachte ihn zu gewinnen und meinem Bruder
abspenstig zu machen Verliebtheit. Paul Störenfried
treuherziges Gesicht
Unzucht.
Lateinische Aufgaben für Papa Selbstmordgedanken[18]

Zumindest zur Zeit der Abfassung dieser Notizen, also in den zwanziger oder dreißiger Jahren, war es ganz bezeichnend für Wittgenstein, daß er zutiefst bekümmert war über jede Abweichung von der Wahrheit, und sei es, um anderen einen Gefallen zu tun. Es war die gleiche Problematik, die auch seine Schwester Gretl umtrieb. Sie waren – eher im Stile des vorigen als des jetzigen Jahrhunderts – dazu erzogen worden, im Gespräch stets darauf zu achten, was dem anderen womöglich eine Freude bereiten und welche Formulierung die ihm genehmste sein könnte, und nun mußten sie diese aristokratische Höflichkeit mit einer strengeren, vielleicht protestantischen Tradition in Einklang bringen, derzufolge man stets genau die Wahrheit sagen müsse. Sowohl mündlich als auch schriftlich äußerten sie sich oft darüber, wie das anzustellen sei: Wenn man jemanden, ein Kind etwa, tadele, dürfe das nie geschehen, ohne ihm das Gefühl zu geben, man hätte weit lieber ein Lob ausgesprochen; Kritik dürfe nie in einem Brief geäußert werden, sondern nur von Angesicht zu Angesicht, so daß man den Tadel der durch ihn ausgelösten Reaktion anpassen und das zugrundeliegende Wohlwollen zum Vorschein kommen lassen könne. Ludwig hat sich nicht immer an diese Regeln gehalten, und Tadel hat er, wie es scheint, später häufig allzu heftig geäußert. Um so auffälliger ist, daß er als Kind, wie er meinte, den entgegengesetz-

18 Diese Aufzeichnungen (im Besitz von Wittgensteins Nachlaßverwaltern) weisen zwar kaum Interpunktionszeichen und einige Schreibfehler auf, enthalten jedoch (wie viele von Wittgensteins Entwürfen) eine große Anzahl von Korrekturen.

ten Fehler hatte und zu sehr darauf bedacht war, es den anderen recht zu machen. Die Notwendigkeit, die er später (und zwar gar nicht so sehr viel später) empfand, unangenehme Wahrheiten auszusprechen, war demnach eine bewußte Reaktion auf die frühere Neigung zur Gefälligkeit. Recht hatte er wahrscheinlich sowohl mit seiner Vermutung, diese Neigung sei in ihm angelegt, als auch mit der (in den zitierten Aufzeichnungen angedeuteten) Annahme, die meisten Aspekte dieser Neigung habe er seit seiner Kindheit abgeschüttelt. Als er noch ganz jung war, machte er den Eindruck eines höchst sensiblen Menschen, der es den anderen gern recht machen möchte; die wirkliche Stärke seines Charakters (die viele Leute in Erstaunen versetzte) kam erst nachher zum Vorschein, mag sein, daß sie sich erst später entwickelte. In irgendeiner Weise, die ihn teuer zu stehen kam, gelang es ihm, sein Leben in Ordnung zu bringen, und die Mühsal, die es ihn gekostet hatte, lastete schwer auch auf denen, die sein Vertrauen gewannen.

Diese Aufzeichnungen vermitteln ein allgemeines Bild der Verbitterung angesichts seiner Versuche zu verheimlichen, daß er nicht alle nach eigener Auffassung an ihn gestellten Erwartungen erfüllt hatte; sie vermitteln ein Bild des Verdrusses über das die uneingestandenen Schwächen verbergende unschuldige Gesicht; doch die Einzelheiten dieses Bildes lassen sich heute kaum noch angeben. Über die Episode mit der Suche nach einem Turnverein hat er lange Zeit danach seinem Freund Arvid Sjögren berichtet: Damals, nicht anders als später, gaben sich diese Vereine äußerst völkisch, und arische Herkunft war gewöhnlich eine der Aufnahmebedingungen. Das galt jedenfalls für den Verein, dem Paul und Ludwig gern beigetreten wären. Ludwig meinte, sie könnten einfach so tun, als ob; doch der ältere und realistischere Paul erkannte, daß sie niemals damit durchkommen würden. Sie suchten und fanden einen anderen Turnverein. Der Name Wolfrum bezieht sich auf einen engen Mitarbeiter des Vaters. Die Sache mit den »lateinischen Aufgaben« gehört offenbar in die Zeit gegen Ende des Privatunterrichts, und ihre Erwähnung paßt zu Pauls Schilderung, wonach der Vater die Unzulänglichkeit dieses Unterrichts herausgefunden habe. Ludwig blieb auch weiterhin ungewöhnlich empfindlich im Hinblick auf derartige Pflichtübungen: So macht er sich im Krieg schwere Selbstvorwürfe und nennt sich, wie üblich, einen »Schweinehund«, wenn er es versäumt, den Aufbau einer k. u. k. Infanteriedivision oder sonst eine läppische Kleinigkeit der Militärorganisation auswendig zu lernen.

Die meisten der genannten Vorfälle waren vermutlich Jugenderlebnisse, wie sie damals ganz üblich waren, vor allem, wenn man die strengere Trennung der Geschlechter jener Zeit in Rechnung stellt. Sogar Selbstmordgedanken waren 1903 – dem Jahre von Otto Weiningers Freitod – nichts Ungewöhnliches für einen Vierzehnjährigen. Es hat sich eingebürgert, die damals große Zahl der Selbstmorde unter bekannten Österreichern hervorzuheben und in Beziehung zu setzen zu dem Identitätsverlust ihrer Gesellschaft, dem krassen Unterschied zwischen den offiziellen Formen des Lebens und den realen Kräften, die in ihr wirksam waren.[19] Es liegt auf der Hand, daß die Zugehörigkeit zu einer Gesellschaft, der der Selbstmord als akzeptabler Ausweg galt, nicht ohne Einfluß blieb auf Ludwig und seine Brüder, doch darüber hinaus scheinen ihre Selbstmorde beziehungsweise ihre Selbstmordgedanken nur in recht indirekter Weise Ausdruck der sittlichen Verfassung ihrer Gesellschaft gewesen zu sein. Ihre Familie bildete, wie wir gesehen haben, eine Art von Enklave, die sich gegen die Verderbtheit und Unzulänglichkeit der Umgebung absicherte durch ihre strengen ethischen Privatmaßstäbe, denen einige Familienmitglieder vom Temperament her weder entsprechen noch gerecht werden konnten. In Ludwigs Fall, über den wir zwar wenig, aber immerhin mehr als über die anderen wissen, scheint eine ganz außergewöhnlich emphatische Bejahung dieser Maßstäbe vorgelegen zu haben sowie eine überaus feste Bindung an diese Maßstäbe, die häufig nicht nur mit den normalen menschlichen Schwächen, die an ihnen gemessen übergroß wirkten, kollidierten, sondern eben auch mit einer besonders sanften und liebevollen Natur. Trotz der Nebeneinanderstellung der Selbstmordgedanken und der (offenbar mangelhaft erfüllten) Aufgaben für den Vater darf man Ludwig nicht zu denen rechnen, die ihr Problem darin sehen, daß sie den vom

19 Vgl. etwa Janik und Toulmin, *Wittgenstein's Vienna*, New York: Simon and Schuster, 1973, S. 64f.

Vater gestellten Forderungen nicht Genüge leisten. Es war ein Kampf in seinem Inneren, der ihn auch nach 1903 für viele Jahre daran zweifeln ließ, ob er je etwas Lohnendes zuwege bringen könne, und ihm daher mal Gedanken an Selbstmord, mal Gedanken an einen unmittelbar bevorstehenden (weil erwünschten) Tod einflößte. 1912 erzählte er David Pinsent, »er habe neun Jahre lang, bis letzte Weihnachten, unter schrecklicher (geistiger, nicht physischer) Einsamkeit gelitten; er habe damals ständig an Selbstmord gedacht und sich geschämt, weil er nicht den Mut aufbrachte, sich zu töten. Wörtlich sagte er, er habe ›eine Ahnung gehabt, in dieser Welt überflüssig zu sein‹, sei dieser Ahnung jedoch in seiner Armseligkeit nicht gefolgt.«[20] Auch nach 1912 kehrten diese Gedanken wieder, und wie wir sehen werden, war er wenigstens einmal fast soweit, sich tatsächlich umzubringen (doch da gab es vieles, was ihn zurückhielt, und nicht nur die Angst).

1903 wurde also der Beschluß gefaßt, Paul und Ludwig auf staatliche Schulen zu schicken. Paul besuchte ein Gymnasium in Wiener Neustadt, Ludwig eine Realschule in Linz, was vielleicht darauf hindeutet, daß er geeigneter schien als Paul für die naturwissenschaftliche oder technische Ausbildung, auf die die Schüler einer solchen Schule vorbereitet wurden. Außerdem meinte man, womöglich käme er mit den höheren Ansprüchen eines Gymnasiums und der dort üblicherweise vermittelten humanistischen Bildung nicht zurecht. Zum Teil stand hinter der Entscheidung für Linz auch der Gedanke, in dieser Stadt werde er die Aufnahmeprüfung für die entsprechende Klasse eher bestehen als in Wien. Eine Rolle muß aber auch die Vorstellung gespielt haben, es sei besser, die beiden Jungen zu trennen und sie zugleich der Atmosphäre des Elternhauses zu entziehen, in dem sie weder viel gelernt hatten noch sonderlich glücklich gewesen waren. Ludwig freute sich auf den Wechsel. Arvid Sjögren erzählte er später, er habe nach Linz gewollt, weil es der am weitesten westlich von Wien gelegene Ort war, an den man ihn hätte ziehen lassen.

In Linz wohnte er bei einem Lehrer des dortigen Gymnasiums,

20 Auszüge aus Pinsents Tagebuch, die Wittgenstein betreffen, wurden kopiert und in der Bibliothek des Trinity College, Cambridge, deponiert. Das obige Zitat stammt vom 1. Juni 1912.

einem Dr. Strigl. Typisch für die Art von Generosität der Wittgensteins war, daß die Familie Strigl dadurch sogleich in den Kreis der Protegés aufgenommen wurde; es gab taktvolle Geschenke, und wenn es darauf ankam, wurde tätig geholfen, so zum Beispiel, als die in Wien studierende Tochter zweimal operiert werden mußte. Luki (wie er auch bei den Strigls hieß) hatte Glück mit der Wahl seiner Wohnung, denn dort war man ihm sehr zugetan. Seine Schüchternheit und Verbindlichkeit gingen einher mit einer gewissen Kauzigkeit, deretwegen seine Meinungen und Aussprüche bei den Strigls noch lange unvergessen blieben. Sogar seine Förmlichkeit hatte ihren Reiz. Zu Pepi, dem Sohn der Familie, den er zunächst mit »Herr Pepi« angeredet hatte, entwickelte sich eine freundschaftliche, aber bezeichnenderweise stürmische Beziehung.

Die Linzer k.u.k. Realschule hat auch in der politischen Geschichte ihre bescheidene Stelle, denn Adolf Hitler besuchte sie von 1900 bis 1904. Hitler war ein paar Tage älter als Wittgenstein, doch in dem Jahr, in dem sie in die gleiche Schule gingen, war er in der III., Ludwig dagegen in der V. Klasse. Hitler war, wie es scheint, ein Jahr hinter dem Durchschnitt zurück, Ludwig um ein Jahr voraus. Die Schule galt als Hochburg des deutschen Nationalismus, und in *Mein Kampf* erwähnt Hitler einen Geschichtslehrer, der alles Ruhmreiche auf die germanischen Völkerstämme zurückführte. Es gab eine Handvoll jüdischer Schüler, die recht isoliert waren, aber nicht geradezu verfolgt wurden, wenn man die unter Schuljungen herrschenden rauhen Sitten in Rechnung stellt. Ein ehemaliger Schüler meinte erläuternd, wenn man einen Juden im Streit »Saujud!« schimpfte, sei das ein rein formelhafter Ausdruck gewesen, so wie die Bayern von »Saupreußen« reden. Hitlers Verachtung seiner Mitschüler war allgemeinerer Art. Er soll gesagt haben, er habe gemeinsam mit lauter künftigen Beamten die Schulbank drücken müssen. Dieser Bericht enthält jedoch eine Ungenauigkeit, denn die Mehrzahl der Schüler war dazu bestimmt, technische oder kaufmännische Berufe zu ergreifen; doch es mag sein, daß die Ungenauigkeit auf Hitler selbst zurückgeht. Hitler, der als Schüler faul war und sich sogar im Zeichenunterricht nur auf sein Talent verließ, fand wenig Gefallen an seinem Aufenthalt in Linz, bis auf einige Kontakte mit dem Musikleben der Stadt, das auf recht hohem Niveau stand – im Vergleich mit Passau freilich, nicht mit Wien.

Ludwigs erste Reaktion auf die Jungen in seiner Klasse war heftiger als die Hitlers: »Mist!« dachte er insgeheim. Einer der Mitschüler berichtete Ludwigs Schwester später, er habe wie jemand aus einer ganz anderen Welt gewirkt. Er hatte eine völlig andere Lebensart, redete die Mitschüler mit »Sie« an (vermutlich in der Absicht, zwischen sich und ihnen Distanz zu wahren), und seine Lektüre wie seine Interessen seien von den ihren vollkommen verschieden gewesen. Damals ebenso wie in späteren Jahren fand er das Sitzen in Klassenzimmern eine Qual, und letztlich waren seine schulischen Leistungen, obwohl er die drei Jahre mit Erfolg abschloß, alles andere als hervorragend. Paul glaubte, Ludwig habe sich vor allem für Physik interessiert, und dies sei das einzige Fach gewesen, in dem er die Note »vorzüglich« – also die beste Zensur – erhalten habe.[21] Dies mag zwar seinen Interessen entsprochen haben, doch in Wirklichkeit erhielt er auf seinem Maturazeugnis nur in Religionslehre eine Eins; eine Zwei gab es für das »sittliche Betragen« und Englisch; eine Drei in Französisch, Geographie und Geschichte, Mathematik, Naturgeschichte und Physik; eine Vier in Deutsch, Chemie, Darstellender Geometrie und Freihandzeichnen. In Religionslehre wurde man nicht von eigentlichen Lehrern, sondern von Priestern unterrichtet und geprüft, und die Zensuren wurden da oft recht großzügig vergeben. Später stellte Wittgenstein häufig Vermutungen an über die Bedeutung – gleichsam die zugrundeliegende moralische Wahrheit – dieses oder jenes Elements der christlichen Überlieferung, was ihm vielleicht um so leichter fiel, als er nicht automatisch an die genauen Bestimmungen und Definitionen dachte, deren Kenntnis das wichtigste Nebenprodukt ist, wenn die christliche Überlieferung nach den sonst üblicherweise vorherrschenden Methoden gründlich gelehrt wird. Im übrigen sind die an sich mittelmäßigen Zensuren auf seinem Maturazeugnis lächerlich im Vergleich mit seinen späteren Kenntnissen auf den verschiedenen Gebieten. Daß er vorher keine Ausbildung in naturwissenschaftlichen Fächern gehabt hatte, ist

21 Die damalige österreichische Notenskala enthielt die folgenden fünf Zensuren: vorzüglich, lobenswert, befriedigend, genügend, nicht genügend.

keine hinreichende Erklärung für die nach dreijährigem Schulbesuch erzielten Resultate. Es waren eher seine Herkunft wie auch seine Anlagen, die ihm die kumulativen Methoden der Schule verleideten. Ganz instinktiv strebte er nach Vertiefung, nicht nach bloßer Schnelligkeit im Lernen. Wie überzeugend diese durch sein Naturell gegebenen Gründe auch sein mögen, er seinerseits sah sie als Schwächen. 1931 schreibt er: »Die schlechte Orthographie meiner Jugendjahre bis etwa ins 18te oder 19te hängt mit meinem ganzen übrigen Charakter (der Schwäche im Lernen) zusammen.« Diese spezielle Schwierigkeit mit Bezug auf die Rechtschreibung erklärt vermutlich auch, warum er in der schriftlichen Deutschprüfung sogar die mangelhafte Note »nicht genügend« erhielt, die er erst durch ein »lobenswert« in der mündlichen Prüfung wettzumachen vermochte. Die korrekte Rechtschreibung hat ihn immer Mühe gekostet, und in seinen weniger ausgearbeiteten Entwürfen findet sich eine ganze Menge mitunter recht aufschlußreicher Schreibfehler. Sein geschriebenes Englisch variierte natürlich je nachdem, wie lange er sich gerade in England oder außerhalb Englands aufgehalten hatte; doch stets war die Orthographie weniger sicher als die idiomatische Ausdrucksweise. Dieser Anflug eines möglicherweise ererbten Defekts läßt sich vielleicht mit dem leichten Stottern in Verbindung bringen, das Engelmann wahrnahm. Dieses Stottern war in den zwanziger Jahren verschwunden; nun sprach er mit klarer, hoher Stimme, wie es nicht selten vorkommt bei denen, die einen Sprachfehler überwunden haben.

Aus den übrigen, freilich nur bruchstückhaften Notizen über sein Innenleben geht einiges hervor über die Zuneigung zu einem Freund und die ersten Ansätze zu einer umfassenden Beichte:

Realschulklasse erster Eindruck. »Mist«. Verhältnis zu den Juden. Verhältnis zu Pepi. Verliebtheit und Hochmut. Hut herunterwerfen. Bruch mit P.
Leiden in der Klasse.
Halbe Versöhnung und abermaliger Bruch mit P.
Schein der Unschuld ich lasse mich aufklären.
Religiosität, Beeinflussung durch G., Gespräch über die Beichte mit meinen Kollegen.

Versöhnung mit P. und Zärtlichkeit
Erfindungen
Halbe Beichten gegen Mining in denen ich doch immer als ausgezeichneter Mensch zu scheinen weiß.
Berlin.

Als Bekenntnis war in der Schule natürlich »römisch katholisch« angegeben worden; und Ludwigs Herkunft wird in Linz kaum bekannt gewesen sein. Wahrscheinlich hatte er das Gefühl, sein Judentum verleugnet oder heruntergespielt zu haben, denn dieses Thema kommt in seinen Geständnissen immer wieder vor. Während des Ersten Weltkriegs und in den unmittelbar anschließenden Jahren fühlte er sich, wie wir sehen werden, durch und durch als Österreicher und im kulturellen Sinne sogar als Deutscher.
Wittgenstein versuchte immer wieder, einen wirklichen Freund zu finden, und Pepi dürfte der erste gewesen sein. Die bekanntesten Beispiele sind David Pinsent, Arvid Sjögren und Francis Skinner. Manchmal war der Freund gleichaltrig, manchmal ein wenig und gelegentlich auch sehr viel jünger. Manchmal war die Freundschaft auf seiten Ludwigs innig oder gar erotisch aufgeladen (was der andere häufig gar nicht wahrnahm und gewöhnlich nicht erwiderte). Zumindest in einem Fall war »der andere« ein Mädchen. Doch stets gab es Ausbrüche des Zorns, die auf Wittgensteins Stolz zurückgingen und seine allzu akkurate Wahrnehmung, daß der andere seine Freundschaft mitunter nicht im höchsten Maße schätzte oder seine eventuellen Gefühlsreaktionen nicht an erster Stelle berücksichtigte. Diese Schwierigkeiten waren nicht die einzigen, denn sie kamen hinzu zu seiner Sorge um das Wohl des anderen und dessen anständiges Verhalten, wodurch selbst die weniger gefühlsbefrachteten Freundschaften zu einem teuer bezahlten Vorrecht wurden. Ob es zum Bruch kam, hing von der Geduld und der Tiefe der Zuneigung des anderen ab. Mitunter kam es vor, daß Wittgenstein einen Freund mit weit schlichterem Gemüt brauchte und auch fand. Wie es sich mit Pepi verhielt, werden wir wahrscheinlich nie erfahren, denn Pepi fiel im August 1914. Nach Wittgensteins eigener Rechnung war David Pinsent sein erster Freund.
Von der Beeinflussung durch Gretl und vom Verlust des Kin-

derglaubens haben wir schon gehört. Schon allein aus diesen Aufzeichnungen geht hervor, daß eine düsterere Religion an die Stelle dieses Glaubens getreten war: ein Bewußtsein der Sünde ohne Grund zur Hoffnung auf Erlösung. Wichtig wurde das Ziel, mit sich selbst ins reine zu kommen und die Schwächen und finsteren Teile des eigenen Wesens zu erkennen, um sie sodann zu verabscheuen. Ebendarauf kam es auch bei seinen Geständnissen an, wie er später im Hinblick auf die psychoanalytische Behandlung eines seiner Neffen andeutete: Was ihm guttun würde, wäre der Abscheu, den er vor sich selbst empfände, wenn er alle diese Dinge vor dem Analytiker offenbaren müsse. Ein weiterer Zweck war die Befreiung von mindestens einem schlechten Element, nämlich der Täuschung, die anderen gäbe es gar nicht. Hier jedoch lauerte manche Verlockung, etwa der Versuch, den Fehler als etwas hinzustellen, worauf man stolz sein könnte: ein vitium splendidum. Dieser Verlokkung hatte er, wie er meinte, bei seinen ersten Beichten vor der Schwester Mining nachgegeben. In diesem Seelenzustand, der den Keim zu manchem künftigem Kummer enthielt, verließ er Österreich und ging nach Berlin.

3. Ingenieurstudium

Im Sommer 1906 verließ Ludwig die Schule. Später erzählte er Georg Henrik von Wright, in den Jahren zwischen dem Schulabschluß und der Zeit gegen Ende 1912 sei er ständig unglücklich gewesen. Zum Vorschein kam diese Schwermut in der Schwierigkeit der Entscheidung für einen Beruf; und wahrscheinlich wurde sie großenteils durch diese Schwierigkeit verursacht. Im Hinblick auf die Berufswahl war er außergewöhnlich ungebunden, denn der Reichtum des Vaters gab ihm die Möglichkeit, Studienort oder -fach zu beliebiger Zeit zu wechseln. Von Wright berichtete er auch, ursprünglich habe er in Wien bei Boltzmann studieren wollen, doch Boltzmann habe ausgerechnet im Jahre seines Schulabschlusses Selbstmord begangen. An dieser Darstellung sind einige Einzelheiten unklar: Boltzmann lehrte an der Universität, doch Ludwigs Realschulzeugnis hätte ihm lediglich das Studium an einer Technischen Hochschule gestattet. Um sich an der Universität einzuschreiben, hätte er ein weiteres Jahr lang eine andere Schule besuchen müssen. Wahrscheinlich hatte er höchstens den vagen Wunsch, bei Boltzmann zu studieren; aber schon vor Boltzmanns Selbstmord waren Vorbereitungen für die Ingenieurausbildung getroffen worden.

Der Wunsch, bei Boltzmann studieren zu wollen, ist interessant, insofern er den ersten Hinweis darstellt auf eine gewisse Gespaltenheit in Wittgensteins Einstellung zum angestrebten Beruf. Denn was ihn an Boltzmann anzog, muß dessen Wissenschaftsphilosophie gewesen sein; um die mathematische Eleganz der im engeren Sinne physikalischen Arbeiten Boltzmanns zu beurteilen, fehlte ihm damals noch das nötige Wissen.

Ludwig sollte jedoch Maschinenbau studieren; und sobald das feststand, war die Entscheidung für die Technische Hochschule in Charlottenburg leicht erklärlich. Sie war die bekannteste und beste Technische Hochschule in Deutschland, und Ludwig hielt noch lange an der Überzeugung fest, in technischen Dingen sei man in Deutschland allen anderen überlegen. Ein oder zwei Jahre später teilte er seinem Freund Eccles in Manchester mit, zu einer wirklichen Ingenieurausbildung sei ein Aufenthalt in Deutschland unbedingt erforderlich; England habe seine Führungsrolle längst verloren. Darüber hinaus hatte Wittgenstein (ebenso wie bei der Entscheidung für die Schule in Linz) vielleicht den Wunsch, möglichst weit von Wien wegzuziehen. Sein ganzes Leben lang hatte er einen äußerst scharfen Blick für die Mängel des Ortes, an dem er sich jeweils befand. Freilich, 1914 und vorübergehend auch 1938 hatte er das Gefühl der Zugehörigkeit zu Wien und meinte, das Schicksal der übrigen teilen zu müssen. Doch vor dem Ersten Weltkrieg stand für ihn fest, daß alles Technische in Deutschland besser war und alles, was mit menschlichen Beziehungen zu tun hatte, in England.

Siebzehneinhalb Jahre war der »kleine Wittgenstein« alt, als er in Berlin ankam. Er war etwa 1,70 m groß und hatte noch immer etwas kindlich Gewinnendes an sich, doch nun war er besonders formell gekleidet und sah sehr ernst aus. Natürlich kam er nicht unangemeldet: Da gab es die mit den Sjögrens verwandten Rieders, an die er sich wenden konnte, und einen Professor Jolles, in dessen Haus sich eine Wohnung für ihn fand.

Am 23. Oktober 1906 wurde er als Student des »Maschinen-Ingenieurwesens« an der THS eingeschrieben, wo er drei Semester bleiben sollte. Sein Abgangszeugnis erhielt er am 5. Mai 1908. Aufzeichnungen darüber, welche Vorlesungen und Kollegs er im einzelnen belegte, scheinen nicht erhalten geblieben zu sein. Seine Schwester Mining meinte, er habe sich von Anfang an mit flugtechnischen Fragen befaßt, und als er 1908 in Manchester eintraf, steckte er in der Tat voller aeronautischer Projekte. Nach Minings Darstellung wurde er plötzlich, zu einem Zeitpunkt, der nicht mehr zu ermitteln ist, geradezu gegen den eigenen Willen von philosophischen Problemen gepackt. Wieder sind keine Einzelheiten bekannt. Sicher ist nur, daß es damals viele Möglichkeiten zu geben schien, wie er seine Zukunft gestalten könnte. Dieser Eindruck wurde auch von Frau Jolles bestätigt, als sie 1930 erfuhr, er sei inzwischen als Philosoph berühmt geworden. An der THS dürfte er nicht nur zu vielen Fachabteilungen des Ingenieurwesens Zugang gehabt haben, sondern auch zum theoretischen Studium der Mathematik und der Physik auf Universitätsniveau. Ein philosophisches Seminar gab es dort jedoch nicht, und es ist unwahrscheinlich, daß er sich auf die andere Seite des Tiergartens zur Universität begab, um dort Stumpf oder Dilthey zu hören. Wittgenstein, wie er nun sogar von den Damen in ihrer kurz angebundenen Berliner Art genannt wurde, hatte den Hang, in harmloser Weise zu prahlen, wenn es um einige der inzwischen überlebensgroß wirkenden Dinge seines bisherigen Lebens ging. Ein Beispiel dafür dürfte die bereits angeführte Bemerkung über die sieben Konzertflügel sein. Diesem Hang verdanken wir unsere Kenntnis der ersten Einzelheit des Berliner Lebensabschnitts. Er pflegte nämlich zu sagen, während seines dortigen Aufenthalts habe er die Meistersinger dreißig Mal gehört. Diese Zahl *muß* übertrieben sein, doch die Konzentration auf ein einziges großes Werk ist bezeichnend und erinnert wieder an das ständige Zurückführen der Grammophonnadel an ein und dieselbe entscheidende Stelle. Wittgenstein reagierte eben nicht, indem er sich sagte: »Die Meistersinger sind ein großartiges Werk, ich muß mehr von Wagner kennenlernen« (oder, wie es vielleicht ein Gelehrter ausgedrückt hätte: »Ich muß seine Entwicklung untersuchen«), sondern er dachte: »Die Meistersinger sind ein großartiges Werk, ich muß es öfter hören.« Später kam es sogar vor, daß er ein Konzert oder einen Teil eines Konzerts vermied, wenn dort Stücke aus Tristan oder Parsifal gespielt wurden. Warum ihm gerade die Meistersinger soviel sagten, läßt sich erraten; zum Teil deshalb, weil wir wissen, aufgrund welcher Eigenschaften das Werk in der Familie besonders beliebt war. Es behandelt Probleme der Musik und des Lebens zur gleichen Zeit, und die Lösung liegt in der Notwendigkeit von Regeln, die sich sogar im Bereich des Spontanen aufspüren lassen, aber nur sofern ein Element von Verehrung hinzukommt. Es gelingt der Oper, dies tatsächlich aufzuzeigen, zumal sie auch ein glückliches Ende hat, wie es für eine derart positive Botschaft vonnöten ist, ohne dabei die mit jeder Leistung einhergehende Resignation und den entsprechenden – vom menschlichen Standpunkt so gesehenen – Verlust außer acht zu lassen. Es paßte gut zum Geschmack und den Belangen dieser Wittgensteins, daß in den Meistersingern neben diesem allgemeinen Gegenstand die Musik thematisch wird, die für sie ja nicht nur ein Abglanz, sondern Bestandteil des Lebens war, dazu noch in einem bürgerlichen, nicht in einem mythologischen Rahmen. Das Verdienst des Werkes liegt darin, wie diese mitunter auch banalen Themen erfaßt, empfunden und in eine Einheit umgesetzt werden: eine Oper, die während der fünf oder sechs Stunden ihrer Dauer eine ganze Welt darzubieten scheint. Andere Werke mochten »wagnerianischer« sein, doch darüber, daß dies die vollendetste von Wagners Schöpfungen war, gab es keinen Zweifel. Mag sein, daß manches allzu gewollt wirkt; gerade weil der Text so sentenziös ist, läßt er sich so leicht zitieren. Vierzig Jahre später notiert Wittgenstein Bemerkungen, die generell darauf hinauslaufen, daß Wagner zwar ein hoher, aber nicht der höchste Rang gebühre. Er habe Beethoven nachgeahmt, doch Beethovens fürchterliche oder kosmische Ironie werde bei Wagner irdisch, ja bürgerlich. Aus seinen Motiven ergebe sich nicht eine Melodie, sondern sie seien eher so etwas wie Prosasätze; ebenso sei das Drama nicht eigentlich inspiriert, sondern eine Aneinanderreihung von Situationen. Und mit Bezug auf das Vorspiel zu den Meistersingern schreibt er: »Wo das Genie dünn ist, kann das Geschick durchschauen.«[1] Zu bemüht, die Thematik nicht völlig im Griff, vielleicht auch nicht wirklich beherrschbar – diese Kritik ist nicht originell und womöglich nicht ungerecht. Doch in jenen Berliner Jahren schien das Werk alles, was »deutsch und echt«, alles, was an seiner Kultur authentisch war, darzustellen und zu verkünden.

In diesen Jahren eignete sich Wittgenstein die Gewohnheit an, Gedanken, die sein eigenes Leben betrafen, niederzuschreiben, und diese Gewohnheit nahm er auch später gelegentlich wieder auf. In einer Bemerkung von 1929 oder 1930 heißt es: »Es ist merkwürdig daß ich seit so vielen Jahren fast nie mehr das Bedürfnis empfunden habe Tagebuchaufzeichnungen zu machen. In der allerersten Zeit in Berlin als ich damit anfing auf Zettel Gedanken über mich aufzuschreiben, da war es ein Bedürfnis. Es war ein für mich wichtiger Schritt. Später entsprang es zum Teil dem Nachahmungstrieb (ich hatte Kellers Tagebücher gelesen) zum Teil dem Bedürfnis doch etwas von mir niederzulegen. Es war also zum großen Teil Eitelkeit. Zum

1 *Vermischte Bemerkungen*, S. 511/87.

Teil freilich auch wieder der Ersatz für einen Menschen dem ich mich anvertrauen konnte. Später mischte ich dazu die Nachahmung der Pepysschen Tagebücher. Freilich ist es, wie immer, schwer hier gerecht zu sein, denn es war natürliches und eitle Bestrebungen stark vermischt.« Keller hatte vor allem die Absicht gehabt, etwas Eigenes niederzulegen, und zwar nicht nur an Tagen der Niedergeschlagenheit, an denen er sonst nichts vorzuweisen hatte, sondern auch an glücklichen Tagen des Gelingens. Für Wittgenstein ist dies nach eigenem Bekunden erst später zu einem Beweggrund geworden, während es ursprünglich darum ging, wie zu einem vertrauten Freund über sich selbst zu sprechen. Später wurde es für ihn zur Methode, die Gedanken, wie sie ihm in den Sinn kamen, zu notieren und sie danach in große Kladden oder Kassenbücher zu übertragen. Die Frage der Eitelkeit, die bei derartigen Aufzeichnungen und Abschriften eine Rolle spielt, hat ihn oft beunruhigt, doch das Schreiben war für ihn offenbar Bedürfnis. Im Ersten Weltkrieg sagte er zu einem Freund: »Wenn ich kein Papier hätte, würde ich auf Sand schreiben.« Und soweit er den Zweck dieses Schreibens durchschaute, bestand er darin, das eigene Leben wirklich zu verstehen und mit sich selbst ins reine zu kommen: »Ich muß aus meinem Tagebuch, wenn es in Ordnung sein soll quasi *eben* ins Freie – ins Leben – treten und weder wie aus einem Kellerloch ans Licht steigen, noch wie von einem höheren Ort wieder auf die Erde herunterspringen müssen.« Aus der Zeit vor dem Ersten Weltkrieg sind derartige Tagebücher oder Aufzeichnungen, soweit bekannt, nicht erhalten.

Weder Wittgensteins Familie noch seine Freunde wissen, was ihn dazu bewog, aus Berlin fortzugehen; jedenfalls ist keine Mitteilung darüber bekannt. Vielleicht hegte er einfach den Wunsch, seine flugtechnischen Experimente und Untersuchungen in England fortzusetzen. Sein Bruder Paul allerdings hatte, wie er in einem Schreiben an Hayek zu verstehen gibt, den Eindruck, eine Enttäuschung sei der Anlaß gewesen. Tatsächlich wissen wir aus indirekter Quelle, daß sich zwischen ihm und seinen Wirtsleuten eine peinliche Situation ergeben hatte; doch wann das war, ist unbekannt. Da es inzwischen lange her ist, dürfte nichts dagegen einzuwenden sein, an dieser Stelle zwei Briefe wiederzugeben, die 1930 zwischen Wittgenstein und der Frau des Professors, bei dem er in Berlin gewohnt hatte, gewechselt wurden. Sie war offenbar eine recht gefühlsbetonte und nachgerade schöngeistige Frau, doch dies waren Eigenschaften, mit denen Wittgenstein in jungen Jahren mehr anfangen konnte als später. Der erste Brief ist vom 20. September 1930 datiert; die Adresse ist Berlin-Halensee, Kurfürstendamm 120:

Sehr geehrter Herr Wittgenstein
Wie lange, ach wie lange ist es her, daß ich Ihnen geschrieben habe. Zuletzt wohl nach meinem großen Unglück. – Und ich weiß – Sie werden beim Anblick meines Briefes durchaus nicht entzückt sein – nein, wirklich nicht. Sehe ich doch Ihr verlegenes Gesicht in Wien – »Was fang ich nur mit diesen fremden Menschen – oder war es »Statisten«? – an – wie komm ich nur los.« Seit einigen Wochen bekämpfe ich nun eine riesige Lust Ihnen zu schreiben – Wie? soll ich mich jemandem in Erinnerung bringen, der unzweideutig und endgültig uns alte Freunde fallen gelassen hat! Es ist natürlich sehr verkehrt, daß ich es nun doch tue. Aber mein Gott – Sie haben Ihre Art und – dies ist Ihre Sache. Weshalb soll ich mich nach der Ihren richten und nicht nach meiner eigenen – wenn ich mich auch dabei für einen kleinen Augenblick vordrängen muß aus der mir freundlichst zugewiesenen »Nichts mehr davon« Versenkung! und meinem Stolz schon mal einen Puff versetzen muß. Wie lange noch, und es heißt definitiv Nichts mehr davon und man ist jenseits von Schreiben oder Nichtschreiben und den Stolz benagen die Würmer. – Genug der Einleitung. Also. Nach sehr vielen Jahren waren wir wieder bei einer Naturforscherversammlung (Königsberg[2]) da habe ich verschiedene Wiener Herren von der Zunft kennen gelernt, und erfuhr so, daß aus unserm frühern Freunde – »verflossenen« ist ein unfeines Wort, aber eigentlich bezeichnender – dem »kleinen Wittgenstein« doch noch etwas anderes geworden ist als der Dorfschullehrer und daß man dort sehr viel von Ihnen hält. Ob Ihnen dies nun gleichgültig oder gar unerwünscht ist, *muß* ich Ihnen doch sagen, wie außerordentlich,

2 Hinweis auf die zweite Tagung für Erkenntnislehre der exakten Wissenschaften, die im September 1930 in Königsberg stattfand. Friedrich Waismann hielt dort einen Vortrag über Wittgensteins mathematische Ideen, die anschließend ausführlich diskutiert wurden. Damit wurde Wittgensteins Rückkehr zur Philosophie auch außerhalb Englands deutlich. Vgl. *Wittgenstein und der Wiener Kreis* (= WWK), Werkausgabe Bd. 3, S. 19 und 102. Mit dem »großen Unglück« nimmt Frau Jolles offenbar Bezug auf den durch einen häuslichen Unfall verursachten Tod ihrer Tochter.

aber außerordentlich ich mich darüber gefreut habe! Habe ich doch an Sie geglaubt, als es bei Ihnen – nun, wie soll ich mich ausdrücken – nun, sehr bunt aussah und es gar nicht so klar war, wohin Sie Ihre »Leitern« führen würden. – Eigentlich könnte ich Ihnen einen Wechsel präsentieren, demzufolge Sie mir 1 Mal – in Worten Ein Mal – pro Anno schreiben und berichten wollten, wie es Ihnen ginge, auch, oder gerade unter den von mir vorausgesagten, von Ihnen bestrittenen »Nichts mehr davon« Umständen. Aber – ich tue es nicht. Ich habe es mir geleistet Ihren Wechsel längst zu verbrennen und die Asche in alle Winde zu streuen. Amen. Meinem Mann, der, wie Sie wissen, väterlich an Ihnen hing, waren Sie eine herbe Enttäuschung – mir nicht. Sie werden sogar stets zu meinen wenigen hellen und lieben Erinnerungen gehören, d. h. nicht Sie, sondern der »kleine Wittgenstein« und liebe Mensch, von dem Sie kaum noch wissen mögen. Den jetzigen kenne ich nicht. – Treue ist wohl Mangel an Beweglichkeit, Festkleben an Gewesenem, Abgestorbenem, Stagnation, Hindernis beim Vorwärtsschreiten, Übersichhinauswachsen – das sehe ich alles ein – aber ich leide an der Krankheit – Bin auch nicht vorwärtsgekommen, im Hintertreffen steckengeblieben! – Nun, das ist vorbei und nicht zu ändern. –

Im Nebenzimmer spielt meine Cousine Margarete J. – bekannte Pianistin, die bei uns wohnt – das Brahmssche B moll Concert. Ach Gott, wie waren damals andere Zeiten. – (Wissen Sie noch, wie wir es 3händig spielten.) Schwer ist das Leben.

Unter Wittgensteins nachgelassenen Papieren findet sich der folgende mit Bleistift geschriebene Entwurf eines Antwortbriefs:

Hochgeehrte gnädige Frau!

Ich habe heute Ihren Brief erhalten. Er war mir [wohl] natürlich eine Überraschung, wenn auch nicht von der unangenehmen Art die Sie meinten. Im Gegenteil empfinde ich es als ein Glück daß [Sie] das Schicksal mir diese Gelegenheit gegeben hat mich mit Ihnen noch einmal in Verbindung zu setzen. Wenn ich Ihnen nun aber schreiben will so stehe ich vor der Wahl etwas mir selbst nicht ganz Natürliches zu schreiben quasi nur um Ihnen überhaupt zu antworten oder das zu schreiben was ich meine was Ihnen aber möglicherweise ganz unverständlich sein wird. Ich glaube es ist besser ich schreibe wie es mir natürlich ist und mache Ihnen so ein Verständnis *möglich* (wenn auch schwer) [als] besser ich schreibe etwas was halbwegs plausibel klingt aber nicht eventuell verstanden werden *kann* weil es nicht wahr ist. Zunächst Sie haben recht es ist mir gleichgültig ob man in Königsberg etwas von mir hält oder nicht. Ich kann, trotz des besten Willens, selbst nicht viel von mir halten und die gute Meinung von Professoren der Philosophie und Mathematik – Ausnahmen ausgenommen – bestärkt mich eher in meinem ungünstigen Urteil als daß sie mich ermutigte. (Die gute Meinung der wenigen Ausnahmen wird mich zwar – wie ich hoffe – in meinem Urteil über mich oder meine Arbeit auch nicht irremachen ich nehme sie aber als persönliche Freundlichkeit dankbar an). Als ich nun las Sie seien auf einem Naturforscher (???) Kongreß gewesen, da überkam mich wieder der heftige Widerwille und [Ekel] davor daß die Fraun der Professoren an Kongressen teilnehmen und mit »Zunftgenossen« [Herren von der Zunft] reden. Das aber schreibe ich Ihnen nur weil es *ein* Symptom *aller jener Eigenschaften [Dinge]* ist die mir so fremd geworden sind. Als ich in Berlin war und auch noch später empfand ich diesen Widerwillen nicht. Später wurde er in mir stark und machte mir eine Verständigung [ja] oder überhaupt eine Verbindung mit Ihnen unmöglich. Ja als ich Ihren vorletzten Brief erhielt der mir Ihr großes Unglück mitteilte da verursachte mir Ihre unnatürliche Ausdrucksweise [die Unnatur verzeihen Sie mir das Wort journalistische] solchen Widerwillen und das Gefühl einer solchen Fremdheit daß ich jeden Versuch einer Verständigung als unsinnig beiseite schob. – Ich erkenne aber heute (und erkannte schon damals unklarer [undeutlicher]) daß es ein Unrecht von mir war mich von solchen Gefühlen beherrschen zu lassen wo den Gefühlen der Dankbarkeit und Trauer der erste Platz gebührte. Darum ist Ihr Vorwurf der Untreue leider nicht ganz ungerechtfertigt [unberechtigt] wenn es sich auch damit nicht ganz so verhält wie Sie – natürlicherweise – glauben. Daß ich Ihren Herrn Gemal eine Enttäuschung bereiten mußte habe ich gewußt und bedauert aber *darin* lag mein Fehler nicht denn ich mußte manchen eine Enttäuschung bereiten gerade dadurch daß ich tat was richtig war. Ich will sagen: Mein Fehler lag nicht darin daß ich eine Verständigung für ausgeschlossen hielt denn sie war (und ist *vielleicht* noch immer) ausgeschlossen, wohl aber lag es darin daß ich die Wichtigkeit von Dankbarkeit und Treue hinter die der Verständigung stellte während in Wirklichkeit diese in Vergleich zu jenen ganz gleichgültig [belanglos] ist. Ich habe mich also doch unanständig benommen und bitte Sie und Ihren Herrn Gemahl mir das zu verzeihen wenn Sie es vom Herzen können. Ich will noch sagen daß mich 3 Stellen Ihres Briefes in guter Weise berührt haben: Die in der Sie schreiben ich hätte meine Art und das sei meine Sache, Sie aber müßten sich nach der Ihrigen richten. Das ist wahr ich denke oft dasselbe. Dann die Stelle in der Sie Ihre Freude über mein Erfolg in Königsberg ausdrücken und diese Stelle hat mich gefreut obwohl sie auf einer falschen Einschätzung des Urteils der ›Herren von der Zunft‹ beruht.

Und endlich die Worte ›Schwer ist das Leben‹. Das war ein Ton den ich verstehe.[3]

Wittgenstein hob auch Frau Jolles' weit gefaßteren Antwortbrief auf, in dem sie ihm für seine Offenheit dankt, sowie einen 1939 geschriebenen Brief, in dem von dem (nicht verwirklichten) Vorhaben eines Zusammentreffens während seines damaligen Berlinbesuchs die Rede ist. Es ging dabei um einige Erinnerungsstücke der Familie, die sie lieber ihm als einer anderen Person überlassen wollte. Als dieser Brief geschrieben wurde, war sie bereits eine alte Witwe, und der Krieg stand unmittelbar bevor. Auch dieser Brief ist sehr gefühlvoll gehalten, doch die ausgedrückten Gefühle sind Resignation und letzte Abschiednahme: »Ich grüße Sie sehr herzlich und wünsche Ihnen sehr viel Schönes und Gutes und wenn ich gestorben worden sein werde [sollte], dann gedenken Sie mein in Freundschaft, und schimpfen Sie nicht zu sehr. / Was Sie manches mal abstieß war vielleicht unwillkürlich gekünstelt, oder auch willkürlich.«
Diese Briefe vermitteln nur einen andeutungsweisen Eindruck von dieser Freundschaft, doch vieles, was daraus hervorgeht, ist typisch für Wittgenstein: das gemeinsame Musizieren, bei dem Wittgenstein zwar nur eine Stimme übernimmt, aber zweifellos den Ton angibt; die zunächst herausgeforderte und begrüßte heftige Zuneigung Frau Jolles', die dann recht schroff zurückgewiesen wird, scheinbar – und in gewissem Maße wohl auch wirklich – wegen ihres theatralischen und affektierten Benehmens (als wäre es nicht gerade das gewesen, was sie zusammengeführt hatte), aber im Grunde eher, weil sie seine Privatsphäre bedrohte. In einem späteren Stadium gibt er dann zu, er habe es an Herzlichkeit und Treue vermissen lassen, und dieses Zugeständnis macht er in einem Brief, der sorgfältig und natürlich mühselig erläutert, was er da zu Recht abgelehnt habe. Sogar das Geständnishafte des Briefes nimmt sich gewissermaßen selbst zurück, denn es kam ja nicht darauf an, die Kälte zuzugeben, sondern Wärme zu zeigen. Dies war ein

3 Der Entwurf dieses Briefes befindet sich (ebenso wie Originale der übrigen in diesem Kapitel zitierten Briefe) im Besitz der Verwalter von Wittgensteins Nachlaß.

Merkmal, das manche von Wittgensteins Angehörigen an seinen Geständnissen tadelten, die nach ihrem Eindruck eher darauf abzielten, über seine Fehler Bericht zu erstatten, als sie zu korrigieren. Im Falle Frau Jolles' jedoch wurde etwas erreicht mit der freimütigen Erklärung, und darauf folgte eine vierte, stillere Phase, in der zwar keine wirkliche Freundschaft aufkam, aber immerhin die Erinnerung an eine Freundschaft. Wittgenstein (der übrigens eine ganze Reihe solcher Briefe geschrieben hat) mag recht gehabt haben, wenn er meinte, eine Freundschaft mit *ihm* sei nur auf dem Wege über solche Offenheit möglich, und manchmal (wie vielleicht auch in diesem Fall) gelang es ihm, richtig zu beurteilen, wieviel der Empfänger des Briefes verkraften konnte. Im allgemeinen jedoch – und theoretisch war er sich dessen bewußt – sind zu solchen Umgestaltungen einer Freundschaft keine Briefe erforderlich, sondern dazu bedarf es des persönlichen Gesprächs, und selbst dann gehören sie eher in den Bereich dessen, was sich zeigen, aber nicht sagen läßt. Diese sorgfältig und mit wer weiß wie gemischten Gefühlen aufbewahrten Briefe sind ihrerseits nur ein Anzeichen eines Widerspruchs in Wittgensteins Einstellung; ein weiterer Hinweis ergibt sich aus ihrer ganzen Thematik, die nicht nur auf ein Verlangen nach Liebe hindeutet, das größer war als seine Fähigkeit, sie zu empfangen, sondern auch darauf, daß er sich dieser Spannung völlig bewußt war.
Diesen Eindruck erhält man vor allem anhand der späteren Äußerungen und Reaktionen Wittgensteins, wobei zu bedenken ist, daß er sich in der Zwischenzeit gewandelt hatte, wie er in seinem Brief andeutet und auch sonst häufig erwähnt. Zum Teil bestand die Wandlung schlicht darin, daß er mit zunehmendem Alter ein deutlicheres Bewußtsein der eigenen Kräfte und Bedürfnisse erlangte. In den ersten Studentenjahren akzeptierte er offenbar die Freundschaft und die Aufmerksamkeiten seitens Frau Jolles' ebenso wie die Zuneigung und die ehrgeizigen Pläne ihres Mannes. Später erkannte er, daß er seinen eigenen Weg gehen mußte, und der Professor sah, wie sich der vielversprechende Schüler seiner Betreuung entzog und sich einer Reihe zusammenhangloser Forschungsvorhaben und Experimente widmete, die, ehe sich überhaupt ein Resultat ergab, jeweils neue Fragen aufwarfen. Dieser Prozeß gipfelte

nach Abschluß einer durch den Krieg beschleunigten, wenn nicht gar fehlgeleiteten Entwicklung darin, daß Wittgenstein Volksschullehrer wurde. Wer weder über den Erfolg noch über den Wert des *Tractatus*, ja vielleicht nicht einmal über seine Existenz Bescheid wußte, mußte den Eindruck haben, hier sei ein Talent vergeudet worden. Dabei geht einer der Hauptgedanken des Buches, nämlich die Vorstellung des Satzes als Bild, in vielem auf Überlegungen zurück, die mit den Lehrfächern von Professor Jolles zu tun haben; denn Jolles lehrte Darstellende Geometrie (also Verfahren zur Darstellung dreidimensionaler räumlicher Figuren durch zeichnerische Wiedergabe in einer Ebene) und Graphische Statik (eine Methode zur graphischen Reduktion von Kräftesystemen und zur Darstellung der resultierenden Kraft, des Kräftepaars oder des Gleichgewichts). Was Frau Jolles betrifft, ist es nur eine Vermutung, für die allerdings einiges spricht, daß Wittgensteins Fortgang von Berlin zugleich eine Befreiung von der Last ihrer Zuneigung war. Noch im Krieg erfreute ihn diese Zuneigung, etwa wenn ein herzlicher Brief von ihr eine Erleichterung bedeutete, nachdem er kurz vorher aus England eine geschäftsmäßig und unpersönlich gehaltene Nachricht von Keynes erhalten hatte.[4] Doch als er nach dem Kriege mit allen Mitteln sein eigenes Leben zu gestalten versuchte, scheint es zu einem endgültigen Bruch mit ihr – wie mit vielen anderen früheren Bindungen – gekommen zu sein.

Der Weggang nach England war, wie es scheint, ein erster Schritt auf dem Weg seiner Entwicklung zum unabhängigen Wissenschaftler, der sich nicht nach einem regelrechten Studienplan mit anschließendem Examen richtet, sondern die Dozenten eventuell um Rat fragt und sich mit ihnen über seine Angelegenheiten unterhält. In dieser Hinsicht war die Entscheidung für Manchester als Studienort ausgezeichnet. Es gab dort nur wenige Studenten mit eigenen Forschungsvorhaben, denen sie überdies nach eigenem Belieben und ohne jegliche Reglementierung nachgehen durften, und die Professoren waren sehr zugänglich. Horace Lamb[5], der Professor für

4 Unveröffentlichte Tagebuchaufzeichnungen vom 5. und 28. Oktober 1914.

5 Zu Lamb vgl. *Obituary Notices of Fellows of the Royal Society* (=ONFRS) 4, 1935.

Mathematik, richtete eine Seminarveranstaltung ein, in der jeder mit seinen Problemen zu ihm kommen konnte. Viele der Professoren und jüngeren Dozenten hatten einen ausgezeichneten Ruf oder erbrachten später hervorragende Leistungen. Lamb selber ist vor allem als Verfasser eines immer noch als klassisch geltenden Werks über Hydrodynamik bekannt. Diese Spezialisierung hatte zur Folge, daß er im Ersten Weltkrieg zu den führenden flugtechnischen Beratern gehörte. Er hatte bei Clerk Maxwell studiert und legte dessen Ansichten in seinen Einführungsvorlesungen über Statik und Dynamik dar. Energisch verfocht er die These, die theoretische Entwicklung der Statik müsse auf dem Boden der Newtonschen Gesetze voranschreiten; zusätzliche experimentelle Daten seien überflüssig. Eine zusammenfassende Darstellung der theoretischen Statik aus seiner Feder findet sich in der elften Auflage der *Encyclopaedia Britannica*. In Lambs Abteilung lehrte von 1908 bis 1910 J. E. Littlewood, den Wittgenstein später in Cambridge als Fellow des Trinity College und Professor für Mathematik wiedertraf. In Manchester besuchte er zumindest einige von Littlewoods Vorlesungen, deren elegante Darstellung der klassischen Analysis allgemein gerühmt wurde. (Im Laufe der Jahre erwarb Wittgenstein eine Kenntnis der reinen Mathematik, die in etwa der eines Mathematikstudenten im zweiten Studienjahr entsprach. Später pflegte er sich mit den Beweisen in Hardys Lehrbuch *Pure Mathematics* zu beschäftigen, doch während sein Interesse in den ersten Jahren den Grundlagen beziehungsweise dem Mangel an Grundlagen der dort ausgeführten Beweise galt, ging es ihm in den letzten Jahren um die Aussagekraft der Beweise.)

Littlewood meinte Ende der sechziger Jahre[6], Wittgenstein sei damals nach Manchester gekommen, um zu lernen, welches die Grundlagen des Ingenieurwesens seien, und habe deshalb die Absicht gehabt, zu Rutherfords Füßen zu sitzen. Im großen und ganzen dürfte diese Schilderung von Wittgensteins Motiven zutreffen, und es stimmt, daß Rutherford seine Arbeit in Manchester gerade ein Jahr vorher aufgenommen hatte. Merkwürdig ist, daß die Universität Manchester im gleichen Jahr, in

6 In einer persönlichen Mitteilung an den Verfasser.

dem sich Wittgenstein dort einschrieb, von der österreichischen Akademie der Wissenschaften eine große Quantität Radium als Leihgabe empfing, um Rutherford die Möglichkeit zu geben, seine Forschungen zur Radioaktivität fortzusetzen. Es kann durchaus sein, daß eine direkte oder indirekte Verbindung zwischen dieser Leihgabe und Wittgensteins Ankunft bestand (vielleicht hat sich sein Vater als Gönner dafür eingesetzt), doch über eine Beziehung zwischen Wittgenstein und Rutherford ist ebensowenig bekannt wie über ein etwaiges Interesse an Rutherfords Forschungen. (Gerade in jenen Jahren kam Rutherford zu einem Abschluß seiner Arbeit über den Aufbau des Atoms.) Natürlich mag man annehmen, daß die nüchterne und zielgerichtete Arbeitsatmosphäre, die Rutherford stets um sich verbreitete, nicht ohne Einfluß geblieben ist auf Wittgensteins Vorstellungen von ernsthaftem wissenschaftlichem Tun, doch in seinem eigenen Denken und in seinem Suchen nach den »Grundlagen« der Technik (wenn man so sagen darf) stand er eigentlich den schon genannten Bemühungen Lambs näher. Nach der Ankunft in Manchester war Wittgenstein in gewissem Maße ein Schützling von Rutherfords Vorgänger, Arthur Schuster[7], der seinen Lehrstuhl aufgegeben hatte, um sich Fragen der Wissenschaftsorganisation zu widmen, dabei aber immer noch als Honorarprofessor an der Universität tätig war. Schuster war einer der jüngeren Söhne einer (auch heute noch florierenden) wohlhabenden Familie konvertierter Juden und hatte schon als junger Mann erkannt, daß die Wissenschaft ihm mehr bedeutete als das Familienunternehmen. In diesen Bestrebungen ließ man ihn nicht nur gewähren, sondern es gelang ihm sogar, beträchtliche Summen aus dem Familienvermögen in die Finanzierung von Forschungsprojekten und Universitätsstellen einzubringen. Zu den so geförderten Vorhaben gehörten auch die am Howard Estate Observatory vorgenommenen metereologischen Untersuchungen der oberen Luftschichten, und dieser metereologische Beobachtungsposten war Wittgensteins erste englische Station.

Schuster war ein Pionier auf dem Gebiet der Entwicklung der

7 Zu Schuster vgl. ONFRS 4, 1935.

Metereologie als Universitätsfach. Er sorgte dafür, daß mit Instrumenten versehene Drachen oder, je nach Wetterlage, Ballons aufstiegen, was hauptsächlich dem Zweck diente, in verschiedenen Höhen die Temperatur zu messen und die so gewonnenen Meßresultate zu anderen atmosphärischen Bedingungen in Beziehung zu setzen. Die Meßergebnisse wurden sodann mit den Resultaten anderer Wetterstationen verglichen und darüber hinaus im *Daily Telegraph* und in verschiedenen mittelenglischen Lokalblättern veröffentlicht. Das Lehrfach Metereologie wurde seit 1908 von J. E. Petavel vertreten, einem hervorragenden Physiker, der somit auch die genannte Versuchsstation leitete.[8] Zu Petavels Begabungen gehörte ein ganz besonderes Talent zur Gestaltung und Umrüstung von Versuchsapparaten, und aus diesem Grund hatte man ihn eines Tages gebeten, die Winde, die für die mit Meßwerkzeugen versehenen Drachen benutzt wurde, zu verbessern. So war es gekommen, daß er sich für das ganze Projekt zu interessieren begann.

Petavel war damals bereits Fellow der Royal Society und wurde später Direktor des National Physical Laboratory. Er war der Prototyp des britischen Wissenschaftlers, wie er in Kriegsromanen dargestellt wird. Dabei war sein Vater ein aus der Schweiz stammender Geistlicher gewesen, und er selbst hatte einen Teil seiner Ausbildung in der Schweiz und in Deutschland absolviert. Von der Seite seiner englischen Mutter war ihm ein stattliches Vermögen zugefallen. Eine erstaunliche Vielseitigkeit zeichnete ihn aus: Er hatte bedeutende Untersuchungen über Explosionen angestellt und dabei ein nach ihm benanntes Meßgerät entwickelt, das für Artilleriezwecke noch lange in Gebrauch blieb. Darüber hinaus hatte er auch auf den Gebieten der Niedrigtemperaturphänomene, der Expansion von Gasen, der gasgetriebenen Motoren und der Hochdruckreaktionen geforscht. Nach seinem Besuch der Drachen- und Ballonstation in Glossop unternahm er selbst einen Ballonflug und begann sich für flugtechnische Fragen zu interessieren. Als die britische Regierung 1909 das erste offizielle Beratergremium für derartige Probleme einsetzte, gehörte er zu den Beauftrag-

8 Zu Petavel vgl. ONFRS 5, 1936.

ten und war schon bald die führende Autorität in diesem Fach. Zunächst lernte er selbst fliegen und verbrachte die damals für einen Piloten übliche Durchschnittszahl von Flugstunden in der Luft. Beim letzten Flug dieses Programms erlitt er einen schweren Unfall, doch anschließend riß er trotz seiner Verletzungen nicht nur aus dem Krankenhaus aus, sondern war bei Kriegsausbruch zusammen mit de Haviland wieder in der Luft, um die Stabilität eines neuen Flugzeugmodells zu testen. Dieser Gleichmut im Angesicht drohender Gefahr war charakteristisch für ihn und kam auch in Glossop zum Vorschein, als er während eines Unwetters seelenruhig die Kurbel der Drachenwinde bediente und erst dreißig Sekunden, ehe der Blitz einschlug, davon abließ. Auch in anderer Hinsicht erwies er sich als traditionsgerechter Exzentriker und trug in hohem Maße zur allgemeinen Heiterkeit bei, wenn er, der Professor für Ingenieurwissenschaften, mit seinem einzylindrigen Automobil, das alle hundert Meter stehenbleiben wollte, durch Manchester fuhr.

Dennoch war Petavel natürlich keine Romanfigur, sondern eine typische Figur seiner Zeit, in der sich der Wissenschaftler auch praktisch mit jedem Aspekt seines Interessenbereichs befassen konnte und mußte. Es wurde von ihm erwartet, daß er seine Ausrüstung selbst entwarf und selbst herstellte, und es kam häufig vor, daß er sich (wie zum Beispiel eben Petavel) sowohl mit der Gestaltung neuer Apparaturen als auch mit theoretischen Untersuchungen befaßte. Viele Zweige der Wissenschaft, die heute selbständige Spezialgebiete mit ihren eigenen Datensammlungen und Verfahrensweisen bilden, steckten damals noch in den Kinderschuhen und konnten durch den findigen Einsatz allgemeiner Prinzipien entscheidend gefördert werden. Eine natürliche – in Manchester allerdings vielleicht besonders ausgeprägte – Folge dieses Forschungsklimas war, daß die Aufsplitterung in Einzelabteilungen weder die Untersuchungen der dort arbeitenden Wissenschaftler einengte noch ihre Zusammenarbeit untereinander beschränkte. Schuster war Professor für Physik und angewandte Mathematik gewesen, überließ das letztere Fach jedoch Lamb, als dieser nach Manchester kam. Petavel lehrte zunächst Physik, dann Metereologie und wurde schließlich Professor für Ingenieurwissenschaften. Die Seminare, Laboratorien oder Werkstätten des einen Fachbereichs standen den Forschern der übrigen Abteilungen offen, und Angehörige von Rutherfords Forschungsgruppe pflegten – sei es um Ferien zu machen oder um ihr Steckenpferd zu reiten – nach Glossop hinauszufahren, um zu probieren, welche metereologischen Experimente sie dort mit den Drachen anstellen konnten. Das in Manchester besonders hohe Ausmaß von Ungezwungenheit und Mobilität verdankte sich zum Teil der Kleinheit der Forschungsabteilungen wie der Universität selbst und zum Teil dem hervorragenden wissenschaftlichen Können der dort arbeitenden Forscher. Was die reine Größe, die Tüchtigkeit und das systematische Vorgehen betraf, mochte Charlottenburg überlegen sein, doch Manchester hatte seine eigene Tradition genialer und unabhängiger wissenschaftlicher Autodidakten – noch heute kann der Besucher damit rechnen, daß man ihn an Dalton und Joule erinnern wird. Im Jahre 1908 waren diese Männer – und auch hierin bestand vielleicht ein Gegensatz zu Charlottenburg, mit Sicherheit aber zur heutigen Situation – ohne weiteres ansprechbar, also ideale Lehrer oder Ratgeber für den jungen Wittgenstein mit seinen wechselnden Interessen und Problemstellungen. In Cambridge sollte er später ähnliches Glück haben. In Deutschland dagegen wäre es ihm trotz seiner (außer in der Hitze der Auseinandersetzung) perfekten Manieren nicht gelungen, so geneigte oder so leicht zugängliche Gesprächspartner zu finden.

Offenbar schon kurz nach seinem Weggang von Charlottenburg traf Wittgenstein im Sommer 1908 in der Forschungsstation von Glossop ein. Selbstverständlich war die Station in den Sommermonaten weit besser besetzt als sonst, und man ließ die Drachen viel häufiger steigen. Wie es scheint, hatte man sich darauf geeinigt, daß Wittgenstein die Apparatur benutzen durfte, um Versuche mit seinen eigenen Drachen anzustellen; zum Ausgleich dafür wurde seine Hilfe in Anspruch genommen beim Bau, Steigenlassen und Zurückschaffen der mit Instrumenten beladenen Drachen, die im Sommer fast ständig im Einsatz waren. Die Station lag etwa fünf Kilometer von Glossop entfernt in der Nähe eines einsam gelegenen Gasthofs, The Grouse Inn, inmitten einer moorigen Heidegegend, in der hauptsächlich jagdbare Vögel gehalten wurden und wo die Wissenschaftler umherstolpern durften, um ihre Drachen und Drähte wieder zurückzubringen. Straßen gab es kaum und wurden wenig benutzt. Die »Beobachter«, wie sie genannt wurden, wohnten gewöhnlich im Gasthof und teilten sich das Wohnzimmer. In einem vom 29. Mai 1908 datierten Brief[9] an seine Schwester Hermine (vielleicht dem frühesten erhaltenen Brief überhaupt) berichtet Wittgenstein, wie er und der als Beobachter eingesetzte Metereologe, Mr. Rimmer, dort allein leben als einzige Gäste des Wirts und seiner Frau. Das Essen und die Waschgelegenheiten sind recht »landlich«, und es fällt ihm schwer, sich daran zu gewöhnen (diese Klage ist alles in allem, zumindest was das Essen betrifft, grundverschieden von den Äußerungen des späteren Wittgenstein). Er selbst hat die Aufgabe, für die Drachen zu sorgen, die bisher von außerhalb angefordert wurden. Vorher hatte er lediglich Beobachtungen angestellt, doch jetzt ist er imstande, selbst einen Drachen zu bauen. Was ihm fehlt, ist ein Freund, und er hält Ausschau unter den Studenten, die sonntags die Station besuchen. Er schläft gut, »und wenn nicht mein eigenes Ich immer an mir nagte«, schreibt er bezeichnenderweise zum Schluß, »so müßte ich mich vorläufig hier wirklich wohl fühlen«. Der Freund war gefunden, sobald William Eccles auftauchte, um eine Zeitlang als Beobachter dort zu bleiben.[10] Als er sah, wie Wittgensteins Bücher und Papiere unordentlich auf dem Tisch herumlagen, räumte er auf und stapelte die Bücher fein säuberlich. Diese Handlung hatte etwas derart schlicht Selbstverständliches an sich, daß sich Wittgenstein sowohl angezogen als auch amüsiert fühlte. So schlossen die beiden eine Freundschaft, die die paar Wochen des Zusammenlebens in dem kleinen Gasthof

9 Dieser Brief wurde eingesehen, als er sich im Besitz von Thomas Stonborough befand.

10 Eine Schilderung von Eccles' Freundschaft mit Wittgenstein findet sich in einem Artikel von W. Mays (abgedruckt in: K. Fann (Hg.), *Ludwig Wittgenstein: The Man and his Philosophy*, New York: Dell, 1967, S. 79-88). Wittgensteins Briefe an Eccles wurden zusammen mit einigen Anmerkungen von Eccles veröffentlicht in: *Hermathema* XCVII, 1963; vgl. die Ausgabe der *Briefe* Wittgensteins, Frankfurt: Suhrkamp, 1980. Ich beziehe mich außerdem auf Auskünfte, die Eccles mir in einem ausführlichen Gespräch gegeben hat.

und die Notwendigkeit des Miteinanderauskommens überdauerte.
Eccles war ausgebildeter Ingenieur; er war vier Jahre älter als Wittgenstein, augenscheinlich mit der Forschung beschäftigt und tatsächlich an dem metereologischen Programm beteiligt, doch in der Hauptsache wartete er auf ein Stellenangebot, das ihm zusagte. Eine passende Stelle fand sich im August 1909 in der Firma Westinghouse, bei der er sein ganzes Berufsleben blieb und für die er während der ersten Jahre in Manchester arbeitete. Wittgenstein sagte zu Eccles, sie kämen deshalb so gut miteinander aus, weil Eccles einen beruhigenden Einfluß auf ihn habe. Der damals in der ingenieurwissenschaftlichen Abteilung tätige J. Bamber bestätigt diesen Eindruck insofern, als er meint, Eccles und Bradley (mit dem Wittgenstein ebenfalls in der Heide Freundschaft schloß) seien vom Temperament her das genaue Gegenteil Wittgensteins gewesen.[11] Eccles war gewiß ein außergewöhnlich offenherziger, heiterer und freundlicher Mensch. Er war durchaus nicht dumm, aber unkompliziert, insofern er sich das Leben nicht schwermachte durch Gedanken darüber, wie die anderen wohl sein Handeln beurteilen würden. Er nahm die Dinge, wie sie waren, nicht, wie man sie möglicherweise hätte hinstellen können: Für ihn war Wittgenstein kein wunderlicher Ausländer, und er spitzte keineswegs die Ohren, um die fremde Aussprache herauszuhören.[12] Sofern Wittgenstein dazu neigte, hin und wieder ganz in Gedanken verloren zu sein, und dann nicht gern gestört wurde, war das eben seine Art, und man konnte sich ohne weiteres danach richten. Sie unterhielten sich viel über technische Probleme; allerdings eher über solche, die mit ihrer gemeinsamen Beschäftigung zu tun hatten, als über solche, die sich aus Wittgensteins eigener Arbeit ergeben mochten. Eccles meinte zwar, Wittgenstein habe sich auf keinem Gebiet gründlich ausge-

11 So Bramber in einem Brief an den Verfasser.

12 Die Auskünfte darüber, wie gut Wittgenstein Englisch sprach, variieren. Vieles hängt natürlich davon ab, von welchem Zeitpunkt und von welchen Umständen die Rede ist. Es konnte freilich nicht ausbleiben, daß er seine Herkunft hin und wieder durch einen Germanismus erkennen ließ, doch allgemein besteht Einigkeit darüber, daß die Aussprache gut war. Die Personen, in deren Beisein er sich besonders entspannt geben konnte, neigen zu der Aussage, sein Englisch sei völlig akzentfrei gewesen.

kannt (das Gegenteil wäre überraschend gewesen, denn Wittgenstein war erst neunzehn), doch er bewunderte seine Findigkeit und pflegte folgendes Beispiel zu erzählen: Als es um eine Tür ging, die für Außenstehende schwer zu öffnen sein sollte, aber nicht abgeschlossen werden durfte, kam Wittgenstein auf den Einfall, den Türgriff so anzubringen, daß man ihn nicht nach unten drücken, sondern anheben mußte. Eccles meinte, in dieser Hinsicht habe auch er selbst einen positiven Eindruck auf Wittgenstein gemacht, ja sie seien einander in gewissem Maße ähnlich gewesen, denn er habe ebenfalls danach gestrebt, den Dingen durch seine analytische Fähigkeit und die Erkenntnis der eigentlichen Problematik auf den Grund zu gehen.
Eccles gegenüber äußerte Wittgenstein, er sei sein einziger Freund – er pflegte dergleichen zu sagen; und es trifft zu, daß die beiden damals recht einsam waren. Wie innig die Freundschaft war, ist schwer zu beurteilen, doch folgende Bemerkung, die Wittgensteins Freund Postl (der später in der Familie als Diener beschäftigt war) festgehalten hat, ist in diesem Zusammenhang aufschlußreich: »Ich bin ein Sammler von guten Menschen.« Was er vor allem mochte, war die Eigenschaft der Natürlichkeit und Unmittelbarkeit, die ihm selbst als etwas mühsam zu Erkämpfendes galt. Natürlich unterhielten sich Eccles und Wittgenstein auch über private Dinge. Wittgenstein berichtete über seine Mutter und die Schwester Hermine (die zu diesem Zeitpunkt eine wichtige Rolle in seinem Leben spielte), über einen Bruder, der sich getötet habe, weil er derart begabt war, daß er einfach alles vermochte (vermutlich war Hans gemeint). Doch im großen und ganzen und besonders dann, wenn es um die Zukunft ging oder was man planen könnte, redeten sie über Eccles: In den beiden veröffentlichten Briefen aus der Vorkriegszeit geht es darum, wo Eccles arbeiten und wie er sein Haus möblieren sollte. Der Jüngere übernimmt in diesen Briefen die führende Rolle, doch – und es ist wichtig, dies festzuhalten – ohne den anderen zu kränken. Es war eine Beziehung, die beiden zusagte.
Eccles' Darstellung wirft Licht auf ein weiteres Merkmal, das in Wittgensteins Freundschaftsbeziehungen immer wieder vorkommt: Die Freundschaft hing davon ab, daß man eine längere Zeit zusammen verbrachte, oder sie entstand in einer sol-

chen Zeit. In der Beobachtungsstation wurde hart und unentwegt gearbeitet. Es kam vor, daß man die Drachen acht oder zehn Mal am Tag steigen ließ, und das konnte bis neun oder zehn Uhr abends dauern. Die Drachen sollten eine Höhe von 1500 Metern erreichen, und dazu war natürlich eine ganze Kette von Drachen erforderlich. Manchmal lösten sich die Drachen aus der Kette oder stürzten irgendwo ab, und dann mußte die entsprechende Strecke zu Fuß zurückgelegt werden, um sie wieder zurückzuschaffen. Daneben bestand auch die Gefahr von Unwettern, der Eccles und Wittgenstein nicht weniger ausgesetzt waren als Petavel.

So verbrachten sie den ersten Abschnitt ihrer Freundschaft im Sommer 1908. Doch auch im folgenden Jahr, als beide in Manchester wohnten, waren sie oft zusammen, und gemeinsam besuchten sie häufig das Haus von Eccles' Tante, Mrs. Moore, die mit einem Arzt verheiratet war, der im Armenviertel von Manchester praktizierte, das man heute nur noch aus der Fernsehserie *Coronation Street* kennt. Wittgenstein fand Gefallen an dem bescheidenen, einfachen und nützlichen Leben dieser Menschen. Er hatte etwas übrig für solche harmlosen Freundschaftsbeziehungen und kleinen Aufmerksamkeiten. Charakteristisch für ihn war, daß er unaufdringliche, sorgfältig ausgewählte Geschenke machte. Eccles bewahrte bis ans Ende seines Lebens eine ganz eigenartige, recht hübsche Konfektschachtel – das Überbleibsel eines Geschenks von Wittgenstein an Mrs. Moore. Gemeinsam unternahmen die beiden auch verschiedene Ausflüge, allerdings keine Wanderungen, denn das Laufen war zu sehr ein Bestandteil ihrer Aufgaben in der Heide. Häufig erzählt worden ist die Geschichte des beabsichtigten Ausflugs nach Blackpool, als Wittgenstein, weil gerade kein fahrplanmäßiger Zug ging, einen Sonderzug mieten wollte. Eccles redete ihm das Vorhaben aus, und so fuhren sie nach Merseyside und frönten statt dessen der Lustbarkeit einer Spritztour mit dem Fährboot (was damals etwa einen Penny gekostet haben muß). Sie unternahmen auch weitere Fahrten und besuchten zum Beispiel das alte Haus der Familie Eccles in Nordirland.

Sie taten jedoch nicht alles gemeinsam. Eccles hatte den sicherlich verfehlten und zum Teil durch seine eigene Erzählung der

Gasthofgeschichte widerlegten Eindruck, Wittgenstein habe nicht sonderlich viel gelesen. Eccles jedenfalls war nicht sehr musikalisch, begleitete Wittgenstein aber trotzdem gelegentlich in eines der Hallé-Konzerte und hörte ihm zu, wenn er »ganze Symphonien« pfiff, wie Eccles meinte. Wie alle anderen, die Wittgenstein beim Zuhören beobachtet haben, war auch er ganz beeindruckt von der Intensität und Konzentration, mit der Wittgenstein der Musik lauschte. Ihre Beziehung war wahrscheinlich gerade deshalb nicht so stürmisch, weil sie in Charakter und Einstellung so verschieden waren. Es kam ihnen einfach nicht in den Sinn, vom anderen zu erwarten, er könne den gleichen Geschmack haben und in der gleichen Weise reagieren. In einer Hinsicht war ihnen jedoch vielleicht mehr gemeinsam, als Eccles gemerkt hat. Er meinte, im Gegensatz zu dem Kenner Wittgenstein habe er gar keinen Geschmack für Kunst gehabt. Dennoch erörterten sie (wobei Wittgenstein, wie üblich, die treibende Kraft war und die Rolle des Geschmacksrichters übernahm) die Art der Möblierung von Eccles' neuem Haus und waren sich einig darüber, daß Ornamente nichts darin zu suchen hatten. In diesem Sinne schrieb Wittgenstein im Juli 1914 an Eccles: »Ich sehe keine Zeichnung eines Betts, oder möchten Sie das nehmen, welches die Möbelhersteller angeboten haben? Wenn ja, so bestehen Sie unbedingt darauf, daß sie die abscheulichen Verzierungen absägen. Und weshalb sollte das Bett eigentlich auf Rollen stehen? Sie werden doch nicht damit in Ihrem Haus umherreisen!? Lassen Sie die anderen Dinge auf jeden Fall nach Ihrem Entwurf herstellen.« Zugleich billigte er die völlig unkomplizierten und schmucklosen Entwürfe, die Eccles für eine Kommode, ein Arzneischränkchen und dergleichen angefertigt hatte. Nur die horizontalen Querleisten an den Türen wollte er in die Mitte versetzen (was damals weniger gebräuchlich war), so daß die oberen und unteren Türfüllungen gleich lang wirkten. Was die Ausstattung eines später zur Diskussion stehenden Zimmers betrifft, bewog Wittgenstein Eccles dazu, einen Raum mit selbstgefärbtem königsblauem Teppich, schwarzer Holztäfelung und gelb getünchten Wänden zu entwerfen (jedenfalls glaubte Eccles sich zu erinnern, daß diese Geschichte einer späteren Zeit angehört).

Wittgenstein schätzte sowohl Eccles' spezifische Intelligenz als auch seinen Charakter, zwei Merkmale, die recht eigentlich zu der gleichen Erscheinung gehörten: einer freimütigen, wißbegierigen Denkweise. Er meinte, Eccles könne jede Menge Erfahrung gebrauchen, denn in ihm sei die Erfahrung lebendig. Direktheit, Nüchternheit, Ausgeglichenheit, die Fähigkeit zum Glücklichsein und zu wesentlich männlich geprägter Kameradschaft – dies waren die typischen Eigenschaften einer ganzen Reihe von Wittgensteins Freunden, zu denen später etwa Raymond Priestley gehörte. In Eccles' Naturell lag etwas, was ihm auch in schwierigen Situationen helfen würde, der gleiche zu bleiben und denjenigen ein unersetzlicher Freund zu sein, die seine Art zu schätzen wußten. Zu diesen gehörte sicher auch Wittgenstein, und das dürfte auch der Sinn der Widmungszeilen sein, die er auf eine Eccles geschenkte Porträtphotographie schrieb. Eccles hat sich übrigens nie darum gekümmert, was diese Worte eigentlich bedeuteten: »Vieles giebt uns die Zeit, und sie nimmt's auch, aber der Besseren / frohe Neigung sei auch Dir froher Besitz.«[13] Wittgenstein *kannte* seinen Freund. Frappierend ist, daß er sofort merkte (obwohl Hunderte von Zufällen dafür hätten verantwortlich sein können), Eccles habe seinen ein wenig zu jovial gehaltenen Brief aus dem Krieg deshalb nicht beantwortet, weil es sein Gewissen belastete, mit dem Kriegsgegner zu korrespondieren – eine Überlegung, die für Wittgenstein selbst und seine kultivierten Cambridger Freunde gar nicht ins Gewicht gefallen wäre.

Es war 1908 in der Heide, daß sich Eccles und Wittgenstein kennenlernten. Im folgenden akademischen Jahr war Wittgenstein als »research student« eingeschrieben und arbeitete fünf Tage in der Woche in der ingenieurwissenschaftlichen Abteilung. Eccles und Mays geben folgende Erläuterung:

Seine Experimente mit Drachen dauerten nicht lange, weil er schon bald merkte, daß es nicht viel nützte, ein Flugzeug zu entwickeln, solange man nicht über irgendeine Art von Motor verfügte. Durch einen glücklichen Zufall sind seine Entwürfe für einen Flugzeugmotor

13 Offenbar aus dem Gedächtnis zitiert. Das Original von Goethes Distichon lautet: »Vieles gibt uns die Zeit und nimmt's auch; aber der Bessern / Holde Neigung, sie sei ewig dir froher Genuß.«

erhalten geblieben. Es ist nicht bekannt, wie er auf den Gedanken kam, an jeder Propellerspitze Rückstoßdüsen anzubringen, doch rasch erkannte er, daß alles von diesen Düsen abhing. Daher wechselte sein Interesse von der Heide bei Glossop zur ingenieurwissenschaftlichen Abteilung, wo er sich von der benachbarten Firma Cook eine variable Brennkammer bauen und diese mit verschiedenen Kraftstoff- und Gasdüsen ausstatten ließ.

Die ganze Apparatur war fachgerecht zusammengestellt und zweckdienlich. Der heiße Gasstrom, der aus der oberen Düse drang, wurde auf eine Ablenkfläche umgeleitet, wo die Reaktionsstärke gemessen werden konnte. Dieses Gerät wurde mit Erfolg in Gang gesetzt, doch ehe viele Versuche damit angestellt werden konnten, begann sich Wittgenstein für den Entwurf des Propellers zu interessieren, und da diese Aufgabe geeignet war, in rein mathematischer Form behandelt zu werden, widmete er sich immer mehr der Mathematik, und so geriet wiederum der Propeller in Vergessenheit.

Interessant ist, daß Wittgensteins Idee einer Brennkammer in Verbindung mit tangential angeordneten Rückstoßdüsen an den Propellerspitzen im Zweiten Weltkrieg praktische Anwendung fand, als der österreichische Ingenieur Doblhoff die Rotorblätter seines Hubschraubers entwickelte ...

Diese Darstellung ist recht schematisch, und man darf nicht vergessen, daß Eccles nicht über alles, was Wittgenstein unternahm, Bescheid wußte. Wie es scheint, hat er sich, auch nachdem er die Arbeit im Laboratorium bereits aufgenommen hatte, weiterhin für die Drachen interessiert, denn in einem offiziellen Universitätsverzeichnis für das Jahr 1909/10 wird er als »Freiwilliger Beobachter« der Wetterstation aufgeführt. Ferner steht fest, wie wir bald sehen werden, daß er sich schon vor dem April 1909 Gedanken gemacht hatte über die Grundlagen der Mathematik. Wahrscheinlich verlief seine Entwicklung nicht so geradlinig, wie Eccles annahm. Man muß schließlich davon ausgehen, daß er auch vor seiner Ankunft in Manchester bereits wußte, daß ein Flugapparat einen Motor benötigen würde; und als er gegen Ende seines Aufenthalts in Manchester Cambridge besuchte, stellte er sich immer noch als prospektiver Luftschiffer oder Pilot vor. Solange er sich überhaupt mit flugtechnischen Fragen beschäftigte, scheint es sein Ziel gewesen zu sein, eine solche Maschine zu entwerfen, zu bauen und auch selbst zu steuern. Dieses ehrgeizige Vorhaben wirkte zu jener Zeit durchaus einleuchtend. Als Wittgenstein mit dem Projekt begann, hatten die Gebrüder Wright ihre Langstreckenflüge mit Motorantrieb, mit denen sie alle bisherigen Rekorde um ein Hundertfaches übertrafen und denen sie ihren Ruhm verdanken, noch gar nicht ausgeführt. Doch es war schon seit langem klar – Boltzmann zum Beispiel hatte diese Auffassung in einem Vortrag von 1894 dargelegt –, daß nicht das steuerbare Luftschiff die verheißungsvollsten Entwicklungen in der Flugtechnik versprach, sondern der durch Luftschrauben oder Propeller getriebene Aeroplan. Als Boltzmann seinen Vortrag hielt, hatte Maxim bereits eine solche Maschine geflogen, doch die Steuerung bereitete zu diesem Zeitpunkt noch enorme Schwierigkeiten. Diese Schwierigkeiten zu überwinden und eine Methode zu entdecken, meinte Boltzmann, sei eine Aufgabe für jemanden, der zugleich Genie und Held sein müßte. 1908 war beinahe jeder Aspekt des motorgetriebenen Flugs noch im Stadium der auf Ausprobieren angewiesenen Erforschung. Eccles äußert sich zwar im Ton der Bestürzung, wenn er dies im Hinblick auf die Experimente auf der Heide feststellt, doch es war ganz und gar charakteristisch für die aeronautische Entwicklung jener Zeit. Alle möglichen Flügelformen wurden ausprobiert, häufig mit verhängnisvollem Ergebnis. Erst in den folgenden Jahren wurde der Windkanal eingesetzt und so eine konventionelle Tragflächenform und Gesamtgestalt entwickelt. Der Motor war ebenfalls ein entscheidender Faktor. Man darf eben nicht vergessen, daß bis zu der Zeit, in der Wittgenstein sich mit dieser Frage auseinandersetzte, noch kein Flugapparat mit einem hinreichend leichten und zugleich leistungsstarken Motor ausgestattet worden war, der einen Langstreckenflug gestattet hätte. Freilich, der Benzinmotor war bereits entwickelt, und man brauchte nichts von der Größe des noch von Maxim verwendeten dampfgetriebenen Motors. Die Gebrüder Wright bauten einen modifizierten Kraftstoffmotor ein. Die Franzosen entwickelten kurz darauf den Umlaufmotor. Wittgensteins Vorhaben mag allzu kompliziert gewesen sein, und es wäre ein tollkühnes Unterfangen gewesen, einen Flugapparat mit einem derart unausgereiften Motor auszurüsten, denn selbst wenn man einen der konventionellen Benzinmotoren verwendete, war Zuverlässigkeit eines der Hauptprobleme der damaligen Luftschiffahrt. Doch trotz allem war es immerhin ein Versuch, eines der drängenden Probleme jener Zeit zu lösen, und dieser Versuch war keineswegs phantastischer – wenn auch vielleicht phantasievoller – als viele der sonst vorgeschlagenen Lösungen. Einige Maschinen wurden auf einer unbenutzten Eisenbahnstrecke in der Gegend um Manchester tatsächlich ausprobiert,[14] was darauf schließen läßt, daß die Entwicklung ziemlich weit fortgeschritten war. Ob Wittgenstein selbst je ein Flugzeug gesteuert hat, wissen wir allerdings nicht. Die Absicht hatte er bestimmt, und als Russell seine Bekanntschaft machte, bezeichnete er ihn gelegentlich als Luftschiffer oder Pilot. Ausgeschlossen ist es jedenfalls nicht. Falls er eines gesteuert hat, braucht es nicht unbedingt bekannt geworden zu sein, denn er war überaus zurückhaltend in seinen Mitteilungen. Wenn er seinen Freunden etwas erzählte, wollte er ihnen nicht über sein Leben berichten, sondern nur hier und da eine passende Anekdote einstreuen. Und selbst diese sind natürlich nicht alle überliefert.

Diese vielfältigen Projekte in Manchester konnten freilich nicht in wenigen Wochen ausgeführt werden, sondern mußten Jahre in Anspruch nehmen. Tatsächlich verbrachte Wittgenstein drei Jahre dort und hatte vor, wenigstens ein weiteres Jahr in Manchester zu bleiben. Er wirkte wie ein komischer Kauz, meint Littlewood. Bamber und Mason, zwei ehemalige Mitarbeiter an der ingenieurwissenschaftlichen Abteilung schildern ihn als liebenswürdigen, aber vom Temperament her nervösen und reizbaren Menschen. Ebendarum machte er auf die Engländer einen derart sonderbaren Eindruck: Während er sich in Alltagsdingen äußerst konventionell und liebenswürdig verhielt, legte er im Hinblick auf alles, was ihm wirklich wichtig war, diese Intensität und Konzentration an den Tag und haßte jegliche Unterbrechung und Störung. Bamber berichtet: »Er machte damals Versuche zur Verbrennung von Gasen, und wegen seiner Nervosität war er der Letzte, der sich mit diesem Forschungsgebiet hätte befassen sollen, denn wenn etwas

14 Vgl. L. Goodsteins Wiedergabe von Wittgensteins Erinnerungen in: A. Ambrose u. M. Lazerowitz (Hg.), *Ludwig Wittgenstein: Philosophy and Language*, London 1972.

schiefging – und das kam häufig vor –, warf er die Arme in die Luft, stapfte umher und fluchte auf deutsch wie ein Fuhrknecht.« Die Mittagspause vergaß er gewöhnlich, und dann arbeitete er durch bis zum Abend. Im Herbst 1909 ging ihm Mason zur Hand beim Einbau einer schweren Apparatur, die er aus der physikalischen Abteilung entliehen und in das neue Forschungslabor der ingenieurwissenschaftlichen Abteilung gebracht hatte. Es handelte sich um einen Hochleistungsverdichter, wie er bei der Untersuchung von Gasen unter Hochdruck verwendet wird. »Ein reizender Mensch, und voller Enthusiasmus; damals war er den Umgang mit technischen Apparaten nicht gewohnt und wußte nicht recht Bescheid, wie man sie zusammensetzt«, berichtet Mason. Diese Einschränkung ist aufschlußreich: Damals war Wittgenstein noch ein Anfänger; im Ersten Weltkrieg leistete er ausgezeichnete Arbeit als Leiter einer Artilleriewerkstatt.
Wittgenstein selbst nahm seine »Nervosität« ernster; sie war ein Aspekt seines Ich, der ihn quälte. In einem weiteren Brief an die Schwester Hermine (vom 20. Oktober 1908) spricht er zunächst von seiner Arbeit – Professor Lamb wisse nicht, ob die Gleichungen, die Wittgenstein ihm vorgelegt hatte, »mit den heutigen Mitteln überhaupt lösbar seien« –, um dann zu den für ihn typischen persönlichen Problemen überzugehen: »Meine bösen Geister bringen mich in die dümmsten Stimmungen, die Du Dir nur denken kannst.« Nach der Unterhaltung mit Lamb ging er in den Zeichensaal, erblickte dort den Assistenten, einen für ihn »sehr gefährlichen« Menschen, und begann diesen zu schelten wegen der Art, in der die Zeichnungen ausgeführt wurden. Er wurde immer gereizter – er regte sich auf, weil der andere so gleichgültig blieb –, bis der Assistent glücklicherweise fortgerufen wurde, so daß Wittgenstein wieder zu sich kam. Es war immer das gleiche Muster, sowohl jetzt, in der Zeit vor dem Ersten Weltkrieg, als auch später, als er Lehrer war: Manche Menschen waren gefährlich für ihn, weil er ihnen gegenüber überempfindlich war, zu heftig reagierte und sich selbst verriet. Er wollte gern natürlich und spontan sein, doch in diesen Fällen stand seine geradezu automatische Reaktion in keinem Verhältnis zum Anlaß, und er konnte sie zwar verabscheuen, aber nichts daran ändern. Noch

schlimmer wurde die Sache dadurch, daß er, obwohl ihm die Heftigkeit der eigenen Reaktion zuwider war, den sie auslösenden Fehler – sei es Faulheit, Schlamperei oder Gemeinheit – nicht verzeihen konnte.

Für das Jahr 1908/9 war er als »research student« eingeschrieben und arbeitete laut offiziellen Angaben fünf Tage pro Woche im Laboratorium der ingenieurwissenschaftlichen Abteilung. Der gleiche Eintrag findet sich im Universitätsverzeichnis für das Jahr 1909/10, in dem er, wie bereits erwähnt, auch als freiwilliger Beobachter der Wetterstation genannt wird. 1910 und 1911 wurde ihm vom Akademischen Senat ein Forschungsstipendium verliehen, das er im zweiten Jahr allerdings nicht in Anspruch nahm. Es war eine kleine Auszeichnung und deutete darauf hin, daß man ihn akademisch immerhin ernst nahm, während es ihm in finanzieller Hinsicht gleichgültig war. Wie es scheint, finanzierte er seine Experimente mit Drachen und Brennkammern selbst und ließ auf der Heide einen Schuppen bauen. Im allgemeinen lebte er zwar nicht protzig, führte aber dennoch das Leben eines reichen Mannes. Nach Eccles' Schätzung verfügte er über fünftausend Pfund pro Jahr, eine Riesensumme für die damalige Zeit. Die Episode mit dem Vorschlag, einen Sonderzug zu mieten, konnte Eccles natürlich nicht vergessen. Bamber erwähnt eine Wohnung in Fallowfield, wo Wittgensteins einziger Zeitvertreib darin bestanden habe, sich in der mit sehr heißem Wasser gefüllten Badewanne zu entspannen (wieder ein Hinweis auf harmlose Prahlerei: diesmal, daß das Wasser besonders heiß gewesen sei). Fest steht, daß seine Adresse im Jahre 1911 Palatine Road 104 (heute Nr. 154) lautete. Diese Straße liegt zwischen Withington und West Didsbury, während Fallowfield ein Nachbarviertel ist, so daß Bamber mit seiner Angabe einen entschuldbaren Irrtum begangen haben mag. Interessant ist, daß die Häuser in dieser Gegend recht groß und komfortabel waren und nicht selten von erfolgreichen Juden und Armeniern bewohnt wurden. Speziell das Haus Nr. 104 war nicht von der Art, in der man gewöhnlich Untermieter aufnahm, und die Wiener Angehörigen vermuten, es habe sich damals ein Freund der Familie gefunden, in dessen Haus er habe wohnen können. Es war jedenfalls ein behagliches Leben, und Wittgenstein mag zwar einen strengen Geschmack an den Tag gelegt haben, aber keine äußerliche Enthaltsamkeit, es sei denn, insofern er sich mit den verhältnismäßig rauhen Verhältnissen auf der Moorheide genauso abfand wie jeder andere. Er kleidete sich sorgfältig und offenbar kostspielig. Das reiche Musikangebot in Manchester nutzte er weidlich, und alle Gewährsleute erwähnen, daß er die Hallé-Konzerte besuchte, wenn dort ernstere Kompositionen gegeben wurden – etwa Stücke von Wagner, Beethoven und Brahms –, und sie sprechen von der Konzentration, mit der er zuhörte, und dem Enthusiasmus, mit dem er anschließend über die Musik redete.

Drei Jahre blieb er in Manchester. Es sollte weitere zwanzig Jahre dauern, ehe er eine ähnlich lange Zeit an ein und demselben Ort verbrachte. Es steht zu vermuten, daß er dort – oder vielmehr: dort und in Charlottenburg – eine Menge lernte. Doch in diesen Jahren machte er weder einen überragenden Eindruck, noch kam seine wahre Kraft zum Durchbruch. Es hätte sein können, daß er nicht mehr war als eben ein liebenswürdiger, launenhafter, begabter und exzentrischer Mensch. Er mußte sich erst noch als das entpuppen, was er wirklich war. Einesteils fehlten ihm Anregungen, wie er sie dann von Russell empfing, und damit hängt zusammen, daß er andernteils noch auf der Suche war nach seinem eigentlichen Beruf. Keines der Projekte, an denen er sich beteiligte, gedieh weiter als bis zur Hälfte; einige waren von vornherein zum Scheitern verurteilt, weil sie zu ehrgeizig waren. Es scheint, als habe er den Wunsch des Vaters, wenigstens einer seiner Söhne möge etwas Nützliches werden, erfüllen wollen, ohne jedoch von ganzem Herzen zu der Sache zu stehen. Das Ergebnis war, daß er zwar die einzelnen Vorhaben durchaus enthusiastisch anging, aber nicht beharrlich genug war, um das Ganze zu vollenden und zum Abschluß zu bringen.

4. Cambridge 1911/12

Im Herbst 1911 tat Wittgenstein einen Schritt, der, wie sich herausstellen sollte, entscheidend war. Anstatt, wie vorgesehen, nach Manchester zu fahren, reiste er nach Cambridge, um Russells Vorlesungen zu hören. Weder mit Russell noch mit der Universität oder einem der Colleges war vorher eine Vereinbarung getroffen worden, und so kam es, daß Wittgenstein sich erst im Februar 1912 immatrikulierte. Alle Anzeichen sprechen dafür, daß die Entscheidung, nach Cambridge zu gehen, spontan gefaßt wurde und eine Art Experiment sein sollte. Die Ereignisse, die zu dieser Entscheidung hinführten, sind unterschiedlich dargestellt worden. Von Wright berichtet, was ihm von Wittgenstein selbst mitgeteilt wurde, und schreibt, das Interesse an der Konstruktion eines Flugapparats habe die Beschäftigung mit der Herstellung eines Motors und dann mit dem Entwurf eines Propellers nach sich gezogen, woraufhin er sich mit der mathematischen Behandlung dieses Problems und anschließend mit den Grundlagen der Mathematik auseinandergesetzt habe. Diese Schilderung wird, wie wir gesehen haben, durch den Bericht von Eccles bestätigt und durch die Darstellung Russells in seiner Autobiographie und in verschiedenen nach Wittgensteins Tod erschienenen Artikeln ebenfalls gestützt. In der Autobiographie schreibt Russell: »Wittgenstein hatte ursprünglich vorgehabt, Ingenieur zu werden, und war zu diesem Zweck nach Manchester gegangen. Durch mathematische Studien wurde sein Interesse an den Grundgesetzen der Mathematik geweckt, und er erkundigte sich in Manchester, wer sich mit diesem Thema beschäftigt habe. Jemand nannte ihm meinen Namen, und so ließ er sich denn im Trinity College nieder.«[1] Daß jemand in Manchester – zum Beispiel Littlewood – Russells Namen genannt hatte, ist freilich ohne weiteres möglich; Littlewood selbst kann sich allerdings nicht an ein derartiges Gespräch erinnern. Wittgen-

1 *The Autobiography of Bertrand Russell*, Bd. 2, S. 98ff. (London: Allen and Unwin, Bd. 1 1967, Bd. 2 1968, Bd. 3 1969). Dieser Teil der Autobiographie wurde zwar erst 1968 veröffentlicht, im wesentlichen aber schon 1933 geschrieben.

steins eigene, in von Wrights biographischer Skizze wiedergegebene Darstellung läuft jedoch darauf hinaus, daß er sich, nachdem der Entschluß zum Studium der Philosophie der Mathematik bereits gefaßt war, zunächst nach Jena begeben habe, um seine Pläne mit Frege zu besprechen, und Frege habe ihm dann den Rat gegeben, bei Russell in Cambridge zu studieren.[2]

Wittgenstein muß von Wright in den vierziger Jahren über diese Dinge berichtet haben, und in etwa zur gleichen Zeit war seine Schwester Mining in Österreich damit beschäftigt, ihr Porträt des Bruders niederzuschreiben. Mit Bezug auf die Charlottenburger Zeit sagt sie:

> Zu dieser Zeit oder etwas später ergriff ihn plötzlich die Philosophie, d. h. das Nachdenken über philosophische Probleme, so stark und so völlig gegen seinen Willen, daß er schwer unter der doppelten und widerstreitenden inneren Berufung litt und sich wie zerspalten vorkam. Es war eine von den Wandlungen, deren er noch mehrere in seinem Leben durchmachen sollte, über ihn gekommen und durchschüttelte sein ganzes Wesen. Er schrieb damals an einer philosophischen Arbeit und faßte schließlich den Entschluß, den Plan dieser Arbeit einem Professor Frege in Jena zu zeigen, der ähnliche Fragen behandelte. Ludwig befand sich in diesen Tagen fortwährend in einer unbeschreiblichen, fast krankhaften Aufregung, und ich befürchtete sehr, daß Frege, von dem ich wußte, daß er ein alter Mann sei, nicht die Geduld und das Verständnis aufbringen werde, um so auf die Sache einzugehen, wie es der ernste Fall erheischte. Ich war daher während Ludwigs Reise zu Frege in großer Sorge und Angst, es ging aber weit besser, als ich dachte. Frege bestärkte Ludwig in seinem philosophischen Suchen und riet ihm, nach Cambridge als Schüler zu einem Professor Russell zu gehen, was Ludwig auch tat.

Diese Schilderung stammt von der Schwester, die damals genauen Einblick hatte in Wittgensteins Überlegungen, und ist daher unabhängig von seiner eigenen späteren Darstellung. Die Reise nach Jena dürfte er wahrscheinlich von Wien aus unter-

2 G. H. von Wright, »Ludwig Wittgenstein: Eine biographische Skizze«, a. a. O., S. 27/16. Wie sich noch zeigen wird, gibt es Gründe, die von Wrights Darstellung bestätigen und dafür sprechen, daß Wittgenstein bereits vor der Reise nach Jena und dem Wechsel nach Cambridge beschlossen hatte, das Ingenieurstudium aufzugeben.

nommen haben, und zwar im Sommer 1911; mit den philosophischen Aufzeichnungen hat er aber vermutlich schon früher begonnen. Sowohl diese Beschreibung als auch Wittgensteins eigener Bericht widersprechen Russells (erst 1951 aufgezeichnetem) Eindruck, Wittgenstein habe Frege »zu dieser Zeit« – womit die Zeit der Ankunft in Cambridge gemeint sein dürfte – nicht persönlich gekannt.
Soweit zeitgenössische Dokumente existieren, stimmen sie mit keiner dieser Erinnerungen völlig überein – eine Erfahrung, die wohl jeder Biograph macht; vielleicht handelt es sich um verschiedene Steinchen des gleichen Mosaiks. Als Wittgenstein im Oktober 1911 Russell zum ersten Mal aufsuchte, teilte er ihm mit, er habe »in Charlottenburg Ingenieurwissenschaften studiert, doch während seines Studiums habe er sich ganz von selbst leidenschaftlich für die Philosophie der Mathematik zu interessieren begonnen, und nun sei er extra nach Cambridge gekommen, um bei mir zu hören«. Dieses Zitat stammt aus einem Brief an Lady Ottoline Morrell vom gleichen Tage, dem 18. Oktober 1911. Daneben gibt es ein weiteres Belegschnipsel, das darauf hindeutet, Wittgenstein habe sich recht früh für die Philosophie der Mathematik zu interessieren begonnen: P. E. B. Jourdain führte ein Korrespondenzbuch[3], in dem ein Gespräch mit Russell vom 20. April 1909 festgehalten ist. Dort heißt es: »Russell sagte, daß die Ansichten, die ich in meiner Antwort an Wittgenstein (der Russells Antinomie ›gelöst‹ hat) geäußert habe, mit seinen eigenen übereinstimmen.« Auf diese Ansichten (die im wesentlichen darauf hinauslaufen, daß man auf alle Existenzannahmen hinsichtlich Klassen verzichten sollte) brauchen wir hier nicht einzugehen, doch klar ist, daß Wittgenstein schon im ersten Jahr seines Aufenthalts in Manchester genug gelesen hatte, um einen eigenständigen Vorschlag einzubringen; und wahrscheinlich ist, daß er bereits vor seinem Besuch bei Frege einiges von Russell gelesen hatte. Sein später bekundeter Enthusiasmus für Freges *Grundgesetze der Arithmetik* und Russells *Principles of Mathematics* legt die Annahme nahe, daß er beide Bücher damals bereits gelesen

3 Dieses Korrespondenzbuch befindet sich heute in Djursholm (Schweden) im Institut Mittag-Leffler, das mir eine Kopie des entsprechenden Eintrags hat zukommen lassen. Den Hinweis verdanke ich I. Grattan-Guinness.

hatte. Sowohl Russells Buch als auch der zweite Band der *Grundgesetze* waren 1903 erschienen, und jedes der beiden Bücher hat einen Anhang, in dem auf den Autor des anderen verwiesen wird.

Es besteht eine gewisse Tradition unter Wittgensteins Schülern, anzunehmen, er sei durch den Anhang des Russellschen Buchs auf Frege aufmerksam gemacht worden, doch einer der Schüler gibt Wittgensteins eigene Erinnerungen so wieder, daß sie auf eine Quelle verweisen, aus der Wittgenstein auch unabhängig von Russells Buch etwas über Frege hätte erfahren können: Der Professor für Philosophie in Manchester – dieser nüchternen Industriestadt, in der man kaum damit gerechnet hätte, daß überhaupt jemand ein derartiges Fach studieren wollte – war Samuel Alexander, ein überaus beliebter, exzentrischer Mensch. Nachdem er in einem Buch über Ethik Darwin mit Hegel kombiniert hatte, war er in langes Schweigen verfallen, und als Autor erwartete man eigentlich nichts mehr von ihm. Doch in den Jahren 1908 bis 1912 veröffentlichte er einen ganzen Schwall von Artikeln, in denen er nach allgemeinem Eindruck »vor Moore die Waffen streckte«, wie es der Autor eines Nachrufs formuliert.[4] Zu dieser Zeit wetterte Alexander gegen den Idealismus und brach eine Lanze für die Auffassung, daß der Gegenstand, den wir wahrnehmen oder uns vorstellen, völlig getrennt von uns existiert, und das Bewußtsein sei nur ein Gegenstand neben den anderen. Die Werke von Frege und Russell und ihre Definition der Zahl kannte er bestimmt. Es ist durchaus einleuchtend, daß er es war (wie R. L. Goodstein berichtet), der den jungen Wittgenstein auf Frege hinwies; allerdings gibt es außer Goodsteins Darstellung keinen Beleg dafür, daß Wittgenstein erzählt habe, Alexander habe Frege den »größten lebenden Philosophen« genannt.[5] Dieses Gespräch mit Alexander kann irgendwann

4 J. Laird in: *Proceedings of the British Academy* 24, 1938, S. 386.

5 Goodsteins Darstellung findet sich in dem von Ambrose und Lazerowitz herausgegebenen Band *Ludwig Wittgenstein: Philosophy and Language*, 1972, S. 271f. Eine oder zwei Stellen in dem von Goodstein wiedergegebenen Bericht lassen sich mit den sonstigen Belegen kaum in Einklang bringen, doch obwohl Erinnerungen fehlbar sind und Anekdoten ausgeschmückt zu werden pflegen, ist am Faktum einer Unterhaltung mit Alexander kaum zu zweifeln.

zwischen Wittgensteins Ankunft in Manchester und seinem Besuch bei Frege stattgefunden haben, doch wahrscheinlich früh genug, um ihm genügend Zeit zu lassen zur Lektüre von Freges Werk und zur Formulierung seiner eigenen Ansichten darüber (vgl. unten, S. 144). Über Wittgensteins Einstellung zu Alexander ist wenig bekannt. Laut Drury bewunderte Wittgenstein den Titel von Alexanders 1920 veröffentlichtem Hauptwerk *Space, Time and Deity*: »Sofern es überhaupt berechtigt ist, von den ›großen Problemen‹ der Philosophie zu reden, liegen sie hier: Raum, Zeit und Gott«[6], doch es ist unwahrscheinlich, daß er vom Inhalt dieses Buches, in dem Philosophie und Naturwissenschaft miteinander verknüpft werden, angetan war, sofern er es überhaupt kannte. Alexander interessierte sich auch für experimentelle Psychologie, und wer weiß, ob es Zufall war, daß sich Wittgenstein dann im Nebenfach ebenfalls damit beschäftigte?

Wittgensteins Briefe an Frege sind nicht erhalten, und die erste Aufzeichnung, die Heinrich Scholz anfertigte, ehe dieser Teil von Freges Nachlaß im Krieg verbrannte[7], bezieht sich auf Wittgensteins Bitte, Frege im Oktober 1913 besuchen zu dürfen. Dies war mit Sicherheit nicht ihr erstes Zusammentreffen, denn Wittgenstein berichtet Russell brieflich über einen im Winter 1912 erfolgten Besuch bei Frege, und daneben besitzen wir Hermine Wittgensteins detaillierten Bericht, der unvereinbar ist mit der Annahme, die erste Begegnung der beiden könne sich später als im Sommer 1912 zugetragen haben. Sie mag sich in ihrer Erinnerung noch so sehr getäuscht haben, doch sie hätte nicht derart in Sorge sein können wegen Wittgensteins Besuch bei Frege, *nachdem* sie in ebendiesem Sommer des Jahres 1912 Russells Worte gehört hatte: »Wir rechnen damit, daß der nächste bedeutende Schritt in der Philosophie von Ihrem Bruder getan wird.«[8]

Demnach ergibt sich in etwa folgendes Bild: Zunächst wach-

6 So Drury in einer persönlichen Mitteilung an den Verfasser. Ähnlich in Rhees (Hg.), *Ludwig Wittgenstein: Porträts und Gespräche*, a. a. O., S. 145.

7 G. Frege, *Wissenschaftlicher Briefwechsel*, Hamburg: Meiner, 1976, S. 264-268.

8 Hermine Wittgenstein, »Mein Bruder Ludwig«, in: Rhees (Hg.), a. a. O., S. 24.

sendes Interesse an der Mathematik, hervorgerufen durch die Lektüre von Russells oder Freges Buch während der Charlottenburger Zeit (1906 bis 1908); Anregung von seiten Alexanders in Manchester (zwischen 1908 und 1911); Versuch einer Lösung des damals äußerst umstrittenen Hauptproblems und anschließender Briefwechsel mit Jourdain (1909), vielleicht bewirkt durch Jourdains eigene Artikel zu diesem Thema im *Philosophical Magazine* von 1905[9]; danach eine Zeit, in der Wittgenstein nebenbei philosophische Untersuchungen vorhat; schließlich der Besuch bei Frege und dessen Rat, bei Russell zu studieren, übrigens ein ganz vernünftiger Ratschlag, denn trotz seiner Überzeugung, eine Lösung könne gefunden werden, war Frege selbst seinerzeit nicht mit dieser Problematik beschäftigt und spielte in seinen damaligen Vorlesungen nicht einmal auf die entsprechenden Möglichkeiten an.[10]

»Ganz von selbst hat er sich leidenschaftlich für die Philosophie der Mathematik zu interessieren begonnen.« Sofern diese Feststellung zutrifft, die schließlich Wittgensteins eigenen Bericht unmittelbar widergibt, scheint sie sich jeder weiteren Ausschmückung zu widersetzen. Wir können davon ausgehen, daß er keinen Mentor hatte; es fällt schwer, überhaupt jemanden in Charlottenburg oder Manchester ausfindig zu machen, der imstande gewesen wäre, diese Aufgabe zu übernehmen. Wir können auf die Bücher verweisen, die er gut kannte und aus denen er später zitierte. Doch es scheint nutzlos zu sein, Mußtmaßungen darüber anzustellen, was ihm zunächst ins Auge stach. Trotzdem haben wir es hier mit einem ungelösten Rätsel zu tun, das überdies Wittgensteins ganzes philosophisches Leben durchzieht, denn der Zusammenhang zwischen seinem leidenschaftlichen Interesse für die Philosophie der Mathematik und seinen sonstigen Interessen, ja Leidenschaften ist tatsächlich rätselhaft. Ein Mathematiker war er eigentlich

9 Bd. 6, S. 42ff. und 61ff. Sofern es überhaupt notwendig ist zu erklären, wie Wittgenstein auf diese Artikel gestoßen sei, mag man berücksichtigen, daß im gleichen Band ein von Wittgenstein möglicherweise konsultierter Artikel seines Professors Horace Lamb steht. Diesen Hinweis verdanke ich Dame M. L. Cartwright.

10 Jedenfalls nicht, soweit sich Carnap, der Freges Vorlesungen damals hörte, erinnern kann. Vgl. P. Schilpp (Hg.), *The Philosophy of Rudolf Carnap*, La Salle, Illinois: Open Court, 1963, S. 4f.

nie. Für ihn als Ingenieur war die Mathematik nichts anderes als ein Werkzeug. Seine mathematische Ausbildung und seine entsprechenden Kenntnisse gaben ihm kaum das Recht, sich in der von ihm gewählten Weise über die Grundlagen der Mathematik auszulassen. Was ihn zur Auseinandersetzung mit dieser Problematik veranlaßte, waren also keine Schwierigkeiten oder Unklarheiten, die sich aus seiner alltäglichen Beschäftigung ergaben. Doch nahezu die Hälfte seiner gesamten Schriften betrifft die Mathematik. Überdies waren es gerade Probleme der mathematischen Grundlagenforschung, durch die er bei zwei ausschlaggebenden Gelegenheiten angeregt wurde: die erste war ebendieser Wechsel nach Cambridge, die zweite, spätere, seine Wiederaufnahme eindringlicher philosophischer Erörterungen im Jahre 1928 (bei der ersten Gelegenheit ging es um Freges und Russells Schwierigkeiten im Hinblick auf die Antinomien, bei der zweiten um Brouwers Darstellung des Intuitionismus). Nicht nur mit seinen technischen Interessen als Ingenieur scheinen diese Probleme nichts zu tun zu haben; zumindest auf den ersten Blick ist auch kein Zusammenhang zu erkennen mit den Dingen, die ihn sonst beschäftigten. Er war musikalisch, vertiefte sich leidenschaftlich in literarische Werke, die »ihm etwas sagten«, nämlich etwas über das Leben des Menschen. Er grübelte über die eigenen Fehler und Schwierigkeiten und übte strenge Kritik an den Unzulänglichkeiten der anderen, vor allem wenn die anderen nicht aufrichtig waren. Er schrieb ein Buch, dessen eigentlicher Sinn, wie er selbst meinte, ein ethischer war. Was hatten die Grundlagen der Mathematik mit derartigen Neigungen zu tun?

Diese Fragestellung ist der Ausdruck eines unbestimmten Gefühls, daß hier nicht alles zusammenpaßt; und es gibt verschiedene Ebenen, auf denen man zu einer Antwort ansetzen kann. Zunächst könnte man schlicht zurückfragen: Wieso hätte Wittgenstein eigentlich Ingenieur sein und sich nicht mit der Philosophie der Mathematik beschäftigen sollen? Freilich können wir angeben, was im einzelnen sein Interesse erweckte, doch dann gelangt man an einen Punkt, an dem keine Erklärung mehr möglich ist, warum er sich für dies oder jenes interessierte. Er selbst versuchte sein Interesse jedenfalls nicht zu rechtfertigen. Im März 1912 schreibt Russell an Ottoline Morrell: »Was ihm am letzten Kapitel [von Russells *Problems of Philosophy*] mißfiel, war die These, daß der Philosophie *Wert* zukomme. Er meint: Wer die Philosophie liebt, wird eben Philosophie treiben, während andere sich nicht darum kümmern, und damit hat sich der Fall. Für *ihn* gibt es keinen stärkeren Trieb als die Philosophie.« Von einer anderen Warte betrachtet, scheint Wittgenstein der Überzeugung gewesen zu sein, daß der Fehler in der *Äußerung* lag, daß der Philosophie Wert zukomme. Sie sei eine Art Handwerk, eine Disziplin – am 9. November 1914 spricht er in seinem Tagebuch von dem »starken scholastischen Gefühl«, das bei seinen philosophischen Entdeckungen eine Rolle spiele –, und ihr Wert bestehe eben darin, daß man seine Arbeit gut macht. Also: Man soll sich anstrengen und nicht darüber schwafeln. Um es in seiner wenig später entwickelten Terminologie auszudrücken: Nicht auf das, was gesagt wird, kommt es an, sondern auf das, was sich nur zeigen läßt. Wie jedes Handwerk, bringe auch die Philosophie in höchster Vollendung Schönheit hervor, zu deren Verständnis geistige Anstrengung vonnöten sei. In dem bereits angeführten Brief schreibt Russell: »Er ist der ideale Student – er ist voller leidenschaftlicher Bewunderung und in seiner Ablehnung heftig und zugleich intelligent. Er sprach mit inständigem Gefühl von der *Schönheit* des großen Buchs [wahrscheinlich nicht *Principia Mathematica*, sondern *Principles of Mathematics*] und sagte, es erinnere ihn an Musik. Ich empfinde da genauso, aber sonst scheinen nur wenige dieses Gefühl zu teilen.« Freilich, als Wittgenstein den *Tractatus* abschloß, war er zu der Auffassung gelangt, seine Logik besitze nicht nur innere Schönheit, sondern vermöge auch Aufschluß zu geben über die Möglichkeit der Metaphysik, über das Wesen der Ethik und, sei es auch noch so indirekt, über den Sinn des Lebens; doch daß ihm diese Bezüge von vornherein klar gewesen seien, liegt nicht ohne weiteres auf der Hand. Als Russell nach dem Krieg Wittgensteins mystische Einstellung erkannte, war er aus verschiedenen Gründen (die weiter unten erörtert werden) bestürzt; doch ein Grund geht bereits aus dem hier schon zweimal zitierten Brief hervor, denn darin wird geschildert, wie entsetzt Wittgenstein war, als er hörte, daß jemand, den er sympathisch fand, Mönch war. Russell fährt fort: »Er verabscheut Ethik und Moral überhaupt; er gibt sich bewußt als triebhafter Mensch und hält das auch für richtig.« (Hierauf folgt die zuerst zitierte Stelle, in der Wittgensteins stärkster Trieb genannt wird.)

»Für seine Moral im üblichen Sinne möchte ich mich nicht verbürgen«, schreibt Russell zum Abschluß. Doch die hier gemeinte Form des Abscheus gegen die Moral ist vielleicht nicht so weit entfernt vom *Tractatus*; es ist die Abneigung gegen das Predigen und daher gegen die Prediger. Über einen Sinneswandel sagt eher folgende Bemerkung in Wittgensteins Tagebuch etwas aus: »Ja, meine Arbeit hat sich ausgedehnt von den Grundlagen der Logik zum Wesen der Welt« (2. August 1916). Das Heft, in dem sich diese Stelle findet, ist das erste der erhaltenen Tagebücher, in dem die Erkenntnis deutlich wird, daß sich aus den bisher angestellten logischen Untersuchungen auch für die anderen genannten Bereiche – Metaphysik, Ethik, Sinn des Lebens – Konsequenzen ergeben.

Dennoch scheint es von Anfang an eine Verbindung gegeben zu haben zwischen dem neuen Interesse für die Philosophie der Mathematik und seinen ersten tastenden Gedanken über lebensphilosophische Probleme. Von Wright schreibt, er erinnere sich an Wittgensteins Äußerung, daß es Freges Begriffsrealismus gewesen sei, der ihn von den idealistischen Ansichten abbrachte, die auf seine Schopenhauerlektüre zurückgingen.[11] Diese Thematik ist überaus kompliziert, denn Wittgenstein empfand nicht nur von vornherein Sympathie für idealistische, ja sogar solipsistische Gedanken, sondern bewahrte sich diese Sympathie während der gesamten Entstehungszeit des *Tractatus* und, wie sich zeigen ließe[12], weit darüber hinaus. Die Einsichten, die sich aus dieser Sympathiehaltung ergaben, wurden dem *Tractatus*, wie wir sehen werden, einverleibt. Am 15. Oktober 1916 beschreibt er, inmitten zahlreicher stark von Schopenhauer beeinflußter Bemerkungen, seine eigene Entwicklung wie folgt: »Der Weg, den ich gegangen bin, ist der: Der Idealismus scheidet aus der Welt als unik die Menschen aus, der Solipsismus scheidet mich allein aus, und endlich sehe ich, daß auch ich zur übrigen Welt gehöre, auf der einen Seite

11 Von Wright, a. a. O., S. 26f./16.

12 Vgl. P. M. S. Hacker, *Insight and Illusion*, Oxford: Clarendon Press, 1972.

bleibt also *nichts* übrig, auf der anderen als unik *die Welt*. So führt der Idealismus streng durchdacht zum Realismus.« (Ein Anklang an diese Stelle findet sich im *Tractatus*, 5.64.) Uns geht es hier um den Ausgangspunkt dieses Entwicklungsprozesses: Zunächst gibt Wittgenstein dem Schopenhauerschen Idealismus einen solipsistischen Drall, dessen Vorhandensein von seinem Urheber stets (aber, wie Hacker geltend macht, nicht sonderlich überzeugend) bestritten worden ist. So behauptet Schopenhauer, »daß die ganze Natur außer ihm [dem erkennenden Subjekt], also auch alle übrigen Individuen nur in seiner Vorstellung existieren, er sich ihrer stets nur als seiner Vorstellung, also bloß mittelbar und als eines von seinem eigenen Wesen und Dasein Abhängigen bewußt ist«.[13] Die Auffassung, gegen die sich Freges Argumente richten, war freilich kein derart radikaler Idealismus (oder gar Solipsismus, sofern dieser darin mitenthalten ist), sondern Frege argumentierte zunächst deshalb gegen den Idealismus, weil der Idealismus weder die Wahrheiten der Mathematik zu erklären vermag noch das gewöhnliche Bild der Welt, wonach diese einerseits aus physischen Gegenständen und andererseits aus unseren Vorstellungen besteht. Darüber hinaus gibt es nach Frege ein drittes Reich, das Begriffe beherbergt sowie Gedanken (in Freges speziellem Sinne dieses Wortes), Zahlen und unermeßlich viele sonstige Kategorien von Gegenständen. Diese seien kein Erzeugnis unseres Denkens, sondern dessen Gegenstände, und was Frege anstrebt, ist die Erkenntnis der zeitlosen Beziehungen, die zwischen diesen Gegenständen bestehen. Ein Beispiel für diese Auffassung ist die folgende berühmte Stelle aus dem Vorwort zu Freges *Grundgesetzen der Arithmetik*, das Wittgenstein praktisch auswendig konnte:

Wir können das noch allgemeiner fassen: ich erkenne ein Gebiet des Objectiven, Nichtwirklichen an, während die psychologischen Logiker das Nichtwirkliche ohne weiteres für subjectiv halten. Und doch ist gar nicht einzusehen, warum das, was einen vom Urtheilenden unabhängigen Bestand hat, wirklich sein, d.h. doch wohl fähig sein müsse, unmittelbar oder mittelbar auf die Sinne zu wirken. Ein solcher

13 *Die Welt als Wille und Vorstellung*, Bd. I, Viertes Buch, § 61. Zitiert in Hacker, a.a.O., S. 71.

Zusammenhang zwischen den Begriffen ist nicht zu entdecken. Man kann sogar Beispiele anführen, die das Gegentheil zeigen. Die Zahl Eins z. B. wird man nicht leicht für wirklich halten, wenn man nicht Anhänger von J. St. Mill ist. Andrerseits ist es unmöglich, jedem Menschen seine eigne Eins zuzuweisen; denn dann müßte erst untersucht werden, wie weit die Eigenschaften dieser Einsen übereinstimmten. Und wenn der Eine sagte »einmal Eins ist Eins« und der Andere »einmal Eins ist Zwei«, so könnte man nur die Verschiedenheit feststellen und sagen: deine Eins hat jene Eigenschaft, meine diese.[14]

Die Anerkennung der Gegenstände dieses dritten Reichs ist nach Frege wesentlich, um viele philosophische Probleme richtig in den Blick zu bekommen. So sei sie etwa wesentlich, um den Forderungen des gesunden Menschenverstands entsprechend sagen zu können, daß dem Gedanken (»Gedanke« nicht im Sinne des Vorgangs des Beurteilens, Denkens oder Erwägens verstanden, sondern im Sinne dessen, was beurteilt, gedacht oder erwogen werden kann), sofern er wahr ist, diese Wahrheit ganz unabhängig davon zukommt, ob jemand ihn als wahr beurteilt. Doch ganz besonders notwendig sei die Anerkennung dieser Gegenstände, um das Wesen der Allgemeinheit und Gültigkeit der sogenannten Denkgesetze – der Gesetze der Logik oder der Wahrheit selbst – zu begreifen: »Ich verstehe unter logischen Gesetzen nicht psychologische Gesetze des Fürwahrhaltens, sondern Gesetze des Wahrseins. Wenn es wahr ist, daß ich dies am 13. Juli 1893 in meiner Stube schreibe, während draußen der Wind heult, so bleibt es wahr, auch wenn alle Menschen es später für falsch halten sollten. Wenn so das Wahrsein unabhängig davon ist, daß es von irgendeinem anerkannt wird, so sind auch die Gesetze des Wahrseins nicht psychologische Gesetze, sondern Grenzsteine in einem ewigen Grunde befestigt, von unserm Denken überfluthbar zwar, doch nicht verrückbar.«[15]

Was für die Logik gilt, trifft nach Freges Auffassung auch auf die Arithmetik zu und nach Russells Ansicht auf die gesamte reine Mathematik. Aus solchen Gesetzen ergebe sich eine Erklärung der zeitlosen Beziehungen zwischen Gegenständen, die nicht auf die Sinne einwirken. Die Existenz dieser Gegen-

14 Frege, *Grundgesetze der Arithmetik* (1893), Bd. 1, S. XVIII.
15 Ebd., S. XVI.

stände und das Bestehen dieser Beziehungen könne man nicht so auffassen, als seien sie abhängig von den Vorstellungen des erkennenden Subjekts. Nun ist es freilich nicht so, als hätten Schopenhauer oder Kant vor ihm gerade diese Abhängigkeit im Sinne gehabt. Sie hatten gemeint, die Logik sei insofern a priori, als sie die Form des Denkens enthalte, und ihre Gesetze könne man einfach durch Reflexion über den Gebrauch des Verstandes ausfindig machen. Skeptischen Kritikern dieser Auffassung wollte es gar nicht einleuchten, wieso diese Denkgesetze gültig sein sollten und welche Geltung ihnen als Gesetzen zukäme. Boltzmann etwa pocht in einer spöttischen Attacke auf Schopenhauer darauf, die Denkgesetze müßten jedesmal verändert werden, wenn sie zu absurden Konsequenzen führen (zum Beispiel im Fall der unendlichen Teilbarkeit der Materie, wie er meinte): »Man kann diese Denkgesetze aprioristisch nennen, weil sie durch die vieltausendjährige Erfahrung der Gattung dem Individuum angeboren sind. Jedoch es scheint nur ein logischer Schnitzer von Kant zu sein, daß er daraus auch auf ihre Unfehlbarkeit in allen Fällen schließt.«[16] Solchen Ansichten scheinen Frege und Russell das Bild einer Welt zeitloser Gegenstände entgegenzusetzen – einer Welt »von Kristall«, wie Wittgenstein später sagt[17] –, in der die zeitlosen Gegenstände auf ewig die Eigenschaften und Beziehungen besitzen, die ihnen durch die Gesetze der Logik und der Mathematik zugeschrieben werden. Was sich in ihnen verkörpert, ist nicht die Form des Denkens, sondern die Form der Realität selbst. Es ging also darum, inmitten der Ungewißheiten und des relativen Charakters menschlichen Denkens etwas zu entdecken, dessen Existenz und Wesen absolut ist; und zu einem nicht mehr genau datierbaren Zeitpunkt gewann Wittgenstein den Eindruck, daß sich daraus Konsequenzen ergeben, die über Logik und Mathematik hinausgehen und die Probleme der Ethik und des Sinns des Lebens mit erfassen.

Zunächst beschäftigte er sich mit dem, was ihn ursprünglich an diesen Autoren so gereizt hatte, und sein Interesse galt den logischen Grundbegriffen, den logischen Konstanten, die Rus-

16 Boltzmann, »Über eine These Schopenhauers«, in: *Populäre Schriften*, Leipzig: Barth, 1905, S. 385-402.

17 Z. B. in *Philosophische Untersuchungen* I. § 97.

sell damals für ebenso zeitlose Gegenstände erachtete wie Freges Zahlen:

Bei der Erörterung der undefinierbaren Begriffe, die den bedeutendsten Teil der philosophischen Logik bilden, geht es darum, die entsprechenden Wesenheiten deutlich zu sehen und sie auch für andere deutlich sichtbar zu machen, so daß das Bewußtsein in der gleichen Weise mit ihnen Bekanntschaft schließen kann wie mit der Röte oder dem Geschmack der Ananas. Wo die undefinierbaren Begriffe wie im vorliegenden Fall in erster Linie als notwendiger Rest eines Prozesses der Analyse gewonnen werden, fällt es oft leichter zu erkennen, daß es solche Entitäten geben muß, als sie wirklich wahrzunehmen. Der Prozeß ähnelt dem Vorgang, der zur Entdeckung des Planeten Neptun geführt hat, doch im Unterschied dazu ist die letzte Phase – die mit Hilfe des geistigen Fernrohrs eingeleitete Suche nach der erschlossenen Wesenheit – häufig der schwierigste Teil dieses Unterfangens. Ich muß gestehen, daß es mir im Hinblick auf die Klassen nicht gelungen ist, einen Begriff wahrzunehmen, der die für die Idee der Klasse erforderlichen Bedingungen erfüllt. Ferner beweist der in Kapitel X erörterte Widerspruch, daß hier etwas nicht stimmt, doch was das ist, habe ich bisher nicht ermitteln können.[18]

Wahrscheinlich sah auch Wittgenstein bereits 1909, als er den Vorschlag einer Lösung der Russellschen Antinomie vorlegte, das Problem, ob der Begriff der Klasse zu den logischen Konstanten gehört. Gewiß ist, daß er schon sehr bald nicht nur die Frage aufwarf, welche logischen Konstanten beibehalten werden müssen, sondern auch den ihnen zuzuordnenden ontologischen Status problematisierte. Wittgensteins erste erhaltene philosophische Äußerung findet sich in einem Brief an Russell vom 22. Juni 1912: »Die Logik wird immer noch umgemodelt, doch eins wird für mich immer offenkundiger: Die Sätze der Logik enthalten nur scheinbare Variablen, und welche Erklärung der scheinbaren Variablen sich auch immer als die richtige herausstellen mag, ihre Konsequenz muß lauten, daß es keine logischen Konstanten gibt. Es muß sich herausstellen, daß die Logik von völlig anderer Art ist als jede andere Wissenschaft.« Damit war der Dissens äußerst kraß formuliert, und die Abweichung betrifft gerade die Merkmale der Theorien von

18 Aus dem Vorwort zur ersten Auflage (1902) der *Principles of Mathematics*, London: Cambridge University Press, 1903; 2. Aufl. London: Allen and Unwin, 1937, S. xv f.

Russell und Frege, die ihn, wie es scheint, ursprünglich angezogen hatten. Doch es war durchaus in ihrem Sinne – oder zumindest im Sinne Freges –, die Logik als etwas von allen anderen Wissenschaften völlig Verschiedenes aufzufassen. Den Weg, auf dem Wittgenstein die Logik zwar einsetzte, um die transzendentalen Merkmale der Welt offenzulegen oder aufzuzeigen, ohne ihr dabei jedoch den Status einer inhaltlichen, von den Gegenständen einer bestimmten Kategorie handelnden Wissenschaft zuzubilligen, werden wir in einem späteren Kapitel in groben Zügen nachzeichnen. Das Thema ist nicht nur ungeeignet für eine mit sonstigen biographischen Einzelheiten vermischte, exakt chronologisch verfahrende Darstellung, sondern es fehlen auch die nötigen Zeugnisse, um die genaue Reihenfolge darzulegen, in der ihm die verschiedenen Gedanken in den Sinn kamen.

Unter den drei Logikern, mit denen Wittgenstein zunächst in Kontakt kam, war Frege derjenige, dem er die Verehrung entgegenbrachte, für die er ein so hochentwickeltes Organ besaß, obwohl es so selten ein Objekt fand. Sichtbar wird das schon an den Verweisen im *Tractatus*, etwa an der Formulierung der Danksagung im Vorwort: »Nur das will ich erwähnen, daß ich den großartigen Werken Freges und den Arbeiten meines Freundes Herrn Bertrand Russell einen großen Teil der Anregung zu meinen Gedanken schulde.« Es zeigt sich auch in dem Anflug von Ungläubigkeit, wenn er Kritik übt: »Aber es ist merkwürdig, daß ein so exakter Denker wie Frege sich auf den Grad des Einleuchtens als Kriterium des logischen Satzes berufen hat.« Russell wird zwar häufiger erwähnt (29 Mal, Frege dagegen 18 Mal), doch um ihn wird weniger Wesens gemacht. Daß er Russell schätzt, versteht sich von selbst – ich glaube nicht, daß sich Wittgenstein je mit einem Autor auseinandersetzt, den er nicht schätzt –, doch Frege ist ein ganz besonderer Fall.

Wittgenstein bewies ungewöhnlichen und glücklichen Scharfblick, als er in Frege eine Gestalt erkannte, von der man im gleichen Ton zu reden hatte wie von Kant etwa. Frege war ein unbeachteter und oft übergangener Professor in Jena, wo er zwar als ordentlicher, aber eben nur als ordentlicher Honorarprofessor lehrte. Im Alter von 63 Jahren hatte er weder die ihm gebührende Anerkennung gefunden noch den erhofften Erfolg seines logischen Unterfangens. Er war ein kleiner, schüchterner, äußerst introvertierter Mensch, der die meisten anerkannten Autoritäten auf dem Gebiet der mathematischen Grundlagenforschung mit der gleichen Verachtung, aber ohne die Toleranz betrachtete, die sie dem Aberglauben eines Köhlers hätten angedeihen lassen. Schon seit etwa zwölf Jahren wußte er, daß es eine Logikerschule unter der Leitung Peanos gab, die sich ähnliche Ideen wie seine eigenen (früher entwickelten) zu eigen gemacht hatte, doch selbst in diesem Fall scheint er eher die Irrtümer als die Bestätigung wahrgenommen zu haben. In Jena kam eine Handvoll Studenten aus Neugierde in seine Vorlesungen. Carnap berichtet, im Sommersemester 1913 seien er selbst, ein Freund und eine pensionierter Major, der seinem Steckenpferd frönte, die einzigen Hörer gewesen.[19] Schon allein der Umstand, daß Frege sowohl Carnap als auch Wittgenstein angeregt hat, ist ein Hinweis auf seine Genialität, doch das ist bei weitem nicht alles. Erstens ist er der Begründer der modernen Logik, vor allem wegen seiner Darstellung der Logik von Aussagen mit mehr als einem Allgemeinheitsausdruck; dabei handelt es sich um eine Darstellung und um eine Einsicht, die im Instrumentarium der Quantorenlogik ihre zusammenfassende Behandlung findet. Ehe Frege diese Entdeckung machte, befand sich die logische Analyse großer Teile der Sprache im Zustand unsystematischer, unzusammenhängender Teilerläuterungen in der Art der verstreuten Fingerzeige in der Topik des Aristoteles, war also teils scharfsinnig, teils verfehlt, wenn man sie mit der glorreichen Darstellung des Syllogismus in der Analytica priora vergleicht. Freilich erfaßt auch die Fregesche Analyse nicht sämtliche Teile der Sprache, ja sie werden nicht einmal alle berührt, doch sogar die moderne Analyse der Tempora und der Modalitäten – mithin die Untersuchung von Bereichen, die Frege im großen und ganzen außer acht gelassen hat – hält sich an das von ihm vorgegebene Muster. Zweitens war er (und dies zum Teil wegen seiner neuen Erkenntnisse im Hinblick auf die Möglichkeiten der Logik) imstande, der philosophischen Logik neue Bereiche zu

19 *The Philosophy of Rudolf Carnap*, a. a. O., S. 5.

eröffnen, wobei er diese Bereiche so absteckte, daß die Erörterung dieser Thematik auch heute noch an sein Vorgehen anschließt.

Michael Dummett weist darauf hin, daß seit Descartes die Erkenntnistheorie als wichtigster Teil der Philosophie gegolten hatte: »Stets mußte man in diesem Fach von der Frage nach dem Was und dem Wie der Erkenntnis ausgehen [...] Descartes' Standpunkt blieb dominierend bis in unser Jahrhundert, in dem Wittgenstein schließlich den Umsturz herbeiführte, die philosophische Logik im *Tractatus* wieder als Grundstein der Philosophie einsetzte und die Erkenntnistheorie an die Peripherie verbannte.«[20] Dieser philosophische Wandel beschränkt sich freilich auf die »analytische« Philosophie der anglo-amerikanischen Tradition, und selbst in diesem Bereich wird er keineswegs überall als gültig empfunden. Russell, der sich schon mit Philosophie beschäftigte, ehe der von Dummett angedeutete Wandlungsprozeß einsetzte, hat vielleicht nie gemerkt, daß er überhaupt stattgefunden hatte. Trotz all seiner eigenen Funde auf den Gebieten der Logik und der philosophischen Logik glaubte er eher, die kartesianische Fragestellung sei die eigentliche Ausgangsfrage der Philosophie; und die große Zahl der Bewunderer Russells sowie ihre Überzeugung, daß die Grundfragen der Philosophie immer noch unbeantwortet seien, deutet darauf hin, daß diese Einstellung (die wir hier nicht zu beurteilen haben) auch heute noch lebendig ist.

Frege selbst stellte zwar nicht offiziell die These auf, die philosophische Logik sei von größerer Bedeutung für die Philosophie als die Erkenntnistheorie, doch indem er bei seinen eigenen philosophischen Auseinandersetzungen mit den Problemen der Logik und der Sprache alle erkenntnistheoretischen Prolegomena vermied, übte er zweifellos erheblichen Einfluß auf Wittgenstein aus.

Eine Wiedergabe von Wittgensteins eigener Darstellung seiner Besuche bei Frege findet sich bei Peter Geach:

20 Michael Dummett, *Frege: Philosophy of Language*, London: Duckworth, 1973, S. XV (2. Aufl. S. XXXIII). Die Darstellung im vorigen Abschnitt schließt sich ebenfalls eng an Dummetts Ausführungen an.

Ich schrieb an Frege und legte einige meiner Einwände gegen seine Theorien dar; dann wartete ich ganz bange auf seine Antwort. Ich war hocherfreut, als er tatsächlich zurückschrieb und mich bat, ihn zu besuchen.

Als ich ankam, sah ich eine Reihe von Schulmützen, wie sie damals von den Jungen getragen wurden, und hörte den Lärm von Knaben, die im Garten spielten. Freges Ehe war, wie ich später hörte, sehr traurig verlaufen: Die Kinder waren früh gestorben und dann auch bald seine Frau. Er hatte einen Adoptivsohn, dem er, soweit ich weiß, ein freundlicher und guter Vater war.

Ich wurde in Freges Arbeitszimmer geführt. Frege war ein adretter kleiner Mann, der beim Reden im Zimmer herumhüpfte. Er fuhr regelrecht Schlitten mit mir, und ich war sehr niedergeschlagen. Doch zum Schluß sagte er: »Sie müssen wiederkommen«, und da faßte ich wieder Mut.

Danach habe ich mich noch mehrmals mit ihm unterhalten. Frege wollte nie über etwas anderes reden als Logik und Mathematik; sobald ich ein anderes Thema anschnitt, äußerte er irgendeine höfliche Floskel und stürzte sich wieder in Logik und Mathematik. Einmal zeigte er mir einen Nachruf auf einen Kollegen, von dem dort gesagt wurde, er habe nie ein Wort verwendet, ohne zu wissen, was es bedeutet. Frege äußerte sein Erstaunen darüber, daß jemandem speziell deswegen ein Lob ausgesprochen wurde!

Nach meinem letzten Zusammentreffen mit Frege standen wir am Bahnhof und warteten auf meinen Zug. Da sagte ich zu ihm: »Sehen Sie eigentlich nie die geringste Schwierigkeit in Ihrer Theorie, wonach die Zahlen Gegenstände seien?« Er antwortete: »Manchmal kommt es mir so vor, als sähe ich da eine Schwierigkeit, aber dann sehe ich sie eben doch nicht.«[21]

Soweit man dergleichen überhaupt schon beurteilen kann, waren Freges Interessen zwar nicht so umfassend wie die Russells, doch als Denker war er tiefer und hat dementsprechend stärker auf die eigentliche philosophische Entwicklung ge-

21 In G. E. M. Anscombe und P. Geach, *Three Philosophers*, Oxford: Blackwell, 1961, S. 129f. In dem von R. L. Goodstein wiedergegebenen Bericht ist ebenfalls davon die Rede, Frege sei mit ihm »Schlitten gefahren«, doch darüber hinaus wird dort nur von der Niedergeschlagenheit erzählt, nicht von der ermutigenden Wirkung, die von der Einladung zu einem weiteren Zusammentreffen ausging. Hermine Wittgensteins Darstellung sowie die objektive Wirkung des Besuchs bei Frege stehen eher mit dem von Geach wiedergegebenen Bericht in Einklang als mit der Geschichte, wie Goodstein sie gehört hat.

wirkt. Russells unmittelbarer Einfluß auf Wittgenstein war jedoch größer als der Freges, was zumindest nicht in Widerspruch steht zu der 1931 von Wittgenstein selbst aufgestellten Liste der Personen, die sein Werk beeinflußt hatten (wobei jeder der genannten Namen einen Schritt vorwärts darstellt): »Es ist, glaube ich, eine Wahrheit darin, wenn ich denke, daß ich eigentlich in meinem Denken nur reproduktiv bin. Ich glaube, ich habe nie eine Gedankenbewegung *erfunden*, sondern sie wurde mir immer von jemand anderem gegeben. Ich habe sie nur sogleich leidenschaftlich zu meinem Klärungswerk aufgegriffen. So haben mich Boltzmann, Hertz, Schopenhauer, Frege, Russell, Kraus, Loos, Weininger, Spengler, Sraffa beeinflußt.«[22] Dieses Zitat ist einer Stelle entnommen, an der Wittgenstein über die jüdischen Elemente in seinem eigenen Wesen nachdenkt. Dort schreibt er ferner: »Es ist dem jüdischen Geiste typisch, das Werk eines Andern besser zu verstehen, als der es selbst versteht.« Vom Jüdischen einmal abgesehen, auch Russell selbst gewann bald den gleichen Eindruck von seinem Schüler, der leidenschaftliche Verehrung und heftigen Widerspruch zu verbinden wußte, und daher meinte er, schon bald könne er seine eigene Arbeit Wittgenstein überlassen, in dessen frühen Schriften zwar vielleicht die Stimme Freges erklingt, die Probleme dagegen von Russell herkommen. Von Hertz und Boltzmann stammte die Idee des geistigen Bildes oder Korrelats der Realität, in dem nichts wesentlich ist außer der logischen Struktur der betreffenden Theorie (bei Hertz und Boltzmann handelt es sich freilich um eine naturwissenschaftliche Theorie). Russell jedoch lieferte das Werkzeug für die Übertragung einer solchen Analyse auf das Gesamtgebiet der Sprache. Mit Hilfe dieses Instrumentariums, meint Wittgenstein, ließe sich erkennen, was existieren oder der Fall sein muß und was dagegen so oder anders sein könnte (ohne daß sich etwas Entscheidendes ändert). Unbeschadet der Tatsache, daß sich seine Auffassung der Logik und der Sprache letztlich von derjenigen Russells unterscheidet, geht sie ursprünglich doch aus der Russellschen Fragestellung hervor, die sich darauf bezieht, welchen Aufschluß die Logik über die

22 *Vermischte Bemerkungen*, a. a. O., S. 476/43.

Sprache geben kann. Und Wittgensteins diesbezügliche Auffassung ist der archimedische Punkt seines Buchs, die logische Einsicht, durch die die Probleme der Philosophie gelöst werden. Die resultierende Einstellung zur Welt, die Vorstellung von den womöglich noch zu leistenden Aufgaben, geht vielleicht auf den Einfluß von Karl Kraus zurück.

Im Oktober 1911 begann Russells zweites Jahr als Lecturer am Trinity College. Die Berufung hatte eine große Auszeichnung bedeutet, denn sie entsprach keinem offenkundigen Bedürfnis auf seiten des Colleges oder der Universität und fiel aus dem Rahmen des damals üblichen Berufungsmusters. Ebenso wie seine zwei Jahre früher erfolgte Aufnahme in die Royal Society, verdankte er diese Berufung hauptsächlich seiner Arbeit auf dem Gebiet der mathematischen Grundlagenforschung und seiner Verbindung mit Whitehead. Zu diesem Zeitpunkt kam sie ihm äußerst gelegen. Das Gehalt war sicher von Nutzen, denn die Summe von 200 Pfund war damals durchaus nicht zu verachten. Eine größere Rolle jedoch spielte der Umstand, daß die konzentrierte und einsame, von Russell selbst »mechanisch« genannte Arbeit an der schriftlichen Vollendung der dreibändigen *Principia Mathematica* soeben zum Abschluß gekommen war. »Von diesen Strapazen hat sich mein Intellekt nie völlig erholt«, schreibt Russell in seiner Autobiographie.[23] »Seither bin ich entschieden nicht mehr zur Bewältigung der gleichen schwierigen Abstraktionen imstande, die ich vorher zu leisten vermochte.« Der Übergang zu weniger abstrakten Formen der Philosophie wurde in diesen Jahren in Cambridge vollzogen und von seinen dortigen Gesprächspartnern beeinflußt, nicht zuletzt von Wittgenstein. Eine gewisse Entspannung von der strengen und beschränkten Aufgabe der Vollendung der *Principia* hatte bereits vor Wittgensteins Ankunft eingesetzt: Im Laufe des Jahres 1911 hatte Russell seinen »Schillingschocker« geschrieben. Dies war Russells eigener Name für *The Problems of Philosophy*, eine auch heute noch viel gelesene Einführung in die Philosophie. In Wittgensteins erstem Trimester trafen die Korrekturfahnen ein, und das Buch selbst erschien im Januar 1912. Es ist überaus

23 Bd. I, S. 153.

elegant geschrieben und läßt an vielen Stellen erkennen, daß der Verfasser über ein weit reicheres logisches Instrumentarium verfügt, als zur damaligen oder sonst einer Zeit üblich war. Der Ansatz ist jedoch rein erkenntnistheoretisch, denn die Philosophie überhaupt wird dort als Erkenntniskritik begriffen. In diesem Rahmen gelingt es allerdings nicht, in der Auseinandersetzung mit dem radikalen Skeptiker die Oberhand zu behalten: »Gegen diesen absoluten Skeptizismus läßt sich kein *logisches* Argument vorbringen. Es ist jedoch nicht schwierig einzusehen, daß ein derartiger Skeptizismus irrational ist.«[24] Demnach kann es der Philosophie nicht gelingen, das Unbezweifelbare zu bezweifeln, wie zum Beispiel die Existenz von Sinnesdaten, doch sie kann uns dazu bewegen, manche Überzeugungen, die auf den ersten Blick selbstverständlich erscheinen, zu verwerfen, wie zum Beispiel die Ansicht, daß eine genaue Ähnlichkeit besteht zwischen den physischen Gegenständen und unseren Sinnesdaten. Kurz, die Philosophie habe das Ziel, das Irrtumsrisiko zu verringern, und in manchen Fällen reduziere sie es derart, daß man es praktisch vernachlässigen könne. Diese Antwort ist nicht sonderlich überzeugend, denn wenn man die Sache rein praktisch betrachtet, würde vermutlich überhaupt niemand Philosophie treiben. Abgelehnt werden andererseits alle Versuche, Erkenntnisse über die Welt als ganze zu liefern und mit Hilfe der logischen Gesetze zu beweisen, daß dies und jenes existieren muß, während das und das nicht existieren könne. Das wichtigste Werkzeug zu diesem Zweck ist die Unterscheidung zwischen Gegenstandserkenntnis und Wahrheitserkenntnis: Im Gegensatz zur Überzeugung der Hegelianer (und des frühen Russell selbst) läßt sich nicht behaupten, das Wesen jedes Gegenstands enthalte alle seine Beziehungen zu anderen Gegenständen, so daß die Welt ein einziges harmonisches System bildet. Denn ein Gegenstand (und das heißt in der üblichen Redeweise: das Wesen des Gegenstands) kann auch dann erkannt werden, wenn nur sehr wenige Aussagen über ihn bekannt sind, in der Theorie sogar dann, wenn gar keine Aussagen darüber bekannt sind. Der Ausdruck »in der Theorie« läßt auf ein gewisses Unbehagen

24 *The Problems of Philosophy*, (Home University Library, 1912) Oxford: Oxford University Press, 1959, S. 87 (Kap. 14).

schließen. Worauf würde eine solche Erkenntnis durch bloße Bekanntschaft hinauslaufen? Dabei scheint es sich nicht um ein Phänomen zu handeln, mit dem wir alle vertraut sind, sondern um eine abgeleitete Konsequenz aus einem vorgegebenen Bild der Welt, die so gesehen wird, als wäre sie zusammengesetzt aus unabhängigen Gegenständen, zwischen denen beliebig viele Beziehungen bestehen oder nicht bestehen können. Ein derartiges Bild mag zwar nützlich sein, um die Relationenlogik auf die Welt anwenden zu können, doch die Frage ist, ob es seinerseits nicht eine Erkenntnis über die Welt als ganze darstellt. Solche Fragen konnte Russell nicht in einem Schillingschocker beantworten, aber seine bis dahin oder erst jetzt entwickelten Antworten waren ebenso zulänglich wie die der meisten übrigen bekannten Philosophen. Doch das Büchlein hatte etwas Unvollendetes an sich, und im folgenden widmete sich Russell der Darstellung einer vollendeteren und abgerundeteren Auffassung der Erkenntnistheorie.

Gerade in der Zeit, von der hier die Rede ist, gab es in Russells Privatleben Veränderungen und Entwicklungen, die denen in seinem Denken nicht unähnlich waren. In Russells Autobiographie wird diese Parallele zwar angedeutet, aber kaum betont. In intellektueller Hinsicht waren die Jahre 1902 bis 1910 eine Zeit mühseliger Arbeit: Zunächst die Suche nach einer Lösung der Antinomie, die die Absicht der *Principles of Mathematics* – zu zeigen, daß sich alle mathematischen Aussagen aus einer geringen Zahl logischer Grundgesetze ableiten lassen – zu vereiteln schien; sodann die Ausarbeitung der Konsequenzen, die sich aus seinen eigenen Erkenntnissen und denen Whiteheads ergaben. Was mag schwieriger gewesen sein: den ganzen Tag auf ein weißes Blatt Papier zu starren oder zehn bis zwölf Stunden täglich an verhältnismäßig untergeordneten Details zu feilen? Russell läßt diese Frage unbeantwortet. Dies waren zugleich die Jahre zwischen der plötzlichen Einsicht, daß er Alys, seine erste Frau, nicht mehr liebte, und dem endgültigen Bruch mit ihr, der, ausgelöst durch seine Beziehung zu Lady Ottoline Morrell, deren Geliebter er vor kurzem geworden war, um Ostern 1911 erfolgte. Russell schreibt:

Wir waren beide ernsthafte und unkonventionelle Menschen, beide von adliger Herkunft, doch in unserer jetzigen Umgebung verhielten wir uns absichtlich nicht wie Adlige, deren Grausamkeit, durch Kastengeist erzeugte Überheblichkeit und Borniertheit wir haßten, obwohl wir uns nun ein wenig fremd fühlten in der Welt, in der wir zu leben beschlossen hatten, und die uns ihrerseits argwöhnisch und verständnislos betrachtete, eben weil wir Fremde waren. All die komplizierten Gefühle, die sich aus dieser Situation ergaben, empfanden wir gemeinsam. Zwischen uns bestand eine tiefe Sympathie, die nicht nachließ, solange sie lebte. Seit 1916 waren wir zwar nicht mehr Geliebte, doch unsere innige Freundschaft endete nie.
Ottoline hatte großen Einfluß auf mich, und dieser Einfluß war fast ausschließlich heilsam. Sie lachte mich aus, wenn ich den Akademiker oder den Tugendbold herauskehrte, auch dann, wenn ich im Gespräch autoritär wurde. Es gelang ihr, mich allmählich von der Überzeugung abzubringen, ich sei ein Ausbund abscheulicher Niedertracht, die nur durch eiserne Selbstbeherrschung in Schach gehalten werden könne. Durch sie wurde ich weniger egozentrisch und weniger selbstgerecht. Sie hatte einen ausgeprägten Sinn für das Komische, und ich merkte, daß es gefährlich war, ihr ungewollt in diesem Licht zu erscheinen. Durch sie verlor ich viele meiner puritanischen Eigenschaften und wurde weit weniger tadelsüchtig als früher. Und natürlich wurde durch den bloßen Umstand der glücklichen Liebe nach diesen Jahren der Leere alles viel leichter. Viele Männer haben Angst davor, sich von einer Frau beeinflussen zu lassen, doch soweit meine Erfahrung reicht, ist diese Angst töricht.[25]

Russell, der immer einen heftigen Liebesdrang besaß, war freilich schon früher mit anderen Frauen in inniger Freundschaft verbunden gewesen, namentlich Lucy Mary Donelly, mit der er in regem Briefwechsel stand, doch Lady Ottoline war, abgesehen von Alys, die erste gewesen, mit der er »vollständige Beziehungen« hatte, wie er selbst es formuliert. Durch die neu gewonnene Ungebundenheit fühlte er sich nicht auf Lady Ottoline beschränkt, und so hatte er in den folgenden Jahren beiläufige Verhältnisse mit einer ganzen Reihe von Frauen, manchmal, weil es innere oder äußere Schwierigkeiten in seinen Beziehungen zu Lady Ottoline gab, manchmal aufgrund einer Enttäuschung in bezug auf seine philosophische Arbeit, und manchmal, weil es sich gerade so ergab. Der nun erfolgte

25 Bd. I. der Autobiographie, S. 205.

Wandel war jedoch kein völliger Umbruch. Russell hatte sich auch früher schon absichtlich provozierend und unkonventionell verhalten und sich an öffentlichen Unternehmungen beteiligt. Doch im wesentlichen waren es die Jahre, von denen wir jetzt reden, in denen er zur Gestalt der Legende wurde: eben Russell, der voller Ernst seine kritische Meinung über öffentliche Angelegenheiten äußerte, das Bedürfnis nach Tiefe jetzt aber weniger empfand als früher. Nun tendierte er sowohl im Privatleben als auch in intellektuellen Dingen eher zur Oberflächlichkeit und wollte seine Siege ohne große Mühe erringen, ja er wurde T. S. Eliots Mr. Apollinax, der die Vereinigten Staaten besucht.[26]

Russell selbst vergleicht den Wandel in der Zeit von 1910 bis 1914 mit der Veränderung in Fausts Leben vor und nach der Begegnung mit Mephisto; in seinem Fall wurde der Wandel durch Lady Ottoline und dann durch den Krieg bewirkt. Es gibt keinen Hinweis darauf, daß Wittgenstein irgend etwas einzuwenden hatte gegen Russells »Moral im üblichen Sinne«, doch Russells Gescheitheit und Schlagfertigkeit fand er überaus anziehend. »Russell war ein unheimlich schlauer Bursche damals«, pflegte er später zu sagen. Er kam jedoch sehr rasch dahinter, daß die Tage von Russells besten Entdeckungen vorüber waren. Von größerem Einfluß auf ihre Beziehungen war Wittgensteins Einsicht in Russells Einstellungen und die komplexe Form, die sie jetzt angenommen hatten. Diese war vielleicht einer Lebensweise förderlich, die Russell selbst als angenehm empfand, doch Wittgensteins eigenen Neigungen war sie genau entgegengesetzt, denn Wittgenstein hatte den Hang, im Privatleben wie in der geistigen Beschäftigung das Schwierige zu suchen, während er, was öffentliche Angelegenheiten

26 T. S. Eliot hörte Russell bereits 1914, als dieser in Harvard lehrte. Eliots spätere Beziehung zu Russell ist in der Öffentlichkeit freilich bekannter geworden. In Eliots Gedicht heißt es:

»When Mr. Apollinax visited the United States / His laughter tinkled among the teacups. / I thought of Fragilion, that shy figure among the birch trees, / and of Priapus in the shrubbery / Gaping at the lady in the swing. ... / I heard the beat of centaur's hoofs over the hard turf / As his dry and passionate talk devoured the afternoon / ›He is a charming man‹ – ›But after all what did he mean?‹ – / ›His pointed ears ... He must be unbalanced,‹ – / ...«

betraf, zu der grimmigen Überzeugung gelangte, da gäbe es nichts Lohnendes zu tun, außer daß man halt die selbstverständlichsten Bürgerpflichten erfüllte.

Im Herbst 1911 befand sich Russell also in folgender Situation: Er hatte seine Frau verlassen und wohnte im Nevile's Court des Trinity College. Alys wollte sich nicht von ihm scheiden lassen, und Lady Ottoline hatte ebenfalls kein Interesse an einer Scheidung. Mit ihr zusammenzuleben, stand nicht zur Debatte, ja selbst eine Nacht mit ihr zu verbringen, war ausgeschlossen. In London unterhielt Russell eine Wohnung, und dort pflegte er Lady Ottoline zu besuchen; dann kehrte er nach Cambridge zurück, wo er seine Vorlesungen hielt und die Abende verbrachte. In seiner Collegewohnung konnte er etwaigen Besuchern schlecht entrinnen, und davon abgesehen, lud er häufig eine Menge Leute in seine »Bude« ein und hatte auch abends viel Besuch. In der Erinnerung der wenigen, die heute noch davon erzählen können, handelte es sich in erster Linie um Gelegenheiten, bei denen man hörte, was Russell zu sagen hatte, und in zweiter Linie wollte man die interessanten Neuankömmlinge oder Cambridgebesucher kennenlernen. Darüber hinaus fand Russell die Zeit, täglich an Lady Ottoline zu schreiben und ihr über die Ereignisse des Tages zu berichten, wobei er natürlich unterhaltsam und so pikant wie möglich sein wollte. Dabei vermittelte er ihr zugleich seine unmittelbaren Reaktionen, auf die auch wir uns heute noch stützen können.[27]

Da Russell nun eine größere Vielfalt von Aufgaben hatte und außerdem glücklicher war, stand er auch mehr Einflüssen offen. Eine gewisse Veränderung bahnte sich in ihm an, als Wittgenstein, der die Veränderung zum Teil auslöste, ihn zum ersten Mal aufsuchte. Da kam er, schüchtern, aber unangemeldet: »Wir steckten gerade mitten in einer Reihe komplizierter Probleme, als ein Deutscher, den keiner kannte, auftauchte; Englisch sprach er kaum, doch er weigerte sich, deutsch zu

27 Meine Kenntnis des Briefwechsels zwischen Russell und Ottoline Morrell verdanke ich (ebenso wie viele weitere Informationen) Kenneth Blackwell. Russells Briefe befinden sich in der Universitätsbibliothek von Austin (Texas), Lady Ottolines Briefe im Russell-Archiv der Universitätsbibliothek von McMaster (Hamilton, Ontario).

reden.«[28] (Hierauf folgt die bereits zitierte Stelle über sein Interesse für die Philosophie der Mathematik und Charlottenburg.) Am nächsten Tag kam er im Anschluß an Russells Vorlesung wieder und disputierte bis zum Abendessen, »störrisch und verdreht, aber vermutlich nicht dumm«. Dabei blieb es: Wittgenstein suchte Russell gewöhnlich gegen vier oder fünf auf, blieb bis zum Abendessen und redete noch, während sich Russell umzog. Im Laufe der Zeit nahm er die Gewohnheit an, während der Abendessenszeit fortzugehen und anschließend wiederzukommen, um sich weiter zu unterhalten. Besucher kamen und gingen, ohne daß er das Zimmer verließ. Russells Urteil und seine Geduld schwankten natürlich: »Mein deutscher Freund droht eine rechte Plage zu werden.« (19. Oktober.) »Mein Deutscher, der etwas zu taugen scheint, war äußerst streitlustig.« (25. Oktober.) »Mein Deutscher war sehr streitlustig und langweilig. Er wollte nicht zugeben, daß sich in unserem Zimmer kein Nashorn befand.« (Dies spielte sich offenbar während einer Vorlesung ab, denn Russell fährt fort, anschließend sei er »zurückgekommen und stritt die ganze Zeit, während ich mich umzog«. (1. November.)) »Mein deutscher Ingenieur ist vermutlich ein Narr. Er meint, nichts Empirisches sei erkennbar. Ich forderte ihn auf zuzugeben, daß kein Nashorn im Zimmer sei, doch er wollte es nicht wahrhaben.« (2. November.) Dies ist vermutlich der Vorfall, den Russell später in Form einer Anekdote wiedergibt: »Ganz zu Anfang war ich im Zweifel, ob er ein Genie oder ein Spinner war, entschied mich jedoch bald für die erstere Alternative. Manche Ansichten, die er zunächst vertrat, machten mir die Entscheidung nicht leicht. So behauptete er bei einer Gelegenheit zum Beispiel, alle Existenzaussagen seien sinnlos. Damals befanden wir uns im Hörsaal, und ich forderte ihn auf, über folgende Aussage nachzudenken: ›In diesem Raum ist jetzt kein Nil-

28 Brief Nr. 225 an Lady Ottoline Morrell (18. Oktober 1911). Im folgenden werden die Briefe im Text durch Angabe des Datums gekennzeichnet. Die Schüchternheit (die durchaus typisch war für Wittgenstein, wenn er es mit bisher unbekannten Personen zu tun hatte) wird hier aus der untypischen Unzulänglichkeit seines Englischen erschlossen. Daß seine englischen Freunde Deutsch verstünden, fand Wittgenstein stets kaum zu glauben – vielleicht zu Recht.

pferd.‹ Als er sich weigerte, dieser Aussage Glauben zu schenken, schaute ich unter allen Pulten nach, fand aber keins. Er ließ sich aber nicht überzeugen.«[29] Diese Auseinandersetzung scheint mit einer These zusammenzuhängen, die Wittgenstein damals vertrat und die auch in den beiden folgenden Briefen (vom 7. und 13. November) erwähnt wird, nämlich der These, daß es in der Welt nichts weiter gibt als behauptete Aussagen oder »Propositionen«.

Welches der genaue Streitpunkt war, läßt sich jetzt kaum mehr rekonstruieren; klar ist jedoch, daß Wittgenstein auf frühere Auffassungen von Russell und G. E. Moore zurückgreift. Der Sinn von »Behauptung«, um den es hier geht, ist nicht der gesprächsübliche oder psychologische, in dem man sagen kann, wahre und falsche Aussagen können gleichermaßen behauptet oder anerkannt werden, sondern es handelt sich um den in *The Principles of Mathematics* gekennzeichneten Sinn, wonach das Behauptetsein eine zusätzliche Eigenschaft wahrer Propositionen ist, durch die sie sich von falschen unterscheiden (a. a. O., S. 49). Eine Proposition ist ebenfalls nichts Psychologisches, sondern ein Komplex aus Begriffen in dem früher von Moore beschriebenen Sinne (vgl. Moores Artikel »The Nature of Judgment«, *Mind* 1899). Nach dieser Auffassung sind Begriffe nicht Modi, sondern Gegenstände des Denkens und als solche die einzigen Dinge, die überhaupt existieren. Die Wahrheit einer Proposition (ihr Behauptetsein im obigen Sinne) besteht demnach nicht in der Übereinstimmung oder sonst einer Beziehung zwischen einem Komplex aus Begriffen und etwas anderem, sondern in einer bestimmten Eigenschaft des Komplexes selbst.

Am ehesten läßt sich die eben gekennzeichnete Auffassung begreifen, wenn man sie als (durchaus mit Freges Zielsetzung harmonierende) Reaktion versteht gegen jede Verwechslung dessen, was geurteilt wird, mit dem Urteilen selbst. Nennen wir das, was geurteilt wird, eine Proposition. Sofern diese nichts Psychisches an sich hat, kann sie nicht vor den wirklichen Dingen, um die es in dem Urteil geht, haltmachen, und sofern sie eine wahre Proposition ist, wird sie mit einer Tat-

29 *Mind* 60 (Nr. 239), 1951.

sache identisch sein.[30] Daher ist Moore der Ansicht, daß sich die Theorien seiner Zeitgenossen, wonach die Wahrheit in der Übereinstimmung zwischen Urteil und Tatsache bestehe, aus dem Versäumnis ergeben, einen Unterschied zu machen zwischen einem psychischen Akt und seinen Gegenständen.

Die These, daß behauptete Propositionen existieren, läuft demnach auf das gleiche hinaus wie die These, daß Tatsachen existieren, wobei allerdings die Gründe für diese spezifische Ausdrucksweise von großem philosophischem Interesse sind. Um geltend zu machen, daß ausschließlich behauptete Propositionen existieren, bedarf es eines zusätzlichen Grundes, den man vielleicht in Anspruch nehmen könnte, wenn man die zweite der beiden Auffassungen verträte, die Russell in einer frühen Besprechung von Meinongs Werken wie folgt kennzeichnet: »Es gibt zwei Arten von Gegenständen [unter ›Gegenständen‹ versteht Russell hier das gleiche wie Moore unter ›Begriffen‹], die einfachen und die komplexen. Die letzteren sind durch eine gewisse Art von Einheit charakterisiert, die sich offenbar nicht definieren läßt und ihrerseits keinen Bestandteil der Komplexe bildet, in denen sie vorkommt. Nach der einen Auffassung ist ein Komplex dasselbe wie eine Proposition und stets entweder wahr oder falsch, hat jedoch in beiden Fällen gleichermaßen Sein; nach der anderen Auffassung sind wahre Propositionen die einzigen Komplexe, und die Falschheit gilt als Eigenschaft derjenigen Urteile, denen keine Objektive entsprechen.«[31] Russell selbst vertritt die erste dieser beiden Auffassungen und macht daher die im *Tractatus* (6.111) kritisierte Bemerkung, manche Propositionen seien wahr und manche falsch, genauso wie manche Rosen rot und manche weiß sind. »Was Wahrheit und was Falschheit ist, müssen wir einfach erfassen, denn beide, scheint es, lassen sich nicht analy-

30 Logische Wahrheiten bleiben hierbei außer Betracht.

31 »Meinong's Theory of Complexes and Assumptions«, *Mind* 1904, wiederabgedruckt in Russells *Essays in Analysis*, Hg. D. Lackey, London: Allen and Unwin, 1973, S. 62. Der Ausdruck »Objektiv« gehört zu Meinongs spezieller Terminologie und bedeutet hier im wesentlichen das gleiche wie Russells und Moores Wort »Proposition«. Der Leser wird in diesem Zitat noch weitere Anklänge an gewisse Elemente von Wittgensteins Frühschriften heraushören, auf die wir hier jedoch nicht einzugehen brauchen.

sieren.«[32] Vertritt man (wie allem Anschein nach Wittgenstein) die andere Auffassung, wird ein allgemeines Problem in bezug auf negative Propositionen, das von Russell (an der gleichen Stelle) zwar erwähnt, aber beiseite geschoben wird, offenbar wieder akut: »Es fällt schwer, die Nichtexistenz von A, sofern zutreffend, im gleichen Sinne als Tatsache gelten zu lassen, in dem man die Existenz von A im Falle der Wahrheit als Tatsache ansähe.« Hier darf man nicht vergessen, daß eine Tatsache in diesem Zusammenhang das gleiche ist wie eine wahre oder behauptete Proposition, mithin ein komplexer Begriff, der nach der ersten Auffassung eine gewisse Eigenschaft hat, nach der zweiten (Wittgenstein zugeschriebenen) Auffassung dagegen einfach existiert. Nun stellt sich die Frage, von welchem Komplex man vernünftigerweise annehmen kann, daß er existiert kraft des Nichtvorhandenseins eines Nilpferds in diesem Zimmer.

Die Schwierigkeiten ergeben sich hier auf zwei verschiedenen Ebenen: Erstens taucht die Frage auf, ob es es Komplexe gibt, in denen »nicht« oder sonst eine Negation als Bestandteil vorkommt; und daraus wurde schon bald die Frage, ob es negative Tatsachen gibt. Zweitens stellt sich die Frage, ob es Komplexe gibt, in denen die Existenz als Bestandteil vorkommt, also die Frage, ob es Existentialtatsachen gibt. Beide Schwierigkeiten machen sich in dieser Zeit fühlbar. In den im Herbst 1913 verfaßten »Aufzeichnungen über Logik« meint Wittgenstein, es gebe sowohl positive als auch negative Tatsachen; in einem offenbar im November 1913 geschriebenen Brief an Russell äußert er die Befürchtung, »(∃x).x = L. W.« werde sich als sinnlos herausstellen.[33] Es ist freilich paradox, wenn man

32 *Essays in Analysis*, a. a. O., S. 76. Entsprechend schreibt Moore in *Mind* 1899, S. 180: »Durch welche Art von Beziehung [zwischen den die Proposition bildenden Begriffen] eine Proposition wahr und durch welche sie falsch wird, läßt sich nicht weiter definieren, sondern muß unmittelbar erkannt werden.«

33 *Briefe*, S. 39. Die Position des *Tractatus* ist im Hinblick auf beide Fragen recht kompliziert: Negative und Existenz aussagende Sätze können zwar gebraucht werden, um wahre Teilbeschreibungen der Welt zu geben, doch ihre Wahrheit ist von den bestehenden Sachverhalten abhängig sowie davon, daß es alle Sachverhalte sind. Das »Bestehen« eines Sachverhalts wird durch einen Elementarsatz behauptet, der nicht allgemein ist, keine Quantoren

behauptet, daß nur Tatsachen (oder behauptete Propositionen) existieren, und zugleich behauptet, daß Existentialtatsachen nicht dazugehören. Gemeint ist, daß man nur dann von Existenz reden kann, wenn man sich auf die Wahrheit einer ihrerseits nicht existentialen Proposition bezieht.

Stellen wir die spezielle Frage der existentialen Propositionen einstweilen zurück. Die These, daß nur behauptete Propositionen existieren, ist offenbar als Korrektur der 1899 von Moore vertretenen Position gedacht, wonach die Welt aus Begriffen besteht (»The Nature of Judgment«, S. 182). Nach Moores damaliger Auffassung kann die Einrichtung der Welt aus allen Gegenständen des Denkens bestehen, wozu demnach alle Bestandteile der Propositionen und alle Komplexe aus solchen Bestandteilen gehören würden (mithin alle Propositionen, seien sie wahr oder falsch). Wittgensteins Korrektur läuft darauf hinaus, daß er die Existenz in diesem Sinne des Wortes allem abspricht, was nicht eine behauptete Proposition oder Tatsache ist. Damit hat er bereits die in den Anfangssätzen des *Tractatus* ausgesprochene Position erreicht, wonach die Welt aus Tatsachen besteht: »Die Welt ist die Gesamtheit der Tatsachen, nicht der Dinge.« (*Tractatus logico-philosophicus* = TLP, 1.1.) Das heißt, Dinge, Gegenstände, oder das, was Moore als einfache Begriffe bezeichnet, tragen nicht dazu bei, die Welt zu bilden, und nicht existierende Sachverhalte (Verbindungen von Gegenständen) offenbar auch nicht (die letzteren nennt Moore Propositionen oder Komplexe aus Begriffen, die die Eigenschaft der Falschheit besitzen). Sehr viel später äußerte Wittgenstein im Gespräch mit Drury, seine Grundgedanken seien ihm schon sehr früh eingefallen. Wie sich zeigen wird, hat es immer wieder den Anschein, als hätten neue Entdeckungen oder Fortschritte von seiten anderer verhältnismäßig wenig Eindruck auf ihn gemacht. Und obwohl Gespräch und Reflexion wichtig für ihn waren, bestand ihre Funktion doch eher darin, ihm die Möglichkeit zu geben, eine Anfangseinsicht – einen Einfall, der ihm bei der allerersten Lektüre zu einem bestimmten Thema gekommen war – zu artikulieren und zu klären. In diesem Fall handelte es sich um die Lektüre von

enthält und daher kein Existenzsatz in dem hier zur Diskussion stehenden Sinne ist.

Werken, die Russell und Moore nach eigener Überzeugung längst hinter sich gelassen hatten.
Die Frage, welche Schlüsse Wittgenstein aus dieser Frühform seiner Auffassung über den Inhalt der Welt gezogen haben mag, ist unfruchtbar, denn sie erlaubt zu viele Mutmaßungen. Vielleicht hatte er den Eindruck, die Wahrheit einer Proposition könnten wir nur durch die Bekanntschaft mit der behaupteten Proposition erkennen, also durch Bekanntschaft mit der wirklichen Verbindung von Begriffen oder Bestandteilen, und dies wiederum sei nur dann möglich, wenn die Verbindung zwischen ihnen eine notwendige ist. Es fällt jedoch schwer, eine derartige Ansicht zu formulieren, ohne Verwechslungen mit anderen und üblicheren Voraussetzungen hinsichtlich des Wesens der Propositionen zu begehen. Moore war zwar der Meinung, daß alle Verbindungen von Begriffen zu Urteilen notwendig seien, doch er hatte ganz andere Gründe dafür. Und die im *Tractatus* auftauchende Problematik der Annahme, es gebe überhaupt so etwas wie die Erkenntnis empirischer Propositionen, resultiert vor allem aus der dort vertretenen Korrespondenztheorie der Wahrheit (die hier noch implizit abgelehnt wird) sowie aus der Unklarheit, wie ein Bewußtsein imstande sein könnte, einen Vergleich mit der Wirklichkeit anzustellen.
Also schon in den ersten Monaten des Studiums bei Russell kündigten sich spätere Auffassungen an, die, selbst wenn sie falsch waren, doch von vielen für überzeugend erachtet wurden. Sie waren sicher unklar formuliert und nicht durch Argumente untermauert, die Russell als solche zu erkennen vermochte. Einmal äußerte er den Stoßseufzer: »Mein Deutscher ist gegen jeden Angriff der Vernunft gepanzert; eigentlich ist es reine Zeitvergeudung, mit ihm zu reden.« Am 27. November wandte sich Wittgenstein vermutlich zum ersten Mal mit einer persönlichen Bitte an Russell: »Mein Deutscher kann sich nicht recht entschließen zwischen Philosophie einerseits und Luftfahrt andererseits. Heute hat er mich gefragt, ob er philosophisch ein hoffnungsloser Fall sei, worauf ich erwiderte, ich wisse es nicht, hätte aber nicht diesen Eindruck. Ich forderte ihn auf, mir etwas Geschriebenes zu zeigen, so daß ich es leichter beurteilen könne. Er hat Geld und interessiert sich leiden-

schaftlich für Philosophie, meint aber, er solle ihr nicht sein Leben widmen, sofern er nicht dafür tauge. Ich empfinde die Verantwortung als Bürde, denn ich weiß wirklich nicht, was ich von seinem Können halten soll.«[34] Unterdessen lernten sich die beiden besser kennen: Wittgenstein besorgte Eintrittskarten für Lady Ottoline, Russell besuchte Wittgenstein und entdeckte, daß dieser in Wirklichkeit Österreicher und literarisch gebildet war, ungewöhnlich liebenswürdige Manieren hatte und – wie er allmählich einsah – eigentlich ein intelligenter Mensch war.

So endetete Wittgensteins erstes, inoffizielles und überhaupt ganz provisorisches Trimester in Cambridge. Die Freundschaft mit Russell war noch nicht sehr eng; Ideen hatte er zwar schon, aber noch nichts geschrieben, jedenfalls nichts, was er vorzeigen konnte; in die Cambridger Gesellschaft hatte er noch keinen Einblick gewonnen, ja er scheint mit niemandem außer Russell zusammengekommen zu sein. Er ging wohl völlig in philosophischen Problemen auf und fragte sich, ob er sich wirklich ausschließlich der Philosophie widmen sollte. Über die persönlichen Komplikationen, die diese Ungewißheit mitbestimmten, ist nichts Genaues bekannt. Der Vater litt jetzt an seiner letzten Krankheit. Er hatte zwar noch zwei Jahre zu leben, doch etwa seit Ludwig Österreich verlassen hatte, war es mit dem energischen Auftreten und den sarkastischen Zeitungsartikeln vorbei, und Karls Leben spielte sich nun ganz im Rahmen der Familie ab. Er pochte zwar nicht darauf, Ludwig müsse Ingenieur werden, doch dieser wußte genau (und erzählte es Russell vor dem März 1912), daß Karl von allen anderen Söhnen enttäuscht war und große Hoffnungen hegte, dieser eine nun möge etwas Respektables lernen und nicht seine Zeit mit derartigem Unfug wie Philosophie vertun. Durch Karls Zustand konnte das Problem nur noch belastender wer-

34 Russell hat diese Geschichte mehrmals erzählt, und zwar gewöhnlich anschaulicher als hier (vgl. Bd. II der Autobiographie, S. 99; *Portraits from Memory*, London: Allen and Unwin, 1956, S. 23): »›Würden Sie mir bitte sagen, ob ich ein Vollidiot bin oder Nicht?‹ – ›Das weiß ich nicht, mein Lieber. Warum fragen Sie mich?‹ – ›Deshalb, weil ich Pilot werde, falls ich ein Vollidiot bin; bin ich jedoch keiner, dann werde ich Philosoph.‹« Die schriftliche Arbeit sollte in den Ferien angefertigt werden, und Wittgenstein schrieb sie dann auch tatsächlich.

den, und aus diesen und anderen Gründen wurde Ludwig von bösen Geistern geplagt; außerdem quälte ihn sein eigenes Naturell. Eine Lösung dieses Problems fand er anscheinend um diese Zeit, vielleicht sogar während der Weihnachtsferien in Wien. Im folgenden Juni sprach er darüber mit David Pinsent, seinem neuen Freund, der in seinem Tagebuch (1. Juni 1912) folgendes berichtet: »Er war überaus gesprächig und erzählte mir eine Menge über sich selbst: Er habe neun Jahre lang, bis letzte Weihnachten, unter schrecklicher (geistiger, nicht physischer) Einsamkeit gelitten; er habe damals ständig an Selbstmord gedacht und sich geschämt, weil er nicht den Mut aufbrachte, sich zu töten. Wörtlich sagte er, er habe ›eine Ahnung gehabt, in dieser Welt überflüssig zu sein‹, sei dieser Ahnung jedoch in seiner Armseligkeit nicht gefolgt. Er sei als Ingenieur ausgebildet worden, doch daran habe er keinen Geschmack gefunden, er sei auch nicht dafür begabt. Erst seit kurzem versuche er es mit der Philosophie und sei nach Cambridge gekommen, um bei Russell zu studieren. Das sei die Rettung gewesen, denn Russell habe ihm Mut gemacht.« Nach diesen Weihnachtsferien jedenfalls zeigte er endlich, was er konnte, und seine Stärke – in der Auseinandersetzung sowohl mit seiner Arbeit als auch mit Menschen – begann zum Vorschein zu kommen. Wahrscheinlich vollzog sich der Wandel allmählicher, als die Pinsent gegebene Darstellung es nahelegt, und wurde auch nach den Ferien von Zeiten des Selbstzweifels unterbrochen. Irgendein Sinneswandel scheint jedenfalls um die Weihnachtszeit stattgefunden zu haben. Eine Möglichkeit, die hier in Betracht kommt, ist, daß er sich zu schreiben imstande fand, was für ihn immer das erste Anzeichen seelischen Wohlbefindens war. Es ist auch verlockend anzunehmen, daß sich der folgende Vorfall, über den er Malcolm im Zusammenhang mit dem Thema Religion berichtet, in dieser Zeit abgespielt hat: »Wie er mir erzählte, habe er die Religion, als er jung war, verachtet, doch als er etwa 21 Jahre alt war, habe etwas in ihm einen Wandel bewirkt: In Wien sah er ein Theaterstück, das als Schauspiel mittelmäßig war, eine der Figuren aber drückte den Gedanken aus, daß, was immer in der Welt auch passieren möge, *ihm* nichts geschehen könne – *er* sei unabhängig vom Schicksal und den äußeren Umständen. Wittgenstein war betroffen von diesem stoischen Gedanken; zum ersten Mal erkannte er die Möglichkeit der Religion.«[35]

Das Theaterstück war Ludwig Anzengrubers *Die Kreuzelschreiber*.[36] Wittgensteins religiöses Erwachen steht zweifellos in Zusammenhang mit der Szene, in der eine Figur die »extraige Offenbarung« oder »Eingebung« beschreibt, die sie gehabt hat. Dieser Mensch hat bisher in schrecklichem Elend gelebt; eines Tages wirft er sich, als die Sonne scheint, ins Gras und denkt, er werde sterben. Als er abends aufwacht, wird ihm »inwendig so wohl, als wär's hell Sonnenlicht von vorhin in mein' Körper verblieb'n ... und da kommt's über mich, wie wann eins zu eim'm andern red't: Es kann dir nix g'schehn! Selbst die größt' Marter zählt nimmer, wann vorbei ist! Ob d'jetzt gleich sechs Schuh tief da unterm Rasen liegest, oder ob d'das vor dir noch viel tausendmal siehst – es kann dir nix g'schehn! – Du g'hörst zu dem all'n und dös alles g'hört zu dir! Es kann dir nix g'schehn!« Diese Wendung: »Es kann dir nix g'schehn!« war in Wien freilich geradezu sprichwörtlich[37], und später kam Wittgenstein auf sie zurück.[38]

Als Wittgenstein im Januar nach Cambridge zurückkehrt, steckt er nach Russells Eindruck »voller Elan« und bringt »etwas Geschriebenes, das er in den Ferien verfaßt hat – ausgezeichnet, weit besser als die Sachen meiner englischen Studenten. Nun werde ich ihn gewiß ermutigen. Vielleicht wird er einmal etwas Großartiges leisten. Doch andererseits vermute ich, daß er der Philosophie wahrscheinlich überdrüssig wird«

35 Malcolm, *Erinnerungen an Wittgenstein*, a. a. O., S. 95 f. Bei Marcus Aurelius (Ad se ipsum 10.6) findet sich eine auffallend ähnliche Stelle, doch der Gedanke kommt bei zu vielen verschiedenen Autoren vor, um als im eigentlichen Sinne stoisch bezeichnet werden zu dürfen.

36 Vgl. Erich Heller, »Unphilosophische Betrachtungen«, in: *Wittgenstein. Schriften: Beiheft 1*, Frankfurt: Suhrkamp, 1960, S. 53. Die hier referierte und zitierte Stelle findet sich im III. Akt, 1. Szene. Petra von Morstein hat mir vor langer Zeit geholfen, diese Stelle ausfindig zu machen. Auf die hier ausgesprochene Naturmystik und ihre Stellung im *Tractatus* gehe ich näher ein in meinem Artikel »The Mysticism of the Tractatus«, in: *Philosophical Review* 1966, S. 305-328.

37 Vgl. Stefan Zweig, *Die Welt von gestern*, Frankfurt: Fischer Taschenbuch, 1970, S. 290.

38 Vgl. Wittgensteins »Lecture on Ethics«, in: *Philosophical Review* 1965, S. 6ff.; WWK, S. 68f.

(Brief vom 23. Januar). Eine Woche später bringt er noch mehr Schriftliches, und daraufhin wird offenbar beschlossen, daß es sich lohnen würde, weiterhin Philosophie zu studieren, denn am 1. Februar wird er offiziell ins Trinity College aufgenommen und Dr. J. W. L. Glaisher zu seinem Tutor bestimmt.[39] Die Universität Cambridge und Trinity College, denen Wittgenstein damit beitrat und die praktisch seine ganze Umwelt darstellten, waren im Vergleich zu heute winzige Einrichtungen. Höchstens drei oder vier Studenten machten ihr Examen in »Moral Sciences«, ein Fach, das damals Philosophie und Experimentalpsychologie umfaßte, aber schon nicht mehr Ökonomie. Es gab dort zwei Professoren, Sorley und Ward, mit denen Wittgenstein, soweit bekannt, nicht in Berührung kam. Zu den Lecturers gehörten W. E. Johnson, dessen Hauptgebiet philosophische Logik war, und G. E. Moore. Wittgenstein freundete sich mit beiden an, doch als Philosoph ließ er Johnson nicht gelten. Im Bereich der Moral Sciences lehrten auch Russell, McTaggart und Keynes sowie der Experimentalpsychologe C. S. Myers, bei dem Wittgenstein ebenfalls studierte. 1911/12 gehörten dem Moral Sciences Club, also dem studentischen Debattierklub, achtzehn Studenten und sechs Studentinnen an; 1912/13 waren es vierunddreißig Studenten und neun Studentinnen. Dazu gehörten unter anderem: Whiteheads Sohn North; künftige Philosophen wie A. D. Ritchie und A. J. Dorward; Psychologen wie B. Muscio (mit dem Wittgenstein zusammenarbeitete), C. A. Mace und F. C. Bartlett; ferner der später als Übersetzer und Herausgeber bekannt gewordene C. K. Ogden. I. A. Richards, der gemeinsam mit Ogden das Buch *The Meaning of Meaning* verfaßte, war damals noch nicht Mitglied, gehörte jedoch ebenso wie Wittgenstein zu den etwa zehn Hörern, die Moores Vorlesungen besuchten. Dorward und Muscio waren gute Bekannte Witt-

39 Diese Information aus den Unterlagen des Trinity College verdanke ich G. H. von Wright. J. W. L. Glaisher war ein bedeutender Mathematiker. Über Gespräche zwischen ihm und Wittgenstein ist nichts mehr bekannt. Im Sommer war W. M. Fletcher Wittgensteins Tutor. Damals (wie heute) war der Tutor im Trinity College nicht unmittelbar für die Fragen des Studenten bezüglich Lehre oder Forschung zuständig, sondern für sein Verhältnis zur Collegeverwaltung.

gensteins; über Kontakte mit den übrigen ist nichts bekannt. Im Trinity College verhielt es sich nicht anders: Daß er Whitehead kennenlernte, ist erst ab 1913 belegt, und zu dieser Zeit lehrte Whitehead bereits in London. Littlewood kannte er schon aus Manchester, und Littlewoods Kollege G. H. Hardy war ebenfalls Fellow dort. Beide kannte er gut, und darüber hinaus lernte Wittgenstein den Altsprachler Donald Robertson sowie H. A. Hollond bei einer von Russells »Feten« kennen, doch ob er – abgesehen von dem notwendigen Kontakt mit seinen beiden Tutoren – die Bekanntschaft weiterer Fellows machte, ist zu bezweifeln. Zu den Senior Scholars, die also in etwa das gleiche Alter und den gleichen Status hatten wie er selbst, gehörten damals G. H. S. Pinsent, J. R. M. Butler, E. D. Adrian, J. Burnaby und K. W. M. Pickthorn, die er später mehr oder weniger gut kennen und schätzen lernte, doch vor dem Ersten Weltkrieg machten sie keinen besonderen Eindruck auf ihn. Der einzige wirkliche Freund war David Pinsent (ein Vetter von G. H. S. Pinsent), und auch diese Freundschaft ergab sich nach einem Zusammentreffen in Russells Wohnung. Nur wenig später lernte er Keynes kennen und damit, wie wir sehen werden, die kleine und erlesene Schar, die die Cambridge Conversazione Society bildete, eine Geheimgesellschaft, die jedoch aus zahlreichen Memoiren und Biographien bekannt ist unter den Namen »Society« oder »Apostles«. Ebenso wie diese Gruppe war sein ganzer Zirkel klein, aber distinguiert und dieses Umstands durchaus eingedenk. Keynes hat geschildert, wie Moores *Principia Ethica* und Russells und Whiteheads *Principia Mathematica* als Grundwerke anerkannt wurden, die auf ihren jeweiligen Gebieten eine neue Ära eingeleitet hatten. Keynes, der damals natürlich noch nicht weltberühmt war, hatte sich durch seine Arbeit in der Währungskomission für Indien in Whitehall einen Namen gemacht und übte als Dozent der damals noch in den Kinderschuhen steckenden wirtschaftswissenschaftlichen Abteilung und durch seine Beteiligung an dem weniger offiziellen Political Economy Club großen Einfluß aus. Zu dieser Zeit war er im Begriff, den ersten Entwurf seines *Treatise on Probability* abzuschließen, den er unter dem Einfluß der schon genannten *Principia* von Moore und Russell schrieb. Dieses Buch erschien erst nach dem Krieg, im Jahre

1921, und versetzte die Welt nicht derart in Erstaunen wie einige seiner anderen Werke, doch was Reichweite und Gelehrsamkeit angeht, ist es bis heute ohnegleichen (wie Harrod bereits 1951 voraussagte[40]). Hardy und Littlewood hatten zu dieser Zeit schon mit den gemeinsamen Arbeiten begonnen, aufgrund deren sie (wie Hardy in aller Bescheidenheit von sich selbst sagt) eine Zeitlang zu den fünf oder sechs besten Fachleuten auf dem Gebiet der Analysis gehörten.

Aufgrund dieser Verbindungen befand sich Wittgenstein im Trinity College, weit mehr noch als in Manchester, im Zentrum der wichtigsten Grundlagenforschung im damaligen England. Gowland Hopkins, einer der jüngsten Fellows, beschäftigte sich mit Untersuchungen, infolge deren er seither zu den Entdeckern der Vitamine zählt. Am High Table, an dem die Fellows ihre Mahlzeiten einnahmen, hörte man zum Beispiel, daß J. J. Thompson (der Entdecker des Elektrons) gerade ein neues Element mit Atomgewicht 3 ausfindig gemacht hatte.[41] Hardy und Littlewood berichteten über die erstaunlichen Resultate eines indischen Autodidakten (Ramanujan). Russells philosophische Arbeiten über die Grundlagen der Mathematik und seine damaligen Versuche, die wissenschaftliche Methode in die Philosophie einzuführen[42], wurden wesentlich mit zur eigentlichen Wissenschaft gerechnet. Und schon im Herbst 1913 sprach man am gleichen Tisch – und offenbar mit dem gleichen Respekt – über Wittgensteins logische Theorien.[43] Die Namen Russell, Moore, Keynes, Hardy, Littlewood und vielleicht auch Whitehead vermitteln uns einen Eindruck davon,

40 R. F. Harrod, *A Life of J. M. Keynes*, S. 150f.

41 Eine Form von Wasserstoff, wie sich herausstellte. Die Berichte über High-Table-Gespräche im Trinity College sind G. E. Moores Tagebuch entnommen (jetzt in der Universitätsbibliothek Cambridge).

42 Dies war die Parole von *Our Knowledge of the External World*, Chicago und London: Open Court, und der Herbert Spencer Lecture *Scientific Method in Philosophy*, London: Oxford University Press, die beide 1914 veröffentlicht wurden, doch die Zielsetzung wird auch in der im November 1912 vor der Aristotelian Society gehaltenen Presidential Address deutlich (*Mysticism and Logic*, London: Longmans Green, 1918, Kap. 8).

43 In Moores Tagebuch heißt es unter dem Datum 18. Oktober 1913: »In der Hall gegenüber Russell und Hardy, höre sie über Wittgensteins logische Theorien reden, muß jedoch Glaisher zuhören.« Es gibt noch weitere Einträge dieser Art, aber Russell wird nicht in allen erwähnt.

welche Gruppe gemeint war, als Russell zu Hermine Wittgenstein sagte: »Wir rechnen damit, daß der nächste bedeutende Schritt in der Philosophie von Ihrem Bruder getan wird.«

Als Wittgenstein sich am Trinity College einschrieb, tat er einen ersten Schritt zur Aufnahme in diese Gruppe und zum Ruhm. Im College selbst fand sich zunächst kein Zimmer für ihn, was im Frühjahrs- oder Sommer-Trimester auch ungewöhnlich gewesen wäre. Er wohnte ein paar hundert Meter außerhalb des großen Tors von Trinity College in Rose Crescent 4, einer krummen Gasse zwischen Trinity Street und dem Marktplatz, in der sich damals zahlreiche Pensionen, Tabakgeschäfte und Schneider befanden, während sie heute von Reformhäusern, Cafés und Imbißstuben wimmelt, und nur im Eckgeschäft gibt es – wie schon in Calverleys Gedicht – auch heute noch Zigarren.

Offiziell hatte Wittgenstein den Rang eines Advanced Student (1913 wurde eine Umbenennung vorgenommen, und er wurde Research Student), und sein Studienfach gehörte zu den Moral Sciences. Den Gepflogenheiten entsprechend hatte er einen Mentor (»supervisor«), der sich um ihn kümmerte, und nach zwei Jahren Aufenthalt und Vorlage einer Dissertation über die Resultate seiner Forschungen sollte er den Titel eines Bachelor of Arts (B. A.) erhalten. Üblich war ferner, daß anschließend, nach Verstreichen eines gewissen Zeitraums und Entrichtung der entsprechenden Gebühr, der Titel eines Master of Arts (M. A.) verliehen wurde. (Der Doktortitel Ph. D. wurde in Cambridge erst nach dem Krieg eingeführt.) Wittgenstein nahm diese Dinge durchaus ernst und wollte diesen akademischen Grad, wobei er zumindest anfangs nicht daran dachte, daß ihm der Titel die Möglichkeit geben könnte, eine akademische Position zu bekleiden. In dieser Hinsicht hatte er keine klaren Vorstellungen. Nach Russells Eindruck hatte Wittgenstein vor, irgendwann »sein Ingenieurstudium abzuschließen« (was vermutlich heißt, daß er auch in diesem technischen Fach einen akademischen Titel erlangen wollte), während das Philosophiestudium eine Art Zwischenspiel sein sollte.

Erst im Juni wurde Wittgensteins akademischer Status offiziell geregelt, und von nun an war Russell sein Mentor. Doch zuvor hatte Russell ihm den Rat gegeben, bei W. E. Johnson zu »pauken«. Johnson war damals 53 Jahre alt, verwitwet, kümmerte sich kaum um das öffentliche Leben in College und Universität und litt unter seinem schlechten Gesundheitszustand sowie unter der Kärglichkeit seines Einkommens, denn in jenen Tagen war das Doppelgehalt eines Universitätsdozenten und Fellows von King's College recht dürftig, und darüber hinaus lief Johnson ständig Gefahr, den letzteren Posten zu verlieren, weil er kaum etwas veröffentlichte.[44] Dennoch war er, abgesehen von Russell, in Cambridge damals der einzige namhafte Logiker (heute würde man sein Gebiet eher als philosophische Logik bezeichnen). Er hatte zahlreiche Vorschläge beigesteuert, als Keynes' Vater sein Buch *Formal Logic* schrieb, das immer noch zu den besten und technisch anspruchsvollsten Abhandlungen über die syllogistische Logik zählt. In der Zeitschrift *Mind* hatte er 1892 einen Artikel über den Logikkalkül veröffentlicht, und 1900 hatte er eine Arbeit nach Paris geschickt als Beitrag zu dem großen internationalen Kongreß, auf dem Russell durch Peanos Vortrag zu der Einsicht gelangte, von welcher Bedeutung die neuen logischen Methoden (also im wesentlichen das Verfahren Freges) für die Philosophie der Mathematik waren. Seither hatte Johnson an einer Rezension der *Principles of Mathematics* gearbeitet, die nach Broads Auskunft mehrere Bände von *Mind* gefüllt hätte, wäre sie je veröffentlicht worden. Johnsons Vorlesungen wurden sehr geschätzt, obwohl er ganz eigenwillig vorging und ständig abschweifte. Ihr wesentlicher Inhalt erschien nach dem Krieg in geordneter Form, als er, von einigen seiner Schüler unterstützt, seine dreibändige *Logic* herausbrachte. Ein Kritiker aus Oxford behauptete, er habe in diesem Werk mehr als zwanzig verschiedene Bedeutungen des Ausdrucks »proposition« ausfindig gemacht, während Broad den Gedankenreichtum und die Tiefe des Buches hervorhebt. Broads Urteil wird bestätigt durch den Umstand, daß etliche Unterscheidungen und terminologische Festsetzungen, die Johnson dort erläutert, die Zeit überdauert haben. Johnson erlitt das übliche Schicksal derer,

44 Zu Johnson siehe den Nachruf von C. D. Broad in *Proceedings of the British Academy* XVII (1931). Harrod erwähnt in seiner Keynes-Biographie (S. 162), daß das Gehalt eines Fellows des King's College 1912 nicht mehr betrug als 120 Pfund.

die ihre Gedanken nicht auf dem philosophischen Markt feilbieten, sondern ihnen erst spät die Möglichkeit geben, sich herauszukristallisieren. Es kann dann zwar (wie in Johnsons Fall) geschehen, daß sich einzelne Einsichten durchsetzen, doch das System als ganzes ist zu entlegen und zu exzentrisch, als daß es Bewunderer finden könnte unter denen, die sich, während der Autor noch zaudert, längst auf neue Gebiete verlegt haben. Nicht jedem einsamen Denker ist es – wie Frege etwa – gegeben, seiner Zeit voraus zu sein.

Wie Russell am 2. März an Lady Ottoline schreibt, war dem Unterricht bei Johnson kein Erfolg beschieden: »Ich war gerade dabei, meine Rede vorzubereiten, als Wittgenstein im Zustand höchster Erregung auftauchte, denn Johnson (den ich ihm als Lehrer empfohlen hatte) hatte ihm geschrieben und mitgeteilt, er wolle ihn nicht mehr sehen. Johnson ließ durchblicken, daß Wittgenstein zuviel herumstritt, anstatt sich wie ein braver Junge zu benehmen und seine Lektion zu lernen. Von mir wollte Wittgenstein jetzt wissen, in welchem Maße Johnsons Behauptung gerechtfertigt ist. Nun ist Wittgenstein schrecklich starrköpfig, er läßt keinen ausreden und gilt allgemein als unerträglich. Da ich ihn aber wirklich mag, gelang es mir, ihm diese Dinge andeutungsweise vorzuhalten, ohne ihn zu beleidigen. ... Wittgenstein sagt, er finde Johnsons eigene Vorstellungen konfus, während Johnson Wittgensteins Ideen scheinbar ausgezeichnet beurteilt; doch offenbar kann sich J. nicht damit abfinden, daß W. seine Theorien nicht als Evangelium annimmt. ... Es war eine heikle Sache, mit Wittgenstein über diese Dinge zu reden.« Moores Erinnerungen laufen im großen und ganzen auf das gleiche hinaus[45]: Es war nicht Wittgenstein, sondern Johnson, der den Unterricht abbrach. Als Diskussionspartner stand wohl keiner der beiden dem anderen nach, denn nach Broads Bericht über Johnsons Vorlesungen und Prüfungen zu urteilen, neigte dieser bei jeder Gelegenheit dazu, das Wesentliche aus den Augen zu verlieren und irgendeine Einzelheit, die gerade seine Aufmerksamkeit erregte, absolut hieb- und stichfest zu formulieren. Wittgenstein für sein Teil war da kaum entgegenkommender: Damals wie auch

45 Nach einem Brief Moores an Hayek.

sonst stets bedurfte es einer grundlegenden intellektuellen Sympathie, ehe er sich auch nur zur Äußerung einer Meinungsverschiedenheit anregen ließ. Beispiele für solche Beziehungen sind seine Auseinandersetzungen mit Russell, Schlick und Moore (über dessen Ansichten bezüglich Glauben und Gewißheit).

Nicht weniger typisch für Johnson wie für Wittgenstein ist die Tatsache, daß das Scheitern des Unterrichts ihre guten Beziehungen nicht im mindesten trübte. Eine wichtige Gemeinsamkeit war die Liebe zur Musik. In der Familie hieß es, Johnson habe sein Haus (Ramsey House) um den Konzertflügel herumbauen lassen. Sein gesellschaftliches Leben beschränkte sich im wesentlichen auf Einladungen zum Tee, und bei diesen Gelegenheiten pflegte er im Anschluß an die zuvor geführten ernsten Unterhaltungen selbst zu spielen oder seine Gäste dazu aufzufordern. Schon das Wort »Musizieren« klingt heute nachgerade affektiert, doch für Wittgenstein war es besonders dann, wenn es sich in einer patriarchalischen Atmosphäre abspielte, so selbstverständlich wie die Luft, die er atmete. Als er sehr viel später, kurz bevor Johnson an seiner letzten Krankheit litt, wieder in Cambridge lebte, suchte er Ramsey House wenigstens einmal bei einer solchen Gelegenheit auf; dabei kam es zu einem kurzen Zusammenstoß mit F. R. Leavis, woraus sich eine durchaus nicht reibungslose Freundschaft ergab.[46] Wittgenstein bewahrte sich, wie er von Wright erzählt hat[47], stets große Zuneigung zu Johnson, und diese Zuneigung geht auch aus den Grußbotschaften hervor, die er seinen Briefen an Keynes während des Krieges und nach dem Krieg hinzufügte, wie zum Beispiel diese typische Stelle aus einem Brief vom 4. Januar 1915: »Liebe Grüße an Johnson, den ich immer mehr schätze, je länger ich ihn nicht sehe.« Johnsons Empfindungen gehen aus dem folgenden Billett (vom 24. August 1925) hervor,

46 F. R. Leavis, »Wittgenstein – einige Erinnerungsbilder«, in: Rhees (Hg.), a. a. O., S. 84-106.

47 Vgl. *Briefe*, S. 152. Dort schreibt von Wright in der Herausgeberanmerkung: »In ihren Gesprächen vor dem Krieg scheint Johnson Wittgensteins vernichtende Angriffe auf seine Logik geduldig ertragen zu haben«, doch, wie wir sehen, scheint dies nicht der Eindruck von Russell und Moore gewesen zu sein.

das er an Keynes schickte, als ein Besuch Wittgensteins in Aussicht stand: »Richten Sie Wittgenstein aus, daß ich mich sehr freue, ihn noch einmal zu sehen; ich muß es mir aber ausbedingen, daß wir nicht über die Grundlagen der Logik sprechen, da ich nicht mehr dazu imstande bin, mir meine Wurzeln ausreißen zu lassen.«

Keynes, der ebenfalls Fellow des King's College war, kannte Johnson schon von kleinauf. Er übernahm auch in einer anderen Sache die Rolle des Vermittlers: Irgendwann in der ersten Hälfte des Jahres 1913 ließ Wittgenstein Keynes wissen, er wolle einem Forschungsfonds des King's College Geld zukommen lassen, um in dieser Weise Johnsons Arbeit zu fördern und ihn von einigen seiner finanziellen Schwierigkeiten zu entlasten. Im Juni hatte er sich für die Form der Schenkung entschieden: das Stipendium sollte 200 Pfund pro Jahr betragen. Ob ein Teil dieses Betrags noch vor dem Krieg ausgezahlt wurde, ist nicht bekannt, doch in der Korrespondenz zwischen Keynes und Wittgenstein ist 1914/15 nochmals die Rede von dieser Sache; so jedenfalls dürfte die folgende Formulierung in dem bereits angeführten Brief Wittgensteins zu deuten sein: »Sobald der Krieg vorüber ist, wird das Geld an die Registratur überwiesen.« Das Geld auf diesem Weg umzuleiten, sollte zweifellos dazu dienen, die Identität des Spenders zu verbergen.

Diese vorgeschlagene Schenkung entspricht einer Reihe später zu beschreibender Stiftungen, die Wittgenstein zu Beginn des Krieges in die Wege leitete. Für Wittgenstein war es ebenso selbstverständlich, für einen solchen Zweck Geld zu spenden, wie er es später als selbstverständlich empfand, seinerseits vom Trinity College oder von Freunden Geld entgegenzunehmen. Derartige Spenden gehörten zur Familientradition und waren den Zeitverhältnissen angemessen, denn damals war keinesfalls damit zu rechnen, daß ein ernsthafter Denker von der Lehre und seinen Veröffentlichungen leben konnte. Johnson machte dadurch von sich reden, daß er auf Einkünfte aus seiner Universitätsstelle angewiesen war, denn es war üblich, daß man zu anderen Einkommensquellen Zugang hatte. Petavel und Moore etwa waren weit typischere Erscheinungen als Whitehead zum Beispiel, dem es sehr schwer fiel, sich und seine

Familie ausschließlich mit Hilfe seines Universitätsgehalts zu ernähren. Diese Umstände werfen weiteres Licht auf die Entscheidung Russells und, wie wir sehen werden, Wittgensteins, nur von ihrem Verdienst zu leben. Es bedeutete nämlich, daß sie die normale Lebensform des unabhängigen Denkers aufgaben.

Geistige Anregungen empfing Wittgenstein in Cambridge also auch weiterhin hauptsächlich von Russell, der ihre Beziehung mehrmals in recht anekdotischer Form dargestellt hat. In diesen Darstellungen neigt er zwangsläufig dazu, Wittgensteins Wunderlichkeiten auszumalen, für die er als Aristokrat eine gewisse Schwäche hatte. Auch mit anerkennenden Worten über den bedeutenden Einfluß, den diese Zusammenarbeit auf ihn ausübte, spart er nicht. In einem Nachruf schreibt er: »Wittgenstein kennenzulernen, war eines der erregendsten intellektuellen Abenteuer meines Lebens. Später waren wir uns in geistigen Dingen nicht sonderlich sympathisch, doch in den ersten Jahren lernte ich ebenso bereitwillig von ihm wie er von mir.«[48] Und an einer wahrscheinlich in den dreißiger Jahren geschriebenen Stelle von Russells Autobiographie heißt es: »Er war vielleicht das vollkommenste Beispiel eines Genies im herkömmlichen Sinne des Wortes; er hatte Leidenschaft, Tiefe, Intensität und ein dominierendes Wesen. Er hatte eine Lauterkeit an sich, derengleichen ich sonst nur an G. E. Moore wahrgenommen habe.«[49] Aus diesen späteren Schilderungen geht allerdings nicht immer deutlich hervor, wie stark die intellektuelle Anziehungskraft zwischen den beiden war, die Wittgenstein einmal zu dem Ausruf veranlaßte, die glücklichsten Stunden seines Lebens habe er in Russells Zimmer verbracht (eine spontane Äußerung wie die oben erwähnte gegenüber Eccles), und die Russell dazu bewog, Wittgenstein in seinen Briefen an Lady Ottoline als »lieben Menschen« zu bezeichnen und zu sagen: »Wittgenstein gibt mir das Gefühl, daß es sich lohnt zu leben.« Am 5. März 1912 schreibt Russell an Lady Ottoline: »Wittgenstein gefällt mir immer besser. Seine Leidenschaft fürs Theoretische ist *äußerst* hochentwickelt. Diese Leidenschaft ist

48 *Mind* 60 (1951), abgedr. in: K. T. Fann (Hg.), *Ludwig Wittgenstein: The Man and his Philosophy*, S. 31.

49 Bd. 2 der Autobiographie, S. 98f.

so selten, und man ist froh, wenn man ihr begegnet. Ihm geht es nicht darum, dies oder jenes zu beweisen, sondern er will das wahre Wesen der Dinge erkennen.« Am 16. März heißt es: »W. ist überaus reizbar. Seine Leidenschaft für die Philosophie ist stärker als meine eigene. Im Vergleich mit seinen Lawinen wirken die meinen wie Schneebälle. Er besitzt die reine geistige Leidenschaft in höchstem Grade, und deshalb hänge ich an ihm. Seine Veranlagung ist die des Künstlers. Er sagt, jeden Morgen gehe er voller Hoffnung an die Arbeit und jeden Abend beende er sie voller Verzweiflung. Wenn er etwas nicht versteht, tobt er genauso wie ich.« Und in einem gegen Ende März geschriebenen Brief sagt Russell: »Er benutzt sogar dieselben Vergleiche wie ich und spricht von der Mauer, die ihn von der Wahrheit trennt und die er irgendwie niederreißen muß. Nach unserem letzten Gespräch meinte er: ›Gut, jetzt haben wir wieder ein Stück Mauer niedergerissen.‹« So reagierte Russell auf die häufigen Diskussionen, die sich etwa ergaben, wenn Wittgenstein ihm etwas Schriftliches brachte, oder wenn sie ein schon während der Lehrveranstaltung begonnenes Gespräch fortsetzten. Es konnte aber auch vorkommen – und schon bald wurde es zu einer ständigen Einrichtung –, daß Wittgenstein bereits vor der Vorlesung kam, um den Text vorher zu lesen; oder er schaute einfach vorbei, um einen »Vorschlag« in bezug auf eine Frage der mathematischen Logik zu machen. So erwähnt Russell bei einer Gelegenheit eine Analyse der logischen Form im Gegensatz zum logischen Inhalt, doch normalerweise ersparte er Lady Ottoline die technischen Einzelheiten.

Im Laufe der nächsten beiden Trimester kamen sie immer häufiger zusammen. Wittgenstein war der unermüdlichste Hörer von Russells Vorlesungen, und als es schließlich soweit war, daß Tripos-Prüfungen, Bootsausflüge und Tanzveranstaltungen den Ausklang des Cambridge-Jahrs ankündigten, war Wittgenstein der einzige Hörer. Oft kam er nach der Vorlesung wieder und brachte mitunter als recht »kontinental« anmutendes Geschenk einen Strauß Rosen oder Maiglöckchen mit. Dann aß er mit Russell zu Mittag, anschließend gingen sie spazieren. Wittgenstein mochte die feuchten Wiesen in der Gegend um Cambridge; für jemanden, der die flachen Praterauen lieber hatte als die Hügel Niederösterreichs, konnte es keinen angenehmer gelegenen Ort geben als Cambridge. Doch Russell führte ihn weiter hinaus: Manchmal lagen sie in den Feldern, um der Lerche und dem Kuckuck zu lauschen, und gelegentlich drangen sie in den Wäldern um Madingley in Privatgrundstücke ein. Russell berichtet darüber: »Zu meiner großen Überraschung kletterte er auf einen Baum. Als er einen ziemlich hohen Wipfel erreicht hatte, kam ein Wildhüter mit Gewehr daher und beschwerte sich über unser verbotenes Eindringen. Ich rief Wittgenstein zu, der Mann habe versprochen, nicht zu schießen, falls er in einer Minute wieder unten sei. Er glaubte mir tatsächlich und kam herunter.«[50] Daran änderte sich auch später nichts: Wittgenstein fand sein Vergnügen an harmlosen Streichen und kindlichen Scherzen, und ebenso wie Russell hatte er eine aristokratische Einstellung zu Bagatellvorschriften. Zwanzig Jahre später machte er Leavis einen ähnlichen Vorschlag, in ein Privatgrundstück einzudringen, und handelte sich eine Rüge ein, aus der ein eher dem Mittelstand verhaftetes englisches Verhältnis zu Eigentum und guten Sitten herausklang.[51] Dann gab es auch Gelegenheiten, bei denen sich Russell und Wittgenstein zum Tee trafen. Die Zeit zwischen fünf und sieben Uhr nachmittags war gewöhnlich der Arbeit vorbehalten, doch hin und wieder suchte Wittgenstein Russell vor dem Abendessen auf (das gewöhnlich um 7.45 Uhr in der »Hall« eingenommen wurde). Darüber, daß Wittgenstein mit Russell oder einem der anderen befreundeten Fellows am High Table zu Abend gegessen hätte, ist nichts bekannt – mag sein, daß es damals nicht üblich war, einen Research Student zum Dinner einzuladen –, doch es kam vor, daß sie gemeinsam in der Union Society zu Abend aßen oder eine private Dinnerparty besuchten. Nach dem Abendessen hörten sie vielleicht einen Vortrag mit anschließender Diskussion, worüber sie danach womöglich in mokanteren Tönen privat weiter sprachen, um sich schließlich zu so später Stunde zu verabschieden, daß Frühaufstehen am nächsten Morgen ausgeschlossen war. Daneben gab es freilich Russells eigene Abendfeste, nach denen es ähnlich weiterging, oder man ging ins Konzert. Und dann

50 *Portraits from Memory*, S. 18f.
51 Leavis, a. a. O., S. 93.

kam es auch vor, daß er Russell im Anschluß an eine Veranstaltung aufsuchte und dort bis Mitternacht redete – damals allerdings noch nicht jede Nacht[52] und noch nicht in tiefer Verzweiflung.

Damit soll nicht gesagt sein, daß Russell und Wittgenstein je oder häufig den ganzen Tag miteinander verbrachten, doch der eben geschilderte Tagesablauf ist vielleicht insofern interessant, als er eine Lebensweise erkennen läßt, die sich in den alten Universitäten bis in die fünfziger Jahre hielt. In dieser Hinsicht benahmen sich die beiden durchaus nicht sonderbar. Als Wittgenstein weitere Freundschaften schloß, traf er sich in der gleichen Weise auch mit den neuen Freunden, und von den anderen unterschied er sich vielleicht nur darin, daß er längere Zusammenkünfte mit seinen Freunden beanspruchte. Er verhielt sich wie der Jude in dem bekannten Witz: Er war genauso wie die anderen Leute, nur eben in höherem Maße.

Schon allein an der Häufigkeit der Zusammenkünfte läßt sich ablesen, daß Russell inzwischen Gefallen gefunden hatte an Wittgenstein und nicht mehr, wie anfangs, dazu neigte, ihn einfach für einen lästigen Burschen zu halten. Dieser erste Eindruck (und Russell stellt es so dar, als sei dies der allgemeine Eindruck gewesen, was durch manche zeitgenössische Briefstelle bestätigt wird) ging offenbar auf zwei recht verschiedene Ursachen zurück. Die erste war das Erstaunen über den Gegensatz zwischen Wittgensteins blendenden Manieren, die auf mehr Feingefühl hindeuteten, als unter gebildeten Engländern üblich war, und der Wucht, Hitzigkeit und Beharrlichkeit, mit der er sprach, sobald ihn das Thema gepackt hatte. Am 8. März 1912 schreibt Russell an Ottoline Morrell: »In der Auseinandersetzung vergißt er seine guten Manieren und sagt rundheraus, was er denkt.« Die andere Ursache kam zum Vorschein, wenn die guten Manieren nicht ausreichten und Einfälle und Geistreichtum (um Wittgensteins eigene Ausdrücke zu verwenden) ihn im Stich ließen. So fährt Russell im gleichen Brief fort: »Trotz allem hat er etwas an sich, wodurch er zum

52 Im 2. Band seiner Autobiographie schreibt Russell, Wittgenstein sei jeden Abend beziehungsweise gegen Mitternacht gekommen (S. 99). Diese Übertreibung ist entschuldbar, wie wir sehen werden, sobald wir über die im Oktober oder November 1912 einsetzende Periode berichten.

lästigen Langweiler wird. Wenn er nicht gut aufgelegt ist, redet er dennoch, langsam und stotternd, und dann sagt er die fadesten Dinge. Doch in seinen besten Augenblicken ist er geradezu großartig.« Dabei preist Russell nicht nur Wittgensteins tiefe Einsichten, sondern auch seinen rückhaltlosen Freimut. Am 10. März schreibt er: »Niemand könnte aufrichtiger sein als Wittgenstein oder freier von jener falschen Höflichkeit, die der Wahrheit Gewalt antut. Er dagegen zeigt seine Gefühle und Zuneigungen, und das nimmt für ihn ein.« Am 16. März: »Stets ist er ganz offenherzig.« Und am 17. März schreibt Russell: »Er ist kein Schmeichler, sondern ganz unverblümt und absolut aufrichtig.« In diesen Monaten war Russell, wie wir sehen werden, imstande, Wittgensteins Kritik zu akzeptieren, ohne sie übelzunehmen. Im Sommer dieses Jahres standen sie einander wahrscheinlich näher denn je. Wittgenstein sei »ein Schatz«, meint Russell, und am 1. Juni schreibt er an Lady Ottoline: »Ich glaube, er hängt leidenschaftlich an mir. Es tut ihm jedesmal weh, wenn wir verschieden empfinden. Ich bin ihm leidenschaftlich zugetan, doch da ich völlig in meinen Gefühlen für Dich aufgehe, ist dieses Empfinden für mich weit weniger wichtig als für ihn.« Die geradezu zärtlichen Formulierungen in Wittgensteins Briefen an Russell während des Sommers sind zwar kein Beweis für eine regelrechte Herzensbindung, stehen aber auch nicht im Widerspruch zur Annahme einer solchen Neigung.[53] Russell spricht seine Gefühle offen aus: »Habe einen Brief von Wittgenstein bekommen, einen wirklich lieben Brief, den ich Dir zeigen werde. Ich liebe ihn wie einen Sohn« (an Ottoline Morrell, 22. August 1912). In einem späteren Brief (vom 5. September) spricht er von seinem Gefühl, Wittgenstein beschützen zu wollen. Kein Zweifel, Russell meinte genau das, was er sagte. Er war jetzt vierzig und wollte unbedingt Kinder haben, sah jedoch keine Möglichkeit, sich diesen Wunsch zu erfüllen. Während Lady Ottoline die von Alys schon seit langem nicht mehr wahrgenommene Rolle der Gattin spielte, war Wittgenstein in gewissem Maße ein Ersatz für die Kinder, die ihm so fehlten. Daher bedeuteten diese beiden

53 Vgl. die ersten sechs Briefe an Russell, z.B. *Briefe*, S. 17: »Ich brauche wohl nicht zu sagen, daß Sie mir schrecklich fehlen.«

Beziehungen für Russell einstweilen mehr als alle anderen, und ständig verglich er sie miteinander.

Russell war vierzig und hatte ein gewaltiges Stück mathematisch-technischer Arbeit geleistet, sich also gerade auf dem Gebiet verausgabt, auf dem das schöpferische Talent sich besonders früh entfaltet und besonders früh nachläßt. Kein Wunder also, daß er sich, was diese Art von Arbeit betraf, am Ende fühlte. Im Sommer 1912 hatten auch andere diesen Eindruck, und die Whiteheads etwa gaben ihm den Rat, sich nicht mehr mit den rein technischen Dingen zu befassen. In diesem Sommer begann er, in Wittgenstein nicht nur einen Sohn, sondern auch seinen Nachfolger zu sehen. Häufig fragte er sich, ob es sich überhaupt lohne, ein Fach zu lehren, in dem er selbst nicht mehr zu wirklichen Entdeckungen imstande sei. Am 24. April schrieb er nach einer Unterhaltung mit Wittgenstein: »Doch, ich glaube, mein Alltagstrott hier hat einen gewissen Nutzen; schon allein wegen Wittgenstein würde es sich lohnen.« Und als um Pfingsten deutlich wurde, daß Wittgenstein ein normales Philosophiestudium absolvieren und womöglich lehren wollte, konnte Russell sagen: »Merkwürdig, er nimmt mir das Gefühl, unbedingt weiterleben zu müssen, denn ich merke, daß er meine Arbeit tun würde, und zwar besser als ich selbst. Er setzt dort neu an, wo ich erst anlangte, als meine geistige Spannkraft schon beinahe erschöpft war« (an Ottoline Morrell, 1. Juni 1912). Eine Schwierigkeit ergab sich freilich daraus, daß Wittgenstein wenig darauf gab, seine Ansichten systematisch und durchdacht darzustellen und ihnen im Rahmen der damaligen philosophischen Kontroversen ihren entsprechenden Platz zuzuweisen. Dies ging zum Teil auf stilistische Vorlieben zurück, denn stets suchte Wittgenstein nach dem frappierenden, sei's auch verkürzten Ausdruck einer Erkenntnis, die derart einleuchten sollte, daß man nachgerade geblendet war. Was die Widerlegung anderer Ansichten anging, begnügte er sich mit einer Umformulierung der widersprechenden Meinung, durch die sie absurd wirken sollte. Wir werden jedoch im Zusammenhang mit dem *Tractatus* sehen, daß gerade die Neuartigkeit von Wittgensteins Standpunkt eine andere Ausdrucksform verlangte als die einer herkömmlichen Abhandlung. Russell konnte sich nicht recht schlüssig werden über dieses Merkmal von Wittgensteins Art, Philosophie zu treiben. So schreibt er am 28. Mai 1912 an Lady Ottoline: »Ich sagte ihm, er solle nicht einfach bloß behaupten, was er für wahr hält, sondern dafür argumentieren, doch er antwortete, durch Argumente würde die Schönheit des Gedankens beeinträchtigt, und dann hätte er das Gefühl, wie wenn man mit unreinen Händen eine Blume beschmutzt. Ich bin wirklich von ihm angetan – in Verstandesdingen ist das künstlerische Element so überaus selten. Ich sagte ihm, mir fehle der Mumm, irgend etwas dagegen einzuwenden, doch er solle sich besser einen Sklaven halten, der statt seiner die Argumente anführt. Ich befürchte wirklich, daß niemand den Sinn seiner Äußerungen einsehen wird, denn er weigert sich, sie durch Argumente, die einem fremden Standpunkt zugänglich sind, schmackhaft zu machen.« Doch in dieser Hinsicht müsse er den Dingen ihren Lauf lassen, meinte Russell, und ebenso dachte er über die Tatsache, daß Wittgenstein nur »einen kleinen Bruchteil von dem wußte, was er eigentlich wissen müßte«, wie er schon in einem Brief vom 15. März festgestellt hatte. Ende Mai schreibt David Pinsent in sein Tagebuch: »Mit seiner systematischen Lektüre [philosophischer Autoren] hat Wittgenstein eben erst begonnen, und nun bringt er ganz naiv seine Überraschung zum Ausdruck darüber, daß alle Philosophen, die er früher in seiner Unwissenheit verehrt hatte, in Wirklichkeit doch nur töricht und unaufrichtig sind und abscheuliche Fehler machen.« Der entscheidende Punkt war der, daß Wittgenstein imstande war, Mängel und Irrtümer ausfindig zu machen und richtigzustellen, denen sich Russell nicht mehr gewachsen glaubte. Daher meinte Russell, er könne seine Dozentur nach Ablauf der bisher vereinbarten fünf Jahre (also 1915) niederlegen, und Wittgenstein wäre bis dahin imstande, an seine Stelle zu treten. Am 4. September schreibt er: »Er vermittelt mir ein herrliches Gefühl der Trägheit, denn ich spüre, einen ganzen Bereich schwieriger Gedanken, der sonst ganz allein mir überantwortet bliebe, einfach ihm überlassen zu können. Daher fällt es mir viel leichter, die technische Seite meiner Arbeit aufzugeben.«

Mit der technischen Arbeit, von der in diesen Briefen die Rede ist, war keine Fortsetzung der *Principia* gemeint. Deren vierter

Band über Geometrie war zwar geplant, sollte jedoch von Whitehead allein verfaßt werden.[54] Russell scheint das Gefühl gehabt zu haben, daß es einer anderen und fundamentaleren Darstellung der den *Principia* selbst zugrundeliegenden Basis bedurfte, einer Erklärung des Wesens der logischen Wahrheit und einer Rechtfertigung solcher Grundgesetze, die, wie das Reduzibilitätsaxiom, anscheinend jeder Notwendigkeit entbehrten. Und alle Hinweise Russells deuten darauf hin, daß genau dies die Themen waren, mit denen Wittgenstein sich auseinandersetzte. Doch erst im Herbst 1913 verfaßte dieser seine ursprünglich »Logik« genannten »Notes on Logic« für Russell, aber es ist wahrscheinlich, daß er bereits im Sommer 1912 den Versuch machte, eine solche Darstellung des Wesens der Logik zu schreiben. Russell selbst beschäftigte sich erst im Herbst 1912 wieder mit einem derartigen Unternehmen – was dabei herauskam, werden wir sehen. Der Titel des Werkes sollte »What is Logic?« lauten, und ebendas war die Frage, die die *Principia* unbeantwortet gelassen hatten.

Doch Russells eigene Arbeit ging nun in andere Richtungen. Als Wittgenstein in Cambridge ankam, waren der zweite und der dritte Band der *Principia* im Druck; der zweite erschien 1912, der dritte 1913. Die Korrekturfahnen mußten zwar gelesen werden, doch Russell hatte keine eigenständige Arbeit mehr zu tun, während Whitehead am zweiten Band umfassende Revisionen vornehmen mußte.[55] Im April 1912 schrieb Russell an Lady Ottoline: »Ich habe nochmals über die Dinge nachgedacht, die ich im letzten Jahr abgeschlossen habe: Da ist der Schillingschocker, der Artikel über Religion, der Aufsatz für die Aristotelian Society, der Aufsatz über Bergson, die Autobiographie, und noch in diesem Jahr werde ich mit der Arbeit über die Materie zu Rande kommen.«

54 Der Band ist zwar nie erschienen, doch Whitehead ist weiter gekommen, als Russell dachte.

55 Die Überarbeitungen betrafen vor allem die allgemeine Vorbemerkung über die Auffassung der Symbole, die eigentlich ganz am Anfang des Gesamtwerks hätte stehen müssen. Dieser Umstand und Wittgensteins Kenntnis der Urheberschaft Whiteheads erklären wahrscheinlich seine Formulierung im Hinweis auf die »Conventions« Whiteheads (TB, 22. Juni 1915). Hinweise auf diese Einzelheiten der Abfassung der *Principia* verdanke ich I. Grattan-Guinness.

Der Aufsatz »On the Relations of Universals and Particulars«, den Russell für die Aristotelian Society verfaßt hatte, war schon geschrieben und vorgetragen worden, ehe Wittgenstein in engeren Kontakt mit Russell kam. In diesem Aufsatz geht es um die Existenz einer unanalysierbaren Beziehung der Prädikation zwischen Subjekt und Prädikat, und ein gewisser Nachhall dieser Thematik findet sich im *Tractatus*, 4.1274, wo Wittgenstein die Frage »Gibt es unanalysierbare Subjekt-Prädikatsätze?« für unzulässig erklärt. In diesem Aufsatz nennt Russell ferner Gründe für die Annahme der Existenz von Einzeldingen, die im Gegensatz zur traditionellen philosophischen Substanzauffassung nicht unzerstörbar sein sollen. Diese Argumentation mag Wittgenstein vorschweben, wenn er im *Tractatus* (2.02-2.0272) insistiert, die Substanz der Welt müsse unveränderlich sein. Doch über damalige Erörterungen dieses Aufsatzes ist nichts bekannt, und der *Tractatus* gibt keinen klaren Hinweis darauf, ob seine »Gegenstände« Universalien sind oder Einzeldinge – es scheint, daß diese ganze Denkweise vermieden werden soll.[56]

Das Thema »Materie« sollte Russell noch weit länger als ein Jahr beschäftigen; erst mit der 1927 erfolgten Veröffentlichung des Buches *The Analysis of Matter* kam diese Phase seines Denkens zu einem gewissen Abschluß. In *The Problems of Philosophy* hatte er die Annahme der Existenz der Materie als rationalen, aber nicht absolut gewissen Schluß aus dem Vorhandensein von Sinnesdaten gekennzeichnet. Nun begann Russell diesen Schluß in Frage zu stellen und die Leistungsfähigkeit der dabei eingesetzten apriorischen Prinzipien zu bezweifeln; allmählich und nach einigen Meinungsänderungen neigte er zu der Auffassung, die Materie sei vielmehr eine logische Konstruktion aus Sinnesdaten. Sofern die Physik Gültigkeit haben soll, müsse vorausgesetzt werden, daß es nicht wahrgenommene Sinnesdaten gebe (von Russell später als

56 Russell, »On the Relations of Universals and Particulars« (1911), wiederabgedr. in: *Logic and Knowledge*, London: Allen and Unwin, 1956, S. 103 bis 124. R. Jager hat geltend gemacht, dieser Aufsatz stelle eine kurzfristige Abweichung in der Gesamtentwicklung von Russells Denken dar (*The Development of Bertrand Russell's Philosophy*, London: Allen and Unwin, 1972, S. 95 f.).

»Sensibilia« bezeichnet), die den tatsächlich wahrgenommenen Sinnesdaten äußerst ähnlich sind; und die Gegenstände der Physik seien solche (wahrgenommenen und nicht wahrgenommenen) Sinnesdaten. Russell glaubte allerdings nicht, das Bedürfnis der Physik nach solchen Entitäten reiche aus, um deren Existenz zu beweisen. Zugunsten dieser Annahme konnte er kein metaphysisches Argument vorbringen außer unserem instinktiven Glauben an die unabhängige Realität der von uns wahrgenommenen Qualitäten. Ganz generell ging es Russell zu dieser Zeit darum, in der unmittelbaren Erfahrung oder mit Hilfe selbstevidenter allgemeiner Prinzipien Gründe ausfindig zu machen für die Ablehnung des Solipsismus und die Anerkennung der Wahrheit der Naturwissenschaften.

Als Wittgenstein 1912 nach den Osternferien wieder in Cambridge anlangte, beurteilte er Russells Vorhaben knapp und ziemlich von oben herab. In einem Brief Russells an Ottoline Morrell vom 23. April heißt es: »Ich stritt mich mit ihm über das Thema Materie. Er findet das Problem trivial. Er gibt zwar zu, daß, falls es keine Materie gibt, außer ihm selbst niemand existiert, doch er meint, das mache nichts, denn Physik, Astronomie und all die anderen Wissenschaften ließen sich trotzdem so interpretieren, daß sie ihre Wahrheit behalten.« Wittgenstein neigte vom Temperament her und aus philosophischen Gründen dazu, mit dem Solipsismus zu liebäugeln. Im *Tractatus* muß der Solipsismus irgendwie untergebracht, darf aber nicht völlig verworfen werfen, und im letzten der erhaltenen Tagebücher aus der Kriegszeit nimmt die Auseinandersetzung mit diesem Thema immer mehr Raum ein.[57] Er hielt es auch weiterhin für offensichtlich, daß die Gesetze der Physik ihren ganzen logischen Apparat einsetzen, um Aussagen über die Gegenstände der Welt zu machen, gleichgültig, was für Gegenstände das sein mögen (TLP 6.3431), so daß sich daraus keine Schlüsse ziehen lassen, aus denen hervorginge, wie die Welt beschaffen sein muß. Was diesen letzteren Punkt angeht, war er vielleicht gar nicht so weit von Russell entfernt, wie er annahm, denn Russell widmete dann einen großen Teil seiner Anstrengungen dem Versuch, eine Interpretationsweise der

57 TLP 5.6-5.641. TB, S. 167-184. Vgl. die nützliche Zusammenstellung relevanter Zitate in Hacker, a. a. O., S. 67-76 (III.3).

Physik zu entdecken, durch die sie auf eben jene Gegenstände (die Sinnesdaten) zuträfe, von denen er vermutete, ihre Annahme sei wohlbegründet.

Was Russell an Wittgensteins Einstellung zur Materie gefiel, war ihr Radikalismus. Und diese Einstellung stand ganz in Einklang mit einer Eigenschaft, die er einen oder zwei Tage später festhielt, als Wittgenstein zum Tee kam und Lytton Strachey vorgestellt wurde. Darüber schreibt Russell am 2. Mai an Ottoline Morrell: »Er ist der einzige Mensch, der mir je begegnet ist, der einen wirklichen Hang zum philosophischen Skeptizismus hat; er ist froh, wenn es sich *beweisen* läßt, daß etwas nicht gewußt werden kann.« In Wittgensteins erhaltenen Schriften ist ein solcher Hang zum Skeptizismus eigentlich nicht festzustellen. Was dieser Tendenz am nächsten kommt, ist seine sorgfältige Vermeidung erkenntnistheoretischer Fragen, sofern man darunter den Versuch versteht, eine Reihe von Dingen ausfindig zu machen, die wir mit Sicherheit wissen. Er mochte imstande sein, ein Merkmal jeglicher logischen Wahrheit zu nennen; doch ein Merkmal aller erkannten und bekannten Wahrheiten anzugeben, versuchte er nicht einmal. Sollte er damals jedoch tatsächlich Skeptiker gewesen sein, nimmt es nicht wunder, daß er über den Anfang von Russells Materie-Aufsatz entzückt war, sobald er ihn zu lesen bekam: »Im folgenden werde ich mich bemühen, drei Thesen zu verfechten: (1) Daß alle Argumente gegen die Materie, die bisher von den Philosophen vorgebracht worden sind, auf Fehlschlüssen beruhen; (2) daß alle bisher vorgetragenen Argumente für die Materie auf Fehlschlüssen beruhen; (3) daß wir sogar unter der Voraussetzung, daß es Gründe für die Annahme der Existenz von Materie gebe, keine Möglichkeit haben, auch nur das geringste über ihr eigentliches Wesen herauszufinden.«[58] Am Schluß, den Wittgenstein ebenfalls mochte, empfiehlt Russell die Hypothese der Existenz tatsächlicher und möglicher Sin-

58 Zitiert nach dem noch unveröffentlichten Manuskript im Russell-Archiv. Zitiert wird nach dem unkorrigierten Text, wobei ich von der Annahme ausgehe, daß die Korrekturen des im April/Mai geschriebenen Manuskripts im Oktober 1912 hinzugefügt wurden. Ein Merkmal dieser Korrekturen ist, daß sie den Text insgesamt weniger negativ und weniger provozierend wirken lassen.

nesdaten, weil sie mit unseren instinktiven Überzeugungen am ehesten übereinstimme, obwohl nicht auszuschließen sei, daß zwingende Argumente gegen diese Hypothese angeführt würden, während es keine derartigen Argumente geben könne, die für sie sprächen. Was Anfang und Schluß anging, hielt Wittgenstein diesen Aufsatz für Russells beste Schrift, doch gar nicht einverstanden war er mit dem Hauptteil, in dem es vor allem darum geht, die Verfahren zu umreißen, mit deren Hilfe sich die Wissenschaft so interpretieren läßt, daß sie ohne die Hypothese der Materie auskommt. (An diesem Abschnitt nahm Russell im Oktober zahlreiche Verbesserungen vor.)

Der Schillingschocker – *The Problems of Philosophy* – ist oben bereits kurz beschrieben worden, und dort wurde darauf hingewiesen, daß Russell hier das Merkmal der Selbstevidenz, des Einleuchtens, in Anspruch nimmt, um die Gewißheit der Logik zu erklären. Diese Auffassung hielt Russell selbst für unzulänglich, doch sie ist die wesentlichste These des Buches, die in Wittgensteins Schriften reflektiert wird – in kritischer Form allerdings (vgl. etwa TLP 5.1363 und 5.4731). Von den Gesprächen der beiden über dieses Buch ist nur Russells Schilderung bekannt, wonach Wittgenstein das letzte Kapitel, das den Wert der Philosophie behandelt, verabscheute. Dies war eines der Gespräche, die Russell zu der Äußerung veranlaßten, Wittgenstein sei absolut aufrichtig. Wie bereits bemerkt, war es nach Wittgensteins Meinung verfehlt, zu behaupten, die Philosophie habe einen Zweck außerhalb ihrer selbst oder einen Wert. Nun hatte Russell in dieser Periode tatsächlich eine gewisse Tendenz, emphatische Schlußsentenzen zu verkünden und sogar ganze Aufsätze zu schreiben, in denen er auf das Thema des 1903 veröffentlichten Artikels »A Free Man's Worship« zurückkam. In jenem Artikel hatte es geheißen: »Den Kampf ums private Glück aufzugeben, alles aus vorübergehenden Wünschen entspringende Streben von sich zu weisen und in Leidenschaft für ewige Dinge zu entbrennen – das ist Emanzipation, das ist es, was der freie Mensch verehrt. Und bewirkt wird diese Befreiung durch das Nachdenken über das Schicksal, denn sogar das Schicksal wird gebändigt durch den Geist, an dem nichts mehr zu läutern ist durch das Fegefeuer der Zeit.«[59] Doch während Russell in diesem Artikel den stolzen Widerstand eines erschöpften, aber unnachgiebigen Atlas, der nur durch sein Bewußtsein des Guten, das ihm von einer feindseligen und bösen Welt versagt wird, in den Mittelpunkt rückt, sieht er jetzt Grund zu der Annahme, daß der unvoreingenommene Verstandesgebrauch in der Philosophie auch im praktischen Leben wünschenswerte Wirkungen zeitigen würde: »Der Geist, der sich an die Freiheit und Unvoreingenommenheit der philosophischen Kontemplation gewöhnt hat, wird etwas von der gleichen Freiheit und Unvoreingenommenheit in die Welt des Handelns und Fühlens hinüberretten. ... Durch Kontemplation werden wir Weltbürger, nicht Bürger einer befestigten Stadt, die mit den anderen im Krieg steht.«[60] Darüber hinaus ist die Kontemplation für Russell nun nicht mehr ein Mittel zur Verurteilung der Welt, sondern dient dazu, sie zu akzeptieren. Dieser Sinneswandel hängt vielleicht damit zusammen, daß er seinen Glauben an die Objektivität des Guten und des Bösen verloren hatte, wie er in den 1917 geschriebenen Bemerkungen zu »A Free Man's Worship« erläutert.[61]

Bei dem »Artikel über Religion«, auf den Russell in seinem Brief vom April 1912 Bezug nimmt, handelt es sich offenbar um den Aufsatz »The Essence of Religion«, der im Oktober 1912 im *Hibbert Journal* erschien. Hier versucht er, die Dogmen der Religion zurückzuweisen, ihre positiven Elemente jedoch zu bewahren: Verehrung, Ergebenheit und Liebe. Der animalische Teil des Menschen, meint Russell, findet den Gedanken unerträglich, daß die Welt seinen Wünschen keine Bedeutung beimißt, doch »der göttliche Teil fordert nicht, die Welt müsse einem vorgegebenen Muster entsprechen; er nimmt die Welt hin und findet in der Weisheit eine Verbindung, die von der Welt gar nichts verlangt. ... Jede Forderung ist ein Gefängnis, und die Weisheit ist nur frei, wenn sie nichts fordert.« Diesen Artikel bekam Wittgenstein erst zu Gesicht, als er bereits publiziert war. Und im Oktober, als er wieder in Cambridge war, befand er sich oft in einer Stimmung, in der er

59 *Mysticism and Logic*, S. 55 f.

60 *The Problems of Philosophy*, S. 93.

61 Vorwort zu *Mysticism and Logic*, S. V.

sich weit grimmiger verhielt und mehr zu tadeln fand als in dem akademischen Jahr, das uns jetzt beschäftigt. Seine Reaktion auf den veröffentlichten Artikel führte zu einer Reihe unerquicklicher Gespräche mit Russell. Der Artikel selbst erregte seinen Abscheu. Am 11. Oktober 1912 schreibt Russell an Ottoline Morrell: »Er meint, ich habe gegen den Grundsatz der Exaktheit verstoßen und die Worte mutwillig vage gebraucht; nach seinem Gefühl sind solche Dinge zu intim, als daß sie gedruckt werden dürften. Ich habe es mir sehr zu Herzen genommen, denn halb bin ich der gleichen Meinung wie er.« Und am 13. Oktober heißt es: »Wittgensteins Kritik hat mich zutiefst bekümmert. Er war so niedergeschlagen, so sanft, so verletzt in seinem Wunsch, eine gute Meinung von mir zu haben.« Den Versuch, moralische Lehren in gedruckter Form mitzuteilen, hat Wittgenstein stets mit Argwohn betrachtet. Auch wenn es um die private Erörterung von Lebensproblemen ging, hielt er das persönliche Gespräch für ein weit geeigneteres Medium als das geschriebene Wort. Die moralische Bedeutung, die man einer Tätigkeit oder einer Handlung beimißt, der Sinn, den man einer Äußerung abgewinnt, das waren für Wittgenstein Dinge, die man gewöhnlich – und auch dann nur unter Schwierigkeiten – unter vier Augen verständlich machen konnte, sofern man den anderen gut kannte. Dabei ist der ästhetische Einwand gegen die Veröffentlichung persönlicher Dinge in einer Abhandlung oder einer Predigt im Grunde gar nicht verschieden von den intellektuellen und ethischen Einwänden gegen den Versuch, den moralischen Gehalt oder das moralische Prinzip einer Handlungsweise oder eines Lebens herauszudestillieren und selbständig darzulegen. Moore zum Beispiel war Wittgenstein sehr zugetan, und Moores spezifische Lebensweise fand er überaus anziehend, doch der Versuch, seine Ideale in *Principia Ethica* zum Ausdruck zu bringen, war nach Wittgensteins Eindruck verfehlt. So schreibt er im Juni 1912 an Russell: »Ich habe gerade einen Teil von Moores Principia Ethica gelesen und (nun seien Sie bitte nicht entsetzt) mag es gar nicht. (Wohlgemerkt, ganz abgesehen davon, daß ich mit dem meisten darin nicht übereinstimme.) Ich glaube – oder vielmehr, ich bin sicher –, daß es nicht einmal im Traum neben Freges Werken oder Ihren eigenen bestehen könnte (außer vielleicht einigen der Philosophical Essays). ... Durch Wiederholung werden *unklare* Aussagen nicht das kleinste bißchen klarer!!« Nach Wittgenstein mußten Moores Äußerungen über Ethik unklar sein, sobald er den Versuch machte, das Wesen des Guten als solchen zu *beschreiben* und anzugeben, welche Dinge gut seien. Insofern war sein Vorgehen vergleichbar den Lobgesängen, die Russell in »A Free Man's Worship« anstimmte, sobald es um eine bestimmte Einstellung zur Welt ging.[62] In dieser Richtung könne man nichts Besseres tun, als den Leser an einer lohnenden Tätigkeit zu beteiligen, ohne allzu sehr zu beteuern, daß sie sich wirklich lohne. Dementsprechend meinte Wittgenstein, daß ihm dergleichen (also eine Rechtfertigung des Werts der Philosophie) durchaus zusage, wenn »etwas Solides dahinterstünde«, wie zum Beispiel in den Schlußsätzen von Russells Erörterung der Philosophie Bergsons.[63] In diesem Fall ist das Lob der Kontemplation ein wesentlicher Bestandteil der Argumentation gegen Bergsons Bevorzugung des Instinkts gegenüber dem Intellekt: »Wer Tätigkeit ohne Zweck für ein ausreichendes Gut erachtet, wird in Bergsons Büchern ein ihm genehmes Weltbild finden. Wer dagegen meint, das Handeln müsse, um Wert zu haben, durch eine bestimmte Sichtweise beseelt sein, durch die phantasievolle Vorahnung einer weniger qualvollen, weniger ungerechten und weniger uneinigen Welt als der unseres Alltags, wer, um es mit einem Wort zu sagen, sein Handeln durch Kontemplation fundiert, wird in dieser Philosophie nichts finden, was er sucht, und er wird es nicht bedauern, daß kein Grund besteht, diese Philosophie für wahr zu halten.« Da diese Stelle eine Schlußfolgerung aus einem von Russells üblichen Argumenten ist beziehungsweise sich aus seiner Argumentation ergibt, ist auch ihr Stil für Russell charakteristisch; sie ist pointiert, witzig, vereinfacht und dennoch zwingend,

62 Die Aufsatzsammlung *Philosophical Essays* London: Longmans Green, 1910, auf die sich Wittgenstein in seinem Brief bezieht, enthält neben »A Free Man's Worship« (1903), »The Study of Mathematics« (1907), »The Elements of Ethics« (1908) vier Abhandlungen über Pragmatismus und Wahrheit.

63 Vortrag gehalten im März 1912 vor den »Heretics« in Cambridge; veröffentlicht im Juli 1912 in *Monist* und separat als Broschüre 1914.

und daher ist sie (nach dem Geschmack der meisten Leser) der ziemlich bemühten Erbaulichkeit von Aufsätzen wie »A Free Man's Worship« oder »The Essence of Religion« vorzuziehen.

Gedrucktes mußte nach Wittgensteins Meinung unpersönlich sein; da durfte nicht gepredigt werden. Aus späterer Zeit wird berichtet, er habe Tolstois *Auferstehung* aus ebendiesem Grunde verurteilt. Tolstoi sei dann am eindrucksvollsten, »wenn er dem Leser den Rücken kehrt«, wie er es zweifellos in *Hadschi Murat* tut, einer Novelle, die Wittgenstein im Sommer 1912 voller Begeisterung las. Wir blicken dem Autor über die Schulter, während er ein Leben schildert, und wir sehen, welche Werte es zeigt, ohne daß es uns ausdrucklich gesagt wird. Paul Engelmann erläutert die Wirkung des von ihm und Wittgenstein bewunderten Uhlandschen Gedichts »Graf Eberhards Weißdorn« in ganz ähnlicher Weise.[64]

Die Idee, daß sich das Höhere nur indirekt mitteilen läßt, wurde zu einem der Grundgedanken des *Tractatus*. Um es mit Wittgensteins eigenen Worten zu sagen, dergleichen läßt sich nur zeigen (6.522). Und freilich sollte auch der *Tractatus* selbst etwas zeigen, vor allem durch das, was er *nicht* sagt. Wittgenstein meinte, das Buch würde nur dem etwas mitteilen, der alle seine Sätze durchdacht und sie schließlich als unsinnig erkannt hätte (6.54). Das heißt zumindest, daß die Verständigung über das Höhere (die in den Augen des Verfassers zum wesentlichsten Moment des Buches wurde) nur denjenigen möglich ist, die die Gedanken des Buches gemeinsam mit dem Autor und in der richtigen Gesinnung durchdenken. Dies ist der Hauptgrund, warum Wittgenstein im Vorwort sagt, es werde vielleicht nur von demjenigen verstanden, der die darin ausgedrückten Gedanken selbst schon einmal gedacht hat – und womöglich gebe es nur einen solchen Leser.

Es ist tunlich, schon hier auf diese späteren Entwicklungen hinzuweisen, obwohl wir sie noch nicht in ihrem philosophischen

64 Engelmann, *Ludwig Wittgenstein: Briefe und Begegnungen*, Wien u. München: Oldenbourg, 1970, S. 62-64. Zu Hadschi Murat vgl. Wittgensteins Brief an Russell vom [Sommer 1912]. Interessant ist, daß Wittgenstein selbst den Hörern den Rücken zuwandte, als er 1927/28 einigen befreundeten Philosophen Gedichte von Rabindranath Tagore vorlas.

Kontext sehen können, denn die Einstellung, um die es dabei geht, ist in Wittgensteins Reaktionen auf Russell bereits gegeben. Das heißt nicht, daß alle seine Meinungen schon vollständig ausgebildet sind, sobald er sich zum ersten Mal über ein Thema äußert, sondern es heißt, daß generell, sobald er über etwas nachzudenken beginnt, ein gewisses Meinungsmuster vorhanden ist. Daher stößt man, sobald man den Weg seiner Gedanken nachvollzieht, nicht so sehr auf ein Zusammenkommen verschiedener Einflüsse, sondern eher auf eine gewisse Entwicklung oder Entfaltung. Parallelen sind womöglich leichter zu finden. So haben Janik und Toulmin in ihrem Buch *Wittgenstein's Vienna* auf Hofmannsthals Mißtrauen gegenüber der Sprache hingewiesen, wie es zum ersten Mal in dem 1901 geschriebenen »Brief des Lord Chandos« zum Ausdruck kommt, und eine entsprechende Parallele gezogen. Es fragt sich jedoch, was eine derartige Parallele leistet, wenn es um die Erklärung von Wittgensteins Ansichten geht: Das selbstgewählte Schweigen angesichts der durch Mißbrauch besudelten Ausdrücke ist nicht dasselbe wie die Überzeugung, daß alles Sagenswerte grundsätzlich nicht unmittelbar mitgeteilt werden kann, es sei denn freilich, daß diese Überzeugung nichts weiter ist als eine verfehlte und übertriebene Anerkennung der Notwendigkeit jenes Schweigens. Da Janik und Toulmin, wie es scheint, die Ansicht vertreten, niemand könne mehr zum Ausdruck bringen als seine eigene geschichtliche Situation, wollen sie Wittgenstein vielleicht diesen Fehler unterstellen. Doch ganz abgesehen von allgemeinen Einwänden gegen ihre Methodologie (die zum Beispiel ihrerseits Ausdruck einer bestimmten historischen Epoche sein müßte), ist klar, daß Wittgensteins Glaube an die Unausdrückbarkeit der Werte durchaus verträglich ist mit der Einsicht, daß der indirekte Ausdruck der Werte weit leichter ist, wenn man in einer Zeit lebt, in der die Kultur nicht fragmentiert ist. Dies ist eine Einsicht, zu der Wittgenstein tatsächlich gelangte, wenn auch offenbar später als zu der Zeit, von der hier die Rede ist.

Der Tadel oder Kummer, den Wittgenstein äußerte, als Russell über Dinge schrieb, die er für zu privat hielt, als daß man sie drucken dürfe, ist schon als solcher ein Anzeichen dafür, daß die beiden Freunde über dergleichen sprachen. Russell beteiligte sich nun zwar nicht mehr so häufig und nicht so naiv wie G. E. Moore an Gesprächen mit gescheiten jungen Männern über die Probleme des Lebens, doch in seiner Beziehung zu Wittgenstein gewann er noch einmal für eine gewisse Zeit die Offenheit und Beweglichkeit der Jugend zurück. Und dies war ein weiterer Aspekt jenes Wiederaufblühens, das wir bereits wahrgenommen haben.

Es dauerte natürlich eine gewisse Zeit, ehe Wittgenstein seine Einstellung zu diesen Dingen äußern und Russell sie als solche erkennen konnte. Zunächst bemerkte Russell Wittgensteins heftige und offenbar feindselige Haltung gegenüber Religion und Moral. In einem Brief an Lady Ottoline vom 17. März 1912 heißt es: »Mit Christen geht er viel schlimmer um als ich. Ursprünglich hatte er F., einen Studenten, der Mönch ist, gern gemocht, doch als er erfuhr, daß er Mönch ist, war er entsetzt. F. kam zum Tee zu Wittgenstein, und dieser ging sogleich zum Angriff über – rasend vor Zorn, wie ich mir vorstelle. Gestern wiederholte er seine Attacke, aber ohne zu streiten, sondern nur Aufrichtigkeit predigend. Ich frage mich, was dabei herausgekommen ist. Er verabscheut Ethik und Moral überhaupt; er gibt sich bewußt als triebhafter Mensch und hält das auch für richtig.« Noch sechs Monate danach wurde F. von Wittgenstein angehalten, »ein gutes Buch über eine exakte Wissenschaft zu lesen und so zu der Einsicht zu gelangen, was ehrliches Denken ist«[65]. F. scheint sich gutmütig damit abgefunden zu haben, da er zweifellos davon ausging, daß sein Mönchtum das Hauptärgernis war. Russell bewunderte Wittgensteins Intensität und Heftigkeit. Am 23. April schreibt er an Ottoline Morrell: »Er lebt in der gleichen Stimmung gespannter Erregung wie ich selbst und ist kaum imstande stillzusitzen oder ein Buch zu lesen. Er redete über Beethoven: Ein Freund habe beschrieben, wie er vor Beethovens Tür stand und ihn während der Arbeit an seiner neuen Fuge fluchen, heulen und singen hörte. Nach einer vollen Stunde sei Beethoven schließlich an die Tür gekommen und habe ausgesehen, als habe er mit dem Teufel gerungen. Seit 36 Stunden hatte er nichts gegessen, weil Köchin und Dienstmädchen vor seinem Zorn davongelaufen

65 Pinsents Tagebuch, Eintrag vom 9. November 1912.

waren. Solch ein Mensch müßte man sein.« Und wie nicht anders zu erwarten, liest Russell im Sommer Biographien über Mozart und Beethoven, worüber Wittgenstein erfreut ist. Er schreibt: »Dies sind die wahren Göttersöhne«[66], und dann schickt er ihm sogleich eine fünfbändige Ausgabe von Beethovens Briefen.

»Solch ein Mensch müßte man sein«: Nicht nur geschah es hin und wieder, daß Wittgenstein von geradezu zwanghafter Bewunderung für ein Leben wie das Beethovens übermannt wurde, sondern er stellte die gleichen absoluten Anforderungen auch an sein eigenes Leben und an das Russells, ohne die geringsten Zugeständnisse zu machen an englische Lebensweise und Sitten, die Russell sich gestattete. So schreibt Russell am 9. November 1912 an Lady Ottoline:

Dank North und Wittgenstein verbrachte ich einen stürmisch erregten Nachmittag. Mit Wittgenstein hatte ich einen Spaziergang verabredet und fühlte mich verpflichtet, bei Norths Bootsrennen zuzuschauen; also nahm ich Wittgenstein mit zum Fluß. North verlor, aber nur knapp. Anschließend war er ziemlich fertig. Die Aufregung und die Wichtigkeit, die der Sache aus Gründen der Konvention beigelegt wurde, waren peinlich. North nahm sich die Niederlage schrecklich zu Herzen, obwohl er es kaum zeigte. Wittgenstein war angewidert; er sagte, wir hätten genausogut einem Stierkampf zuschauen können (ich selbst empfand es ähnlich), *alles* sei des Teufels und so weiter. Ich ärgerte mich, weil North verloren hatte, und erläuterte geduldig und präzise die Notwendigkeit des Wettkampfs. Schließlich gingen wir zu anderen Themen über, und ich dachte, alles sei in Ordnung, doch plötzlich hielt er inne und erklärte, die Art und Weise, in der wir den Nachmittag verbracht hatten, sei derart gemein, daß wir eigentlich nicht leben dürften, zumindest er nicht; nichts dürfe geduldet werden außer der Hervorbringung großer Werke oder der Hingabe an die Werke anderer; er habe gar nichts geleistet und werde nichts leisten, usw. – und all das mit einer geradezu erschütternden Inständigkeit.

Er gibt mir das Gefühl, ein blökendes Lämmchen zu sein. Schließlich

66 Brief Wittgensteins an Russell vom 16. August 1912, *Briefe*, S. 22. Die Anspielung bezieht sich offenbar auf den »Prolog im Himmel«: »Doch ihr, die echten Göttersöhne, / Erfreut euch der lebendig reichen Schöne! / Das Werdende, das ewig wirkt und lebt, / Umfass' euch mit der Liebe holden Schranken, / Und was in schwankender Erscheinung schwebt, / Befestiget mit dauernden Gedanken.« *Faust*, 344ff.

gelang es mir, ihn zu besänftigen, und dann ging ich nach Hause, um North zu beschwichtigen. Du hättest geglaubt, ich hätte das alles kühl und gelassen ertragen und wäre ein Ausbund von gesundem Menschenverstand.[67]

Zu dieser Zeit war Wittgenstein, wie wir sehen werden, besonders streng, wenn es darum ging, an seinen Freunden oder an sich selbst etwas auszusetzen zu finden, und bemühte sich bis zum äußersten, die Mängel zu korrigieren.

Als Russell feststellte, daß Wittgenstein die gleichen Ideale und die gleiche Intoleranz in noch entschiedenerer Form besaß als er selbst, war er sowohl gerührt als auch amüsiert (beide Elemente finden sich in vielen seiner Freundschaftsbeziehungen). Doch was Wittgensteins Haß auf Priester und Mönche und seinen Abscheu vor der Ethik betraf, fand Russell bald heraus, daß es sich anders verhielt, als er zunächst angenommen hatte, und daß Wittgensteins Einstellung hierin verschieden war von seiner eigenen. So schreibt Russell am 30. Mai 1912 an Ottoline Morrell: »Neulich hat Wittgenstein mich überrascht, als er plötzlich sagte, er verehre die Bibelstelle ›Was hülfe es dem Menschen, so er die Welt gewönne, und nähme doch Schaden an seiner Seele?‹, und dann fortfuhr, wie wenige es doch gebe, die keinen Schaden an ihrer Seele nehmen. Ich erwiderte, das hänge davon ab, ob man ein hohes Ziel habe, dem man treu bleibt. Er dagegen meinte, es sei eher eine Sache des Leidens und der Fähigkeit, das Leiden zu ertragen. Ich wunderte mich – von ihm hatte ich dergleichen nicht erwartet.« Wittgenstein war gewöhnlich pessimistisch eingestellt, Russell war es häufig auch (daher die rhetorischen Äußerungen über das Schicksal in »A Free Man's Worship«), doch Russell hatte einen Hang zu trotzigem Verhalten und neigte dazu, diejenigen, die im Leiden als solchen einen Wert sahen, als Anhänger der Religion Molochs und der Sklavenunterdrückung zu betrachten. Wittgenstein dagegen konnte im Leiden einen wesentlichen Be-

67 T. N. Whitehead war der ältere von Whiteheads Söhnen. Am 9. November unterlag er ehrenhaft in einem der ersten Rennen der Colquhoun Sculls dem Präsidenten des Cambridge University Boating Club, der den Wettbewerb später gewann.

standteil eines anständigen Lebens sehen.[68] Am nächsten Tag, berichtet Russell in einem Brief vom 1. Juni,

begann Wittgenstein über Dickens zu reden und sagte, David Copperfield hätte sich nicht mit Steerforth streiten dürfen, weil dieser mit der kleinen Emily fortgelaufen war. Ich erwiderte, ich für mein Teil hätte mich wohl mit ihm angelegt. Wittgenstein quälte das, und er weigerte sich, es zu glauben; er glaubte, man könne und solle seinen Freunden stets die Treue halten und sie auch weiter lieben. Dann kamen wir auf das Thema von Julie Lespinasse zu sprechen, und ich fragte ihn, wie er empfände, wenn er mit einer Frau verheiratet wäre, die mit einem anderen davonläuft. Er sagte (und ich glaube ihm das), er würde weder Zorn noch Haß empfinden, sondern nur tiefsten Jammer. Er ist in seinem Wesen durch und durch gut; daher kann er die Notwendigkeit der Moral nicht einsehen. Ich habe mich zu Anfang völlig getäuscht. In leidenschaftlicher Erregung wäre er zwar zu allem möglichen imstande, doch kaltblütig könnte er nie etwas Unmoralisches tun. In seiner Einstellung ist er ganz freizügig; Prinzipien und dergleichen hält er für Unfug, denn seine Triebe sind heftig und nie schmachvoll ...
Ich erzählte W. die Geschichte von Julie und ließ ihn einen ihrer Briefe lesen. Er war sehr gerührt. Ich hatte Guibert als Urheber ihres Elends hingestellt. Er sagte, sie müsse notgedrungen unglücklich werden, weil sie derart lieben könne. Über solche Dinge hatte ich bisher noch nie mit ihm gesprochen.

Wittgenstein vertrat hier die Vorstellung, das Leiden sei der Behaglichkeit vorzuziehen, sofern das Leiden daraus hervorgeht, daß man rückhaltlos den spontanen Regungen nachgibt, die die eigene Individualität ausmachen, so daß die Anziehungskraft der Vermeidung oder Minderung des Leidens im Grunde nichts Geringeres wäre als die Versuchung, Schaden zu nehmen an seiner Seele, und diese Vorstellung stand völlig in Einklang mit seiner Hochschätzung für Weininger. Für Wittgenstein war es, wie schon bei der Betrachtung Weiningers angedeutet wurde, etwas Natürliches, seine Gedanken in religiöse Begriffe zu kleiden, doch die offizielle Religion enthielt nach seinem Eindruck Elemente der Unaufrichtigkeit, da sie etwas wesentlich Privates und Spontanes auf den Rang einer

68 Daß in dieser Hinsicht eine gewisse Ähnlichkeit zu Aristoteles besteht, wurde oben (S. 67) bereits angedeutet. Nun kommt eine weitere Ähnlichkeit zum Vorschein in Wittgensteins Überzeugung, daß alle Impulse und Gefühle des guten Menschen richtig sind.

Institution zu reduzieren trachtete und dementsprechend versuchte, sittliche Wahrheiten in unpersönlicher Terminologie und durch Methoden, die anderen geistigen Tätigkeiten angemessen sind, zu untersuchen und zu verkünden. Daher enthalte sie eine Abwertung sowohl des angestrebten Ziels (in diesem Zusammenhang: der Seelenrettung) als auch der verwendeten Mittel. Aus dieser Einstellung ergaben sich einerseits bei verschiedenen Anlässen der Unterton moralischer Mißbilligung und andererseits die Mahnung, man solle zunächst herausfinden, was das ehrliche Nachdenken über eine exakte Wissenschaft überhaupt sei. Die Möglichkeit religiösen Erlebens zog Wittgenstein zu dieser Zeit sicherlich in Betracht, und als Moore im Kreis der »Apostel« einen Vortrag über das Thema Bekehrung hielt, sagte Wittgenstein, soweit er mit religiösem Erleben vertraut sei, bestehe es darin, sich von der Sorge zu befreien, den Mut zu besitzen, der zur völligen Gleichgültigkeit führt gegenüber dem, was womöglich geschehen könnte.[69] Hier schwebte ihm offenbar sein durch die *Kreuzelschreiber* (vgl. oben S. 160) ausgelöstes »Erlebnis« der völligen Sicherheit vor, und die Äußerung dieses Erlebens war, wie er später deutlich machte, buchstäblich genommen sinnlos und beanspruchte nicht, eine wissenschaftliche Aussage zu sein. Mit dieser Kennzeichnung von Wittgensteins Einstellung zur Religion soll dieser Einstellung nicht das Wort geredet werden; vieles daran ist banal, und alles hängt offenbar davon ab, wie es angewendet wird. Klar wird jedoch, daß er weit weniger Elemente der Religion ablehnte oder umgestaltete als Russell, und ferner, daß Wittgenstein, obwohl sich die beiden einig waren über die Bedeutung großer Werke, das sittliche Äquivalent der Religion eher im privaten, persönlichen Leben fand als in unpersönlichen Zielsetzungen. Später jedenfalls war seine Einstellung zu politischen oder sozialen Programmen oder Bewegungen – und namentlich zu Russells Beteiligung an derartigen Unternehmungen – zutiefst skeptisch.[70] Doch Freundschaften lassen

69 Wittgensteins Bemerkungen werden in einem Brief Russells an Ottoline Morrell wiedergegeben. Aus unabhängiger Quelle ist bekannt, daß das genannte Datum (16. November 1912) das gleiche ist, an dem Wittgenstein in die Gemeinschaft der »Apostel« aufgenommen wurde. Vgl. unten S. 245.

70 Wittgensteins Einstellung läßt sich durch die beiden folgenden Geschichten

sich nicht bis ins letzte erklären. Ein wichtiges Moment war Russells außergewöhnliche Schlagfertigkeit; Wittgenstein nannte ihn »helle«. Es war das erste Mal, daß Wittgenstein so lange und auf so intimem Fuße mit einem derart intelligenten Menschen zusammen war. Das hat er ebensowenig vergessen wie den Beitrag, den Ramsey und Sraffa – in intellektueller Hinsicht Freunde ähnlicher Art wie vorher Russell – zu seinem späteren Denken geleistet haben. (Keynes kann man wahrscheinlich nicht der gleichen Kategorie zurechnen; mit Keynes ist er nie so häufig zusammengekommen wie mit den anderen.) Doch diese von Russell erwähnte intellektuelle Sympathie zwischen den beiden enthielt noch weitere Elemente. Ihre Freundschaft hätte wahrscheinlich nicht solche Fortschritte gemacht, wenn Russells Leben zu dieser Zeit nicht jene Merkmale gehabt hätte, durch die er in seiner Person die für Wittgenstein so wertvollen Eigenschaften der Reife und Offenheit für neue Ideen miteinander verband, während jene Merkmale ebenfalls dazu beitrugen, daß er sich (außerhalb des philosophischen Bereichs) mehr für persönlich-private Dinge interessierte als für öffentliche Angelegenheiten.

Ihre derart von den Zeitumständen und vom Zufall begünstigte Freundschaft war, besonders in diesem ersten Jahr, für beide eine bedeutende Glücksquelle und gab ihrem Leben Sinn. Ihre Hauptbeschäftigung waren die philosophischen Diskussionen: Jeder der beiden wurde durch den anderen angeregt und durch dessen Reaktionen in dem Gefühl bestärkt, daß Fortschritte erzielt wurden. Gemeinsamkeiten gab es auch in beinahe allen anderen Dingen, die ihnen wichtig waren. Russell begann, weit häufiger ins Konzert zu gehen; zunächst nahm Wittgenstein

belegen: Paul Engelmann berichtet über eine Liga für Frieden und Freiheit, die Russell gründen wollte oder gegründet hatte und vor der er nach seinem Treffen mit Wittgenstein in Innsbruck 1922 eine Ansprache halten wollte. Im Gespräch mit Wittgenstein meinte Russell: »Ich nehme an, du hättest lieber eine Liga für Krieg und Knechtschaft«, worauf Wittgenstein mit Nachdruck erwiderte: »Eher noch! Eher noch!« Später sagte Wittgenstein zu Drury: »Russells Bücher sollten in zwei verschiedenen Farben gebunden sein: diejenigen, die von mathematischer Logik handeln, in Rot – und alle Philosophiestudenten sollten sie lesen; diejenigen, die von Ethik und Politik handeln, in Blau – und niemand sollte sie lesen dürfen.« Drury, »Bemerkungen zu einigen Gesprächen mit Wittgenstein«, in: Rhees (Hg.), a. a. O., S. 161.

ihn mit, doch später ging er auch hin, wenn Wittgenstein nicht da war. Geschichten aus der Alleegasse, Äußerungen über Beethovens Größe, Wittgensteins Bemerkung, es sei einer der schönsten Augenblicke seines Lebens gewesen, zusammen mit Russell die Neunte zu hören – dies waren vielleicht nur Kleinigkeiten, doch sie führten dazu, daß Russell vieles von Beethoven und Brahms zum ersten Mal oder doch mit anderen Ohren hörte. Dennoch hatte Russell das Gefühl, die Musik reiche nicht aus, um den Menschen zu bilden. So schrieb er am 6. März 1913 an Ottoline Morrell: »Sie liegt zu abseits, ist zu leidenschaftlich und zu distanziert vom Wort. [Wittgenstein] ist nicht neugierig genug, noch wünscht er in ausreichendem Maße, einen umfassenden Überblick über die Welt zu gewinnen. Seine Arbeit auf logischem Gebiet wird dadurch nicht verdorben, doch so wird er stets ein überaus kurzsichtiger Spezialist bleiben und zu sehr einen bestimmten Standpunkt verfechten – jedenfalls wenn man die höchsten Maßstäbe anlegt.« Hier handelt es sich freilich um eine Zeit, in der den beiden deutlicher wurde, welche Differenzen zwischen ihnen bestanden, und nun riet Russell Wittgenstein, es täte ihm gut, französische Prosa zu lesen, denn er laufe Gefahr, borniert und ungebildet zu werden. Die Begrenztheit von Wittgensteins Literaturkenntnis, die allerdings mit tiefem Eindringen in das Gelesene einherging, wurde oben bereits erwähnt.[71] Paul Engelmann bestätigt, daß französische Literatur so gut wie keine Rolle spielte. Das mochte teils Zufall sein, teils lag es an der mangelnden Vertrautheit mit der französischen Sprache, doch für Wittgenstein ist dieser Umstand zu temperamentgebunden, als daß man hier von bloßem Zufall reden könnte. Pascal machte großen Eindruck auf ihn – jedenfalls die *Pensées*, nicht dagegen die *Lettres Provinciales*. Man kann sich kaum vorstellen, daß er Rousseau gelesen hätte. Der einzige französische Autor, dem er sich recht häufig zuwandte, war Molière,[72] und das leuch-

71 Derartige Urteile sind freilich relativ. Nach heutigen Maßstäben war Wittgenstein überaus belesen. Das gleiche gilt für Russell, und man sollte nicht vergessen, daß er von kleinauf Französisch und Deutsch gelernt und Werke in beiden Sprachen gelesen hatte.

72 Vgl. oben S. 73 sowie Engelmann, a. a. O., S. 16 u. 49. Das einzige französische Buch, das sich nach Wittgensteins Tod in seiner Bibliothek befand, war

tet durchaus ein: Molières Epigramme ergeben sich nahezu zwangsläufig aus der dramatischen Situation; er hat, um einen von Wittgensteins Lieblingsausdrücken zu verwenden, »das Recht«, sie zu äußern. Besäßen wir lediglich die Zitate oder wären sie durch Analyse oder Theorie gestützt, würden sie ihre ganze Angemessenheit einbüßen. Während sich Russell für französische Prosa einsetzte, versuchte Wittgenstein, Russells Interesse an deutscher Lyrik zu wecken, wobei er, wie Russell es formulierte, von Mörike »schwärmte« und – ganz im Sinne der Alleegassentradition – einen Band Mörike in Russells Zimmer zurückließ. Russell fand schließlich Gefallen an Mörike, als Franziska von Hügel ihm einige Gedichte vorlas, und daraufhin drängte ihn Wittgenstein (der ein wenig überrascht war), zu Goethe überzugehen, der Russell natürlich nicht neu war, ihm bisher aber nicht sonderlich zugesagt hatte. Größere Hoffnungen hegte Wittgenstein, als es ihm gelang, für seinen Freund einen (heute noch in Russells Bibliothek vorhandenen) Band mit Lichtenbergs Aphorismen aufzutreiben. Für den englischen (vermutlich auch für den französischen) Leser ist es schwer, diese Lichtenbergbegeisterung nachzuvollziehen. Wie in vielen anderen deutschen Schriften des achtzehnten Jahrhunderts ist das Gedankliche durchaus kraftvoll, doch der Ausgangspunkt ist ein wenig naiv für jemanden, der, wie Lord John Russells Enkel, in Literaturen aufgewachsen war, die den Schritt zur Urbanität entschieden früher getan hatten. Lichtenberg findet es viel zu überraschend, daß die Menschen, zumal die Gelehrten, Narren sein können, und auch sprachlich scheint ihm eine gewisse Pointiertheit und Ironie abzugehen, so daß die Epigramme – oder vielmehr: Aphorismen – nicht wirklich zünden.

So tauschten sie Talismane aus, sprachen über Bücher, Männer und Frauen, über Ideale und Bestrebungen, wobei jeder leidenschaftlich versuchte, den anderen zu überzeugen; Wittgenstein mit größeren Hoffnungen, aber geringeren Aussichten, Russell mit einer gewissen väterlichen Nachsicht, von sicherer Warte

Les Femmes savantes, und sein Lieblingszitat daraus lautete: »Un sot savant est sot, plus qu'un sot ignorant.« Engelmanns Bemerkung über Wittgensteins Verhältnis zur französischen Literatur stammt aus einer persönlichen Mitteilung an den Verfasser.

aus den Effekt genießend, den Wittgenstein auf seine Freunde hatte. Und so erfüllte der eine die Bedürfnisse des anderen.

Erst allmählich kam Wittgenstein dazu, Russells Freunde kennenzulernen und auch selbst Freundschaften zu schließen. Sein erstes Trimester (Michaelis 1911) war, wie wir gesehen haben, ausschließlich Russell und der Philosophie der Mathematik gewidmet. Während des nächsten – seines ersten offiziellen – Trimesters interessierte er sich für weitere Gebiete der Philosophie und besuchte, neben dem Unterricht bei Johnson, Moores Vorlesungen über Psychologie. Wittgensteins Auftritte in der Öffentlichkeit machten zunächst keinen großen Eindruck auf die jungen Leute; vielleicht hatte er in zu hohem Maße den Hang, grundsätzliche Einwände zu erheben (was dem Lernenden oft wie bloße Obstruktion vorkommen kann) und diese Einwände nicht durch Argumente, sondern durch Behauptungen zu untermauern. Moore konnte in der Diskussion äußerst heftig werden, wenn es um Ansichten ging, die er für Unfug erkannte oder zu erkennen glaubte, doch sein Gegenüber faßte das (im nachhinein) nur selten als persönliche Kränkung auf. Wer mit ihm diskutierte, spürte, was Moores Freunde wußten und was aus seinen Briefen und Tagebüchern deutlich hervorgeht: daß er ein höchst bescheidener Mensch war und weder zu sich selbst noch zu den Auffassungen, zu denen er gelangt war, großes Zutrauen hatte. Diesen Charakterzug ließ er sicher auch Wittgenstein gegenüber zutage treten. Russell teilte er mit, er halte »Wittgenstein für ungeheuer intelligent ... Moore sagt, wenn er nicht mit Wittgenstein übereinstimmt, habe er das Gefühl, Wittgenstein *müsse* recht haben. Er erzählt, während seiner Vorlesungen schaue Wittgenstein als einziger immer so drein, als fände er das Gesagte schrecklich rätselhaft« (Russell an Ottoline Morrell, 5. März 1912). Kurz darauf hörte Russell auch die andere Seite, und am 16. März berichtet er darüber an Lady Ottoline: »Wittgenstein erzählte, wie sehr er von Moore angetan ist, wie sehr seine Zu- und Abneigung von der Denkweise der Menschen abhängt. Ich habe selten jemanden so hübsch lächeln sehen wie Moore, und auch Wittgenstein ist das aufgefallen.« Wittgenstein suchte Moore des öfteren auf, gewöhnlich im Anschluß an dessen Vorlesungen (montags, mittwochs und freitags um elf), und blieb dann bis »1 3/4«, ohne sich sonderlich um das Mittagessen zu kümmern. Man diskutierte über die Vorlesungen – nach Russells Vorlesung »dozierte« Wittgenstein –, und Moore lieh er Freges Schriften, damit er sie läse. Doch Moore berichtet[73] (und seine Tagebücher aus dieser Zeit bestätigen es), daß sie sich im nächsten Jahr viel näher kamen; daher wird es angemessener sein, ihre Freundschaft erst im nächsten Kapitel ausführlich zu behandeln. Doch einige mehr oder weniger äußerliche Fakten sind schon hier von Belang: Anfang 1912 war Moore 37 Jahre alt, ein Jahr jünger als Russell. Nachdem er zunächst eine humanistische Bildung genossen hatte, wandte er sich noch als Student im Trinity College der Philosophie zu und blieb dort als Prize Fellow bis 1904. In diesen Jahren begann er seine Angriffe gegen den Idealismus, durch die er Russell beeinflußte; einiges davon haben wir oben in Zusammenhang mit seinem 1899 veröffentlichten Artikel »On Judgment« genannt. In der gleichen Zeit schrieb er auch *Principia Ethica* (Moore selbst war wahrscheinlich der einzige, der sein 1912 erschienenes Büchlein *Ethics* bevorzugte). Die folgenden sieben Jahre verbrachte Moore, der eigenes Vermögen besaß, als Privatgelehrter. Die erste Hälfte dieser Zeit beschäftigte er sich nach eigener Auskunft mit dem Versuch, Russells *Principles of Mathematics* zu verstehen und einen oder zwei Aufsätze zu schreiben. Während der zweiten Hälfte (also in den Jahren unmittelbar vor der jetzt behandelten Zeit) schrieb er das bereits genannte Büchlein über Ethik und eine Vorlesungsreihe, die später unter dem Titel *Some Main Problems of Philosophy* veröffentlicht wurde. 1911 kehrte er als University Lecturer im Fach Moral Science nach Cambridge zurück, lehrte also im zweiten Trimester, als Wittgenstein seine Vorlesungen besuchte. Als ehemaliger Fellow stand ihm eine Wohnung im Trinity College zu, allerdings nicht eine regelrechte Fellow-Wohnung, und seine Mahlzeiten nahm er regelmäßig dort in der Hall ein. (1916 heiratete er, und 1925 wurde er Professor und damit wieder Fellow des Trinity College.)

Wittgensteins Briefe an Moore deuten darauf hin, daß er

73 In seiner »Autobiography« in dem von P. Schilpp herausgegebenen Band *The Philosophy of G. E. Moore* (1942), abgedr. in K. T. Fann, a. a. O., S. 39. Vgl. die Bibliographie ebd.

Moore in wichtiger Hinsicht für beweglicher und jugendlicher hielt als Russell. Tatsächlich bewahrte sich Moore in seinen Äußerungen und in seinem Habitus auch weiterhin stets eine ungewöhnliche Offenheit, doch 1912 wirkte er nach wie vor jung, nun zwar korpulenter und von rosigem Aussehen, doch immer noch das Ebenbild des Studenten, der mehrere Jahre lang Russells Idealvorstellung des Genies entsprochen hatte: »Damals war er ein wunderschöner, schlanker Mensch, sein Blick war geradezu beseligt, und sein Geist war so tief leidenschaftlich wie der Spinozas. Seine Lauterkeit war von rarer Erlesenheit.«[74] Moores Einfluß auf die jungen Leute und die gelegentlich wiederkehrenden ehemaligen Studenten war eher noch stärker als der Russells. Vermutlich geht man nicht fehl in der Annahme, daß vor allem Moores Empfehlung dazu führte, daß Lytton Strachey aus London herbeikam, um Wittgenstein kennenzulernen – durch Russells Vermittlung freilich, denn Wittgenstein galt als sein Schützling. Am 2. Mai 1912 berichtet Russell darüber an Ottoline Morrell: »Dann kam Lytton, seinem Wunsch entsprechend, zum Tee, um Wittgenstein kennenzulernen. Alle sind jetzt gerade dabei, Wittgenstein zu entdecken; auf einmal merken sie, daß er etwas Geniales an sich hat. Während wir Tee tranken, zeigte er sich von seiner besten Seite.« Dies war die gleiche Gelegenheit, bei der Russell auffiel, daß Wittgenstein einen Hang zum philosophischen Skeptizismus hatte. Wie Russell im selben Brief berichtet, verfolgte Strachey jedoch einen bestimmten Zweck mit seinem Besuch: »Jemand hatte ihnen [Lytton Strachey, Gerald Shove (später ein bekannter Wirtschaftswissenschaftler) und Sheppard (später Provost des King's College)] von Wittgenstein erzählt, und nun wollten sie hören, was ich von ihm halte. Sie hatten erwogen, ihn vielleicht in die Society aufzunehmen. Ich sagte ihnen, daß er wahrscheinlich nicht viel übrig hätte für die Society, und

74 1. Band der Autobiographie, S. 64. Interessant ist, daß in Russells Idealvorstellung vom Genie Wittgenstein später an die Stelle von Moore trat, denn im 2. Band (S. 98f.) heißt es: Wittgenstein »war vielleicht das vollkommenste Beispiel eines Genies im herkömmlichen Sinnes des Wortes; er hatte Leidenschaft, Tiefe, Intensität und ein dominierendes Wesen. Er hatte eine Lauterkeit an sich, derengleichen ich sonst nur an G. E. Moore wahrgenommen habe.«

ich bin tatsächlich ganz sicher, daß es so ist. Er würde die Atmosphäre dort muffig finden, was sie ja auch geworden ist dank ihrer ständigen Verliebtheit ineinander, was zu meiner Zeit nicht der Fall war – ich glaube, vor allem Lytton ist daran schuld.« Auch Russell hatte der Society angehört, war also einer der »Apostel«, ebenso wie Moore, Whitehead und McTaggart, doch er fand, die Gesellschaft habe sich seit seiner Studentenzeit zum Schlechteren verändert, und zwar nicht nur in der genannten Hinsicht. In seiner Autobiographie schreibt er: »Während wir noch der viktorianischen Epoche verhaftet waren, gehörten sie schon ganz der edwardianischen Zeit an. Wir glaubten an geordneten Fortschritt durch Politik und freie Diskussion. Die Selbstbewußteren unter uns mögen gehofft haben, Führer der Massen zu werden, doch keiner wollte vom Volk getrennt sein. Die Generation, der Keynes und Lytton angehörten, wollte keine Verwandtschaft zwischen sich selbst und den Durchschnittsbürgern wahrhaben. Ihr Ziel war vielmehr ein zurückgezogenes Leben der feinen Nuancen und der angenehmen Gefühle, und ihr Begriff des Guten beinhaltete nichts weiter als die leidenschaftliche wechselseitige Verehrung der Angehörigen einer elitären Clique. Diese Lehre schoben sie ganz zu Unrecht G. E. Moore in die Schuhe und behaupteten, seine Schüler zu sein.«[75] Von der Society sollte Wittgenstein später noch mehr hören. Einstweilen wurde er in Augenschein genommen und ausgefragt von Lytton Strachey, einer in Cambridge legendären Figur, die in London schon im Mittelpunkt jenes literarisch-künstlerischen Zirkels stand, der unter dem Namen »Bloomsbury« zum Begriff geworden ist. Es spricht für Stracheys Feingefühl, daß sich Wittgenstein, der wirklich nicht leicht zu beeindrucken war, die Mühe gab, während dieses ersten Teekränzchens zu brillieren. Die beiden folgenden Bemerkungen Stracheys geben ein Beispiel für jenes Schwanken zwischen Geistreichtum und scheinbarer Fadheit, die auch Russell schon an Wittgenstein bemerkt hatte. Am 5. Mai 1912 schreibt Strachey an Keynes (der Wittgenstein seinerseits erst im Oktober kennenlernte): »Herr Sinckel-Winckel ißt mit mir zu Mittag: stiller kleiner Mann.« Doch es ergab sich eine wei-

75 *Autobiography*, Bd. 1, S. 70 f.

tere Gelegenheit zu philosophischem Gespräch, als man eines Abends in der Wohnung von Stracheys Bruder Oliver zusammenkam, worüber Strachey wie folgt berichtet: »Oliver und Herr Sinckel-Winckel gehen richtig ran und reden über Universalien und Einzeldinge. Letzterer ach so gescheit, doch quelle souffrance! Ach du lieber Gott! O Gott! ›Wenn A B liebt‹ – ›Es gibt vielleicht eine gemeinsame Eigenschaft‹ – ›In dieser Weise überhaupt nicht analysierbar, doch die Komplexe haben bestimmte Eigenschaften.‹ Wie werde ich es nur fertigbringen, mich ins Bett fortzustehlen?«[76] Diese zweite Stelle bezieht sich vielleicht auf die gleiche Gelegenheit, mit Sicherheit aber auf den gleichen Tag, an dem Wittgenstein (wie im folgenden Brief an Ottoline Morrell vom 17. Mai beschrieben wird) bei einer von Russells »Abendfeten« das große Wort führte: »Wittgenstein stellte die paradoxe Behauptung auf, die Mathematik würde den Geschmack der Menschen bilden, weil der Geschmack vom aufrichtigen Denken herrühre – wir sprachen uns alle gegen ihn aus.« Wie wir sehen werden, hatte Wittgenstein die älteren (»Engel« genannten) Mitglieder der Society weit lieber als die grünen Anfänger. Strachey gehörte gewiß zu den aktivsten Ehemaligen, doch Wittgenstein brachte es nicht fertig, in die allgemeine Bewunderung der Schriften Stracheys einzustimmen, wie durch folgende Bemerkung über *Landmarks in French Literature* bezeugt wird: »[Wittgenstein] hatte Lyttons Büchlein gelesen, aber es gefiel ihm nicht. Er meint, es wirke bemüht, wie das Keuchen eines Asthmatikers. – Ich holte das Buch hervor, konnte aber nicht erkennen, was er eigentlich meinte.« (Russell an Ottoline Morrell, 23. April 1913.)

Später bekam Wittgenstein mehr mit der Society und Bloomsbury zu tun, doch einstweilen schloß er Freundschaft mit jemandem, der am Rand dieser Gruppe stand. David Hume Pinsent, der aus einer Seitenlinie der Familie des Philosophen abstammte, war 1911 »Embryo« gewesen – das heißt, seine Aufnahme in die Society war in Erwägung gezogen worden –, aber letzten Endes hatte man ihn doch nicht gewählt. Zunächst studierte er Mathematik, später Jura. Er war der Sohn einer

76 Brief Lytton Stracheys an Keynes vom 17. Mai 1912. Oliver Strachey studierte damals in Cambridge.

musikalischen und kultivierten, in Birmingham ansässigen Familie. Seine Mutter, die spätere Dame Ellen Pinsent, die sich während ihrer langen Witwenschaft als Vorkämpferin für soziale Belange einen Namen machte, stammte aus einem Pfarrhaus und war die Verfasserin einer Reihe erbaulicher Romane, deren Gesinnung ein wenig an Fritz Reuter erinnert (einer dieser Romane ist allerdings kaum mehr als ein Traktat gegen den Alkoholgenuß). Pinsent selbst war ein ungezwungener, sympathischer junger Mann; seine Schulbildung war passabel und sein Musikinteresse überdurchschnittlich. Er hatte einen großen Freundeskreis und machte sich überall beliebt durch seine selbstlose und lebhafte Begeisterung für die Interessen anderer; außerdem hatte er gewöhnlich eine lustige Geschichte zu erzählen, ohne daß er satirisch wurde. Er führte in offener und unbefangener Weise Tagebuch (soweit man das nach den Auszügen beurteilen kann, die seinen ungewöhnlichen Freund betreffen). Diese Tagebuchauszüge lassen auf eine Persönlichkeit schließen, wie sie allen bekannt ist, die Briefe und Jugendwerke jener schrecklich dezimierten Generation von Engländern gelesen haben, die damals Public School und Universität besuchten. Wären diese jungen Männer älter geworden, läsen wir diese Zeugnisse heute vielleicht mit anderen Augen. Wie die Dinge liegen, wirkt Pinsent jung, enthusiastisch, unkonventionell, aber trotzdem irgendwie bieder; seine Bestrebungen und Urteile stellt er nie in Frage, aber dennoch sind sie gerade und aufrichtig. Kurz, Pinsent war äußerst »englisch« in dem Sinne, den man damals mit diesem Begriff verband. Diesen Eindruck muß er auch auf den sehr viel erfahreneren und sensibleren Wittgenstein gemacht haben. Doch gerade dies wirkte sicher anziehend auf Wittgenstein, der damals viel übrig hatte für englische Verhaltensweisen und die englische Art, persönliche Beziehungen zu gestalten. Daß er an seiner Adoptivheimat und an seinem Freund gelegentlich Mängel wahrnahm, die mit ebendiesen Tugenden zusammenhingen, entspricht einfach der menschlichen Natur, doch daß er die Abneigung dann so heftig empfand und so hitzig zum Ausdruck brachte, beruhte auf seiner ganz individuellen, geradezu krankhaften Sensibilität. Freilich hatte er mal recht und mal unrecht, wenn er einem gewissen Stereotyp entsprechende

Spuren von Gefühllosigkeit oder Heuchelei auch an Pinsent beobachtete, diesem Sproß einer kultivierten, progressiven, in der Low Church verwurzelten und der oberen Mittelschicht angehörenden Familie, in der eine Atmosphäre herrschte, die ein wenig an die Schlegels in E. M. Forsters Roman *Howard's End* erinnert. Die drei folgenden Beispiele werden vielleicht veranschaulichen, zu welcher Art von Gesprächen dies Anlaß gab:

Wittgenstein und ich hatten eine lebhafte Auseinandersetzung über Public Schools – wir hatten schließlich eine ziemliche Wut aufeinander, bis wir feststellten, daß es ein Mißverständnis war. Er hat einen ungeheuren Widerwillen gegen die, wie er sagt, »spießbürgerliche« Einstellung zu Grausamkeit und Leiden – gegen jede gefühllose Einstellung –, und ebendiese Einstellung macht er Kipling zum Vorwurf. Und er hatte den Eindruck gewonnen, daß ich damit sympathisiere. (Tagebuch, 12. September 1912.)

Wittgenstein hat verschiedentlich eine Menge über die »Spießbürger« geredet – so nennt er alle Leute, die er nicht ausstehen kann! Ich glaube, manche Ansichten, die ich geäußert habe, sind ihm ein wenig spießbürgerlich vorgekommen; ich meine: Ansichten über praktische Dinge, nicht über Philosophie, zum Beispiel über die Vorteile der heutigen Zeit gegenüber früheren Epochen und so weiter. Und nun ist er sich nicht recht im klaren darüber, weil er mich eigentlich nicht für einen Spießbürger hält – ich glaube nicht, daß er etwas gegen mich hat. Er begnügt sich mit der Bemerkung, daß ich schon anders denken werde, sobald ich ein bißchen älter bin. (Tagebuch, 19. September 1912.)

Wir unterhielten uns über das Frauenstimmrecht: Er ist sehr dagegen, ohne daß er einen besonderen Grund hätte, außer daß »alle Frauen, die er kennt, solche Idioten sind«. Er sagte, an der Universität Manchester hätten die Studentinnen ihre ganze Zeit damit verbracht, mit den Professoren zu poussieren. Das findet er widerlich, wie er eben alle Halbheiten verabscheut und nichts billigt, was nicht in vollem Ernst getan wird. Aber heutzutage kann man erst heiraten, wenn man um die Dreißig ist – vorher hat man ja nicht genug Geld –, und uneheliche Verhältnisse werden mißbilligt – was bleibt einem da anderes übrig, als herumzuschäkern? (Tagebuch, 7. Februar 1913.)[77]

Pinsents Reaktion auf diese gelegentlichen Meinungsverschie-

77 Die Stellen aus Pinsents Tagebuch werden mit freundlicher Erlaubnis des Masters und der Fellows des Trinity College, Cambridge, zitiert.

denheiten (die von seiten Wittgensteins sicher überaus hitzig ausgefochten wurden) gibt einen Hinweis darauf, wie es ihm gelang, eine so innige Freundschaft mit Wittgenstein zu schließen. Die Eigenschaften, auf die es ankam, waren nicht Nachgiebigkeit und Gefügigkeit (obgleich es wichtig war, daß sich Pinsent nicht auf etwas versteifte und willens war, Menschenerfahrung und vor allem Selbsterfahrung zu sammeln), sondern im Gegenteil seine Stärke und die Zuversicht, die er in dieser Beziehung an den Tag legte. Sehr viel später schrieb Wittgenstein an einer Geheimschriftstelle eines Notizbuchs: »Zur wirklichen Liebe braucht es Mut.« Das war es, was Pinsent besaß und ihn instand setzte, sich mit der Heftigkeit abzufinden, die Wittgenstein in ihre Freundschaft einbrachte. So vermochte er die Launen seines schwierigen Freundes zu beobachten, ohne sie übelzunehmen; er bändigte ihn nicht, sondern reagierte freimütig, nicht unbedingt gelassen, aber ohne ihm etwas nachzutragen oder mißgünstig zu sein; stets dachte er an die guten Eigenschaften und die erfreulichen Seiten, wenn diese am wenigsten zutage traten. So heißt es an späteren Stellen von Pinsents Tagebuch:

Wir hatten eine lange Besprechung über unsere Pläne für morgen. Ich wollte direkt zurück nach Reykjavik, während er noch einen Tag bleiben und erst am Mittwoch abreisen wollte. Zuerst gab ich nach und meinte, wir könnten noch zwei Nächte bleiben, doch dann machte ihn mein Zugeständnis ganz unruhig, bis wir schließlich den Kompromiß fanden, nach dem wir uns wirklich gerichtet haben. Er hat eine krankhafte Angst davor, ich könne vielleicht nachgeben, nur »um ein wenig in Frieden gelassen zu werden«, und so weiter. Aber das war natürlich nicht mein Motiv gewesen, sondern ich hatte das Zugeständnis gemacht, um ihm einen Gefallen zu tun und meinerseits nicht eigennützig zu sein. Ich glaube, am Schluß ist es mir gelungen, ihn davon zu überzeugen. (23. September 1912.)

Im Zug mußten wir in letzter Minute die Plätze wechseln, weil er unbedingt allein und nicht mit anderen Reisenden zusammen sein wollte. Dann kam ein äußerst leutseliger Engländer daher, sprach mich an und bestand schließlich darauf, wir sollten mitkommen in sein Abteil, wo man rauchen könne (unseres war ein Nichtraucherabteil). Witt. weigerte sich, und ich mußte natürlich wenigstens für kurze Zeit mitgehen; es wäre schrecklich ungehobelt gewesen, wenn ich abgelehnt hätte. Ich kam so schnell wie möglich zurück und fand ihn in gräßlicher Laune. Ich meinte, der Engländer sei ein ulkiger Mensch, woraufhin er mich anfuhr und sagte: »Ich könnte die ganze Strecke mit ihm zusammen reisen, wenn ich wollte.« Danach focht ich die Sache mit ihm aus und brachte ihn schließlich so weit, daß er wieder normal und in freundlicher Stimmung war. Schon den ganzen Morgen hatte ich die Sache durchsprechen und ausfechten wollen – ich bin immer imstande, die Dinge mit ihm ins Lot zu bringen, sobald ich eine Möglichkeit habe, rückhaltlos und frei mit ihm zu reden –, doch eine Kleinigkeit nach der anderen hatte eine Aussprache vereitelt. Als die Gelegenheit schließlich da war, hatten wir die Sache in zehn Minuten wieder eingerenkt. Er ist ein chaotischer Mensch. (2. September 1913.)

Dies sind Beispiele für Situationen, die Pinsent mit ungewöhnlichem Scharfblick als unwichtige Vorfälle zu behandeln verstand. Freilich ist nicht auszuschließen, daß solche Szenen von Wittgensteins Gefühl herrührten, für ihn sei diese Freundschaft wichtiger als für Pinsent. Die zweite der eben angeführten Szenen hatte ihre Ursache mit Sicherheit in einem von Wittgensteins Gefühlsausbrüchen (»Bisher sind wir doch prima miteinander ausgekommen, oder?«), worauf Pinsent, obwohl er genau das gleiche dachte, aus Schüchternheit nur eine schnoddrige Antwort zu geben vermochte. Hinter dieser Schüchternheit steckten keine Zweifel über seine wahren Gefühle, sondern seine Jugend und seine englische Art, so daß die vor Wittgenstein ausgebreiteten Erklärungen der Ursachen, durch die es bei längerem Zusammensein zu Spannungen gekommen war – sei es Pinsents eigene gelegentliche Reizbarkeit oder Wittgensteins gelegentliche Heikligkeit –, ein Gewicht und eine Aufrichtigkeit und folglich eine Wirkung hatten, die jeden konventionellen Beschwichtigungsversuch übertraf. Überdies war er Wittgenstein nicht böse, sondern dieser tat ihm leid, wenn er sich zu einer Laune hinreißen ließ, die er selbst später bereute und die nach Pinsents Einsicht oder Einschätzung nicht seiner normalen Stimmung entsprach. »Ich fürchte, wenn er diese Anfälle hat und schmollt, ist er ganz bedrückt.« Natürlich erkannte er, daß Wittgenstein anders war als seine übrigen Freunde (»Er ist, wenn man das überhaupt beurteilen kann, ein bißchen verrückt«), doch das beeinträchtigte keineswegs seine Erkenntnis, wie reizend, geistreich, liebevoll und anteilnehmend sich Wittgenstein zu ihm verhielt.

Über diese Anpassungsschwierigkeiten sollte noch einiges mehr gesagt werden, denn in den meisten guten Freundschaftsbeziehungen Wittgensteins kamen sie immer wieder zum Vorschein und spielen vielleicht eine übertriebene Rolle in dem allgemeinen Bild, das man sich von seiner Persönlichkeit macht. Gewiß stellte er hohe Ansprüche, wenn es um Freundschaft ging. Alles mußte von Herzen kommen, Schwierigkeiten durften nicht unter den Teppich gekehrt werden, Meinungs- und Geschmacksunterschiede mußten ausgelotet werden – es mochte ja sein, daß sie, wie bestimmte Nuancen im Verhalten gegenüber Dritten, bedeutende Abweichungen der Werturteile offenbarten. Dies jedenfalls war es, was dem Leben Gehalt gab und worum es bei einer Freundschaft eigentlich gehen mußte. Als *Ideal* ist diese Vorstellung nicht ungewöhnlich. Wer wollte nicht Augustinus beipflichten, wenn er meint, daß derjenige »ein Freund ist, mit dem man über die innersten Angelegenheiten des eigenen Herzens zu sprechen wagt«.[78] Doch es gibt viele Hindernisse, die dem Versuch der Verwirklichung dieses Ideals im Wege stehen: das Streben nach Behaglichkeit; die Abneigung dagegen, Seiten des eigenen Ichs hervorzukehren, deren man sich schämt; und vor allem, wie schon gesagt, der fehlende Mut. Wittgenstein stieß nicht auf weniger, sondern auf mehr Schwierigkeiten als üblich, da er außergewöhnlich empfindlich reagierte auf nichtswürdige Regungen in seinem eigenen Wesen oder seitens anderer, dabei aber zugleich überzeugt war, daß nur ein spontanes Leben lebenswert sei. Es konnte einfach nicht ausbleiben, daß es seinerseits zu Gefühlsausbrüchen kam, die seinen Freunden Standfestigkeit und Verständnis abverlangten: Eigenschaften, die Pinsent tatsächlich an den Tag legte, und Keynes ebenfalls, wenn es vorkam, daß Wittgenstein eine geringfügige Spannung zwischen ihnen mißdeutete.[79] Russell und Moore verhielten sich in dieser Hinsicht anders, wie wir sehen werden: Russell war imstande, mit dem ersten Ausbruch fertig zu werden, um dann jedoch allmählich Abstand zu nehmen von Wittgenstein; Moore dagegen war am Boden zerstört, als es zu der ersten wirklichen Entzweiung

78 Diese treffende Formulierung stammt von Peter Brown, *Augustine of Hippo*, London: Faber, 1967. Vgl. die Stelle 4.6.11 in den *Bekenntnissen*.

79 Vgl. *Briefe*, S. 171-174.

kam, doch später gelang es ihm, viele Differenzen zu überwinden.

Wittgenstein stellte zwar hohe Anforderungen, doch es ist wichtig zu sehen, daß diese Anforderungen ein wesentlicher Bestandteil dessen waren, was die Freundschaft mit ihm wertvoll machte. Solche völlig aufrichtigen Erörterungen des eigenen Lebens und des Lebens der anderen, die seinen Freunden die Augen öffneten für neue Aspekte des Daseins (oder vielmehr: sie von neuem eine nahezu vergessene Realität empfinden ließen) konnte man weder leichthin führen noch ohne weiteres unterbrechen. (Sehr viel später schrieb er an Malcolm, der Versuch, aufrichtig über das eigene Leben und das der anderen nachzudenken, sei nicht nur oft unschön und zugleich wichtig, sondern unter Freunden führe dieser Versuch wahrscheinlich auch zu Streitigkeiten.[80]) Es wäre absurd, Wittgenstein für einen Heiligen zu halten (obwohl seine Schwester ihn eine Zeitlang tatsächlich so betrachtete), doch seine Freunde konnten erkennen, daß ihm auf jedem Gebiet Vollkommenheit vorschwebte, gleichgültig, ob es um die ernsten Angelegenheiten des Alltags, um seine Arbeit oder um die Wahl eines Taschentuchs ging, das er zu verschenken wünschte. Ganz besonders aber wollte er Vollkommenheit in seinen Freundschaften, und beinahe alle seine Freunde sprachen darauf an wie auf eine Art Offenbarung, auch wenn sie sich später (vielleicht aus guten Gründen) nicht mehr dementsprechend verhielten, und auch dann, wenn sie gelegentlich darunter zu leiden hatten, daß er die Geduld verlor angesichts seiner eigenen oder angesichts ihrer Unfähigkeit, vollkommen zu sein oder die (seines Erachtens) richtige Einstellung zur eigenen Unvollkommenheit zu finden. Gewöhnlich hatten sie, ebenso wie Pinsent, das Gefühl, durch ihn seien ihre Vorstellungen auf allen möglichen Gebieten umgestaltet worden.

Pinsent und Wittgenstein lernten einander auf einer von Russells »Feten« kennen. Danach trafen sie sich am 4. Mai bei einem Konzert, wo unter anderem »ein wunderbares Klaviertrio von Schubert« gegeben wurde. Was ihre geschmacklichen Gemeinsamkeiten anging, stand Schubert ganz oben. Pinsent

80 Malcolm, a. a. O., S. 59, Brief [9].

spielte Klavierarrangements, bei einer Gelegenheit etwas Vierhändiges zusammen mit seiner Schwester. Die beiden Freunde besuchten gemeinsam den Musikverein, um Noten auszuleihen, und gingen anschließend damit zu Pinsent. Schließlich entwickelten sie eine Methode, Schubertlieder auszuführen, wobei Pinsent Klavier spielte, während Wittgenstein pfiff (es gibt zahlreiche Äußerungen darüber, wie treffend und ausdrucksvoll Wittgenstein die Musik durch Pfeifen wiederzugeben wußte). In dieser Weise lernten sie in den Ferien etwa 40 oder 50 Lieder spielen.

Von allen musikalischen Vorlieben bedarf die für Schubert am wenigsten einer Erklärung. Verstreute Bemerkungen Wittgensteins über Schubert sind erhalten: In einer dieser Äußerungen lenkt er (der sich so gern auf Physiognomisches bezieht) die Aufmerksamkeit auf das spezifisch Österreichische an Schubert: »Die Musik Bruckners hat nichts mehr von dem langen und schmalen (nordischen?) Gesicht Nestroys, Grillparzers, Haydns etc., sondern hat ganz und gar ein rundes, volles (alpenländisches?) Gesicht, von noch ungemischterem Typus als das Schuberts war.« (VB, S. 480/48.) An anderer Stelle nennt er ein Merkmal von Schuberts Musik, dessentwegen sie für jene Art von Ausführung besonders geeignet erscheinen mochte: »Von den Melodien Schuberts kann man sagen, sie seien voller *Pointen*, und das kann man von den Mozarts nicht sagen; Schubert ist barock. Man kann auf gewisse Stellen einer Schubertschen Melodie zeigen und sagen: siehst Du, das ist der Witz dieser Melodie, hier spitzt sich der Gedanke zu.« (VB, S. 516/94.) Ein Beispiel für diese Pointen findet sich in den beiden Schlußtakten des Themas von »Der Tod und das Mächen«: »man kann zuerst verstehen, daß diese Figur konventionell, gewöhnlich, ist, bis man ihren tiefern Ausdruck versteht. D.h., bis man versteht, daß hier das Gewöhnliche sinnerfüllt ist.« (VB, S. 523/103.) Daß das Gewöhnliche sinnerfüllt ist – schon diese Formulierung könnte Wittgensteins Idealvorstellung zum Ausdruck bringen, doch Schubert zog ihn noch aus einem anderen Grunde an, in dem Ethisches und Ästhetisches einander durchdringen: Gemeint ist der Gegensatz zwischen dem Elend von Schuberts Leben und der völligen Abwesenheit dieses Elements in seiner Musik, dem Fehlen jeglicher Bitterkeit.

Schubert war eine alte Liebe Pinsents, und Beethoven natürlich auch. Brahms war ihm verhältnismäßig unbekannt, was uns heute seltsam anmutet. Bei einem Konzert in London, zu dem die beiden Freunde fuhren, hörte Pinsent zum ersten Mal Brahms' erste Symphonie. Bei anderer Gelegenheit hörten die beiden zusammen mit Pinsents Familie das Deutsche Requiem anläßlich eines Birminghamer Festivalkonzerts; der Dirigent war Henry Wood. Wittgenstein hatte es schon oft gehört, doch nie zuvor hatte er es so genossen. Nach der Mittagspause ging es so weiter: »Die zweite Hälfte des Konzerts begann mit zwei Ausschnitten aus der Salome von Strauss. Wittgenstein weigerte sich, dafür den Konzertsaal zu betreten, und blieb draußen, bis der darauf folgende Beethoven gespielt wurde. Danach ging er und kehrte allein nach Lordswood zurück. Die Salome war Mist, aber geschickt gemacht und daher unterhaltsam.« (Tagebuch, 4. Oktober 1912.) Wittgenstein war natürlich der anspruchsvollere der beiden. Er war zwar kaum älter, doch er wußte schon, wieviel er vertragen konnte. Daß er vorzeitig ging (das heißt: vor dem Bach!), war durchaus bezeichnend für ihn: Er hörte so intensiv zu, daß er eine zu reichhaltige musikalische Kost vermeiden mußte.

In Cambridge besuchten die beiden häufig gemeinsam oder einzeln (denn beide hatten auch noch andere Freunde) Konzerte der verschiedenen Musikvereine, wo gewöhnlich von halbprofessionellen Spielern klassische Kammermusik aufgeführt wurde. Durch Pinsent kam Wittgenstein auch mit »musikinteressierten Studenten« zusammen, die sich für »moderne Musik« einsetzten – weiß der Himmel, was sie darunter verstanden, vielleicht eine Mischung aus Richard Strauß, Mahler und Rutland Boughton, aber bestimmt nicht die atonale Musik, die in Wien schon damals in Blüte stand. Wittgenstein und Pinsent waren jedenfalls strikt dagegen. Die einzige zeitgenössische Musik, von der wir wissen, daß Wittgenstein sie damals gelten ließ, war die eng an klassische Vorbilder anschließende Kammermusik Josef Labors. Ebenso, wie die Familie im Wiener Musikverein ein Konzert für den alten Herrn veranstaltete und für einen vollen Saal und brandenden Beifall von seiten der Freunde, ja auch der Gärtner sorgte, so versuchte sich Wittgenstein in Cambridge dafür einzusetzen, daß man Labors Streichquintett spielte. Eine Reihe von Gesprächen wurde geführt, mögliche Interpreten brachten ein gewisses Interesse zum Ausdruck, doch zum Schluß verlief das Vorhaben im Sande. Wer weiß, was geschehen wäre, wenn sich Wittgenstein länger in Cambridge aufgehalten hätte. Doch vielleicht betrachtet man die Sache besser als einen von mehreren Plänen, die Wittgenstein in jenen Jahren in Angriff nahm und dann wieder fallenließ, denn schließlich waren dies die Jahre seiner Jugend.

Ein weiteres Interessengebiet Wittgensteins, das ihn und Pinsent zusammenbrachte, war seine damalige Beschäftigung mit der Psychologie. Vielleicht weil Pinsent musikalisch war, wurde er praktisch bei ihrer ersten Begegnung als Versuchsperson für Wittgensteins Experimente verpflichtet. Dies war in Cambridge die goldene Zeit der experimentellen Psychologie. Zu den jungen Forschern gehörten F. C. Bartlett, Miss. E. Smith (die spätere Lady Bartlett) und C. A. Mace. C. S. Myers, der Leiter der Abteilung, hatte dafür gesorgt, daß das Institut aus den ehemaligen Hütten umzog in ein eigenständiges Gebäude, und jetzt, im Jahre 1912, war ein neues Laboratorium im Bau. (Es ist ist typisch für die sozialen und wirtschaftlichen Verhältnisse jener Zeit, daß Myers nicht nur imstande und willens war, selbst zur Finanzierung des Gebäudes beizutragen, sondern auch aktiv dazu beitrug, Gelder von außerhalb zu besorgen; ebenfalls bezeichnend ist vielleicht, daß er jüdischer Abstammung war.) Da das Fach damals noch in den Kinderschuhen steckte und die Atmosphäre überhaupt recht freizügig war, stand es den Forschern, insbesondere Myers selbst, frei, Fragen von theoretischem oder menschlichem Interesse nachzugehen, ohne sich um praktische Anwendung oder gar um die Wahrscheinlichkeit rascher Resultate zu kümmern. Durch den Krieg löste sich die Gruppe auf, und die einzelnen mußten sich mit Bombenneurosen, Industriepsychologie und Intelligenztests herumschlagen. Doch einstweilen widmete nicht nur Myers einen großen Teil seiner Zeit der Musikpsychologie, sondern auch Pear (in Manchester) sowie Valentine und Muscio; mal ging es um Studien zur Entwicklung der Musik in den damals noch so genannten primitiven Gesellschaften, ein andermal um die Analyse der musikalischen

Urteile der Einwohner von Cambridge oder Würzburg. In den damaligen Jahrgängen des *British Journal of Psychology* wimmelt es von Artikeln über die Lokalisierung der Klänge, die Wahrnehmung von Tondifferenzen, Synästhesie, individuelle Unterschiede der Musikbeurteilung und dergleichen mehr. Myers selbst schrieb Untersuchungen zur primitiven Musik für das *Journal* sowie für eine Reihe von Expeditionsberichten und ethnologischen Sammelwerken. Hier kamen zwei Interessengebiete zusammen: Schon seit seiner Kindheit war er äußerst musikbegeistert gewesen, und nach dem Studium der Physiologie hatte er sich zunächst der biologischen Anthropologie gewidmet. Seine an primitiven Stämmen vorgenommenen Untersuchungen der einzelnen Sinne zeigten bei aller aufgewendeten Sorgfalt, daß sich kaum Unterschiede feststellen ließen zwischen ihnen und den Funden in europäischen und amerikanischen Laboratorien; sein Nachfolger F. C. Bartlett, der auch Myers' Nachruf verfaßte, meint allerdings, daß eine diffizilere statistische Analyse interessante Abweichungen hätte erkennen lassen.[81] Die Unterschiede im musikalischen Unterscheidungsvermögen, die Myers feststellen konnte, scheinen sich ohne weiteres erklären zu lassen: Dort, wo die Unterschiede der Tonhöhe eine wichtige Rolle spielen, kommt absolutes Gehör, wie es scheint, häufiger vor als in unserer Gesellschaft; dort, wo der Rhythmus eine größere Rolle spielt, zeigen die Primitiven eine erstaunliche Fähigkeit, »viele sukzessiv verschiedene Zeitintervalle als koordinierte Gesamtheit – als einheitliche Phrase – anzusehen«. Da sich Myers' Interessen nach dem Krieg auf andere Gebiete verlagerten, gelang es ihm nicht, diese Arbeit, falls das überhaupt möglich gewesen wäre, zum Abschluß zu bringen, doch die allgemeine Auffassung der Musikentwicklung, die sich aus seinen Untersuchungen und zum Teil vielleicht aus seinen Vorurteilen ergab, war die attraktive Anschauung, daß keine der vorliegenden einheitlichen Erklärungen des Ursprungs der Musik alle Elemente erschöpfend erfaßt. Hierin lag, wie er meinte, eine gewisse Parallele zur Sprache, doch womöglich sei es besser, davon auszugehen, daß sowohl die Sprache als auch die Musik aus einem primitiveren

81 ONFRS 5 (1945/48), S. 772.

Kommunikationssystem hervorgegangen seien. Außerdem sei die Musik in ihrem rhythmischen Aspekt mit Körperbewegungen und physischen Tätigkeiten verknüpft, doch auch dieser Zusammenhang reiche nicht aus, um das Ganze zu erklären. Ähnliche Überlegungen träfen auch auf die sexuelle Erklärung der Musik zu. Alle diese Gedanken stammen aus der Zeit vor der Entwicklung der Musikethnologie und des zunehmenden Bewußtseins der unterschiedlichen sozialen Funktionen der Musik – und verschiedener Arten von Musik – in verschiedenen Gesellschaften. Die wichtigste Anwendung, die Myers von seiner Untersuchung der primitiven Musik zu machen verstand, war die Aussonderung der verschiedenen Faktoren bei der uns vertrauten Musikbeurteilung, vor allem der Wahrnehmung von Tonhöhe und Tonhöhenunterschieden, Rhythmus und Musikgestaltqualität, also der Eigenschaft, durch die die Töne musikalische Bedeutung gewinnen und eine Phrase oder Melodie bilden. Dieses letztere Element unterscheidet die Musik vom bloßen Geräusch, und Myers schildert interessante Fälle, in denen das entsprechende Empfindungsvermögen verlorengegangen war, was sogar bei äußerst musikalischen Menschen vorkommt, die dann zwar immer noch imstande sind, alle Unterschiede des Gehörten auseinanderzuhalten, es aber nicht mehr als Musik hören können.[82]

Wittgensteins Bekanntschaft mit Myers und sein Interesse für alle diese Fragen bedürfen kaum der Erklärung. Myers hat er wohl in der musikalischen Welt Cambridges kennengelernt oder im Moral Sciences Club. Vielleicht hörte er auch Anfang Februar einen Vortrag Myers' über primitive Musik, in dessen Rahmen Myers einige Stücke, die er aus der Fremde heimgebracht hatte, vorsang. Überhaupt war es ein Thema, das Wittgenstein immer schon beschäftigt hatte, vor allem die Ähnlichkeit zwischen Musik und Sprache, genauer gesagt: zwischen einem musikalischen Thema oder Gedanken und einer Proposition oder einem Satz: »Die musikalischen Themen sind in gewissem Sinne Sätze. Die Kenntnis des Wesens der Logik wird deshalb zur Kenntnis des Wesens der Musik führen.«

82 Vgl. etwa Myers' Beitrag »The Beginnings of Music« in: *Essays Presented to W. M. Ridgeway*, Cambridge 1913, und das Kapitel über Musik in seinem Buch *In the Realm of Mind*, Cambridge 1937.

(TB, 7. Februar 1915.) Am 4. März 1915 schreibt er in sein Tagebuch: »Die Melodie ist eine Art Tautologie, sie ist in sich selbst abgeschlossen; sie befriedigt sich selbst.« Und im *Tractatus* heißt es: »3.141 Der Satz ist kein Wörtergemisch. – (Wie das musikalische Thema kein Gemisch von Tönen.) Der Satz ist artikuliert.« Die Parallele zur Sprache und die Berufung auf Logik oder Grammatik dienten ihm auch später immer wieder zur Formulierung seiner Bemerkungen über die Musik (doch es ist für ihn nur einer von mehreren Zugängen zu diesem Thema). Diese Denkweise war zum Beispiel besonders bezeichnend für Labor. So berichtet Wittgenstein, daß die Hörer, wenn Labor spielte, zu sagen pflegten: »Er spricht!« Und Labor selbst habe von bestimmten musikalischen Gedanken gesagt, sie seien zerknittert und nicht mehr brauchbar. Im Laufe der Zeit kam Wittgenstein zu der Überzeugung, daß der Vergleich nicht ganz so wichtig und nicht auf die gesamte Musik, sondern nur auf manche Komponisten anwendbar ist (so sagt er, Bachs Musik sei sprachähnlicher als die Mozarts oder Haydns), doch damals war es der in seinen Schriften am häufigsten erwähnte Aspekt der Musik, vielleicht weil er zu dieser Zeit noch stärker als später von dem Gedanken der einen musikalischen Tradition beherrscht war, der er angehörte.
Daß die ästhetischen Fragen, die Wittgensteins psychologischen Experimenten zugrunde lagen, mit all dem zusammenhingen, ist, obwohl vieles dafür spricht, nur eine Vermutung. Muscio, der mit ihm zusammenarbeitete, starb früh, und Myers' detaillierte Untersuchungen zur Musik, in deren Rahmen die Experimente erdacht wurden, sind nie so weit gediehen, daß sie publiziert werden konnten. Bei diesen Experimenten ging es um Rhythmus, und die Resultate, zu denen man gelangte, betrafen die Bestimmung der Bedingungen, unter denen die Versuchsperson einen in Wirklichkeit nicht gegebenen Rhythmus in eine Folge von Taktschlägen hineinliest beziehungsweise hineinhört. Ganz offenkundig ist das Phänomen der subjektiven Akzentuierung, wenn man ein normal funktionierendes Metronom Gruppen von Takteinheiten schlagen hört. Die Bedingungen lassen sich variieren, indem man das Metronom in eine Schachtel stellt und, ohne daß die Versuchsperson es merkt, den Deckel öffnet, worauf man die

so betonten Taktschläge mit denen vergleicht, die der Betreffende als betont hört.[83] In Pinsents Bericht ist von vielen Stunden die Rede, die sie über diesen Experimenten verbrachten, und er erwähnt auch Gespräche, in denen über Rhythmusfragen diskutiert wurde. Durch das Projekt wurde ihre Freundschaft noch enger. Was die Aufschlüsse über die Grammatik oder Logik der Musik angeht, scheinen sie, ebenso wie Myers' eigene Arbeiten, anregend und vielversprechend gewesen zu sein, ohne jedoch eine unmittelbare systematische Entwicklung zuzulassen. Vielleicht sollte Psychologie auch gar nichts anderes sein. Jedenfalls galten Wittgensteins Experimente als durchaus professionell, und als sich die British Psychological Society im Juli 1912 in Cambridge versammelte, hielt Wittgenstein einen Vortrag, den er in einem Brief an Russell als »höchst absurden Aufsatz über Rhythmen« bezeichnet.[84] Und als im Mai 1913 das neue Laboratorium für experimentelle Psychologie feierlich eröffnet wurde, führte Wittgenstein »einen Apparat zur psychologischen Erforschung des Rythmus« vor.[85] Er bewahrte sich also auch in diesem akademischen Jahr ein gewisses Interesse für das Projekt, obwohl in Pinsents Tagebuch keine Experimente mehr erwähnt werden. Pinsent, der für sein Teil begeistert photographierte, hielt es für unklug von Wittgenstein, keiner Liebhaberei nachzugehen – doch die Psychologie war eben Wittgensteins Hobby. Er sah darin keinen Zusammenhang mit seiner eigentlichen Arbeit, die er als Logik bezeichnete (für ihn war das Beiwort »philosophisch« damals beinahe so etwas wie ein Schimpfwort). Wie es scheint, versuchte er auch Myers darüber aufzuklären. So schreibt er am

83 Dieses Verfahren wird in der genannten Arbeit von Myers beschrieben. Eine weitere Methode, die dort geschildert wird, besteht darin, daß man die Aufhängung der Hämmer straffer zieht, um so lautere Töne zu erzeugen. Die mechanische Seite derartiger Experimente interessierte Wittgenstein sehr. Ein weiteres Beispiel in diesem Zusammenhang ist die Findigkeit, die er im Zweiten Weltkrieg als Laborgehilfe an den Tag legte.

84 *Briefe*, S. 19. Im *British Journal of Psychology* wird wie folgt darauf verwiesen: »Experiment on Rhythm (Demonstration), L. Wittgenstein and B. Muscio (Introduced by C. S. Myers).«

85 Brief Russells an Ottoline Morrell vom 15. Juli 1913. Noch in einem Brief an Moore vom 5. März 1914 findet sich eine Nachricht an Muscio (vermutlich in Zusammenhang mit dem gemeinsamen Projekt).

22. Juni 1912 an Russell: »Mit Myers hatte ich eine Diskussion über die Beziehungen zwischen Logik und Psychologie. Ich war sehr offenherzig und bin sicher, er glaubt, ich sei der arroganteste Teufel, den's je gegeben hat. Ich glaube, die arme Frau Myers, die auch dabei war, hat sich ziemlich über mich aufgeregt. Nach der Diskussion war er jedoch vermutlich ein bißchen weniger verwirrt als vorher.«

Später kamen noch andere Liebhabereien oder, wenn man so will, Freizeitbeschäftigungen hinzu. Einstweilen (das heißt im Ostertrimester 1912) trafen sich Pinsent und Wittgenstein, um Experimente auszuführen, ins Konzert zu gehen, gemeinsam Tee zu trinken und dergleichen. Durch das Zusammensein mit diesem Freund schlug Wittgenstein allmählich den Weg in Richtung eines normalen Studentenlebens ein. Er war willens, die Collegekapelle aufzusuchen, als Pinsent den Bibeltext vorlas (eine Huldigung an seinen Freund), und aus späterer Zeit ist bezeugt, daß er in seiner Begleitung einer Debatte in der Union Society beiwohnte.

Mit Bezug auf Wittgensteins Mangel an Interessen außerhalb seiner eigentlichen Arbeit mochte Pinsent sich irren, doch er hatte recht im Hinblick auf die Einsamkeit, die sich seines Erachtens aus jenem Mangel ergab. Was Wittgenstein immer noch fehlte, war ein Freund, jemand, mit dem er eine lange Zeit zusammen verbringen konnte. Russell erfüllte dieses Bedürfnis nicht, denn sein Interesse und seine Zuneigung galten zu vielen anderen Personen; womöglich war sein Charakter inzwischen zu starr. Trotz aller Begeisterungsfähigkeit war Russell schließlich kein Mensch, dessen Leben und Werte Wittgenstein noch mit umgestalten konnte. Mit Pinsent verhielt es sich da ganz anders, und Wittgenstein erkannte das sogleich. Pinsent berichtet in seinem Tagebuch: »Auf einmal fragte er mich, was ich mir für die Ferien vorgenommen hätte; und dann machte er mir den Vorschlag, ihn nach Island zu begleiten. Nachdem ich mich von der ersten Überraschung erholt hatte, fragte ich ihn, wieviel das denn nach seiner Schätzung kosten würde, worauf er antwortete: ›Ach, das spielt keine Rolle. Ich habe kein Geld, und du hast auch keins – oder falls du doch welches hast, kommt's nicht drauf an. Aber mein Vater hat eine Menge Geld‹, und dann schlug er vor, sein Vater sollte die Kosten für uns beide tragen! ... Ich kenne Wittgenstein erst seit drei Wochen oder so, aber wir scheinen gut miteinander auszukommen« (31. Mai 1912). Pinsent hatte Lust mitzufahren, und seine Eltern waren vernünftig genug, ihn darin zu bestärken. Also wurde der Reisetermin auf den kommenden September festgesetzt.

Nachdem das Trimester vorüber war, blieb Wittgenstein noch bis Mitte Juli in Cambridge. Russell war im Juni nicht in Cambridge, und diesem Umstand verdanken wir die ersten drei Briefe Wittgensteins an ihn. Sein Aufsatz über Rhythmen lenkte ihn zwar ab, aber dennoch beschäftigte er sich mit logischen Grundlagenfragen. Da er in diesen wenigen Wochen verhältnismäßig allein war (denn auch Pinsent verbrachte den größten Teil des Juni nicht in Cambridge), schaffte er wahrscheinlich besonders viel. Ein schriftliches Zeugnis dieser Arbeit ist die bereits zitierte gewichtige Erörterung, die in der Feststellung resultiert, es gebe keine logischen Konstanten – der Grundgedanke des *Tractatus* –; daneben macht er den Vorschlag, allgemeine Sätze sollten nur im Zusammenhang von Schlüssen als sinnvoll gelten, die zu Sätzen über Individuen führen. Im Laufe der Zeit gelangte er zu der Einsicht oder Überzeugung, daß die Probleme der Logik nicht die der Auseinandersetzung mit einer bestimmten Spezialthematik – etwa mit dem Thema der satzverknüpfenden Partikel oder der Frage der verschiedenen Allgemeinheitsbegriffe – sind, sondern bereits im allereinfachsten Satz vorkommen. Doch in diesem Juni dachte er auch an andere Dinge. So schreibt er am 22. Juni an Russell: »Immer wenn ich dazu komme, lese ich jetzt James' ›Varieties of religious experience‹. Dieses Buch tut mir sehr gut, womit ich nicht sagen will, daß ich bald ein Heiliger sein werde, doch ich bin mir einigermaßen sicher, daß es mich ein wenig weiterbringt auf einem Weg der Besserung, auf dem ich gern noch sehr viel weiterkommen würde: Es hilft mir nämlich, glaube ich, mich von der Sorge freizumachen (Sorge in dem Sinne, in dem Goethe das Wort im 2ten Teil des Faust verwendet).«

Außer dem Psychologentreffen am 13. Juli gab es noch zwei äußere Ereignisse, die Wittgenstein vor seiner Abreise in Anspruch nahmen. Das erste war ein Besuch seiner Schwester

Hermine. »Würde es Ihnen etwas ausmachen«, fragte er Russell, »wenn ich sie Ihnen vorstelle? Sie sollte doch alles Sehenswerte zu sehen bekommen!« Sie kam dann zum Mittagessen und blieb zum Tee. »Sie ist gar nicht fatal«, schrieb Russell anschließend am 10. Juli an Ottoline Morrell, dabei zweifellos auf seine Erwartungen anspielend, »sie ist älter als er und nicht sonderlich hübsch, angenehm, aber nicht aufregend. Das Gespräch in Gang zu halten, war manchmal recht mühsam – ich glaube, sie war ziemlich verschüchtert. Schließlich fingen er und ich zu diskutieren an, als wäre sie gar nicht anwesend. Sie sagt, er habe sich sehr geändert, seit er in Cambridge ist; er sei viel glücklicher, und sie meint, es sei der richtige Ort für ihn.« Hermine war in der Tat tief beeindruckt. Wer dem Bruder behilflich war, durfte ihrer Loyalität und ihres Respekts sicher sein; und von Russell meinte sie stets, er habe sich Lukis gerade im richtigen Augenblick angenommen. Sie selbst berichtet in den Familienerinnerungen über diesen Besuch: »Im Jahre 1912 besuchte ich Ludwig in Cambridge. Er war mit Russell befreundet, und wir waren beide bei diesem zum Tee eingeladen, in seinem schönen College-Zimmer; ich sehe es noch vor mir mit den großen Bücherkästen, die die ganzen Wände einnahmen und den hohen altertümlichen Fenstern mit ihren steinernen, schön gegliederten Fensterkreuzen. Plötzlich sagte Russell zu mir: ›We expect the next big step in philosophy to be taken by your brother.‹ Das zu hören, war für mich etwas so Unerhörtes, Unglaubliches, daß mir's einen Augenblick tatsächlich schwarz vor den Augen wurde. Ludwig, der um fünfzehn Jahre jüngere als ich, kam mir trotz seiner dreiundzwanzig Jahre immer noch als ein ganz junger Mensch, als ein Lernender vor. Kein Wunder, daß mir dieser Augenblick unvergeßlich blieb.«[86]

Von diesem Zeitpunkt an, so scheint es, war man auch in der Familie überzeugt, daß etwas Besonderes in ihm steckte. Daß er bestimmte Fähigkeiten hatte, wußten sie freilich schon, und sie hatten erlebt, wie untrüglich er die Dinge zu zerlegen und zu kritisieren vermochte. In seinem frühesten erhaltenen Brief

86 »Mein Bruder Ludwig«, in: Rhees (Hg.), a. a. O., S. 24. Die Formulierung »next step in philosophy« findet sich auch in einem während des Kriegs geschriebenen Brief Russells an Wittgensteins Mutter.

(der Handschrift nach zu urteilen von 1908 oder früher) macht er ebender Schwester Hermine absolut selbstsicher Vorschriften, wie sie zu zeichnen habe. Außerdem wußten die Angehörigen, wie schnell er sich die Grundsätze eines vorher unbekannten Fachs anzueignen vermochte. Was bisher gefehlt hatte, war die Konzentration, ein Interessengebiet, das alle seine Kräfte absorbieren würde, und ein Hinweis auf die Möglichkeit, etwas Eigenständiges hervorzubringen. Nun hatte man ihnen versichert, auch in dieser Hinsicht sei alles in Ordnung, woraus natürlich folgte, daß Ludwig glücklicher war. Die Fähigkeit oder Unfähigkeit zu arbeiten diente auch Wittgenstein selbst in seinen Tagebüchern oder Briefen gewöhnlich als Maßstab dafür, wie glücklich oder unglücklich er war. In dieser Hinsicht war er ganz offensichtlich dem Vater nachgeschlagen, nur daß für ihn (wenn nicht theoretisch, so doch in der Imagination) logische Begriffe und Operationen die gleiche Realität hatten wie Hochöfen, Stützbalken und Motoren, und die tägliche Arbeit wurde geleistet, indem er diese Begriffe und Operationen in der Vorstellung oder im Notizbuch umgestaltete oder in eine andere Ordnung brachte. Er glich dem Vater auch insofern, als er sich mit einer ganzen Reihe von Berufen und Interessengebieten beschäftigte, ohne es in einem dieser Bereiche zu einem regulären Abschluß zu bringen, aber jedem von ihnen entnahm, was er brauchte, und die Laufbahn seiner Reifejahre dann mit 23 Jahren begann (Karl Wittgenstein war sogar ein Jahr älter, als er nach Ternitz ging).

Daß Russell ihn bereits in solchem Alter derart anerkennender Worte für würdig erachtete, war vielleicht weit erstaunlicher, als Hermine Wittgenstein dachte. Es dürfte kaum einem Philosophen beschieden gewesen sein, schon so früh nicht nur als vielversprechender junger Mann, sondern als führende Persönlichkeit anerkannt zu werden und vor dem dreißigsten Lebensjahr ein großes Werk geschrieben zu haben. Freilich, Descartes hatte seinen berühmten Traum als Vierundzwanzigjähriger, doch anschließend wurde der Traum wenigstens neun Jahre lang verdrängt. Sogar die Wunderkinder, etwa Leibniz und Mill, schrieben ihre philosophischen Werke großenteils in fortgeschrittenem Alter. Und diejenigen, die schon früh begannen, wie zum Beispiel Hume und Schopenhauer, vielleicht auch

Berkeley, fanden zunächst nicht die gleiche Anerkennung wie Wittgenstein.

Das zweite Ereignis dieser Wochen war Wittgensteins Entscheidung, eine neue Wohnung zu nehmen fürs folgende Jahr. Nun konnte er ins College ziehen, und Moore hatte zur gleichen Zeit aus heute nicht mehr erfindlichen Gründen den Wunsch beziehungsweise seine Bereitschaft erklärt, die (nicht für einen Fellow bestimmten) Zimmer, die man ihm nach seiner Rückkehr nach Cambridge überlassen hatte, aufzugeben.[87] Der Umzug wurde Anfang Juli in die Wege geleitet. Die Wohnung K.10 in Whewell's Court lag im obersten Stockwerk eines Turms im Stil der Viktorianischen Gotik. Sie gehörte zu einem weit vom Hauptcollege, auf der anderen Seite der Trinity Street liegenden Gebäudekomplex, der zwei der Länge nach verbundene enge Höfe zu umspannen scheint. Hier, am stillen Rande des Colleges, dazugehörig zwar, aber doch nicht so ganz, konnte Wittgenstein zurückgezogen und ungebunden wohnen. Von seinen Fenstern blickte er in die dem College abgewandte Richtung über die Straßen mit ihren kleinen Läden und Pensionen hin zur Gegend am Fluß. Als er später Fellow wurde, und erst recht, als er in der Rolle des Professors zurückkehrte, hätte er Zimmer haben können wie die Russells, die auf seine Schwester solchen Eindruck gemacht hatten, Zimmer, in denen Newton gewohnt haben mochte, nahe der prachtvollen, von Christopher Wren gebauten Bibliothek, doch immer wieder zog er es vor, in diesen alles andere als reizvollen dunklen Turm zurückzukehren, all die Stufen zu steigen und in diesen vergleichsweise engen Zimmern ohne die Bequemlichkeiten zu wohnen, die sein Alter und sein Gesundheitszustand erheischt hätten (so mußte er etwa ohne eigenes Badezimmer auskommen). Zum Teil war diese Vorliebe für das Spartanische und Unbequeme eine spätere Entwicklung, doch kleine, enge, überschaubare Wohnstätten scheint er immer schon gemocht zu haben, und was das Leben im Turm angeht, so werden wir sehen, daß er auch 1916, in Olmütz, in einem Turm zu wohnen versuchte, vielleicht um seinen Hang zur Zurückgezogenheit und Einsamkeit auszuleben. Von allen Unterkünften der näch-

87 Seltsamerweise bezog Moore wieder die gleichen Zimmer, als Wittgenstein im folgenden Jahr Cambridge verließ.

sten Jahre erinnern diese Zimmer in Cambridge jedenfalls am ehesten an eine richtige Wohnung. Nach seinem Tod hinterließ er kaum Erinnerungsstücke, und unter den ganz wenigen, die sich nicht auf seine Freunde, sondern auf ihn selbst beziehen, befand sich auch ein kleines Photo von diesem Turm.

Nachdem die Sache mit dem Zimmer geregelt war, suchte er mit Pinsent, der inzwischen nach Cambridge zurückgekehrt war, verschiedene Geschäfte auf, um Möbel anzuschauen. Diese Expedition war zwar unterhaltsam, brachte aber eigentlich nichts ein, denn neunzig Prozent von dem, was der Verkäufer ihnen zeigte, wurde von Wittgenstein mit dem Ausruf »Nein, wie gräßlich!« quittiert. Als sie im September nach London fuhren, um doch endlich etwas einzukaufen, ging es nicht viel anders: Am ersten Tag erstand er gar nichts. Er verabscheute alle Ornamente, die nicht Bestandteil der Konstruktion selbst waren, und konnte nichts auftreiben, was schlicht genug war. Schließlich ließ er den größten Teil der Möbel speziell anfertigen. »Ziemlich drollig, aber gar nicht so übel«, war Pinsents Urteil. Nur die besten Werkstoffe fanden Verwendung und zahlreiche Veränderungen wurden durchgeführt, und im März 1913 ersetzte er die weiße Marmorplatte einer Kredenz durch eine schwarze, die er speziell in London schleifen und polieren ließ. Einfachheit war in der modernen Zeit ein teurer Luxus geworden. Unterordnung der Gestaltung unter die Funktion (im Sinne der beabsichtigten Verwendung) scheint jedoch keine zutreffende Beschreibung von Wittgensteins geschmacklichen Vorlieben zu sein. Diese Vorlieben hingen in ganz typischer Weise mit seinen Anschauungen über den Wert abstrakter Bildung zusammen. So pflegte er zu sagen, die Mathematik sei dem guten Geschmack förderlich, »weil der gute Geschmack echter Geschmack ist und durch alles begünstigt wird, was die Menschen zu wahrhaftigem Denken veranlaßt«.[88] In der Unterhaltung mit Russell betonte er die Konstruktion als das entscheidende Merkmal. Ein Gegenstand müsse durch und durch das darstellen, was er nun einmal ist – und das Leben müsse sich dementsprechend um ihn herum abspielen. So sollte Eccles' Bett, wie wir bereits gesehen haben

88 So Russell in einem Brief an Ottoline Morrell vom 17. Mai 1912. »Eine herrliche Theorie«, fügt Russell hinzu, »doch die Fakten sprechen dagegen.«

(S. 120), keine Rollen haben; die Leute sollten um es herumgehen, einschließlich desjenigen, der putzen und aufräumen mußte. Ähnliche Merkmale kamen auch später bei seiner Arbeit als Architekt zum Vorschein. Man denke etwa an die zentral oder symmetrisch angeordneten Lampen mit ihrem gleichmäßigen, unpersönlichen Leuchteffekt, der keinem speziellen Bedürfnis, keiner besonderen Vorliebe des Benutzers untergeordnet ist.[89] Für die Wohnung in Cambridge wählte er anstelle von Tassen Porzellanbecher von einem Lieferanten, der sonst medizinische oder chemische Laboratorien versorgte, »denn sie sehen ja soviel hübscher aus – sind aber auch soviel unpraktischer!«, wie Pinsent sagte. Wittgensteins Wohnung hatte jedoch zumindest ein »Prunkstück«, einen gewaltigen, beinahe quadratischen Eßtisch für acht Personen aus eigentümlich dunklem, feierlich wirkendem Mahagoni, mit üppig geschnitzten Beinen aus viktorianischer Zeit. Dieser Tisch ging später in Russells Besitz über, als er die von Wittgenstein in England zurückgelassenen Bücher und Möbel erwarb. Russells Sohn Conrad erinnert sich, daß dieser Tisch nur bei besonderen Anlässen verwendet wurde, und daß sich die Eltern fragten, ob man diesmal an »Wittgenstein« dinieren solle.[90]

Am 15. Juli reiste Wittgenstein nach Wien. Im April hatte er die österreichische Botschaft in London aufgesucht, um sich für den Militärdienst mustern zu lassen. Dabei wurde ein Bruch (sein altes Leiden) festgestellt und eine Operation für notwendig befunden. Sein Plan war, sich sofort nach der Ankunft in Wien operieren zu lassen, obwohl die Umstände alles andere als günstig waren. Am Tag von Wittgensteins Abreise schreibt Russell darüber an Ottoline Morrell: »Ich höre von Wittgenstein, daß seine andere Schwester (nicht die, die ich getroffen habe [Russell meint Gretl]) nach der Geburt eines Kindes schwer erkrankt ist; der Vater leidet seit zwei Jahren an Krebs,

89 Vgl. Bernard Leitner, *The Architecture of Ludwig Wittgenstein*, Chatham: The Press of the Nova Scotia College of Art and Design, 1973, S. 99-101.

90 Die Beschreibung des Tisches verdanke ich einer persönlichen Mitteilung Conrad Russells. In Russells Briefen ist die Rede davon, daß der Tisch so groß war, daß er bei einem Umzug durchs Fenster ins Wohnungsinnere befördert werden mußte.

ist sieben Mal operiert worden und hat unerträgliche Schmerzen; die Mutter ist von dem allem schrecklich mitgenommen und weiß kaum, wo ihr der Kopf steht und was sie anfangen soll. Sie weiß nicht, daß er [Ludwig] sich operieren lassen muß, und ihm graut vor dem Augenblick, in dem sie es erfährt. Er sagt, sie denke nie an sich selbst und habe an nichts Freude, außer durch andere – und außer der Musik, doch nun gehe sie nie aus, um Musik zu hören.« Wie sich schließlich herausstellte, lagen die Dinge noch weit schlimmer. Wittgensteins Vater sollte erneut operiert werden, und Ludwig meinte, er könne seiner Familie nicht die zusätzliche Sorge über die eigene Operation zumuten. Eine richtige Operation geheimzuhalten, wäre unmöglich gewesen, also ließ er insgeheim eine vorläufige, weniger schwere Operation an sich vornehmen.

Den Sommer verbrachte Wittgenstein zum Teil auf dem Gut seines Vaters, der Hochreith, und zum Teil in dem in Hallein, in der Nähe von Salzburg gelegenen Hause seines Onkels Paul Wittgenstein. In dieser Zeit war er, trotz der gegebenen Umstände, glücklich. Gesundheitlich ging es ihm wieder gut, und an Russell schrieb er: »Ich philosophiere, was das Zeug hält.« Das Wetter war schön, und so konnte er zumeist im Freien nachdenken: »Es gibt nichts Wunderbareres auf der Welt als die wahren Probleme der Philosophie.«[91] Auch künftig fand er diese vertraute Umgebung und die Abwesenheit von Fremden und Bekannten, die ihn reizen könnten, arbeitsförderlich. Immer wieder zeigte es sich in seinem Leben, daß Diskussionen mit anderem ihm zwar nützten, ja sogar unerläßlich für ihn waren, doch erst dann Früchte trugen und ihn Fortschritte machen ließen, wenn er die Gelegenheit hatte, längere Zeit in Einsamkeit nachdenken zu können. Die Denkarbeit konnte er auch im Freien tun, denn er hatte die Gewohnheit, seine Einfälle in epigrammatisch formulierten Sätzen oder Fragen in kleine Notizbücher oder auf Zettel zu schreiben und später in größere Schreibbücher zu übertragen. Seine Arbeit konzentrierte sich jetzt auf die logischen Konstanten, die thematischen Grundbegriffe logischer Forschung. Einstweilen beschäftige er sich mit den »scheinbaren Variablen«, wie er sie

91 *Briefe*, S. 20.

nannte, das heißt, mit dem Begriff der Allgemeinheit, sowie mit satzverknüpfenden Partikeln oder Junktoren wie »v«, ».« und »⊃« (die in der Alltagssprache in etwa den Ausdrücken »oder«, »und«, »wenn ..., dann ...« entsprechen). Diese Partikeln bilden zusammen mit Negation und Identität die undefinierten Grundbegriffe der Logik von Whitehead und Russell, und diese Logik kann man als Theorie auffassen, die ausschließlich aus den Aussagen besteht, die aufgrund der Beschaffenheit dieser logischen Grundbegriffe wahr sind.[92] Dabei stellt sich jedoch die Frage, welches die »logische« Wahrheit ist, die diesen Aussagen zukommt. Wie kommt es, daß diese Grundbegriffe eine Einheit bilden und nicht nur eine willkürliche Zusammenstellung? Welches ist ihre charakteristische Beschaffenheit, durch die die Aussagen der Logik wahr werden? Wittgenstein war nun auf der Suche nach einer Theorie des Symbolismus, die diese Fragen zu beantworten gestatten würde. In seinen Briefen an Russell nennt er einen oder zwei Ansätze, die sich dann als verfehlt herausstellten, doch seine allgemeine Schlußfolgerung erwies sich im Laufe der weiteren Entwicklung als äußerst fruchtbar: »Ich glaube, unsere Probleme können bis hin zu den Atomsätzen zurückverfolgt werden. Dies werden Sie einsehen, wenn Sie genau zu erklären versuchen, auf welche Weise die Kopula in einem solchen Satz Bedeutung hat. Ich kann's nicht erklären und glaube, daß die Probleme des ›v‹ und der scheinbaren Variablen ihrer Lösung sehr nahe gebracht, wenn nicht gelöst worden sind, sobald man eine exakte Antwort auf jene Frage gegeben hat. Deshalb denke ich jetzt über ›Sokrates ist ein Mensch‹ nach. (Der gute alte Sokrates!)«[93] Ihre »Probleme« betrafen die Entdeckung des Wesens der logischen Wahrheit oder – wie sie es damals formuliert hätten – die Bestimmung der Art von Komplexen, welche den logischen Sätzen entspricht. Wie wir bereits gesehen haben

92 Hierbei ist vorausgesetzt, daß der Begriff der Existenz (Erfüllung einer Aussagenfunktion durch wenigstens ein Argument) mit Hilfe der Begriffe der Allgemeinheit (Erfüllung einer Aussagenfunktion durch *alle* Argumente) und der Negation definiert werden kann: Wenn nicht alle Menschen unsterblich sind, existiert wenigstens ein sterblicher Mensch.

93 *Briefe*, S. 23. (Dies ist offenbar der Brief, den Russell am 2. September erhielt.)

(S. 141 und 213), bestand ihre Besonderheit nach Wittgensteins Auffassung nicht darin, daß sie spezielle Bausteine, nämlich die logischen Konstanten, enthielten, sondern in etwas anderem. Hier boten sich mehrere Möglichkeiten, und die Auseinandersetzungen zwischen Russell und Wittgenstein über die Frage, ob der Begriff der logischen Form die notwendige Erklärung gäbe, nahmen viel Zeit in Anspruch. In diesen Sommerbriefen aus Österreich deutet Wittgenstein zunächst auf die Möglichkeit hin, daß die Lösung vielleicht nicht in einem speziellen Merkmal der den logischen Aussagen entsprechenden Komplexe liegt, sondern im Wesen jedes Aussagenkomplexes überhaupt. Der Ton seiner Briefe ist derart positiv und seine Freude über das Fortschreiten der Arbeit so offensichtlich, daß die Nachschrift des Briefes vom 16. August – »Ich komme mir wie verrückt vor« – wahrscheinlich als Ausdruck der fieberhaften Intensität seiner geistigen Arbeit, und nicht als Äußerung wirklicher Bedrückung zu lesen ist. In dieser Zeit litt er, wie es scheint, nicht unter dem Gefühl der Wertlosigkeit aller seiner Bemühungen, der Sinnlosigkeit des Lebens und der Sorge, von der er in einem seiner Briefe aus Cambridge schrieb. Dies ist zugleich die Zeit, in der er Russell (wie an anderer Stelle bereits erwähnt) darüber berichtet, wie sehr ihn Tolstois *Hadschi Murat* beeindruckt hat.[94]

Der Brief, in dem er darüber berichtet, wurde in Hallein geschrieben, wo Wittgenstein bei seinem Onkel Paul wohnte. Paul Wittgentein war der älteste Sohn Hermann Cristians. Er hatte sein Jurastudium abgebrochen, um dem Vater bei der Verwaltung der Güter zu helfen, und dann dessen Geschäft übernommen. Diese Arbeit tat er mit Erfolg, aber ohne Begeisterung, die er vielmehr der eigenen Malerei und den Werken der Sezession vorbehielt, die er als bedeutender Mäzen unterstützte. Er besaß Geschmack, kleidete sich gut und war in seiner Jugend ein gutaussehender Mann gewesen. Er war zwar leicht aufbrausend, aber herzensgut. Er lebte viel freizügiger und war weit umgänglicher und in seinem Verhalten zugänglicher als die meisten seiner Geschwister. In den Jahren von Karls letzter Krankheit war er der Familie eine ganz besondere

94 Ebd. Zu Hadschi Murat s. oben S. 67.

Stütze und setzte sich wahrscheinlich dafür ein, daß Ludwig eine Zeitlang aus der notgedrungen gespannten Atmosphäre auf der Hochreith herauskonnte. Es gibt weitere Beispiele dafür, daß er seinen Neffen mit väterlichen Augen betrachtete und ein Gespür dafür hatte, wann er unter seelischen Problemen litt, die dem Blick der übrigen Angehörigen, die einen ziemlich hohen Grad innerer Spannung für normal erachteten, entgangen waren. Überdies hatte er in seiner recht romantischen Phantasie Gefallen gefunden an Ludwigs hingebungsvoller Beschäftigung mit philosophischen Fragen und wollte ihm in jeder Hinsicht den Rücken stärken. Aus Österreich kehrte Wittgenstein Anfang September für ein paar Tage nach England zurück, um noch einiges für seine Wohnung in Cambridge einzukaufen, ehe er sich auf die Ferienreise begab. Als erster Gast wohnte er in Russells Wohnung in Bury Street, und wieder war Russell von seiner Begabung beeindruckt. In einem Brief an Lady Ottoline vom 4. September heißt es: »Ein gewaltiger Gegensatz zwischen ihm und solchen Möchtegerngenies wie den Stephens und Stracheys! Nach kürzester Zeit hatten wir uns in die Logik gestürzt und stritten uns großartig. Er hat ein ganz ungewöhnliches Vermögen zu sehen, wo die wirklich wichtigen Probleme liegen.« Russell drängte Wittgenstein, er solle mit dem Schreiben nicht warten, bis er *alle* Probleme gelöst habe, denn *der* Zeitpunkt werde nie kommen. Diese Ermahnung bewirkte, wie er am 5.9. an Lady Ottoline schreibt, »einen wilden Gefühlsausbruch. Er empfindet wie ein Künstler und meint, entweder werde er etwas Vollkommenes schaffen oder gar nichts. Ich erklärte ihm, daß er keinen akademischen Abschluß erlangen und nicht lehren könne, sofern er es nicht lernt, unvollkommene Sachen zu schreiben. Das machte ihn immer zorniger. Schließlich flehte er mich feierlich an, ihn nur ja nicht fallenzulassen, wenn er mich enttäuschte.« Nur Wittgensteins Gesundheit erschien Russell bedenklich. Er hatte das Gefühl, Wittgensteins Leben sei äußerst gefährdet. Außerdem meinte er (wofür es sicher keinen physiologischen Anhaltspunkt gab), Wittgenstein sei im Begriff, taub zu werden.

Die Entscheidung, nach Island zu fahren, mochte zwar aus dem Rahmen fallen, doch vielleicht konnte die Reise der

Gesundheit zuträglich sein – was sich auch bewahrheitete. Wittgenstein, den das Reisen stets nervös machte, gab den ganzen Plan zwar beinahe auf, als er von seinem Bruder hörte, in diesem Jahr sollte es dort besonders kalt sein, doch Pinsent gelang es, ihm das Zögern auszureden, und so vollzog sich ihr Aufbruch mit einem gewissen Gepränge. Jeder der beiden verfügte über 145 Pfund Bargeld, das theoretisch von Wittgensteins Vater stammte, und Wittgenstein hatte Kreditbriefe im Werte von weiteren 200 Pfund dabei. Sie reisten stets erster Klasse (was damals überhaupt Wittgensteins Gewohnheit gewesen zu sein scheint) und übernachteten in den besten Hotels. Auf dem Schiff, über dessen Winzigkeit Wittgenstein entrüstet war, hatte jeder eine Doppelkabine. Wittgensteins Gepäck umfaßte drei Schrankkoffer, und er war entsetzt, als er bemerkte, daß Pinsent nur einen hatte, weshalb er ihn überredete, in Edinburgh verschiedene weitere Gegenstände zu kaufen. Sie gaben üppige Trinkgelder, und auf die weniger verwöhnten Islandreisenden wirkten sie mit ihren vielen Ponys wie eine ganze Kavalkade. Ergab sich ein besonderer Anlaß, so wurde er mit dem jeweils erreichbaren Champagner gefeiert. Kurz, an harmlosem Luxusaufwand, durch den sich die Reichen damals einen gerade wegen der bescheidenen Umstände gewählten Ferienaufenthalt behaglicher zu gestalten gewohnt waren, wurde keineswegs gespart.

Die Ferien selbst, über die Pinsent in seinem Tagebuch detailliert berichtet, verliefen, wie solche Ferien halt zu verlaufen pflegen: Auf dem Schiff gab es die üblichen Gesellschafts- und Kartenspiele; auf der Reise fand man hin und wieder ein Klavier, so daß man Schubert spielen konnte; gelegentlich stieß man auf gesprächige und mitunter auf zudringliche Mitreisende. Da gab es den Führer, der sich auskannte; die Ponys, die mit sicherem Schritt ihren Weg fanden; die befremdliche, baumlose Landschaft; das Nordlicht; den großen Geysir, der nicht ausbrechen wollte, obwohl sie mehrere Tage darauf warteten; die wechselhafte Verpflegung und die mitunter unzulänglichen Betten; die Photographien, die nachts entwickelt wurden. Beide ärgerten sich oder wurden nervös, sobald etwas schiefzugehen schien, doch beide ließen sich leicht wieder in gute Laune versetzen. Wittgenstein war auf Reisen nicht sonderlich robust. Auf dem Schiff blieb er, sofern er nicht geradezu seekrank war, dennoch häufig in seiner Kabine. Auf dem Lande wurde sein Magen nicht immer mit den ungewohnten Speisen fertig. Beim Herumklettern in den Felsen wurde er äußerst nervös und bat Pinsent immer wieder, doch nur ja nicht sein Leben aufs Spiel zu setzen. Später scheint er sich mitunter willig abgefunden zu haben mit entbehrungsreichen Situationen, doch in seinem Element fühlte er sich dabei sicher nicht. Die beiden Freunde teilten ihre Zeit sorgfältig ein und dachten auch daran, daß der eine vielleicht einmal ohne den anderen loswandern wollte. Dennoch kam es immer wieder zu endlosen Gesprächen: über Personen, denen sie begegneten; über Leute, die sie kannten; über das »Spießertum« und so weiter.[95] Ein Anzeichen für eine gewisse »Spießigkeit« auf seiten Pinsents war vielleicht seine überaus verbindliche Art. Als sie einmal zu mehreren am gleichen Tisch sitzen mußten, unterhielt sich Pinsent mit einem »prächtigen Spitzbuben« und fand das höchst unterhaltsam. Wittgenstein dagegen konnte den Mann absolut nicht ausstehen, und so mußten sie Anweisung geben, daß sie ihre Mahlzeiten nicht an der Table d'hôte einnehmen wollten.[96] »Was übrigens gar nicht so absurd ist, wie man annehmen könnte», schreibt Pinsent in seiner Gutmütigkeit, »denn an der Table d'hôte werden die Mahlzeiten immer lächerlich spät serviert«. Dennoch war die Situation nicht ohne Peinlichkeit. Schließlich redeten sie auch über Wittgensteins Arbeit. Immer wieder frappiert Wittgensteins außerordentliche Fähigkeit, diejenigen Teile eines Fachgebiets zu erläutern, die sich ihrer Natur nach gründlich erfassen lassen. Später wird er zum Beispiel den Kindern von Freunden die Anfangsgründe der Arithmetik beibringen oder jemandem, der noch nie davon gehört hat, den Unterschied zwischen Deduktion und Induktion auseinandersetzen. Ebenfalls dahin gehört freilich auch die

95 Zwei dieser Gespräche werden oben S. 200 wiedergegeben.

96 Im 1. Band seiner Autobiographie (S. 64) erzählt Russell eine ähnliche Geschichte über ein Erlebnis auf einem Spaziergang mit Moore: »Zufällig trafen wir einen stämmigen Burschen, der über Petronius zu reden begann, an dessen Unanständigkeiten er sich höchlichst ergötzte. Ich ermunterte den Mann, den ich vom Typ her unterhaltsam fand, zu weiteren Äußerungen. Moore sagte kein Wort, bis der Mann fortging, und dann sagte er vorwurfsvoll: ›Dieser Mensch war ja schrecklich.‹«

Entscheidung, Volksschullehrer zu werden. Wie viele andere Mitglieder seiner Familie, hatte er einen starken Drang zum Erzieherischen. Daß sein eigenes Philosophieren – sei es in den Vorlesungen oder in den Schriften – soviel schwieriger nachzuvollziehen oder richtig zu begreifen ist, liegt also nicht etwa daran, daß es ihm an der Begabung oder am guten Willen gefehlt hätte. In seinem eigenen Philosophieren war er stets bestrebt, neue Einsichten zu vermitteln, die den Vorurteilen seiner Hörer oder Leser und sogar seinen eigenen Vorurteilen gegen den Strich gingen. Hier kam es also nicht darauf an, Schülern ein Verfahren vereinfacht vorzuführen oder sie darin zu schulen. In aristotelischer Terminologie könnte man sagen, daß seine Methode nicht apodiktisch, sondern dialektisch sein mußte. Doch wenn es darum ging, Pinsent die Grundlagen der Logik von Whitehead und Russell sowie ihre Definition der Zahl zu erklären, war die apodiktische Methode durchaus angemessen, ebenso wie dann, wenn er die Funktionsweise des Schiffsmotors erklärte, und Pinsent fand, er sei ein ausgezeichneter Lehrer.

Anfang Oktober kehrten die beiden nach England zurück; am 4. erreichten sie Birmingham. Die Nacht verbrachte Wittgenstein in Pinsents Elternhaus. Dort fanden sie eine große Gesellschaft vor, und sie besuchten, wie bereits geschildert, das letzte Konzert des Musikfestivals. Wittgenstein gab sich zunächst recht schüchtern, doch man sorgte dafür, daß er seine Befangenheit verlor, und Pinsent genoß es, ihn seinen Eltern vorzuführen: Dem Vater konnte er logische Probleme auseinandersetzen und mit der künftigen Dame Ellen über die Erziehung von Kleinkindern diskutieren. Am 5. Oktober schreibt Pinsent in sein Tagebuch: »So enden meine wunderbarsten Ferien bisher: Das Neue des Landes – frei zu sein von allen Gedanken daran, wie man sparen könnte – überhaupt all das Auf- und Anregende – das kommt zusammen, und dadurch wird es zu meinem schönsten Erlebnis.«

5. Cambridge 1912/13

Am 12. Oktober 1912 zog Wittgenstein in seine neue Wohnung, und Pinsent half ihm beim Umstellen der Möbel. Damit begann Wittgensteins erstes vollständiges Studienjahr in Cambridge, wo man schon damals über ihn munkelte. Naomi Bentwich, eine Schülerin Johnsons, erinnert sich,[1] daß allgemein der Eindruck herrschte, Wittgenstein habe das Leben eines reichen Mannes geführt, der alle guten Konzerte in London besuchte und die Collegezimmer in seinem eigenwilligen Stil neu einrichten ließ (es ging das Gerücht, er habe die Wände schwarz streichen lassen). Etwas Wahres war daran, denn, wie wir gesehen haben, ließ er sich die Möbel tatsächlich eigens anfertigen. In Pinsents Tagebuch wird ein Ausflug nach London geschildert, bei dem er Wittgenstein begleitete, um ein Konzert unter Steinbach zu hören. Übernachtet wurde im Grand Hotel.

Unter den Psychologen war Wittgenstein bereits eine bekannte Erscheinung, in musikalischen Kreisen ebenfalls, denn er besuchte nahezu jedes Konzert, das in Cambridge gegeben wurde. Nun versuchten weitere Mitglieder jener intellektuellen Aristokratie, die in der Society ihren Mittelpunkt sah, Wittgenstein kennenzulernen (vgl. S. 197). Durch Russell wurde er McTaggart, der in der Society die Rolle des elder statesman spielte, und Keynes vorgestellt, der (wie in vielen anderen Dingen) auch unter den »Engeln« wahrscheinlich der aktivste und tatkräftigste war. Russell berichtet darüber in einem Brief an Ottoline Morrell vom 31. Oktober 1912: »Gestern habe ich ihn mit Keynes zusammengebracht, aber es ist nicht gut gegangen. Wittgenstein war zu krank, um wirklich diskutieren zu können. Es ist komisch, wie die Gegenwart einer Person ein neues Licht wirft auf die Gesellschaft einer anderen. Keynes kam mir schlaff und verworren vor, er bewährte sich längst nicht so, wie ich es immer von ihm erwartet hatte. Dieser Eindruck ist nicht auf irgendwelche Äußerungen Wittgensteins zurückzuführen, denn er redete ja kaum, sondern es war der Effekt seiner bloßen

1 Persönliche Mitteilung an den Verfasser.

Gegenwart. Keynes verhält sich wie die Mehrheit der Menschen und akzeptiert eine Auffassung, ohne sich mit ihren Konsequenzen abzufinden, und deshalb nenne ich ihn schlaff. – Ich nahm Wittgenstein auch mit zu McTaggart, und das klappte besser, obwohl Wittgenstein nicht recht begreifen konnte, wie McTaggart es fertigbringt, an derartige Ungereimtheiten zu glauben.« Während die Begegnung mit McTaggart nur eine nebensächliche Begebenheit blieb, sollte das Zusammentreffen mit Keynes von größerer Bedeutung sein. Wie es scheint, waren beide ein wenig schüchtern bei dieser ersten Begegnung, oder besser gesagt: Es mag sein, daß Wittgenstein schüchtern war, während es eben zu Keynes' Stil gehörte, sich liebenswürdig und aufmerksam zu verhalten, um vor einem neuen Bekannten, den er gern richtig kennenlernen wollte, seinen Witz und seine Schlagfertigkeit zu verbergen. Russell, der zu dieser Zeit ein wenig unter Wittgensteins Bann stand, mißdeutete Keynes' Verhalten wahrscheinlich als Verworrenheit. Wittgenstein und Keynes fanden jedenfalls bald heraus, was sie voneinander zu halten hatten. Keynes hatte seinem Freund Duncan Grant zunächst eine weniger schmeichelhafte Schilderung gegeben, schrieb jedoch kurze Zeit später (am 12. November 1912): »Wittgenstein ist ein großartiger Mensch. Was ich über ihn gesagt habe, als ich Dich letztes Mal sah, stimmt überhaupt nicht. Er ist auch ungewöhnlich nett, und ich bin schrecklich gern mit ihm zusammen.« Dieser satirische, geistreiche, oft maliziöse Keynes konnte auch wohlwollend und scharfsichtig sowie neuen Ideen und Einflüssen zugänglich sein. Von allen Freunden Wittgensteins war er vielleicht der vielseitigste: Er war ein philosophisch gebildeter Ökonom, der, wenn er sich als Autor für etwas einsetzte, so überzeugend, elegant und knapp zu formulieren wußte, daß er keinem nachstand, und daneben war er als äußerst tatkräftiger und findiger Verwaltungsbeamter und Geschäftsmann tätig. Auf allen Gebieten, für die er sich interessierte, hatte er ein Gespür für das Beste und die Gewohnheiten des Kenners. Zum Vorschein kam diese Haltung in der Art, in der er Bücher sammelte, und – sobald er reich und eine wichtige Persönlichkeit geworden war – durch seine Förderung von Musikern und Malern (wobei seine Bloomsbury-Freunde freilich meinten, daß es auf diesem Gebiet nicht wirklich empfundene Begeisterung war, die ihn anregte, sondern eher intellektuelle Überzeugung). Doch auf keinem anderen Gebiet trat diese Haltung stärker in Erscheinung als bei der Wahl seiner Freunde. Während Wittgenstein ein »Sammler guter Menschen« war, hatte Keynes eher Sinn für das Ungewöhnliche und Erregende. Er war, um es mit den Worten seines ersten Biographen zu sagen, »ein Beobachter des menschlichen Charakters in allen seinen Formen«[2], als er Wittgenstein traf und sich von ihm faszinieren ließ. Sobald Keynes eine Freundschaft geschlossen hatte, half er dem anderen und setzte sich für ihn ein, sowohl durch seine Anteilnahme an dessen Arbeit und Ideen als auch in praktischer Hinsicht, etwa indem er ihm vorsorglich gab, was er brauchte, oder es so einrichtete, daß der Betreffende das Gewünschte bekam. So verhielt es sich auch mit Wittgenstein, nachdem sie beide ein gewisses anfängliches Zögern überwunden hatten. Sie konnten lange Gespräche führen über die Ideale jenes Cambridge, das Keynes verkörperte und dem Wittgenstein nur halb zugehörte. Wittgenstein wird es nichts ausgemacht haben, daß Keynes einen Hang zum Paradoxen hatte, unerhört übertrieb, häufig respektlose Dinge sagte, leicht die Geduld verlor, wenn jemand schwer von Begriff war, und obendrein Vorurteile hatte, während Keynes' Kollegen sich mitunter durch diese Eigenschaften irritieren ließen, die seinen Erfolg in der Welt außerhalb der Society behinderten, aber freilich nicht völlig zunichte machten. Auch die praktische Seite war wichtig. Für Wittgenstein wurde Keynes bald zum Repräsentanten des offiziellen Cambridge, zum Teil deshalb, weil Keynes' Vater der höchste Verwaltungsbeamte der Universität war, hauptsächlich aber deshalb, weil diese Aufgabe einfach zu ihm paßte. Er spielte in Wittgensteins Leben die Rolle eines Sachwalters: Er sorgte dafür, daß in der Zeit von Wittgensteins Kriegsgefangenschaft die Verbindung zu ihm hergestellt wurde; er steckte dahinter, als Ramsey in den zwanziger Jahren auf die Dörfer reiste, um Wittgenstein zu besuchen; 1925 ermöglichte er eine Reise Wittgensteins nach England; er sorgte dafür, daß er 1929

2 R. F. Harrod, *The Life of John Maynard Keynes*, London: Macmillan, 1951, S. 161. Eine vortreffliche Gesamtwürdigung von Keynes' Begabungen findet sich auf S. 646-650 von Harrods Biographie.

nach Cambridge zurückkehrte; 1935 vermittelte er zwischen Wittgenstein und der russischen Botschaft; er beriet ihn, als es 1938 um die Frage der Staatsbürgerschaft ging; und 1939 setzte er sich von allen Angehörigen der Berufungskomission am meisten dafür ein, daß Wittgenstein den Lehrstuhl erhielt. Zu dieser Zeit gab es allerdings keine langen Gespräche mehr über Ideen und Ideale, und Keynes' Rolle erinnerte eher an die eines Beraters, wie sie der Familie in Wien zur Verfügung standen, ähnlich dem Vorsteher der dortigen Kanzlei Wittgenstein. Wittgenstein nahm seine Freunde gern in Anspruch, wenn es um die Erledigung praktischer Angelegenheiten ging, und er brauchte sie dazu. Er wandte sich (»oft«, wie es heißt) an Pinsent, der die richtige Antwort auf eine verlorene Einladung oder dergleichen entwerfen sollte, und später ernannte er Gilbert Pattison zu seinem Buchhalter und Sachwalter. Dahinter standen ein gewisser Mangel an Sinn für das Praktische und die Gewohnheit, sich auf andere zu verlassen, sowie eine gewisse Scheu – er fühlte sich eben sicherer, wenn es einen Vermittler gab. Er meinte, A könne dem B seine Gründe oder Zweifel besser erklären als er selbst, auch wenn er B recht gut kannte. Schließlich gehörte es für ihn zu einer Freundschaft und spielte im Leben eine bedeutende Rolle, daß man sich gemeinsam mit einem Vertrauten über Entscheidungen und Maßnahmen beriet, seien sie nun wichtig oder trivial. Interessant ist, daß der andere diese Rolle auch dann noch wahrnehmen konnte, wenn die Freundschaft selbst aus irgendeinem Grunde längst nicht mehr so eng war. Wittgenstein zögerte nie, wenn es darum ging, einem jetzigen oder früheren Freund zu helfen oder ihn um Hilfe zu bitten, während er durchaus unschlüssig sein konnte, ob die Freundschaft selbst noch in Ordnung war. In diesem Zusammenhang sollte man seine Briefe an Keynes vom Juni und Juli 1913 lesen. Dort bittet er Keynes um Hilfe wegen der oben bereits dargestellten Spende für Johnson. In seiner Antwort bedauert Keynes offenbar, daß sie sich im Ostertrimester nicht öfter getroffen haben, worauf Wittgenstein erwidert: »*Mein* Grund, weshalb ich Sie im letzten Trimester nicht öfter gesehen habe, war der, daß ich unseren Umgang nicht fortzusetzen wünschte, ohne ein Zeichen von *Ihnen* zu erhalten, daß Sie damit fortfahren wollten« (16. Juli 1913). Mag sein, daß in diesem Brief eine gewisse Meinungsverschiedenheit in bezug auf die Society nachklingt.

Unter den Mitgliedern der Society, auch unter den Ehemaligen, die aus Bloomsbury herbeikamen, herrschte 1912 die Ansicht, Russell habe versucht, seinen Freund Wittgenstein für sich zu behalten und das übrige Cambridge davon auszuschließen. Nach Michael Holroyds Darstellung vertraten zum Beispiel Moore und Desmond McCarthy diese Ansicht (wobei allerdings zu berücksichtigen ist, daß McCarthy Wittgenstein kaum kannte).[3] Nach Auffassung dieser Gewährsleute war es nur Keynes' Eintreten zu verdanken, daß Wittgenstein mit der Society in Berührung kam. Lytton Strachey jedenfalls war tatsächlich dieser Ansicht. An Saxon Syndney-Turner schreibt er am 20. Oktober 1912: »[Russell] hat Wittgenstein für sich behalten, bis Keynes darauf pochte, er wolle ihn auch zu Gesicht bekommen, und sofort sah, daß er ein Genie vor sich hatte ... [Russell meinte], die Society sei derart heruntergekommen, daß sich Wittgenstein bestimmt weigern würde, dazuzugehören.« Dennoch ist die ganze Idee unrealistisch, und es nimmt nicht wunder, daß sich Russell, von Holroyd danach gefragt, nicht zu erinnern vermochte, wegen dieser Geschichte gekränkt gewesen zu sein. Wittgenstein hatte alle möglichen Verbindungen in Cambridge und stand in keinem Sinne unter der Fuchtel Russells. Richtig – und unabhängig von Russells späteren Erinnerungen nachgewiesen – ist, daß Russell es damals für verfehlt hielt, Wittgensteins Aufnahme in die Society in Betracht zu ziehen, denn dieser würde die Society langweilig finden oder sich weigern, etwas damit zu tun zu haben, und das würde dann irgendwelchen Ärger nach sich ziehen. Wie wir in Kürze sehen werden, hatte Russell damit in gewissem Maße recht. Doch von der Eifersucht, die die Bloomsbury-Freunde mit allzu scharfem Blick zu sehen meinten, findet sich in den Briefen an Lady Ottoline keine Spur.

Besonders verwunderlich ist, daß Moore gemeint haben soll, Russell habe sich im Hinblick auf Wittgenstein possessiv verhalten, denn gerade zu diesem Zeitpunkt wurde Moores eigene Beziehung zu Wittgenstein weit enger, obwohl sie anfangs

3 Michael Holroyd, *Lytton Strachey*, Bd. 2, S. 71.

durchaus nicht unter einem guten Stern stand: Wittgenstein besuchte zunächst, wie schon im vorigen Jahr, Moores Vorlesungen über Psychologie, fand jedoch ähnliche Mängel wie die, welche ihm während der Sommerferien die *Principia Ethica* verleidet hatten (vgl. S. 182). Zu Russell sagte er nun, Moore habe nicht nur diese Eigenheit, sich ad nauseam zu wiederholen, sondern überdies den Hang, seine Zeit mit unwichtigen Problemen zu vertun. »Er *liebt* Moore«, schreibt Russell am 15. Oktober an Ottoline Morrell, »aber er bewundert ihn nicht im gleichen Maße wie die übrigen«. Am 18. Oktober ging Wittgenstein im Anschluß an die Vorlesung zu Moore, um ihm zu sagen, er solle sich gefälligst zusammenreißen – so sprach der philosophische Anfänger zu dem fünfzehn Jahre Älteren. Moore reagierte überaus sanftmütig und versprach Besserung, soweit er dazu imstande sei. An seiner Hochschätzung für Wittgenstein änderte sich (wie er Desmond McCarthy berichtete) nichts.[4] In einem von Moore selbst angefertigten Tagebuchauszug heißt es apropos Wittgenstein: »Er kam zu ein oder zwei Vorlesungen, doch dann stellte er mich ungestüm zur Rede, weil ich soviel Zeit auf den Versuch verwendete, Wards Auffassung, die Psychologie unterscheide sich nicht nur durch ihren Gegenstandsbereich, sondern ausschließlich durch den Ausgangspunkt ihrer Betrachtung von der Physik, zu begreifen und zu widerlegen. Wittgenstein meinte, ich sollte meine eigenen Ansichten darstellen und nicht diejenigen anderer Leute attackieren. Daraufhin kam er nicht mehr zu meinen Vorlesungen, war aber dennoch ganz liebenswürdig, besuchte mich in meiner Collegewohnung und lud mich seinerseits ein.« Dieser Bericht wird durch Moores eigentliche Tagebücher aus dieser Zeit bestätigt.[5] Die beiden kamen jetzt häufiger zusam-

4 Diese Informationen stammen aus Russells Brief an Ottoline Morrell vom 24. Oktober 1912.

5 Diese Tagebücher sowie die bereits genannten Auszüge wurden mir mit der freundlichen Erlaubnis Dorothy Moores von Paul Levy gezeigt. Die eigentlichen Tagebücher beziehen sich nur auf diese Jahre der Vorkriegszeit. Die späteren Tagebücher aus der Zeit seiner Ehe scheint Moore vernichtet zu haben, nachdem er – vermutlich – alle Einträge, die Wittgenstein betrafen, kopiert hatte. Das obige Zitat ist eine Art Vorbemerkung zu diesen Auszügen und dürfte seine Erinnerungen einbeziehen. Der tatsächliche Eintrag vom 18. Oktober 1912 lautet wie folgt: »W kommt nach der Vorlesung zu mir und

men, etwa zweimal in der Woche, und zwar nach Verabredung, was in Moores Freundschaftsbeziehungen sonst selten geschah. Es gab auch ungeplante Zusammentreffen, etwa bei Konzertbesuchen, bei Russell oder anläßlich einer Dinnerparty. Wittgenstein kam gewöhnlich zum Tee oder nach dem Abendessen. Dann »versuchte er zu erklären«, was es mit Russells Theorie der Klassen auf sich hatte, wie Russell und er selbst nun über den Urteilsstrich oder über Sinn und Bezug propositionaler Symbole dachten, oder welches seine Einwände waren gegen Russells Theorie der Identität. Es war jedoch nicht üblich, daß sie die ganze Zeit über Philosophie redeten[6]; wohl um die Freundschaft nicht aufs Spiel zu setzen, kamen sie zuerst oder im Laufe der weiteren Unterhaltung auf Musik, deutsche Lyrik, Russell, Johnson oder sonst einen Freund zu sprechen. Musik und Lyrik waren die beiden großen Lieben in Moores Leben. Der Dichter Thomas Sturge Moore war sein Bruder, und einer seiner beiden Söhne wurde ebenfalls Dichter, der andere Musiker. In seiner Autobiographie berichtet er, wie sehr er sich schon in der Schule für Musik, besonders für Schubertlieder begeisterte.[7] Er hatte eine angenehme Tenorstimme und pflegte Wittgenstein vorzusingen, was dann ziemlich lange dauern konnte: bei einer Gelegenheit »viele Lieder« aus der Winterreise, ein andermal Brahms' »Mein Mädel« und »Vier ernste Gesänge« – in beiden Fällen also keine bloßen Intermezzi. Es kam auch vor, daß sie zusammen Kammermusik spielten, wobei Wittgenstein, wie üblich, eine der Stimmen pfiff.

sagt, meine Vorlesungen seien sehr schlecht geworden. Dann gehen wir über zum Thema Definition, und er bleibt bis 3.« Die oben genannte These Wards findet sich in dessen Artikel »Psychology« in der Encyclopaedia Britannica, 11. Aufl., Bd. 22, S. 548. In seiner »Autobiography« nennt Moore diesen Text als einen von mehreren, die er seiner Vorlesung zugrunde legte. Ferner sagt er dort allgemein, der Hauptanreiz des Philosophierens sei für ihn von den Äußerungen anderer Philosophen über die Welt oder die Wissenschaften ausgegangen (vgl. Schilpp (Hg.), *The Philosophy of G. E. Moore*, S. 13 u. 29.

6 Daher notiert Moore am 31. Januar 1913 gerade wegen des Ausnahmecharakters, er sei »nach Verabredung von 4 1/2 bis 7 3/4 bei Wittgenstein zum Tee« gewesen, und Wittgenstein habe »die ganze Zeit über Wahrscheinlichkeit geredet«. Daß das Teegespräch so lange dauerte, war allerdings keine Ausnahmeerscheinung.

7 Moore, »Autobiography«, S. 6ff.

Moore hatte wenig Selbstvertrauen: Es ist zwar unvorstellbar, daß Moore schriftlich oder in der Diskussion etwas gebilligt hätte, ohne überzeugt zu sein, es auch verstanden zu haben, doch er war willens zu glauben, Wittgenstein müsse selbst dann recht haben, wenn er für sein Teil ihn nicht zu begreifen vermochte. Wie aus seinen Tagebüchern hervorgeht, hatte er, was gesellschaftliche Beziehungen anbelangte, ebenfalls wenig Selbstvertrauen: Er sah es gern, wenn das Gespräch »gut lief«, während er sich unbehaglich fühlte, wenn Schweigen eintrat und er selbst zum Beispiel außerstande war, einen Tischnachbarn zum Reden zu bringen. Doch ebendeshalb war er so wohlgelitten. Seine Einsichten und seine scharfsinnigen Antworten wurden deshalb um so mehr gewürdigt, weil er, ganz im Gegensatz zu Keynes und Russell etwa, nicht bewußt eine Rolle spielte. Und in der Zeit vor dem Ersten Weltkrieg bewies er vor allem in seiner persönlichen Beziehung zu Wittgenstein wenig Selbstvertrauen. So notiert er am 24. Mai 1913 in seinem Tagebuch: »Im Musikverein, sitze hinter Wittgenstein; bilde mir ein, daß er etwas gegen mich hat.« Folgende Stelle gibt überdies Aufschluß über die gesellschaftlichen Beziehungen, die Wittgenstein damals pflegte: »Souper bei Robertson. Gehe zusammen mit Hardy, W. und Miss T. Jones hin. Hardy redet zunächst über Hypnotismus, worüber ich ihn gerade informiert habe, und auch W. redet während des Essens angenehm über dieses Thema. Anschließend geht es um Hill und Vivisektion. Später singe ich, fürchte aber, daß es W. nicht gefallen hat. Danach reden wir über moralische Fragen, und W. wirkt beunruhigt. Ich bleibe, bis Hardy zu reden aufhört, also bis nach elf. W. geht vor uns davon, fürchte deshalb, daß er etwas gegen mich hat.«[8]

Daß Wittgenstein Moores Vorlesungen kritisierte, ist jedoch gar kein Anhaltspunkt dafür, daß er sein Vertrauen zu ihm verlor. Im Gegenteil, gerade zu dieser Zeit brachte Wittgenstein ein Vorhaben in Gang, das dazu führen sollte, Moore »als eine Art Diktator des Moral Sciences Club« einzusetzen, wie Moore selbst es formulierte, als er zum ersten Mal davon hörte.

8 Donald Robertson war mit Hardy befreundet; er hatte vor kurzem geheiratet und wurde später Professor für Griechisch. Miss Jones war Principal des Girton College; ihr Fach war Philosophie. Zum Thema Hypnotismus s. u. S. 167.

Wittgenstein hat diesen Debattierklub stets gern aufgesucht. (Sehr viel später allerdings, als er in Cambridge lehrte, gab es Zeiten, in denen es vorteilhaft erschien, sich von den Sitzungen fernzuhalten.) Seine vor allem durch Russells Briefe überlieferten damaligen Äußerungen über den Club sind freilich eher negativer Art. Daß sich Wittgenstein in seinen Mitteilungen an Russell darüber ausließ, wie sehr er es haßte, wenn die Leute um des bloßen Effekts willen redeten, und daß er Vorwände, Ausweichen vor einmal gestellten Fragen und Tiraden nicht ausstehen konnte, war weit naheliegender, als daß er seiner Begeisterung über die lohnenden Seiten dieser Diskussionen Ausdruck verlieh. Besonders streng kritisierte er die zwei oder drei Mitglieder, die Geistliche waren, und in diesem Fall neigte er, wie Russell meinte, zu der Auffassung, Verwirrung laufe auf das gleiche hinaus wie Unaufrichtigkeit. Dennoch war Wittgenstein der Ansicht, bei den Sitzungen könne etwas herauskommen, vor allem, wenn man sie weniger dazu benützte, Referate zu halten und zu hören, sondern in erster Linie, um zu diskutieren.

Wittgenstein machte den Vorschlag, einen Diskussionsleiter zu wählen und die Redezeit für alle Referate auf sieben Minuten zu begrenzen; dieser Vorschlag wurde am 15. November angenommen. Ferner wurden zusätzliche, außerordentliche Sitzungen ins Leben gerufen, an denen Mitglieder mit M. A.-Titel nicht teilnehmen durften. Diese Einrichtung ist in der Geschichte des Clubs des öfteren wiedereingeführt worden und diente später natürlich auch dem Zweck, Wittgenstein selbst auszuschließen. 1912 gehörte diese Vorkehrung jedenfalls nicht zu seinem Vorhaben, und er sprach sich heftig dagegen aus, wobei er sich nach Russells Auffassung durch seine Abneigung gegen den »Pfarrer«, der den Antrag gestellt hatte, zu dieser Haltung verleiten ließ. Nach Russells Meinung war die Begründung des Geistlichen – nämlich daß die Jüngeren im Beisein Moores und Russells nicht zu reden wagten – durchaus triftig, doch Wittgenstein betrachtete die beiden Älteren sicher als eine Art Schutzwall gegen Leute vom Schlage des Antragstellers. Moore wurde, wie nicht anders zu erwarten, zum Diskussionsleiter der normalen Sitzungen gewählt.

Am 22. November fand eine außerordentliche Sitzung statt,

bei der ein gewisser W. Tye sprach, doch die erste ordentliche Sitzung gemäß der neuen Satzung wurde am 29. November unter Moores Leitung in Wittgensteins Zimmer abgehalten. Das in der Handschrift von Wittgensteins Freund Dorward vorliegende Protokoll ist nicht uninteressant: »Mr. Wittgenstein hielt ein Referat mit dem Titel ›Was ist Philosophie?‹ Dieses Referat dauerte nur 4 Minuten, womit der bisher von Mr. Tye gehaltene Rekord um beinahe zwei Minuten unterboten wurde. Philosophie wurde definiert als die Gesamtheit aller Elementarsätze, die von den verschiedenen Wissenschaften ohne Beweis als wahr vorausgesetzt werden. Diese Definition wurde ausführlich diskutiert, doch generell bestand keine Neigung, sie gelten zu lassen. Die Diskussion wurde überaus sachlich geführt, und der Vorsitzende brauchte nicht häufig einzugreifen.«[9] Besonders bedeutsam hieran ist vielleicht die implizite Gleichsetzung von »Philosophie« und Logik. Wie es scheint, zog Wittgenstein damit die ersten Konsequenzen aus seiner bereits genannten Erkenntnis, daß sich alle Probleme der Logik auf das Wesen des Atomsatzes zurückführen lassen. Die Logik ist demnach keine Wissenschaft einer speziellen Menge von Gegenständen – also nicht eine Wissenschaft, die zum Zuge kommt, sobald etwa die Allgemeinheit oder die Implikation eingeführt sind –, sondern in ihr geht es um die Voraussetzungen aller Aussagen überhaupt. So aufgefaßt, würde sie jeder Wissenschaft gleichermaßen als Bestandteil angehören.[10] Dabei steht die Vorstellung, daß die Grundsätze der Logik zu den Prinzipien jeder Wissenschaft gehören, durchaus in Einklang mit der Tradition. Neu sind (sofern unsere Wittgensteindeutung in beiden Hinsichten zutrifft) nur die Gründe für diese Auffassung sowie die Ansicht, daß die Wissenschaften außer der Logik keine unbewiesenen Voraussetzungen enthalten.

9 Photokopien der Protokolle von Sitzungen des Moral Sciences Clubs verdanke ich dem damaligen Bibliothekar des Philosophischen Fachbereichs der Universität Cambridge, D. H. Mellor.

10 Die hier wiedergegebene Auffassung läßt sich natürlich auch anders interpretieren: So könnte man annehmen, die Philosophie bestehe aus den verschiedenen Grundsätzen, die die Einzelwissenschaften a priori voraussetzen, oder schließe diese Grundsätze ein. Die hier gegebene Deutung kommt jedoch den übrigen Ansichten Wittgensteins aus dieser Zeit am nächsten, soweit diese Ansichten bekannt sind.

Dieser Gedanke als solcher legt allerdings keine Erklärung nahe, aus der hervorginge, weshalb die Wahrheiten der Logik wahr sind. Bei seinen Versuchen, eine solche Erklärung zu entwickeln, erkannte Wittgenstein schon bald, daß die Sätze der Logik von allen anderen verschieden sind. Im Sommer 1913 formulierte er diese Erkenntnis so: »Die Philosophie ergibt keine Bilder der Wirklichkeit«, und nachdem er im *Tractatus* die Behauptung aufgestellt hat, daß die Gesamtheit der Sätze, welche das Bestehen und Nichtbestehen der Sachverhalte richtig darstellen, die Naturwissenschaft bildet, fährt er fort, indem er die Philosophie wie folgt von den Naturwissenschaften unterscheidet: »4.111 Die Philosophie ist keine der Naturwissenschaften. (Das Wort ›Philosophie‹ muß etwas bedeuten, was über oder unter, aber nicht neben den Naturwissenschaften steht.)« Demnach ist die Philosophie nicht nur keine Einzelwissenschaft, sondern gehört gar nicht zu den übrigen Wissenschaften und bildet auch nicht einen gemeinsamen Bestandteil aller dieser Wissenschaften.

Moore war nicht sonderlich angetan von Wittgensteins Vortrag, und Russell (der verhindert war, am Anfang der Sitzung teilzunehmen) hatte den Eindruck, daß Wittgenstein vielleicht deshalb niedergeschlagen war. Am 30. November schreibt er an Lady Ottoline: »Dann ging ich zur Sitzung, um noch den Schluß der Diskussion über Wittgensteins Referat mitzukriegen, und nachdem die übrigen gegangen waren, verwickelte er mich in eine Auseinandersetzung über seine Schwächen – er ist besorgt, weil er so unbeliebt ist, und er fragte mich, woran das läge. Diese schwierige Unterhaltung wurde (seinerseits) mit Leidenschaft geführt und dauerte bis 1.30 Uhr, weshalb ich nicht sehr ausgeschlafen bin. Er stellt große Ansprüche, aber es lohnt sich wirklich. Er ist ein wenig zu arglos, doch ich fürchte, manche seiner trefflichen Eigenschaften zu verderben, wenn ich zuviel sage, um ihm etwas von dieser Arglosigkeit zu nehmen.« Wittgensteins Art, die Menschen zu beurteilen und mit ihnen umzugehen, hatte damals wirklich etwas Einfältiges, Naives, das sich etwa in seiner Intoleranz ausdrückte, die ihn zum Beispiel annehmen ließ, ein Geistlicher, der sich durch Winden und Drehen gewisse Fragen vom Leibe halten wollte, sei »das dümmste, böseste, wertloseste Geschöpf, das je gelebt hat«, so daß sich Russell vor die ungewohnte Aufgabe gestellt sah, ihm vorzuhalten, daß man Leute mit unklaren Gedanken trotzdem nicht falsch beurteilen dürfe. Noch stärker kam die Naivität darin zum Ausdruck, daß er nicht merkte, daß wahrscheinlich nur ein so kindlich argloser Mensch wie Moore aus seiner radikalen Kritik Nutzen zöge.

Pinsent berichtet in seinem Tagebuch (November 1912) darüber, wie Wittgenstein den studierenden Mönch F. dazu anzuhalten versuchte, ein gutes Buch über eine exakte Wissenschaft zu lesen (vgl. S. 186). Im Anschluß an die Schilderung dieser Szene fährt Pinsent fort: »Freilich wäre das sehr gut für F. – genauso wie für jeden anderen auch. Doch Wittgenstein verhielt sich äußerst anmaßend, sagte ihm überdeutlich, was er von ihm hielt, und redete überhaupt, als wäre er der Professor. F. regte sich nicht weiter auf – offenbar hielt er Wittgenstein für verrückt.« Daß Wittgenstein diesen F. tadelte, führte, wie Russell es nannte, zu einem »Streit« zwischen Wittgenstein und North Whitehead. Kein Wunder daher, daß Pinsent keinen Kniff scheute, um einen gewissen C. loszuwerden, einen »unbedarften Esel«, den Wittgenstein sicher nicht hätte ausstehen können. In dieser Situation bestand daher die Möglichkeit, sich unbeliebt zu machen. Dennoch gelang es Wittgenstein, sich mit vielen Zufallsbekannten lebhaft zu unterhalten, worüber Pinsent mitunter erstaunte. Als der inzwischen vierzigjährige Wittgenstein später nach Cambridge zurückkehrte, lernte beziehungsweise beschloß er nach ein oder zwei Jahren, seinen Umgang auf diejenigen zu beschränken, mit denen er wahrscheinlich gut auskommen konnte. Dadurch wurde er zum einsiedlerischen Wittgenstein der Legende, woraus sich für diejenigen, die er sich bemühte kennenzulernen, manche Überraschung ergab. Doch vor dem Ersten Weltkrieg, als er noch jugendlichen Optimismus (ebendie von Russell bemerkte Arglosigkeit) besaß, mußten sich alle seine Freunde, ob sie zu ihm paßten oder nicht, seine Heftigkeit bei Auseinandersetzungen und seine Aufrichtigkeit gefallen lassen. Von der Mehrzahl der gescheiten Studenten stach er ab durch sein exzentrisches Verhalten, seine freimütigen Äußerungen, seine größere Erfahrung, seinen offenbaren Ernst (wie schon bemerkt, war der unkomplizierte Humor, der für seine späteren Freundschaften charakteristisch wurde, damals noch nicht zum Vorschein gekommen, anscheinend nicht einmal in seiner Beziehung zu Pinsent). Es gibt jedoch keine Hinweise darauf, daß er regelrecht unbeliebt war. North Whitehead scheint ihn einfach nicht gemocht zu haben, und die Sympathie der älteren Whiteheads mußte er sich erst allmählich erwerben, doch zumeist scheint man seine Wunderlichkeiten, wie Pinsent implizit sagt, den Marotten zugerechnet zu haben, die Ausländern so leicht nachgesagt werden. Auf jeden Fall wurde er als munterer Gast offenbar ebenso geschätzt wie als beherzter Referent und Diskussionspartner in den verschiedenen Debattierklubs.

In diesem November wurde Wittgenstein in die Society gewählt. Das Vorhaben war Lytton Strachey und anderen schon im Mai in den Sinn gekommen (S. 197), doch nun nahm Keynes die Sache in die Hand und brachte sie zum Abschluß. Formal wurde die Wahl von den »aktiven Mitgliedern«, also den Studenten in der Society, vorgenommen, doch ausschlaggebend war offenbar der Einfluß der »Engel«, der Ehemaligen, die noch an den Sitzungen teilnahmen. Und von diesen »Engeln« waren viele mit Wittgenstein befreundet oder bewunderten ihn sogar: Russell, Moore, Hardy und Keynes selbst. Von Whitehead, McTaggart, Sheppard, Shove und Lytton Strachey war er in Augenschein genommen worden. Strachey neigte jetzt allerdings zu der Auffassung, Wittgenstein sei eine »schreckliche Nervensäge«. Als die Ereignisse im Zusammenhang mit der Wahl später peinlich wurden, schrieb er: »Der arme Pozzo! Wird er's denn nie lernen?«[11] Was die jüngeren Mitglieder davon hielten, läßt sich vielleicht anhand von James Stracheys Brief an seinen Bruder (vom 3. November 1912) beurteilen. Dort heißt es, Rupert Brooke, Keynes und Gerald Shove »wollten ihn unbedingt dabeihaben, obwohl sie ihn alle unsagbar unausstehlich finden«.[12] Die Society wollte

11 Aus einem Brief an James Strachey, geschrieben im November 1912. Danken möchte ich auch hier Paul Levy, der mir nicht nur diesen Briefwechsel gezeigt hat, sondern auch den zwischen Keynes und Duncan Grant, Keynes und Lytton Strachey, Moore und Lytton Strachey, James Strachey und Rupert Brooke. »Pozzo« war Lyttons Spitzname für Keynes (nach Pozzo di Borgo).

12 Rupert Brooke hatte Wittgenstein damals noch nicht kennengelernt.

als Mitglieder allerdings keine schlichten Gemüter und angenehmen Gesellen; um hervorragende und unabhängige Personen zu gewinnen, lohnte es sich, ein wenig Widerborstigkeit in Kauf zu nehmen. In ähnlich überspanntem Ton schrieb Lytton Strachey am 20. November, also nach der Wahl, an Keynes: »Besonders erquicklichen Eindruck machten mir die vielverheißenden Zukunftsaussichten. Unsere Brüder B. und Wittgenstein sind so boshaft und unser Bruder Békássy so lieb, daß unsere Gemeinschaft jetzt in die vordersten Fortschrittsgefilde losstürmen sollte. Sonntag nacht habe ich noch bei B. vorbeigeschaut, und mir kam er so gehässig vor wie Rupert [Brooke] in seinen besten Zeiten. Das gab mir richtig Auftrieb!«
Zunächst mußte jedoch Wittgenstein selbst davon überzeugt werden, daß es sich lohnte, der Society beizutreten. Ihre Eigenarten und ihre Geschichte wurden ihm zweifellos von Russell erläutert. Die Society war eine kleine Gemeinschaft, jedes Jahr wurden durchschnittlich ein bis zwei neue Mitglieder aufgenommen. Russell schreibt in seiner Autobiographie (S. 68-70): »Die Society existiert seit 1820, und die meisten Männer von geistiger Bedeutung, die seither in Cambridge studiert haben, waren auch Mitglieder der Society.« Die Zusammenkünfte fanden stets am Samstagabend statt. Eines der Mitglieder hielt dann einen Vortrag, und von jedem der Anwesenden wurde erwartet, zur anschließenden Diskussion beizutragen. Russell schreibt: »Ein Grundsatz dieser Diskussionen war, daß keine Tabus und keine Grenzen gelten durften; nichts sollte als schockierend, nichts als Schranke der absoluten Spekulationsfreiheit angesehen werden. Wir sprachen über alle möglichen Themen, zweifellos mit einer gewissen Unreife, doch zugleich mit einer Unvoreingenommenheit und einer Anteilnahme, wie sie im späteren Leben kaum noch möglich sind.« Heute liegen zahlreiche Schilderungen der Society vor. Harrod zitiert in seiner Keynes-Biographie eine Beschreibung von Dean Merivale (einem Zeitgenossen Tennysons), eine weitere von Henry Sidgwick und fügt, als Außenstehender, seine eigene Darstellung hinzu. Auf Russells Schilderung haben wir uns hier bereits berufen. Das im strahlendsten Goldlicht gemalte Bild der Society dürfte E. M. Forsters Beschreibung aus seinen Erinnerungen an Lowes Dickinson sein:

Kurz bevor Lowes Dickinson Fellow wurde, war er in einen jener Debattierklubs aufgenommen worden, die in Cambridge auch heute noch in Blüte stehen und im geistigen Leben dieser Stadt eine bedeutende Rolle spielen. Diese Gesellschaften sind einander eigentlich alle recht ähnlich. Ihre Mitglieder sind fortgeschrittene Studenten oder jüngere Dozenten. Sie treffen sich an einem bestimmten Abend in der Wohnung eines der Mitglieder, ein Vortrag wird gehalten, Lose werden gezogen, um die Reihenfolge der Repliken zu bestimmen, die Reihenfolge wird eingehalten oder ignoriert, das Thema wird fortgeführt oder aus den Augen verloren, und zum Schluß antwortet der Vortragende seinen Kritikern, wobei er Erfrischungen herumreicht, etwa Sardellen auf Toast oder Walnußtorte. Manche dieser Debatten haben eine Tendenz zum Logischen, andere sind informativ oder spaßig, doch Förmlichkeit wird stets vermieden, Präsident und Sekretär kommen möglichst wenig zum Zuge, und es wird kein Versuch gemacht, sich wie Advokaten oder Parlamentsabgeordnete zu verhalten. Die jungen Männer streben nicht nach Sieg, sondern nach Wahrheit, sie sind bereit, einer Meinung abzuschwören, wenn sie als unhaltbar erwiesen wird, sie versuchen nicht, den anderen eins auszuwischen, und sie halten die Schüchternheit nicht für einen zu hohen Preis für ihre Integrität. Dies ist nach Auffassung einiger Beobachter auch der Grund, warum Cambridge eine vergleichsweise geringe Rolle gespielt hat, als es darum ging, die Welt zu beherrschen. Freilich, was diese Gemeinschaften darstellen, ist das genaue Gegenteil des Rotariergeistes. Niemand, der ihren Einfluß gespürt hat, wird jemals ein kontaktfreudiger Geselligkeitsmensch oder ein Jasager werden. Wirkt sich der Einfluß übel aus, führt er zu Befangenheit und Hochnäsigkeit; wirkt er positiv, führt er zu schärferem Witz, besserem Urteilsvermögen und einer großmütigeren Einstellung. Es ist nichts spezifisch Akademisches an diesen Gemeinschaften; sie existieren auch an anderen Orten, an denen intelligente junge Menschen ohne Kontrolle von außen zusammenkommen dürfen, doch in Cambridge scheinen sie ihr ganz eigenes, strahlend leuchtendes weißes Licht zu erzeugen, das auch in fortgeschrittenem Alter noch eine Hilfe sein kann.[13]

13 E. M. Forster, *Goldsworthy Lowes Dickinson*, 1935, S. 65. Die Wirkung der Society auf Lowes Dickinson hat Forster keineswegs überbewertet. Vgl. Lowes Dickinsons Autobiographie (1973, S. 68): »Wenn Geist und Seele des jungen Mannes wachsen, wenn die Spekulation Leidenschaft ist, wenn die Diskussion durch Liebe Tiefe gewinnt, geschieht etwas Unglaubliches, das alle außer denen, die jene Zauberluft atmen, spüren.«

Dies war das Ideal – ein wenig preziös vielleicht und etwas bemüht in den damit einhergehenden Phantasien und Riten und in ihrer privaten Sprache, die wahllos zusammengewürfelt war aus deutscher Metaphysik und beinahe vergessenen christlichen Häresien: Da gab es Embryos, Geburtswehen und Apostel, die außerhalb von Zeit und Raum standen und denen, wenn es an der Zeit war, Flügel wuchsen, so daß sie zu Engeln wurden (»Engel« war der Name, den sie erhielten, sobald ihre aktive Mitgliedschaft aufhörte). Es war jedenfalls etwas Besonderes, in die Fußstapfen von Clerk Maxwell zu treten und Lose zu ziehen, um mit den schlagfertigsten jungen Leuten der Gegenwart um die Wette zu disputieren. Und wenn man in die Zukunft blickte, so kam man durch die Zugehörigkeit zur Society mit den vornehmsten und gescheitesten der jungen Leute in Berührung – die Selbstreproduktion ist stets eine der Hauptsorgen einer solchen Gemeinschaft. Wittgenstein hätte gewiß nichts dagegen gehabt, einer Elite anzugehören, solange es nur wirklich eine Elite war; und die Weltabgewandtheit, das in der Society vorherrschende Gefühl für geistige und moralische Maßstäbe, die zwar nicht vom Erfolg geprägt, aber auch nicht damit unvereinbar waren, dürfte ihn sogar angezogen haben. Freilich, da war die Stickigkeit der Atmosphäre von Cambridge, über die sich Wittgenstein später beklagte, doch in dieser Hinsicht war man immerhin besser daran als in Oxford, wo die von Jowett für das Balliol College formulierten Zielsetzungen vorherrschten, und wo die jungen Männer immer noch darauf erpicht waren, ihr eigenes – oder ein fremdes – Land zu regieren. Wenn in den Briefen von Mitgliedern der Society die Rede auf Oxford kam, regte sich stets ein gewisser Widerwille. Als Russell zum Beispiel hörte, daß in Harvard Journalismus gelehrt wurde, war sein Kommentar: »Ich dachte, das gäb's nur in Oxford.« Auch Wittgenstein blieb in vieler Hinsicht stets Cambridge verhaftet.

Wieso Russell der Meinung war, daß das Niveau der Society seit seiner Zeit gesunken war, haben wir bereits gesehen. Keynes bestätigt in seiner Darstellung[14], daß sich die Angehörigen der Society in ihren Idealen recht weit von denen Moores

14 Zu Russell, vgl. oben S. 197. Keynes' Darstellung findet sich in seinen *Collected Writings*, Bd. 10, S. 433 ff. (ebenfalls in *Two Memoirs* (1949)).

entfernt hatten: »Was man Moores Religion nennen könnte, akzeptierten wir zwar, doch seine Moral lehnten wir ab. Ja, nach unserer Meinung war es gerade einer der größten Vorteile seiner Religion, daß sie jegliche Moral überflüssig machte, wobei ›Religion‹ soviel heißt wie die Einstellung zu sich selbst und zum Höchsten, während unter ›Moral‹ die Einstellung zur Außenwelt und dem Dazwischenliegenden zu verstehen ist ... Das einzige, worauf es ankam, waren Bewußtseinszustände, nämlich unsere eigenen – und die der anderen freilich, aber vor allem unsere eigenen. Mit Handlungen, Leistungen oder Konsequenzen brachten wir diese Bewußtseinszustände nicht in Verbindung, sondern sie bestanden in zeitlosen, leidenschaftlichen Zuständen der Kontemplation und Vereinigung, die mit ›Vorher‹ und ›Nachher‹ kaum etwas zu tun hatten ... Zu den angemessenen Gegenständen der leidenschaftlichen Kontemplation und Vereinigung gehörten etwa eine geliebte Person, Schönheit und Wahrheit, und die höchsten Zielsetzungen im Leben waren Liebe, das Schaffen und Genießen ästhetischer Erlebnisse und das Streben nach Erkenntnis.« Sie lehnten, wie Keynes sagt, nicht nur Moores Auffassung ab, wonach die Pflicht besteht, das wahrscheinlichste Maximum des letztlich Guten für die Zukunft insgesamt zu erzeugen, sondern auch Moores Darstellung der Pflicht des einzelnen, sich nach allgemeinen Regeln zu richten. In unserem Zusammenhang spielt es keine Rolle, ob diese Auffassungen, wie Harrod geltend macht[15], halbherzig und ohne Überzeugungskraft vertretene Lehrstücke der *Principia Ethica* waren, oder ob Moores (von den Mitgliedern der Society hochgehaltenes) Prinzip der organischen Einheit diese Konsequenzen ohnehin impliziert, wie Russell meint. Auch Wittgenstein war nicht weit davon entfernt, diese beiden Merkmale von Moores Denken abzulehnen. Worin er jedoch, wie Keynes selber anmerkt, anderer Meinung war als die Society, das war die Auffassung der Natur des Menschen, die sie ihrer Ablehnung jener Grundsätze zugrunde legten. Keynes schreibt: »Die Lehre von der Erbsünde verwarfen wir in allen ihren Fassungen, und den Gedanken, in den meisten Menschen gebe es irrsinnige und irrationale Triebfedern

15 *Life of Keynes*, S. 78.

des Bösen, wiesen wir zurück. Wir hatten nicht erkannt, daß die Zivilisation eine durch die Persönlichkeit und den Willen ganz Weniger gestaltete dünne und gefährdete Kruste ist, die nur durch geschickt formulierte und listig konservierte Regeln und Konventionen erhalten bleibt. Überlieferten Weisheiten oder den Zwängen der Sitte brachten wir keinen Respekt entgegen. Es fehlte uns – wie Lawrence feststellte, und wie auch Ludwig zu Recht zu sagen pflegte – an dem Gefühl der Verehrung für irgend etwas oder irgend jemanden.«[16] Wie man sieht, findet Keynes auch rückblickend nur widerwillige und äußerliche Worte für die Bedeutung des Gedankens der Verehrung. Er hielt es eben für gut, wenn man diese oder jene Überzeugungen vertrat, auch wenn es dafür keine Gründe gab.

Die Verschiedenheit der diesbezüglichen Einstellungen konnte nicht ausreichen, um Wittgenstein dazu zu veranlassen, der Society fernzubleiben. Schließlich war er ja imstande, stundenlang mit Russell, Moore und Keynes zu reden, von denen jeder Meinungen vertrat, die von seinen eigenen grundverschieden waren. Er war willens, die an Zank und Streit gewöhnten progressiven Cambridger Abendgesellschaften zu schockieren, indem er so weit ging, sich entschieden gegen das Frauenstimmrecht auszusprechen. Er meinte, die Diskussionen des Moral Sciences Club könnten ordentlich organisiert werden. Warum sollte es nicht gelingen, auch die Society dazu zu bringen? Und ebendies war (wie Russell deutlich sagt) Wittgensteins Ziel, als er die Wahl, allen Zweifeln zum Trotz, annahm.

Wittgensteins und Russells Zweifel hatten eine andere Ursache, denn die eigentliche Frage lautete, ob (von den Freunden einmal abgesehen) die jungen Männer – also die aktiven Mitglieder – ernsthafte Diskussionspartner waren. War die Atmosphäre der Society die richtige für ihn? In gewissem Maße bestätigt Keynes das bereits zitierte negative Urteil Russells, wenn er schreibt: »Je näher wir an das Jahr 1914 heranrückten, desto offenkundiger wurde, wie mir jetzt scheint, die Dürftig-

16 *Collected Writings*, Bd. 10, S. 447. Dieser 1938 geschriebene Aufsatz wurde angeregt durch in der Society laut gewordene Erinnerungen an D. H. Lawrences 1914 oder 1915 geäußerte Reaktionen auf diesen Personenkreis, mit dem Wittgenstein so vertraut war. Das an Nietzsche gemahnende Element in Wittgensteins Persönlichkeit ließ häufig an Lawrence denken.

keit, Oberflächlichkeit und Falschheit unserer Auffassung des menschlichen Wesens. Daneben gab es auch ein gewisses Abgleiten und Lossagen von der Reinheit der ursprünglichen Lehre. Die Versenkung in Augenblicke der Einstimmigkeit zwischen Liebenden geriet in völlige Verquickung mit dem einst abgelehnten Genuß. Das Muster unseres Lebens lief mitunter auf nichts Besseres hinaus als eine Abfolge kurzlebiger, jäher, oberflächlicher Tändeleien oder ›intrigues‹, wie wir sie nannten. Was wir über das Leben und die Dinge zu sagen hatten, war gescheit und amüsant, aber brüchig, ... denn diesen Äußerungen lag keine solide Diagnose der Natur des Menschen zugrunde.«[17] Moore und Russell blieben praktisch unberührt von den persönlichen Komplikationen, die sich aus dieser Atmosphäre ergaben; und für Keynes, der, da er sich für alle Formen des Lebens brennend interessierte, zwar Anteil daran nahm und seinen Spaß daran hatte, war dies im Grunde genommen doch nur ein kleiner Ausschnitt seines gesamten Tuns und Treibens. Doch einigen der Jüngeren kamen diese Dinge damals überragend wichtig vor, und daher stellte sich die Frage, ob Wittgenstein, der Oberflächlichkeit und Halbherzigkeit nicht ausstehen konnte, imstande war, diese Dinge oder ihre Erörterung zu ertragen.

Einige dieser Zweifel trug Russell auf der Sitzung der Society am 9. November vor. Manche Mitglieder hatten den Eindruck, daß die Society nach seiner Meinung zu verdorben war für Wittgenstein. Jedenfalls wurden seine Zweifel beiseite geschoben und zum Teil, wie wir gesehen haben, seiner Eifersucht zugeschrieben. Gehörte Wittgenstein denn nicht eigentlich schon zu ihnen? Tatsächlich kam er am nächsten Morgen zu Keynes zum Frühstück, wo er mit vielen von ihnen und B.,

17 *Collected Writings*, Bd. 10, S. 449. Was die »Brüchigkeit« angeht, schließt Keynes auch Russell in seine Beurteilung ein. Russells eigene Äußerungen über die »intrigues« werden oben zitiert (vgl. S. 197). Die Korrespondenz der verschiedenen Mitglieder dieses Kreises ist zwar offensichtlich nicht frei von absichtlichen Übertreibungen, bestätigt jedoch Keynes' und sogar Russells Schilderung. Ein wichtiger negativer Punkt ist, daß keine dieser mokanten Personen Wittgenstein irgendwelche »Intrigen« unterstellt. Allenfalls gehen sie auf Russells angebliche Eifersucht im Zusammenhang mit Wittgensteins Wahl in die Society ein (doch Russell hatte mit Intrigen in diesem Sinne offenbar nichts zu schaffen).

dem anderen Embryo, zusammentraf. Russells Widerstand wurde gebrochen, und er versprach, Wittgenstein dazu zu überreden, die Wahl anzunehmen. An Keynes schrieb er: »Alle Schwierigkeiten in bezug auf Wittgenstein, die ich vorhergesehen habe, sind tatsächlich eingetreten. Schließlich gelang es mir, ihn zu überreden, wenigstens zur ersten Sitzung zu kommen und zu sehen, ob er es aushalten kann. Von seinem Standpunkt ist die Society offenbar reine Zeitvergeudung. Doch vom philanthropischen Standpunkt aus könnte man ihm vielleicht den Eindruck vermitteln, daß es sich lohnt, weiterzumachen.«[18] Aus diesem Brief geht hervor, daß Keynes derjenige war, der sich besonders für Wittgenstein einsetzte, und den gleichen Eindruck vermittelt auch der folgende, am 13. November geschriebene Brief von Keynes an Lytton Strachey: »Hast du schon gehört, ... der einzige Einwand unseres neuen Bruders gegen die Society ist der, daß sie eben nicht apostolisch ist? Er ist schon ein erstaunlicher Typ. Ich glaube, es wäre gut, wenn du diese Woche zur Sitzung der Society kommen könntest, oder, wenn nicht, dann in der Woche danach ... Unser neuer Bruder hat eine ausgesprochene Vorliebe für Engel. Er sagt, wenn man die aktiven Brüder sieht, kommt man sich vor wie jemand, der Leuten zusieht, die ihre Toilette noch nicht gemacht haben. Und dieser Vorgang sei zwar notwendig, aber unanständig. Von dir könnte er jedenfalls nicht behaupten, daß du deine Toilette noch nicht gemacht hast, oder?« Doch wie Russell am 10. November an Lady Ottoline schreibt, ging die Society Wittgenstein »schon schrecklich auf die Nerven, und er will nichts mehr damit zu tun haben. Ein großes Hindernis ist B. [der andere Embryo] – Wittgenstein kann ihn einfach nicht ausstehen. Ich habe ihm gesagt, dann bliebe ihm nichts weiter übrig, als wieder auszutreten, doch früher sei die Society wirklich gut gewesen, und wenn er dabei bliebe, könne sie es wieder werden. Er hat mir versprochen, noch eine Woche zu warten, ehe er sich endgültig entscheidet. Es war ein *sehr* schwieriges Gespräch.« Am folgenden Samstag ging Wittgenstein tatsächlich zum Treffen der Society. Dies war die Sitzung, bei der Moore seinen Vortrag über das Thema »Bekehrung« hielt,

18 Brief Russells an Keynes vom 11. November 1912. Heute in Keynes' Nachlaß in der Bibliothek des King's College, Cambridge.

woraufhin Wittgenstein darlegte, für ihn bestehe sie darin, daß man sich von der Sorge befreie (vgl. S. 190). Doch schon Anfang Dezember war »der Witter-Gitter-Mann«, wie James Strachey an seinen Bruder schrieb, »bebend drauf und dran, aus der Gemeinschaft auszutreten«. Austritt! Dieser Begriff war ihnen kaum bekannt. Einer hatte mal seinen Austritt erklärt – oder vielmehr wissen lassen, er sei zu beschäftigt, die Sitzungen zu besuchen –, doch das war irgendwann im frühen neunzehnten Jahrhundert gewesen, und der Name dieses Mannes mußte (und muß vielleicht heute noch) bei ihren Zeremonien zu komischen Verfluchungen herhalten. Lytton setzte sogar das Wort »Austritt« in Gänsefüßchen, als er voller Aufregung an Moore und Keynes schrieb und anbot, nach Cambridge zu kommen und zu sehen, was er tun könne. Weder Keynes noch Moore, noch Gerald Shove vermochten etwas auszurichten. Wittgenstein gab zur Antwort, B. sei unausstehlich, und es lohne sich nicht, mit B. und Békássy zu diskutieren. Békássy, ein ungarischer Edelmann, der in der Nähe von Budapest in Pracht und Herrlichkeit lebte, war in England zur Schule gegangen. (Er kam 1915 in der Bukowina ums Leben, und Keynes sorgte dafür, daß seine Gedicht postum veröffentlicht wurden.) Es mag sein, daß ererbte Vorurteile zwischen ihm und Wittgenstein standen, doch er hing ohnehin sehr an B. Ungarischen Freunden erzählte er später, er habe seine Stimme gegen Wittgenstein abgegeben, ihn sogar ausgeschlossen. So kam es, daß Moore am 8. Dezember an Strachey schrieb, Wittgenstein habe seinen Austritt erklärt.[19]

Damit war die Sache noch nicht ganz ausgestanden. Strachey kam nach Cambridge, trank Tee mit Wittgenstein und versuchte ihn dabei umzustimmen. Moore kommt in seinem Tagebuch immer wieder auf das Thema zurück: »9. 12. 12 Lytton kommt gegen 12 1/4 [nach Mitternacht] herein und bleibt bis 1 3/4, um über W. zu reden. / 10. 12. 12 Beim Fest rede ich mit Lytton über sein Teegespräch mit W., was W. von mir hält ... Spreche mit Norton über W. / 2. 1. 13 Es fällt mir schwer, mit Desmond MacCarthy über W. zu reden. / 1. 2. 13 James [Strachey] kommt von 6 3/4 bis 7 1/4 wegen W. Zur Society

19 So schreibt auch Russell am 6. (oder 13.) Dezember an Lady Ottoline: »Wittgenstein ist aus der Society ausgetreten.«

gegen 10 1/4. Norton, James, Keynes, Brooke, Shove, etc. über W., dauert bis 1 3/4.«[20] Dann wurde ein Kompromiß geschlossen: Es gab keine offizielle Austrittserklärung, doch Wittgenstein wurde von der Auflage befreit, an den Sitzungen teilzunehmen. Fest steht, daß er nie vor der Society gesprochen hat. Doch er interessierte sich auch weiterhin für ihre Angelegenheiten, redete zum Beispiel mit Moore darüber (19. März 1913) und fragte ihn in einem Brief aus Norwegen, ob ein von Hardy vorgeschlagener Kandidat aufgenommen worden sei.[21] Als letztes Zeichen seiner andauernden Mitgliedschaft unterzog er sich, als er im Januar 1929 nach Cambridge zurückkehrte, der Formalität des »Flügel Anlegens«.

Wer je einer kleinen Gruppe angehört hat, die ihre Mitglieder selbst wählt, wer je die Vorgänge bei einer Berufung oder einer Wahl in eine wissenschaftliche Akademie beobachtet hat, wird sich über die Trivialität dieser Vorgänge ebensowenig wundern wie über die Bedeutung, die ihnen beigemessen wurde. Dennoch gab es in Cambridge – in dem Personenkreis wie in der Atmosphäre, mit denen Wittgenstein sich schließlich abfand – eine Besonderheit, die in diesem Fall darin zum Vorschein kam, daß man keine Mühe scheute, um für die Gemeinschaft einen jungen Mann zu gewinnen, der zwar beträchtlichen Charm ausstrahlen mochte, aber vom Standpunkt der Society offenbar ein mauvais coucheur war. Die Vorteile wie die Grenzen des Kreises um Keynes waren eben die einer Elite. Wer wirklich hervorragend war, wurde allen Regeln und Präzedenzfällen zum Trotz gefördert. Sie wollten nur die Besten, mochten sie auch noch so wenig für die Gemeinschaft taugen. Ebenso verhielt es sich mit der mildtätigen Oligarchie, die Wittgensteins College regierte, der Hautevolee des Trinity College, wie sie von C. P. Snow beschrieben worden ist.[22] Diese Personen fanden Mittel und Wege, Ramanujan und

20 Auch Russell wurde in die Auseinandersetzung hineingezogen. Am 2. Februar 1913 schreibt er an Lady Ottoline: »Apropos Wittgenstein: Ich schockierte ihn [Sanger] mit meiner Äußerung, in ihrer jetzigen Verfassung sei die Society ein jämmerlicher Haufen.«

21 Moores Tagebuch vom 19. März 1913 und Wittgensteins Brief an Moore vom 18. Februar 1914.

22 In C. P. Snows Vorwort zu G. H. Hardy, *A Mathematician's Apology*, S. 25ff.

Kapiza zu unterstützen, und auch im Falle Wittgensteins wurden Ausnahmen gemacht, selbst wenn er zum betreffenden Zeitpunkt mit einigen von ihnen nicht einmal mehr redete. (Daß Russell im Ersten Weltkrieg seine Dozentur im Trinity College aberkannt wurde, empfand man schon bald als Irrtum, der vor allem darauf zurückzuführen war, daß damals so viele Fellows fehlten und an der Front kämpften.)

Doch wie nimmt sich die ganze Angelegenheit aus, wenn man sie von Wittgensteins Standpunkt betrachtet? Hat er sich je als Apostel gesehen, war er auch nur bereit, sich so zu sehen: als jemand, der mit seinen älteren und jüngeren Brüdern in einer besonderen Verbindung steht, mit etwas Abstand von der übrigen Welt, doch einig im Streben und in der Analyse eines nicht mitteilbaren Ideals? An diesem Punkt stoßen wir auf gewisse Widersprüche und Entwicklungen in Wittgensteins Charakter. Man muß davon ausgehen, daß Wittgenstein den Wunsch hatte, einer Gemeinschaft, einer Gruppe, ja einem Stand anzugehören; er wollte die Aufgaben, die Konventionen, den Status, die damit einhergehen. Von falscher Bescheidenheit war er weit entfernt und wußte, daß jede Gruppe, der er wirklich angehören konnte, in irgendeiner Hinsicht die höchststehende sein mußte. Seine Suche nach einem Beruf war zum Teil die Suche nach einer Rolle. Bisher hatte er es mit der Luftschifffahrt, für kurze Zeit sogar mit der Psychologie versucht; nun sah es so aus, als sei er im Begriff, Philosoph zu werden. Später machte er noch zwei oder drei weitere Versuche. Jedesmal näherte er sich der Aufgabe ohne die übliche Vorbildung, jedesmal suchte und oft fand er einen ganz neuen Zugang zu ihr. Manchmal zweifelte er daran, ob er wirkliche Originalität besaß, doch nie stellte er in Frage, daß alles, was er tat, den Stempel seiner Individualität trug. Schon der Stil seiner beiläufigsten Briefe belegt das. In materieller Hinsicht verlangte er zwar oft überaus wenig, doch er forderte die Anerkennung dieser Individualität. Um ihretwillen mußten Ausnahmen gemacht und Vorschriften umgangen werden. Die Welt mußte so umgestaltet werden, daß sie seinen Begabungen entsprach. Nur unter dieser Bedingung konnte er mit seinen Begabungen etwas anfangen. Ihre triumphale Rechtfertigung findet diese Forderung, wie wir heute sehen, in seinem Werk. Als er jung war, standen als Empfehlung für seine Freunde Aufrichtigkeit und Willenskraft hinter dieser Forderung; als er älter wurde, nahmen diese Eigenschaften die Gestalt der Autorität an.

Es ist jedoch nicht Freundschaft im eigentlichen Sinne, von der hier die Rede ist. In der Freundschaft stellten sich Schwierigkeiten ein aufgrund der Intensität, mit der Wittgenstein sie erlebte, und diese Schwierigkeiten waren das unvermeidliche Gegenstück zu dem Gewinn, den er und seine Freunde daraus zogen. Die Probleme, die uns hier beschäftigen, sind diejenigen, auf die er stieß, wenn es um die Zugehörigkeit zu einer Gruppe ging. Daß man ihn anerkannte und akzeptierte, verlangte er; doch jemanden zu ertragen, der ihm auf die Nerven ging, seine Mißbilligung zu unterdrücken und die eigenen Handlungen den Praktiken einer kleinen Gemeinschaft anzupassen, das waren Dinge, die er verabscheute. Es ist fruchtlos zu fragen, ob die Gewohnheiten des Privilegiertseins oder das Bewußtsein der eigenen Genialität dafür verantwortlich waren, daß er diesen Ansprüchen Gehör verschaffte; beide Sachverhalte bestimmten seine Einstellung zur Welt. Russell, der ihn am besten kannte, sah, daß jedes Wort und jede Handlung Wittgensteins spontan seine eigenen sein mußten. Wenn er für sein Teil zufrieden war, sobald es ihm gelungen war, den Idealen der eigenen Erziehung gerecht zu werden, brauchte er keinen Fingerzeig von außen in Betracht zu ziehen. Weder in geistiger noch in gesellschaftlicher Beziehung war er bereit, einen solchen Fingerzeig entgegenzunehmen. In seinem moralischen wie in seinem intellektuellen Leben gab es einen Hang zum Solipsismus. So ähnlich, wie es für Kardinal Newman nur zwei Wesen gab, die in hellem Licht erstrahlten: Gott und seine eigene Seele, so sah auch Wittgenstein in erster Linie seine eigene Natur und seine eigene Welt; und diese beiden mußten richtig begriffen und gestaltet und in die gebührende Beziehung zueinander gesetzt werden, wenn er den Maßstäben, die er so leidenschaftlich verfocht, gerecht werden wollte.

Aber damals war er noch jung und sehnte sich nach mehr Kameradschaft; er wollte nicht am Rande der Gesellschaft stehen. Später fand er im allgemeinen eine andere Art von Gruppe, die ihn selbst stärker in den Mittelpunkt rückte und vielleicht ebendeshalb künstlicher wirkte und ihm weniger gab.

Doch in diesen frühen Cambridger Jahren (die durch den Vorfall mit der Society typisch veranschaulicht werden sollen) hielt er es noch für möglich, dazuzugehören. Russell, der als Beobachter schärfer sah und vom Naturell her konsequenter war als Wittgenstein, erkannte, daß es nicht gutgehen konnte. Um dies zu erklären, braucht man keine Eifersucht ins Spiel zu bringen. Andererseits gelang es Lytton Strachey und den übrigen vielleicht besser, Wittgensteins unmittelbare Bedürfnisse zu erfüllen, indem sie für ihn eine eigene Position ausfindig machten, so daß er sozusagen zwar zur Society gehörte, aber nicht *in* ihr war. In diesem Maße hat auch Michael Holroyd recht mit seiner Feststellung, Strachey habe wesentlich dazu beigetragen, Wittgenstein mit »dem anderen Cambridge« in Berührung zu bringen.

Russell hatte mehr Gründe, als den anderen bekannt waren, sich Sorgen zu machen wegen eventueller persönlicher Probleme, die sich aus der Angelegenheit mit der Society ergeben konnten. Nicht nur wurden seine Loyalitätsbeziehungen auf eine Zerreißprobe gestellt, sondern die Wirkung auf Wittgenstein hätte weit schlimmer sein können. Trotz der bereits geschilderten Tätigkeiten waren Wittgensteins Gesundheit und Gemütsverfassung während des ganzen Michaelistrimesters für ihn selbst und für Russell Anlaß zu Unruhe und sogar zu quälender Sorge. In Wittgensteins Stimmung gab es ein zyklisches Auf und Ab, und dies war, soweit wir wissen, eine besonders lang anhaltende Periode der Niedergeschlagenheit, die wohl nur bei zwei Gelegenheiten abgemildert wurde, als er das Gefühl hatte, in seiner Arbeit bedeutende Fortschritte erzielt zu haben. Zunächst klagte er gegenüber Pinsent, daß er an Rheumatismus leide; dann erzählte er Russell, er habe einen Arzt aufgesucht. Am 31. Oktober schrieb Russell an Ottoline Morrell: »Wittgenstein steht am Rande eines Nervenzusammenbruchs; vom Selbstmord ist er nicht weit entfernt, denn er hat das Gefühl, ein elendes Geschöpf voller Sünden zu sein. Wann immer er etwas sagt, entschuldigt er sich für das Gesagte. Er hat Schwächeanfälle und kann nicht arbeiten. Er wollte in psychischer Hinsicht behandelt werden, doch ich habe ihn weiter mit physischen Mitteln behandelt. Ich habe ihm gesagt, er soll reiten, er soll Kekse auf der Kommode bereithalten für

den Fall, daß er nachts wach liegt, er soll sich besser ernähren, und so fort. Ich vermute, das Genie geht immer mit empfindlichen Nerven einher – es ist nicht angenehm, mit einer genialen Begabung geschlagen zu sein. Er bereitet mir schreckliche Angst, und ich finde es unerträglich, sein Elend zu beobachten – es ist echt, und ich kenne das alles so gut. Ich sehe ein, daß es geradezu unerträglich sein muß für einen Menschen. Ob ein äußeres Unglück mit dazu beigetragen hat, weiß ich nicht.«
Es ist unwahrscheinlich, daß der Leistenbruch und die Behelfsoperation Wittgenstein wirkliche Beschwerden bereiteten; wie wir sehen werden, war er zu vielen Aktivitäten imstande. Doch der ernste Zustand seines Vaters muß ihn bedrückt haben. Pinsent berichtet, wie niedergeschlagen Wittgenstein war, als er im November von einer weiteren Operation hörte. Russell gelangte zu der Überzeugung, die wirkliche Ursache sei mit der Art von Wittgensteins Arbeit verbunden gewesen. An Lady Ottoline schreibt Russell am 5. November: »Er beansprucht seinen Geist ohne Unterlaß und beschäftigt sich mit Dingen, die schon allein aufgrund ihrer Schwierigkeit entmutigend wirken. Die nervöse Erschöpfung wird sich früher oder später auf ihn auswirken.« Russell dachte dabei zweifellos an die Zeit, die er selbst vor einem weißen Blatt Papier sitzend verbracht hatte, die Unmöglichkeit, den Gegenstand in den Griff zu bekommen, das Fehlen einer Routinebeschäftigung, wenn die Einfälle ausblieben, die neuen Schwierigkeiten, die durch jeden geringfügigen Fortschritt ausgelöst wurden. Wittgenstein war entschlossen, alle Hindernisse zu überwinden, und anhaltende Konzentration war sein übliches Verfahren. Kein Wunder, daß er in einer späteren Phase, in der es ihm ähnlich erging, zu Russell sagte, die Logik mache ihn verrückt. Beide waren sich darüber einig, daß die Logik »die reine Hölle« war.[23] Physische Arzneien mochten Wittgensteins Zustand zwar lindern, aber mehr leisteten sie nicht. Lady Ottoline schlug Kakao vor, ein Mittel, auf das progressive Denker damals große Stücke hielten; und dies wurde dem widerstrebenden Wittgenstein,

23 Vgl. Russells Brief an Ottoline Morrell vom 2. Mai 1913. Russell verwendete diesen Ausdruck ständig in ihren Diskussionen, wie Wittgenstein am 29. September 1937 notiert. Vgl. auch Wittgensteins Brief an Russell vom Dezember 1913: »Ich glaube oft, daß ich verrückt werde.«

ebenso wie das Reiten, aufgedrungen. Er ließ es sich gefallen, doch er blieb bei seiner Auffassung, daß ihm, wie Russell es formulierte, nichts weiter fehlte, als »vorzeitiger Verfall seiner geistigen Gaben«.

Also ging Wittgenstein reiten – zusammen mit Littlewood, dem fröhlichsten und geselligsten der Freunde Russells, sonst zusammen mit Pinsent. Sie ritten in die Dörfer der Nachbarschaft, nach Grantchester, Trumpington, Madingley, und dann zurück auf einem anderen Weg, alles in allem zwei bis drei Stunden. »Ein zahmer Ritt«, notierte Pinsent bei einer Gelegenheit, »verglichen mit dem Ausritt mit C., denn diesmal gab es kein Springen über Hindernisse usw. – aber dennoch ganz angenehm«.[24] Im gleichen akademischen Jahr, aber später, spielten sie Tennis miteinander. Wittgenstein mußte es erst lernen und stellte sich ziemlich ungeschickt an. In Neuwaldegg und auf der Hochreith muß man oft ohne ihn gespielt haben, und sein Leistenbruch erscheint als Erklärung kaum ausreichend. Jetzt, da er gemeinsam mit Pinsent spielte, war er begeistert, obwohl er sich nicht sonderlich begabt zeigte bei diesen sportlichen Übungen. Später gingen sie sogar rudern, was noch anstrengender war. In dieser wie in mancher anderen Hinsicht wurde er durch seine Freundschaft mit Pinsent zu einem normalen Studentenleben angehalten. Dies kam zwar recht spät, aber das entsprach seinem gewöhnlichen Lebensmuster: Als er in die Schule ging, den Militärdienst begann, sich zum Lehrer ausbilden ließ und dann noch dieser oder jener neuen Beschäftigung nachging, begann er stets später als die meisten übrigen Anfänger. Dabei war sein Ansatz immer der einer Person, deren Gewohnheiten bereits fertig ausgebildet und nicht mehr formbar sind, der Ansatz des kritischen Betrachters, dem es schwerfällt, sich anzupassen. Durch Pinsent wurden ihm diese Dinge viel leichter gemacht, und was seine Gesundheit anging, waren die Leibesübungen immerhin ein Gegenmittel gegen die Gedanken in später Nacht, die Monologe und die anschließende Schlaflosigkeit. Pinsent stellte fest, daß er nach dem Mittagessen gewöhnlich lebendiger und fröhlicher wurde, und Russell bemerkte, daß

24 Pinsents Tagebuch, 8. November 1912. C. war der oben (S. 237) erwähnte »unbedarfte Esel«.

er besserer Laune war, wenn er neben der Philosophie noch etwas anderes zu tun hatte.
Doch weder sein Vater noch seine Gesundheit waren Themen für ihn, sondern er redete über seine Fehler. Dies muß die Zeit der quälenden Nachtgespräche gewesen sein, an die sich Russell auch später noch so lebhaft erinnerte.[25] Russell pflegte zu sagen, es sei eine schlimme Strapaze gewesen (und seine Briefe zeigen, daß er oft wirklich befürchtete, Wittgenstein werde Selbstmord begehen). Am 12. November 1912 schreibt er an Lady Ottoline: »Ich habe Wittgenstein gesagt, daß er meiner Meinung nach zuviel über sich selbst nachdenkt, und wenn er noch einmal davon anfange, werde ich mich weigern zuzuhören, es sei denn, ich habe den Eindruck, daß er wirklich verzweifelt ist. Soweit es ihm guttun kann, hat er sich nun darüber ausgesprochen.«
Dies dürfte auch die Zeit sein, in der sich die folgende Geschichte, die Russell besonders oft wiederholt, zugetragen hat: »Einmal sagte ich zu ihm: ›Denken Sie über die Logik nach oder über Ihre Sünden?‹ Darauf erwiderte er: ›Über beides‹, und ging weiter auf und ab. Ich wollte nicht darauf hinweisen, daß es Zeit war, ins Bett zu gehen, denn mir erschien es, ebenso wie ihm selbst, wahrscheinlich, daß er sich umbringen würde, sobald er mein Zimmer verließe.« Die Logik *und* seine Sünden – Russell erinnerte sich oft nur an die groteske Seite der Dinge, die seinerzeit wirklich bedrohlich erschienen. Wittgenstein sah offenbar einen Zusammenhang zwischen der Schwierigkeit seiner philosophischen Probleme – dem »Verfall seiner geistigen Gaben« –, also den objektiven Gründen seiner Niedergeschlagenheit, und seinen persönlichen Unzulänglichkeiten. Vielleicht, meinte er, würde ein klarerer, konzentrierterer Blick ihm dazu verhelfen, die Welt richtig zu sehen – und dies ist ja letzten Endes auch die Aussage des *Tractatus*. Sollte dies aussichtslos sein und keine Möglichkeit bestehen, zu dieser Einsicht zu gelangen, und sollte er außerstande sein, sich durch Versöhnung mit der Welt von seinen Schwierigkeiten zu befreien, dann wäre sein Leben jedenfalls sinnlos. Was es mit

25 Vgl. oben S. 172 sowie Russells Autobiographie, 2. Bd., S. 99. In *Portraits from Memory* schreibt Russell: »Gewöhnlich kam er jeden Abend gegen Mitternacht und ging im Zimmer auf und ab wie ein wildes Tier.«

dieser Einstellung auf sich hat, haben wir oben (S. 94) im Zuge unserer Schilderung seiner jugendlichen Selbstmordgedanken anzudeuten versucht, und viele der dort genannten Themen kommen in unserer Darstellung immer wieder vor. Durch seine ganze Herkunft und Erziehung war es für ihn selbstverständlich, das Leben als Aufgabe zu sehen und sich selbst eine Leistung abzuverlangen. Er war sich im klaren darüber, daß er außergewöhnliche Fähigkeiten besaß, doch mit der vollbrachten Arbeit war er nicht zufrieden. Andererseits wollte er Liebe geben und empfangen – was für ihn hieß, in einer positiven und produktiven Beziehung zu anderen zu stehen –, doch immer wieder stellte er fest, daß ihn die anderen abwiesen, und daß er für sein Teil die anderen abwies. Er war entschlossen, sich mit den Gegebenheiten seines Lebens abzufinden, doch Tag für Tag lief er Sturm dagegen. Daher das Gefühl, sein Leben sei sinnlos, und daher auch das Empfinden der Zwecklosigkeit, die Sorge, über die er Russell im vorigen Sommer berichtet hatte (S. 213). In William James' Kapitel über die kranke Seele konnte er sich und seinen Zustand wiedererkennen.
Was wir hier schildern, ist jedoch keine Krankheit. Tolstoi formuliert es so: »Diese Fragen sind eigentlich die einfachsten, die es gibt. Sie stellen sich in der Seele jedes Menschen, vom dummen Kind bis zum weisen Alten.«[26] Betrachten wir eine typische Äußerung Wittgensteins über sein Unbehagen: »Ich hätte mein Leben zum Guten wenden sollen und ein Stern werden. Ich bin aber auf der Erde sitzen geblieben und nun gehe ich nach und nach ein.«[27] Dies ist ein Gefühl, das jeder von sich selbst kennt, und kein Psychiater würde es in klinischer Hinsicht für wichtig erachten. James meint, daß diejenigen, die es so niederdrückt wie Tolstoi und Wittgenstein, eine niedrigere »Elendsschwelle« haben als andere. Hier kommt es nicht darauf an, ob dieses lineare Modell zulänglich ist oder ergänzt werden muß durch die Berücksichtigung von Schwankungen im Schwellenbereich – zyklothyme Erscheinungen –, oder ob es ersetzt werden muß durch eine Erklärung, die zuläßt, daß das-

26 »Eine Beichte«, zitiert in William James' *The Varieties of Religious Experience*, New York, 1902. S. 155.

27 Brief an Engelmann vom 2. Januar 1921. Auf seinen Gemütszustand zu dieser Zeit werden wir später eingehen.

selbe Wesen in manchen Fällen besonders leicht niedergeschlagen und besonders leicht in Hochstimmung ist. James will darauf hinaus, daß das, was allen Menschen bewußt ist, von diesen Menschen schärfer empfunden wird. So schreibt er an einer Stelle: »Kehren wir dem geistig Gesunden den Rücken und versuchen wir zu erkennen, ob nicht Mitleid, Schmerz, Angst und das Gefühl der menschlichen Ohnmacht einen tieferen Einblick gestatten und uns einen komplizierteren Schlüssel zum Verständnis der Bedeutung dieser Situation in die Hand geben.«[28] Tolstoi war eine Zeitlang der Ansicht, mannhafter Selbstmord sei die einzige Lösung. Wittgenstein erzählte Pinsent, in seinem ganzen Leben habe es kaum einen Tag gegeben, an dem er nicht an Selbstmord gedacht hätte – und zum Zeitpunkt dieses Berichts fühlte er sich nicht einmal besonders niedergeschlagen. Doch für seine spezifischen Probleme konnte der Selbstmord keine Lösung bedeuten. Sofern seine Schwierigkeit darin bestand, daß es ihm nicht gelang, mit der Welt ins reine zu kommen, wäre der Selbstmord erst recht ein Fehlschlag gewesen. Daher schreibt er wenige Jahre später: »Wenn der Selbstmord erlaubt ist, dann ist alles erlaubt. Wenn etwas nicht erlaubt ist, dann ist der Selbstmord nicht erlaubt. Dies wirft ein Licht auf das Wesen der Ethik. Denn der Selbstmord ist sozusagen die elementare Sünde. Und wenn man ihn untersucht, so ist es, wie wenn man den Quecksilberdampf untersucht, um das Wesen der Dämpfe zu erfassen.«[29] Wittgenstein argumentiert hier ähnlich wie Schopenhauer: Der Selbstmord ist die höchste Bejahung des Willens und genau entgegengesetzt der Entsagung, die als einzige Erlösung bringen kann. Aus solchen oder ähnlichen Gründen redete Wittgenstein in diesen Cambridger Jahren im Gespräch mit Russell und Pinsent nicht unmittelbar von Selbstmord, sondern von seiner Überzeugung, er habe nicht mehr lange zu leben. Derartige Vorahnungen sind nicht selten, und normalerweise schenkt

28 *The Varieties of Religious Experience*, S. 136.

29 An dieser Stelle fährt Wittgenstein fort: »Oder ist nicht auch der Selbstmord an sich weder gut noch böse!« Doch hier geht es in erster Linie um die Gründe, die nach seiner damaligen Auffassung *gegen* den Selbstmord sprachen. Ein weiterer Grund dagegen wird in dem Brief an Engelmann vom 20. Juni 1920 genannt.

man ihnen wenig Beachtung, es sei denn, sie gehen in Erfüllung. Gewöhnlich bringen sie – was bei Wittgenstein sicher der Fall war – die feste Überzeugung zum Ausdruck, daß das Leben in dieser Form unmöglich weitergehen kann, eine Überzeugung also, die, wie viele Resultate des Nachdenkens über das eigene Leben, buchstäblich genommen sinnlos ist.

Die Bejahung des Todes war eine Grundhaltung Wittgensteins. Alle seine Freunde in Cambridge wußten darüber Bescheid, und diese Haltung war eines jener Wittgensteinrätsel, die Moore und Hardy zu lösen trachteten. Doch es gab ein Moment, das in die entgegengesetzte Richtung wirkte: sein Bedürfnis, etwas geleistet zu haben. Pinsent notiert in seinem Tagebuch:

Er hat eine krankhafte Angst davor, zu sterben, ehe er die Typentheorie korrigiert hat, und ehe er alles, was er sonst noch gearbeitet hat, derart niedergeschrieben hat, daß es der Welt verständlich und für die Wissenschaft der Logik von Nutzen sei. Er hat schon eine ganze Menge geschrieben – und Russell hat versprochen, sein Werk im Falle des Todes zu veröffentlichen –, doch er ist sicher, daß das bisher Geschriebene nicht treffend genug formuliert ist, um seine eigentliche Denkweise usw. absolut deutlich zu machen, und die Verfahren sind natürlich wertvoller als die gewonnenen Endresultate. Er sagt immer, er sei sicher, in vier Jahren zu sterben – doch heute hat er gemeint, er habe nur noch zwei Monate. (17. September 1913.)

Heute nacht hat er wieder über seinen Tod geredet – eigentlich habe er keine Angst vor dem Tod, doch er sei schrecklich besorgt, weil er die wenigen verbliebenen Lebensaugenblicke nicht vergeuden will. Das beruht alles auf seiner absolut krankhaften Überzeugung, er werde demnächst sterben; dabei gibt es, soweit ich sehe, gar keinen erkennbaren Grund, warum er nicht noch lange leben sollte. Es hat jedoch gar keinen Sinn, ihm diese Überzeugung oder seine diesbezüglichen Sorgen rational ausreden zu wollen. Gegen diese Überzeugung und gegen diese Sorgen kann er nichts machen – er ist eben verrückt. Es ist eine hoffnungslos traurige Geschichte; und ihm geht es dabei offenbar erbärmlich. Auch heute abend war er wieder entsetzlich beunruhigt darüber, seine logischen Arbeiten könnten womöglich fruchtlos sein; und wenn es sich so verhielte, dann hätte sein nervöses Temperament ihm selbst ein elendes Leben verschafft und den anderen Menschen eine Menge Unannehmlichkeiten – und alles umsonst. (20. September 1913.)

Der Großvater, Hermann Christian Wittgenstein (1802-1878)

Karl
Fine Milly Lydia
Anna

Louis

Clara
Marie

Bertha Paul

othilde

Die Geschwister Wittgenstein

Die Mutter, Leopoldine
(»Poldy«) Wittgenstein, geb. Kalmus (1850-1926)

Der Vater, Karl Wittgenstein (1847-1913)

Alleegasse 16, heute Argentinierstraße;
Treppenaufgang in der Alleegasse

Karl und Poldy Wittgenstein

Im Blockhaus auf der Hochreith

Karl Wittgenstein

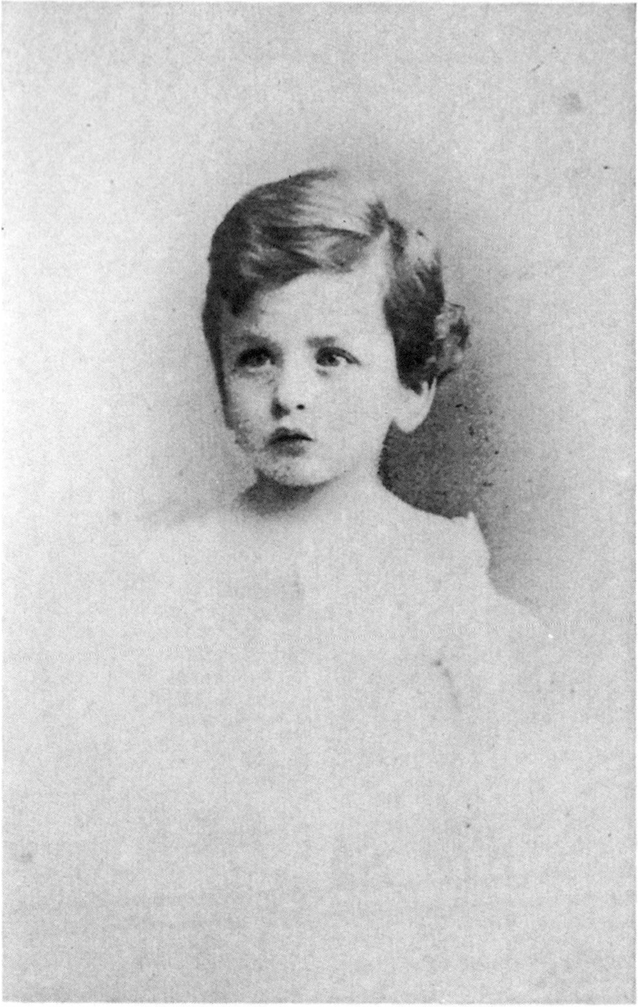

Ludwig Wittgenstein im 2. Lebensjahr

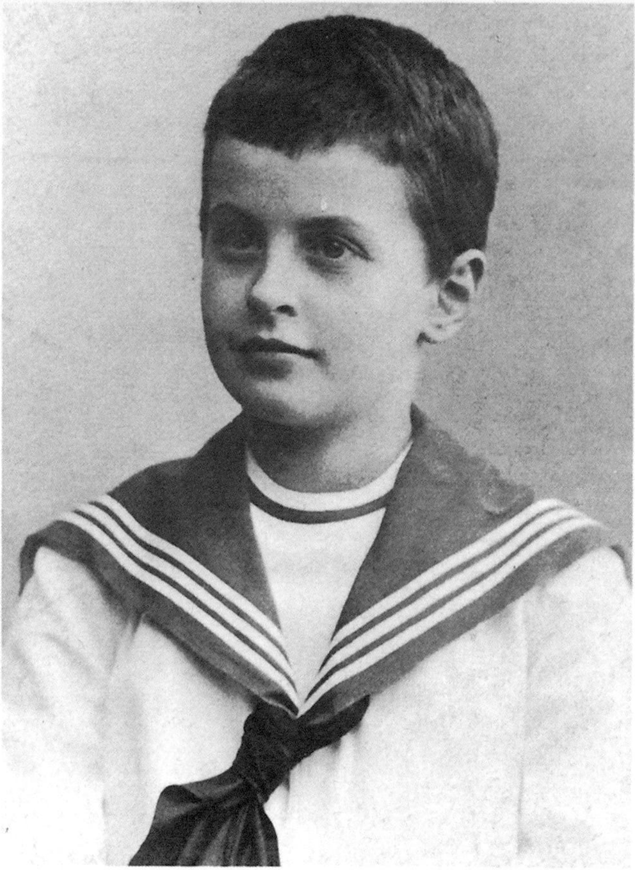

Ludwig Wittgenstein

Die Hochreith.
Bleistiftzeichnung von Hermine Wittgenstein

Die Schwester Hermine

Die Familie beim Mittagstisch auf der Hochreith.
Von links: die Hausdame Rosalie Herrmann, Mining,
die Großmutter Kalmus, Paul, Gretl und Ludwig

Margarete Stonborough, Gemälde von Gustav Klimt, 1905

Ludwig Wittgenstein mit dem Bruder Paul, auf der Hochreith

Ludwig Wittgenstein an der Drechselbank

Mit Eccles bei Drachenflugexperimenten in Glossop

Ludwig Wittgenstein

Gottlob Frege (1848-1925)

Bertrand Russell (1872-1970)

David Pinsent (1891-1918)

John Maynard Keynes (1883-1946)

G.E. Moore (1873-1958)

Adolf Loos (1870-1933)

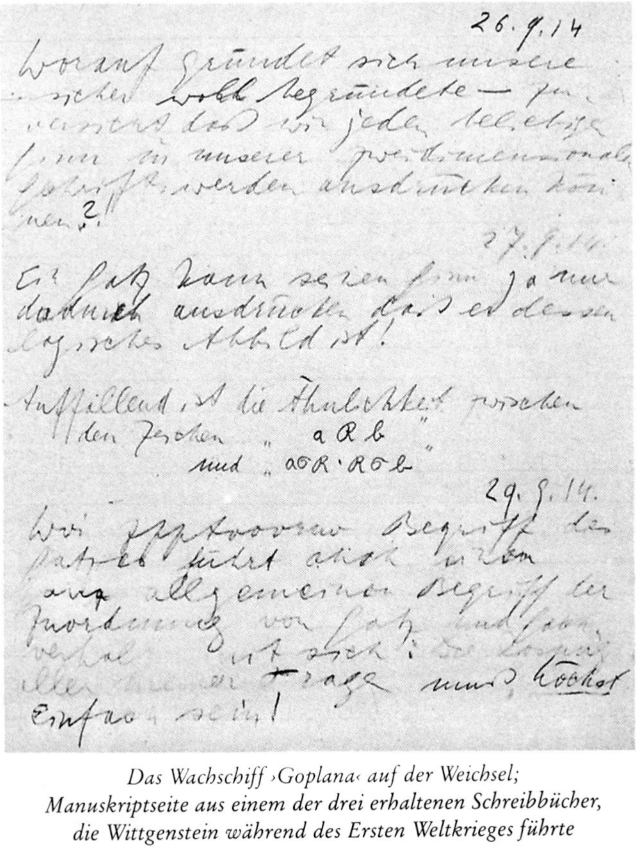

26.9.14

Worauf gründet sich unsere
sicher wohl begründete — Ver-
trauen daß wir jeden beliebigen
Sinn in unserer zweidimensionalen
Schrift werden ausdrücken kön-
nen?!

27.9.14.

Ein Satz kann einen Sinn ja nur
dadurch ausdrücken daß er dessen
logisches Abbild ist!

Auffallend ist die Ähnlichkeit zwischen
den Zeichen "aRb"
und "aσR·Rσb"

29.9.14.

Der [illegible] Begriff des
Satzes führt auch einen
ganz allgemeinen Begriff der
Zuordnung von Satz und Sach-
verhalt mit sich: Die Lösung
aller meiner Fragen muß höchst
einfach sein!

Das Wachschiff ›Goplana‹ auf der Weichsel;
Manuskriptseite aus einem der drei erhaltenen Schreibbücher,
die Wittgenstein während des Ersten Weltkrieges führte

Auf Heimaturlaub bei der Familie in Neuwaldegg.
Von links: Kurt, der kriegsinvalide Paul, Hermine,
Max Salzer (Ehemann von Helene Wittgenstein), die Mutter,
Helene und Ludwig Wittgenstein

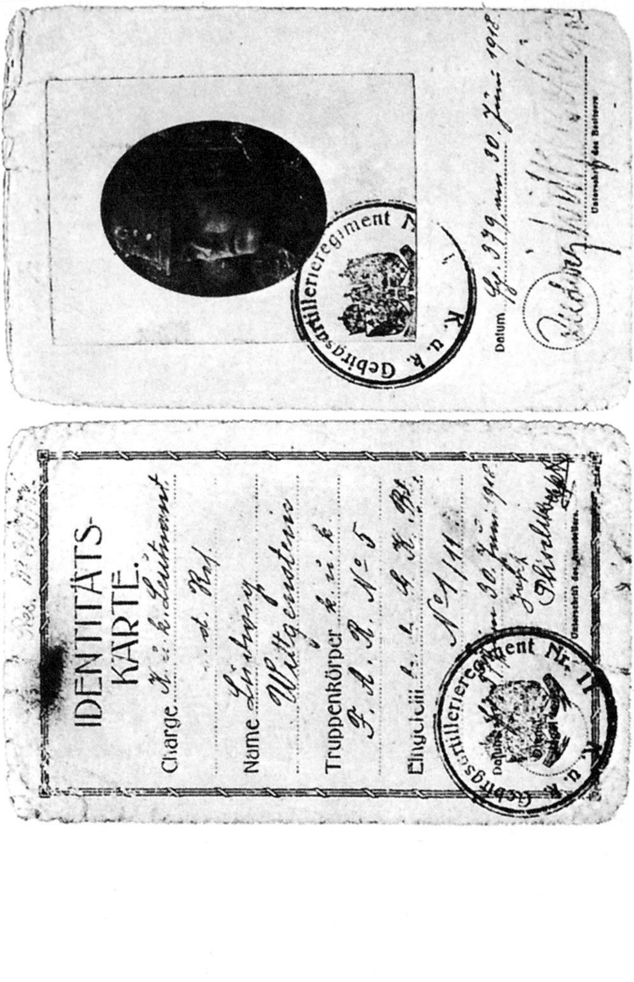

Wittgensteins Militärausweis

Der Onkel Paul

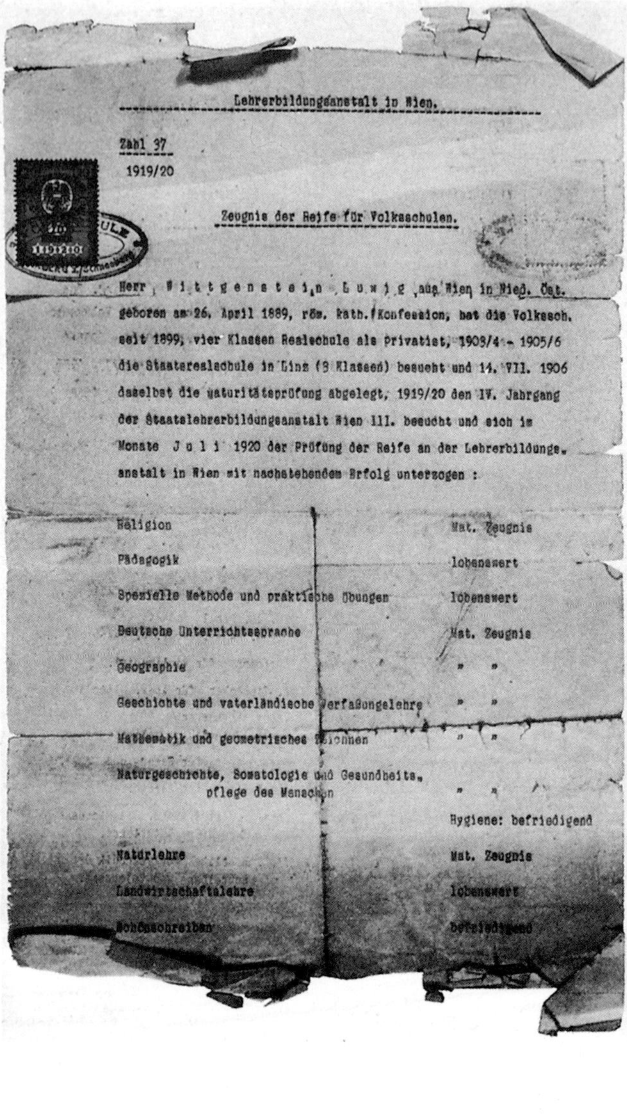

Lehrerbildungsanstalt in Wien.

Zahl 37
1919/20

Zeugnis der Reife für Volksschulen.

Herr Wittgenstein Ludwig aus Wien in Nied. Öst. geboren am 26. April 1889, röm. kath. Konfession, hat die Volksschule seit 1899, vier Klassen Realschule als Privatist, 1903/4 – 1905/6 die Staatsrealschule in Linz (3 Klassen) besucht und 14. VII. 1906 daselbst die Maturitätsprüfung abgelegt, 1919/20 den IV. Jahrgang der Staatslehrerbildungsanstalt Wien III. besucht und sich im Monate Juli 1920 der Prüfung der Reife an der Lehrerbildungsanstalt in Wien mit nachstehendem Erfolg unterzogen :

Religion	Mat. Zeugnis
Pädagogik	lobenswert
Spezielle Methode und praktische Übungen	lobenswert
Deutsche Unterrichtssprache	Mat. Zeugnis
Geographie	" "
Geschichte und vaterländische Verfaßungslehre	" "
Mathematik und geometrisches Zeichnen	" "
Naturgeschichte, Somatologie und Gesundheitspflege des Menschen	" "
	Hygiene: befriedigend
Naturlehre	Mat. Zeugnis
Landwirtschaftslehre	lobenswert
Schönschreiben	befriedigend

Zeugnis der Lehrerbildungsanstalt

Porträt zur Erteilung der Lehrberechtigung

Michael Drobil

Ludwig Hänsel

Franz Parak

Er rechnete mit dem Tod, weil er nach eigenem Urteil kein Recht hatte zu leben. Angst davor hatte er nur deshalb, weil er ein großes Werk hervorbringen mußte, um dem Leben, das er bisher geführt hatte, Sinn zu geben, und um den Ärger, den er den anderen bereitet, und die Verachtung, die er für sie empfunden hatte, wettzumachen oder zu rechtfertigen.

Diese Gedanken und Motive begleiteten ihn bis zur Zeit der Niederschrift und Veröffentlichung des *Tractatus*, und bezeugt werden sie nicht nur durch seine Einstellung zu diesem Werk, sondern auch durch die dort festgehaltenen Bemerkungen selbst. Doch wie wir sehen werden, gab es eine fortschreitende Entwicklung in seiner geistigen Einstellung zu diesen Gedanken, und diese Entwicklung geht hervor aus den im Werk geäußerten Überlegungen über den Sinn der Welt, die Ethik und das Mystische. Ein Ausweg wurde immerhin sichtbar. Nur schwache Andeutungen einer solchen Aussicht kommen vor dem Krieg zum Vorschein, etwa in seinen Bemerkungen über die Bekehrung und in seinem (nur in gröbsten Zügen überlieferten) Gespräch mit Moore über Heiligkeit.[30] Daher war es nach Russells Auffassung eine bedeutende Veränderung (zum Schlechteren), als er nach dem Krieg feststellte, daß religiöse und mystische Themen nun eine so große Rolle in Wittgensteins Denken spielten.

Während dieses Michaelistrimesters 1912 wurden die Gespräche über Wittgensteins inneres Befinden neben den Diskussionen über philosophische Fragen fortgeführt, ja mitunter ergaben sie sich aus den Erörterungen philosophischer Themen. Russell hielt in London vor der Aristotelian Society seinen Vortrag über den Kausalitätsbegriff[31], und im Moral Sciences Club in Cambridge trug er die überarbeitete Fassung seines Aufsatzes über den Begriff der Materie vor. Den ersten dieser beiden Vorträge hörte Wittgenstein nicht, doch bei der zweiten

30 Zum Thema »Bekehrung« vgl. oben S. 190. »Bekehrung« und »Heiligkeit« sind die Überschriften zweier Hauptteile des Kapitels über die kranke Seele in James' *The Varieties of Religious Experience*.

31 »On the Notion of Cause«, abgedruckt in *Proceedings of the Aristotelian Society* (1912/13) und in *Mysticism and Logic*. Der Vortrag wurde am 4. November gehalten.

Gelegenheit war er laut Russell der einzige, der seine Ausführungen begriff. Alles in allem interessierten sich die Mitglieder des Moral Sciences Club für die These der Gültigkeit des instinktiven Glaubens an die Existenz nicht wahrgenommener wahrnehmbarer Qualitäten, eine These, auf die sich auch Russell letztlich berief. Wittgenstein dagegen lag, wie wir bei unserer Erörterung der Aprilfassung dieser Abhandlung gesehen haben (vgl. S. 178), mehr an Russells Versuch, zu zeigen, wie wenige Voraussetzungen nötig sind, um die gesamte Physik schlüssig abzuleiten. Damals war Russell noch nicht kühn genug zu behaupten, daß eigentlich nichts weiter vorausgesetzt werden müsse als die eigenen Sinnesdaten; diese Auffassung veröffentlichte er zum ersten Mal in seiner im Januar 1914 geschriebenen Abhandlung über die Beziehung zwischen Sinnesdaten und Physik[32], und auch dann nur in Form eines Zukunftsprogramms, das er zwar für richtig hielt, aber nicht stichhaltig zu beweisen vermochte. Doch vor allem die überarbeiteten Teile seiner im April verfaßten Abhandlung enthalten viele scharfsinnige Vorschläge, wie man die Prinzipien der Physik im Sinne der Unterschiede zwischen Sinnesdaten begreifen könne. Damit war das Versprechen wenn nicht erfüllt, so doch gegeben, die Welt der Physik auf der Basis von Sinnesdaten zu »konstruieren«. Es versteht sich von selbst, daß Wittgenstein mit Russell über diese Probleme sprach; man darf nicht vergessen, daß er schon früh Boltzmann und vielleicht auch Hertz gelesen hatte, und daß er auch mit Machs Werken vertraut war. In einem Brief vom Januar 1914 schreibt er an Russell: »Sagt der ›Satz vom zureichenden Grunde‹ (Law of causality) nicht einfach, daß Raum und Zeit relativ sind?« Und anschließend nennt er Gründe für diese Deutung. Dieser Vorschlag erinnert an eine überarbeitete Stelle des Aufsatzes von 1912, wo Russell (mit ganz anderer Begründung allerdings) sagt: »Der eigentliche Zweck solcher recht vagen Grundsätze wie ›gleiche Ursache, gleiche Wirkung‹ oder ›Einheitlichkeit

32 Es kann allerdings sein, daß er Wittgenstein in einem Weihnachtsbrief nach Wien darüber berichtete, denn Wittgenstein schreibt im Januar 1913 an Russell: »Es hat mich sehr interessiert, Ihre Ansichten über Materie zu hören, obgleich ich mir nicht vorstellen kann, wie Sie es anstellen, von den Sinnesdaten ausgehend weiter fortzuschreiten.«

der Natur‹ scheint darin zu liegen, daß die absolute Zeit in keinem naturwissenschaftlichen Gesetz vorkommen darf.« Ob es sich dabei um Folgerung oder unmittelbaren Einfluß handelt, ist hier nicht von Belang. Es geht einfach um den Hinweis, daß sich die beiden Philosophen damals mit den gleichen Problemen beschäftigten. Ebenso besteht eine Parallele zwischen Russells destruktiver Kritik des Kausalitätsbegriffs in seiner Abhandlung »On the Notion of Cause« und Wittgensteins abschätziger Bemerkung im *Tractatus* (5.1361): »Der Glaube an den Kausalnexus ist der Aberglaube.« Gewiß war Wittgenstein derjenige, der entschiedener für die Auffassung eintrat, daß es außerhalb der Logik keine Notwendigkeit gibt; und seine Erklärung des Wesens der logischen Wahrheit (die im Bereich des Apriorischen keinen Raum läßt für »Prinzipien« wie das der Induktion oder der Kausalität) hat mit Sicherheit stark auf Russell gewirkt. Doch damit nahm er Einfluß auf einen Russell, der schon von sich aus den Versuch unternommen hatte, Klarheit zu bringen in die allzu gemischte Sammlung apriorischer Wahrheiten, die in *The Problems of Philosophy* vorausgesetzt wird, und diese Sammlung zu lichten.

Die Erörterung des Problems der Materie ging gleichberechtigt einher mit den Gesprächen über das Wesen der Logik. Auf der Rückseite eines Manuskripts von Russell, das die Überschrift »Materie – die Problemstellung« trägt, finden sich sogar logische Notizen in Wittgensteins Handschrift (mit einem eingestreuten »~« in Russells Schrift). Dieses Manuskript stammt, wie es scheint, aus der Zeit unmittelbar nach dem Vortrag im Moral Sciences Club. Nicht alle diese Notizen sind ohne weiteres verständlich; es mag sein, daß logische Hilfsmittel ins Spiel kommen, die später nicht weiter ausgenutzt wurden, und womöglich sind auch Fehler oder mißglückte Ausgangsformulierungen darunter; doch vier Gedanken, die für die Darstellung der Logik im *Tractatus* wichtig sind, lassen sich bis auf dieses Manuskript zurückverfolgen: (1) Die Idee, die Wahrheitsmöglichkeiten eines Satzpaars in Tabellenform darzustellen (vgl. TLP 4.31), wie folgt:

p	*q*
W	W
W	F
F	W
F	F

(2) Die Idee, eine solche Tabelle der Wahrheitsmöglichkeiten zu ergänzen durch eine weitere Spalte, die angibt, welche der Wahrheitsmöglichkeiten (sofern überhaupt welche) zulässig und welche (sofern überhaupt welche) ausgeschlossen sind. Daraus ergibt sich, was man später eine »Wahrheitstafel« genannt hat, nämlich eine Tabelle, die die Wahrheitsbedingungen (TLP 4.431) eines Satzes nennt, der seinerseits eine Wahrheitsfunktion (TLP 5) des ursprünglichen Satzpaars ist. Geht man von einer konventionell festgelegten Reihenfolge der Wahrheitsmöglichkeiten aus, ist es möglich, diese Spalte in Zeilenform hinzuschreiben, so daß sie allein eine spezifische Wahrheitsfunktion angibt (TLP 4.442). Demnach wird entweder

p	*q*			
W	W	F		
W	F	W	oder	F W W W (p,q)
F	W	W		
F	F	W		

den gleichen Satz zum Ausdruck bringen, den Russell so schreibt: p⊃~q (in etwa: »p, nur sofern nicht q« oder: »wenn p, dann nicht q«). Dieser Schritt in Richtung auf den dritten Gedanken ist in den Notizen deutlich enthalten. (3) Es gibt 16 verschiedene Möglichkeiten, diese dritte Spalte auszufüllen, mithin lassen sich 16 verschiedene Zeilen hinschreiben, die alle möglichen Wahrheitsfunktionen eines Satzpaars darstellen. Wie das gemacht wird, zeigt Wittgenstein ausführlich im *Tractatus* (5.101), während er in diesen Notizen ein entsprechendes Verfahren – womöglich auch zwei – skizziert, etwa so:

W	W	W	W
W	W	W	F
W	W	F	W
W	F	W	W
F	W	W	W
F	F	F	F
F	.	.	.

(4) Ganz besonders interessierte sich Wittgenstein für die fünfte dieser Wahrheitsfunktionen, die er in der Form p≬q schreibt und mit ~pv~q gleichsetzt (sie ist, wie man sieht, ebenfalls äquivalent mit p⊃~q). Für dieses Interesse Wittgensteins gibt es eine naheliegende Erklärung: Jede dieser Wahrheitsfunktionen ist äquivalent mit bestimmten Anwendungen der aussagenverknüpfenden Partikeln oder Junktoren der *Principia Mathematica* (v, ~, usw.) auf je ein Paar von Aussagen; und jede Anwendung dieser Junktoren auf ein Aussagenpaar ist äquivalent mit einer dieser Wahrheitsfunktionen. Aber die verschiedenen Junktoren lassen sich auch mit Hilfe der jeweils anderen definieren. Whitehead und Russell etwa definierten alle übrigen Junktoren mit Hilfe von ~ und v (zum Beispiel $p \supset q =_{Df} \sim p v q$). Verwenden wir nun ein einziges Zeichen für den durch die fünfte Zeile vertretenen Junktor (in Wittgensteins neuem Symbolismus: p≬q), verfügen wir über einen Junktor, der die Eigenschaft besitzt, daß sich alle übrigen Junktoren mit Hilfe dieses einen allein definieren lassen (Beispiele: $\sim p =_{Df}$ p≬p und $pvq =_{Df}$ p≬p.≬.q≬q).[33]

33 Im *Tractatus* werden zwei Veränderungen vorgenommen, die hier zu beachten sind. Im Buch nennt er die Wahrheitsmöglichkeiten in einer anderen, heute bei derartigen Tabellen nicht mehr üblichen Reihenfolge:

p	*q*
W	W
F	W
W	F
F	F

Wittgenstein wollte Wahrheitsfunktionen von beliebigen Anzahlen von Sätzen betrachten und meinte wahrscheinlich, daß die Konstruktion von Wahrheitstafeln durch diese Reihenfolge erleichtert wurde und bestimmte Verallgemeinerungen einleuchtender erscheinen ließ. Die andere Abweichung besteht darin, daß die Grundoperation im *Tractatus* (5.5, vgl. 5.474, 5.1311) die mehrgliedrige Negation ist, die dem Junktor »weder ... noch ...« entspricht

Die Verwendung einer frappierenden und raffinierten Darstellungsmethode zur Verdeutlichung einer philosophischen Einsicht ist überaus bezeichnend für Wittgenstein, doch es scheint, daß er zunächst keine Möglichkeit sah, diese Ideen zur Beschreibung oder Stützung seiner Auffassung des Wesens der Logik zu benutzen. Sie kommen weder in den »Aufzeichnungen über Logik« von 1913 vor noch in dem Moore-Diktat von 1914; in diesen beiden Texten bedient er sich anderer Hilfsmittel. Doch die hier beschriebenen Notizen stammen mit Sicherheit aus früherer Zeit als die beiden genannten Arbeiten, denn in der Periode zwischen der Ausarbeitung der »Aufzeichnungen über Logik« und dem Ende des Kriegs sind Wittgenstein und Russell nicht mehr zusammengekommen.
Diese Notizen haben auch den Nutzen, daß sie uns daran erinnern, wie wenig wir über die Entstehung des *Tractatus* wissen und wie leicht man durch die erhaltenen Bruchstücke der Vorarbeiten zu diesem Buch in die Irre geführt werden kann. Ohne diesen Zufallsfund hätte man ohne weiteres zu der Annahme gelangen können, daß das Instrument der Wahrheitstafeln und der logischen Grundoperation Wittgenstein erst in den Sinn gekommen ist, nachdem er die in den Tagebüchern aus der Kriegszeit festgehaltenen Überlegungen aufgezeichnet hatte, während es jetzt so aussieht, als habe er zur Zeit der Niederschrift des *Tractatus* auf ein älteres Verfahren zurückgegriffen (das er vielleicht in einem der verlorengegangenen oder vernichteten Tagebücher beschrieben hatte).[34] Wie früh Wittgenstein auf seine grundlegenden Einsichten gestoßen ist, haben wir oben schon betont. Freilich kann man die Sache auch anders sehen und den *Tractatus* als einen Versuch Wittgen-

beziehungsweise der Wahrheitsfunktion FFFW (p,q) in der obigen Darstellung. Dies ist der einzige andere Junktor, der die oben geschilderte Eigenschaft besitzt.

34 Ebenso wissen wir, daß Wittgenstein die in der Bemerkung 6.1203 genannte Klammer-Methode zur Darstellung von Wahrheitskombinationen, die zum Nachweis, daß bestimmte Ausdrücke Tautologien sind, benutzt wird, nachträglich mit der Hand in das Typoskript des *Tractatus* eingefügt hat. Auch in diesem Fall handelt es sich nicht um einen neuen Einfall, sondern um einen Rückgriff auf eine alte Idee, die bereits in einem im November oder Dezember 1913 an Russell geschriebenen Brief erläutert und in den »Aufzeichnungen über Logik« implizit verwendet wird.

steins betrachten, alle seine Einfälle, denen er einen gewissen Wert beimaß, in das Buch einzubringen.

Wittgenstein selbst hat nie den Anspruch erhoben, derartige Einzelheiten seien etwas Neues gewesen. Die Grundidee der Wahrheitstafeln geht auf Frege zurück, und das Neue an Wittgensteins Gedanken war, diese Art von Schema nicht zur Erklärung der Aussage, sondern als Symbol für die Aussage zu verwenden.[35] Dieser Gedanke wiederum hat weitreichende Konsequenzen, aber es ist dennoch interessant zu betrachten, inwieweit er von selbst und unabhängig auf derartige Ideen kam.

Russell seinerseits hoffte, entscheidende Fortschritte auf logischem Gebiet zu erzielen. Erhalten ist der erste skizzenhafte Entwurf einer Abhandlung über die Frage »Was ist Logik?«, von der Russell, wie er am 13. Oktober 1912 an Lady Ottoline schreibt, meinte, »mit etwas Glück kann das eine wirklich wichtige Sache werden«. Es ist kaum zu bezweifeln, daß diese Skizze die Position, die Russell und Wittgenstein zu diesem Zeitpunkt erreicht hatten, recht genau wiedergibt; sie umreißt auch das »Problem der Komplexe«, das Wittgenstein während der Weihnachtsferien beschäftigte. Die Logik ist nach der dort geäußerten Ansicht die Untersuchung der Formen von Komplexen. Sie handelt weder von Urteilen (die die Psychologie angehen) noch von Sätzen (die falsch und daher nichts Objektives sein können, sondern bloße Zusammenstellungen von Wörtern sein müssen). Hier wird ersichtlich, daß unter Komplexen in etwa das gleiche zu verstehen ist wie unter den wahren oder behaupteten Propositionen vorheriger Erörterungen (vgl. S. 154). Nun könnte man, wie früher, sagen, Komplexe seien Tatsachen, außer daß es dann Komplexe gibt, deren Existenz logisch notwendig ist. Doch ehe man von notwendigen oder logischen Tatsachen zu reden bereit ist, wird man natürlich zögern. Dies war auch Russells Eindruck, und daher schreibt er: »Der Komplex muß etwas enthalten, was wir seine Form nennen können, und diese ist kein Bestandteil, sondern die Art und Weise, in der die Bestandteile zusammengesetzt sind ... Die Logik handelt von den Formen, die Komplexe ergeben, gleichgültig, wie die Variablen bestimmt werden.« Russell kann nicht umhin, die »Formen« als undefinierte Grundidee

35 Vgl. *Wittgensteins Vorlesungen über die Grundlagen der Mathematik. Cambridge, 1939*, Hg. Cora Diamond, Frankfurt: Suhrkamp, 1978, S. 213.

vorauszusetzen. Ein Symbol, das ausschließlich aus Variablen besteht, symbolisiert eine Form, ohne seinerseits eine Form zu sein. Diese Auffassung führt jedoch zu einer Reihe von Fragen: »Was ist ein Teil einer Form? Gibt es einfache und zusammengesetzte Formen? ... In jedem Satz der Logik wird von einem Ausdruck, welcher ausschließlich Variablen enthält, gesagt, er sei immer wahr oder manchmal wahr. Die Frage ›Was ist Logik?‹ läuft auf die Frage hinaus, was mit solchen Sätzen gemeint sei.« Die Frage, um die es hier geht, ist ganz fundamental – und typisch philosophisch. Könnte man sie beantworten, würde uns das *in* der Logik keinen Schritt weiter bringen. Aus diesem Grund würde mancher »bürgerliche Denker« (wie Wittgenstein später von Ramsey sagt) diesen Teil der Untersuchung möglichst rasch hinter sich bringen, ganz darauf bedacht, Fortschritte innerhalb des Fachs selbst zu erzielen. Wittgenstein dagegen – und hier auch Russell – geht es um eine Klarstellung, und so halten sie den Forscher, der vorwärtskommen will, mit entmutigenden Fragen auf, wie zum Beispiel: Was sind Komplexe? Wie sind sie zusammengesetzt? Welches ist ihre Form? Wovon handeln Aussagen über die Form von Komplexen eigentlich (das heißt: Aussagen, die aus scheinbaren Variablen bestehen)? Dies sind die Fragen, die Wittgenstein 1912 mal als »das Problem der Komplexe« und mal als »die Geschichte mit den scheinbaren Variablen« bezeichnet; und wie tief diese Fragen sind, läßt sich ermessen, wenn man bedenkt, wie schwierig es ist, die Schlußfrage von Russells Fragment zu beantworten: »Betrachte (x):menschl.(x).⊃.sterbl.(x). [In Worten: Was immer x sein mag, wenn x menschlich ist, dann ist x sterblich.] Dies scheint zu verlangen, daß ›Sok. ist menschl. ⊃.Sok. ist sterblich‹ mit Bezug auf Sokrates eine *Form* hat, und daß diese Form *notwendig* sei. Dann sagen wir, daß es, sofern x irgendeine andere Entität ist, einen Komplex gibt, der in der gleichen Beziehung zu x steht wie der vorige zu Sokrates. Dies ist jedoch wieder eine allgemeine Aussage, und dies kann nicht die *Bedeutung* der ursprünglichen Aussage sein, sonst geraten wir in einen unendlichen Regreß.« Mag sein, daß diese Formulierung nicht ganz einwandfrei ist und womöglich eine Verwechslung von Notwendigkeit und Allgemeingültigkeit beinhaltet, doch es spricht sehr für Russell, daß er hier anerkennt, die Notwendigkeit der Logik nicht erklären zu können.

Russells hoffnungsvolle Stimmung wechselte. Am 13. Oktober schrieb er an Lady Ottoline: »Die Sache ist schwierig, doch ich glaube, ich muß es noch einmal versuchen«, und am 14.: »Komme nicht weiter mit ›Was ist Logik?‹ – ich hätte Lust, die Sache Wittgenstein zu überlassen.« Während des ganzen Trimesters kam Wittgenstein immer wieder mit neuen Ideen zur Logik, und die Veränderungen in seinem Gesundheitszustand wie in seiner Stimmung hingen unmittelbar davon ab, wie gut es ihm gelang, diese Ideen zu entwickeln. Die Weihnachtsferien wollte er in Wien verbringen, und auf der Reise dorthin machte er einen Umweg über Jena, wo er Frege besuchte. An Russell schreibt er am 26. Dezember: »Mit Frege hatte ich eine lange Diskussion über unsere Theorie des Symbolismus, deren allgemeinen Umriß er vermutlich in etwa verstanden hat. Er sagte, er werde sich die Sache durch den Kopf gehen lassen. Das Problem der Komplexe ist mir jetzt klarer, und ich hoffe sehr, es zu lösen.«
Höchstwahrscheinlich war dies die Gelegenheit, bei der Frege Wittgenstein auf einen allgemeinen Einwand gegen Russells Ausführungen über Komplexe aufmerksam machte. Auf diesen Einwand kam er im Gespräch häufig zurück, und auch in den Notizbüchern spielte er darauf an. Frege stellte ihm folgende Frage: Wenn ein Gegenstand Bestandteil einer ihn betreffenden Tatsache ist, ist die Tatsache dann größer als der Gegenstand? Zunächst hielt Wittgenstein diese Bemerkung für töricht, doch später sah er ein, was damit gemeint war. Es war im Grunde ein Angriff auf die ganze Vorstellung, man könne die Bedeutung von Aussagen erklären, indem man behauptet, es gebe Komplexe, die ihnen entsprechen. Im Laufe des Jahres 1913 ließ Wittgenstein diese Redeweise dann auch fallen. Zum Teil lag die Schwierigkeit in Russells – und damals auch Wittgensteins – Verwechslung von Komplex und Tatsache. Sehr viel später schreibt Wittgenstein darüber: »Und Komplex ist ein räumlicher Gegenstand, bestehend aus räumlichen Gegenständen. (Wobei der Begriff ›räumlich‹ einiger Ausdehnung fähig ist.) ... Zu sagen, ein roter Kreis *bestehe aus* Röte und Kreisförmigkeit oder sei ein Komplex aus diesen Bestandteilen, ist ein Mißbrauch dieser Wörter und irreführend. (Frege wußte dies und sagte es mir.) ... Der Teil kleiner als das Ganze. Das Gäbe, auf Tatsache und Bestandteil (constituent) ange-

wandt, eine Absurdität.«[36] Tatsachen sind demnach etwas ganz anderes als Komplexe, und daher muß man über diese ganz anders reden als über jene. Russell hatte stets mit einem gewissen Unbehagen erkennen lassen, daß er sich dessen bewußt war, doch eine Lösung des Problems war ihm nicht geglückt. Daraus ergab sich dann eine wichtige Meinungsverschiedenheit zwischen ihm und Wittgenstein, dessen *Tractatus* vom Begriff der Tatsache ausgeht (»Am Anfang war die Tatsache« sozusagen). Doch es blieben ihnen immer noch viele Fragestellungen gemeinsam, wie zum Beispiel: Gibt es negative Tatsachen, die wahren negativen Sätzen entsprechen? Wie ist es möglich, daß falsche Sätze Bedeutung haben, da es doch scheinbar per definitionem keine ihnen entsprechenden Tatsachen oder Komplexe gibt?

In den Gesprächen mit Frege wurde demnach der Keim gesät zu einem von Wittgensteins bedeutendsten Gedanken. Eine weitere Idee kam ihm unabhängig davon in den Sinn. An Russell schreibt er darüber im Januar 1913: »Ich glaube nicht, daß es verschiedene Typen von Dingen geben kann! Mit anderen Worten, was immer durch einen einfachen Eigennamen symbolisiert werden kann, muß einem Typ angehören. Weiterhin: Jegliche Typentheorie muß durch eine geeignete Theorie des Symbolismus überflüssig gemacht werden.« Zerlegt man »Sokrates ist sterblich« in »Sokrates« und »Sterblichkeit« (beides Eigennamen) plus Kopula, braucht man eine Typentheorie, um angeben zu können, daß »Sterblichkeit ist Sokrates« keinen Sinn hat. Zerlegen wir den Satz statt dessen in »Sokrates« (ein Eigenname) und »(∃x).x ist sterblich« (ein Symbol für eine Eigenschaft, die zugleich Kopula ist), erweist es sich als unmöglich, den obengenannten unsinnigen Scheinsatz zu gewinnen. Es mag zwar sein, meint Wittgenstein im gleichen Brief, daß die vorgeschlagene Analyse nicht die bestmögliche ist, doch gewiß sei »die Tatsache, daß die gesamte Typentheorie durch eine Theorie des Symbolismus beseitigt werden muß, die zeigt, daß die scheinbar *verschiedenen Arten von Dingen* von verschiedenen Arten von Symbolen, die unmöglich durch einander ersetzt werden können, symbolisiert werden«. Diese Idee ist in vieler Hinsicht

36 »Komplex und Tatsache« (Juni 1931), in: *Philosophische Bemerkungen*, S. 301-303, und *Philosophische Grammatik*, S. 199-201.

verwirrend; sie springt, wie es scheint, mit einer besonders mühsam vollbrachten Leistung Russells äußerst unbekümmert um, und zwar in einer Weise, die zu vielen Mißverständnissen Anlaß gegeben hat: Will Wittgenstein hier den Aufbau eines idealen Symbolismus nahelegen, durch den die Formulierung unsinniger oder paradoxer Aussagen verhindert würde, eine »logisch vollkommene Sprache« also, wie Russell es in seiner Einleitung zum *Tractatus* formuliert? Wenn ja, muß man dann nicht schon eine Theorie kennen, die die Bedingungen nennt, die von einer logisch vollkommenen Sprache erfüllt werden müssen? Oder will Wittgenstein sagen, daß die gewöhnliche Sprache derartige Formulierungen bereits verhindert, sofern man die Regeln ihres richtigen Gebrauchs verstanden hat? Wenn ja, welche Art von Untersuchung oder Forschung gäbe dann Aufschluß über die Regeln des richtigen Gebrauchs der Alltagssprache, da das, was uns unmittelbar einfällt, offenbar keine zulängliche Richtschnur abgibt?

Es wäre interessant zu wissen, wann Wittgenstein die besten Einfälle wirklich in den Sinn gekommen sind. Die Gedanken, über die in Briefen berichtet wird, stammen normalerweise aus solchen Zeiten, in denen er nicht mit seinen üblichen Gesprächspartnern zusammen war. Die späteren Notizbücher jedoch sowie seine Gewohnheit, plötzlich etwa in Russells Zimmer zu stürmen und ihm die neuen, während der Ferien entwickelten Ideen zu schildern, deuten darauf hin, daß neue Betrachtungsweisen ihm zumeist in Situationen relativer Isoliertheit einfielen, während das Diskutieren zunächst wichtig war, um seinen Gedanken Nahrung zu geben, und später, um ihm die Möglichkeit zu geben, den exakten Ausdruck für die gewonnenen Resultate zu finden.

Daß es Wittgenstein gelang, bei diesem speziellen Weihnachtsbesuch in Wien auf gute Einfälle zu stoßen, ist erstaunlich. Sein Vater war, wie er feststellte, todkrank; es bestand, wie es in einem Brief an Russell heißt, keine Hoffnung, daß er sich noch einmal erholen könnte. Wittgenstein schreibt, seine eigenen Gedanken seien wie gelähmt, er fühle sich von allen guten Geistern verlassen und wolle unbedingt einen Brief von Russell (der ihm nicht schnell genug schrieb, um ihn zu trösten – doch dann trafen schon bald zwei freundliche Briefe ein).

Über die letzten Tage Karl Wittgensteins ist kaum mehr bekannt, als was Ludwig darüber mitteilt. Seine Schwester Hermine berichtet in recht allgemein gehaltenen Formulierungen über die Belastungen durch die lange Krankheit, die Selbstaufopferung der Mutter, ihre völlige Hingabe an den Vater, ihre vorgetäuschte Unwissenheit hinsichtlich der wahren, tödlichen Natur der Krankheit und wie sie dann schließlich einfach die Maske fallen ließ. Der Zustand des Kranken verschlimmerte sich rasch, und Ludwig war im Zweifel, ob er das Ende abwarten oder zu Beginn des Trimesters nach Cambridge zurückkehren sollte. Im Januar schreibt er an Russell: »Noch hat er keine Schmerzen, fühlt sich aber insgesamt *sehr* schlecht, da er ständig hohes Fieber hat. Dadurch wird er so apathisch, daß es ihm gar nicht hilft, wenn man an seinem Bett sitzt usw. Und da dies das einzige ist, was ich je für ihn tun konnte, bin ich hier jetzt völlig nutzlos. Die Dauer meines Aufenthaltes hier hängt also ganz und gar davon ab, ob die Krankheit einen so raschen Verlauf nimmt, daß ich es nicht wagen könnte, Wien zu verlassen, oder nicht.«[37] Darauf folgt ein Brief vom 21. Januar, der vollständig zitiert wird:

Lieber Russell!
Gestern nachmittag ist mein Vater gestorben. Er hatte den schönsten Tod, den ich mir vorstellen kann; ohne die mindesten Schmerzen schlief er ein wie ein Kind! Während der ganzen letzten Stunden war ich keinen einzigen Augenblick traurig, sondern voller Freude, und ich glaube, dieser Tod war ein ganzes Leben wert.
Am Samstag, dem 25., werde ich Wien verlassen und entweder Sonntag nacht oder Montag morgen in Cambridge sein. Es verlangt mich sehr danach, Sie wiederzusehen.
Immer Ihr
Ludwig Wittgenstein

Hier sollte man innehalten und bedenken, welche Bedeutung der Art des Todes beigemessen wird. Auch Ludwig Wittgen-

37 Dieser Brief stammt wahrscheinlich vom 11. oder 12. Januar, denn darin wird ein bereits geschriebener Brief an Wittgensteins Tutor erwähnt, der das Datum 10. Januar trägt. Wittgensteins Englisch ist verständlicherweise nicht ganz sicher; vielleicht müßte es daher heißen: »Er hat keine Schmerzen mehr ...«

stein starb in den Sechzigern, auch er starb an Krebs, nach einer gewissen Zeit der Krankheit und einer noch längeren Periode vorzeitigen Ruhestands. Als er starb, war er – was manche überraschend fanden – zufrieden mit seinem Leben und zufrieden mit seinem Tod. Im Falle seines Vaters scheint es ähnlich gewesen zu sein.

Im Jahre 1913 dachte Wittgenstein, wie wir gesehen haben, oft an den Tod, und auch später dachte er ständig daran, vielleicht bis er in mittlerem Alter eine Art Klimakterium erreichte. Es gab manche Dinge, vor denen er Angst hatte: Der Tod konnte zu früh kommen, womöglich war sein Leben oder seine Arbeit noch nicht in Ordnung gebracht, vielleicht würde sich wieder die Versuchung des Selbstmords regen, es könnte sein, daß er sich nicht anständig verhalten hatte (ein Gedanke, der ihn während des Kriegs quälte). Ein gutes Leben, meinte er, sollte in einem Tod enden, den man willkommen heißen konnte; ja vielleicht war ein gutes Leben eben eines, das zu einem guten Tod hinführte. Ein solcher Tod war nach Ludwigs Eindruck der Tod des tatkräftigen und ungestümen Karl Wittgenstein, der in einer Atmosphäre starb, in der alles still und geordnet war. In der *Neuen Freien Presse* und sogar in der *Times* erschienen in respektvollem Ton gehaltene Nachrufe – man nannte ihn »den Carnegie Österreichs«. Russell und die anderen hatten gar nicht gewußt, was für eine bedeutende Rolle er in der Welt gespielt hatte. Begraben wurde er auf dem Wiener Zentralfriedhof in dem für viele seiner Angehörigen bestimmten Grab. Allmählich wurde die Aufteilung seines großen Vermögens in einen Teil für die Witwe und fünf gleiche Anteile für die überlebenden Kinder in die Wege geleitet. Die Auswirkungen empfand Ludwig erst später, ebenso vielleicht den Verlust einer im Mittelpunkt seines Lebens stehenden Ordnungsmacht, auf deren Wünsche er bei allen seinen Vorhaben Rücksicht zu nehmen hatte. Doch das natürliche Verhalten schien zunächst die von der Studienordnung geforderte Rückkehr nach Cambridge zu sein, die Rückkehr zu seiner Arbeit und zu seinen Freunden – Russell, Pinsent und vielleicht auch Moore –, die zu dieser Zeit seine Hauptstütze waren. Die Familie Wittgenstein, dieser verwickelte Organismus, der Hermann Christian und den Geschwistern Wittgenstein so viel verdankte, in erster Linie aber durch den Vater zu einer Institution geworden war, würde auch weiterhin funktionieren. Die Familie stand im Hintergrund, doch einstweilen verlangte sie nichts von ihm.

Die neuen Ideen, die Wittgenstein aus Wien mitbrachte, machten großen Eindruck auf Russell. Immer häufiger spielte er mit dem Gedanken, seine Aufgaben Wittgenstein zu überlassen. Sobald dieser soweit war, daß er mathematische Logik lehren konnte (wozu aus Formgründen ein Universitätsabschluß nötig war), wollte er selbst Cambridge verlassen. Schon allein aufgrund der Briefe aus Wien war er sicher, daß Wittgenstein bald an seine Stelle treten konnte. Immer seltener kam die Rede auf den Abschluß der Arbeit an dem Aufsatz »Was ist Logik?«. Statt dessen tröstete er sich, nachdem Wittgenstein ihn von der Ungenauigkeit der ersten Beweise der *Principia Mathematica* überzeugt hatte, mit dem Gedanken: »Zum Glück ist es nicht mehr meine, sondern seine Aufgabe, sie richtigzustellen.« Dies schreibt er am 23. Februar 1913 an Ottoline Morrell, und im gleichen Brief heißt es: »Vor zehn Jahren hätte ich aus den Gedanken, die ich jetzt gesammelt habe, ein Buch gemacht, doch inzwischen sind meine Exaktheitsmaßstäbe weit anspruchsvoller geworden.« Im Mai kommt er zwar auf das Vorhaben einer Einführung in die Logik zurück, um die Verweise in seinem allgemeinen Werk über Erkenntnistheorie verständlich zu machen, doch wie es scheint, geht er mit wenig Zuversicht an die Arbeit. In Moores Tagebuch findet sich eine Notiz über ein am 19. Mai geführtes Teegespräch mit Wittgenstein, bei dem es um die Frage ging, »ob R's Lehrbuch der Logik etwas taugen werde«. (Erst 1918, als er sich im Gefängnis und in ganz anderer Gemütsverfassung befand, schrieb Russell tatsächlich seine *Introduction to Mathematical Philosophy*.) Pinsent berichtet in seinem Tagebuch darüber, wie Russell eines Tages zu Besuch kam, als Wittgenstein schon da war: »Er und Wittgenstein kamen miteinander ins Gespräch. Letzterer erläuterte eine seiner neuesten Entdeckungen auf dem Gebiet der logischen Grundlagenforschung, eine Entdeckung, die ihm, wenn ich es richtig verstanden habe, erst heute früh in den Sinn gekommen ist. Anscheinend eine ganz wichtige und äußerst interessante Sache. Russell gab ihm alles zu, ohne zu murren.« (4. Februar 1913.)

Damit war Wittgenstein als Gleichberechtigter anerkannt. Er wurde zu Besuchen bei den Whiteheads und bei Jourdain mitgenommen, mit unterschiedlichem Erfolg allerdings. Den Whiteheads ging es gesundheitlich nicht gut, und Wittgenstein war schlechter Laune. Er machte einen unangenehmen Eindruck auf sie, und dieser Eindruck klingt trotz Russells Bemühungen, ihnen mitfühlende oder rührende Briefe Wittgensteins zu zeigen, noch aus Whiteheads späteren Anekdoten über Wittgenstein heraus. Der Besuch bei Jourdain verlief erfolgreicher (anscheinend sahen sich die beiden zum ersten Mal, obwohl sie, wie bereits berichtet, schon 1909 miteinander korrespondiert hatten). Daraus ergaben sich weitere Diskussionen und ein gewisses Maß an Zusammenarbeit. Jourdain hatte einen Kennerblick für ungewöhnliche und geistreiche Menschen; darin war er ein wenig wie Keynes. Er war ein hingebungsvoller Verehrer Freges, dessen Werk er in einer Reihe von auch heute noch lesenswerten Artikeln zusammenfassend dargestellt hatte, und es war ihm sogar gelungen, Frege dazu zu überreden, selbst einige Anmerkungen beizusteuern.[38] Nun schrieb er an Frege, als berichtete er über die Meinung eines hochgeschätzten Kollegen:

In Ihrem letzten Brief hieß es, Sie arbeiteten an der Theorie der irrationalen Zahlen. Wollen Sie damit sagen, daß Sie einen dritten Band der *Grundgesetze der Arithmetik* schreiben? Wittgenstein und ich waren ziemlich beunruhigt wegen dieser Möglichkeit, denn, wie es scheint, würde die Theorie der irrationalen Zahlen die Vermeidung des Widerspruchs voraussetzen – es sei denn, Sie haben eine ganz neuartige Theorie entwickelt. Und von dem Teil, der sich auf der neuen Grundlage mit den irrationalen Zahlen beschäftigt, haben Russell und Whitehead in ihren *Principia Mathematica* eine großartige Darstellung gegeben. Ich sage, wir waren beunruhigt, denn wir meinten, es sei ausgeschlossen, daß Sie jetzt, da die Theorien, die Sie als erster entwickelt haben, von anderen ausgearbeitet worden sind, einen dritten Band schreiben könnten, der, was Originalität und glänzende Ausführung angeht, auch nur annähernd an den ersten und den zweiten Band herankommen könnte. Sie müssen mir meine Worte verzeihen; ich spreche nur deshalb so, weil ich das Gefühl habe, daß Ihr Werk über die Grundlagen der Logik so

38 *Quarterly Journal of Pure and Applied Mathematics* 43 (1912), S. 237-269. Wiederabgedruckt in Frege, *Wissenschaftlicher Briefwechsel*, 275-301. Der im folgenden zitierte Brief Jourdains vom 29. März 1913 ebd., S. 124f.

unvergleichlich großartig ist, daß es mir leid täte, wenn ich es auf einem Feld fortgeführt sähe, das von anderen schon bestellt worden ist.

Wenig später versprach Wittgenstein, Jourdains Übersetzung von Teilen der *Grundgesetze* durchzusehen. Doch da Wittgenstein im Ausland war und nach Kriegsausbruch für lange Zeit nicht zurückkehren konnte, wurde diese Aufgabe dann von J. Stachelroth wahrgenommen.[39] Ein Zeichen dafür, wie weit Wittgenstein es auf seinem Gebiet gebracht hatte, ist, daß er imstande war und aufgefordert wurde, ein konventionell geschriebenes Lehrbuch der traditionellen Logik zu rezensieren. Pinsent half ihm, die Rezension aus dem Deutschen ins Englische zu übersetzen, und notiert am 11. Februar in seinem Tagebuch: »Er hat die Rezension auf deutsch geschrieben und mir eine Rohübersetzung gegeben. Es war jedoch sehr schwierig – die Satzkonstruktion ist im Deutschen vermutlich soviel anders als im Englischen. Und dann bestand er auch noch darauf, die Übersetzung solle ziemlich wörtlich sein.« Es dürfte sich lohnen, diese Rezension, die übrigens keine Spur der von Pinsent genannten Schwierigkeiten erkennen läßt, hier wiederzugeben. Es ist Wittgensteins erste bekannte Veröffentlichung; der Stil ist selbstsicher und prägnant, und die Ausführungen beweisen, daß er auch zu dieser Aufgabe, der er später aus dem Weg ging, befähigt war. Zugleich ist sie ein Beispiel seiner Vorliebe für den epigrammatischen und mitunter geringschätzigen Ton[40]:

In keinem Bereich der Wissenschaft kann ein Autor die Resultate ehrlicher Forschung so ungestraft außer acht lassen wie in Philosophie und Logik. Diesem Umstand verdanken wir die Veröffentlichung eines Buches wie dieser »Wissenschaft der Logik« von Herrn Coffey; und

39 Jourdains Übersetzung des größten Teils von Freges Vorwort, der Einleitung und sieben Textabschnitten erschien in *Monist* 25-27 (1915-1917).

40 Das rezensierte Werk ist *The Science of Logic* von P. Coffey, London 1912. Coffey war Professor am Maynooth College und vertrat tatsächlich eine scholastische Philosophie, wie sie damals an Priesterseminaren üblich war. Gedruckt wurde die Rezension in *The Cambridge Review* 34 (1912/13), S. 351. Diese Zeitschrift brachte neben Universitätsnachrichten und -kontroversen ernsthafte Buchrezensionen (besonders hervorstechend einige Arbeiten von Jourdain und Russell). Es ist unwahrscheinlich, daß Professor Coffey die Rezension zu Gesicht gekommen ist. Abgedruckt wurde die Rezension in dem Sammelband *The Cambridge Mind*.

Beachtung verdient dieses Buch nur als typisches Beispiel für die Arbeit vieler Logiker von heute. Die Logik des Autors ist die der Philosophen der Scholastik, und er macht auch die gleichen Fehler wie sie – wobei er natürlich, wie es üblich ist, stets auf Aristoteles verweist. (Aristoteles, dessen Name von unseren Logikern so häufig mißbraucht wird, würde sich im Grabe herumdrehen, wenn er wüßte, daß viele Logiker heute nicht mehr über Logik wissen als er vor über 2000 Jahren.) Die großartige Arbeit der modernen mathematischen Logiker hat der Autor nicht im mindesten zur Kenntnis genommen; dabei handelt es sich um eine Arbeit, die in der Logik einen Fortschritt herbeigeführt hat, der nur mit dem vergleichbar ist, der von der Astrologie zur Astronomie, von der Alchemie zur Chemie geführt hat.

Herr Coffey macht sich, wie viele andere Logiker, eine unklare Ausdrucksweise zunutze; denn wenn man nicht angeben kann, ob er Ja oder Nein sagen will, fällt es schwer, Argumente gegen ihn anzuführen. Trotz dieser nebulösen Formulierungen sind viele schwere Fehler dennoch deutlich zu erkennen, und einige, die besonders in die Augen springen, möchte ich aufzählen. Denjenigen, die sich mit Logik beschäftigen, möchte ich den Rat geben, diese Fehler und ihre Konsequenzen auch in anderen Logikbüchern aufzuspüren. (Die in Klammern genannten Zahlen geben an, auf welcher Seite des ersten Bandes von Coffeys Buch ein Fehler zum ersten Mal auftaucht; die zur Veranschaulichung gedachten Beispiele stammen von mir.)

1. (36) Der Autor glaubt, alle Sätze hätten Subjekt-Prädikat-Form.
2. (31) Er glaubt, die Wirklichkeit werde dadurch verändert, daß sie zu einem Gegenstand unseres Denkens wird.
3. (6) Er verwechselt die Kopula »ist« mit dem Identitätsausdruck »ist«. (Es liegt auf der Hand, daß das Wort »ist« in dem Satz »Zwei mal zwei ist vier« eine andere Bedeutung hat als in dem Satz »Sokrates ist sterblich«.)
4. (44) Er verwechselt Gegenstände mit den Klassen, denen sie angehören. (Ein Mensch ist offenbar etwas ganz anderes als die Menschheit.)
5. (48) Er verwechselt Klassen und Komplexe. (Die Menschheit ist eine Klasse, deren Elemente die Menschen sind; eine Bibliothek dagegen ist keine Klasse, deren Elemente die Bücher sind, denn Bücher werden nur dadurch zu Bestandteilen einer Bibliothek, daß sie in bestimmten räumlichen Beziehungen zueinander stehen, während Klassen unabhängig davon sind, welche Beziehungen zwischen ihren Elementen bestehen.)
6. (47) Er verwechselt Komplexe und Summen. (Zwei mal zwei ist vier, doch die Vier ist kein Komplex, der aus der Zwei und ihr selbst besteht.)

Diese Fehlerliste ließe sich noch ein ganzes Stück weiter fortsetzen. Das schlimmste an solchen Büchern ist, daß sie verständige Menschen gegen das Studium der Logik einnehmen.

Zu beachten ist hier das uneingeschränkte Vertrauen in die Überlegenheit der neuen Logik sowie die implizite Behauptung, die Logik sei ein Fach, in dem Fortschritte gemacht werden sollten.

Alles deutete nun darauf hin, daß sich Wittgenstein tüchtig ins Zeug legen und alle Stadien hinter sich bringen würde, die damals zur normalen Laufbahn des jungen Philosophen gehörten. Ebenso, wie Moore 1910 eine Reihe von Vorlesungen am Morley College gehalten hatte, so war nun geplant, daß Wittgenstein ebenfalls in London, am Working Men's College, lehren sollte. Dort, an der Geburtsstätte der Arbeiterbildung, wo zuerst F. D. Maurice und später Arthur Hughes, der Autor von *Tom Brown's Schooldays*, die Mannhaftigkeit des Christentums und die Christlichkeit des Sozialismus verkündet hatten, sollte auch Wittgenstein sein Scherflein beitragen zur Sühne durch Schulung, zu der sich die Reichen damals verpflichtet fühlten. Zehn Jahre später hätte er sich lustig gemacht über die Idee, dem Arbeiter durch akademische Bildung, gar Philosophie beistehen zu wollen, doch zu der Zeit meinte er offenbar, daß eine Einführung in die Philosophie zu der Erkenntnis beitragen könnte, was es mit ehrlichem Denken auf sich hat (um Wittgensteins eigene Worte zu gebrauchen, vgl. seinen auf F. gemünzten Ratschlag S. 186). Als der Oktober 1913 nahte, war Wittgenstein aus verschiedenen Gründen nicht mehr in England, und so kam es, daß diese Vorlesungen nicht gehalten wurden.

In der Zwischenzeit, während des Frühjahrs- und Ostertrimesters 1913, kam Wittgenstein auch weiterhin mit immer neuen und triftigen Ideen über die Grundlagen der Logik zu Russell. Und wenn er einen guten Tag hatte, besuchte er auch Moore, um ihm seine Erklärungen darzulegen über den Wahrscheinlichkeitsbegriff oder über Russells Theorie der Klassen, oder darüber, wie ein Satz zu analysieren ist. Ebenso wie im Michaelistrimester, gab es auch jetzt Zeiten der Niedergeschlagenheit, doch sie waren von kürzerer Dauer. Im Mai kam er eines Tages zu Russell und sagte, die Logik treibe ihn in den Wahnsinn.

Darüber schreibt Russell an Ottoline Morrell am 2. Mai: »Ich glaube, diese Gefahr besteht wirklich, deshalb drang ich darauf, er solle die Logik eine Zeitlang beiseite lassen und etwas anderes tun – das wird er wohl auch. Er ist in einem erschreckenden Zustand: immer trübsinnig, geht im Zimmer auf und ab, und wenn man ihn anspricht, wacht er auf wie aus einem Traum.« In einem an Russell gerichteten Brief aus Wien heißt es: »Ich bin so völlig unfruchtbar wie noch nie, und ich zweifle, ob ich jemals wieder Einfälle haben werde. Immer, wenn ich über die Logik nachzudenken versuche, sind meine Gedanken so vage, daß sich niemals etwas herauskristallisieren kann. Was ich empfinde, ist der Fluch aller, die nur ein halbes Talent haben; als ob man von jemandem mit einem Licht durch einen dunklen Gang geführt würde, und gerade wenn man in der Mitte ankommt, geht das Licht aus, und man ist allein gelassen.«[41] Auf diese Stelle Bezug nehmend, schreibt Russell an Lady Ottoline: »Es ist ein schrecklicher Fluch, den schöpferischen Trieb zu spüren, es sei denn, man hat, wie Shakespeare oder Mozart, ein Talent, auf das man sich immer verlassen kann.« Wittgenstein empfand diese Schwierigkeit nun scheinbar besonders intensiv; es war, als wollte er einen problematischen Themenbereich als ganzen in einem einzigen Akt durchdringender Einsicht erfassen oder begreifen und, wie er es in den Tagebüchern formuliert, das »erlösende Wort« finden (20. Januar 1915). Wie es der Zufall wollte, herrschte gerade damals in Cambridge die Mode, sich hypnotisieren zu lassen. Es gab auch eine ganze Reihe von Dozenten, die sich dieser Prozedur unterzogen. Pinsent schildert nun folgende Begebenheit:

> Wittgenstein hat sich mesmerisieren lassen, von Dr. Rogers hier in Cambridge. Damit war folgendes bezweckt: Es stimmt, glaube ich, daß manche Leute im Zustand hypnotischer Trance zu außerordentlichen Muskelleistungen imstande sind. Warum also nicht auch zu außerordentlichen geistigen Leistungen? Während sich Wittgenstein also in Trance befindet, soll Rogers ihm bestimmte Fragen in bezug auf die Logik stellen, über die Wittgenstein noch keine Klarheit gewonnen hat (bestimmte Ungewißheiten, deren Klärung ihm noch nicht gelungen

41 Brief an Russell vom 25. März 1913. Diesen Brief zeigte Russell den Whiteheads, um sie zu überzeugen, daß Wittgenstein ein besserer Mensch war, als sie dachten.

ist). Wittgenstein hofft nun, daß er dann klarer sehen wird. Das Vorhaben klingt abenteuerlich. Inzwischen hat sich Wittgenstein zweimal hypnotisieren lassen, doch erst gegen Ende der zweiten Sitzung ist es Rogers gelungen, Wittgenstein einzuschläfern. Als es aber klappte, schlief er so tief ein, daß es eine halbe Stunde dauerte, ehe er wieder aufwachte. Wittgenstein behauptet, er sei die ganze Zeit über bei Bewußtsein gewesen und habe Rogers reden hören, doch er habe weder Willen noch Kraft gehabt und nicht einmal verstehen können, was man zu ihm sagte. Keinen Muskel habe er rühren können und sich wie in Narkose gefühlt. Noch eine Stunde, nachdem er Rogers verlassen hatte, fühlte er sich ganz benommen. Es ist schon eine seltsame Geschichte. »Autosuggestion« kann eigentlich nicht im Spiel sein, denn einmal wurde Wittgenstein schläfrig usw., als er gar nicht daran dachte, daß Rogers ihn zu mesmerisieren versuchte; es war gerade nach einem erfolglosen Versuch, als Wittgenstein glaubte, die Sitzung sei vorüber, und er im Begriff war hinauszugehen – er redete eben über andere Dinge, ehe er das Zimmer verlassen wollte. (Tagebuch, 15. Mai 1913.)

Wittgensteins Schwester Gretl hat ihm einmal über eine ähnliche Erfahrung mit einem Hypnotiseur berichtet. Daher liegt es nahe zu vermuten, daß Bruder wie Schwester außergewöhnlich starke Persönlichkeiten waren und gleichsam mit derartiger Gespanntheit lebten, daß Nachgeben ihnen sehr schwer fiel; doch sobald sie einmal entspannt waren, ließ sich die Spannung nicht so ohne weiteres wieder herstellen. Das amateurhafte Interesse für die Kräfte der eigenen Psyche ist ebenfalls für beide, Bruder wie Schwester, bezeichnend. Es gab auch eine Zeit, in der sie einander über ihre Träume berichteten. Ebenfalls charakteristisch ist die Verstocktheit, der Widerstand gegen die Hypnose, sobald sie offiziell angewandt wurde, obwohl es ihre eigene Idee gewesen war, sich ihr zu unterziehen. Insoweit Wittgensteins Experiment ernst gemeint war, gibt es Aufschluß darüber, welchen Begriff er von seiner Aufgabe hatte. Diese Aufgabe war nicht durch die geduldige und kumulativ fortschreitende Lösung von Teilproblemen zu erfüllen, sondern nur durch eine großartige, als Ergebnis einer besonderen Anstrengung gewonnene Einsicht.

Ein Merkmal von Wittgensteins Arbeitsweise war sein Bedürfnis, andere Personen – zum Beispiel Pinsent und Jourdain – daran zu beteiligen, doch Russell war in dieser Beziehung natürlich der Hauptleidtragende beziehungsweise der Hauptnutznießer. Russells Arbeit der nächsten zehn Jahre wurde davon betroffen, ja man kann sagen, daß das Zusammensein mit Wittgenstein neben der Beziehung zu Lady Ottoline und den dann durch den Ersten Weltkrieg geweckten neuen Interessen einer der bedeutendsten Einflüsse auf Russells Entwicklung gewesen ist.

Dabei war es ein Einfluß, den er nachgerade zu vermeiden suchte. Zunächst hatte er den Eindruck, Wittgensteins Horizont sei zu eng, er habe keine guten Manieren und werde »zu sehr einen bestimmten Standpunkt verfechten – jedenfalls wenn man die höchsten Maßstäbe anlegt«.[42] Er redete jetzt nicht mehr über seine eigene, sondern nur noch über Wittgensteins Arbeit: »Wenn keine klaren Argumente vorliegen, sondern nur Überlegungen ohne Beweiskraft gegeneinander abzuwägen oder unbefriedigende Standpunkte einander gegenüberzustellen sind, richtet er nichts aus; und er behandelt Theorien, die noch in den Kinderschuhen stecken, mit einer Heftigkeit, die sie erst vertragen, wenn sie ausgewachsen sind« (an Ottoline Morrell, 23. April 1913). Dies war anscheinend der Grund, weshalb er Wittgenstein zuerst verschwieg, in welche Richtung seine eigenen Forschungen gingen. Im Mai 1913 kam er auf den Gedanken, das Thema Erkenntnistheorie sei das geeignetste für eine Reihe von Vorlesungen, die er im folgenden Jahr in Amerika halten sollte, und ohnehin sollte er eine Arbeit über diesen Gegenstand schreiben, ehe er das Problem der Materie mit mehr Aussicht auf Erfolg angehen konnte. Insbesondere wollte er das Problem der Träume lösen, das heißt, er wollte die Frage beantworten, woher wir wissen, daß all unsere Erfahrung mehr ist als bloß ein Traum. Unklar ist, ob er dabei an die Lowell Lectures dachte, die er 1914 in Boston halten sollte, oder an die Vortragsreihe, die er sich für den gleichen Zeitraum an der Universität Harvard vorgenommen hatte. Als es soweit war, benutzte er für die Lowell Lectures Material, das er im September 1913 ausgearbeitet hatte und später in Buchform unter dem Titel *Our Knowledge of the External World* veröffentlichte, während er den Text über Erkenntnistheorie für die Vorträge in Harvard benutzte. Nachdem er nur wenige Tage darauf verwandt hatte, die Gliede-

42 Russell an Ottoline Morrell, 6. März 1913. Die näheren Umstände dieser kritischen Äußerung werden oben erläutert, vgl. S. 192.

rung zu skizzieren (kein Autor kann Russells Briefe lesen, ohne Neid zu empfinden!), begann er am 7. Mai mit der Niederschrift und sah eigentlich keinen Grund, weshalb es nicht gelingen sollte, die Arbeit in einem Zug zu Ende zu führen. Schon am folgenden Tag schreibt er an Ottoline Morrell: »Die Worte strömen nur so. Es wird ein Einleitungskapitel geben, das ich mir wahrscheinlich bis zum Schluß aufhebe. Das erste inhaltliche Kapitel, das ich beinahe beendet habe, heißt ›Vorläufige Beschreibung der Erfahrung‹. ... Wenn ich im gleichen Maßstab weitermache wie bisher, wird es ein ziemlich dickes Buch werden – 500 Druckseiten, nehme ich an. In meinem Kopf ist schon alles fertig und braucht nur noch aufgeschrieben zu werden, so schnell es mit dem Füllhalter geht. Ich freue mich königlich.« Und er schrieb tatsächlich in dem Tempo weiter, das er sich vorgenommen hatte: zehn Seiten pro Tag, mitunter sogar mehr. Am 21. Mai hatte er schon sechs Kapitel fertig.[43] Wittgenstein erfuhr etwa eine Woche nach Arbeitsbeginn von diesem Projekt eines Buches über Erkenntnistheorie. Er fiel aus allen Wolken, wie Russell am 13. Mai an Lady Ottoline schreibt, »er meint, es wird wie der Schillingschocker, den er nicht ausstehen kann. Er ist wirklich ein Tyrann.« Am 20. trägt Wittgenstein einen Einwand gegen Russells bisherige Urteilstheorie vor, und Russell berichtet Lady Ottoline darüber am 21. Mai: »Er hatte recht, aber die erforderliche Korrektur ist nicht sonderlich gravierend, glaube ich. Ich muß innerhalb einer Woche zu einer Entscheidung gelangen, denn bald bin ich soweit, daß ich über den Begriff des Urteils [judgement] schreiben muß.« Russell war voller Zuversicht, als der 24. Mai, der »Day of Judgement« [das Jüngste Gericht], herankam. Am 23. schreibt er an Lady Ottoline: »Mir ist eine neue Einteilung des Themas eingefallen – ganz neu und sehr viel gründlicher als die herkömmlichen Einteilungen. Ganz viele neue und wirklich wichtige Ideen sind mir in den Sinn gekommen.« Am 26. hatte er das entscheidende Kapitel – »Über das Verstehen von Sät-

43 Diese sechs Kapitel erschienen in Artikelform in der Zeitschrift *The Monist* (Januar 1914 bis April 1915). Das ganze Werk – beziehungsweise der Teil des Werkes, den Russell tatsächlich ausgeführt hat – ist inzwischen als Band 7 der Collected Papers von Bertrand Russell erschienen: *Theory of Knowledge*, London: Allen and Unwin, 1984.

zen« – beendet und schon einiges am nächsten Kapitel geschrieben, da kam Wittgenstein:

Wir waren beide brummig wegen der Hitze. Ich zeigte ihm einen entscheidenden Teil meiner Aufzeichnungen. Er sagte, es sei alles falsch, die Probleme seien gar nicht erkannt. Er selbst habe meine Theorie schon ausprobiert und wisse, daß sie nicht funktioniert. Seinen Einwand konnte ich nicht verstehen, überhaupt drückte er sich gar nicht klar aus, doch ich spüre es in den Knochen, daß er recht haben muß und etwas gesehen hat, was mir entgangen ist. Wenn ich für mein Teil es auch sehen könnte, würde es mir nichts ausmachen, aber wie die Dinge liegen, macht es mich nervös und nimmt mir die Lust am Schreiben. Ich kann nur über Dinge schreiben, die ich deutlich vor mir sehe, und doch habe ich das Gefühl, daß wahrscheinlich alles verkehrt ist, und daß Wittgenstein mich für einen unredlichen Schuft halten wird, wenn ich damit weitermache. Ja, ja, es ist die jüngere Generation, die an die Tür pocht – ich muß ihm Platz machen, sobald ich kann, sonst werde ich als Inkubus dastehen. Doch zunächst war ich ziemlich verärgert. (Russell an Ottoline Morrell, 27. Mai 1913.)

Alle Anzeichen deuten darauf hin, daß Wittgensteins Einwand sich gegen Russells Urteilstheorie in ihrer neuen Form richtete, dabei aber zugleich mit ebenjenen Problemen zusammenhing, die Russell Wittgenstein überlassen wollte: Worin besteht das Wesen des Satzes? Was ist die Form des Satzes? Worin besteht die Wahrheit des Satzes?

Als Wittgenstein endlich schrieb, er könne seinen Einwand jetzt exakt ausdrücken, formulierte er ihn (in einem Brief an Russell vom Juni 1913) wie folgt: »Wird der Satz ›A urteilt, daß a (z.B.) in der Beziehung R zu b steht‹ richtig analysiert, so muß meines Erachtens offenkundig der Satz ›aRb. v.~aRb‹ unmittelbar und *ohne den Gebrauch irgendeiner weiteren Prämisse* folgen. Ihre Theorie erfüllt diese Bedingung nicht.« Irgendwann im gleichen Sommer notierte er: »Jede richtige Urteilstheorie muß es unmöglich machen, daß ich urteile, dieser Tisch federhaltere das Buch. Russells Theorie genügt dieser Bedingung nicht.« Noch knapper heißt es im September: »Die richtige Urteilstheorie muß es unmöglich machen, Unsinn zu urteilen.«[44] In dem betreffenden Kapitel seines Buchmanu-

44 Beide Bemerkungen stehen in den »Aufzeichnungen über Logik«, über deren Entstehung weiter unten berichtet wird.

skripts führt Russell aus, das Verstehen sei eine Beziehung zwischen einem Subjekt, den verschiedenen Bestandteilen eines Satzes und der logischen Form des Satzes. Man könnte sie daher wie folgt darstellen: V(S, A, B, Ähnlichkeit, R(x,y)), das heißt, eine Relation zwischen einem Subjekt S, dem Gegenstand A, dem Gegenstand B, der Ähnlichkeitsbeziehung und der logischen Form R(x,y). Das Glauben oder Urteilen sei ebenfalls eine Relation dieser Art. Sodann wird in verschiedener Hinsicht spezifiziert, was für eine Art von Relation das Verstehen ist, und diese Spezifizierungen ließen sich dann auch auf das Glauben übertragen. Dabei geht es hauptsächlich darum, zu zeigen, daß die Relation vom Subjekt ausgeht, zwischen ihm und jedem der übrigen Beziehungstermini besteht und diese in bestimmter Weise ordnet. Die Schwierigkeit, auf die Wittgenstein anspielt, ergibt sich daraus, daß die Spezifizierung der Beziehung V nichts enthält, woraus hervorginge, daß die Gegenstände Gegenstände sein müssen, daß die Beziehung eine Beziehung sein muß und die logische Form derart, daß die Gegenstände und Relationen (sofern sie solche sind) möglicherweise in dieser Form vorkommen können. Die Frage ist, welches Moment der Spezifikation der Beziehung V (Verstehen) oder der Beziehung G (Glauben) gewährleistet, daß sich das Subjekt nicht irgendeine beliebige und unpassend zusammengesetzte Menge von Erfahrungsgegenständen vornehmen und »verstehen« oder »glauben« kann, daß sie in einer willkürlich gewählten logischen Form verbunden sind. Mit anderen Worten, welches Merkmal des Verstehens oder Glaubens verbürgt, daß nur ein Satz (eine Proposition) möglicher Gegenstand des Verstehens oder Glaubens ist?
Die naheliegende Erwiderung darauf ist, wie es scheint, daß eine Relation eben nur dann Verstehen oder Glauben *genannt* wird, wenn es sich um eine vom Subjekt ausgehende Beziehung zu einem Satz (einer Proposition) handelt. Doch wer diese Antwort gibt, muß schon wissen, was ein Satz ist. Russell vertritt in dem Manuskript über Erkenntnistheorie die Position, daß die Welt Komplexe (die wahren Überzeugungen entsprechen) enthält sowie wahre und falsche Überzeugungen. Wahre und falsche Sätze kommen darin nicht vor; sie müssen erst aus den Komplexen und den bereits genannten Bewußtseinszu-

ständen konstruiert, abstrahiert werden. Sofern jedoch der Begriff des Satzes Vorrang hat vor dem des in Glauben oder Überzeugung bestehenden Bewußtseinszustands – und dies ist sicherlich der Fall –, dann ist dieser Teil von Russells Programm gescheitert.

Dies ist der einzige Einwand Wittgensteins, auf den in den erhaltenen Zeugnissen aus jener Zeit ausdrücklich hingewiesen wird. Aber in Wittgensteins eigenen Schriften aus den nächsten Jahren finden sich viele Themen und in Frage gestellte Positionen, die Russells Manuskript über Erkenntnistheorie entnommen sind.[45] Wir müssen davon ausgehen, daß der Inhalt dieses Manuskripts mehrfach Gegenstand von Diskussionen war und einen Teil des Stoffs lieferte, über den Wittgenstein in dem produktiven Jahr, das im nächsten Kapitel beschrieben wird, nachdachte.

Nach Wittgensteins »Attacke« vom 27. Mai fuhr Russell zu schreiben fort, nicht langsamer zwar, aber innerlich weniger überzeugt. Er meinte, Wittgensteins Einwand überwunden zu haben, jedoch nicht gründlich genug. Außerdem wollte er nicht Wittgensteins Ideen stehlen – und in diesem Zusammenhang war auch das Aufwerfen einer Schwierigkeit eine wichtige Idee. Falls das Problem nicht gelöst wurde, konnte ein großer Teil des Buches, das er sich vorgenommen hatte, unmöglich geschrieben werden, vielleicht auf Jahre hinaus. Das Ergebnis war derart, daß es überaus schwerfiel, aufrichtig zu sein. Am 20. Juni 1913 schreibt er an Ottoline Morrell: »Es ist das erste Mal in meinem Leben, daß es mir im Hinblick auf meine Arbeit an Ehrlichkeit gebricht. Gestern war ich soweit, daß ich an Selbstmord dachte.« Inzwischen hatte er, nachdem 350 Seiten abgeschlossen waren, im Schreiben eingehalten. Den III. Teil, über das Schließen, wollte er sich für den Herbst aufheben, doch in Wirklichkeit ließ er das Buch an diesem Punkt unvollendet liegen. Als Russell am 11. Juni eine Einladung Wittgensteins zum Lunch mitsamt der »genauen Formulierung« seines Einwands erhielt, hatte er bereits aufgehört zu schreiben. Der

45 Einige Beispiele werden genannt in meinem Artikel »The Grundgedanke of the Tractatus«, in: G. Vesey (Hg.), *Understanding Wittgenstein*, London: Macmillan, 1974.

Einwand »paralysierte« ihn, wie er Wittgenstein mitteilte.[46] Alles in allem verbrachte er daraufhin einen unruhigen Sommer, bis er aus den Ferien nach England zurückkehrte und am 1. September mit der Niederschrift der Lowell Lectures begann – in einem Brief an Lady Ottoline nennt er sie seine »populären« Vorlesungen.

Im Rückblick auf diese Ereignisse schreibt Russell 1916 an Lady Ottoline: »Erinnerst Du Dich? Damals, als Du mit Vittoz zusammen warst, schrieb ich eine Menge über Erkenntnistheorie, und Wittgenstein kritisierte die Sache äußerst streng. Du hast das seinerzeit glaube ich nicht gemerkt, aber seine Kritik hat in meinem Leben eine überaus wichtige Rolle gespielt und alles beeinflußt, was ich seither getan habe. Ich sah, daß er recht hatte, und ich sah auch, daß ich nie wieder hoffen konnte, in der Philosophie etwas Grundlegendes zu leisten. Mit meinem Schaffensdrang war es vorbei, wie eine Welle, die an einem Wellenbrecher zerstiebt. Äußerste Verzweiflung packte mich.« Sehr viel später kommentierte Russell diesen Brief in einer Fußnote und schrieb[47]: »Diese Stimmung hatte ich bald überwunden«, doch allein das Datum des Briefes beweist, daß seine verzagte Überzeugung, alle fundamentale Arbeit auf philosophischem Gebiet sei logischer Natur, und er selbst sei zu solcher Arbeit nicht mehr imstande, wenigstens vom Sommer 1913 bis ins Jahr 1916 anhielt.

Diese Meinungsverschiedenheiten in bezug auf das Manuskript betonten nur die Probleme, die nun auch in der Freundschaft zwischen Russell und Wittgenstein zum Vorschein kamen. Russell war trotz der Kritik überzeugt, daß sein Buch etwas taugte, »denn es gibt ein Beispiel für wissenschaftliches Vorgehen auf einem Gebiet, auf dem alles früher Geschriebene unwissenschaftlich war«. In seinem Brief an Lady Ottoline vom 1. Juni 1913 macht er sich wehmütige Gedanken über Wittgensteins Einfluß auf ihn: »Er berührt mich genauso, wie ich Dich berühre. Jede Drehung und Wendung meines Verhaltens, durch die ich Dich verstimme und niedergeschlagen mache, erkenne ich wieder, wenn ich beobachte, in welcher

46 Wittgenstein antwortet auf diese Äußerung in seinem Brief an Russell vom 22. Juli 1913.

47 Der Brief ist abgedruckt im 2. Band von Russells Autobiographie, S. 57.

Weise er mich ärgert und deprimiert. Und dabei liebe und bewundere ich ihn. Außerdem wirke ich auf ihn genauso, wie Du auf mich wirkst, wenn Du kalt bist. Es ist merkwürdig, wie genau sich die Verhältnisse entsprechen. Er unterscheidet sich von mir in der gleichen Weise, in der ich mich von Dir unterscheide. Er ist klarer, schöpferischer, leidenschaftlicher; ich habe einen weiteren Horizont, mehr Mitgefühl, bin gesunder. Aus Symmetriegründen habe ich die Parallele übertrieben dargestellt, doch es ist etwas daran.« Und wenige Tage später, am 5. Juni, schreibt er an Lady Ottoline: »Gestern zwischen Tee und Dinner war ich mit Wittgenstein zusammen, und es war schrecklich. Er kam und analysierte alles, was zwischen ihm und mir nicht stimmt, und ich erwiderte, das sei doch nur Nervosität, und im Grunde sei alles in Ordnung. Darauf meinte er, er sei nicht sicher, ob ich die Wahrheit spreche oder nur höflich bin, was mich irritierte, so daß ich mich weigerte, noch ein Wort mit ihm zu wechseln. Er redete aber immer weiter. Ich setzte mich an den Tisch, nahm den Füllhalter in die Hand und begann ein Buch durchzuschauen, aber er hörte trotzdem nicht auf. Zu guter Letzt sagte ich in scharfem Ton: ›Ihnen fehlt eigentlich nichts weiter als ein wenig Selbstbeherrschung.‹ Da ging er schließlich hinaus mit hochtragischer Miene. Für den Abend hatte er sich mit mir zu einem Konzert verabredet, kam aber nicht. Also kriegte ich es mit der Angst zu tun und dachte an Selbstmord. Ich traf ihn jedoch spät in seinem Zimmer an (ich hatte das Konzert verlassen, ihn aber zunächst nicht gefunden). Ich sagte, es täte mir leid, daß ich so brummig gewesen war, und redete dann ruhig über die Möglichkeiten, wie er sich bessern könne. Er hat die gleichen Fehler wie ich selbst: ständig analysiert er, reißt die Gefühle mit der Wurzel heraus, versucht immer genau die Wahrheit herauszufinden, wie man ihm gegenüber empfindet. Ich sehe, daß es sehr erschöpfend ist und die Gefühle der Zuneigung abtötet. Ich glaube, es muß ein Charakterzug der Logiker sein – er ist der einzige andere Logiker, den ich wirklich gut kenne.« Mag sein, daß es Fehler gibt, die für den Logiker typisch sind, aber hier ging es wahrscheinlich eher darum, wer den Kuß gab und wer die andere Wange hinhielt. Wenige Tage später, am 10. Juni, gingen sie zusammen ins Konzert, um die Neunte zu hören. Dies war der Anlaß für Wittgensteins Äuße-

rung, es sei einer der großartigsten Augenblicke in seinem Leben gewesen, diese Symphonie gemeinsam mit Russell zu hören. Man kann sich die Begeisterung ausmalen, die er empfand. Das Grammophon gab es damals noch nicht lange, an Stereoaufnahmen war noch nicht zu denken, und daher war eine Aufführung der Chorsymphonie ein besonderes Ereignis. Wittgenstein war trotz allem in besonders empfänglicher und begeisterter Gemütsverfassung. Erst drei Monate vorher hatte er Pinsent über eine Aufführung der Neunten berichtet: »Es hatte beinahe den Anschein, als sei der Chor der Neunten ein Symbol für einen wirklichen Wendepunkt in seinem Leben! Als hätte er schließlich Trost gefunden.« (Tagebuch, 5. März 1913.)
Der Ausklang dieses akademischen Jahrs in Cambridge verlief irgendwie mustergültig; das Konzert und die Steigerung der persönlichen Beziehungen gehörten mit dazu. In diesem Jahre 1913 gab es auch die Vorführung im psychologischen Laboratorium, an der Wittgenstein teilnahm. Daneben gab es Verwandtenbesuche. Auch Pinsents Familie kam nach Cambridge, und Wittgenstein – in seiner Rolle als Wirt ein wenig zerstreut, aber sonst in guter Verfassung – servierte ihnen Tee in seinen Chemiebechern. Wittgensteins Mutter kam nach London, und Russell wie Moore besuchten sie dort zum Lunch im Savoy. Darüber, wie die Unterhaltung verlief, ist nichts bekannt, doch während das Krieges war Russell imstande, in einem Brief an sie, in dem er sich nach ihrem Sohn erkundigt, genau den richtigen Ton zu treffen.
In Wittgensteins eigenem Kalender (er legte sich immer einen zurecht) war ein Besuch in Manchester bei seinem Freund Eccles vorgesehen. (Ob dies das Jahr war, in dem er nach Irland fuhr, um das Haus von Eccles' Familie in Coleraine zu besuchen, steht nicht fest.) Von Manchester aus schrieb er den bereits geschilderten Brief an Keynes mit Bezug auf die für Johnson bestimmte Stiftung, und das zeigt, daß er schon begonnen hatte, darüber nachzudenken, was aus dem ererbten Vermögen werden sollte.
Im Juli ging es dann zurück nach Österreich und auf die Hochreith. Nach einem Jahr voller Unternehmungen begann damit eines in größter Zurückgezogenheit; auf ein besonders ereignisreiches Jahr folgte nun eines seiner produktivsten.

6. Norwegen 1913/14

Den Juli und den größten Teil des August verbrachte Wittgenstein wie üblich auf der Hochreith; das zeigen die Briefe an Russell. Das Wetter war »ständig elend«, schreibt er am 22. Juli, und in einem anderen Brief heißt es: »Hier ist das Wetter ganz abscheulich, und es regnet den ganzen Tag wie verrückt. Gerade hat es gedonnert, und ich sagte ›Hell!‹, was zeigt, daß mir die englischen Schimpfwörter ziemlich in Fleisch und Blut übergegangen sind.« Der lockere Ton und die harmlosen Schimpfwörter sind ein charakteristisches Zeichen guter Laune. Die Arbeit geht ungewöhnlich gut voran. In dem zuerst zitierten Brief sagt er auch, er fühle sich der Lösung aller seiner Probleme weit näher als je zuvor.

Durch eine Grippe aufgehalten, kam er erst gegen Ende August in England an, um mit Pinsent in die Ferien zu fahren. Pinsent war weniger großzügig behandelt worden als Russell und hatte schon ungeduldig auf briefliche Nachricht gewartet. Ursprünglich hatten sie eine Reise nach Spanien geplant, doch nun schlug Wittgenstein andere Möglichkeiten vor. Pinsent notiert am 25. August in seinem Tagebuch: »Er war sehr darauf bedacht, keine Vorliebe für ein bestimmtes dieser Vorhaben erkennen zu lassen, um mich unvoreingenommen urteilen zu lassen. Dennoch war klar, daß er nach Norwegen wollte, also fand ich mich schließlich damit ab. Ich wäre wohl lieber auf die Azoren gefahren – die Reise wäre sehr angenehm gewesen –, aber es war gerade die Reise, die Wittgenstein mißfiel, denn er war sicher, daß wir Scharen amerikanischer Touristen begegnen würden, und die kann er nicht ausstehen! ... Ich habe keine Ahnung, warum Wittgenstein im letzten Augenblick seine Meinung geändert hat.« Geplant war, daß sie zunächst nach Bergen fahren und von dort aus kurze Wanderausflüge und dergleichen unternehmen würden.

Ehe sie England verließen, mußte Wittgenstein noch einiges erledigen: Er fuhr nach Cambridge, wo er, wie wir wissen, unter anderem Moore zum Tee traf, und ferner besuchte er, was weit wichtiger war, die Whiteheads in Marlborough und traf Russell in London. Pinsent war der erste, der von Wittgensteins »wirklich erstaunlichen« logischen Entdeckungen hörte: »Dadurch sind alle Probleme gelöst worden, mit denen er sich im letzten Jahr erfolglos herumgeschlagen hat. Er hat mir ja immer erklärt, woran er arbeitetete, und es war äußerst interessant zu sehen, wie er es allmählich immer weiter gebracht hat, wie sich aus einem Anhaltspunkt der nächste ergab, was dann schließlich zu dem System führte, das er gerade entdeckt hat – und dieses System ist verblüffend einfach und raffiniert ausgedacht und scheint alles klarzustellen.« (Tagebuch, 25. August 1913.) Russell war ebenfalls beeindruckt. Am 29. August schreibt er an Lady Ottoline, die Leistung sei »hervorragend sondergleichen«. Und von Wittgenstein erfährt Pinsent, auch Whitehead habe sich davon angetan gezeigt. Im Tagebuch heißt es: »Wahrscheinlich muß der erste Band der *Principia* neu geschrieben werden, und vielleicht wird Wittgenstein selbst die ersten elf Kapitel übernehmen. Das ist ein glänzender Triumph für ihn!« Darüber, wie weit Wittgenstein zu diesem Zeitpunkt mit seinen Untersuchungen war, werden wir später, wenn wir die während des Jahres geleistete Arbeit besprechen, einige Vermutungen anstellen. Auf jeden Fall war er weit genug, um das Gefühl zu haben, Russell und Whitehead darüber berichten zu können. Was er vor allem brauchte, war wahrscheinlich die Zustimmung Whiteheads. Russell hatte schon eingesehen, daß die Grundlagen der Logik »Wittgensteins Aufgabe« waren, und jetzt atmete er auf, als er von den Fortschritten hörte. Am 29. August schreibt er an Lady Ottoline: »Du kannst Dir kaum vorstellen, wie erleichtert ich jetzt bin; es gibt mir geradezu ein Gefühl des Jungseins und der Fröhlichkeit. Die Beklemmung vorher war unerträglich, und darunter hat auch meine Beziehung zu Dir sehr gelitten.«

Was Wittgenstein selbst betrifft, bezog sich die von Pinsent bemerkte Vorliebe für Norwegen wahrscheinlich in erster Linie darauf, daß er er dort allein sein und weiterarbeiten konnte. Es war dann ja auch, wie sich herausstellte, eher eine Leseklausur als ein Ferienaufenthalt. Mit Geld waren sie reichlich versehen, wenn auch nicht so üppig wie im Jahr davor; Wittgenstein führte 70 Pfund für sie beide mit und hatte außerdem einen Kreditbrief dabei. Sie reisten mit allem Komfort: Jeder hatte sein eigenes Zimmer in den verschiedenen Grand

Hotels, und zweiter Klasse fuhr man nur, wenn es keine erste Klasse gab. Wie bei früheren Gelegenheiten, zeigte sich auch hier, daß Wittgenstein den Mitreisenden aus dem Weg gehen wollte, während sich Pinsent mehr darum kümmerte, was sie wohl empfinden mochten. Dies war die Reise, auf der sich der oben (S. 201) geschilderte Zwischenfall mit dem aufdringlichen Raucher zutrug. Nachdem sie in Bergen angekommen waren, hielten sie Ausschau nach einem kleineren Ort an einem der Fjorde, wo sie, wie Pinsent am 3. September schreibt, »von Touristen überhaupt nicht gestört werden (Ludwig pocht darauf). An einem solchen Ort wollen wir etwa 3 Wochen bleiben und ein wenig arbeiten (ich an meinen juristischen Sachen und Ludwig an seiner Logik) und, wenn möglich, auch ein wenig wandern und auf dem Fjord segeln.«[1] In Östensö, wie der Ort damals gewöhnlich genannt wurde, fanden sie das Gesuchte (Pinsent – und zunächst auch Wittgenstein – schreibt den Namen durchweg Öistensjö; heute ist die Schreibung Öystese). Es war, wie Pinsent schildert, »ein winziges Dörfchen in einer kleinen Bucht des Hardangerfjords, und die Hügel erheben sich unmittelbar dahinter. Es scheint der ideale Ort zu sein, den wir gesucht haben.« Sie nahmen zwei Schlafzimmer und einen gemeinsamen Wohnraum, und dort verbrachten sie drei Wochen und waren fast ständig zusammen, während das Hotel allmählich immer leerer wurde. An erster Stelle stand die Arbeit: Pinsent las seine Bücher über römisches Recht oder dergleichen, während Wittgenstein »die ganze Zeit im Zimmer auf und ab geht und dabei in einem Gemisch aus Deutsch und Englisch vor sich hin murmelt« (Tagebuch, 3. September). Ebendarin bestand Wittgensteins Arbeit: Er konzentrierte sich mit höchster Anstrengung auf die Probleme, die

1 1913 erscheint Pinsents Name auf der Liste der »Wranglers«, das heißt, er hatte seine mathematische Abschlußprüfung mit Auszeichnung bestanden. Zwei Jahre vorher hatte er auch den ersten Teil des Tripos-Examens mit der bestmöglichen Zensur bestanden. Nach Auskunft von Lord Adrian, seinem späteren Schwager, hätte er sich gern um eine Fellowship am Trinity College beworben, ließ sich diesen Gedanken jedoch von Barnes, dem dermaligen heterodoxen Bischof von Birmingham, ausreden. Daher begann er, wie wir hier sehen, sich nach Abschluß des zweiten mathematischen Examens auf eine juristische Laufbahn vorzubereiten. Ein Onkel Pinsents, der spätere Lord Parker of Waddington, war damals bereits Chancery Judge.

er plastisch vor sich sah. Bücher anderer Autoren – oder auch nur seine eigenen Aufzeichnungen – brauchte er nicht. Was in seinen Notizbüchern steht, ist das Destillat langer Zeiten anhaltender Konzentration; und was er zur Veröffentlichung vorbereitete, war noch weiter destilliert. Daher war er durchaus imstande zu arbeiten, während er mit Pinsent im Segelboot saß; bei späterer Gelegenheit spricht er selbst davon, er habe beim Kartoffelschälen gearbeitet.

Zur Erholung gingen sie segeln oder kletterten auf den Felsen umher – Wittgenstein war in beidem recht ungeschickt. Abends pflegten sie Domino zu spielen. »Zu Anfang spielen wir immer das normale Dominospiel«, schreibt Pinsent am 7. September, »doch zum Schluß bauen wir die herrlichsten Gebilde aus Dominosteinen mitsamt den raffiniertesten Einrichtungen zu ihrer Zerstörung, und diese bauen wir ebenfalls aus Dominosteinen«. Bei einer Gelegenheit fuhr Wittgenstein nach Bergen, um ein paar notwendige Einkäufe zu erledigen, und dabei besorgte er auch zwei Bände mit Schubertliedern, die sie dann in der üblichen Weise spielten.

Anfangs kam es zu ein oder zwei Szenen – die mit dem aufdringlichen Raucher haben wir bereits erwähnt. Einen anderen Auftritt gab es kurz nach ihrer Ankunft in Östensö. Pinsent berichtet am 4. September: »Später gingen wir ein Stück spazieren. Ich hatte meine Kamera dabei, und daraus ergab sich wieder ein Zwischenfall mit Ludwig. Wir waren in freundschaftlichster Stimmung, als ich ihn einen Augenblick verließ, um ein Photo zu machen. Und als ich ihn dann wieder einholte, war er stumm und eingeschnappt. Schweigend gingen wir eine halbe Stunde lang nebeneinander her, bis ich ihn fragte, was denn los sei. Anscheinend war er entrüstet über meine Versessenheit zu photographieren, ›wie jemand, der beim Spazierengehen nur daran denken kann, wie sich die Landschaft als Golfplatz ausnehmen würde‹.« Ein kränkende Bemerkung. Im Gegensatz zu Pinsent würde ein Nichtphotograph daraus allerdings nicht unbedingt auf eine Neurose schließen. Der Zwist war rasch überwunden. Wittgenstein bereute und fand sich selbst abscheulich, während Pinsent derartige Vorkommnisse darauf zurückführte, daß Wittgenstein Anfälle hatte, an denen er nichts ändern konnte. Doch ihre Beziehung schien nun auf einem soliden Fundament zu ruhen. In Pinsents Tagebuch heißt es unter dem Datum 2. September: »Er sagt, im letzten Jahr [in Island] sei er mitunter unsicher gewesen, ob er mich mochte oder nicht – aber seither hätten wir uns viel besser kennengelernt, und jetzt sei er nie mehr im Zweifel.« Und tatsächlich gab es weit weniger Reibungen, als Pinsent befürchtet hatte. Schon allein das Dominospiel zeigt, daß sich Wittgenstein, wenn er mit Pinsent zusammen war, der gleichen unkomplizierten, kindlichen Fröhlichkeit hingeben konnte, die er im Beisammensein mit seiner Schwester Helene und einigen späteren Freunden an den Tag legte, aber nicht – oder zumindest nicht offenkundig – mit den Cambridger Freunden dieser frühen Zeit. Anders als im vorigen Jahr, machten sie diesmal keine Pläne, einige Zeit getrennt zu verbringen. Als Wittgenstein allein nach Bergen fahren mußte, empfand Pinsent das als Störung. Bezeichnend ist auch, daß sie (wie der Tagebucheintrag vom 4. September zeigt) etwa um diese Zeit begannen, einander mit Vornamen anzureden (und wir werden ebenso verfahren, solange nur von ihnen beiden die Rede ist).[2] Meistens gelang es Ludwig, recht guter Laune zu sein, meinte David. Und Wittgenstein schreibt am 5. September an Russell, es sei »ungeheuer tröstlich« für ihn, Pinsent bei sich zu haben. Es gab jedoch einen Gedanken, der ihn quälte, und im gleichen Brief äußert er ihn wie folgt: »Jetzt habe ich oft das unbeschreibliche Gefühl, es stünde ganz fest, daß meine Arbeit auf die eine oder andere Weise ganz und gar verloren geht. Ich hoffe aber immer noch, daß es sich nicht bewahrheiten wird. Vergessen Sie mich nicht, was immer auch geschehen mag!« Seltsamerweise hätte er auf der Hinreise beinahe tatsächlich den Handkoffer mit allen seinen Notizbüchern verloren. Das gehörte mit zu seiner allgemeinen Zerstreutheit – auf der Rückreise verlegte er eine Reisedecke und auf der nächsten Überfahrt einen Brief an Russell. Die Sorge wegen seiner Arbeit

2 Zum Vergleich: Russell, Moore und Wittgenstein redeten einander stets mit Familiennamen an. (Moore ist vielleicht ein Sonderfall: Niemand nannte ihn George; seine Angehörigen nannten ihn Bill, und seine Frau redete ihn mit »Moore« an.) Die Briefe an seinen »lieben Keynes« unterzeichnete Wittgenstein ab 1925 mit »Ludwig«, und Keynes für sein Teil redete Wittgenstein in seinen Briefen mit dem Vornamen an.

warf immer wieder einen Schatten über seine Unterhaltungen mit David. Es mochte vorkommen, daß er diesem erklärte, wie er vorwärtskam mit der Typentheorie – der »scheußlichen Typentheorie«, wie er am 5. September an Russell schreibt –, doch dann konnte er wieder trübsinnig und unnahbar sein, wenn ernste Schwierigkeiten auftauchten. In diesen Tagen (am 17. und 19. September) erzählte er David von seiner Furcht, er könne sterben, während seine Arbeit noch unvollendet sei, oder ohne daß er überhaupt wertvolle Arbeit geleistet hätte – die Stelle haben wir oben (S. 256) zitiert.

David versuchte ihn zu überzeugen, seine Arbeit könne nicht völlig nutzlos sein, und es gelang ihm einigermaßen, ihn zu beruhigen. Ludwigs Stimmung wechselte. Bei einem Ausflug führten die beiden, wie Pinsent am 23. September notiert, »ein langes Gespräch über diese Ferien und Ferien überhaupt. Ludwig sagt, er habe noch nie einen Ferienaufenthalt so genossen wie diesen. Es ist nahezu gewiß, daß er die Wahrheit spricht – dennoch ist es seltsam, wenn man bedenkt, wie niedergeschlagen er in letzter Zeit manchmal gewesen ist. Doch ich nehme an, daß er diese Anfälle von Depression nie ganz loswird, daß sie nichts Ungewöhnliches sind. Freilich, wenn er nicht gerade deprimiert war, war er tatsächlich äußerst vergnügt.«

Während Ludwig schwankte zwischen jubelnder Stimmung angesichts der erzielten Resultate und Zweifeln hinsichtlich ihrer Vollständigkeit oder bösen Vorahnungen mit Bezug auf ihre Zukunft, kamen ihm zwei Pläne in den Sinn. Den ersten unterbreitet er Russell in einem Brief vom 20. September:

Noch gibt es keine Lösung für die Typen, aber ich habe alle möglichen Ideen, die mir sehr grundlegend erscheinen. Nun wird das Gefühl, daß ich sterben muß, ehe ich sie veröffentlichen kann, mit jedem Tag stärker in mir, und deshalb wäre es mein größter Wunsch, Ihnen *alles*, was ich bislang erarbeitet habe, *so bald wie möglich* mitzuteilen. Glauben Sie nicht, ich hielte meine Ideen für sehr wichtig, doch ich kann mich nicht des Gefühls erwehren, sie könnten den Leuten helfen, *einige* Fehler zu vermeiden. Oder irre ich mich? Wenn ja, so nehmen Sie *keine Notiz* von diesem Brief. Ob meine Ideen es wert sind oder nicht, daß man sie nach meinem Tod bewahrt, kann ich natürlich gar nicht beurteilen. Vielleicht ist es auch lächerlich, daß ich diese Frage überhaupt in Erwägung ziehe. Wenn es aber lächerlich ist, so versuchen Sie meine Torheit bitte zu entschuldigen, weil es keine oberflächliche, sondern die tiefste Torheit ist, deren ich fähig bin. Ich sehe schon, je länger dieser Brief wird, desto weniger wage ich es, zum eigentlichen Punkt zu kommen. Worauf es mir aber ankommt, ist dies: Ich möchte Sie darum bitten, *so bald wie möglich* mit mir zusammenzutreffen und mir genügend Zeit zu gönnen, so daß ich Ihnen eine Übersicht über den ganzen Bereich, den ich bislang bearbeitet habe, geben kann, und mich, wenn möglich, *in Ihrem Beisein* Aufzeichnungen machen zu lassen.

Dann fährt er fort und macht Vorschläge in bezug auf ein mögliches Treffen Anfang Oktober. Was das Vorhaben als solches angeht – nämlich daß er sich durch die Anwesenheit eines Kollegen zum Schreiben anregen lassen wollte –, werden wir später beim Diktat des Blauen und des Braunen Buchs ein ähnliches Verfahren beobachten, denn das letztere dieser beiden Werke wurde in auffallend ähnlicher Weise geschrieben, wie er es jetzt im Jahre 1913 vorhatte. Die Idee, Russell etwas zu überlassen, was er nach Wittgensteins Tod veröffentlichen könnte, war bereits besprochen worden (vgl. das Zitat aus Pinsents Tagebuch auf S. 256).

Wie die Begegnung verlief, werden wir schon bald sehen. Vorher jedoch berichtete Wittgenstein Russell und Moore über einen Plan, den er zuerst Pinsent mitgeteilt hatte, der am 24. September in sein Tagebuch schreibt:

Heute morgen war Ludwig ganz aufgeräumt, doch plötzlich verkündete er ein äußerst beunruhigendes Vorhaben, nämlich daß er sich zurückziehen und ein paar Jahre lang weit entfernt von allen Bekannten leben will, etwa in Norwegen. Er wolle völlig allein und abgeschieden leben, wie ein Einsiedler, und nichts tun außer über Logik arbeiten. Seine Gründe finde ich höchst merkwürdig, aber für ihn sind sie sicher ganz real: Erstens meint er, unter solchen Umständen werde er unendlich mehr und bessere Arbeit leisten als in Cambridge, wo die ständige Möglichkeit einer Störung und Ablenkung (etwa Konzerte) ein schreckliches Hindernis darstellt. Zweitens glaubt er kein Recht zu haben, in einer antipathischen Welt zu leben (und ihm sind natürlich nur sehr wenige Menschen sympathisch), in einer Welt also, in der er ständig Verachtung empfindet für andere und sie durch sein nervöses Temperament verärgert, ohne daß diese Verachtung gerechtfertigt wäre, zum Beispiel dadurch, daß er ein wirklich großer Mensch wäre und ein wirklich großartiges Werk geschaffen hätte ... Einen endgültigen Beschluß hat er noch nicht gefaßt, aber höchstwahrscheinlich wird er sich schließlich doch für dieses Vorhaben entscheiden.

Ein gewisses Zögern kommt darin zum Vorschein, daß er am nächsten Tag zusammen mit David an einem Text arbeitete, der als Einleitung gedacht war für die Vorlesungsreihe, die er an dem Institut für Arbeiterbildung halten sollte (vgl. S. 274). Die Vorbereitungen zu dieser Vorlesungsreihe beziehungsweise ihre Absage gehörten vielleicht mit zu den Dingen, die er Anfang Oktober in London zu erledigen hatte. In Cambridge traf er am 2. Oktober ein und berichtete Moore und Russell sogleich von seiner festen Absicht, Cambridge zu verlassen und sich nach Norwegen zurückzuziehen. Was anschließend geschah, beschreibt Russell in einem anekdotenhaften Brief an Lucy Mary Donnelly:

Dann kam Wittgenstein, mein Österreicher, wie ein Wirbelwind hereingestürmt. Er war gerade aus Norwegen zurückgekehrt und entschlossen, sofort wieder dorthin zurückzufahren, um da in völliger Abgeschiedenheit zu leben, bis er *alle* Probleme der Logik gelöst hat. Ich sagte zu ihm, dort werde es dunkel sein, und er erwiderte, er hasse das Licht des Tages. Ich sagte, es werde einsam sein, und er antwortete, durch Gespräche mit intelligenten Leuten habe er seinen Geist schon genügend prostituiert. Ich sagte, er sei verrückt, und er erwiderte, Gott bewahre ihn vor der Verstandesgesundheit. (Den Gefallen wird Gott ihm wohl tun.) Nun hat Wittgenstein im August und September auf logischem Gebiet Dinge geleistet, die zwar noch nicht ganz ausgegoren sind, aber meiner Meinung nach mit zum Besten gehören, was in diesem Fach bisher getan worden ist. Sein künstlerisches Gewissen hindert ihn jedoch daran, etwas zu schreiben, ehe es vollkommen ist, und ich bin überzeugt, daß er im Februar Selbstmord begehen wird. Was sollte ich da tun? Er legte mir seine Ideen dar, doch sie waren derart diffizil, daß ich sie immer wieder vergaß. Ich flehte ihn an, sie aufzuschreiben, und er versuchte es, doch nach vielem Stöhnen erklärte er es für völlig unmöglich. Schließlich sorgte ich dafür, daß er im Beisein eines Stenographen redete, so daß wenigstens einige seiner Gedanken festgehalten wurden. Diese Geschichte hat mich und meine Gedanken etwa eine Woche lang in Anspruch genommen.[3]

3 Eine Kopie dieses Briefes vom 19. Oktober 1913 verdanke ich Kenneth Blackwell, der ihn in der Zeitschrift *Russell* ausführlich bespricht. Die Abfolge der Ereignisse wird, allerdings auf der Basis nicht ganz zureichender Informationen, in meinem Artikel »Bertrand Russell and Ludwig Wittgen-

Russell hatte eine große Vorliebe für pointenreiche Geschichten, vor allem aber für das Erzählen solcher Geschichten. In seiner Autobiographie gibt er eine noch verkürztere Darstellung: »Anfang 1914 kam er sehr aufgeregt zu mir und sagte: ›Ich verlasse Cambridge, ich verlasse Cambridge sofort.‹ Ich fragte nach dem Warum. Er erwiderte: ›Weil mein Schwager nach London gezogen ist, und ich kann es nicht ertragen, in seiner Nähe zu sein.‹ Also zog er in den hohen Norden Norwegens und verbrachte dort den Rest des Winters.«[4] Moores Tagebuch, Russells eigene Briefe an Lady Ottoline und Wittgensteins Briefe an Russell lassen einen Besuch Wittgensteins in Cambridge um die Jahreswende nicht nur unerwähnt, sondern scheinen ihn geradewegs auszuschließen. Es ist also wahrscheinlich, daß Russell, nach über siebzehn Jahren zurückblikkend, das im Oktober stattgefundene Gespräch falsch datiert hat. Daß er in dieser Darstellung ein in dem Brief an Lucy Mary nicht erwähntes prägnantes Detail nennt, ist entweder einer Gedächtnistäuschung oder stilistischer Willkür zuzuschreiben. Es stimmt allerdings, daß Gretl und ihr Mann, Jerome Stonborough, in etwa um diese Zeit nach Besselsleigh, ein prächtiges Landhaus in der Nähe von Oxford, zogen, und es ist ebenfalls richtig, daß Wittgenstein für seinen Schwager nichts übrig hatte. Die idealistisch gesinnte junge Schönheit hatte einen reichen Amerikaner geheiratet (er war allerdings nicht reicher als sie selbst). Er war gebildet, hatte wissenschaftliche Interessen (er richtete sein eigenes Labor ein), und wie ihr Vater liebte er einen großzügigen Lebensstil und die Fähigkeit, sich bei jeder gesellschaftlichen Gelegenheit bemerkbar zu machen und den jeweiligen Ton durch seine Persönlichkeit zu bestimmen. Später sprach sich allerdings auch die Familie gegen seine Herrschsucht aus, und Gretl selbst litt unter seinem verdrießlichen Temperament. Zuletzt lebten sie fast immer

stein's ›Notes on Logic‹« dargestellt, s. *Revue Internationale de Philosophie* 102 (1972).

4 Dieser Abschnitt von Russells Autobiographie wurde, wie es scheint, um 1931 geschrieben. Der Text enthält Hinweise (vgl. S. 96) auf Überarbeitungen im Jahre 1949, doch in dem Buch gibt es keine Bezugnahme auf ein späteres Ereignis, das Wittgenstein betrifft, als die Veröffentlichung von Julian Bells Spottgedicht im Jahre 1930.

getrennt. Es mag durchaus sein, daß Wittgenstein, der allen persönlichen Kontakten aus dem Weg ging, diesen speziell erwähnt hat.

Die Notwendigkeit, sich ohne Ablenkungen der eigenen Arbeit widmen zu können, ist ein hinreichend rationales Motiv, und letzten Endes leistete Wittgenstein während seines Norwegenaufenthalts eine ganze Menge; doch die übrigen, auch gegenüber Pinsent genannten Gründe wirken eher wie Vorwände, die einen Rückzug vor seinen Freunden verschleiern sollen. Man denkt dabei leicht an seinen Vater, der von zu Hause ausriß, und auch an ein gewisses Muster in Wittgensteins eigenem Leben: Er wollte möglichst weit weg von zu Hause und zog nach Linz; Berlin verließ er – »Nichts mehr davon!« –, als anscheinend zu weitgehende Ansprüche an seine Gefühle gestellt wurden; später verließ er des öfteren die Familie aus inneren Gründen, bezog möblierte Zimmer, verdingte sich als Gärtner oder ließ sich in einem unbekannten Dorf nieder; er zog sich ein weiteres Mal nach Norwegen zurück; während des Zweiten Weltkriegs gab er seine Arbeit auf, aber nicht, um nach Cambridge heimzukehren, sondern um verhältnismäßig einsam in Swansea zu leben; gegen Ende seines Lebens verzichtete er auf seinen Lehrstuhl und zog sich in immer weiter abgelegene Gegenden Irlands zurück. Manchmal hatten diese fluchtartigen Ortswechsel produktive Folgen – was wir heute unter dem Titel *Philosophische Untersuchungen* kennen, verdanken wir im wesentlichen den Aufenthalten in Norwegen (1936) und in Swansea (1944) –, aber nicht immer kam etwas dabei heraus. Zweifellos hatten bei jeder dieser Gelegenheiten unterschiedliche Faktoren Gewicht, doch stets spielte das Bedürfnis, dem Druck menschlicher Beziehungen zu entgehen, eine wichtige Rolle. In dem Jahr 1913/14 war dies mit Sicherheit der Fall. Die Motive für diese Rückzüge in die Einsamkeit sind von der gleichen Komplexität wie im Hinblick auf die in ihren ersten Ansätzen bereits erkennbare säuberliche Abgrenzung und Einteilung seines Lebens, je nachdem, mit welchen Freunden und Beschäftigungen er es zu tun hatte. Freilich, eine zu weitgehende Intimität konnte die Arbeit hemmen; aber wichtig war vielleicht auch, daß die Arbeit dazu dienen konnte, eine zu weitgehende Intimität zu verhindern.

Am 1. Oktober traf Wittgenstein in England ein, am 11. Oktober fuhr er wieder ab. Es gelang ihm während dieser Zeit, fünf oder sechs lange Gespräche mit Russell zu führen und zwei oder drei mit Moore. Russell war, wie gewöhnlich, teils zornig, teils voller Bewunderung. An Ottoline Morrell schreibt er am 8. Oktober: »Geistig steht er mir näher als jeder andere, den ich kenne, und dennoch werde ich ihn gern davonziehen sehen.« Als Russell darüber nachdachte, fand er Wittgensteins Plan der Norwegenreise doch nicht so übel. Sobald er etwas geschrieben hätte, würde er ja zurückkommen, den von der Studienordnung für einen akademischen Grad verlangten Aufenthalt in Cambridge beenden und sich so qualifizieren, um Russells Nachfolge anzutreten. In der Zwischenzeit versuchte Russell, Wittgensteins bisherige Leistungen irgendwie festzuhalten. Anscheinend fanden wenigstens zwei Sitzungen im Beisein von Stenographen statt; eine in Birmingham[5] mit einem deutschen Stenographen, eine weitere in Cambridge, bei der ein Sekretär zugegen war, der sonst für Jourdain tätig war. Russell selbst versuchte ebenfalls, einige von Wittgensteins Äußerungen aufzuschreiben. Ferner ist es wahrscheinlich, daß ein Teil der vier Manuskriptübersetzungen im Russell-Archiv Äußerungen wiedergibt, die Russell diktiert wurden, während ein anderer Teil auf tatsächlich von Wittgenstein angefertigte Manuskripte zurückgeht. Diese Teile auseinanderzuhalten, ist allerdings unmöglich. Jedenfalls sind aus diesen acht Tagen sieben Typoskriptseiten erhalten sowie 23 handgeschriebene Seiten (Russells Übersetzung von Wittgensteins deutschem Original), die zusammen Wittgensteins erstes philosophisches Werk bilden: »Logik« hieß es, beziehungsweise »Aufzeichnungen über Logik«. Wie sich in Kürze zeigen wird, wurde Russells Übersetzung und Gliederung des Stoffs, wie er in der ersten Auflage 1960 veröffentlicht wurde, erst im Februar 1914 angefertigt, doch im Grunde stammt das Werk aus dem Herbst 1913. Auf den Inhalt werden wir erst später eingehen, doch über die Art der Entstehung sollte sogleich berichtet werden:

5 In Russells Brief an Lady Ottoline vom 9. Oktober wird erwähnt, daß Wittgenstein den Tag in Birmingham verbrachte, um etwas auf deutsch zu diktieren. Damit ist Russells 1958 in einem Brief an J. P. Griffin enthaltener Erinnerungsbericht bestätigt; vgl. meinen in der vorletzten Anmerkung genannten Artikel.

Wittgenstein hatte Notizbücher, in die er tagtäglich die Endresultate seines Denkens eintrug. Aus diesen Notizbüchern wählte er Stücke aus und diktierte sie, oder er wählte gewisse Teile aus und stellte sie neu zusammen. Die »Zusammenfassung« (sieben Typoskriptseiten, die offenbar auf das englische Diktat vom 9. Oktober zurückgehen) enthält recht verkürzte Fassungen von Bemerkungen, die auch auch im *Tractatus* vorkommen; diese Formulierungen muß Wittgentein entweder frei nach seinem Notizbuch oder aus dem Gedächtnis zitiert haben. Die vier von Russell übersetzten Manuskripte enthalten eine Reihe von Sätzen, die im deutschen Original beinahe genauso gelautet haben müssen wie in der späteren Tractatusform.[6] Daher liegt die Annahme nahe, daß Wittgenstein die Notizbücher, aus denen diese Bemerkungen vorgelesen oder übertragen wurden, aufbewahrte und zusammen mit den übrigen Notizbüchern benutzte, aus denen er schließlich den Text des *Tractatus* zusammenstellte.[7]

Wittgensteins Möbel, seine Bücher und ein Teil seiner Papiere wurden eingelagert. Ein Kästchen mit Dingen von realem oder gefühlsmäßigem Wert wurde Russell anvertraut. Moore bereitete sich vor, in die verlassene Wohnung im Whewell's Court zurückzukehren. Wittgensteins Cambridger Leben war fürs erste abgeschlossen, und zwar für länger, als er selbst glaubte. Am 11. Oktober verließ er London, um nach Norwegen zu fahren.

In Bergen dürfte er am Dienstag, dem 14. Oktober angelangt sein. Wie es scheint, hatte er vorgehabt, die hoch im Norden gelegenen Lofoten zu besuchen[8] (daher zweifellos Russells

6 Vgl. meinen vorhin genannten Artikel, S. 451.

7 Vgl. G. H. von Wrights Artikel »Die Entstehung des *Tractatus*«, in: *Wittgenstein*, S. 77 ff. Dort zitiert von Wright aus einem Brief Engelmanns an Hayek: »Seine Manuskriptbücher waren große, in schwarz und grün gestreiftes Leinen gebundene Geschäftsbücher, wie man sie in Österreich als Hauptbücher verwendete ... Der Tractatus ist der endgültige Extrakt aus 7 solchen Büchern, die er nach dem Erscheinen des Buches vernichtet hat.« (S. 80.) Ich vermute, daß wenigstens eines dieser Manuskriptbücher Material für die »Aufzeichnungen über Logik« enthielt, und es kommt mir weit wahrscheinlicher vor, daß dieses Material einem solchen Manuskriptbuch entnommen wurde, als daß es in es übertragen wurde.

8 Vgl. Wittgensteins Brief an Russell vom 17. Oktober 1913 und die Anmerkungen in *Briefe*, S. 35 f.

Äußerungen über die zu erwartende Dunkelheit). Er hatte seine Pläne in solcher Eile gefaßt, daß er den Gasthof, in dem er zu wohnen beabsichtigt hatte, für den Winter geschlossen vorfand. Daher begnügte er sich damit, nicht weiter nördlich vorzudringen als Skjolden, weit im Inneren am Sognefjord und im Norden von Bergen gelegen.

Soweit wir wissen, verschlug es ihn durch reinen Zufall an diesen Ort. Selbst wenn er, wie Engelmann meint[9], schon früher in Norwegen gewesen sein sollte, war dies doch sein erster Aufenthalt in Skjolden, an den sich seine dortigen Freunde erinnern. Skjolden bot ihm eine Einsiedelei für den Rest seines Lebens. Es war eine kleine Gemeinde in dem abgelegensten Winkel des größten der norwegischen Fjorde. Jenseits lagen die Berge und der große Gletscher. Alle, die dort gewesen sind, erwähnen den Gegensatz zwischen dem schwarzen Wasser des Hauptfjords und den Blau- und Grüntönen der verschiedenen Seen und Buchten. Über weite Strecken hinweg reichen Berge ohne Weg und Steg bis dicht ans Ufer heran. Hin und wieder steht dort eine Gruppe gleich hoher Koniferen; es gibt ein paar verstreute Häuser, die damals sicher großenteils aus Holz waren, daneben Weideland und Obstbäume, die in den frappierenden Sommermonaten dieser Breiten reiche Ernte tragen. Immer wieder erwähnt Wittgenstein in seinen norwegischen Briefen die Aussicht. Engelmann nennt den Vorkriegsaufenthalt in Norwegen als eine der wenigen Gelegenheiten, bei denen Wittgenstein seiner Umgebung große Bedeutung beigemessen habe[10], und im Oktober 1936 schreibt Wittgenstein an

9 Engelmann behauptet in einem Brief an Hayek, Wittgenstein sei schon 1911 in Norwegen gewesen, denn Wittgenstein habe ihm erzählt, in Norwegen habe er ein Gedicht gelesen, das tatsächlich im Februar 1911 in der *Fackel* erschienen ist. Ein Besuch in Norwegen zu diesem Zeitpunkt ist jedoch äußerst unwahrscheinlich, denn wie wir gesehen haben, wurde Wittgenstein 1911 in Manchester erneut ein Forschungsstipendium verliehen, was sich kaum vereinbaren läßt mit einer längeren Abwesenheit während des vorangehenden akademischen Jahres. Sollte er dennoch in Norwegen gewesen sein, kann der Aufenthalt nicht lange gedauert haben. Norwegisch hat er früher jedenfalls nicht gelernt, vgl. Wittgensteins Brief an Russell vom 29. Oktober 1913.

10 Vgl. Engelmann, a. a. O., S. 41. Engelmann dürfte die Bedeutung, die Wittgenstein seiner Umgebung beimaß, unterschätzen. Man denke daran, wie sehr er die Praterauen und die feuchten Wiesen um Cambridge liebte, und daß er gern in einem Turm wohnte; dies und seine Reisen in abgelegene

Moore: »Ich kann mir nicht vorstellen, daß ich irgendwoanders so hätte arbeiten können wie hier. Das ist die Stille und vielleicht auch die *wunderbare* Landschaft – ich meine ihren stillen Ernst.«
Durch neue Straßen ist der Ort heute leichter zugänglich, doch als Moore im März 1914 zu Besuch kam, nahm er zusammen mit Wittgenstein den Zug von Bergen nach Myrdal, dann ging es auf Skiern[11] nach »Fua« (vielleicht ist Flåm gemeint, denn sie verbrachten eine Nacht dort in einem speziell für sie offen gehaltenen Gasthof!), anschließend per Dampfer nach Sogndal, dann auf Skiern nach Solvron und von da aus mit dem Motorboot nach Skjolden.
Die näheren Umstände von Wittgensteins Leben in Skjolden stehen nicht ganz fest. Als Anschrift nannte er merkwürdigerweise »c/o Halvard [eigentlich Halvar] Draegni«, doch an Russell schreibt er am 29. Oktober, er »habe hier zwei hübsche Zimmer im Haus des Postmeisters bekommen«, und er sei aufs beste versorgt. Der Postmeister war Hans Klingenberg, der als recht gebildeter Mann galt. Sein Sohn ist heute Lehrer in Skjolden, während die Tochter seine Nachfolge im dortigen Postamt angetreten hat. Die Familie Draegni dagegen besaß eine Fabrik, in der Obstsaft auf Flaschen gefüllt wurde. Als Moore in Skjolden war (und vermutlich auch zu anderen Zeiten, über die wir keine Zeugnisse besitzen), pflegte Wittgenstein das Haus der Draegnis zu besuchen, um dort zu musizieren. Mit einem der Draegnis, Arne, war er besonders gut Freund. Ebenfalls befreundet war er mit Arne Bolstad – der später eine Handelsgärtnerei betrieb und 1913 noch ein Knabe war, aber trotzdem oft mit Wittgenstein zusammenkam – und Anna Rebni, einer Lehrerin, die zumindest später Sommergäste auf ihrem außerhalb der Stadt gelegenen Bauernhof bewirtete. Diese Personen scheinen in Wittgensteins Leben die Rolle stiller, einfacher Menschen mit geringen Ansprüchen und ohne große Bildung oder Vermögen gespielt zu haben, aufrichtige und redliche Figuren aus der Welt Tolstois. Nur im Falle Anna Rebnis

Gegenden Irlands sind Beispiele für seine Vorliebe für Stille und Abgeschiedenheit.

11 Moore spricht in seinem Tagebuch von »skyds«. Vielleicht ist eine Art Schlitten gemeint.

(die er sehr verehrte) gibt es – allerdings viel später – Andeutungen jener Stürme, die gewöhnlich seine Freundschaftsbeziehungen unterbrachen. Norwegisch lernte Wittgenstein gut, und er war auch imstande, die literarische Sprache Ibsens und Bjoernsons zu lesen. Es liegt nahe anzunehmen, daß er diese Fähigkeit großenteils während dieses ersten Jahres in Norwegen erwarb.
Dennoch sagt er selbst, daß er kaum jemanden zu Gesicht bekam, und das Leben in Skjolden muß in scharfem Konstrast gestanden haben zu den in Cambridge verbrachten Jahren. Nachdem er eine zweiwöchige Grippe überstanden hatte, fand er, es sei der ideale Platz zum Arbeiten. An Russell schreibt er im November: »Alles mögliche neue logische Zeug scheint in mir heranzuwachsen, aber ich kann noch nicht darüber schreiben.« Neue Ideen kamen ihm mit solcher Heftigkeit und so rasch, daß er kaum die Zeit fand, Russells Fragen in bezug auf das Ergebnis jener Diktier- und Gesprächswoche in England zu beantworten. Russell schickte ihm eine Maschinenschrift mitsamt einigen Fragen, die sich darauf sowie auf ein Manuskript beziehen. Bei der Maschinenschrift handelt es sich offenbar um den Text, den er Jourdains Sekretär diktiert hatte und der erhalten geblieben ist als neunseitige »Zusammenfassung« der Russellschen Fassung der »Aufzeichnungen über Logik«, während das Manuskript das deutsche Original eines Teils der vier von Russell übersetzten (und in dieser Form im Russell-Archiv aufbewahrten) Manuskripte gewesen sein dürfte.[12] Russell war fasziniert von diesem Werk. Er sorgte dafür, daß auch Whitehead es las – zusammen mit einer von ihm selbst verfaßten (und heute anscheinend verlorenen) Interpretation[13] –, und Whitehead hatte ebenfalls eine hohe Meinung davon. Doch Wittgenstein beschäftigte sich bereits mit neuen Problemen. Er rang jetzt mit dem Identitätsbegriff. Er entdeckte, wie wir sehen werden, sein Entscheidungsverfahren für den Aussagenkalkül und glaubte, dieses Verfahren ließe sich ohne größere Umstände auf den Gesamtbereich der logischen

12 Die Fragen und Antworten in den beiden ersten Briefen vom November 1913 lassen sich ohne weiteres zu der »Zusammenfassung« und den sogenannten Manuskripten 3 und 4 in Beziehung setzen.

13 Vgl. Russells Brief an Ottoline Morrell vom 18. Oktober 1913.

Wahrheiten übertragen. Eher beiläufig verwarf er das Unendlichkeits- und das Reduzibilitätsaxiom. Es war eine Zeit, in der er über die grundlegenden Fragen, über das große Problem reden wollte. An Russell schreibt er am 15. Dezember: »Ich wollte zu Gott, ich hätte mehr Verstand und es würde mir nun endlich alles klar; oder ich müßte nicht mehr lange leben! – ... Ist es nicht höchst merkwürdig, was für eine große und unendlich eigenartige Wissenschaft die Logik ist; ich glaube, weder Du noch ich haben das vor 1 1/2 Jahren gewußt.«

An Russell schrieb Wittgenstein mittlerweile auf deutsch. Zweifellos hatten ihn die im Oktober über sein Werk geführten Gespräche endlich überzeugt, daß Russell diese Sprache verstand. Zunächst zögerte er, weil er nicht recht wußte, ob er Russell mit »Sie« oder mit »Du« anreden sollte, doch das war ein Problem, das Russell, wie nicht anders zu erwarten, zu lösen wußte. Wittgenstein war sehr auf Russells Briefe angewiesen; in seinen eigenen Briefen heißt es etwa: »Schreiben Sie mir *bald*«, »Jeder Ihrer Briefe bereitet mir unendliche Freude!«, »Deine Briefe sind mir eine große Wohltat; laß es Dich nicht reuen, mir so oft zu schreiben«, »Beten Sie für mich, und Gott segne Sie! (Falls so etwas existiert.)«.[14] Russell ließ er nicht nur an seinen Einfällen, sondern auch an seinen Hoffnungen und Ängsten teilnehmen. Russell für sein Teil gestand Lady Ottoline des öfteren, wie sehr ihn Wittgensteins Abwesenheit erleichterte, aber er schickte ihr seine Briefe, um zu hören, in welchem Zustand sich Wittgenstein nach ihrem Eindruck befand, oder er berichtete ihr, wie es um ihn stand. Wittgenstein lastete auf seinen Gedanken, weil er dessen Kritik an dem Manuskript über Erkenntnistheorie nicht verwinden konnte und weil er besorgt war um sein seelisches und psychisches Wohlbefinden, aber wieder hat es den Anschein, daß er nicht im gleichen Maße an Wittgenstein hing wie dieser an ihm. Zur gleichen Zeit stand Wittgenstein in Briefwechsel mit Frege.[15] Daß er Russell weder von diesen Briefen noch von seiner min-

14 Vgl. Wittgensteins Briefe an Russell von Oktober bis Dezember 1913.

15 Die von Frege aufgehobenen Briefe sind im Krieg verbrannt, so daß wir nur über die Notizen von Heinrich Scholz verfügen, die manches über ihren Inhalt sagen. Wittgenstein hob einige von Freges Briefen bis wenigstens 1936 auf, denn damals lehnte er es ab, sie Heinrich Scholz zur Verfügung zu stel-

destens seit dem 22. Oktober beabsichtigten Reise nach Jena etwas sagte, ist ein weiteres Beispiel für die Vorliebe, seine Freundschaften voneinander getrennt zu halten. Russell sagte er nichts weiter, als daß er leider zu Weihnachten nach Wien müsse, um seine Mutter zu besuchen. Darüber, daß er auf diesem Weg auch Frege seine Resultate mitteilen wollte, so wie er vorher Russell davon berichtet hatte, verliert er kein Wort. Dem Besuch selbst gingen wenigstens drei Briefe vorher. Der erste löste Freges Einwand aus, er lege zu großen Wert auf »Bezeichnung« (vielleicht ist die *Art* der Bezeichnung gemeint). Darauf antwortet Wittgenstein mit Ausführungen über die Bedingungen für die Aufstellung einer Menge von logischen Grundbegriffen, wobei er sicher auch seine Einwände gegen eine Menge »kreuzweise« definierbarer Urzeichen erwähnt, die im *Tractatus* in der Bemerkung 5.42 genannt werden, sich aber bis ins Jahr 1913 zurückverfolgen lassen. Ein weiterer Brief vom 29. November nennt von Scholz als »wichtig« bezeichnete »Argumente gegen Freges Wahrheitstheorie. Insbesondere gegen die Bedeutungsfestsetzung von Funktionen« – hier braucht man nur »Wahrheitsfunktionen« zu lesen, und schon hat man eine Vorwegnahme der Bemerkung 4.431 des *Tractatus*. Anschließend kam es zu dem Besuch (laut Frege »vor Weihnachten«, also vermutlich auf dem Weg nach Wien); für Frege war die Unterhaltung von großem Interesse. Er hielt Wittgensteins Ansichten auf vier handgeschriebenen Seiten fest und schrieb einen vierseitigen Brief, um die mündliche Unterredung fortzusetzen. Ende Januar erkundigt er sich bei Jourdain nach Wittgensteins Adresse – merkwürdig, daß Wittgenstein ihm gar nichts über seine Absicht, nach Norwegen zurückzukehren, gesagt hat. Jourdain scheint erst im April geantwortet zu haben, so daß der einmal eingeschlafene Briefwechsel wahrscheinlich erst viel später wieder aufgenommen wurde.[16] Hier müssen wir noch einmal auf den Bericht von

len. Er meinte, für ihn selbst hätten sie einen gewissen Erinnerungswert, für die Öffentlichkeit seien sie jedoch ohne Interesse.

16 Diese Rekonstruktion beruht auf den von Scholz angefertigten Aufzeichnungen über die ihm vorliegenden Stücke a) bis f) des Briefwechsels. Ferner berücksichtigt wurden der Briefwechsel zwischen Jourdain und Frege und die entsprechenden Aufzeichnungen von Scholz, wenn es sich um verloren-

seinem Besuch bei Frege zurückkommen, den Wittgenstein R. L. Goodstein gegeben hat. Nach der von Manchester aus unternommenen Reise »kehrte Wittgenstein sehr entmutigt nach England zurück, doch ein Jahr später bat er Frege um eine weiteres Gespräch, und diesmal ›fuhr er mit Frege Schlitten‹, und obwohl sie sich noch öfters zum Tee trafen, haben sie nie wieder über Philosophie geredet.«[17] Das Gedächtnis ist impressionistisch, und Andekdoten gehen aufs Punktuelle, nicht auf die große Perspektive. Der erste Besuch hatte, wie wir gesehen haben, nicht nur Entmutigung zur Folge gehabt. Nun müssen wir feststellen, daß es zunächst einmal, obwohl eine gewisse Umkehrung der Rollen tatsächlich stattgefunden haben mag, nicht zwei, sondern drei Besuche waren, denn auch im Jahre 1912 war Wittgenstein bei Frege gewesen, und dieser Besuch war seinerzeit in Worten geschildert worden, die das Empfinden, eine Niederlage erlitten zu haben, für beide Partner ausschließen.[18] Und selbst dieser dritte Besuch ließ bei Frege keineswegs das Gefühl aufkommen, mit Wittgenstein wolle er nicht mehr diskutieren. Ferner haben wir anhand des von Geach wiedergegebenen Berichts Wittgensteins gesehen, daß Frege gar kein anderes Gesprächsthema *außer* der Philosophie zulassen wollte[19], und daß es bei ihrer letzten Unterhaltung darum ging, ob es wirklich so einfach sei, sich die Zahlen als Gegenstände vorzustellen. (Es ist übrigens durchaus möglich, daß diese letzte Unterhaltung 1913 stattfand. Kein späterer Besuch bei Frege ist bezeugt, und die für Dezember 1919 geplante Reise kam nicht zustande.)

Der Versuch, die genaue Abfolge der Ereignisse im Jahre 1913 zu rekonstruieren, ist müßig. Die Darstellung, die Wittgenstein Goodstein gegeben hat, reflektiert wahrscheinlich seine jugendliche Selbstsicherheit im Hinblick auf die eigene neue

gegangene Stücke handelt. Vgl. Frege, *Wissenschaftlicher Briefwechsel*, S. 164-208.

17 In: Ambrose u. Lazerowitz (Hg.), *Ludwig Wittgenstein: Philosophy and Language*, S. 271 ff. Vgl. oben S. 131 u. 144.

18 Vgl. S. 265. Wittgenstein schreibt am 26. Dezember 1912 an Russell: »Mit Frege hatte ich eine lange Diskussion über unsere Theorie des Symbolismus, deren allgemeinen Umriß er vermutlich in etwa verstanden hat. Er sagte, er werde sich die Sache durch den Kopf gehen lassen.«

19 Vgl. oben S. 144.

Lösung im Gegensatz zu Freges habitueller Zurückhaltung und der Notwendigkeit, über einen ganz neuartigen Denkansatz reflektieren zu müssen. Was diese Darstellung nicht reflektiert – die Perspektive, die nur aus anderen Anekdoten und Bemerkungen hervorgeht –, ist die enorme Achtung, die sich Wittgenstein für Frege bewahrte, eine Achtung, die sich zum Teil womöglich dem Umstand verdankt, daß Frege nicht der Cambridger Welt mit ihren schlagfertig und mitunter recht schrill geführten Diskussionen angehörte.

Nach dem Besuch bei Frege fuhr Wittgenstein nach Wien. Der Besuch dort war unvermeidlich, wie er im November oder Dezember an Russell geschrieben hatte: »Meine Mutter nämlich wünscht es sich so sehr, daß sie schwer gekränkt wäre, wenn ich nicht käme; und sie hat vom vorigen Jahr gerade an diese Zeit so böse Erinnerungen, daß ich es nicht über's Herz bringen kann wegzubleiben.« Obwohl sich der Todestag seines Vaters jährte, hatte Wittgenstein ein paar halbherzige Versuche gemacht wegzubleiben, indem er etwa seiner Mutter erzählte, er müsse einen großen Teil der Reise auf Skiern zurücklegen. Wenn man sein späteres Leben betrachtet, war es ungewöhnlich, wenn er auch nur daran dachte, die Familie um Weihnachten allein zu lassen; aus dieser Zeit erinnert man sich nur daran, wie er in letzter Minute hereingestürzt kam und alle mit Geschenken überschüttete. Zweifellos hat er, der jüngste und sanftmütigste der überlebenden Söhne, auch bei dieser Gelegenheit stets neben der Mutter gesessen, wie es seine Gewohnheit war, während sie musizierte oder er ihr vorlas. Doch der Preis war hoch: Die Mutter war bestenfalls ein Mensch, den er stützen mußte, ohne ihm ihrerseits Kraft zu schenken. Im vorigen Jahr hatte die Todeskrankheit des Vaters seine Gedanken »gelähmt«; diesmal gab es nichts, was seine Konzentration in dieser Weise ablenkte, doch die Arbeit wurde durch das »Leben unter den Menschen« unmöglich gemacht. Als er noch in Norwegen war, hatte er geglaubt wahnsinnig zu werden; das langsame Vorwärtsschreiten der Arbeit hatte ihn schwermütig gemacht, und er hatte sich danach gesehnt, entweder alles klar vor sich zu sehen oder zu sterben. Dort hatte es den Anschein gehabt, als ginge sein ganzes Leben in der Arbeit auf. Manchmal dachte er, er könne gar nichts leisten, ein andermal, er werde ein wenig weiterkommen, dann sei es erledigt – das heißt, dann werde er sterben und sein Werk von Russell veröffentlichen lassen. Jetzt, da er mit seinen Angehörigen zusammen war, hatte er das Gefühl, seine Probleme seien nicht bloß logischer Natur, sondern wurzelten in ihm selbst. Wieder zu Hause, brachte er nichts zustande und hoffte nur, in seine Einsamkeit zurückkehren zu können. In einem Brief an Russell aus dieser Zeit beschreibt er seinen Zustand: »Hier geht es mir jeden Tag anders: Einmal glaube ich, ich werde verrückt, so stark gärt alles in mir; den nächsten Tag bin ich wieder ganz und gar phlegmatisch. Am Grunde meiner Seele aber kocht es fort und fort wie am Grunde eines Geisirs. Und ich hoffe immer noch es werde endlich einmal ein endgültiger Ausbruch erfolgen, und ich kann ein anderer Mensch werden. Über Logik kann ich Dir heute nichts schreiben. Vielleicht glaubst du daß es Zeitverschwendung ist über mich selbst zu denken; aber wie kann ich Logiker sein, wenn ich noch nicht Mensch bin! *Vor allem* muß ich mit mir selbst in's Reine kommen!« Eine weitere Schilderung der Auswirkungen dieses Besuchs gibt er in einem Brief an Russell, der im Januar, also nach der Rückkehr nach Skjolden geschrieben wurde: »*Leider* kann ich Dir auch diesmal wieder keine logischen Neuigkeiten berichten: denn es ist mir in den letzten Wochen fürchterlich schlecht gegangen. (Eine Folge meiner Wiener ›Ferien‹.) Ich war jeden Tag abwechselnd von schrecklicher Angst und Depression gequält und selbst wenn diese aussetzten so erschöpft, daß ich an ein Arbeiten gar nicht denken konnte. Die Möglichkeiten der geistigen Qual sind unsagbar entsetzlich! Erst seit zwei Tagen kann ich wieder die Stimme der Vernunft durch den Lärm der Gespenster hören und habe wieder angefangen zu arbeiten. Und *vielleicht* werde ich jetzt genesen und etwas anständiges hervorbringen können. Aber ich habe *nie* gewußt, was es heißt, sich nur noch *einen* Schritt vom Wahnsinn zu fühlen. – Hoffen wir das Beste! –« Zwischen den persönlichen Problemen und den logischen Problemen besteht jedoch eine frappante Entsprechung. Das, was in ihm gärt, betrifft manchmal offenbar seine Psyche, doch bei anderen Gelegenheiten gleitet es hinüber in die »große Frage«. Diese Parallele ist ein Thema, das in seinen Notizbüchern und Briefen immer wieder auftaucht. Die Logik *und* seine Sünden konnten ihn, wie wir gesehen haben, zur gleichen Zeit in Anspruch nehmen (S. 253). In der Philosophie strebte er nach dem erlösenden Wort – er suchte die Formulierung, durch die das Problem zu lösen war, doch zugleich das Wort, durch das wir vom Übel erlöst werden.[20] Bekehrung, Verwandlung, Neubeginn, das war es, was er in der Logik wie im Leben erreichen wollte. Das Grundproblem der Logik mußte gelöst werden, und er selbst mußte ein anderer Mensch werden. In welcher Hinsicht er ein anderer werden wollte, können wir nur vermuten: Sein Ziel war es, unkompliziert, unmittelbar, tief, verständig und stark zu sein, und zwar vor allem sich selbst gegenüber; er wollte diese Eigenschaften nicht heucheln. Doch andere Menschen, seine Angehörigen, also gerade diejenigen, im Umgang mit denen diese Eigenschaften nötig waren, lösten andere Gefühle in ihm aus, die im Widerspruch standen zu diesen Idealen: Gefühle, die er bestenfalls verbergen konnte. Was die Frage angeht, warum er diese Probleme gerade zu dieser Zeit besonders heftig empfand, liegt es nahe zu vermuten, daß der Vater, als er noch lebte, für einen gewissen Rahmen von Erwartungen stand, in dem Ludwig sein Leben einzurichten vermochte. Jetzt dagegen war er gezwungen, die eigene Persönlichkeit im Rahmen einer weitgehend aus Frauen bestehenden Familie neu zu bestimmen, ohne daß er gewillt war, sich ihren Maßstäben zu unterwerfen. Auf diese Parallele zwischen der emotionalen, moralischen Seite seines Lebens und seiner philosophischen Entwicklung werden wir des öfteren zurückkommen.

Wenn man aus den Ereignissen dieses Lebensjahrs klug werden will, besteht die Schwierigkeit, wie meistens bei Wittgenstein, nicht darin, die Natur des auslösenden Reizes zu begreifen, sondern die Intensität und Heftigkeit der Reaktion. Er ist ja nicht der einzige, der zur gleichen Zeit erwachsen und reif wurde, da sein Vater starb. Es gibt auch andere Menschen, die den Zwang gespürt haben, ihre Angehörigen zu verlassen und sich aus einer Umwelt zurückzuziehen, die ihre eigentliche Familie darstellte. Es gibt auch andere, allerdings wenige, die die Schmerzen durchlitten haben, die es bereitet, wenn man die

20 Zum Thema »erlösendes Wort« vgl. TB, 20. Januar 1915.

Antwort auf eine große Frage zu sehen glaubt und darum ringt, sie auf den Begriff zu bringen. Diese Dinge lassen sich vom Leben selbst nicht trennen, und den meisten Menschen sind die ebenfalls darin enthaltenen positiven Elemente eine Hilfe. Dies gilt allerdings nicht für Wittgenstein, dessen Gedanken in diesem Jahr häufiger als sonst auf die Möglichkeit des Selbstmords zurückkamen und der – in einer Leidensverfassung, die ganz offenbar das Theatralische überstieg – nach den Wurzeln der Freundschaften hieb, die ihm Halt gaben.

Die erste Freundschaft, der er zu Leibe rückte, war die mit Russell. Ein Jahr, nachdem er den einen Vater verloren hatte, stieß er den anderen Vater von sich. Heute ist es nicht mehr möglich auszumachen, welcher der Götter schuld war an diesem Zwist. Russell machte sich Vorwürfe: »Ich bin zu heftig mit ihm umgegangen«, schrieb er an Lady Ottoline, als er ihr über einen Brief Wittgensteins berichtete, bei dem es sich vermutlich um den unten ausführlich zitierten Brief vom Januar oder Februar handelt. Wittgenstein hatte davor schon einen – anscheinend verlorengegangenen – Brief geschrieben, in dem er ausführlich versucht hatte, grundsätzliche Schwierigkeiten, die sich zwischen ihnen ergeben hatten, auszuräumen, und womöglich war es Russells Antwort auf diesen Brief gewesen, in der er, wie er fürchtete, »zu heftig« geworden war. Die naheliegendste Vermutung dürfte sein, daß es dabei in erster Linie um die (später unter dem Titel *Our Knowledge of the External World* erschienenen) Vorlesungen ging, die Russell in Amerika halten sollte. Dazu hatte Wittgenstein im Januar geschrieben: »Vielleicht geben sie Dir doch Gelegenheit mehr als sonst Deine *Gedanken* und nicht *nur* fertig formulierte Resultate auszusprechen.« Vielleicht führte diese Äußerung dazu, daß Russell Bemerkungen machte über den Gegensatz zwischen seiner eigenen Bereitschaft, etwas zu veröffentlichen, und dem Perfektionismus, der Wittgenstein davon abhielt, überhaupt etwas zu vollenden. Es mag aber auch sein, daß Russell einen jener Punkte berührt hatte, die er (wie bereits erwähnt) an Wittgenstein zu tadeln fand: Borniertheit, Unduldsamkeit, die übertriebene Vertiefung in Gedanken über das eigene Ich. Um zu verstehen, was es mit diesem Zerwürfnis wirklich auf sich hatte, muß man jedenfalls bedenken, daß die Zeugnisse aus jener Zeit tatsächlich eine gewisse Unzufriedenheit, ja Groll gegenüber Wittgenstein erkennen lassen, während er zugleich ständig mit besorgter Zuneigung und einigem Verständnis an ihn dachte. Wir sollten uns bei unserem Urteil nicht nur an Wittgensteins Briefe halten, aber erst recht nicht an den Ton von Russells weit später geschriebenen Anmerkungen dazu.

Was immer den »Streit«, wie Wittgenstein ihn nannte, veranlaßt haben mochte, Russell bat Wittgenstein jedenfalls, so zu tun, als sei nichts gewesen. Wittgenstein antwortete darauf wie folgt:

Deine Forderung aber, ich solle so tun als sei nichts vorgefallen, kann ich Dir unmöglich erfüllen, da dies ganz gegen meine Natur ginge. *Verzeih mir daher diesen langen Brief* und bedenke daß ich meiner Natur ebenso folgen *muß*, wie Du der Deinen. Ich habe in der letzten Woche viel über unser Verhältnis nachgedacht und bin zu dem Schluß gekommen, daß wir eigentlich nicht zu einander passen. *Dies meine ich* NICHT *als Tadel*! Weder für Dich noch für mich. Aber es ist eine Tatsache. Wir hatten ja schon so oft ungemütliche Gespräche mit einander, wenn wir auf gewisse Themen kamen. Und die Ungemütlichkeit war nicht eine Folge von schlechter Laune auf seiten eines von uns beiden, sondern sie war die Folge enormer Unterschiede in unserem Wesen. Ich bitte Dich inständigst nicht zu glauben, ich wolle Dich irgendwie tadeln, oder Dir eine Predigt halten; sondern ich will nur unser Verhältnis klarlegen *weil ich daraus einen Schluß ziehen werde*. – Auch unser letzter Streit war bestimmt nicht bloß die Folge Deiner Empfindlichkeit oder meiner Rücksichtslosigkeit, sondern der tiefere Grund lag darin, daß Dir jener Brief von mir zeigen mußte, wie grundverschieden unsere Auffassungen *z.B.* des Wertes eines wissenschaftlichen Werkes sind. Es war natürlich dumm von mir, Dir damals so lang über jene Sache geschrieben zu haben, denn ich hätte mir ja sagen müssen, daß sich solche wesentliche Unterschiede nicht durch einen Brief ausgleichen lassen. Und dies ist ja nur *ein* Fall unter *vielen*. Ich sehe jetzt, wo ich dies in aller Ruhe schreibe, vollkommen ein, daß Deine Werturteile ebenso gut sind und ebenso tief in Dir begründet sind wie meine in mir, und daß ich kein Recht habe Dich zu katechisieren; aber ebenso klar sehe ich jetzt, daß wir eben darum kein rechtes Freundschaftsverhältnis zu einander haben können. *Ich werde Dir so lange ich lebe von ganzem Herzen dankbar und zugetan sein, aber ich werde Dir nicht mehr schreiben und Du wirst mich auch nicht mehr sehen*. Jetzt wo ich mich mit Dir wieder versöhnt habe, will ich *in Frieden* von Dir scheiden, damit wir nicht irgend einmal wieder gegen einander gereizt werden und dann vielleicht in Feindschaft auseinander gehen. Ich wünsche Dir alles Beste und bitte Dich mich nicht zu vergessen und oft *freundlich* an mich zu denken. Leb wohl!

Immer Dein

Ludwig Wittgenstein[21]

Am 19. Februar schreibt Russell dazu an Lady Ottoline: »Seine Stimmung wird sich nach einer Weile schon wieder ändern. Mir geht es dabei nicht so sehr um ihn selbst, sondern es ist die Logik, um die ich mir Sorgen mache. Und dennoch glaube ich, daß es mir eigentlich zuviel Kummer bereitet, als daß ich genau hinzuschauen wagte.« Tatsächlich schrieb Russell doch noch einmal in der Hoffnung, Wittgenstein werde nachgeben; und er schrieb einen Brief, der selbst diesen strengen Richter rührte. Daher antwortete Wittgenstein am 3. März 1914:

Lieber Russell!

Dein Brief war *so* voll von Güte und Freundschaft, daß ich nicht glaube, auf ihn schweigen zu *dürfen*. Ich muß also mein Vorhaben brechen: was ich Dir aber sagen muß, kann ich leider nicht kurz fassen und ich habe kaum irgendwelche Hoffnung, daß Du mich wirklich verstehen wirst. Vor allem muß ich nocheinmal sagen: Unsere Streitigkeiten kommen nicht *nur* aus äußerlichen Gründen (Nervosität, Übermüdung u. dgl.) sondern sind – jedenfalls in *mir* – *sehr* tief begründet. Du magst darin recht haben, daß *wir selbst* vielleicht nicht einmal *so sehr* verschieden sind: aber *unsere Ideale* sind es ganz und gar. Und darum konnten und können wir *nie* über Dinge, worin unsere Werturteile in Betracht kamen, miteinander reden, ohne zu heucheln, oder zu zanken. *Ich glaube dies läßt sich nicht leugnen* und war mir schon seit langer Zeit aufgefallen; und war mir schrecklich, denn unser Verkehr bekam dadurch etwas vom Beisammensitzen in einem Sumpfe. Denn wir beide haben Schwächen, besonders aber *ich* und mein Leben ist VOLL von den häßlichsten und kleinlichsten Gedanken und Taten (dies ist *keine* Übertreibung). Wenn aber ein Verkehr nicht beide Teile herabziehen soll, dann dürfen die *Schwächen* der beiden *nicht* mit ein-

21 *Briefe*, S. 50f. Das mehrfach unterstrichene Wort »z. B.« in der Mitte des Briefes deutet darauf hin, daß der Streit tatsächlich durch eine Meinungsverschiedenheit über die an die Arbeit anzulegenden Maßstäbe ausgelöst wurde, woraufhin Wittgenstein diese Meinungsverschiedenheit als Symptom auffaßte für tieferliegende Differenzen.

ander verkehren. Sondern zwei Leute sollen nur dort mit einander verkehren, wo sie beide *rein* sind; d. i. dort wo sie gegen einander *ganz* offen sein können, ohne einander zu verletzen. Und *das* können wir beide *nur*, wenn wir unseren Verkehr auf die Mitteilung objectiv feststellbarer Tatsachen beschränken und etwa noch auf die Mitteilung unserer freundschaftlichen Gefühle. Alle anderen Themen aber führen bei uns zur Heuchelei oder zum Zank. Du sagst vielleicht: es ist ja bisher so ziemlich gegangen, warum sollte es nicht so weitergehen. Aber ich bin des ewigen schmutzigen und halben so müde! Mein Leben war bisher *eine* große Schweinerei – aber soll es immer so weitergehen? – Ich schlage Dir nun dies vor: machen wir einander Mitteilungen über unsere Arbeiten, unser Befinden und dergleichen, aber unterlassen wir gegen einander jedwedes Werturteil – worüber immer –, in dem vollen Bewußtsein, daß wir hierin gegen einander nicht *ganz* ehrlich sein könnten, ohne den anderen zu verletzen (zum mindesten gilt dies bestimmt von *mir*). Meiner tiefen Zuneigung brauche ich Dich nicht erst zu versichern, *aber sie wäre in großer Gefahr, wenn wir mit einem Verkehr fortführen, der Heuchelei zur Grundlage hat und deshalb für uns beide beschämend ist.* Aber ich glaube, es wäre ehrenvoll für uns beide, wenn wir ihn auf einer reineren Grundlage fortsetzten. – Ich bitte Dich, Dir dies alles zu überlegen, mir aber *nur dann* zu antworten, wenn Du es im Guten tun kannst. In jedem Fall sei meiner Liebe und Treue versichert. Möchtest Du diesen Brief so verstehen wie er gemeint ist!
Immer Dein
L. W.

Der Streit war beigelegt, doch mit der eigentlichen Freundschaft war es vorbei: Wittgenstein schüttete Russell nie wieder sein Herz aus. Ihre Briefe enthielten im folgenden zwar tatsächlich Mitteilungen ihrer freundschaftlichen Gefühle, doch im wesentlichen ging es nicht um persönliche Dinge, sondern um Philosophisches oder um Fakten.[22] Die Beziehungen zwischen den beiden wurden nicht wirklich schlecht – es wurde noch eine ganze Menge an gemeinsamer Arbeit geleistet. Später kam es vielleicht auf beiden Seiten zu schrofferen Urteilen, doch der Briefwechsel und einige Gesprächsberichte zeigen, daß Wittgenstein das Menschenmögliche tat, um sich die ver-

22 Russells Einstellung läßt sich beurteilen anhand seines Briefes an Wittgenstein vom 5. Februar 1915, eines während des Kriegs an Wittgensteins Mutter gerichteten Schreibens und anhand einer Reihe von Hinweisen auf Wittgenstein in seinen Briefen an Lady Ottoline.

sprochene Haltung der Dankbarkeit und Treue zu bewahren.[23]

Auch für Wittgensteins Beziehung zu Moore war das Jahr in Norwegen von entscheidender Bedeutung. Moore jammerte damals, wie auch sonst häufig, über seine Arbeit und teilte dies auch Wittgenstein mit. Eine freundliche Antwort erhielt er in einem Brief vom 19. November 1913: »Die Ursache ist vermutlich, daß Sie Ihre Sachen nicht regelmäßig mit jemandem diskutieren, der noch nicht stumpf ist und sich *wirklich* für das Thema interessiert. Ich glaube auch, daß es in Cambridge zur Zeit keine solche Person gibt. Selbst Russell – der für sein Alter natürlich höchst außergewöhnlich frisch ist – ist für *diesen* Zweck nicht mehr geschmeidig genug.« Sie sollten regelmäßig miteinander diskutieren, fährt Wittgenstein fort, wenn Moore, wie vorgesehen, zu Ostern nach Norwegen käme. (Moore hatte »voreilig«, wie er selbst meinte, einen solchen Besuch versprochen, als sich Wittgenstein im Oktober verabschiedet hatte.) Die Aussicht ängstigte Moore – wie ihm überhaupt viele Aspekte seiner Freundschaft mit Wittgenstein Sorgen machten. Zunächst versäumte er es, Wittgenstein einen Bericht über Johnsons Vortrag vor dem Moral Sciences Club zu schicken. Dann, nachdem er auf Wittgensteins Mahnung hin eine sehr ausführliche Schilderung geschickt hatte, hatte er »Angst«,

23 Dies ist vielleicht der Ort, auf Ronald Clarkes Bemerkung einzugehen, Russell und Wittgenstein hätten sich unter anderem deshalb nicht vertragen, weil Russell Wittgensteins Homosexualität mißbilligte (vgl. Clarkes *Life of Bertrand Russell*, London 1975, S. 172). Was Russell vierzig Jahre später gesagt haben soll, dürfte als Beleg kaum zählen; und alle zeitgenössischen Dokumente sprechen gegen diese Ansicht. Es war Wittgenstein, der die Freundschaft aufkündigte, und dies zu einem Zeitpunkt, als er allein lebte und offenbar keine homosexuellen Beziehungen unterhielt. In seinen Briefen an Lady Ottoline spricht Russell ganz freimütig sowohl über Wittgensteins Fehler als auch über die Liebe zwischen Männern, wenn diese ihn irgendwie irritierte (vgl. oben S. 197); an keiner Stelle werden die beiden Themen miteinander verknüpft. Am 16. Mai 1913 schreibt er an Lady Ottoline, Pinsent und Wittgenstein hätten sich bei einer seiner Abendfeten »miteinander unterhalten, ohne sich um die übrige Welt zu kümmern«, doch der Ton dieser Bemerkung ist nicht bitter, sondern eher amüsiert. Was die Frage angeht, ob Wittgenstein allgemein als homosexuell galt, vgl. oben S. 244. Aus dem dort zitierten Material geht hervor, daß die lieben Freunde eher Russell der Eifersucht verdächtigten als Wittgenstein der »Intrige«.

Wittgensteins Antwort zu öffnen, war jedoch »sehr erfreut«, als er hineinschaute. Diese Antwort war Wittgensteins Brief vom 18. Februar, in dem er Moore wieder drängte, doch nur ja zu kommen. Moore nahm sich vor, sich bei Russell nach Wittgensteins neuesten Ansichten über die Logik zu erkundigen. Der Zeitpunkt war günstig, denn Russell war gerade zum Abschluß gekommen mit seiner »Übersetzung, Abschrift und Klassifikation der Aufzeichnungen von Wittgensteins Arbeit«, wobei es sich offenbar um die vom Herbst stammenden Aufzeichnungen handelte (vgl. S. 292 ff.), die Russell nun im Zuge der Vorbereitung auf seine Harvard-Vorlesungen über Logik ausgearbeitet hatte. Russell meinte, wie aus einem Brief an Ottoline Morrell vom 28. Februar hervorgeht, Moore wolle Wittgenstein besuchen, um seine Auffassungen besser zu verstehen. G. H. Hardy wurde ebenfalls in diese Gespräche einbezogen. Dennoch verlor Moore anscheinend erneut den Mut und wollte sich mit dem Hinweis auf einen Aufsatz, den er zu schreiben hatte, aus der Affäre ziehen. Doch am 10. März notiert er in seinem Tagebuch: »Fühle mich sehr unbehaglich wegen Wittgensteins Telegramm, in dem er mich auffordert, den Aufsatz dort zu schreiben ... schreibe an Wittgenstein.« Was Wittgenstein vorschlug und wie er Moore zu beruhigen versuchte, läßt sich aus seinem Brief ersehen, den er vermutlich zur gleichen Zeit abschickte wie das Telegramm: »Warum in aller Welt wollen Sie Ihren Aufsatz denn nicht *hier* schreiben? Sie werden *ein Arbeitszimmer* mit prächtiger Aussicht GANZ FÜR SICH haben, und ich werde Sie soviel allein lassen, wie Sie wollen (ja den ganzen Tag, wenn nötig). Andererseits könnten wir uns dann wirklich sehen, wann immer wir beide wollen. Und wir könnten sogar Ihre Sache durchsprechen (was *vielleicht* Spaß macht). Oder brauchen Sie *so* viele Bücher? Wissen Sie, ich selbst habe eine MENGE zu tun, werde Sie also nicht im mindesten stören.«

Moores Befürchtungen lassen sich ohne weiteres erklären: An Wittgenstein bemerkte er, wie schon gesagt, eher die tatsächlich oder nur in seiner Einbildung vorhandenen Züge des Widerwillens oder der Mißbilligung. Er hatte ohnehin kein großes Selbstvertrauen, war empfindlich und fand es schwierig, wochenlang mit nur einem einzigen anderen Menschen in enger Berührung zu verbringen – in Edinburgh hatte er zwar jahrelang mit seinem guten Freund Ainsworth in dieser Weise zusammengelebt, doch sonst ist kein ähnlicher Fall aus der Zeit vor seiner Ehe bekannt. Und schließlich hatte er vermutlich schon von dem Streit mit Russell gehört (im Mai berichtete er »vielleicht ein wenig indiskret« seinem Freund Curle darüber, und Russell war damals schon seit Anfang März in Amerika).

Was immer die Ursache seiner Befürchtungen gewesen sein mag – er überwand sie jedenfalls. Moore reiste am 24. März ab und nahm den Weg über Newcastle. Nachdem er arg unter der Seekrankheit gelitten hatte, erreichte er Bergen am 26. März um zehn Uhr abends, und dort holte Wittgenstein ihn ab und redete, wie es in Moores Tagebuch heißt, bis ein Uhr früh.[24] In Bergen blieben sie noch einen Tag, gingen am Morgen einkaufen, und dann redete Wittgenstein bis 6.30 Uhr. Danach bis acht Uhr weitere Einkäufe und Abendessen. »Er beschimpft mich bis 12.15.« Eine seltsame Art, könnte man meinen, einen Gast zu empfangen; noch merkwürdiger war vielleicht die Art, in der der Ältere auf den Jüngeren reagierte. Es sieht so aus, als hätte sich Wittgensteins ganze moralische Kraft während des Winters aufgestaut und sei nun unwiderstehlich auf Moore losgelassen worden. Doch Wittgenstein hatte stets die Fähigkeit, andere leiden zu lassen, nicht, indem er seine Überlegenheit hervorkehrte, sondern indem er sie erkennen ließ, worin ihre eigenen Fehler lagen.

Bergen verließen sie am nächsten Tag und machten sich auf dem bereits beschriebenen Weg (S. 298) auf die Reise. Unaufhörlich wurde diskutiert: Über materielle Gegenstände, Platon, Selbstmord, das Unglück, das Böse. Und so ging es nach Skjolden, wo Moore seine Koffer auspackte und sich im Hotel niederließ und wo er sicher auch ein eigenes Arbeitszimmer hatte. An diesem Punkt lehnte sich sein Naturell auf: Als sie an diesem Abend am See spazierengingen, kam es zum Streit, und Moore – der sich später nur noch über Philosophisches ärgern konnte – geriet in Zorn.

24 Alle Einzelheiten hier sind Moores Tagebuch entnommen. Ein Vergleich mit den Briefen zeigt, daß der Besuch eine Woche später stattfand, als Wittgenstein ursprünglich vorgesehen hatte.

Moore sollte zwei Wochen in dem Städtchen bleiben. Im allgemeinen arbeitete er bis zwei Uhr im Hotel und ging anschließend zu Wittgenstein zum Essen. Dann wurde dort bis fünf Uhr diskutiert (»*er* diskutiert«, schreibt Moore in seinem Tagebuch), danach wurde der Tee gebracht. Anschließend gingen sie spazieren, manchmal wurde zuerst Klavier gespielt. Für den Rest des Abends pflegte Wittgenstein zu sprechen. Die Draegnis (Vater und Sohn) kamen zu Besuch und wurden ihrerseits aufgesucht, zum Teil, um zu musizieren. Dabei kamen sicher die Noten der vierhändigen Bearbeitung von Brahms' Schicksalslied, die Moore hatte mitbringen sollen, zum Einsatz. Wenn Moore mit Wittgenstein allein war, scheint er, wie üblich, Schubert gespielt zu haben. Einmal wurde ein Bootsausflug auf dem Fjord unternommen. Auffällig ist wieder die passive Rolle, mit der sich Moore abfand oder die er sich zumindest in seinem Tagebuch zuschreibt. In einer Hinsicht war diese Rolle fruchtbar, denn am 1. April begann Moore, nach Wittgensteins Diktat Aufzeichnungen niederzuschreiben. Diese Bemerkungen füllen unter dem Titel »Wittgenstein über Logik« zwei kleine Schulhefte und ein paar Seiten eines dritten. Inzwischen sind sie unter dem Titel »Aufzeichnungen, die G. E. Moore in Norwegen nach Diktat niedergeschrieben hat« erschienen. Ihr Inhalt soll später zusammen mit dem der »Aufzeichnungen über Logik« erörtert werden. An dieser Stelle brauchen wir nichts weiter darüber zu sagen, als daß sie einen Fortschritt gegenüber dem früheren Werk bedeuteten, sowohl im Hinblick auf ihre vielleicht von Wittgenstein selbst ausgeführte bessere und umfassendere Gliederung als auch mit Bezug auf die Einführung neuer Begriffe, die die in den ersten Aufzeichnungen implizit enthaltene Interpretation der Logik fortführten und sie weiter zu klären erlauben. Die beiden wichtigsten Begriffe waren erstens der der Tautologie und zweitens der Begriff dessen, was ein Satz zwar nicht sagt, aber zeigt (ein Schlüsselbegriff, der vielleicht in Wittgensteins gesamter Philosophie eine bedeutende Rolle spielt). Schon die Anfangsbemerkung im ersten dieser Schulhefte lautet: »Sogenannte logische Sätze *zeigen* die logischen Eigenschaften der Sprache und infolgedessen der Welt, aber sie *sagen* nichts.« Die Neuartigkeit dieser Moore diktierten Aufzeichnungen und der

Umstand, daß sie zum Teil aus Fragestellungen hervorgegangen zu sein scheinen, die Moore, Russell und Hardy beunruhigend fanden, spielen eine wichtige Rolle, wenn man verstehen will, was sich später abspielte.

Als die zwei Wochen herum waren, begleitete Wittgenstein, der dabei, wie üblich, seine guten Manieren zeigte, Moore auf seiner zweitägigen Rückreise nach Bergen bis aufs Schiff, nachdem sie ihr Abschiedsessen mit Champagner und unaufhörlichen Debatten eingenommen hatten. Am 17. April war Moore wieder daheim im Trinity College. Im Tagebuch heißt es: »Cambridge um 2 1/2. Packe aus; bade; gehe einkaufen bis zum Abendessen. In der Hall am Tischende neben Capstick, MacTaggart gegenüber. Lese den New Statesman.« Collegeleben.

Zehn Tage später traf Moore in der Hall W. M. Fletcher, der, wie bereits erwähnt, Wittgensteins Tutor war. Bei dieser Gelegenheit sprach Moore seine Glückwünsche aus (Fletcher hatte damals gerade den Titel eines Sc. D. erhalten und war außerdem zum Sekretär des neu gebildeten Medical Research Council ernannt worden). Anschließend stellte er ihm eine Frage im Hinblick auf Wittgenstein, von der wir annehmen können, daß sie sich darauf bezog, ob Wittgensteins Abhandlung über Logik ausreichen würde als Dissertation, wie sie ein Research Student damals vorlegen mußte, um Bachelor of Arts zu werden. Am nächsten Tag schrieb Moore an Wittgenstein und erhielt am 11. Mai folgende Antwort: »Ihr Brief hat mich geärgert. *Als ich ›Logik‹ schrieb, habe ich nicht die Studienordnung konsultiert,* und meine deshalb, es wäre nur recht und billig, wenn Sie mir auch meinen Abschluß gäben, ohne soviel darin nachzuschlagen! Was Vorwort und Anmerkungen betrifft, so meine ich, daß meine Prüfer leicht einsehen werden, wieviel ich von Bosanquet stibitzt habe. – Wenn ich's nicht wert bin, daß Sie *auch nur in dummen Einzelheiten* eine Ausnahme für mich machen, dann kann ich genausogut gleich zur Hölle fahren; und wenn ich es doch wert bin, und Sie tun's dann nicht – bei Gott –, dann können Sie hinfahren.« Dies ist ein anschauliches Beispiel für die Hemmungslosigkeit und Grobheit, die mitunter von Wittgensteins Freunden erwähnt wird; und es läßt sich wohl kaum leugnen, daß es zugleich ein Beispiel ist für Paranoia und Maßlosigkeit. Die Fakten waren nämlich folgende: Die Studienordnung verlangte, daß der Bewerber »im Vorwort zu seiner Dissertation allgemein und in den Anmerkungen speziell die Quellen angeben muß, aus denen seine Kenntnisse stammen, sowie das Ausmaß, in dem er sich auf die Arbeit anderer stützt; ferner muß er die Teile der Dissertation hervorheben, für die er Originalität in Anspruch nimmt«. Moore hatte diese Regeln weder erfunden noch war es seine Aufgabe, ihre Einhaltung zu überwachen, sondern er hatte lediglich berichtet, wie sie von einem erfahrenen Verwaltungsmann der Universität gedeutet wurden. Freilich mag es sein, daß er sich in seinem Brief an Wittgenstein halbherzig, mutlos oder gleichgültig ausgedrückt hatte; und Wittgenstein fühlte sich häufig gekränkt, wenn er den Eindruck hatte, seine englischen Freunde räumten Regeln und Verfahrensordnungen Vorrang ein vor den Ansprüchen, die sich aus einer Freundschaft ergaben. Jeder Österreicher ist sowieso schon eine Ausnahme, doch Wittgenstein war sogar unter den Österreichern noch eine Ausnahme.

Moore war erschüttert. In seinem Tagebuch heißt es: »Beim Mittagessen kam Wittgensteins Brief. Mir wird schlecht, und ich kann nicht aufhören, daran zu denken. Beim Spaziergang zunächst ganz elend.« (11. Mai 1914.) »Gehe das Parallelogramm [Moores kurioser Name für einen seiner üblichen Spaziergänge]; muß immer wieder an Wittgensteins Brief denken.« (12. Mai.) »Konzert von 3 1/2 bis 4 1/2, denke dann bis zum Abendessen an Wittgensteins Brief ... Vor und nach Hardys Vortrag denke ich weiter an Wittgenstein.« (13. Mai.) »Spaziergang nach Madingley 2 1/4 bis 4 1/2, sehr angenehm, doch während der ersten Hälfte mußte ich stets an Wittgensteins Brief denken.« (14. Mai.) »Békássy kommt zum Tee ... erkundigt sich nach Wittgensteins Logik. In der Hall zwischen Fletcher und Hardy; frage Fletcher bezüglich Wittgenstein.« (15. Mai.) Vierzehn Tage später kam Moores Freund Curle zu Besuch, und in dieser Zeit drehte sich das Gespräch immer wieder um Wittgenstein (in diesem Zusammenhang berichtete Moore auch über den Streit mit Russell). Im Oktober erzählte er Desmond MacCarthy »alles über Wittgenstein«, doch inzwischen hatten sich natürlich viele Dinge völlig verändert. Die Tagebuchauszüge sowie Russells Briefe zeigen, daß Wittgenstein in ihrem Bewußtsein weder vernachlässigt noch verdrängt, noch geringgeschätzt wurde. Sie zeigen aber auch, wie wenig Moore – der Ältere – imstande war, mit einem so jähzornigen Freund zurechtzukommen. Als sie sich fünfzehn Jahre später wiedertrafen, war Moore verheiratet und hatte gelernt, sich einzurichten; nun war er imstande, Wittgenstein Paroli zu bieten, und wurde zu einer zentralen und stabilisierenden Figur in Wittgensteins Leben.

Der Titel »Logik« in Wittgensteins eben zitiertem Brief ist mit »k«, also deutsch geschrieben; daher hat von Wright vermutet, es sei womöglich ein auf deutsch verfaßtes Werk gewesen. Es steht jedoch eher zu vermuten, daß es sich um einen Flüchtigkeitsfehler handelt.[25] Ich halte es für wahrscheinlich, daß die Fletcher vorgelegte Dissertation nichts anderes war als jene diktierten Notizen, die wir heute unter dem Titel »Aufzeichnungen, die G. E. Moore in Norwegen nach Diktat niedergeschrieben hat« kennen. Denn es waren diese Aufzeichnungen, die Moore nach Wittgensteins Willen Russell zeigen und erläutern sollte, damit Russell über seine norwegischen Funde auf dem laufenden gehalten wurde.[26] Hätte er ein anderes Manuskript gehabt, das als Dissertation geeignet war oder schien, so hätte er ihm sicherlich dieses zeigen lassen. Die andere Möglichkeit ist freilich, daß Moore im Gespräch mit Fletcher bloß ein Manuskript beschrieben hat, das ihm von Wittgenstein gezeigt worden war.[27] Der Unterschied ist gering – der Inhalt muß in etwa der gleiche gewesen sein, denn die Bemerkungen, die Moore diktiert wurden, sollten ja Wittgensteins Gedanken über die Logik zusammenfassen.

Auf Wittgensteins Brief antwortete Moore offenbar nicht, und

25 Von Wright hat allerdings recht, wenn er meint, das »Logik« genannte Werk sei im Februar oder März 1914 noch nicht abgeschlossen gewesen; daher kann es nicht, wie ich früher einmal angenommen hatte, mit den »Aufzeichnungen über Logik« identisch sein.

26 Vgl. die Briefe an Russell vom Sommer 1914, Winter 1914/15 und Mai 1915. Moore war empört, als Russell an Wittgenstein schrieb, Moore sei nicht imstande gewesen, ihm die Aufzeichnungen zu erläutern. In seinem Tagebuch heißt es unter dem Datum 20. Januar 1915: »Er hat kein Recht, dergleichen zu behaupten, denn er hat mich ja nie um eine Erklärung gebeten.«

27 In einem Brief Wittgensteins, den Russell im Januar 1915 erhielt, wird auf dieses Manuskript Bezug genommen: »... mein Manuskript, welches ich damals Moore zeigte ...«

zwischen den beiden herrschte Schweigen, bis ein bemerkenswerter Brief mit dem Datum 3. Juli 1914 aus Wien eintraf:

Lieber Moore!
Vor meiner Abreise von Skjolden habe ich einige Papiere aufgeräumt und bin dabei plötzlich auf Ihren Brief gestoßen, der mich so wild gemacht hat. Und beim nochmaligen Überlesen habe ich gefunden, daß ich wahrscheinlich keinen hinlänglichen Grund dafür hatte, Ihnen so zu schreiben. (Nicht, als würde mir *jetzt* Ihr Brief auch nur im mindesten gefallen.) Aber auf jeden Fall hat sich mein Zorn abgekühlt, und ich möchte lieber wieder Freundschaft mit Ihnen schließen als andersherum. Ich nehme an, ich habe mich jetzt genug bezwungen, denn es gibt nicht viele Menschen, denen ich dies schreiben würde, und falls Sie darauf nicht antworten, werde ich Ihnen nicht wieder schreiben.
Ihr usw., usw.
L. W.

Eine kümmerliche Entschuldigung, aber immerhin eine Entschuldigung – und wenn der Krieg nicht ausgebrochen wäre, hätte sie womöglich ihre Wirkung getan. In Moores Tagebuch heißt es unter dem Datum 13. Juli: »Wittgensteins Brief trifft ein. Glaube nicht, daß ich antworten werde, denn ich will ihn wirklich nie wiedersehen. Bezweifle, ob ich's nicht doch tun sollte.« Und am 23. Juli: »In der Hall neben Russell, der sich nach Wittgenstein erkundigt und über ihren Streit redet. Deshalb frage ich mich wieder, ob ich nicht doch an Wittgenstein schreiben sollte.«
Nachdem Moore im April nach England zurückgekehrt war, blieb Wittgenstein in Skjolden bis zum Anbruch der Touristensaison, die er unbedingt vermeiden wollte. Anfang Juli war er mit Sicherheit wieder in Wien. In einem Brief an Russell vom Mai oder oder Juni schreibt er, seine Arbeit habe in den letzten vier oder fünf Monaten große Fortschritte gemacht, doch nun sei er erschöpft. Dem dürfte zu entnehmen sein, daß er über die Auffassung, die er Moore dargelegt hatte, seither nicht hinausgekommen war. Diese Annahme steht auch in Einklang mit dem in Anmerkung 27 zitierten Brief aus der Kriegszeit, in dem von einem Manuskript die Rede ist, das er Moore gezeigt, und einem weiteren, das er während des Krieges geschrieben habe; damit ist implizit gesagt, daß zwischen diesen beiden nichts Entscheidendes hinzugekommen war.

Der Spätfrühling und Frühsommer in Norwegen scheinen demnach eine Zeit der Erholung gewesen zu sein. Wittgenstein begann sich auf einen noch längeren Aufenthalt in Norwegen vorzubereiten, vielleicht wollte er fürs erste überhaupt dort bleiben. Ein wenig über dem Fjord lag ein See, an dessen einem Ufer eine Straße entlangführte, während auf der anderen Seite ein Berg lag. Auf diesem Berg – den man nur erreichen konnte, indem man den See mit einem Boot überquerte – baute sich Wittgenstein ein Haus »in der Einsamkeit«, wie er an Russell schrieb. Das Haus lag ein bis zwei Kilometer vom Ort entfernt, doch der Weg dauerte lang. In der Ausgabe von Wittgensteins Briefen ist der Lageplan wiedergegeben, den er im Oktober 1936 für Moore zeichnete. Das Haus war aus Holz, gut acht mal sieben Meter groß und etwa hundert Meter vom See entfernt. Irgendwann, als er später dort wohnte, installierte Wittgenstein eine Seilbahn mit Rollen, um Wasser und sonstigen Proviant vom Seeufer zum Haus hochzubefördern. Der Eingang befand sich auf der dem See abgewandten Seite unter einem Giebeldach und führte in den Wohnraum; rechts von diesem Raum lagen Schlafzimmer und Küche.[28] Von hier aus hatte man eine herrliche Aussicht über den See und nach Südwesten über den Fjord, und im Sommer sah auch das Häuschen selbst, von Kletterpflanzen überwuchert und von Büschen umstanden, ganz freundlich aus. Aber um dort den Winter über zu leben, bedurfte es des Temperaments eines Einsiedlers, ja eines Styliten. Ein wenig Mut war ebenfalls nötig, und Wittgenstein war immerhin so nervös, daß er, um das Glück günstig zu stimmen, ins Wasser spuckte, ehe er an stürmischen Tagen sein Bötchen nahm, um überzusetzen. Die verschiedenen Zeugen widersprechen einander mit Bezug auf die Frage, ob er bereits 1914 dort gewohnt hat, doch auf keinen Fall kann er sich lange dort aufgehalten haben, denn es wurde ja erst nach Moores Abreise gebaut (als Moore 1936 an Wittgenstein schrieb, wußte er nicht, wo sich das Haus befand), und es war geplant, die Möbel erst nach dem Sommer aus Christiana (Oslo) herbeizuschaffen.

Im Hinblick auf alle in diesem Sommer gefaßten Pläne ist man

28 Das Haus wurde 1957 abgebrochen und in leicht veränderter Form im Dorf wieder aufgebaut (wo man es auch heute noch besuchen kann).

geneigt zu sagen: »Dis aliter visum«, doch Wittgenstein wäre der letzte gewesen, mit Zuversicht in die Zukunft zu blicken. Alles, was er unternahm, war irgendwie provisorisch. Symptomatisch dafür ist, daß er das Haus verschiedentlich verschenken, einer anderen Person vermachen wollte, namentlich einem Kriegskameraden, und dieser letztere Umstand verzögerte auch seine Rückkehr dorthin. In diesem Frühjahr der sprichwörtlich gewordenen trügerischen Sicherheit hatte er mit Moore darüber gesprochen, was er im Fall eines Weltkriegs täte. Von derartigen Vorahnungen Wittgensteins ließen sich die Leute – vielleicht ein wenig zu leicht – beeindrucken. Er rechnete immer mit dem Schlimmsten, und so kam es, daß man sich natürlich daran erinnerte, wenn seine Befürchtungen Wirklichkeit wurden. Seine Schwester Gretl pflegte zu sagen, schlechte Nachrichten seien ihm sogar lieber gewesen. Und eines seiner Lieblingszitate war Gottfried Kellers Ausspruch, man solle immer, wenn es einem gut gehe, daran denken, daß es auch anders kommen könne.

7. Weltkrieg 1914-1918

Österreich ist nun unser Thema, Österreich und die letzten Tage eines Reiches und einer Kultur, deren Vielfalt, deren Schwächen und deren Zauber die menschliche Natur widerspiegelten. In diesen letzten Tagen und zur Zeit ihrer betrüblichen Nachwirkungen lebte Wittgenstein, großenteils aus freien Stücken, unter seinen Landsleuten und teilte häufig – ebenfalls zumeist aus freien Stücken – Gefahren, Entbehrungen und Demütigungen mit ihnen, zu anderen Zeiten den feingeistigen Idealismus und bewußt unaufdringlichen Wohlstand seiner Familie. Janik und Toulmin nannten ihr Buch über das Wien der Vorkriegszeit »Wittgensteins Wien«, doch vom Standpunkt des Biographen ist Wittgensteins Österreich der wichtigere Begriff: die Geschichte und die Umstände des Landes, in dem er die Zeit zwischen seinem 25. und seinem 40. Lebensjahr verbrachte. Dies sind die eigentlich formbildenden Jahre im Leben des Mannes, und in dieser Zeit festigte sich Wittgensteins überwiegend pessimistische Haltung, aber auch seine Vorstellung von dem, was sich vor dem allgemeinen Niedergang retten ließe. In diesen Jahren verloren sich die letzten Züge des kleinen Wittgenstein, der einst nach Berlin gegangen war. Vor dem Krieg hatten die Nichten und Neffen in ihm den heiteren und reizenden Onkel gesehen, nach dem Krieg galt er ihnen als Autoritätsfigur und viel zu oft als Mann des Tadels. Nach dem Zusammenbruch von 1918 durchlebte auch Wittgenstein selbst eine Periode der Verzweiflung und einer gewissen Entfremdung von der Familie. Während der zwanziger Jahre gab es, trotz verfehlter Ansätze und Rückschläge, Entwicklungen und Keime des Neuen. Das Endresultat war eine Art geistiger Harmonie, die es ihm ermöglichte, seine eigentliche Arbeit wieder aufzunehmen. Er hatte mehr Glück als seine Heimat, insofern die geographische Lage ihm keine Schranken auferlegte. Doch im nächsten Band werden wir sehen, wie sich die Ereignisse im Österreich der dreißiger Jahre auch im persönlich-privaten Bereich seines Lebens spiegelten.

Wie es bei historischen Ereignissen häufig der Fall zu sein

scheint, so sehen wir auch hier eher gestalthafte Muster als Kausalzusammenhänge. Die Entwicklung, die der Krieg in Wittgenstein auslöste, scheint für ihn notwendig gewesen zu sein. Viele Jahre später ließ er es sich in der Unterhaltung mit einem Neffen nicht nehmen, ausführlich über seine Kriegserlebnisse zu sprechen, und als der Neffe eine pazifistische Bemerkung machte, sagte Wittgenstein über den Krieg: »Mir hat er das Leben gerettet; ich weiß nicht, was ohne ihn aus mir geworden wäre.«[1] Russell war nach dem Krieg bestürzt über die mystischen und religiösen Neigungen, die er an Wittgenstein wahrnahm. Diese Neigungen lassen sich, wie wir sehen werden, zum Teil durch die Bedrängnisse des Krieges selbst und einige Zufallsereignisse während dieser Zeit erklären, doch sie trugen außerdem ein wesentliches Element bei zu dem Buch, an dem er seit 1911 arbeitete. Sogar das philosophische Schweigen, das er sich während der zwanziger Jahre auferlegte und das sich unschwer – und in gewissem Maße zu Recht – seiner Verzagtheit zuschreiben läßt, hatte seine philosophische Rechtfertigung, die sowohl in den Lehren von Wittgensteins erstem Buch begründet lag als auch in der tieferen Einsicht in Denken und Sprache, die er durch das Eindringen in andere Tätigkeitsbereiche gewann. Wenn Wittgenstein eine seiner Handlungen erklären wollte (beziehungsweise eine solche Erklärung verweigerte), benutzte er gern den Ausdruck »aus inneren und äußeren Gründen«. Ebenso müssen auch wir sein Handeln gewöhnlich von beiden Seiten betrachten.

Wittgenstein war nun wieder in Österreich. Allem Anschein nach wollte er den Juli und August dort verbringen, denn er hatte vor, im September mit Pinsent in die Ferien zu fahren und vor seiner Rückkehr nach Skjolden einen kurzen Besuch in England zu machen. Ende Juli kam er von der Hochreith hinunter nach Wien, um eine Verabredung wahrzunehmen, die sich schließlich bestimmend auswirkte auf viele seiner Freundschaften und Interessen während der folgenden Jahre.

Als Bewunderer Karl Kraus' hatte er dessen Hinweis auf den *Brenner*, eine in Innsbruck verlegte Zeitschrift für Kultur und

1 Aus einer persönlichen Mitteilung von Felix Salzer.

Geist, gelesen. Kraus hatte gesagt: Daß die einzige ehrliche Revue Österreichs in Innsbruck erscheint, sollte man, wenn schon nicht in Österreich, so doch in Deutschland wissen, dessen einzige ehrliche Revue ebenfalls in Innsbruck erscheine. Ludwig von Ficker, der Herausgeber, war nicht sehr viel älter als Wittgenstein. Er war selbst Schriftsteller, doch vor allem hatte er »Spürsinn«, wie auch Wittgenstein meinte. Im *Brenner*, der seit 1910 vierzehntägig erschien, waren Gedichte veröffentlicht worden sowie Rezensionen, Novellen, Artikel über philosophische oder soziale Themen und Kommentare zu Zeitereignissen. Es gab kein beherrschendes Einzelthema. Karl Kraus hatte offensichtlich großen Einfluß auf die Linie, und der Name der Zeitschrift sollte eine Öffnung der deutschen für die mediterrane Kultur andeuten. Es gab keine politische Tendenz, doch Authenzität in Kunst und Leben war das ständig angestrebte Ziel dieser Zeitschrift. Autorennamen, die dem Literaturkenner heute noch vertraut sind, spielen in jenen Heften der ersten Zeit eine Rolle: Theodor Däubler, Peter Altenberg, Albert Ehrenstein, Else Lasker-Schüler und vor allem vielleicht Georg Trakl. Einige ihrer Arbeiten, aber nicht alle dürften Wittgenstein zugesagt haben. Doch was ihn vermutlich besonders berührte, waren die häufigen Auseinandersetzungen über Dostojewski und die deutschen Übersetzungen der Werke Kierkegaards (damals die frühesten leicht zugänglichen Übersetzungen dieses Autors). Wittgenstein sagte, ihn hätten Fickers eigene Worte über Kraus beeindruckt.[2] Die Zeitschrift war, wie es scheint, ein Versuch, in weniger personengebundener und individualistischer – und auch in weniger süffisanter – Weise das gleiche zu leisten, was Kraus anstrebte: etwas überaus Österreichisches und zugleich etwas, wie wir heute sehen, Wittgensteinisches, nämlich die Herbeiführung einer Art sittlicher Reform des Lebens und Denkens, ohne zu versuchen, die Bedingungen des Lebens zu verändern. Diese Weltabgewandtheit läßt sich auch als Reflex der faktischen politischen Ohnmacht der damaligen Intellektuellen verstehen oder genereller als Reflex der Morschheit des österreichisch-ungarischen Rei-

2 1913 war eine Auswahl von *Brenner*-Artikeln über Kraus unter dem Titel *Studien über Karl Kraus* erschienen. Diese Auswahl war auch in der *Fackel* angezeigt worden, wo Wittgenstein sicher auf sie gestoßen ist.

ches.[3] Man kann darin aber auch eine wichtige Entdeckung erblicken, die Entdeckung nämlich, daß die (sei's auch noch so unmögliche) Umwälzung, deren es bedurfte, keine Revolution der Institutionen war, sondern eine Revolution des Denkens und Empfindens der Menschen – Kraus hätte gesagt: ihrer Sprache.

Es war also kein Zufall, daß sich Wittgenstein an Ficker wandte, um dessen Unterstützung in folgender Sache in Anspruch zu 'nehmen: Er hatte vor, 100000 Kronen an »unbemittelte österreichische Künstler« zu verteilen (der Ausdruck »Künstler« löste einige Zweifel aus, denn es fragte sich, ob er nur bildende Künstler meinte, wie sie etwa sein Vater gefördert hatte).[4] Fikker, meinte er, werde die besten Talente und die bedürftigsten kennen. In einem weiteren Schreiben fügte er hinzu, er habe kürzlich ein großes Vermögen geerbt, und da sei es Sitte (vielleicht meinte er: in seiner Familie), eine gewisse Summe für wohltätige Zwecke zu stiften. Auf Ficker sei er (wie wir schon gesehen haben) durch Kraus gekommen. Abschließend fragt er, ob es wohl möglich sei, sich einmal zu treffen.

Ficker willigte ein, nach Wien zu kommen, sobald auch Wittgenstein sich wieder dort befände. In der Zwischenzeit erkundigte er sich bei seinen Wiener Freunden und hörte (nicht immer ohne ironischen Unterton), wer Karl Wittgenstein gewesen war und in welcher Weise er die Künste gefördert hatte. Ficker empfand nichts von dieser Ironie, als die verabredete Begegnung tatsächlich stattfand: »Der Reisetag war heiß gewesen, und es dunkelte bereits, als das Taxi vor dem geöffneten Gartentor eines Herrschaftssitzes im Neuwaldegger Parkgelände hielt. Das Gebäude selbst, nur noch undeutlich auszunehmen, lag tiefer garteneinwärts, aber die Aufgangsterrasse war hell beleuchtet, und da stand auch schon, mich erwartend, die schlichte Gestalt des jungen Mäzens: ein Bild ergreifender Einsamkeit auf den ersten Blick (an Aljoscha etwa oder Fürst

3 Dies ist zum Beispiel die Auffassung von Janik und Toulmin, sofern ich sie richtig verstehe.

4 Die Briefe an Ficker sind, außer in der bereits genannten Ausgabe der *Briefe*, in der von G. H. von Wright und Walter Methlagl herausgegebenen Ausgabe: Ludwig Wittgenstein, *Briefe an Ludwig von Ficker* im Verlag Otto Müller, Salzburg 1969, erschienen.

Myschkin bei Dostojewski erinnernd). Kaum hatte er mich bemerkt, als er die paar Stufen herabstieg, auf dem breiten Kiesweg mir entgegenkam und nach herzlicher Begrüßung mich ins Haus geleitete. Auch beim Nachtmahl, das ein Diener auftrug, schien er aufgeräumt und trotz etwas gehemmter Sprechweise von einem sehr zu Herzen gehenden Mitteilungsdrang bewegt. Bald war mir klar, daß nicht allein ein Freund der schönen Künste mir gegenübersaß, sondern ein Denker...«[5] Bei dieser Gelegenheit erzählte Wittgenstein Ficker, er habe die Absicht, nach Norwegen in seine Holzhütte zurückzukehren, um seine Gedanken zu sichten und zu klären.

Erst am nächsten Morgen, als sie in dem die Hügel hinaufreichenden Park – dem privaten Wienerwald der Wittgensteins – spazierengingen, kam Wittgenstein auf den Anlaß von Fickers Besuch zu sprechen. Aufgrund des Briefwechsels ist anzunehmen, daß der Scheck schon ausgeschrieben war, und daß es nur noch um die Aufteilung des Betrags unter die verschiedenen Nutznießer ging. Ficker schlug sogleich vor, Rilke und Trakl je 20000 Kronen zukommen zu lassen. Wittgenstein war, wie es scheint, ein Bewunderer Rilkes[6] und außerdem durchaus willens, den Vorschlag mit Bezug auf Trakl anzunehmen, obwohl er damals vielleicht wenig über ihn wußte. Er selbst forderte nur, daß ein Betrag von 10000 Kronen an den *Brenner* selbst gehen sollte. Was den Rest betraf, überließ Wittgenstein Ficker die Entscheidung, und wie es scheint, hielt sich Ficker im wesentlichen an die folgende, heute noch erhaltene Liste:

Georg Trakl 20000 Kronen
Rainer Maria Rilke 20000 Kronen
Carl Dallago 20000 Kronen
Redaktion *Der Brenner* 10000 Kronen
Oskar Kokoschka 5000 Kronen
Else Lasker-Schüler 4000 Kronen
Adolf Loos 2000 Kronen
Karl Borromäus Heinrich 1000 Kronen

5 Ludwig Ficker, »Rilke und der unbekannte Freund«, in: *Der Brenner* 18 (1954), S. 238. Dieser in der letzten Folge des *Brenner* erschienene Artikel ist ein Gemisch aus einzigartigen Erinnerungen und schlichter Konfusion von Daten und Ereignissen.

6 Einige Freunde berichten, er habe Rilkes spätere Werke nicht gemocht.

Hermann Wagner 1000 Kronen
Josef Georg Oberkofler 1000 Kronen
Theodor Haecker 2000 Kronen
Theodor Däubler 2000 Kronen
Ludwig Erik Tesar 2000 Kronen
Richard Weiss 2000 Kronen
Karl Hauer 5000 Kronen
Franz Kranewitter 2000 Kronen
Hugo Neugebauer 1000 Kronen

Alle Empfänger außer Hauer, Kranewitter, Kokoschka und Rilke waren Mitarbeiter des *Brenner*, und Rilke ließ – vielleicht infolge dieser Spende – etwas in dem 1915 erschienenen Einzelband veröffentlichen. Außer in den Fällen, in denen Wittgenstein tatsächlich seine Meinung geäußert hat, besteht kein Grund, ihm eine bestimmte Einstellung zu den jeweiligen Nutznießern zu unterstellen. Abgesehen von den Spenden an Trakl, Rilke und den *Brenner* selbst, überließ er die Angelegenheit Ficker. Einmal bestätigte er den Empfang eines Dankbriefs des Philosophen Dallago, und als er später eine ganze Sammlung von Dankschreiben an den unbekannten Spender erhielt, antwortete er Ficker in einem Brief vom 13. Februar 1915: »Anbei schicke ich die Belege zurück, mit Ausnahme der an mich gerichteten Zeilen Hauers und von Rilkes liebem, edlem Brief. Die anderen Briefe hätte ich als Belege nicht gebraucht; als Dank waren sie mir – offen gestanden – größtenteils unsympathisch. Ein gewisser unedler *fast* schwindelhafter Ton – etc. Rilkes Schreiben an Sie hat mich gerührt und tief erfreut. Die Zuneigung jedes edlen Menschen ist ein Halt in dem labilen Gleichgewicht meines Lebens. Ganz unwürdig bin ich des herrlichen Geschenkes, das ich als Zeichen und Andenken dieser Zuneigung am Herzen trage. Könnten Sie Rilke meinen tiefsten Dank und meine treue *Ergebenheit* übermitteln!« Dieser Brief wurde freilich einige Monate nach Kriegsbeginn geschrieben, und eine gewisse Bitterkeit ließe sich wohl den Verhältnissen zuschreiben. Doch ganz allgemein neigte Wittgenstein, der die Dinge schwarz-weiß zu sehen pflegte, in übertriebenem Maße dazu, einige der von ihm gebilligten Spenden im nachhinein zu bedauern. In einem Brief vom 31. März 1917 an seinen Freund Paul Engelmann heißt es: »Ich erhielt heute aus Zürich zwei Bücher jenes Albert Ehrenstein, der seinerzeit in *Die Fackel* schrieb (Ich habe ihn einmal ohne es eigentlich zu wollen unterstützt) und zum Dank schickt er mir jetzt den *Tubutsch* und *Der Mensch schreit*. Ein Hundedreck; wenn ich mich nicht irre. Und so etwas bekomme ich hier heraus!« Da Ehrenstein ebenfalls Mitarbeiter des *Brenner* war, liegt es nahe anzunehmen, daß Ficker die geplante Verteilung änderte und Ehrensteins Namen an die Stelle eines der auf der erhaltenen Liste genannten Empfänger setzte – doch in dem Fall wäre Wittgenstein kaum berechtigt gewesen, seine Schenkung zu desavouieren. Daneben besteht die Möglichkeit, daß er weitere Spenden verteilte, vielleicht durch die Vermittlung von Kraus. Man sollte sich auch den Maßstab seiner Wohltätigkeit klarmachen. Sein Jahreseinkommen, das aus seinen Militärunterlagen ersichtlich ist, betrug 300 000 Kronen, und mit Sicherheit wissen wir, daß er wenigstens etwa ein Drittel seines ersten Jahreseinkommens verschenkte. Was Wittgensteins feindselige Einstellung zu Ehrenstein betrifft, erklärt Engelmann selbst[7] sie durch Hinweis auf seine Abneigung gegen den Expressionismus, und jeder Leser der betreffenden Bücher kann sehen, daß sie nicht »in den Rhythmen für ein wohl gesittetes und mannhaftes Leben« verfaßt sind (um Engelmanns Platonzitat anzuführen). Es mag sein, daß Ehrensteins Pazifismus (deshalb kamen die Bücher aus Zürich) in diesem Fall ein zusätzlicher Grund für den Widerwillen war, doch andererseits fand sich Wittgenstein bei Paul Engelmann, an den dieser Brief gerichtet war, ohne weiteres mit dessen pazifistischer Haltung ab. Über Wittgensteins Einstellung zu Dallago und Haecker wissen wir nichts weiter, als was sich einem Brief vom 4. Dezember 1919 entnehmen läßt, nämlich daß er sein eigenes Werk für mindestens ebenso veröffentlichenswert hielt wie die ihren.

Walter Methlagl hat geschildert, wie diese völlig unerwarteten Schenkungen von den verschiedenen Empfängern aufgenommen wurden.[8] Zwei von ihnen sollten vielleicht besonders genannt werden: Trakl befand sich im Zustand völliger Verzweiflung, weil er nicht in der Lage war, seiner kranken Schwester Unterstützung zukommen zu lassen. Wenigstens diese

7 Engelmann, *Briefe und Begegnungen*, S. 65.

8 Vgl. die von Methlagl mitherausgegebene Ausgabe der Briefe Wittgensteins an Ludwig von Ficker.

Sorge wird ihn während dieser, wie sich zeigte, letzten Tage seines Lebens nicht mehr bedrückt haben. Und Kokoschkas an Ficker gerichteter Brief wird vielleicht für die Kunsthistoriker von Interesse sein:

Ich kann es mir nicht versagen, trotz Ihrer Ablehnung, Ihnen recht herzlich zu danken.
Sie können es kaum erdenken, was diese große Hilfe mir für Befreiung von Sorgen verschafft, was ich seit Jahren mühsam erreichen wollte, und nie möglich wurde, tritt ein.
Ich kann arbeiten und meine Kräfte werden nicht im Existenzkampf vergeudet.
Kommt jetzt für mich die Einberufung, so werde ich meine Pläne ein gutes Stück vorwärts gebracht haben.[9]

Kokoschka wurde später erneut von der Familie Wittgenstein gefördert – das heißt, insoweit man Käufer als Förderer bezeichnen darf. Wittgenstein hatte zwar nur wenig mit der Auswahl der Empfänger zu tun, doch sein Gedanke, den Betrag unter *einzelne* Künstler, die der Unterstützung würdig und bedürftig waren, aufzuteilen, steht ganz in der Tradition seines Vaters. Vom Vater unterschied er sich darin, daß er nicht darauf bestand, selbst die Auswahl zu treffen.
Die Begegnung mit Ficker hatte für Wittgenstein noch zwei weitere wichtige Folgen. Erstens die neue Freundschaft: Der etwa neun Jahre ältere Ficker sollte für kurze Zeit die Stelle des älteren Freundes einnehmen, die Russell nun nicht mehr innehatte; später wurde diese Rolle in England von Moore (mit dem er allerdings nicht ganz so innig befreundet war) und in Österreich von Hänsel übernommen. Die Figur des väterlichen Freundes scheint Wittgenstein oft gesucht zu haben, und womöglich gehört auch die zweite wichtige Folge der Begegnung mit Ficker in diese Kategorie. Nachdem sie an jenem Sonntag ihre Angelegenheit besprochen hatten, nahm Ficker ihn mit ins Café Imperial, wo sie den Architekten Adolf Loos trafen. Gerade damals war Loos berühmt, ja umstritten wegen des von ihm entworfenen Hauses am Michaelerplatz, gleich gegenüber dem großartigen Barocktor der Alten Hofburg. Beim Bau dieses Hauses hatte er jegliches Ornament vermieden; man nannte es

9 Ebd., S. 54.

das Haus ohne Augenbrauen, weil es nicht einmal Kranzleisten über den Fenstern aufwies. Wittgenstein verwickelte ihn sogleich in eine lebhafte Diskussion über die Grundsätze der modernen Architektur; das heißt, der Inhalt des Gesprächs war lebhaft, während es mit dem gesprochenen Wort nur langsam vorwärtsging, weil Loos so schwerhörig war. Dies ist der erste bekannte Hinweis auf Wittgensteins Interesse für Architektur, obwohl er in England freilich schon Möbel entworfen hatte und in Norwegen eine schlichte Holzhütte in traditionellem Stil. Zu denken ist auch an die Ratschläge, die er seiner Schwester gab, wie sie zeichnen sollte. Er war eigentlich nicht der Typ des allseitig bewanderten Menschen der Renaissance, sondern er pflegte das Thema des anderen oder seine Ideen aufzugreifen und dessen Leistung zu verbessern. An späterer Stelle werden wir auf seinen eigenen Hausentwurf und die Zusammenarbeit mit Loos' Schüler Engelmann eingehen und Beispiele nennen. Auch dieses Haus ist völlig frei von Ornamenten, und der Entwurf bedient sich – wenn auch nur im unteren Gebäudeteil – des auf Loos zurückgehenden Mittels der Zwischenstockwerke, um so die Aufteilung des Innenraums in verschiedene »Geschosse« zu vermeiden. In anderer Hinsicht jedoch, vor allem mit Bezug auf die hohen und schmalen Fenster und Türen, ist es von Loos' Werken verschieden und erinnert, wenn auch nur entfernt, an Cambridge.

In mancher Hinsicht war die Berührung mit Loos wichtiger als die Freundschaft mit Ficker, denn an Ficker mußte Wittgenstein schreiben, während sich Loos stets in Wien aufhielt, wo die Bekanntschaft gedeihen konnte, so daß Wittgenstein in die Randbereiche – und bei einer Gelegenheit ins Zentrum – des Kreises um Kraus eingeführt wurde. Für eine kurze Zeit seines Lebens war Wittgenstein drauf und dran, ein Wiener Intellektueller zu werden; er hatte sogar sein Stammcafé, das in der Nähe der Kunstakademie gelegene Café Museum, das ebenfalls von Loos entworfen worden war. In den schwierigen Jahren der unmittelbaren Nachkriegszeit scheint sich Wittgenstein über Loos ebenso geärgert zu haben wie über viele andere Freunde; doch die Seite von Wittgensteins Leben, für die Loos einstand, ging dadurch nicht für immer verloren.

Ficker kehrte am 28. Juli heim nach Innsbruck, also am Tag der österreichischen Kriegserklärung an Serbien. Wittgensteins Familie kam nach Wien, während er selbst zweifellos einfach dort blieb. Es war ein großes Durcheinander; die Brüder Kurt und Paul mußten sich zu ihren Regimentern begeben. Aber was sollte Ludwig tun? David Pinsent spricht von einem Versuch, in einer nicht kämpfenden Einheit Dienst zu tun. Sofern diese Annahme einen Grund hat, besteht er vermutlich darin, daß Ludwig dachte, aufgrund seines beiderseitigen Leistenbruchs (dessentwegen er vom Wehrdienst befreit worden war) würde er vielleicht zu keiner Waffengattung zugelassen werden. Einige Tage vergingen, ehe das Problem gelöst war. Am 7. August, dem Tag nach der Kriegserklärung an Rußland, meldete er sich als Kriegsfreiwilliger Kanonier für die Dauer des Krieges – sein doppelter Bruch wird unter der entsprechenden Rubrik in seinen Papieren einfach nicht erwähnt. Wittgenstein äußerte sich darüber, wie unglaublich freundlich das Personal in den Behörden war: Menschen, die Tag für Tag von Tausenden um Rat gefragt wurden, gaben dennoch freundlich und ausführlich Auskunft. Das fand er wirklich ermutigend und erinnerte ihn an englische Verhältnisse![10] Es war nicht nur eine Zeit der Begeisterung, sondern auch der Verwirrung. Die österreichisch-ungarische Mobilisierung hatte mit Verspätung eingesetzt, erst am 31. Juli. Man lag im Wettstreit mit den Russen, die zum Glück der Österreicher beinahe ebenso langsam waren. Eines der Hauptziele des Oberkommandos bestand darin, die Kräfte in Galizien zu verstärken und so weit wie möglich in russisches Gebiet vorzudringen, um der russischen Kavallerie zuvorzukommen, von der man annahm, sie sei bereit, Galizien im Sturm zu nehmen.[11]

10 Wittgensteins Tagebuch, dem diese Schilderung entnommen ist, wird weiter unten beschrieben. Die Daten werden häufig durch die überaus reichhaltige Dokumentation im Kriegsarchiv des Innenministeriums in Wien bestätigt oder sogar ergänzt.

11 Wittgensteins Kriegsdienst an der Ostfront führte ihn in die österreichischen Provinzen Galizien und Bukowina sowie bis zu einem gewissen Grade in die angrenzenden Provinzen oder Verwaltungsbezirke auf russischem Gebiet. Die genannten Orte liegen heute großenteils in der Sowjetunion, zum Teil in Polen. Zwischen den beiden Kriegen gehörten sie zumeist zu Polen, teils zu Rumänien. Im Text wird normalerweise die Namensform angegeben, die sich auf österreichisch-ungarischen Kriegskarten und sonstigen Dokumenten dieser Zeit findet (gewöhnlich handelt es sich um leicht eingedeutschte polnische Bezeichnungen).

Tatsächlich begann man schon am 6. August, ein wenig in russisches Territorium einzumarschieren, und zu diesem Zweck wurde der Einsatz von Truppen der Garnison Krakau bewilligt. Aus diesem umfassenderen Blickwinkel gesehen, erscheint es keineswegs überraschend, daß Wittgensteins Musterung eine bloße Formalität war und daß seine Schulbildung und seine mathematischen Kenntnisse völlig übersehen wurden, so daß er nach kaum zwei Tagen zum Festungsartillerieregiment Krakau abkommandiert wurde, wo er zunächst und für kurze Zeit über die Funktionsweise eines veralteten Mörsers aufgeklärt und anschließend in der Bedienung eines Suchscheinwerfers unterwiesen wurde (sein Regiment verfügte über eine entsprechende Abteilung). Da befand er sich schon auf dem kleinen, von den Russen gekaperten Wachschiff *Goplana*, wie es auch weiterhin hieß. Dieses Wachschiff fuhr die Weichsel hinab in russisches Gebiet. Schon nach zehn Tagen war er im aktiven Kriegsdienst, und am 18. August wird er um ein Uhr nachts im Nachtkleid auf die Kommandobrücke gerufen, um den Suchscheinwerfer zu bedienen – ein offenbar überaus gefährlicher Posten, doch bei dieser Gelegenheit erwies sich der Alarm als falsch.

Mit welcher Gesinnung er Soldat wurde, können wir aus verschiedenen Zeugnissen erschließen. David Pinsent hielt ihn für patriotisch. Seine Schwester Mining nennt zwar sein Bestreben, das Vaterland zu verteidigen, hebt jedoch ganz besonders hervor, daß »er den intensiven Wunsch [hatte], etwas Schweres auf sich zu nehmen und irgend etwas anderes zu leisten als rein geistige Arbeit«.[12] Arvid Sjögren, der ihn während des Krieges kennenlernte und in der unmittelbaren Nachkriegszeit vielleicht sein bester Freund war, gibt eine ähnliche Erklärung: Er wollte die gleiche Last tragen wie die übrigen.[13] Auch Paul Engelmann (der nach Arvid Sjögren der zweite gute Freund aus dieser Zeit ist) berichtet, Wittgenstein habe sich mehrmals geweigert, Privilegien in Anspruch zu nehmen, was sich, wie wir sehen werden, in der Praxis nicht immer durchsetzen ließ.

Was den Patriotismus angeht, steht fest, daß Wittgenstein den Militärdienst als Bürgerpflicht anerkannte und sich mit seinem Vaterland identifizierte. Damit soll jedoch keinesfalls gesagt

12 Hermine Wittgenstein, »Mein Bruder Ludwig«, S. 24f.

13 Persönliche Mitteilung Arvid Sjögrens an den Verfasser.

sein, daß er an den Sieg glaubte. Am 25. Oktober schreibt er über das unsinniges Gerücht, Paris sei gefallen: »Fühle darum heute mehr als je die furchtbare Traurigkeit unserer – der deutschen Rasse – Lage. Denn daß wir gegen England nicht aufkommen können, scheint mir so gut wie gewiß. Die Engländer – die beste Rasse der Welt – *können* nicht verlieren. Wir aber können verlieren und werden verlieren, wenn nicht in diesem Jahr so im nächsten. Der Gedanke, daß unsere Rasse geschlagen werden soll, deprimiert mich furchtbar, denn ich bin ganz und gar deutsch.«[14] Als der Krieg weiter fortgeschritten war, sagte Wittgenstein im Gespräch mit Groag und anderen, er sei sicher, daß die Alliierten die Mittelmächte schlagen würden. Über Kaiser Karls Vorschläge (gemeint ist wohl der Brief vom März 1917) würden sie bloß lachen. Ferner meinte er, die deutschen Generale verstünden ihr Geschäft, doch die österreichischen Generale seien völlig ahnungslos.

Einige der bereits zitierten Äußerungen stammen aus einem erstaunlichen Dokument, einem Tagebuch, das Wittgenstein zunächst in normaler, später in Geheimschrift führte und das er in die gleichen Notizbücher schrieb, deren philosophischer Inhalt in den *Tagebüchern 1914-1916* abgedruckt ist. Dieses keineswegs vollständige Tagebuch umfaßt die Zeit vom 9. August 1914 bis zum 22. Juni 1915 sowie vom 29. März bis zum 19. August 1916. Es ist höchstwahrscheinlich, daß es drei weitere Notizbücher aus der Zeit des Ersten Weltkriegs gab, die zweifellos auch im Inhalt den erhaltenen Kladden glichen.[15] Wie schon gesagt (S. 103), nahm Wittgenstein die Gewohnheit, Gedanken über sich selbst zu notieren, während seiner Berliner Zeit an; um 1929/30 konnte er andererseits behaupten, schon seit »vielen Jahren« kein Tagebuch mehr geführt zu haben. Es ist

14 Inwieweit Wittgenstein »Deutscher« war, dürfte aus den bisherigen Kapiteln erhellen. Man vergleiche die hier zum Ausdruck gebrachte Einstellung mit seinen harten Worten gegenüber Malcolm, als dieser 1939 eine Bemerkung über den »Nationalcharakter« machte; vgl. Malcolms *Erinnerungen an Wittgenstein*, S. 50. Vielleicht hatten sich sowohl die Zeiten als auch Wittgenstein selbst gewandelt.

15 Vgl. von Wrights »Die Entstehung des *Tractatus*«, in: *Wittgenstein*, insbes. S. 80ff. Von Wright meint, neben den drei erhaltenen habe es vielleicht noch drei oder vier weitere Manuskriptbände gegeben. Meiner Ansicht nach dürften es drei gewesen sein. Meine Gründe nenne ich weiter unten (S. 408).

möglich, daß unter den 1913 in England zurückgelassenen Manuskripten, deren Vernichtung er nachdrücklich verlangte, auch persönliche Aufzeichnungen waren. Es ist ebenfalls möglich, daß solche Aufzeichnungen auch in dem »dicken Buch« standen, in dem er – wie seine Schüler und Nachbarn bemerkten – während der zwanziger Jahre nachts zu schreiben pflegte. Diese Manuskripte sind jedoch alle verlorengegangen. Was wir aus dem erhaltenen Textkorpus erschließen können, ist, daß er das Bedürfnis, niederzuschreiben, was ihn selbst betraf, besonders stark empfand, wenn er nicht mit Freunden zusammen war – wie zum Beispiel während des Ersten Weltkriegs und dann 1936/37 in Norwegen. Daher war unter den 1929/30 genannten Motiven das der Schaffung eines Ersatzes für einen Menschen, dem er sich anvertrauen konnte, vielleicht das stärkste. Da es nicht angemessen wäre, das gesamte Tagebuch hier wiederzugeben, selbst wenn der Platz ausreichte, mag eine Bemerkung angebracht sein, die sich auf den Text in seiner Gesamtheit bezieht: Die Aufzeichnungen aus der Kriegszeit vermitteln den Eindruck höchster Unmittelbarkeit und Aufrichtigkeit. Wer das Ganze gelesen hat, kann unmöglich glauben, wichtige moralische, gefühlsmäßige oder auch sinnliche Elemente aus Wittgensteins bewußtem Erleben seien hier kaschiert worden. An manchen Stellen fühlt man sich bei der Lektüre, als hörte man die Beichte eines Sterbenden.

Die Einträge in Geheimschrift beginnen am 15. August, vielleicht weil Wittgenstein im Begriff war, feindliches Gebiet zu betreten. Der Schlüssel zu dieser Geheimschrift ist ganz einfach (a = z, b = y usw.), doch schon von Anfang an schreibt er ziemlich flüssig, so daß zu vermuten ist, daß er diese Geheimschrift früher geübt hat. Dabei ging es natürlich nicht darum, das Geschriebene für immer geheim zu halten, sondern den Inhalt vor jemandem zu verbergen, der das Notizbuch zufällig in die Hand bekam und flüchtig hineinschaute.[16]

16 Einer der Manuskriptbände aus den dreißiger Jahren enthält *in Geheimschrift geschriebene* Anweisungen, was im Falle von Wittgensteins Tod mit dem Manuskript zu tun sei. Daneben gibt es weitere, weniger offensichtliche Hinweise, aus denen hervorgeht, daß die in den dreißiger und vierziger Jahren niedergeschriebenen Bemerkungen als eine Art Testament oder Autobiographie gedacht waren, die auch von anderen gelesen werden sollte.

Soviel über unsere wichtigste Quelle. Soweit diese Aufzeichnungen Aufschluß geben über Wittgensteins Einstellung beim Eintritt in die Armee, spricht alles für die Deutung seiner Schwester: Er empfand, daß sein Charakter einer Prüfung unterzogen würde – er spricht von einer »Feuerprobe« –, einer Probe, die zeigen würde, ob er stark genug war, seine gute Stimmung und Energie nicht zu verlieren. Andere und härtere Prüfungen würden im Kampf auf ihn zukommen, und alles deutet darauf hin, daß er sie als Prüfungen willkommen hieß. Zugleich wollte er arbeiten, das heißt, er wollte seine philosophische Denkarbeit während des Krieges fortsetzen. Die erste philosophische Notiz findet sich unter dem Datum 22. August, doch es gibt mehrere Hinweise darauf, daß er auch vor diesem Datum bereits gearbeitet hat. »Arbeit« heißt hier offenbar soviel wie Nachdenken und eventuell etwas auf einem Zettel notieren; der Eintrag ins Notizbuch war erst die zweite oder dritte Phase. Die Ergebnisse seiner Arbeit aus der Vorkriegszeit waren allem Anschein nach in einem Manuskriptband enthalten, den er in Wien bei dem Sekretär seines Vaters zur Aufbewahrung hinterlassen hatte. Die Notizbücher aus der Kriegszeit sind ebenfalls mit Anweisungen versehen, die darauf hindeuten, daß sie nach Abschluß der Eintragungen in Wien zurückgelassen wurden. Falls Wittgenstein fiele, sollten sie nach Beendigung des Krieges an Russell geschickt werden.

Die ersten Tage beim Militär – wer sie selbst erlebt hat, wird sie kaum vergessen können: die Verwirrung und alles Neue, die Vielfalt der Ereignisse, die auf einen eindringen, das Gefühl der völligen Lostrennung vom bisherigen Leben. Jeder Tag kam Wittgenstein vor wie eine Woche. Wenn er aufwachte, bildete er sich ein, noch zu träumen, er ginge wieder zur Schule. Die niedrigen Pflichten des Rekruten konnte er mit stillem ironischem Lächeln erfüllen, doch einige der physischen Widrigkeiten vertrug er besonders schlecht: Um den Wanzen zu entgehen, wollte er außerhalb des Kasernengebäudes schlafen. Doch das Kantinenessen, das er ungenießbar fand, bereitete ihm Magenschmerzen – der Magen machte ihm immer Probleme. Wie so oft, war er selbst sein eigener Feind: Ein Leutnant, der ihn in der Kantine traf und zweifellos merkte, daß er einen gebildeten Mann vor sich hatte, war überrascht und fragte ihn, warum er zum Essen nicht in die Messe gehe. Da Wittgenstein Realschulabschluß hatte, hatte er ein Anrecht auf den Streifen an der Uniform, der den Betreffenden als Einjährigfreiwilligen auswies. In Kriegszeiten konnte man damit rechnen, innerhalb einiger Monate das Offizierspatent zu erwerben, und in der Zwischenzeit gab es immerhin die Möglichkeit, in mancher Hinsicht wie die Offiziere zu leben. Doch Wittgenstein war anscheinend zu stolz, um diese Vorrechte für sich in Anspruch zu nehmen, obwohl er sie bitter nötig hatte. Als die übrigen Einjährigfreiwilligen merkten, wen sie vor sich hatten, ihn mit »Herr Kollege« anredeten und ihn drängten, ebenfalls seine Freiwilligenrechte geltend zu machen, da fand er lediglich, daß ihm das »Spaß machte«.

Bei seinem Hauptmann hatte Wittgenstein weniger Glück als bei dem Leutnant, den er in der Kantine getroffen hatte; vielleicht lag das an seiner unmilitärischen Haltung. Ihm wurde die bereits geschilderte, verhältnismäßig niedrige Aufgabe auf der »Goplana« zugewiesen. Hier standen Privilegien gar nicht erst zur Debatte, obwohl er wahrscheinlich dennoch den Verdacht seiner ungebildeten Kameraden erregte. Er für sein Teil fand es unmöglich, mit ihnen auszukommen. Nach seiner Einschätzung waren sie dumm, frech und vor allem böse. Es stimmte also nicht, daß die große gemeinsame Sache den Menschen adeln muß. Im Gegenteil: Obwohl die äußeren Umstände, die Fahrt auf der Weichsel und der Dienst auf dem Schiff derart waren, daß dies eine herrlich glückliche Zeit hätte sein können, machten sich die Menschen ihre Arbeit selbst zur häßlichen Mühsal, »zum Frondienst«.

Es fiel Wittgenstein nicht leicht einzusehen, daß die anderen nur allzu sehr daran gewöhnt waren, körperlich hart zu arbeiten, und daß der Gedanke, sie – großenteils Polen und Tschechen – sollten ohne ausreichende Bezahlung und unter großer Gefahr in einem von Deutschen geführten Krieg Anstrengungen auf sich nehmen, sie noch stärker verbitterte als ihre ohnehin schon elende Lage in Friedenszeiten. Dazu kam, vor allem auf dem Schiff, das Problem der ständigen Nähe. Der Geruch und der ständige Lärm waren zuviel für ihn. Er versuchte, an Deck zu schlafen, doch da war es zu kalt. Später scheint er eine – vielleicht sogar die einzige – Kajüte für sich allein gehabt zu haben, denn da er den Scheinwerfer zu bedienen hatte, mußte er die ganze Nacht über auf Wache sein und konnte tagsüber schlafen, wodurch er einigermaßen von den anderen ferngehalten wurde. Als es ins Winterquartier ging, bemühte er sich, obwohl er normalerweise alle Privilegien ausschlug, um eine Ausnahmegenehmigung, außerhalb der Kaserne schlafen zu dürfen. (Als es im Dezember soweit war, wurde er versetzt, und sein Wunsch konnte ohne weiteres erfüllt werden.)

Das Bild blieb jedoch nicht durchweg schwarz: Ein Mannschaftswechsel führte zu Verbesserungen, und er nahm einige von seinem allgemein negativen Urteil aus. In der Regel aber verachtete er seine Bootskameraden: Wenn es kritisch wurde, betranken sie sich, und ihn persönlich quälten sie. Welche Stellung er einnahm, war ihnen sicher unklar. Es war eine große Überraschung, als er nach sechswöchigem Schiffsaufenthalt mit dem Streifen des Einjährigfreiwilligen zurückkehrte; der Hauptmann hatte ihm schließlich befohlen, den Streifen anzunähen. Sie machten es ihm unmöglich, seine Arbeit anständig zu leisten. Wenn der Scheinwerfer nicht funktionierte und er die Sache seiner Gewohnheit entsprechend langsam und mit Bedacht in Angriff nehmen wollte, stießen sie ihn beiseite. Was sollte er machen? Er fühlte sich verraten und verkauft und so völlig von anderen abhängig, wie es ihm seit der Schulzeit in Linz nicht mehr ergangen war. Das Wichtige war, wie er es ausdrückte, »sich selbst nicht zu verlieren« und sich nicht von den anderen unterkriegen zu lassen. Dies ließ sich vielleicht erreichen, indem er alles einfach ertrug und versuchte, die Dinge wie ein Betrachter von außen zu sehen und seine Arbeit in Demut zu tun, ohne sich in die Vorgänge verwickeln zu lassen. Würde er sich zu verteidigen suchen, bliebe ihm nichts übrig, als auf sie loszugehen. Aber sich zurückzuziehen, war in der Praxis kaum möglich. Er konnte ja nicht mit anderen zusammenarbeiten und *gar* nichts mit ihnen zu tun haben. Manches mußte gesagt werden, es gab Fragen, die gestellt werden mußten, und er konnte nicht umhin, grobe und unzulängliche Antworten zu ertragen. Außerdem war es »unbegreiflicherweise« gar nicht einfach, sich völlig von den anderen getrennt zu halten (wer außer Wittgenstein hätte das wohl »unbegreiflich« gefunden?). Er fühlte sich zwar zu keinem der übrigen auch nur im mindesten

hingezogen, doch die Gewohnheit, freundlich zu den Menschen zu sein, war so stark.
Manchmal führte er seine Unfähigkeit, mit den anderen auszukommen, auf den Mangel an notwendiger Vulgarität zurück. Doch bei anderer Gelegenheit sieht er den Gegensatz zwischen sich selbst und dem Leutnant so: »Ein sehr netter Mensch. Er kann mit den größten Halunken umgehen und freundlich sein, ohne sich etwas zu vergeben. Wenn wir einen Chinesen hören, so sind wir geneigt, sein Sprechen für ein unartikuliertes Gurgeln zu halten. Einer, der Chinesisch versteht, wird darin die *Sprache* erkennen. So kann ich oft nicht den *Menschen* im Menschen erkennen.« (21. August 1914.)
Auch mit den Unteroffizieren, denen er unmittelbar unterstellt war, kam er nicht gut zurecht; vielleicht trat er zu hochmütig auf. Er nahm es verständlicherweise sehr übel, als der Zugführer einem Offizier einreden wollte, Wittgenstein habe sich feige verhalten, während er seine Aufgabe in Wirklichkeit pflichtgetreu erfüllt hatte. Eine spätere Unterhaltung mit dem Zugführer reinigte die Luft immerhin ein wenig. Doch nicht anders als im Hinblick auf die Betrunkenheit der Soldaten, bemerkte und spürte Wittgenstein mit seiner Empfindlichkeit auch all die üblichen Mängel kleinlichen Autoritätsgehabes. Nun rechnete man damit, daß Krakau belagert würde: »Je ernster die Lage wird, desto roher werden die Unteroffiziere. Denn sie fühlen, daß sie jetzt ungestraft ihre ganze Gemeinheit entladen können, da jetzt die Offiziere den Kopf verlieren und im guten Sinn keine Kontrolle mehr ausüben. Jedes Wort, das man jetzt hört, ist eine Grobheit. Denn die Anständigkeit lohnt sich auf keine Weise mehr, und die Leute geben daher auch das bißchen preis, was sie etwa noch besitzen. Es ist alles tief traurig.« (12. November 1914.)
Gelegentlich traf er Offiziere, mit denen er gut auskam. Zu ihnen gehörte auch der erste Kommandant seines Schiffs, der sich mit ihm über alle möglichen Themen unterhielt. Ferner war da der Leutnant aus der Kantine, den wir bereits erwähnt haben. In Tarnobrzeg kam ein neuer Leutnant an Bord, der ebenfalls nicht dumm zu sein schien. Wittgenstein freute sich, als dieser ihm das Du anbot, ihn also anreden wollte, als sei auch er Offizier. Einer diesere Offiziere muß der Leutnant Molé gewesen

sein, der später an Ficker schrieb und eine schöne Sommernacht schilderte, die er »auf Deck des Schiffes in anregendem philosophischen Gespräch mit Wittgenstein verbracht habe, während dieser mit Kartoffelschälen für die Schiffsküche beschäftigt war«.[17] Aber auch unter den Offizieren spielte sich vieles ab, was ihn niederdrückte. Einmal hörte er eine Unterhaltung zwischen einem späteren Kommandanten und einem anderen Offizier. Anschließend heißt es im Tagebuch (9. November 1914): »Was für gemeine Stimmen. Die ganze Schlechtigkeit der Welt kreischt ... aus ihnen heraus. Gemeinheit, wo ich hinsehe. *Kein* fühlendes Herz, soweit mein Auge reicht!!!« Er hatte Sehnsucht nach einem Freund, dem er alles mitteilen könnte, und besonders fehlte ihm David Pinsent. Aber sogar in der Heimat ging die Post langsam und kam nicht immer an. So zitierte er den Witz von Karl Kraus, sie seien »von der Mitwelt durch die Feldpost abgeschnitten«.[18] Am 10. November erfuhr er endlich, daß er über die Schweiz nach England schreiben konnte, und erst am 21. Dezember erhielt er einen Brief von David, was ihn derart erregte, daß er den Brief küßte. Im folgenden Monat gab es, wenn er Tagebuch schrieb, nichts Wichtigeres als das Eintreffen oder Nichteintreffen eines Briefes von David.

Es ist traurig, daß die Darstellung eines neuen Abschnitts in Wittgensteins Leben wieder mit einer Aufzählung der Probleme beginnen muß, die er mit seinen Mitmenschen hatte. Dabei ist es wichtig zu sehen, daß die mitgeteilten Empfindungen weder die eines Heiligen noch die eines mürrischen Menschen sind. Es sind die Bekenntnisse eines Mannes, der in diesem wie in anderen Bereichen ein sittliches Ideal zu verwirklichen strebte. Es ist beinahe so, als sei ihm der Krieg als besonders gute Gelegenheit zur Verwirklichung des Ideals erschienen, als sei er bei der Meldung zum Militär deshalb so gespannt gewesen auf die Zukunft. Bei der Darstellung von Wittgensteins Leben während dieser Jahre muß vielfach der Versuch gemacht werden, die Umrisse dieses Ideals nachzuzeichnen, und ein Merkmal dieses Ideals erklärt, weshalb er so oft davon spricht, wie sehr ihm das Verhalten seiner Umwelt weh tut: Er wollte nicht nur von den materiellen Umständen unabhängig sein, sondern auch von den anderen

17 So Ficker in seinem oben genannten Artikel in *Der Brenner*; vgl. *Briefe*, S. 63.
18 *Briefe*, S. 67.

Menschen. Am 9. November, dem gleichen Tag, an dem er die gemeinen Stimmen der Offiziere hörte, erhielt er eine Postkarte von seinem Onkel Paul, und die Karte war so gehalten, daß sie ihn eigentlich hätte erfrischen und ermuntern müssen. »Aber«, schreibt er, »ich bin in den letzten Tagen *deprimierbar*!! Ich habe an nichts eine rechte Freude und ich lebe in Angst vor der Zukunft! Weil ich nicht mehr in mir ruhe. Jede Unanständigkeit meiner Umgebung – und solche gibt es immer – verwundet mich im Innersten, und ehe eine Wunde verheilt, kommt eine frische! Selbst dann, wenn – wie jetzt abends – ich nicht deprimiert bin, fühle ich mich doch nicht so recht frei. Ich habe nur selten und dann ganz vorübergehende Lust zum Arbeiten, da ich nicht zu einem behaglichen Gefühl kommen kann. Ich fühle mich abhängig von der Welt und muß sie daher auch dann fürchten, wenn augenblicklich mir nichts Schlechtes widerfährt. Ich sehe mich selbst, das Ich, worin ich selber ruhen konnte, wie ein ersehntes fernes Eiland, das von mir gewichen ist. – Die Russen rücken schnell gegen Krakau vor. Die ganze Zivilbevölkerung muß die Stadt verlassen. Es sieht mir unsere Sache sehr schlecht aus! *Gott steh mir bei*!!!«[19] Diese Stelle wird uns als Schlüssel dienen und sollte uns daran erinnern, daß Wittgensteins Inneres zur gleichen Zeit von mehreren Faktoren bestimmt wurde, die wir bei unserer Darstellung getrennt behandeln müssen. Auf die Beziehungen zu seinen Kameraden sind wir bereits eingegangen, doch zu beachten sind hier auch die impliziten Hinweise auf die Gefahren des Kriegs (das Vorrücken der Russen), die damit einhergehenden Entbehrungen (abends war Wittgenstein, wie er meinte, deshalb weniger deprimiert, weil dann zumindest die Aussicht auf Schlaf bestand), die Bedeutung, die die philosophische Arbeit für ihn hatte, und die Stärkung, die er im Gebet fand.

Die Operationen, an denen Wittgenstein während der ersten vier Monate des Krieges teilnahm, boten folgendes Bild: Man glaubte, wie gesagt, die Russen wollten möglichst schnell durch Galizien in Richtung auf die schlesischen Industriegebiete und

19 Der Text dieses Eintrags ist nicht immer klar zu entziffern. Auf welche Zeit Wittgenstein anspielt, wenn er von dem »Ich« schreibt, »in dem ich selber ruhen konnte«, ist äußerst unklar; vielleicht sollte es »könnte« heißen, doch gegen diese Lesart sprechen die Worte »das von mir gewichen ist«.

hinter Krakau in die mährische Lücke vorstoßen, die die Straße nach Wien bildete. Eine Fehleinschätzung führte zu der Auffassung, der Angriff werde aus der Richtung Lublin kommen. Daher befahl Conrad, der österreichisch-ungarische Stabschef, links in Richtung Lublin und rechts in Richtung Chelm in russisches Gebiet vorzudringen. Dankls 1. Armee, zu der Wittgensteins Regiment gehörte, bildete den linken Flügel dieses Vormarschs, und links von der 1. Armee lag die Weichsel, auf der Wittgensteins Schiff fuhr. Eine eigentliche Ostfront gab es zu diesem Zeitpunkt noch nicht. Versprengte Einheiten begannen hier und da Scharmützel und lösten immer wieder Unruhe aus, doch die Haupttruppenverbände stießen nur gelegentlich und durch Zufall aufeinander. Ahnungslose Armeen prallten nachts zusammen.

Die 1. Armee drang also in russisches Gebiet ein, und am 17. August finden wir in Wittgensteins Tagebuch einen entsprechenden Eintrag, der vermutlich besagt, daß sein Schiff auf der Weichsel über Sandomierz hinausgefahren war, denn an dieser Stelle bog die österreichisch-ungarische Grenze nach Südosten ab, in etwa dem Strom des Flusses San folgend. Die russische Kavallerie – die »Kosaken«, wie sie von den kaiserlich-königlichen Truppen genannt wurden – führten sehr geschickte Störmanöver aus, und es gelang ihnen, den Eindruck zu erwecken, ihre Truppenstärke sei weit größer als in Wirklichkeit. So kam es wahrscheinlich zu den Alarmbefehlen, unter denen Wittgenstein zu leiden hatte. Wenn man von seinen gelegentlichen Hinweisen ausgeht und die offenbar wahrscheinlichen Faktoren der Lage in Betracht zieht, bestand die Aufgabe seines Schiffes darin, mobilen Feuerschutz zu gewähren, um bei Flußüberquerungen zu helfen oder Truppen zu unterstützen, die in der Nähe der Weichsel oder an ihren Nebenflüssen in Gefechte verwickelt waren. Gelegentlich mußten sie wohl auch Mannschaften und Kriegsmaterial transportieren. Der Scheinwerfer wurde mal gebraucht, um die Richtung des eigenen Feuers zu bestimmen, ein andermal, um das Schiff zu lenken, und in manchen Situationen war er nötig, um Arbeiten an einem anderen Schiff während der Nacht ausführen zu können. Vor allem im ersten Fall und in gewissem Maße auch im zweiten war der Scheinwerfer und mithin der ihn bedienende Soldat ein für den Gegner besonders

interessantes Ziel. Wittgenstein war sich dieser Gefahr ganz bewußt, doch wie es im Kampf häufig geschieht, beunruhigte ihn die Möglichkeit, der Scheinwerfer könne aus irgendeinem Grund versagen, weit mehr, weil dann die ganze Verantwortung bei ihm gelegen hätte.
Kommen wir auf das allgemeine Bild der Lage zurück: Dankls Armee erzielte bei der Schlacht von Krasnik (23. bis. 25. August) einen gewissen Erfolg, und am 2. September hörte Wittgenstein von einer großen Schlacht, die schon fünf Tage dauerte – wahrscheinlich die Schlacht von Komarow, bei der die 4. österreichische Armee die 5. russische Armee besiegte. In der Zwischenzeit wurden an einer anderen Front allerdings die Ergebnisse von Conrads Fehleinschätzung der russischen Absichten und der verspäteten Entscheidung, seine Truppen nicht in Serbien, sondern in Galizien einzusetzen, allmählich sichtbar: In mehreren Schlachten an der Gnila Lipa und der Zlota Lipa (also an Nebenflüssen des Dnjestr, den Wittgenstein später recht gut kennenlernen sollte) wurden die 3. österreichisch-ungarische Armee sowie Teile der 2., von der serbischen Front herbeigeeilten Armee von weit überlegenen russischen Kräften zurückgedrängt. Die Russen hatten also nicht im Norden Galiziens anzugreifen geplant, sondern im Osten. Daher fiel Lemberg in russische Hand, und Przemysl konnte als eingekreiste Festung nur eine Zeitlang standhalten. Diese Nachricht entmutigte die ansonsten erfolgreiche 1. Armee, die den verstärkten russischen Druck aber ohnehin zu spüren begann, denn nun war auch die langsame russische Mobilisierung in Gang gekommen. Besonders stark war dieser Druck auf der russischen Rechten, die von der Weichsel gebildet wurde, und auf der Weichsel schwamm Wittgensteins Schiff. Conrad entwickelte nun mehrere Pläne: Es könnte eine hervorragende Idee sein, meinte er, im Norden (im Bereich der 1. und der 4. Armee) weiter vorzumarschieren und die Russen von der Flanke her anzugreifen. Doch Hindenburg war an diesem Punkt nicht bereit, weitere deutsche Kräfte zu binden, um irgendwelche Abenteuer im Osten zu unterstützen. Denn soweit die Mittelmächte überhaupt einen einheitlichen umfassenden Plan hatten, bestand er damals immer noch darin, zunächst einen ausschlaggebenden Sieg an der Westfront zu erzielen. Tatsächlich ließ Conrad die 1. Armee eine Zeitlang

weiter vordringen, während er die Richtung der 4. Armee änderte und sie nach Lemberg marschieren ließ, wodurch eine potentiell gefährliche Lücke zwischen den beiden Armeen entstehen konnte. Dadurch und durch verschiedene weitere Ereignisse wurde ein allgemeiner Rückzug erforderlich. Die 1. Armee marschierte zwischen dem 11. und dem 15. September an den Unterlauf des San zurück, fand aber auch diese Stellung unhaltbar. Am 12. September spricht Wittgenstein von schlechten Nachrichten und erwähnt strengen Bereitschaftsdienst. Am 13. September lassen sie das Schiff in russische Hände fallen. Am 15. erobern sie es wieder zurück und fahren stromaufwärts bis an den Dunajec (den Nebenfluß, an dem Tarnow steht), während die Russen ihnen auf den Fersen bleiben. Am 16. September hören sie starkes Geschütz- und Gewehrfeuer. Eigentlich sollten sie nun weiter bis nach Krakau fahren, doch für ein oder zwei Tage wird befürchtet, die Grenze – die hier mit der Weichsel, die sie stromaufwärts fahren müssen, zusammen verläuft – sei von »Kosaken« besetzt. Zum Schluß gelangen sie am 19. September wohlbehalten nach Krakau. Die Russen waren so weit vom Ufer zurückgeschlagen worden, daß sie ihre Fahrt nicht behindern konnten.
Am 28. September waren die österreichisch-ungarischen Truppen insgesamt auf die Linie von Gorlice und Tarnow zurückgefallen. Wittgenstein – dessen Aufzeichnungen ein Bild von der Truppenmoral vermitteln, das mit den Ereignissen genau in Einklang steht – berichtet, daß man in Krakau nun mit einer Belagerung rechnete, und daß viele Fälle von Ruhr vorkamen.
Dies waren der erste Vormarsch und der erste Rückzug, die Wittgenstein betrafen. Eine weitere Bewegung dieser Art folgte schon bald darauf, denn die Mittelmächte sahen ein, daß etwas unternommen werden mußte, um die kaiserlich-königliche Armee in ihrer Kampfkraft zu stärken, nachdem sie bei diesem Rückzug schwere Verluste an Soldaten und Kriegsmaterial hatte in Kauf nehmen müssen. Durch eine in logistischer Hinsicht erstaunliche Leistung wurde auf Dankls Linker mit der 9. Armee unter Hindenburg eine völlig neue deutsche Armee aufgebaut, die in Verbindung mit der 1. österreichisch-ungarischen Armee gegen Warschau vorrücken sollte. Am 4. Oktober hörte auch Wittgenstein von diesen Plänen, und am 6. Oktober mar-

schierten sie ab nach Rußland. Als sie am 7. Oktober in Szczuczin eintrafen, waren die Russen noch 80 Kilometer entfernt, doch als Wittgenstein und seine Kameraden gegen Sandomierz vorrückten und in Tarnobrzeg anhielten, hörten sie Kanonendonner aus der Ferne. In Sandomierz eingetroffen, sahen und hörten sie die Granaten explodieren. Noch unter Beschuß, sollten sie am 10. Oktober nach Sawichost vorrücken und den Deutschen bei der Flußüberquerung Feuerschutz geben. In den nächsten Tagen wurden mehrere Pläne dieser Art gefaßt und wieder fallengelassen; wären sie in die Tat umgesetzt worden, hätte Wittgenstein sie wohl kaum überlebt. Doch während die Mittelmächte vorrückten, hatten die Russen ihre »Dampfwalze« in Gang gebracht, und am 13. Oktober erhielt Wittgensteins Schiff im Rahmen des allgemeinen Rückzugs den Befehl, in der Nacht nach Sandomierz zurückzukehren – eine Fahrt, auf der die Granaten über das Schiff flogen und pfiffen. Während der restlichen Tage des Oktobers fuhr das Schiff regelmäßig zwischen Tarnobrzeg und Sandomierz hin und her, um verschiedene Aufträge zu erfüllen, bis am 28. Oktober ein Schaufelrad brach, so daß es nach Krakau zurückgeschleppt werden mußte, wo man am 5. November eintraf. In etwa zur gleichen Zeit kam der Rückzug der Mittelmächte von diesem Schauplatz zum Abschluß. Der geplante Vormarsch auf Warschau war durch das von dort ausgehende Vorrücken der Dampfwalze völlig zum Scheitern gebracht worden. Hier, vor Krakau, sollte die 1. kaiserlich-königliche Armee den Winter über bleiben. Die Russen rückten rasch vor, die Zivilbevölkerung war evakuiert, und schon bald konnte man an den Befestigungen das Geschützfeuer hören. Bestenfalls konnte man mit einer lang anhaltenden Belagerung rechnen. Diese weit zurückliegenden Schlachten, die schon bald von allen außer den besonders spezialisierten Militärhistorikern vergessen waren – Schlachten, die von den Truppen zweier untergehender Reiche um weit entfernte Gebiete geschlagen wurden –, sollten später ein trennendes Element zwischen Wittgenstein und seine Schüler in Cambridge legen, das noch tiefer reichte als der Unterschied zwischen seinen durch ihre Schützengrabenerlebnisse geprägten englischen Zeitgenossen und der jüngeren Generation.

Im Osten wurde der Krieg weit offener geführt als an der Westfront. In Galizien gab es kein eng verknüpftes Verkehrsnetz. Daher das Hin- und Herwogen der Truppen (das in den nächsten Jahren noch größeren Umfang annahm), sobald die eine oder andere Seite in irgendeinem kleinen Gebiet die Oberhand gewann. Daher auch einige der Unbequemlichkeiten: Namentlich Wittgensteins Schiff ließ sich nur schwer versorgen, und oft waren sie darauf angewiesen, Einkäufe in Gegenden zu machen, die schon arm waren, wenn ihnen keine Soldaten die Nahrung wegnahmen.

Manchmal war Wittgenstein krank, müde war er oft. Einmal erwähnt er, seit vier Tagen sei er nicht aus den Stiefeln und Kleidern herausgekommen. Ein andermal mußte er den Scheinwerfer im Nachtkleid bedienen, was in diesem unfreundlichen Klima auch im Herbst eine frostige Aufgabe war. Später, besonders während der Belagerungszeit, erwähnt er das Eis und mitunter den Gang zur Latrine. Doch meistens war er an Bord des kleinen Schiffs eingepfercht. Scharf beobachtete er sich selbst und stellte freimütig fest, wie sich die Sinnlichkeit, die durch harte Arbeit womöglich verdrängt werden konnte, wieder bemerkbar machte, sobald nicht genügend Möglichkeiten zur körperlichen Betätigung gegeben waren.

Die physischen Widrigkeiten empfand Wittgenstein ebenso wie die Nähe seiner kaum erträglichen Kameraden vor allem als Hindernis bei dem Versuch, die richtige Gemütsverfassung zu erreichen. Der Krieg scheint ihm paradoxerweise die Möglichkeit eines neuen Lebens geboten zu haben, indem er seine Erwartungen und seine Aufmerksamkeit auf Gefahr und Tod lenkte. In Erinnerung an seine Bemerkung über den Tod des Vaters, der ein ganzes Leben wert gewesen sei, kann man sagen, der Krieg habe ihm »das Leben gerettet« (wie er selbst es formulierte), indem er ihn unmittelbar mit der Aufgabe konfrontierte, sich auf einen guten Tod vorzubereiten. Das Erlebnis seines ersten Einsatzes schildernd, sagt er: »Nachts um 1 werde ich plötzlich geweckt. Der Oberleutnant fragt nach mir und sagt, ich müsse sofort zum Scheinwerfer. ›Nicht anziehen.‹ Ich lief fast nackt auf die Kommandobrücke. Eisige Luft. Regen. Ich war sicher, jetzt würde ich sterben. Setzte den Scheinwerfer in Gang und zurück mich anzukleiden. Es war falscher Alarm. Ich war *furchtbar* aufgeregt und stöhnte laut. Ich empfand die

Schrecken des Krieges. Jetzt (abends) habe ich den Schreck schon wieder überwunden. Ich werde mein Leben mit aller Kraft zu erhalten trachten, wenn ich nicht meinen gegenwärtigen Sinn ändere.« (18. August 1914.) Später klagt er des öfteren darüber, wie schwer es ihm fällt, das Leben so hinzunehmen, wie es ist, und »für den Geist zu leben«, wenn er durch Kälte, Schlaflosigkeit und einen leeren Magen erschöpft ist.

Eine Hilfe, die er fand, wird durch die eben zitierten Worte bereits angedeutet. Am 1. September begann er Tolstois »Kurze Darlegung des Evangeliums« zu lesen, und schon zwei Tage später hat er das Gefühl, es bedeute einen großen Gewinn. Das Buch war ihm durch Zufall in die Hände geraten, wie es mit einflußreichen Büchern häufig geschieht. In Tarnow stieß er auf einen Buchladen, »in dem es jedoch anscheinend nichts als Ansichtskarten gab. Er ging jedoch hinein und fand, daß es dort nur ein Buch gab, nämlich Tolstois Schrift über die Evangelien. Dieses Buch kaufte er nun bloß deshalb, weil es kein anderes gab. Er las es und las es noch einmal, und von da an hatte er es immer bei sich, im Feuergefecht und zu jeder Zeit.«[20] Zu einer Zeit wurde er von den Soldaten »der mit dem Evangelium« genannt, weil er das Buch stets mit sich herumtrug. Das Christentum, das er in Tolstoi fand, erschien ihm der einzige sichere Weg zum Glück, doch es war kein leichter Weg: Der Mensch muß dem Fleisch entsagen, der Befriedigung des eigenen Willens, und er muß unabhängig werden von äußeren Umständen, um dem Geist zu dienen, der in ihm und in allen Menschen wohnt. Durch diesen Geist werden alle Menschen zu Söhnen Gottes, und das einzige wahre Leben für den Menschen ist die Vereinigung mit diesem Geist, ohne Rücksicht auf die eigenen Wünsche, die Vergangenheit oder die Zukunft: Das einzige wahre Leben ist in der Gegenwart. Für den Menschen, der kein privates Leben führt, sondern ein Leben, das in der Gemeinschaft mit dem Geist aufgeht, gibt es keinen Tod.

Diese Themen kommen in Wittgensteins Tagebüchern aus der Kriegszeit immer wieder vor und natürlich auch später im *Tractatus*: Tolstois Christentum mit einem besonderen Stem-

20 Diese Schilderung stammt aus einem Brief Russells an Lady Ottoline vom 20. Dezember 1919. Vgl. *Briefe*, S. 100f.

pel, den Wittgenstein ihm aufprägt: »Die Nachrichten werden immer schlechter. Heute nacht wird strenge Bereitschaft sein. Ich arbeite täglich mehr oder weniger und recht zuversichtlich. Immer wieder sage ich mir im Geiste die Worte Tolstois vor: ›Der Mensch ist *ohnmächtig* im Fleische aber *frei* durch den Geist.‹ Möge der Geist in mir sein! Nachmittags hörte der Leutnant Schüsse in der Nähe. Ich wurde sehr aufgeregt. Wahrscheinlich werden wir alarmiert werden. Wie werde ich mich benehmen, wenn es zum Schießen kommt? Ich fürchte mich nicht davor, erschossen zu werden, aber davor, meine Pflicht nicht ordentlich zu erfüllen. Gott gebe mir die Kraft! Amen. Amen. Amen.« (12. September 1914.) Was Wittgenstein Tolstoi hinzufügte – seine ihm eigentümliche Auffassung der Lehre Tolstois –, war das intensive Bewußtsein der Identität seiner selbst mit dem in ihm wohnenden Geist: Dies war das Selbst, das er stets auf keinen Fall verlieren und den gemeinen Naturen in seiner Umgebung zum Geschenk machen wollte. Daher schreibt er einen Tag nach dem eben zitierten Eintrag: »Heute verließen wir das Schiff mit allem, was darauf war. Die Russen sind uns auf den Fersen. Habe furchtbare Szenen miterlebt. Seit 30 Stunden nicht geschlafen. Fühle mich sehr schwach und sehe keine äußere Hoffnung. Wenn es mit mir jetzt zu Ende geht, so möge ich einen guten Tod sterben, eingedenk meiner selbst. Möge ich mich nie selbst verlieren.« Und zwei Tage später heißt es: »Jetzt wäre mir Gelegenheit gegeben, ein anständiger Mensch zu sein, denn ich stehe dem Tod Aug in Auge. Möge der Geist mich erleuchten.« Ehe ein Einsatz beginnt, betet er meistens: Gott stehe mir bei! Der Geist stehe mir bei! Manchmal fürchtet er, der Geist habe ihn verlassen, oder er spricht von einer eisigen Kälte in seinem Inneren. Könnte er doch nur einmal richtig schlafen, ehe sich die Dinge zuspitzen! Er muß mit sich ringen, um die richtige Gemütsverfassung zu erlangen: »Ich verstehe es noch immer nicht, meine Pflicht nur zu tun, weil es meine Pflicht ist, und meinen ganzen Menschen für das geistige Leben zu reservieren. Ich kann in zwei Stunden sterben, ich kann in einem Monat sterben oder erst in ein paar Jahren. Ich kann es nicht wissen und nichts dafür oder dagegen tun: *So ist dies Leben.* Wie muß ich also leben, um in jenem Augenblick zu bestehen? Im Guten und Schönen zu leben, bis das Leben von selbst aufhört.« (7. Oktober 1914.)[21] Inwieweit es ihm gelang, sein Ziel zu erreichen, ist schwer abzuschätzen. Auf seine intellektuelle Arbeit, deren Fortschritt manchen Hinweis darauf geben kann, werden wir bald zu sprechen kommen. Im allgemeinen war seine Stimmung gut, wenn ein Einsatz unmittelbar bevorstand; dann pflegte er nur zu beten, wie wir es geschildert haben. Aber es gab auch Zeiten der Niedergeschlagenheit: »Es wechseln in mir Zeiten der Gleichgültigkeit gegen das äußere Schicksal mit solchen, in welchen ich mich wieder nach äußerer Freiheit und Ruhe sehne, wo ich es müde bin, willenlos jeden beliebigen Befehl ausführen zu müssen. Über die *nächste* Zukunft *völlig* im ungewissen! Kurz, es giebt Zeiten, wo ich nicht *bloß* in der Gegenwart und nur dem Geiste leben kann. Die guten Stunden des Lebens soll man als Gnade dankbar genießen und sonst gegen das Leben gleichgültig sein.« (12. Oktober 1914.) Wie wir sehen werden, war es nicht die Gefahr, die ihn bedrückte. Am gleichen Tag, an dem er den eben zitierten Eintrag niederschrieb, hörte er, daß sie noch in der gleichen Nacht an den russischen Stellungen vorbei nach Sawichost fahren mußten, um Mannschaften und Kriegsgerät dorthinzubringen. Da schreibt er: »Also heute nacht! –! Wir sollen mit Schnellfeuerwaffen und Maschinengewehren schießen: wie ich höre, mehr um Lärm zu machen als zu treffen. Auch entnehme ich, daß die Sache gefährlich werden wird. Wenn ich mit dem Scheinwerfer leuchten soll, so bin ich *gewiß* verloren. Aber das macht nichts, denn nur eines ist nötig! In einer Stunde fahren wir ab. *Gott ist mit mir!*« Tatsächlich fuhren sie stromaufwärts nach Nadbrzesze, doch dann wurde der Befehl wieder rückgängig gemacht, und sie kehrten an den Ausgangspunkt zurück. Es war ein äußerst gefährlicher Tag, denn beide Seiten setzten schweres Geschütz ein. Wittgenstein war begeistert, in bester Stimmung und die ganze Zeit wie berauscht vom Kanonendonner. »Ich bin Geist und darum bin ich frei«[22], schrieb er daraufhin. Sein Geist, sein Teil des Geistes, stützte ihn in der Gefahr und in der Depres-

21 Mit »das geistige Leben« ist hier sicher nicht Wittgensteins intellektuelle Beschäftigung gemeint. Anstatt »in jenem Augenblick« sollte es vielleicht »in jedem Augenblick« heißen.

22 Tagebuch, 13. Oktober 1914. Berücksichtigt man den Zusammenhang, ist klar, daß der Geist im Sinne Tolstois gemeint ist: Es ist Gott, der ihm beisteht.

sion, wenn er sie auch nicht völlig überwand. Von diesen beiden Gegnern – Gefahr und Depression – war die letztere schwieriger zu bekämpfen; sie hatte ihre Ursachen in den bereits genannten Umständen: den harten Lebensbedingungen, schlechten Kriegsnachrichten, Rückschlägen für die Mittelmächte, der (in Wirklichkeit erfundenen) Meldung, seine zweite Adoptivheimat, Norwegen, habe sich mit dem Feind verbündet, Angst oder schlechte Nachrichten mit Bezug auf die Familie. So fragte er sich, ob die Mutter noch am Leben sei, und dann hörte er, sein Bruder Paul, der Pianist, sei in russische Kriegsgefangeschaft geraten und habe den rechten Arm verloren (wie Paul darüber hinwegkam, wurde oben, S. 63, bereits erwähnt, doch das konnte Wittgenstein damals nicht vorhersehen). Am 28. Oktober schreibt er in sein Tagebuch: »Immer wieder muß ich an den armen Paul denken, der so plötzlich *um seinen Beruf gekommen ist*! Wie furchtbar. Welcher Philosophie würde es bedürfen, um darüber hinweg zu kommen! Wenn dies überhaupt anders als durch Selbstmord geschehen kann!!« (Philosophie und *sein* Beruf waren, wie wir alsbald sehen werden, unerläßlich, um Ludwigs Gleichgewicht irgendwie zu bewahren.) Es ist das depressive Element in seinem Inneren, das bisher nicht ausreichend geschildert wurde. Manchmal erschienen Wittgenstein diese Depressionen grundlos, besonders häufig wurden sie dadurch ausgelöst, daß er mit seinen Kameraden nicht auskam und außerstande war, sich in dieser Beziehung gleichmütig zu verhalten. Um so mehr sehnte er sich nach jemandem, mit dem er sich offen aussprechen konnte, obwohl dies, wie er meinte, eigentlich nicht nötig sein sollte. Ficker teilte ihm mit, daß sich der Dichter Trakl in Krakau aufhielt, und als Wittgensteins Einheit in die Stadt zurückkehrte, wurde er hoffnungsvoller. Unmittelbar nach seiner Ankunft wollte er ihn aufsuchen, mußte jedoch den nächsten Tag abwarten und war dann sehr betroffen, als er hörte, Trakl sei vor drei Tagen an Herzlähmung gestorben. Man vermutete, Trakl habe Gift genommen, das ihm als Sanitäter leicht zugänglich war (die näheren Umstände von Trakls Tod sind auch später mehrfach Gegenstand der Auseinandersetzung gewesen[23]). Ficker fragte an, um zu hören, was

23 Vgl. etwa den Artikel von Strupp in *Südostdeutsche Semesterblätter* 19, Sommersemester 1966.

im einzelnen geschehen sei – eine durchaus menschliche Reaktion –, doch Wittgenstein antwortete in seinem Brief vom 16. November, da das einzig Wichtige schon gesagt sei, widerstrebe es ihm, sich noch weiter nach den Umständen zu erkundigen.

Nun sehnte sich Ludwig um so mehr nach David, und im Tagebuch fragt er sich: »Ob er halb so viel an mich denkt?« (11. November 1914.) Mit Trakl hatte er vielleicht die Vorstellung einer Geistesfreundschaft verbunden und dabei auch an die Wärme und Sensibilität gedacht, die ihm beim Militär fehlten. Als sich 1915 und 1916 solche Gelegenheiten ergaben, ging er mit Freuden darauf ein, doch einstweilen mußte er in Krakau die Reibungen mit den Kameraden ertragen, ohne sich auf eine solche Freundschaft stützen zu können. Die Lage war nun allerdings ein wenig leichter, insofern ihm der Garnisonsdienst die auf der »Goplana« offenbar ausgeschlossene Möglichkeit gab, allein in seinem Zimmer zu sitzen und sich zu »sammeln«, wie er immer wieder sagt. Damit war ihm die Gelegenheit gegeben, sich zu einer besseren Gemütsverfassung durchzuringen und den Geist, der in ihm wohnte – den Geist, der er selbst war, wenn er nur dementsprechen zu leben vermochte –, festzuhalten. Mehrere Beispiele für diese Denk- und Ausdrucksweise wurden bereits zitiert. Weiteren Aufschluß darüber, daß seine Gedanken in diese Richtung gingen, gibt der Umstand, daß er jetzt Emersons Essays las, von denen er sich »guten Einfluß« versprach. (Bücher waren in Krakau allem Anschein nach erhältlich, denn einen Band Nietzsche hatte er bereits erworben. Auch Emerson wurde damals in Mitteleuropa viel gelesen.)

Emersons Essays werden auch heute noch manchmal empfohlen, wegen ihres Stils. Wittgenstein las sie in erster Linie sicher wegen ihres Inhalts. Gleich zu Anfang findet sich einer seiner damaligen Lieblingsgedanken: »Allen Individuen ist ein einziger Geist gemeinsam. Jeder Mensch ist ein Zugang zum Gleichen und zur Gesamtheit des Gleichen.« (Emerson, »History«.) Die mystischen und ethischen Konsequenzen dieses Gedankens werden in den Essays »Self-Reliance« und »The Over-Soul« entwickelt: »Ein politischer Sieg, finanzieller Gewinn, die Heilung deiner Kranken, die Heimkehr deines Freundes oder sonst ein günstiges Ereignis stimmen dich froh, und du denkst, die Zukunft werde Gutes bringen. Glaube das ja nicht! Nichts kann dir Frieden bringen, es sei denn, du selbst. Nichts kann dir Frieden bringen außer dem Sieg der Prinzipien.« (»On Self-Reliance«.) Und in »The Over-Soul« schreibt Emerson: »Drum nehme der Mensch sich die Offenbarung der ganzen Natur und allen Denkens zu Herzen, nämlich dies: daß das Höchste in ihm wohnt, daß die Quellen der Natur in seinem eigenen Geist sind, wenn dort nur auch das Pflichtgefühl ist. Wüßte er jedoch, daß der große Gott spricht, müßte er in sein Kämmerlein gehen und die Tür hinter sich schließen, wie Jesus sagt. Feiglingen wird Gott sich nicht offenbaren. ... Die einsame, ursprüngliche und reine Seele gibt sich dem Einsamen, Ursprünglichen und Reinen hin, das sich unter dieser Bedingung mit Freuden in ihr niederläßt und durch sie spricht.« Daß Wittgenstein an Emerson Geschmack fand, war ein mittelbares Zeichen dafür, daß er seiner eigenen Tradition treu blieb, denn Emerson schätzte, ebenso wie Carlyle, den deutschen Geist. In Goethe fand er, was er an französischen, englischen und amerikanischen Autoren vermißte, die »ständige Bezugnahme auf die sittliche Wahrheit«. Ebenso wie Goethe strebte er nach einer hochfliegenden Weltauffassung ohne die Requisiten der Religion. Das Ergebnis hieß Transzendentalismus und ging in letzter Instanz auf Kant zurück. Doch während die transzendentale Erkenntnis ursprünglich nichts anderes war als das Bewußtsein des Verstandes von den Bedingungen der Möglichkeit des Erkennens, bedeutete sie diesen Denkern die sittliche und mystische Führung, die der Seele durch Betrachtung ihres eigenen Wesens zuteil werden konnte. Was Emersons Stil angeht, so entsprechen die ständigen Beinaheepigramme, die gehobene Sprache, die dichterische und rhetorische Behandlung philosophischer Themen ähnlichen Elementen in Wittgensteins Lieblingsautoren, zum Beispiel Lichtenberg, Augustinus, Schopenhauer und anderen. Wittgensteins eigener Stil ist da weit zurückhaltender; im Schreiben war er enthaltsamer als in seiner Lektüre. Doch man kann Emerson nicht lesen, ohne auf jeder Seite an den *Tractatus* und die Tagebücher aus den Kriegsjahren erinnert zu werden.

Poetisch und aphoristisch sind auch die Schriften Nietzsches. Einen Monat nach der Lektüre Emersons kauft Wittgenstein in

Krakau den achten Band der Werke Nietzsches, gemeint ist vermutlich der entsprechende Band der bei Naumann in Leipzig erschienenen Ausgabe, der unter anderem den *Antichrist* und das erste Buch des unvollendeten *Willens zur Macht* enthält.[24] In dem gleichen Band stehen neben Nietzsches Gedichten auch *Der Fall Wagner*, *Götzendämmerung* und *Nietzsche contra Wagner*. Es ist eine lohnende Aufgabe, in allen diesen Schriften Entsprechungen und Anklänge zu suchen, doch in dem folgenden Tagebucheintrag vom 8. Dezember bezieht sich Wittgenstein anscheinend speziell auf den *Antichrist*: »Bin stark berührt von seiner Feindschaft gegen das Christentum. Denn auch in seinen Schriften ist etwas Wahrheit enthalten. Gewiß, das Christentum ist der einzige *sichere* Weg zum Glück. Aber wie, wenn einer dies Glück verschmähte?! Könnte es nicht besser sein unglücklich, im hoffnungslosen Kampf gegen die äußere Welt zu Grunde zu gehen? Aber ein solches Leben ist sinnlos. Aber warum nicht ein sinnloses Leben führen? Ist es unwürdig? Wie verträgt es sich mit dem streng solipsistischen Standpunkt? Was muß ich aber tun, daß mein Leben mir nicht verloren geht? Ich muß mir seiner immer – des Geistes immer – bewußt sein.« So, wie Nietzsche Schopenhauers Analyse des Willens ernst nahm, den Willen jedoch bejahte, anstatt ihn zu verneinen, so nahm er auch die Schopenhauersche Version des Christentums, wie sie von Tolstoi ebenfalls übernommen wurde, ernst – nur eines sei

24 Das Vorwort zum *Willen zur Macht* beginnt mit den Worten: »Dies Buch gehört den Wenigsten. Vielleicht lebt selbst noch keiner von ihnen.« Anklänge an diese Formulierungen finden sich im Vorwort zum *Tractatus* und in noch eindringlicherer Form in seiner späteren Bemerkung, er schreibe vielleicht für Menschen, die in ganz anderer Weise denken werden als wir. Ein späteres Urteil über Nietzsche – er sei womöglich als einziger Philosoph an Problemen unserer Kultur vorbeigekommen, an die Beethoven und Goethe herangekommen seien – wurde (S. 68) bereits zitiert. (Nietzsche sei auch eher Dichter als Philosoph gewesen.) Der *Antichrist* selbst beginnt mit einer Beschwörung der Fremdheit und Neuartigkeit der Lehren Nietzsches: »– Sehen wir uns ins Gesicht. Wir sind Hyperboreer – wir wissen gut genug, wie abseits wir leben. ›Weder zu Lande noch zu Wasser wirst du den Weg zu den Hyperboreern finden‹: das hat schon Pindar von uns gewußt. Jenseits des Nordens, des Eises, des Todes – *unser* Leben, *unser* Glück ... Wir haben das Glück entdeckt, wir wissen den Weg, wir fanden den Ausgang aus ganzen Jahrtausenden des Labyrinths.« Von Wright hat mich darauf hingewiesen, daß *Also sprach Zarathustra* den Untertitel trägt »Ein Buch für Alle und Keinen«.

nötig, man dürfe dem Übel nicht widerstehen – und brandmarkte sie als menschen- und realitätsfeindlich. Nietzsche scheint für Wittgenstein deshalb wichtig gewesen zu sein, weil der Ausgangspunkt beider der gleiche war. Ähnlich wie im Falle Weiningers, von dem er, wie gesagt, meinte, man könne jedem seiner Sätze auch ein Negationszeichen voranstellen, gab es auch bei Nietzsche eine mögliche Einstellung zu einer ganzen Reihe von Fragen. Diese Fragen ergaben sich – für Nietzsche wie für Tolstoi, für Emerson wie für Wittgenstein – daraus, daß die Ablehnung des Übernatürlichen und des Unerklärlichen am Christentum als Ausgangspunkt gewählt wurde, was wiederum zum Erbe David Friedrich Strauß' gehörte. Was Nietzsche an Strauß angriff, war die spezifische Wertordnung, auf die er sich stützte, um festzustellen, was vom Christentum übrigblieb, sobald jene Elemente beseitigt waren. Alle diese Vorbilder Wittgensteins glaubten ebenso wie er selbst, sie könnten das Wahre am Christentum herausgreifen, indem sie sich fragten, was ihnen etwas *sagte*; sie glaubten, die Tiefe des Gedankens sei der geistige Maßstab der Inspiration, und jeder Bauer wisse in seinem Herzen, wie man dem göttlichen Wort gemäß zu leben hat. Nietzsche war da der einzige, dem die entgegengesetzte, gleichsam die titanische Lösung des Problems vorschwebte.

Problem und Lösung – darum ging es nun auch in Wittgensteins Arbeit, wenn wir dieses Wort, wie er selbst, für die philosophische Tätigkeit verwenden, die einherging mit dem Militärdienst, der Gefahr, der Niedergeschlagenheit, der Einsamkeit, den physischen Entbehrungen und dem seelischen Ringen um ein festes Gleichgewicht und die ihm bei allem nachgerade eine Stütze war. Als sich Wittgenstein zum Militärdienst meldete, notierte er eine Bemerkung, die beinahe so klingt, als ginge es bei diesem Dienst unter anderem auch um die Philosophie: »Werde ich jetzt arbeiten können??! Bin gespannt auf mein kommendes Leben!« (9. August 1914.) Gemeint sein dürfte: Werde ich nach dieser Veränderung wieder imstande sein zu arbeiten? Nicht zu vergessen ist, daß die Tätigkeit des norwegischen Hausbaus im Sommer 1914 ein Resultat seiner nachlassenden philosophischen Kräfte gewesen war. Seine Arbeit ging Hand in Hand mit dem seelischen Fortschritt. Nun arbeitete er voller Zuversicht und wiederholte ständig Tolstois Worte über die Freiheit durch den Geist. Die Arbeit war eine Wohltat, und mehr als einmal spricht er emphatisch von der »Gnade der Arbeit«. Inmitten der äußersten Widrigkeiten konnte man sich in sich selbst zurückziehen und arbeiten, doch die Arbeit durfte nicht bloß ein Ausweg sein, um die Zeit irgendwie zu überstehen, sondern man mußte in frommer Gesinnung an sie herangehen, um das Leben möglich zu machen.[25] Daraus ergab sich, daß es ihm besser ging, wenn er arbeitete; er war dann nicht deprimiert. Doch umgekehrt war er zu keiner Arbeit imstande, wenn er nicht im Frieden mit sich selbst lebte. So schreibt er am 13. November: »Den ganzen Vormittag habe ich mich vergebens bemüht zu arbeiten. Das klare Sehen will sich nicht einstellen. Denke viel über mein Leben nach, und dies ist auch ein Grund, weshalb ich nicht arbeiten kann.« Im Anschluß an diesen Gedanken meint er, er habe sich noch nicht genügend von seinen Mannschaftskameraden »abgeschlossen«. Die Fähigkeit zu arbeiten kam und ging, und der Verlauf dieser Zyklen hing zumeist von seinem Inneren ab. Kopfschmerzen, Erschöpfung, Granaten und Gefahr kamen häufig an den gleichen Tagen vor, an denen er besser arbeitete als gewöhnlich. An anderer Stelle haben wir bereits bemerkt, daß er beim Kartoffelschälen arbeiten konnte, womit vermutlich gemeint ist, daß er dabei über die Lösungen seiner Probleme nachdenken konnte. Daher meldete er sich freiwillig zu diesem mühseligen Dienst.

Durch eine äußerst charakteristische Gedankenverknüpfung stellte er eine Verbindung her zwischen seinen philosophischen Aufgaben und gewissen militärischen Situationen. So schrieb er am 24. Oktober: »Sehr viel gearbeitet, zwar noch ohne Erfolg, aber mit viel Zuversicht. Ich *belagere* jetzt mein Problem.« Und am 31. Oktober heißt es: »Den ganzen Tag gearbeitet. Habe das Problem *verzweifelt* gestürmt! Aber ich will eher mein Blut vor dieser Festung lassen, ehe ich unverrichteter Dinge abziehe. Die

25 Ich stütze mich hier auf den Tagebucheintrag vom 12. November 1914, in dem mehrere Themen zugleich angesprochen werden: »Nur sich selbst nicht verlieren!! Sammle dich! Und arbeite nicht zum Zeitvertreib, sondern fromm um zu leben! Tue keinem ein Unrecht!« Der Gedanke der Arbeit als einer Art Schlupfwinkel klingt in der folgenden Bemerkung vom 2. November an: »Es ist bitter kalt. Es ist wirklich ein Glück, daß man sich selbst hat und immer zu sich flüchten kann. Viel gearb[eitet]. Die Gnade der Arbeit!!«

größte Schwierigkeit ist, die einmal eroberten Forts zu halten, bis man ruhig in ihnen sitzen kann. Und bis nicht die *Stadt* gefallen ist, kann man *nicht* für immer ruhig in einem der Forts sitzen.« Als er dies schrieb, war er auf dem Weg nach Krakau, wo er selbst eine Belagerung erlebte, während Przemysl in Ostgalizien das Vorbild einer von mehreren Einzelforts umgebenen Festung darstellte, die den Russen noch lange standhielt. Es ist beinahe so, als habe er keinen klaren Unterschied gemacht zwischen seinen verschiedenen Problemen oder Aufgaben: Im Kampf und im militärischen Leben mußte er sich mit Würde schlagen; er mußte die philosophische Lösung hervorbringen, nach der er suchte, und letztlich mußte er sein Leben in Ordnung bringen, indem er Unabhängigkeit errang vom Schicksal und von den anderen Menschen. Jede dieser Aufgaben scheint er als eine Gelegenheit zur Rechtfertigung des eigenen Lebens angesehen zu haben. Daher ist es vielleicht bezeichnend, daß er jede von ihnen als etwas auffaßte, was ein für allemal erledigt werden mußte; er war sozusagen ein Anhänger der gerade vor dem Ersten Weltkrieg im militärischen Denken beliebten Theorie der Durchbruchs- oder Vernichtungsschlacht. Es war beinahe so, als hätte er gedacht, es gebe nur eine Aufgabe zu erfüllen: dem Tod zu begegnen, ohne Schande auf sich zu laden, und den Durchbruch zur Lösung aller seiner philosophischen Probleme durch einen Handstreich zu schaffen. Dies war nicht bloß ein stilistischer Kniff oder bloße Einbildung, sondern eine tiefsitzende Denkgewohnheit, die auch Russell aufgefallen war. Wir haben schon gesehen, daß Wittgenstein über die Logik *und* seine Sünden nachzudenken pflegte. Jetzt wurde seine Einstellung zur Philosophie, wie Russell nach dem Krieg feststellte, dadurch beeinflußt, daß er mit dem Dogmatismus der Granaten und Kugeln kämpfen mußte. Im Innersten machte er keinen Unterschied zwischen den verschiedenen Bereichen des erlösenden Gedankens; es war ihm gleichviel, ob ihn das Wort oder der Gedanke von Furcht oder Angst erlösen sollte, von der Empfindlichkeit gegenüber den ihn irritierenden Kameraden oder von dem entmutigenden Ringen mit logischen Problemen, die immer wieder seinem Griff entglitten. Dies war der Grund, warum die eine Problematik der anderen ins Gehege kommen konnte, und daher sagte er wenig später zu Paul Engelmann:

»Wie kann ich ein guter Philosoph sein, wenn es mir nicht gelingt, ein guter Mensch zu sein?«
Der *Tractatus* und die *Tagebücher* zeigen den wechselseitigen Zusammenhang dieser Problemstellungen: Die philosophische Lösung war zugleich die Lösung des Lebensproblems. Auf beiden Gebieten ging es nicht nur darum, die falsche Frage zu vermeiden, sondern darum, gar nichts zu wollen. An den Einträgen des ersten Teils der Tagebücher fällt auf, daß die Probleme in ähnlicher Weise angegangen werden. Wittgenstein geht mit den philosophischen Fragen um, als wolle er Krieg führen: Nur der Sieg ist ein Erfolg – nur eine endgültige Lösung wird es gestatten, die Probleme für erledigt zu erachten. Im Vorwort zum *Tractatus* wird dies freilich ausgesprochen, doch der gleiche Grundgedanke ist auch im Vergleich mit der Belagerung enthalten. Solange die Verteidiger in der Hauptfestung bleiben, sind die Einzelforts ohne Nutzen für den Angreifer, doch wenn dieser sie aufgibt, so daß sie durch einen Ausfall zurückerobert werden können, lassen sie sich wieder benutzen, um ihn von der Festung fernzuhalten. Die Festung steht für den *Überblick*, die Lösung, die große Entdeckung, von der Wittgenstein zu dieser Zeit ständig glaubte, sie stünde unmittelbar bevor. Das Wort lag ihm auf der Zunge, aber irgend etwas kam immer dazwischen. Am 16. November schreibt er: »Es wird Winter. ... Wieder keine Klarheit des Sehens. Obwohl ich ganz offenbar vor der Lösung der tiefsten Fragen stehe, daß ich mir fast die Nase daran stoße!!! Mein Geist ist eben jetzt dafür einfach blind! Ich fühle, daß ich *an dem Tor daran* stehe, kann es aber nicht klar genug sehen, um es öffnen zu können. Dies ist ein ungemein merkwürdiger Zustand, den ich noch nie so klar empfunden habe als jetzt.« Daß ihm der Überblick fehlte, hieß, daß er nur Einzelheiten sah, ohne zu erkennen, wie sie sich in das Ganze fügten. Was er einsehen sollte, war, wie er meinte, daß jedes Problem das Hauptproblem war.
»Nur eines ist notwendig« – so formulierte es Tolstoi im Anschluß an eine ältere Lesart des Evangeliums, die auch heute wieder Anklang findet bei den Exegeten[26], und diese Maxime gilt für das Leben ebenso wie für die Philosophie und den Krieg.

26 Jesus zu Martha, Lukas 10,42.

Auch Wittgensteins spätere Philosophie ist zweifellos durch ihre Einheit der Methode gekennzeichnet, doch da spielt vor allem der Gedanke eine Rolle, daß die Philosophie immer wiederkehrt, um uns zu verhexen, daß sie nicht ein für allemal zur Ruhe gebracht werden kann. Jetzt, während des Ersten Weltkriegs, dachte er dagegen an einen Durchbruch, eine endgültige Lösung. Während des Krieges heißt geradezu: wegen des Krieges. Es ist beinahe, als sei der Krieg und die entsprechende Denkweise eben zur rechten Zeit gekommen und habe ihn in die richtige Lage versetzt, so, als lebe er in Einklang mit dem Krieg und sei stets darauf bedacht herauszubekommen, wie sich sein Leben wohl entwickeln werde. Er ließ sich die Gedanken zwar nicht vom Krieg befehlen, doch er ließ ihn auf sie wirken. Einer ähnlichen Denkgewohnheit entsprechend fragt er sich oft, ob es ihm gelingen wird, die als unmittelbar bevorstehend empfundene Entdeckung wirklich zu vollbringen, und da läßt sich unmöglich angeben, ob er die Frage meint: »Werde ich vorher getötet werden?« oder die Frage: »Werden mich meine geistigen Kräfte im Stich lassen?« Ebenso versäumte er es häufig anzugeben, ob er in physischer oder seelischer Hinsicht litt, wenn er sagte, er sei verloren oder dem Untergang preisgegeben; es fehlt jeglicher Hinweis, ob der körperliche oder der moralische Tod gemeint ist. Es kam vor, daß er sich am Bein verletzte und feststellte, daß seine Gedanken gelähmt waren. Diese Einstellung gehörte mit zu seinem Solipsismus, der in seinem Fall nicht bloß intellektuelle Spielerei war, sondern eine ethische und mystische Haltung. Alles, woran er Anteil nahm, sah er als etwas, was sich vor einem Geist oder einer Seele abspielte und deren Welt konstituierte, und die Aufgabe dieses Geistes oder dieser Seele bestand darin, diese Vielfalt zu akzeptieren und dadurch in Einklang zu bringen. Aus diesem Grund spürte er auch die Kraft Nietzsches, denn Nietzsche war ebenfalls fähig, das Leben und das Erleben als Einheit zu begreifen, zu der man eine bestimmte Einstellung einnehmen mußte. Andererseits konnte Wittgenstein die Trotzhaltung Nietzsches und seine Uneinigkeit mit der ganzen Welt nicht akzeptieren. »Wie verträgt es sich mit dem streng solipsistischen Standpunkt«, fragt er, und jetzt verstehen wir auch das Warum. Nur eines war notwendig, nämlich für den Augenblick zu leben und für den Geist in einem selbst. Dieses

Thema kehrt immer wieder und hat – was in der Biographie eines Philosophen besonders wichtig ist – entscheidenden Einfluß auf die Form und den Inhalt seines ersten Werks.

Wittgenstein hatte die Neigung, sich selbst Termine zu setzen oder vorauszusetzen, daß es Termine gab, bis zu denen eine bestimmte Aufgabe erledigt sein mußte. Sogar im Frieden rechnete er damit, der Tod werde seiner Tätigkeit ein Ende bereiten. Im vorigen, in Norwegen verbrachten Jahr hatte er Russell zu der Annahme verleitet, er werde im Februar Selbstmord begehen. Jetzt, als der November zu Ende ging, meinte er ebenfalls, es sei mit seiner Fruchtbarkeit zu Ende. Zu Herbstbeginn und mit Ausbruch des Kriegs hatte er sich drei oder vier produktive Monate versprochen, und nun schreibt er: »Meine 3 bis 4 Monate sind um.« Mit Vorahnungen verhält es sich ähnlich wie mit Verdächtigungen: Wenn man hinreichend viele äußert oder spürt, werden sich einige von ihnen in frappierender Weise bestätigen. In vier Monaten hatte er einen philosophischen Text geschrieben, der etwa 32 Druckseiten entspricht; in den nächsten fünf Monaten schrieb er 9. Es ist möglich, daß er sich eines längerfristigen Inspirationszyklus bewußt war als jener bereits geschilderten Schwankungen von einem Tag zum anderen. Interessant ist, daß die fünf mageren Monate in einer von ihm nicht vorhersehbaren Weise mit dem Beginn einer neuen Phase seines Soldatenlebens zusammenfielen, in der sowohl der Dienst als auch die Beziehungen zu den Kameraden seine Aufmerksamkeit weit mehr als bisher in Anspruch nahmen.

In letzterer Hinsicht war er tatsächlich ziemlich verzweifelt, als der November zu Ende ging: Wie konnte er in der Enge der Belagerungsverhältnisse mit solchen Kameraden und mit solchen Vorgesetzten auskommen? Ein freundlicher Kommandant versprach ihm schließlich eine eigene Kammer. Ferner wurde die Möglichkeit erwähnt, er könne einer Ballonabteilung zugewiesen werden. Als auch daraus nichts wurde, ging Wittgenstein zum Festungskommando, wo er das Glück hatte, daß ein zufällig anwesender Oberleutnant Gürth von seinen mathematischen Kenntnissen hörte und ihn seiner Abteilung, die in einer Fabrik untergebracht war, zuteilen ließ. Schon nach wenigen Tagen, am 9. Dezember, gehörte er zum Artillerie-Autodetachment der Garnisonswerkstatt, in der offenbar sowohl Fahrzeuge als auch Aritelleriegeschütze repariert wurden, und am folgenden Tag genoß er zum ersten Mal seit viereinhalb Monaten den Luxus des Alleinseins in einem richtigen Zimmer und die »Gnade, wieder in einem Bett schlafen zu dürfen«.

Wie es beim Militär hin und wieder zu gehen pflegt, hatte er ein Zuhause gefunden, ja geradezu eine Familie, in der er, wie es auch während seines ganzen übrigen Lebens von Zeit zu Zeit geschah, Ruhe finden konnte. Anfangs war seine Arbeit äußerst langweilig: Er mußte eine Liste sämtlicher Maschinen in einer bestimmten Kaserne aufstellen und dergleichen, und so kam es, daß er dann den ganzen Tag in der Schreibstube zubringen mußte. Ein typischer Tagebucheintrag aus dieser Zeit lautet daher »G. T. K.« (»Ganzen Tag Kanzlei«). Besseres stand ihm bevor, doch das wichtigste war, daß er sogleich den Offizieren vorgestellt und von ihnen als zugehörig angesehen wurde; und dies waren Menschen, deren Herkunft und Vorlieben wenigstens einigermaßen seinen eigenen entsprachen. Gleich am ersten Abend wurde er von Gürth nach Hause eingeladen, wo er einen Hauptmann (mit Sicherheit Hauptmann Scholz) kennenlernen sollte, von dem Gürth ihm schon berichtet hatte. So aß er gemeinsam mit fünf Offizieren zu Abend. Gürth hatte von Anfang an einen »sehr netten« Eindruck auf ihn gemacht, den Hauptmann fand er »unendlich sympathisch« und die übrigen »riesig liebenswürdig«. Man unterhielt sich bis halb elf und verabschiedete sich ungemein herzlich. Der Vorgang als solcher war freilich ohne größere Bedeutung, doch für jemanden, der in einer Umgebung aufgewachsen war, in der auf gutes Benehmen, höchste Korrektheit und Rücksichtnahme geachtet wurde, und nun eine Zeitlang notgedrungen mit ungebildeten und groben Menschen zu tun gehabt hatte, war es eine Wohltat. Ehe Wittgenstein den Oberleutnant Gürth kennenlernte, hatte er bei seiner Rückkehr nach Krakau bereits festgestellt, welche Freude es ihm machte, jeden Abend in ein Café zu gehen und zwei Tassen Kaffee zu trinken: »Die wohlanständige Atmosphäre tut mir gut.« Nun wurde er ständig in die Offiziersmesse eingeladen und offenbar als interessanter Mensch mit gewissen Verdiensten behandelt. Doch nicht alle Offiziere wurden seinen Ansprüchen gerecht. Am 27. Januar 1915 etwa heißt es in seinem Tagebuch:

»Abends mit vielen Offizieren im Kaffee. Die meisten benahmen sich wie Schweine. Selbst ich trank ein ganz klein wenig mehr als sonst.« Und als Gürth auf einer Reise anhielt, um mit einem Hauptmann zu speisen, der »unendlich unsympathisch« war, entschuldigte sich Wittgenstein gleich nach Tisch und reiste voraus. Selbst wenn er guter Dinge war, empfand er seine Einsamkeit hin und wieder wie einen kalten Schauer, der ihm den Rücken hinablief. Doch nun konnte er unter den Menschen in seiner Umgebung auf einige Unterstützung rechnen. Gürth war offenbar auf seiner Seite, und Hauptmann Scholz war ein besonders freundlicher Gastgeber. Bei einer Gelegenheit wurde, wie Wittgenstein berichtet, bis Mitternacht musiziert – so stellte er sich einen gelungenen Abend vor. Jedes Ereignis dieser Art war ein Segen in einer Umgebung, in der es ein berichtenswertes Ereignis war, wenn man einen jungen Mann, der in Lemberg die Hochschule besucht hatte, kennenlernte und mit ihm Kaffee trank.

Zu Anfang des neuen Jahrs mußte Gürth dienstlich nach Wien reisen und nahm Wittgenstein mit. Dieser bemerkt anschließend vor allem, sie hätten viele gemütliche Stunden miteinander verbracht, und nun sei er neugierig auf sein zukünftiges Leben. Es ist bezeichnend für Wittgensteins Einstellung zu seinen Angehörigen, daß das Wiedersehen nach so langer und unruhiger Zeit zu keinem weiteren Kommentar Anlaß gibt, als daß die Mutter verständlicherweise höchst überrascht und erfreut gewesen sei, während er festhalten wollte, daß sein eigener moralischer Stand jetzt viel tiefer sei als etwa zu Ostern. Daraus ergibt sich der Eindruck, daß er sich unbehaglich fühlte bei seiner Familie; doch immerhin besuchte er in dieser kurzen Zeit wenigstens zweimal den alten Komponisten Labor.

Gürth erkannte schon bald, daß sein neuer Helfer bemerkenswerte Qualitäten hatte, und er förderte ihn, so gut er konnte. Wittgenstein war überrascht, als er sich beinahe sofort zum Militärbeamten befördert sah (was keinen Dienstgrad bedeutete, sondern nur seine Dienststellung festlegte), und schon wenig später wurde er zum Adjutanten ernannt, womit wieder kein höherer Dienstgrad gemeint war, sondern nur, daß er dem Oberleutnant als Assistent zugeordnet war. Wichtiger und interessanter war, daß ihm am 3. Februar 1915 die Aufsicht über die Schmiede zuerteilt wurde. Er sah sogleich, daß sich daraus Schwierigkeiten ergeben würden; sein Ausnahmerang, durch den er die Unterstützung des Oberleutnants genoß, ohne den entsprechenden offiziellen Dienstgrad zu bekleiden, hatte schon zu mancher stürmischen Auseinandersetzung geführt, weshalb er gemeint hatte, einen entscheidenden Schritt tun zu müssen. Doch nun sagte er sich einfach: »Möge der Geist mir beistehen! Es wird sehr schwierig werden. Aber: Nur Mut!« (3. Februar 1915.) Dennoch fand er sich schon nach wenigen Tagen auf sehr gespanntem Fuß mit einem der Offiziere, dem Rang nach Kadett und demnach vermutlich recht jung. Die Situation erinnert an den jungen Mann an der Technischen Hochschule Manchester, der so gefährlich war für Wittgenstein. Am 11. Februar schreibt er: »Es ist möglich, daß es zwischen uns zu einem Duell kommt. Lebe deswegen immer noch gut und nach deinem Gewissen, der Geist sei mit mir! Jetzt und in jeder Zukunft!« Es ist seltsam, daß sich Wittgenstein außerstande sah, ein solches Resultat zu verhindern; es mag sein, daß dabei sowohl die Heftigkeit seines Zorns und seiner Mißbilligung als auch sein Respekt für die hergebrachte Prozedur ins Spiel kamen. Trotzdem ist, auch aufgrund seiner späteren Äußerungen über den Nahkampf[27], kaum anzunehmen, daß er jemals wirklich vorhatte, auf den anderen zu zielen. Aber daß er es zulassen wollte, den anderen zielen zu lassen, mutet dennoch merkwürdig an. Vielleicht ist die Distanz zwischen uns und der Institution des Duells schon zu groß, oder wir vermögen uns nicht vorzustellen, daß der fünfundzwanzigjährige Wittgenstein eine Situation nicht unter Kontrolle gehabt haben könnte.

Er berichtet immer wieder über unerfreuliche Vorfälle, offenbar nicht immer auf so schlimmer Ebene wie die Sache mit dem Duell. In der Schmiede mußte er viel arbeiten, und seine Stellung dort war alles andere als befriedigend. Zweifellos hatte er die Verantwortung für das Geschehen, doch die Mannschaft war keineswegs geneigt, von einem gleichrangigen oder sogar niedrigeren Dienstgrad Befehle entgegenzunehmen. Wahrschein-

27 Drury erhielt 1944 von Wittgenstein den Rat: »Sollten Sie je in einen Nahkampf geraten, müssen Sie einfach stillhalten und sich abschlachten lassen.« Zit. nach Rhees (Hg.), *Porträts und Gespräche*, S. 206.

lich ist auch, daß er sein technisches Urteilsvermögen so hoch veranschlagte, daß er arrogant wirkte. Es gab viele Dinge, die ihn erzürnten und kränkten, und er hatte die Empfindung, seine inneren Kräfte zu vergeuden. Er fühlte sich an seiner Denkarbeit gehindert. Mehrmals unterhielt er sich lange mit Gürth darüber, doch er selbst hatte den Eindruck, daß diese Gespräche zu nichts führten.

Die Folgen waren die gleichen wie immer: Er war beunruhigt, fühlte sich isoliert, von allen guten Geistern verlassen. Im stillen zitiert er am 20. Februar Goethe: »Feiger Gedanken, / Bängliches Schwanken, / Ängstliches Zagen, / Weibliches Klagen, / Wendet kein Elend, / Macht dich nicht frei.«[28] Das half jedoch wenig, er fühlte sich den Tränen nahe, dachte an Selbstmord und meinte, die äußeren Umstände – die Gemeinheit seiner Umgebung – seien in sein Inneres eingedrungen und hätten es mit Haß erfüllt, so daß es unmöglich war, Platz zu gewinnen für den Geist. Verschiedene Pläne kamen ihm in den Sinn: Er wollte zur Infanterie und an die Front; dann kam ihm die Idee, zu den Kaiserjägern zu gehen, wo auch Ficker diente. Russell teilte ihm die Adresse von Dziewicki mit, einem Krakauer Philosophen, mit dem er in Briefwechsel stand. Wittgenstein besuchte ihn schon nach wenigen Tagen, ließ jedoch durchblicken, daß er düstere Vorahnungen hatte. (Dziewicki nannte Wittgenstein einen »genialen jungen Mann«, während Wittgenstein in seinem Tagebuch schreibt, Dziewicki sei ein »netter alter Mann«.) Deutlich ist, daß Wittgenstein unbedingt die Werkstatt verlassen wollte und zugleich daran dachte, zur kämpfenden Truppe zu kommen und sein Leben zu verlieren.

Wittgenstein muß offenbar der bei weitem bestqualifizierte Mann in der Werkstatt gewesen sein. Am 22. April notiert er, ihm sei die Oberaufsicht übertragen worden, und auch wenn dies nur für die Zeit einer kurzfristigen Abwesenheit Gürths galt, so spricht es doch dafür, daß ihm ein hohes Maß von Verantwortung zugemutet wurde. Gürth versuchte, die peinliche Situation in mehrerer Hinsicht angenehmer zu gestalten. Er schlug Wittgenstein zur Beförderung vor und ließ ihn provisorisch Titel und Uniform eines Landsturmingenieurs tragen –

28 Eigentlich: »Feiger Gedanken / Bängliches Schwanken, / Weibisches Zagen, / Ängstliches Klagen / Wendet kein Elend, / Macht dich nicht frei.«

normalerweise der Rang eines Reservisten und vermutlich für Männer reiferen Alters gedacht. Gürths Antrag, auf den wir später eingehen werden, wurde erst Anfang 1916 entschieden, doch in der Zwischenzeit war Wittgenstein weiterhin als »der Ingenieur« tätig, durchaus erfolgreich zwar, doch nicht ohne daß er für sein Teil das ausgeprägte Gefühl hatte, ausgenutzt zu werden, womit er wohl meinte, daß man sich seiner Fähigkeiten bediente, ohne daß er hinsichtlich Dienstgrad oder Stellung den notwendigen Schutz vor Unannehmlichkeiten erhielt.

Tröstlich war, daß die Fähigkeit zu arbeiten – wenn auch langsam – zurückkehrte. In dieser Hinsicht hatte er sich erschöpft und geradezu tot gefühlt. Er meinte, ein Wunder werde nötig sein, damit er irgend etwas zustande brächte; eine von außen kommende Kraft müsse ihm den Schleier von den Augen nehmen. Mitte Februar jedoch bemerkte er, daß jetzt kein Tag verging, an dem er nicht wenigstens flüchtig an die Logik dachte. Verzweiflung und Hoffnungsschimmer wechseln einander ab, bis er am 17. April notiert: »Arbeite.« Ähnliche Einträge kehren nun immer wieder, und tatsächlich fällt auf, daß die philosophischen Aufzeichnungen in seinem Notizbuch von nun an länger und kontinuierlicher werden, und zwar bis zum Juni, in dem dieses Manuskriptbuch abgeschlossen wird, so daß wir fürs erste ohne Zeugnisse sind über sein tägliches Tun. Zwischen April und Juni arbeitete er beinahe ebenso produktiv wie in den ersten Kriegsmonaten.

Die ergebnislosen Winterkämpfe in den Karpaten und der Verlust von Przemysl Mitte März zogen die Moral der Krakauer Garnison in Mitleidenschaft. Andererseits war die Flaute, die nun bis Ende April anhielt, eine Zeit anstrengender Tätigkeit in der Werkstatt. Man bereitete eine Offensive vor, bei der es zum Teil darum ging, die zuversichtliche Stimmung der österreichisch-ungarischen Kräfte wiederherzustellen. In Wittgensteins Abschnitt hieß die Offensive der Durchbruch von Gorlice und Tarnow, doch ehe sie einsetzte, wurde ein Sperrfeuer der Artillerie eröffnet, wie man es in dieser Größenordnung bisher nur von der Westfront kannte, und dazu mußte jedes erreichbare Geschütz herhalten. Es wirft ein gewisses Licht auf Wittgensteins Bemerkungen über deutsche und österreichische Befehlshaber, daß die Offensive in diesem Frontabschnitt faktisch von dem deutschen General Mackensen geleitet wurde, während die Taktik des Artillerieeinsatzes von dem deutschen Oberst Bruchmüller geplant war (der natürlich den Spitznamen »Durchbruchmüller« erhielt). Der Druck auf die Werkstatt ließ jedoch nicht nach, als die Offensive in Gang kam, denn nun sollte so weit wie möglich vorgerückt werden, um die russische Stellung in den Karpaten entscheidend zu schwächen. Einige hofften sogar, man könne sie im Osten entscheidend schlagen, doch über diesen Punkt war man sich im deutschen Oberkommando nicht einig. Zu diesem speziellen Zweck, aber auch allgemein blieb den zahlenmäßig weit unterlegenen Mittelmächten nichts anderes übrig, als ihre technische Überlegenheit zu halten und auszunutzen. In dieser Hast und unter diesem Druck erlitt Wittgenstein seine erste Kriegsverletzung. Arvid Sjögren berichtete er später, er habe eingreifen müssen, als ein Kollege (denn »Untergebener« kann man eigentlich nicht sagen) etwas falsch gemacht hatte. Bei der anschließenden Explosion des in Reparatur befindlichen Geschützrohrs erlitt er einen Nervenschock und mehrere leichte Verletzungen. Eine daher rührende Narbe an der Stirn blieb für den Rest seines Lebens sichtbar. Daraufhin mußte er einige Zeit – es war inzwischen Juli – im Lazarett verbringen.

Die Offensive Mackensens war vom Glück begünstigt; es war möglich geworden, an der Westfront freigewordene Truppenverbände einzusetzen. Przemysl und Lemberg wurden zurückerobert, und im September hatten die Mittelmächte eine Frontlinie befestigt, die von Czernowitz fast gerade nördlich bis nach Riga verlief. Man hatte eine riesige Frontausbuchtung erobert, die beinahe ganz Polen und Litauen umfaßte, und allein an Gefangenen hatten die Russen 750000 Mann verloren. In diesem Augenblick wurde es notwendig, Truppen abzuziehen und nach Westen zu verlagern, wo mit französischen Angriffen gerechnet wurde. So kam es zu einer Frontstabilisierung im Osten. Wittgenstein war inzwischen mit vorgerückt und kam wahrscheinlich im August zu einem Werkstattzug in dem nördlich von Lemberg gelegenen Ort Sokal, einem Ausladebahnhof des österreichisch-ungarischen Transportsystems. Hier sollte er den Winter verbringen.

An diesem Punkt fehlt uns wenigstens ein Notizbuch, doch es

gibt eine unabhängige Darstellung von Wittgensteins Leben an diesem Ort in Gestalt eines Briefes von Dr. Max Bieler. Die Schilderung dieses Arztes vermittelt nicht nur ein überzeugendes Bild von Wittgenstein selbst, sondern gibt auch Aufschluß darüber, welche Art von Freunden er anzog. Bieler schreibt:

Im Jahre 1915 war ich ärztlich in einem Militärspital an der russischen Front tätig. Da bekam ich den Befehl, einen Rotkreuz-Krankenzug zu übernehmen, dessen Kommandant erkrankt ist. Der Zug befand sich hinter der Front in einer verlassenen Eisenbahnstation. Der Ort hieß Sokal, nördlich von Lemberg. Da damals ziemlicher Stillstand an der Front herrschte, war der Zug leer, und nach der intensiven Spitalsarbeit konnte ich ausruhen. Gegenüber meinem Spitalszug stand ein Militärwerkstättenzug, wo Reparaturen von Fahrzeugen, Kanonen etc. vorgenommen wurden. Ich stellte mich meinem Nachbarn, dem Kommandanten des Werkstättenzuges vor, der mir liebenswürdigerweise vorschlug, statt in der Offiziersmesse des Platzkommandos in der Messe des Zuges zu essen. Ich nahm mit Freude an.

Bei dem ersten Mahl fiel mir unter den Teilnehmern, die alle Offiziere waren, ein schlanker Mann auf, von etwa 25 Jahren, ohne Rang. Er aß wenig, trank wenig, und rauchte nicht, während die anderen die Speisen und den Wein verschlangen und lärmten viel. Als ich meinen Tischnachbarn nach ihm fragte, sagte er mir, er heiße Wittgenstein und ist dem Zuge als Ingenieur zugeteilt. Ich war froh, unter den jungen hohlköpfigen Berufsoffizieren einen Universitätsmenschen zu finden und dazu einen, der mir gleich sympathisch war (ich esse und trinke auch wenig und rauche nicht). Er machte den Eindruck, daß er dort nicht hineingehöre; er war eben dort anwesend, weil er mußte. Ich glaube, daß ich ihm auch gleich sympathisch war, denn nach dem ersten Nachtmahl lud er mich ein, seinen Verschlag im Zug anzusehen.

So begann unsere Freundschaft, die einige Monate dauerte und zu täglichen stundenlangen Gesprächen führte (ohne Alkohol und ohne Zigaretten).

Nach einigen Tagen schlug er mir das Du vor.

Wir sprachen über philosophische und metaphysische Themen, die uns manchmal so absorbierten, daß wir Ort und Zeit vergaßen. Ich erinnere mich eines grotesken Ereignisses. Es war Sylvesterabend 1915. Der Platzkommandant lud uns alle zur Neujahrsfeier in die Offiziersmesse ein. Wir zwei zogen uns nach dem Nachtmahl, das gegen 10 Uhr zu Ende war, in Wittgensteins Zimmer zurück, um das gestrige Thema weiterzuspinnen. Gegen 11 Uhr nachts ließen uns die Offiziere des Zuges wissen, daß es Zeit ist aufzubrechen, um rechtzeitig zur Feier zu gelangen. Wittgenstein ließ ihnen sagen, sie mögen nur gehen, wir werden gleich nachkommen. Bald vergaßen wir auf die Einladung und Zeit und setzten unsere Diskussion fort, bis draußen laute Stimmen hörbar wurden. Es waren unsere Kameraden, die angeheitert um 4 Uhr früh zurückkamen, und wir glaubten, es sei noch nicht Mitternacht. Nächsten Tag mußten wir uns beim Platzkommandanten entschuldigen und ihm verspätet die Neujahrswünsche ausdrücken.

Einmal erzählte ich ihm, daß, wenn ich über das Urprinzip nachdenke, kommt es mir vor, daß ich es mit einer Art Kaleidoskop zu tun habe, wo beim Drehen des Rades immer eine neue Tafel heraufkommt, wo die Erklärung meiner jedweden Fragen zu lesen ist. Die Maschine des Rades ist aber defekt. Wenn schon die letzte Tafel mit der Lösung der Kardinalfrage im Gesichtsfeld erscheinen soll, fällt sie unwiderruflich in die Tiefe zurück, infolge des mangelhaften Mechanismus. Unsere Besorgnis war: wie könnte man den Mechanismus reparieren? Wird man es im Stande sein?

Der Winter 1916 war sehr streng, die Entbehrungen an der Front waren sehr groß, und das pium desiderium der Soldaten war, der Krieg möge sehr bald ein Ende nehmen. Als wir einmal davon sprachen, sagte mir W., daß er gerade einen Brief von Russell aus London erhielt, worin er ihm mitteilt, daß der Krieg noch lange dauern wird. Er erzählte mir, daß er mit Russell schon vor dem Kriege arbeitete und auch jetzt mit ihm schriftlich in Verbindung stehe. Da England mit Österreich im Kriegszustand sei, schreibt Russell an einen gemeinsamen Bekannten im neutralen U. S. A., der den Brief an W. weiterbefördert.

Im April (?)[29] 1916 bekam W. plötzlich den Befehl, an die Front abzugehen. Es war für uns beide ein starker Schlag. Er nahm mit sich nur das Notwendigste mit, ließ alles andere zurück und bat mich, es unter die Mannschaft zu verteilen. Bei der Gelegenheit erzählte er mir, er habe an einem norwegischen Fjord ein Haus bauen lassen, wohin er sich manchmal verkroch, um ruhig arbeiten zu können (ich glaube, Russell hat ihn auch dort besucht). Dieses Haus möchte er mir jetzt schenken. Ich lehnte es ab und nahm dafür eine Waterman-Füllfeder zum Andenken an. Von Büchern nahm er unter anderen wenigen die »Brüder Karamasow« mit. Dieses Buch gefiel ihm sehr. Über die Figur des Starez haben wir uns oft unterhalten.

29 Tatsächlich erhielt Wittgenstein den Befehl Ende März. Bielers Fragezeichen an dieser Stelle spricht für die Zuverlässigkeit seiner Erinnerungen. Weiter unten äußert er sich zögernd über Russells Besuch in Norwegen – in Wirklichkeit war Moore der Besucher gewesen, und das Haus war zur Zeit des Besuchs noch nicht gebaut.

... In einem unserer heißen Gespräche sagte mir W., du wirst ein großer Jünger, aber kein Prophet werden. Von ihm könnte ich sagen, er hatte viele Züge eines Propheten, aber Züge eines Jüngers hatte er absolut nicht. Er war manchmal schnippisch, aber nie überheblich.

Die Konstellation der Umstände, in denen sich Wittgenstein laut Bielers Schilderung befand, war besonders günstig. Eines der wichtigsten Merkmale der Situation war vielleicht, daß er in Bieler selbst einen Jünger hatte. Es ist interessant, den Inhalt des unmittelbar vorangehenden Notizbuchs mit den Themen zu vergleichen, über die er sich mit Bieler unterhielt. Im Juni 1915 schrieb Wittgenstein die vielleicht trockensten und im strengsten Sinne logischen Bemerkungen, die er für sein Buch benutzte. Dabei ist kaum zu bezweifeln, daß er zur gleichen Zeit ständig Reflexionen über das Leben und den Sinn des Lebens anstellte, wie sie von Tolstoi und Dostojewski angeregt wurden. Diese Gedanken ließen sich vielleicht überhaupt nur im Gespräch mit einem anderen Menschen erörtern. Es war ganz wesentlich eine Arbeit für zwei Personen, diese Gedanken durchzugehen, Metaphern zu entwickeln und Lehren aus ihnen zu ziehen. Es war nicht so, als wollte man etwas für eine unpersönliche Nachwelt festhalten, sondern eher wie ein gemeinsames Musizieren.

Wittgenstein hatte aber nicht nur einen Jünger, sondern auch einen Schützling. In einem anderen Brief an George Pitcher berichtet Bieler, daß Wittgenstein, da er kein Offizier war, kein Anrecht auf einen Burschen hatte. Doch der Kommandant eines in der Nähe gelegenen Kriegsgefangenenlagers gab einem jungen Russen den Befehl, Wittgenstein als Bursche zu dienen. »Konstantin«, schreibt Bieler, »war ein guter Junge und kümmerte sich mit großem Eifer um Wittgenstein. Wittgenstein behandelte ihn sehr gut, und in kurzer Zeit hatte sich der schmale, schwache und schmutzige Kriegsgefangene in den dicksten und saubersten Soldaten der ganzen Garnison verwandelt.« Dies war der Konstantin, über den Wittgenstein in seiner Zeit als Volksschullehrer gelegentlich manche Geschichte erzählte und berichtete, wieviel mehr ihm Wittgensteins Wohlergehen am Herzen gelegen habe als sein eigenes, wie gewaltig er getrunken habe und dergleichen – schlichte russische Charakterzüge, an denen Wittgenstein Gefallen fand. (Die Bauern, die diese Geschichten zu hören bekamen, waren vor allem erstaunt über die Anmaßung ihres Volksschullehrers, er wolle einen Burschen gehabt haben.)

Aufgrund von Bielers Darstellung würde man annehmen, daß die persönlichen Schwierigkeiten, die Wittgenstein in der Krakauer Werkstatt so stark empfunden hatte, keine große Rolle mehr spielten in seinem Leben.

Wittgensteins Arbeit war in ein neues Stadium getreten. Das Bisherige stand in einem großen Manuskriptband aus der Vorkriegszeit (vermutlich identisch mit dem Manuskript, das Moore um Ostern 1914 gezeigt worden war) und zwei Notizbüchern aus dem ersten Kriegsjahr. Daneben gab es freilich noch die Aufzeichnungen, die er Moore in Norwegen diktiert hatte. Diese Aufzeichnungen gingen zwar im wesentlichen in die richtige Richtung, doch sie waren schwer zu verstehen; und Moore war (wie Wittgenstein Ursache hatte anzunehmen) nicht imstande gewesen, Russell zu erklären, was es mit seinen Ideen auf sich hatte.[30] Nun hatte er das Gefühl, daß seine im Mai notierten Aufzeichnungen noch schwieriger zu verstehen waren als der Text, den er Moore diktiert hatte. Daher schreibt er am 22. Mai an Russell: »Die Probleme werden immer lapidarer und allgemeiner und die Methode hat sich durchgreifend geändert.« Nun nahm er sich vor, Russell diese Aufzeichnungen nach Kriegsende zu erklären; im Falle seines Todes sollten sie an Russell geschickt werden. Einmal gelobte er sogar, das Manuskript müsse gedruckt werden, egal, ob jemand es verstehen könne oder nicht.

Im Oktober war er mit dem Gelingen seiner Arbeit der letzten Zeit nicht nur zufrieden, sondern beschäftigte sich sogar damit, seine Resultate zusammenzufassen und »in Form einer Abhandlung niederzuschreiben«, wie es in einem Brief an Russell vom 22. Oktober heißt (das Wort »Abhandlung« benutzte er dann ja auch für den ursprünglichen deutschen Titel des *Tractatus*: »Logisch-philosophische Abhandlung«). In dem gleichen Brief spricht er von einer »letzten Zusammenfassung«, die »mit Bleistift auf losen Blättern geschrieben« sei. Diese Zusammenfas-

30 Moore war, wie gesagt, empört, als er die entsprechende Bemerkung in einem Anfang Januar eingetroffenen Brief Wittgensteins an Russell las. In seinem Tagebuch notiert er, Russell habe ihn gar nicht um eine Erklärung gebeten.

sung sei zwar vielleicht nur mit Mühe zu verstehen, doch davon solle Russell sich nicht abschrecken lassen.

Soweit sich die Periode im Werkstättenzug in Ermangelung eines Tagebuchs beurteilen läßt, verlief die Zeit dort verhältnismäßig ruhig und brachte Fortschritte. Der plötzliche Aufbruch an die Front bedeutete allerdings, daß er aus einer Art Schutzhafen aufs offene und stürmische Meer gedrängt wurde, wo er von neuem gezwungen sein würde, sich selbst zu finden, und wo er zum ersten Mal die wirklichen Schrecken des Krieges erleben sollte. Folgendes ist die Vorgeschichte dieses Aufbruchs: Mit Gürths Unterstützung und zweifellos auf seine Veranlassung stellte Wittgenstein im Herbst einen Antrag, um seine Stellung als Ingenieur irgendwie legitimieren zu lassen. Sein Studium – die beiden Jahre in Berlin, drei Jahre in Manchester und zwei Jahre in Cambridge – berechtigten ihn, wie er erklärte, zur »venia legendi« in England. Ferner konnte er nun auf ein Jahr Erfahrung in einer Artilleriewerkstatt verweisen. Gürth betont in seinem eigenen Bericht, der diesen Antrag begleiten sollte, daß sich Wittgenstein trotz eines beiderseitigen Leistenbruchs gleich zu Beginn des Kriegs freiwillig gemeldet und, ohne seinen Rang als Freiwilliger auszunutzen, niedrigste Dienste versehen hatte (zum Beispiel Latrinenreinigung), bis Gürth rein zufällig in der Artilleriewerkstatt auf ihn aufmerksam geworden sei. Um Disziplinprobleme zu vermeiden, habe man ihm gestattet, Offiziersuniform zu tragen. Nun habe er in der Werkstatt wie in diesem Zug schon seit Monaten ausgezeichnete Arbeit geleistet. Im Juli sei er schwer verletzt worden, als ein Geschützrohr explodierte (mit dieser Bemerkung sollte wohl das Mitgefühl angesprochen werden). Er habe zwar den Wunsch, als Kanonier an die Front zu gehen, doch in der Werkstatt sei er offenbar überaus nützlich. In einem zusätzlichen Dokument wird darauf hingewiesen, daß man ihn bei drei Musterungen (vermutlich vor dem Krieg) für völlig untauglich befunden hatte; die stets wiederkehrende Hernie und seine astigmatische Kurzsichtigkeit – so sollte aus diesem Dokument hervorgehen – machten ihn völlig ungeeignet für den Dienst an der Front.[31] Die vorgesetzte Behörde steckte in einem Dilemma, das man durchaus nachvoll-

31 Die diesen Antrag betreffende Akte befindet sich unter den Dokumenten, die im Wiener Kriegsarchiv unter Wittgensteins Namen abgelegt sind.

ziehen kann. In ihrer Antwort wird betont, daß Wittgenstein selbst keine Schuld treffe (Gürths Handlungsweise dagegen wurde offenbar als fragwürdig angesehen). Wittgenstein sei »äußerst verwendbar« (ein Meisterstück militärischer Wortkunst, denn wozu er verwendbar sei, wird nicht einmal angedeutet), eine Beförderung zum Landsturmingenieur jedoch ausgeschlossen, schon allein deshalb, weil er bei der Landwehr – also bei der regulären Armee – diente, und nicht beim Landsturm. Eine weitere Möglichkeit, die man in Erwägung gezogen hatte – nämlich die Ernennung zum Artillerie-Zeugsakzessisten in der Reserve –, war für Soldaten gedacht, die wenigsten zwölf bis dreizehn Jahre Dienst hinter sich hatten. Es liege auf der Hand, daß Wittgenstein weder den Titel noch die Uniform des Ingenieurs behalten, noch bei seinem Zug bleiben dürfe. Also packte er das Allernotwendigste, verschenkte alles Übrige und verließ den Zug wie einer, der nicht damit rechnet, ins normale Leben zurückzukehren. (Auffällig ist, daß der Briefwechsel mit Russell und Ficker im Jahre 1915 aufhört und erst nach dem Krieg wieder aufgenommen wird. Ein am 28. April 1915 an Russell geschriebener Brief scheint diesen nicht erreicht zu haben.)
Um den 21. März wurde er zur 4. Batterie des 5. Feldhaubitzregiments abkommandiert. (Als Haubitzen und Feldgeschütze nicht mehr getrennt aufgeführt wurden, erhielt das Regiment die Bezeichnung Feldartillerieregiment.) Das Hauptquartier des Regiments befand sich in Olmütz in Mähren. Als Wittgenstein zum Regiment kam, war es offenbar auf dem Weg an die Front, denn man hatte es mit der 24. Infanterie-Division zusammengelegt, die kurz vorher der 7. Armee zugeordnet worden war. Den Oberbefehl über diese Truppen hatte Pflanzer-Baltin, einer der fähigsten österreichischen Generale. Die allgemeine Lage an der Ostfront war zu diesem Zeitpunkt derart, daß die Mittelmächte kaum hoffen konnten, die Russen durch eine Umfassung in großem Maßstab zu bezwingen. Da sich die russischen Truppen nahezu beliebig weit zurückziehen konnten, würde ein weiteres Vorrücken in russisches Gebiet nur die Front verlängern, ohne sonstige Vorteile zu bringen. Deshalb wandte man sich lieber der Westfront und der neuen italienischen Front zu, die Kräfte an der Ostfront dagegen wurden entsprechend

vermindert. Diese Entscheidung nahm im österreichisch-ungarischen Frontabschnitt die Form einer Verringerung der verfügbaren Artilleriegeschütze an sowie eine qualitative Verminderung der eingesetzten Truppen. Deutschösterreicher und Ungarn wurden in gewissem Maße durch Angehörige der kleineren Bevölkerungsgruppen ersetzt, auf deren Loyalität man weniger zählen konnte. Die bewußte Äußerung politischer Empfindungen kam zu dieser Zeit zwar selten vor, doch am ehesten gab es dergleichen bei der Inspektion von Truppen aus den tschechischen Gebieten, so daß auch Wittgenstein Andeutungen davon bemerkt haben mag. An der Front war die Truppenmoral miserabel, denn der Stellungskrieg hatte seit der Frontstabilisierung im September nicht nachgelassen, und Aussicht auf Besserung bestand nicht.

Wittgensteins Tagebuch aus dieser Zeit ist erhalten und vermittelt ein Bild einer der schlimmsten Perioden seines Lebens. Schon in körperlicher Hinsicht gingen die Bedingungen über seine Kräfte, und er wurde zu allen möglichen Anstrengungen gezwungen, an die er nicht gewöhnt und denen er kaum gewachsen war. Er zog sich, wie es scheint, eine Lebensmittelvergiftung zu und litt auch sonst an mehreren Krankheiten. Der Kommandant erwog, ihn ins Hinterland zurückzuschicken. In seinen verschiedenen Leiden nach der Lebensmittelvergiftung hatte er das Leben wieder anziehend gefunden, doch sollte er von der Front weggeschickt werden, so würde er sich, wie er schreibt, umbringen. Später pflegte er zu sagen, einzig der Krieg habe ihm das Leben gerettet. Wie es scheint, waren es die damit verbundenen Gefahren, die ihn zwangen, einen normalen Willen zum Leben zu entwickeln, und die ihm auferlegten Pflichten nahmen ihm die Entscheidung, ob er weiterleben wollte, ebenso ab wie die Verantwortung für das Weiterleben. Lange Märsche, durchhustete Nächte und anstrengende körperliche Arbeit raubten ihm die Fähigkeit zu arbeiten und jegliche Sinnlichkeit; sie gaben ihm für den Rest seines Lebens das markante, eingefallene Gesicht, an dem man erkennen konnte, daß man es nicht mehr mit einem ernsten jungen Mann zu tun hatte, sondern mit einem Menschen, der tief gelitten hatte.

Die größten Schwierigkeiten bereitete ihm, wie schon vorher, das Zusammenleben mit der Mannschaft. Zum Glück konnten

ihn die Offiziere gut leiden und gab ihm einen gewissen Schutz, doch die unteren Dienstgrade, fand er, haßten ihn fast alle schon deshalb, weil er Freiwilliger war. Sie waren nach seinem Urteil betrunken, dumm und gemein; böse und herzlos; es war nahezu unmöglich, eine Spur von Menschlichkeit in ihnen zu sehen. Er für sein Teil haßte sie zwar nicht, doch sie erschienen ihm wie menschliche Fratzen, gemeines Gesindel. Mitunter hat man den Eindruck, daß er die Menschen überhaupt für elende Schufte erklärt. Als er einen rührenden Brief von David Pinsent erhält, erkennt er, daß er in der Verbannung unter lauter Larven lebt. Daher läßt er seinen Zorn über sie in seinem Tagebuch aus, zum Teil natürlich deshalb, um seine Wut nicht in Wirklichkeit an ihnen auslassen zu müssen. Es ist ihm klar, daß es nichts nützt, sich über sie zu ärgern, und, wie schon auf der *Goplana*, ringt er mit sich, um gleichmütig zu bleiben. Er macht sich Vorwürfe wegen der eigenen Fehler: Er sei ein schwacher Mensch, kein Heiliger; daß er mit seiner Umgebung unzufrieden ist, sei ein Zeichen des schlechten Lebens. Er sollte seine Mitmenschen nicht hassen, sondern sie zu verstehen versuchen. Die Menschen um ihn seien eigentlich nicht gemein oder dumm, sondern nur äußerst beschränkt; in ihren eigenen Kreisen seien sie klug genug, doch es fehle ihnen der »Charakter und damit die Ausdehnung«. Nun schreibt er in sein Tagebuch: »Alles versteht das rechtgläubige Herz.« Damit will er vielleicht nicht nur auf die anderen, sondern auch auf sich selbst anspielen.
In diesem Tagebuch finden sich ebenso viele Selbstermahnungen und Stoßgebete wie in den Aufzeichnungen aus der ersten Kriegszeit. Am 29. März 1916 schreibt er: »Jetzt Inspection. Meine Seele schrumpft zusammen. Gott erleuchte mich! Gott erleuchte mich! Gott erleuchte meine Seele.« Und am 30. März heißt es: »Tu du dein Bestes! Mehr kannst du nicht tun: Und sei heiter. Laß dir an dir selbst genügen. Denn andre werden dich nicht stützen, oder doch nur für kurze Zeit. (Dann wirst du diesen lästig werden.) Hilf dir selbst und hilf anderen mit deiner ganzen Kraft. Und dabei sei heiter! Aber wieviel Kraft soll man für sich, und wieviel für die anderen brauchen? *Schwer* ist es, gut zu leben!! Aber das gute Leben ist schön. ›Aber nicht mein, sondern dein Wille geschehe!‹« Sobald er in Kampfhandlungen gerät, betet er, wie schon früher, um so mehr und befiehlt sich

Gott an. Um den 21. April beginnen die eigentlichen Kämpfe, also etwa einen Monat nach der Versetzung zur Batterie. Zunächst wird er in Feuerstellung eingesetzt, wo er körperlich sehr hart arbeiten muß, und wo es (in seiner Dienststellung) nichts zu tun gibt, wozu seine speziellen Kenntnisse erforderlich wären. Erstaunlich ist, wie wenig Ausbildung damals für nötig erachtet wurde. Zweimal wurde er zu den Aufklärern geschickt, einmal während eines überraschenden Feuerüberfalls, und beide Male wurde er beschossen. Am 29. und 30. April schreibt er ins Tagebuch: »Dachte an Gott. Dein Wille geschehe! Gott sei mit mir. / *Nur* Gott braucht der Mensch.« Er bat sogar darum, ständig zum Aufklärerstand versetzt zu werden, und sein Antrag wurde vernünftigerweise gebilligt. Offensichtlich war er als Aufklärer eine große Hilfe, und ihm lag die Einsamkeit vom Temperament her. Am 5. Mai schreibt er: »Bin wie der Prinz im verwünschten Schloß auf dem Aufklärerstand.« Die Aufgabe hatte auch aus fragwürdigeren Gründen etwas Anziehendes für ihn, denn am 4. Mai heißt es: »Komme morgen vielleicht auf mein Ansuchen zu den Aufklärern hinaus. Dann wird für mich erst der Krieg anfangen. Und kann sein – auch das Leben! Vielleicht bringt mir die Nähe des Todes das Licht des Lebens.« Hier hatte er genau festliegende Aufgaben. Er mußte feindliche Stellungen ausmachen und ihre Position auf der Karte angeben; ferner mußte er das Feuer der eigenen Geschütze beobachten und dirigieren. Der Höhepunkt war stets der Donner der Kanonen, an den er sich auch später nie ohne Erregung erinnern konnte. Das feindliche Feuer vermochte ihn ebensowenig zu beunruhigen wie das der eigenen Seite, doch im nachhinein beklagte er sich (in einer jener unlogischen Äußerungen, die er sich mitunter gestattete) bitterlich darüber, daß er ständig ins Feldtelephon brüllen mußte – aber die Übermittlung von Meldungen ist freilich die Raison d'être des Aufklärerpostens.

Die ständige Todesgefahr hatte zur Folge, daß er immer wieder betete, sowohl angesichts der Gefahr als auch dann, wenn er sie überlebt hatte. Wenn er verzagte, oder wenn seine Seele bei einem Schuß zusammenzuckte (sein Körper zuckte offenbar nicht), so war dies ein Zeichen verfehlter Lebensauffassung. Es war eine Sünde und Schwäche, wie ja auch der Ärger über die

Mitmenschen eine Sünde war. Er steckte tief in der Sünde, doch Gott würde ihm helfen. Wäre sein Geist stärker, wäre er glücklicher. Er mußte an das Ziel des Lebens denken. »Der Tod gibt dem Leben erst seine Bedeutung«, hatte er während der ersten Tage im Aufklärerstand geschrieben, und dabei muß man natürlich an seine Äußerung beim Tod des Vaters denken (S. 268). Diese Bemerkung hat wenigstens zwei Bedeutungen: zum einen, daß die Aussicht auf den Tod das Leben wünschenswert erscheinen läßt; zum anderen, daß es dem Leben Wert gibt, dem Tod gegenüberzustehen. Wittgenstein hatte entsprechend der zweiten Bedeutung gehandelt, als er sich in die gefährlichste aller Stellungen versetzen ließ; er mußte auch mit der zweiten Bedeutung vertraut werden. Es war, als sei er entschlossen gewesen, sich in die schwierigste Lage zu begeben. Sein Versagen, als es ihm nicht gelang, die Schwäche des Ärgers über die Kameraden zu überwinden, ließ sich womöglich wiedergutmachen oder tilgen, wenn er es fertigbrachte, dieser anscheinend weit stärkeren und viel unmittelbareren Versuchung zu widerstehen. Auf einer anderen Ebene betrachtet: Er mußte seiner selbst Herr werden. Dies konnte nur dann zu seiner eigenen Zufriedenheit gelingen, wenn er eine außergewöhnliche Aufgabe mit Erfolg erfüllte. Er brachte sich selbst in Gefahr, um sich zu zwingen, ein nach seiner eigenen Auffassung anständiger Mensch zu werden.

Dies ist vielleicht der Ort, auf die Frage einzugehen, ob Wittgenstein wirklich ein Heiliger war, wie seine Schwester Mining manchmal meinte. Diese Frage dürfte, seiner eigenen Auffassung entsprechend, zu verneinen sein; doch der Begriff des Heiligen bedeutete ihm etwas, und er war sich klar darüber, inwieweit er dem Ideal nicht entsprach. Dadurch wurde es so schwierig, mit ihm auszukommen (und darin glich er tatsächlich einem Heiligen). Für manche war er auch mitunter eine Quelle der Inspiration, und andere hielten ihn gelegentlich für einen Helden. Das Tagebuch führte er nicht, um sich selbst zu rechtfertigen – ein solches Motiv hätte Wittgenstein selbst sicher mit Argwohn betrachtet –, und es ist auch nicht unsere Sache, sein Leben in dieser Hinsicht zu beurteilen. Insoweit diese Aufzeichnungen für uns geschrieben wurden, sollten sie den Sinn seines Lebens aufzeigen – nicht, inwieweit es erfolgreich war, sondern worum es ihm ging. Was wir diesen Aufzeichnungen zu entneh-

men versuchen müssen, ist das Wesen seiner Idealvorstellung, nämlich was es seines Erachtens hieß: »ein gutes Leben führen und mich läutern« (Tagebuch, 26. Juli 1914).
Der Stellungskrieg ging den ganzen Mai über weiter, doch gegen Ende des Monats wurde klar, daß eine russische Offensive unmittelbar bevorstand. Der südwestliche Teil der russischen Armee wurde praktisch an allen Frontabschnitten durch große Mengen an Munition und zahlreiche Streitkräfte verstärkt. Am 27. Mai rechnete Wittgenstein »heute oder morgen« mit einem Angriff. Die Situation machte ihn nervös, und Nervosität war laut zeitgenössischer Berichte eine verbreitete Erscheinung unter den österreichisch-ungarischen Truppen. Am 28. Mai 1916 schreibt Wittgenstein in sein Tagebuch: »In den letzten Wochen sehr unruhigen Schlaf. Immer träume ich vom Dienst. Träume, die mich immer an die Grenze des Erwachens führen.«
Tatsächlich begann die Offensive am 4. Juni. Sie erstreckte sich zwar über die gesamte südwestliche russische Front, doch ihre Schwerpunkte lagen im nördlichen Luck und in der Gegend von Okna, unmittelbar nördlich des Dnjestr, wo Wittgenstein stationiert war. Der Zar hatte seinen westlichen Verbündeten eine Sommeroffensive versprochen, um sie von einem Teil des auf ihnen lastenden Drucks zu befreien. Ursprünglich war die Offensive für Juli geplant gewesen, doch jetzt kam der Ruf, früher einzugreifen, um die Italiener zu schützen. Brussilow war als einziger russischer Armeebefehlshaber dazu bereit, und bei der nach ihm benannten Offensive (die einen der bedeutendsten russischen Siege des Ersten Weltkriegs darstellt) geschah folgendes: Die Truppen der Mittelmächte (auch Deutsche waren in diesen Frontabschnitten zahlreich vertreten) lagen in gut befestigten Stellungen. Brussilows Plan war, diese Stellungen mit Mörsern und Artillerie zu beschießen und überall dort vorzurücken, wo die Front nach seinem Urteil durchbrochen worden war. Mit diesem Plan rechnete die andere Seite selbstverständlich und hatte zur Verteidigung vor, die Infanterie in Schützenlöchern, die von dem Trommelfeuer nicht erreicht werden konnten, zurückzuhalten, bis der eigentliche Durchbruch begann, um diese frischen Soldaten erst zu diesem Zeitpunkt gegen ihre längst erschöpften Angreifer einzusetzen. Zur gleichen Zeit sollte die Artillerie der Verteidigung ihrerseits feu-

ern, um die Wirksamkeit des gegnerischen Trommelfeuers zu reduzieren. Was Brussilow richtig vorhersah, war, daß das Trommelfeuer der Angreifer die Aufklärungstätigkeit der Verteidiger verhindern und den Nachrichtenverkehr, von dem ihr Plan abhing, lahmlegen würde. Ferner glaubte er zu Recht, daß die Verwirrung – im buchstäblichen Sinne der vom Gefecht aufgewirbelte Staub – es der verteidigenden Infanterie sehr schwer machen würde, genau im richtigen Augenblick aus den Schützenlöchern auszubrechen. Darüber hinaus war aufgrund der Ungewißheit mit Bezug auf den genauen Ort des Hauptangriffs damit zu rechnen, daß hinter der Frontlinie keine starken Reserven liegen würden, die diesem Angriff begegnen und die Truppen zurückwerfen könnten. Ein damit zusammenhängendes Merkmal der Situation betraf die Truppenmoral: Häufig war vom »Durchbruchsfieber« die Rede, jener Panik, die die Truppen auf beiden Flanken eines gelungenen Durchbruchs ereilte. Schließlich stand ihnen das gewaltige Umfassungsmanöver, mit dem sie ihrerseits 1915 die Russen zurückgedrängt hatten, als Beispiel vor Augen. Daß Brussilow Erfolg hatte, lag nicht so sehr an der Qualität der österreichisch-ungarischen Truppen, sondern daran, daß sie auf einen Plan festgelegt waren, der in zu hohem Maße davon abhing, daß die Frontlinie dem Angriff standhielt. Zum Gelingen der russischen Offensive trug natürlich auch die Vielsprachigkeit der angegriffenen Armee bei sowie vielleicht einige Fehler auf seiten ihrer Befehlshaber.[32]

Wittgenstein war soeben zum Vormeister befördert worden. Seine Division befand sich am linken Flügel des 11. Korps, also unmittelbar südlich der Benigni-Gruppe (die wenig später in 7. Korps umbenannt wurde und dann durch Wittgensteins Division verstärkt wurde). Es war eine Ansammlung von Truppen unterschiedlichster Herkunft, die sich in der Schlacht von Okna jedoch sehr gut hielt gegen einige der besten russischen Verbände. Aus dieser Zeit liegen zwei Berichte vor, in denen vorgeschlagen wird, Wittgenstein durch einen Orden auszuzeichnen, und diese Berichte geben ein Bild von seinen Aufgaben und

32 Eine weitgehend vom russischen Standpunkt geschriebene Darstellung, die vor allem die »habsburgisch-bourbonische Unfähigkeit« der österreichisch-ungarischen Befehlshaber hervorhebt, gibt Norman Stone in seinem 1975 erschienenen Buch *The Eastern Front 1914-17*.

seinem Verhalten im Gefecht. Der ausführlichere Bericht lautet: »Einj. Wittgenstein war während der Kämpfe vor dem Koffer JR 77 (KP Sarokrynicznji) und dem Kavalleriestützpunkt 458 vom 4-6/VI.16 dem Aufklärer Offizier zugeteilt. Er beobachtet ungeachtet des starken Artilleriefeuers am Koffer und der explodierenden Minen den Abschuß der Minenwerfer und entdeckte sie. Dem Bt gelang es auch, zwei der schwerkalibrigen Minenwerfer durch Volltreffer zu zerstören, wie auch die gemachten Gefangenen aussagten. Am Beobachtungsstand der Bt. 417 beobachtete er in dem trommelartigen Feuer unausgesetzt, obwohl ich ihm mehrmals zurief, er solle sich decken. Durch dieses eigenartige Benehmen machte er auf seine Kameraden einen sehr beruhigenden Eindruck.«[33] Als Ehrenzeichen wurde die Silberne Tapferkeitsmedaille 2. Klasse vorgeschlagen, eine erstaunliche Auszeichnung für einen Soldaten von Wittgensteins bescheidenem Dienstgrad. Diesen Orden erhielt er dann im Oktober, allerdings für einen früheren Einsatz, über den kein Bericht vorliegt. Der gerade zitierte Belohnungsantrag scheint zur Verleihung der Bronzenen Taperkeitsmedaille geführt zu haben, die ebenfalls im Oktober verliehen wurde.[34]

Der genannte Kavalleriestützpunkt hielt tatsächlich eine ganze Weile stand und verlangsamte den Vormarsch der Russen, denen am 10. Juni jedoch im Nordwesten von Wittgensteins Stellung ein Durchbruch gelang, so daß Pflanzer-Baltin den Rückzug antreten mußte. Die Benigni-Gruppe marschierte nach Westen, das 11. Korps nach Südwesten (wo nötig, den Dnjestr überquerend) bis zu der vom Flusse Pruth gebildeten Linie, später bis an den Lauf des Sereth. Wittgenstein zog vermutlich mit seiner Division in der zuletzt genannten Richtung.

Hier – wie in Luck im Norden – war die österreichisch-ungari-

33 Der andere Bericht nennt darüber hinaus lediglich das Detail, daß auch von der Infanterie geschossen wurde, und schreibt den Namen des Stützpunkts ein wenig anders.

34 Die entsprechenden Dokumente finden sich im Wiener Kriegsarchiv unter Wittgensteins Namen. In seinem Hauptgrundbuchblatt heißt es, die Silberne Tapferkeitsmedaille habe er zum zweiten Mal erhalten, doch ein entsprechendes Datum wird nicht angegeben, und Wittgenstein selbst nennt in einem offiziellen Bericht nur eine einzige Verleihung der Silbernen Tapferkeitsmedaille.

sche Armee in umfassendem, chaotischem Rückzug begriffen. Die Verluste waren gewaltig: Laut damaliger Berechnungen verfügte Pflanzer-Baltin in Wittgensteins Einheit nur über 3500 von ursprünglich vorgesehenen 16000 Mann. Wittgenstein selbst berichtete später einem Neffen über diesen Rückzug nach der Offensive, wobei er völlig erschöpft in der unendlich langen Kolonne auf seinem Pferd gesessen und nur daran gedacht habe, im Sattel zu bleiben, denn wenn er herabgefallen wäre, hätten ihn die anderen zu Tode getrampelt.

Am 7. Juli notiert Wittgenstein: »Kolossale Strapazen im letzten Monat.« Verständlicherweise enthält das Tagebuch keine Einträge, die genaue Auskunft geben über die Operationen, an denen er beteiligt war. Da sich die 7. Armee großenteils nach Südwesten zurückzog, konnten die Russen Mitte Juni in die Bukowina vorrücken. An diesen Kämpfen war auch Wittgensteins Division beteiligt, ebenso wie vom 24. Juni bis 6. Juli an der Schlacht von Kolomea. Letzten Endes wurden die Österreicher in die Karpaten zurückgedrängt, in denen sie sich für den Rest der Kampfperiode festsetzten. In einer seiner seltenen Tagebuchnotizen aus dieser Zeit erwähnt Wittgenstein am 16. Juli den Aufenthalt in den Bergen: »Furchbare Witterung. Im Gebirge, schlecht, ganz unzureichend beschützt, eisige Kälte, Regen und Nebel. Qualvolles Leben. Furchtbar schwierig, sich nicht zu verlieren. Denn ich bin ja ein schwacher Mensch. Aber der Geist hilft mir. Am besten wärs, ich wäre schon krank, dann hätte ich wenigstens ein bißchen Ruhe.« Wegen der Strapazen und der Gefahr fürchtete er, sich selbst – seinen Teil des Geistes – zu verlieren. Allzu häufig sorgten die Kameraden dafür, daß es zusätzliche Schwierigkeiten gab, die es zu überwinden galt.

In den Monaten Juli und August unternahm Pflanzer-Baltin eine Reihe von Gegenoffensiven in der Gegend südlich des Dnjestr. Diese Unternehmungen waren insoweit erfolgreich, als sie Letchitski, seinen russischen Gegenspieler, mehr oder weniger auf das gleich beim ersten Vorstoß eroberte Gebiet beschränkten. Der Zugang zu den nach Ungarn führenden Pässen (die eher für die öffentliche Meinung als für irgendeinen militärischen Zweck von Bedeutung waren) wurde den Russen versperrt. Zu guter Letzt zeigte wenigstens diese Armee, daß man die kaiserlich-königlichen Streitkräfte nicht einfach abschreiben konnte. Freilich, sie hatten einen schlimmen Rückschlag erlitten, und in mehreren Abschnitten mußten sie durch deutsche Verbände verstärkt werden. Viele österreichisch-ungarische Truppen kamen nun unter Hindenburgs Oberbefehl, und sogar Pflanzer-Baltin im Süden mußte v. Seeckt (das Urbild des preußischen Offiziers) als Stabschef akzeptieren, womit sich später auch Erzherzog Karl, der Oberkommandierende der dortigen österreichischen Truppen, abfinden mußte. Dennoch, die Russen wurden zurückgehalten, und deren Versagen in diesem Krieg bestand gerade darin, daß ihnen kein größerer Sieg gelang als die Brussilow-Offensive. Mit ihrem letzten Wurf erreichten sie nur einen Teilerfolg.

Wittgenstein spielte bei diesen Vorgängen offenbar eine durchaus normale Rolle. Er geriet unter Beschuß, dann wurde er gemeinsam mit der Infanterie verpflegt, und in seinem Tagebuch tadelt er sich, weil es ihm etwas ausmacht, mit der Mannschaft essen zu müssen und nicht, wie man ihm in Aussicht gestellt hatte, mit den Offizieren, und weil er seine Rechte geltend zu machen versucht hat. Danach ist von einer dreitägigen Reise in eine neue Feuerstellung die Rede. Mitte August hört er, daß er zur Ausbildung ins Hinterland versetzt werden soll, was ihm durchaus recht ist, und zwar anscheinend deshalb, weil er sich von Gemeinheit umgeben fühlt. Die übliche Ausbildung mußte auch im Krieg weitergehen, ja im Krieg mußte sie eigentlich noch verstärkt werden. Und Wittgenstein, der sein Geschick und seinen Mut unter Beweis gestellt hatte, war ein besonders naheliegender Anwärter auf eine Offiziersstelle. Eine Rolle spielte womöglich auch, daß die schweren Kämpfe in seinem Frontabschnitt allmählich zu Ende zu gehen schienen, so daß man auf ihn verzichten konnte.

Wittgenstein hatte nun fünf Monate ohne Unterbrechung an der Front verbracht. Die philosophischen wie die persönlichen Aufzeichnungen aus dieser Zeit sind selten, doch sie bezeugen einen Wandel in seinem Denken, der ebenso durchgreifend ist wie die von ihm selbst bemerkte Veränderung in seinem Aussehen. Im April notiert er einige wenige Bemerkungen (knapp zwei Druckseiten) über die Begriffe Satz, Funktion und Gegenstand, also die Themen seiner bisherigen Aufzeichnungen aus dem Krieg. Im Mai kritzelt er bloß ein paar Sätze, die eigentlich nur Fragen aufwerfen, bis auf eine äußerst interessante Bemerkung über die moderne Täuschung, die Naturerscheinungen würden durch die Naturgesetze erklärt. Die Alten – für die Gott und das Schicksal die gleiche Rolle spielten, die man heute den Naturgesetzen vorbehalte – seien jedoch insofern klarer gewesen, als sie einen deutlichen Abschluß anerkannten; sie glaubten eben nicht, man könne für *alles* einen Grund angeben. (Diese Bemerkungen benutzt er später im *Tractatus*, vgl. 6.371 f.) Wittgenstein beginnt nun, allgemeine Bemerkungen über die Weltanschauung seiner Zeit zu formulieren. Erst Anfang Juli[35] kann er wieder etwas schreiben; der Grund für sein Schweigen liegt, wie wir gesehen haben, in den Kämpfen, an denen er beteiligt war. Doch während jenes Maimonats der zunehmenden Spannung und in jenem Juni der Niederlage und der Flucht hat er viel über alles mögliche nachgedacht, wie er am 6. Juli notiert. Dann fährt er fort: »Kann aber merkwürdigerweise nicht die Verbindung mit meinen mathematischen Gedankengängen herstellen.« Worin die Schwierigkeiten liegen, wird deutlich, wenn man die Bemerkungen betrachtet, mit denen seine philosophischen Notizen von neuem einsetzen: »Was weiß ich über Gott und den Zweck des Lebens? Ich weiß, daß diese Welt ist. Daß ich in ihr stehe wie mein Auge in seinem Gesichtsfeld. Daß etwas an ihr problematisch ist, was wir ihren Sinn nennen. Daß dieser Sinn nicht in ihr liegt sondern außer ihr. ... Den Sinn des Lebens, d. i. den Sinn der Welt, können wir Gott nennen. Und das Gleichnis von Gott als einem Vater daran knüpfen.« Auf den restlichen, etwa zwanzig Druckseiten entsprechenden Blättern dieses Manuskriptbuchs werden seine üblicheren Erörterungen von Themen wie der allgemeinen Satzform und dem Wesen der Operation von Reflexionen über das Leben, die Religion, die Ethik, den Willen und den Solipsismus unterbrochen, ja die letzteren bilden den größeren Teil dieses Textes. Bezeichnend

35 Der erste Eintrag scheint zwar, soweit sich die Schrift lesen läßt, vom 11. Juli zu datieren, doch höchstwahrscheinlich stammen diese Bemerkungen vom 1. oder 4. Juli (die Herausgeber der Tagebücher haben allerdings die Datierung »11. 6. 16.« beibehalten). Davor stehen einige wenige, flüchtig hingekritzelte Formeln, die anscheinend Ende Mai notiert wurden. In dem verschlüsselten Tagebuch finden sich zwischen dem 29. Mai und dem 6. Juli ebenfalls keine Einträge.

ist überdies, daß diese Reflexionen nicht mehr den gleichen persönlich-privaten Charakter haben wie die Gebete und Selbstanalysen der früheren Notizbücher; außerdem sind sie nicht in Geheimschrift notiert. Es sieht so aus, als habe er eine Lücke zwischen seiner Philosophie und seinem Inneren überbrückt, oder als sei er im Begriff, diese Lücke zu schließen. Dementsprechend schreibt er am 2. August 1916: »Ja, meine Arbeit hat sich ausgedehnt von den Grundlagen der Logik zum Wesen der Welt.«

An früherer Stelle haben wir bereits darauf hingewiesen, daß ihm nicht immer klar gewesen war, welche Konsequenzen sich aus seiner Philosophie im technischen Sinne für die Weltweisheit oder Philosophie des Lebens ergaben, obwohl sie unbewußt sicher schon vorher zu den treibenden Kräften gehörten. Doch jetzt, in diesem schlimmsten Sommer der Gefahr und der Niederlage, irgendwo zwischen Granaten und Kugeln beginnt er zu spüren, daß eine Verbindung zwischen den beiden besteht, daß das Verständnis des Wesens der Sätze oder des Begriffs der Operation irgendwie zusammenhängt mit der richtigen Haltung im Leben. Nun weist seine Einstellung zur Philosophie nicht mehr nur die gleiche Gestalt auf wie seine Einstellung zum Leben, sondern jetzt werden die beiden gleichgesetzt. Der Kritiker Russells und der Leser Dostojewskis werden eins.

Wittgensteins erste Philosophie (und zum großen Teil auch seine spätere Persönlichkeit) ist die Frucht dieser Zeit der Kämpfe, doch um die Ernte wirklich einzubringen, bedurfte es auch des folgenden Herbstes, der von militärischen Strapazen und Ärgernissen ziemlich frei war, dafür aber viele intellektuelle und persönliche Faktoren ins Spiel brachte, die noch weiter beitrugen zur Verknüpfung und Intensivierung jener Verschmelzung von Religion und Logik, die Russell nach dem Krieg derart überraschte. Daneben bewirkten diese Faktoren auch widersprüchliche Elemente in seiner Einstellung zu anderen Personen: der liebevolle und abhängige Mensch existierte zusammen mit dem autoritären. Das Militärroulette erlöste ihn nun aus der Verbannung und gestattete ihm, eine gewisse Zeit im Schoße einer jener schon erwähnten »Familien« zu verbringen. Vielleicht zum ersten Mal war es eine Familie, in der er

zumindest den älteren Bruder, wenn nicht gar den Onkel oder den Vater darstellte.
Die näheren Umstände lassen sich wie folgt rekonstruieren: Wittgenstein wurde von seinem Regiment zum Besuch der Artillerie-Offiziersschule in Olmütz abkommandiert, fuhr aber zunächst in Urlaub nach Wien. Dort traf er mit Loos zusammen[36], der ihm den Namen eines seiner Schüler nannte, der sich gerade als Rekonvaleszent in Olmütz befand. Dieser Schüler war Paul Engelmann.
Engelmann hat seine Begegnung mit Wittgenstein geschildert, doch als erstes beschreibt er die äußeren Umstände, die Stadt Olmütz selbst: »Sie war zu meiner Zeit noch eine wunderschöne Ruine vergangener Zeiten im Flachland des 20. Jahrhunderts. Wer seine Kindheit zwischen den vernachlässigten Bürgerhäusern rund um zwei riesige Marktplätze oder in einem der in einer ehemaligen Festung mit äußerstem Platzmangel aneinander gedrängten krummen Gäßchen verbracht hat, in Häusern mit gewölbten dunklen Stiegenaufgängen, Wohnungen von wenigen riesigen finsteren Zimmern mit ganz schadhaften Fußböden von lackierten Brettern, bewohnt von den letzten Ausläufern absterbender alter Kleinbürgerfamilien, der hat doch noch eine gewisse Musikalität für das einmal Gewesene mitbekommen, die anderswo Aufgewachsenen so unmittelbar nicht mehr erreichbar sein konnte.«[37] Was Engelmann nicht sagt und vielleicht auch nicht so empfand, ist, daß Olmütz für die Wiener der Inbegriff des Provinziellen war, ein weit entfernter deutscher Vorposten in tschechischen Landen. Diese Lage war mit ein Grund für die Intensität des dortigen Kulturlebens. Es ist frappierend, wie viele Denker aus der Zeit des letzten halben Jahr-

36 Ein nicht datierter verschlüsselter Tagebucheintrag aus ungefähr dieser Zeit bezieht sich wahrscheinlich auf dieses Zusammentreffen: »Bin deprimiert. Allein. Allein. Gott sei Dank: Loos lebt.« Damit will Wittgenstein wahrscheinlich sagen, daß er sich sogar zu Hause allein fühlt, während Loos eine Art Zuflucht vor seinen Angehörigen repräsentiert. Ähnlich mag es sich mit Labor verhalten haben, als Wittgenstein 1915 zusammen mit Gürth nach Wien reiste.

37 Bei dieser Darstellung stütze ich mich nicht nur auf Engelmanns *Briefe und Begegnungen*, sondern auch auf meine Korrespondenz mit Engelmann und Aufzeichnungen von Gesprächen, die ich mit Heinricht Groag und Max Zweig geführt habe.

hunderts der Doppelmonarchie aus solchen Kleinstädten stammen: Freud, Mach, Husserl, Gomperz und Loos aus Mähren, Kraus aus Böhmen – und selbst die großen deutschen Dichter aus Prag, Rilke und Kafka, gehören irgendwie dazu. Ihre Kultur war deutsch und konnte es in ihrer letzten Blüte durchaus aufnehmen mit der nationaltschechischen Bewegung der Wiedergeburt, die letzten Endes jedoch die Oberhand gewann. Zugleich war es eine katholische Kultur; die Kirchen, Säulen und Denkmäler der Gegenreformation standen auf jedem Platz, die Heiligentage wurden eingehalten, jeder Olmützer wußte über den besonderen Rang und die Privilegien des Erzbischofs Bescheid. Überdies war es eine Kultur, die großenteils von Juden tradiert wurde, unter denen sich auch einige Konvertiten befanden (etwa der Olmützer Erzbischof Kohen und, eine Zeitlang, Karl Kraus), während die meisten zwar offiziell als Juden registriert, aber durchaus bereit waren, sich das Wesen des Christentums – oder was sie für das Wesen des Christentums hielten – zu eigen zu machen. So verhielt es sich jedenfalls in der kleinen Gruppe junger Leute, zu der Wittgenstein jetzt hinzustieß.

Engelmann, der ihn in diesen Kreis einführte, hatte viele Eigenschaften, die Wittgenstein an einem Schüler oder Jünger schätzte. Er war sanftmütig, alles andere als selbstsüchtig, konnte sich schlecht durchsetzen und hatte vor allem die Gewohnheit, die eigenen Schwächen unnachsichtig zu tadeln. Von Beruf, beziehungsweise seiner damaligen Ausbildung nach, war er Architekt, genauer gesagt Innenarchitekt. Er war von kleiner Statur, galt allgemein als liebenswert häßlich, und sein Gesundheitszustand war prekär.[38] 1915 wurde er schon nach wenigen Tagen als untauglich und krank aus der Armee ausgemustert. In einer Hinsicht sah er sich sehr verschieden von Wittgenstein: Bei Kriegsausbruch hatte er sich von der allgemeinen Aufwallung patriotischer Gefühle mitreißen lassen, die wir auch in Wittgensteins Aufzeichnungen festgestellt haben. Im Laufe der Zeit jedoch gelangte Engelmann zu der Überzeugung, daß Karl Kraus recht hatte mit seinem Widerstand gegen die Art,

38 Alles in allem mochte Wittgenstein gut aussehende Menschen lieber, doch manchmal protegierte er gern jemanden, in dem er etwas sah, was den anderen entging. Wittgensteins Schwester Gretl pflegte darüber zu sagen: »Alle Schwäne Lukis sind eigentlich Gänse.«

in der die Mittelmächte den Krieg führten. Er half Kraus bei der Sammlung der Zeitungsausschnitte, die so große Teile der Kriegshefte der *Fackel* ausmachen und später vielfach benutzt wurden, um das phantasmagorische und unaufführbare Drama *Die letzten Tage der Menschheit* zusammenzustellen. Diese Zeitungsausschnitte waren in typischen Fällen offizielle Berichte, die allein durch ihren Wortlaut, ohne zusätzlichen Kommentar, das Barbarische der maßgeblichen Personen und Stellen sowie die Verderbtheit der Presse erkennen ließen. Ein oft zitiertes Beispiel ist der folgende Bericht aus dem Jahre 1916: »Berlin, 22. September. Das Wolffsche Bureau meldet: Eines unserer Unterseeboote hat am 17. September im Mittelmeer einen vollbesetzten Truppentransportdampfer versenkt. Das Schiff sank innerhalb 43 Sekunden.«[39] Kraus fügte dieser Meldung lediglich die Überschrift hinzu: »Mit der Uhr in der Hand.« Es hat etwas sehr Österreichisches, daß die Offiziere an der Front diese bitteren Satiren auf die offizielle Propaganda gewöhnlich in ihrem Gepäck dabeihatten, während sich die britischen Offiziere mit gekürzten Feldausgaben von Dickens, Macaulay, Shakespeare und Scott zufriedengaben. Die Österreicher mußten Mut zeigen, ohne an den Wert oder gar den Erfolg ihrer Sache zu glauben. So war es natürlich, daß sie eine bitterere und realistischere Auffassung von der Beschaffenheit menschlicher Gesellschaften davontrugen, während sie im Inneren ein Pflichtgefühl entwickelten, das durch kein allgemeines Vertrauen in die Gruppe, zu der sie gehörten, gestützt wurde, und ein Gewissen, das eher auf Motiv und Handlungsweise gerichtet war als auf die Wirkung des Handelns – eine Vorform dessen, was später innere Emigration hieß. Anzeichen dieser Einstellung haben wir auch an Wittgenstein bemerkt. Diese Einstellung reflektierte eine moralisch aussichtslosere Situation als die, der seine englischen Zeitgenossen gegenüberstanden, und viele Differenzen, die sich in den dreißiger und vierziger Jahren zwischen ihm und ihnen ergaben, lassen sich auf diese Situation zurückführen. Engelmann reagierte jedoch nicht in der gleichen Weise wie Wittgenstein; er ging sogar noch weiter als Karl Kraus. Kraus soll später zugegeben haben, daß er von

39 *Die Fackel* 437-442, Oktober 1916, S. 121.

vornherein gehofft habe, daß die Mittelmächte eine Niederlage erleben würden. Engelmann war gegen keine der beiden Seiten, sondern er war Pazifist im eigentlichen Sinne. In seinen Erinnerungen lehnt er es ab, seine eigenen Aktionen zu schildern; er betont lediglich, daß ihre Wirkungen »nicht ganz so phantastisch geblieben sind«, wie es damals Wittgenstein und vielen anderen vorkam.[40] Dabei hat er nicht die Wirkung von Kraus' *Fackel* im Auge, sondern denkt vielleicht an Vorfälle wie den folgenden: Als er eines Tages krank im Bett lag, wurde ein für die Front bestimmter Truppentransport dem Brauch entsprechend in die seiner Wohnung gegenüberliegende Mauritzkirche zur Messe geführt. Engelmann stand auf, ging in die Kirche und rief die Männer im Namen des Heiligen Geistes mahnend dazu auf, ihre Waffen niederzulegen. Dies tat er natürlich auf deutsch, und es ist anzunehmen, daß die tschechischen Mannschaften nicht verstanden, was er wollte. Der diensthabende Offizier gab ihm freundlich zu verstehen, er möge sich trollen, und unternahm nichts weiter. Als Engelmann wieder im Bett lag, atmete er auf, und sobald er reisen konnte, nahm ihn sein Freund Groag mit nach Wien und anschließend nach Zell am See, von wo aus er erst nach Olmütz zurückkehrte, als man davon ausgehen konnte, daß alles vergessen war.

Der ganze Kreis um Engelmann war recht weltfremd. Ihre Eltern waren Geschäftsleute oder übten selbständige Berufe aus, während die Kinder alle danach strebten, sich der Kunst oder geistigen Dingen zu widmen. Engelmanns Vater war als Geschäftsmann nicht sonderlich erfolgreich; er hatte sein Auskommen, doch man lebte nicht auf dem gleichen Niveau wie frühere Generationen der Familie. Sein Bruder war der begabte Karikaturist Peter Eng, und er hatte eine Schwester, die ebenfalls malte, aber unter schweren Depressionen litt. Die Aufträge, von denen Engelmann später lebte, waren klein, doch die Arbeit erlesen. Er veranstaltete Privatdrucke und stellte seine eigene, in exquisiter Handschrift geschriebene Sammlung der schönsten deutschen Gedichte zusammen, von denen er fürchtete, sie wären sonst womöglich dem Untergang preisgegeben. Sie alle waren uneins mit der Welt, auch Engelmanns Mutter, die

40 Engelmann, *Briefe und Begegnungen*, S. 53.

den warmherzigen Mittelpunkt der intellektuellen Abende in der ein wenig schäbig gewordenen Wohnung bildete; sie grollte den zwar wohlhabenderen, aber emporgekommenen Bürgern der Stadt.

Zu diesem Kreis gehörten auch die beiden Cousins Zweig: Fritz, der Musiker, und Max, der Schriftsteller. Max studierte Jura, aber sein Leben widmete er dem Verfassen von Dramen nach den strengsten klassischen Regeln. Die Kanzlei seines Vaters übernahm er nicht, sondern verbrachte die meisten Jahre, zusammen mit Engelmann, in einer Art Verbannung in Palästina beziehungsweise Israel, wo die deutsche Kultur tatsächlich gefährdet gewirkt haben muß. Schließlich war da noch der bereits erwähnte Heini Groag, vielleicht der am praktischsten veranlagte und der witzigste unter ihnen. Er wäre gern Schauspieler geworden, hatte dann jedoch als Rechtsanwalt großen Erfolg. Der Idealismus seiner Jugend hielt sich, insofern er sich auch später noch für die Sache des Pazifismus einsetzte, bis ihn dann das Problem des bloßen Überlebens in Mähren – zuerst weil er Jude war, dann weil er der Bürgerklasse angehörte – notgedrungen völlig in Anspruch nahm.

Diese Personen bildeten nun Wittgensteins Kreis und kamen allmählich auch mit seiner Familie in Berührung: In den zwanziger Jahren wandte man sich an Engelmann, wenn es um Baufragen oder Innenarchitektur ging; Groag wurde als Rechtsanwalt konsultiert, und Groags Cousin wurde gerufen, wenn man einen Ingenieur brauchte, und so ging es weiter. Für Wittgenstein waren sie, wie gesagt, jetzt schon so etwas wie eine Familie. Ebenso wie sie spürte er die Neigung, nicht die gleichen Fähigkeiten einzusetzen, durch die seine Familie reich geworden war; und seine eigene Familie verbrachte ihre Zeit, ebenso wie die kleine Olmützer Gruppe, mit Musizieren, Schauspielaufführungen und im Gespräch über Bücher und Lyrik. Es war beinahe so, als wäre er wieder daheim gewesen bei Gretl und ihren Freunden, außer daß hier er derjenige war, der den Ton angab. Während Gretl ihn den Unglauben gelehrt hatte, konnte er die Seinen nun auf die Stellen in Tolstoi und Dostojewski hinweisen, die seinem religiösen Ideal am nächsten kamen. Außerdem gab es hier die gütige Mutterfigur in Gestalt der Frau Engelmann, die alles gutheißen konnte. Und

der ernste, stets sich selbst anklagende Engelmann war sein Jünger, geradeso wie er ihn brauchte. Wittgenstein stotterte damals noch, doch Engelmanns Gesellschaft half ihm, die Worte zu äußern, und stand ihm, wie er zu sagen pflegte, als Geburtshelfer bei. Engelmann war derart vertraut mit seinem Denken, daß er ihm mitunter mit der richtigen Formulierung zuvorkam. Überdies bediente sich Wittgenstein des Scharfsinns und des phänomenalen Erinnerungsvermögens Groags, um seine Gedanken zu entwickeln. Wenn er eine der Abendgesellschaften verließ, ging er gewöhnlich entweder mit Groag oder mit Engelmann, so daß einer den anderen nach Hause begleitete, was dann hin und her ging, so daß das Gespräch bis spät in die Nacht hinein fortgesetzt wurde. Hier gab es nun wirklich eine Atempause nach der Schlacht, und hier fand er die fühlenden Herzen, nach denen er sich auf der Weichsel so gesehnt hatte.
Für den Olmützer Kreis waren dies sicher unvergeßliche Tage. Hier kam ein Mann aus Wien, der nur wenig älter war als sie selbst, aber schon soviel wußte und die Antworten auf ihre Fragen und Bestrebungen heimbrachte aus den weit entfernten Reichen der Logik und der Mathematik, wo Klarheit und Gewißheit möglich zu sein schienen. Natürlich empfanden sie eine gewisse Ehrfurcht vor ihm. Er hatte weit mehr gesehen und gelitten als sie, er kaufte seine Uniform beim besten Schneider in Olmütz, stammte aus einer der besten Wiener Familien – wobei es ihnen nie in den Sinn kam, daß er beinahe ebensosehr Jude war wie sie selbst – und verkehrte als Ebenbürtiger mit den Großen. Er begegnete ihnen mit einer für ihn ganz charakteristischen Mischung verschiedener Einstellungen: einerseits mit der gewinnenden Bescheidenheit und Höflichkeit, ja Liebenswürdigkeit, die für seine Familie charakteristisch war, andererseits mit einer derartigen Strenge des moralischen Urteils und einer derartigen Schonungslosigkeit oder Unmittelbarkeit bei der Äußerung dieses Urteils, daß die Hörer bestürzt waren. Eine Hinsicht, in der er gar keinen Anteil an ihrem Leben nahm, waren die verschiedenen Liebeleien und Techtelmechtel, die in solchen Kreisen, die sich geistigen Dingen verschrieben haben, leicht eine Rolle spielen. Die anderen meinten, daß er mit Frauen nichts zu tun haben

wollte, während er für sein Teil zu einem von ihnen, mit dem er nicht sonderlich befreundet war, sagte: »Ihr seid wie Schweine, die sich im Dreck wälzen.« Sie – oder zumindest Groag – kannten ihn gut genug, um ihm Fragen zu stellen wegen seines offenkundigen Bedürfnisses, Distanz zu wahren. Und bei dieser Gelegenheit erzählte er Schopenhauers Parabel von den Stachelschweinen und ihren widersprüchlichen Anforderungen: einerseits wollten sie Wärme, andererseits wollten sie die Stacheln der anderen vermeiden (S. 88). So stand es auch um ihn selbst. Er spürte das Bedürfnis, an ihren behaglichen Abenden und an ihren Streitgesprächen teilzunehmen, doch mitten darin warf er dem einen oder anderen – etwa Groag – flehende Blicke zu, als wünschte er, mit dem Betreffenden davonzulaufen. (Dieses Verhalten ließe sich auch durch die schlimmen Magenschmerzen erklären, an denen er damals litt, doch diese Erklärung überzeugt nicht recht, denn wenn er mit einem dieser Freunde allein war, konnte er sich ganz fröhlich mit ihm unterhalten.) Vielleicht lag Wittgensteins Problem wirklich darin, den richtigen Abstand ausfindig zu machen: Entweder ging er jedem Kontakt aus dem Wege, wie zum Beispiel, als er eine Wohnung in dem hohen Rathausturm beziehen wollte, oder er nahm soviel Anteil am Leben seiner Freunde, daß ihm ihre Schwächen auf die Nerven gingen.

Für diese jungen Leute war Wittgenstein vor allem Vorbild. Sie spielten, lasen und redeten ihr ganzes Leben lang, doch die Zeit mit Wittgenstein blieb ihnen allen im Gedächtnis haften. Er gab den Ton an. Er war nicht der Ausführende, sondern der Kritiker, auf dessen Urteil es ankam. Fritz Zweig, der später Dirigent an der Berliner Oper wurde, spielte ihnen vor, und dabei war Wittgenstein die wichtigste Person im Publikum. Als die Leute in der Wohnung über ihnen auf den Boden stampften (das Konzert begann um halb zehn abends), begann Frau Engelmann Bedenken zu äußern, doch Wittgenstein bestand darauf, die Nachbarn sollten froh sein, solche Musik hören zu dürfen. Auch bei ihren Dilettantenaufführungen führte er das Publikum an. Keiner kam auf die Idee, er könne eine Rolle übernehmen, doch seine Gegenwart und seine Anteilnahme sorgten dafür, daß ihre Darbietung des *Eingebildeten Kranken* nicht in Vergessenheit geriet.

Es entsprach Wittgensteins Vorlieben, daß ein begrenztes Repertoire der großen Künstler der Vergangenheit in Angriff genommen und genossen wurde: Aufgeführt wurden unter anderem Molière und allem Anschein nach auch Shakespeare.[41] Fritz Zweig spielte ihnen auf der Orgel der Synagoge Bach vor; und gleichzeitig singend und Klavier spielend interpretierte er Vokal- und Orchesterwerke von Mozart, Schumann, Schubert und Brahms. (Hier fällt dem Leser natürlich ein, daß Wittgenstein piff, wenn er Moore und Pinsent am Klavier begleitete; übrigens pfiff er auch in Engelmanns Beisein.) Die Jüngeren verabscheuten Wagner, ohne daß Wittgenstein sich dagegen auflehnte. Nicht anders verhielt es sich, wenn es um Lyrik ging. Engelmann weist darauf hin, daß die strengsten klassischen Gedichte von Goethe und Mörike das Gegenmittel waren, das Wittgenstein brauchte, wenn ihm die Gedichte von Albert Ehrenstein an die Front nachgeschickt wurden. Gegenüber Groag pries Wittgenstein Schillers leidenschaftliche Freiheitsliebe, und ihm sagte er auch mit Bezug auf Grillparzer, wir wüßten gar nicht, wie schön er ist (vgl. S. 71). Und jedesmal, wenn sie zusammen waren, sprach er mit Groag über Goethe. Engelmann berichtet, ebenso wie zahlreiche andere Quellen, wie sehr Wittgenstein Gottfried Keller bewunderte, weil es ihm gelungen war, Ausdruck und Gefühl so genau in Einklang zu bringen. Die gleiche Eigenschaft zeichnete nach Engelmanns Eindruck auch Uhlands Gedicht »Graf Eberhards Weißdorn« aus, das, wie Karl Kraus meinte, »so klar ist, daß es niemand versteht«. Der Gegenstand des Gedichts ist romantisch, doch in der Genauigkeit und Zurückhaltung der Darstellung ist es klassisch. Engelmann legt Wittgensteins wenigen Zeilen über dieses Gedicht zu Recht große Bedeutung bei. In einem Brief Wittgensteins an Engelmann vom 9. April 1917 heißt es nämlich: »Das Uhlandsche Gedicht ist wirklich großartig. Und es ist so: Wenn man sich nicht bemüht das Unaussprechliche auszusprechen, so geht *nichts* verloren. Sondern das Unaussprechliche ist, – unaussprechlich – in dem Ausgesprochenen *enthalten*!« Hier sind vor allem zwei Dinge festzu-

41 Am 31. März 1917 schreibt Wittgenstein an Engelmann: »Ich denke oft an Sie. An den *Sommernachtstraum* und an das zweite Ballett im *Eingebildeten Kranken* ...«

halten: Erstens, Wittgensteins Sinn für das Werk der Literatur wird verknüpft mit einer seiner philosophischen Grundideen, nämlich der Idee, daß das, was der Satz zeigt, nicht zugleich explizit durch ihn ausgesagt werden kann. Zweitens, allem Anschein nach geht diese Gedankenverbindung auf eine Anregung Engelmanns zurück, denn in diesem Brief erklärt Wittgenstein seine Zustimmung zu Engelmanns Ausführungen. Im gemeinsamen Gespräch hatte Engelmann nicht mehr angestrebt als ein ungefähres Verständnis für die von Wittgenstein entwickelten logischen Gedanken, doch aufgrund der damals von ihm selbst erlebten geistigen Krise fühlte er sich imstande, die Motive zu begreifen, die Wittgenstein dazu veranlaßten, das Buch zu schreiben, an dem er zu dieser Zeit arbeitete. Dieses Buch sollte eine Reaktion auf den philosophischen Sensualismus und Psychologismus sein, und insofern stand es völlig in Einklang mit Wittgensteins Ablehnung der meisten literarischen Werke seiner Zeit. Daher wandte er sich auf diesem Gebiet der traditionalistischen Reaktion zu, zunächst Kraus, durch dessen Vermittlung dann Weininger und Kürnberger, dessen später als Motto des *Tractatus* verwendeten Ausspruch Wittgenstein schon vorher zu zitieren pflegte. (Merkwürdig ist, daß er die Quelle nicht genau angibt; Kraus zitiert den Satz übrigens ebenfalls.)[42] Dieses Motto ist typisch für den Personenkreis, in dem er sich in Olmütz befand, den er vielleicht sogar kreierte. Die anderen dachten ebenfalls eine Zeitlang, alles Sagenswerte lasse sich in wenigen Worten aussprechen. Der dem Tolstoischen Christentum entnommene Grundgedanke »Nur eines ist notwendig«, den Wittgenstein an der Front entdeckt hatte, wurde nun auf alles Geistige überhaupt übertragen. Den Ansatz als solchen könnte man im weitesten Sinne sprachorientiert nennen. Engelmann versucht einen Vergleich anzustellen zwischen Kraus' Verfahren, den Gegner beim Wort zu nehmen und ihn anhand seiner eigenen Äußerungen dessen zu überführen, was das Gesagte zeigt, und Wittgensteins Kritik der philosophischen Sprache.[43] Wahrscheinlich ist auch, daß Wittgenstein zu ebendieser Zeit das von Paul

42 Mit Heinrich Groag hat sich Wittgenstein allerdings oft über Kürnberger unterhalten.

43 Vgl. Engelmann, *Briefe und Begegnungen*, S. 102-105.

Ernst verfaßte Nachwort zu seiner Ausgabe der Grimmschen Märchensammlung las oder nun besonders darüber nachdachte. Dieser Text, in dem darauf hingewiesen wird, wie uns die Sprache durch wörtlich genommene anschauliche Ausdrucksweisen und Sinnbilder in die Irre führt, hat Wittgenstein nach eigenem Bekunden stark beeinflußt.[44] Wittgenstein geht in beiden Fällen über seine Quellen hinaus: Er entdeckt und zerlegt nicht bloß Täuschung oder Trug, sondern Unsinn. Diese Hinweise enthalten allerdings ein spekulatives Element. Ein Thema, mit dem sich Wittgenstein in seiner Olmützer Zeit gewiß auseinandersetzte, war ein Gedanke, mit dem sich auch Weininger und Kraus beschäftigt hatten, nämlich der Gedanke der Einheit von Logik, Ethik und Ästhetik. In Olmütz sprach Wittgenstein oft über die Kapitel in Weiningers Buch, die sich mit dieser Thematik befassen, und im *Tractatus* findet sich daran anklingend die Behauptung, Ethik und Ästhetik seien eins. Engelmann hebt zwei Aspekte von Kraus' Werk hervor, die in diesem Zusammenhang wichtig sind: Kraus betont erstens, Kunstwerke dürften nicht nach einseitiger ästhetischer Regeldetri beurteilt werden; zweitens sagt er, ein moralischer Mangel werde im allgemeinen auch als ästhetischer Fehler des Werks zum Vorschein kommen. Doch Wittgenstein und seine Freunde wollten offenbar auf mehr heraus. Die allgemeinen Umrisse ihres Denkens lassen sich Wittgensteins Tagebuchaufzeichnungen von 1916 entnehmen: »Das Kunstwerk ist der Gegenstand sub specie aeternitatis gesehen; und das gute Leben ist die Welt sub specie aeternitatis gesehen. Dies ist der Zusammenhang zwischen Kunst und Ethik.« (7. Oktober.) »Ist das das Wesen der künstlerischen Betrachtungsweise, daß sie die Welt mit glücklichem Auge betrachtet? / Ernst ist das Leben heiter ist die Kunst. [Schiller] / Denn etwas ist wohl an der

44 Max Zweig war ein großer Verehrer und Anhänger von Paul Ernst. Groag erinnert sich, daß damals in Olmütz viel über Ernst geredet wurde. Rhees gegenüber hat Wittgenstein später gemeint, in künftigen Ausgaben seines Werks würde er aus dem oben genannten Grund gern im Vorwort auf Paul Ernst hinweisen. Das Nachwort von Paul Ernst kann Wittgenstein jedoch schon früher kennengelernt haben, denn Russells Bibliothek enthält ein Exemplar der betreffenden Ausgabe von Grimms Märchen, die wahrscheinlich zu den von Russell erstandenen Büchern aus Wittgensteins Bibliothek aus der Zeit vor dem Ersten Weltkrieg stammt.

Auffassung, als sei das Schöne der Zweck der Kunst. Und das Schöne ist eben das, was glücklich macht.« (20./21. Oktober.) Der Begriff der Betrachtungsweise: Später werden wir sehen, daß er zusammenhängt mit dem Begriff von etwas, was sich nur auf ganz besondere Weise mitteilen läßt, was gezeigt, aber nicht gesagt werden kann. Was die Kunst zeigt, ist vielleicht das gleiche, was Engelmann (a. a. O., S. 73) als »Lösung« umschreibt. Dieser Gedanke steht in Einklang mit Wittgensteins (freilich erst später bekundeter) Vorliebe für das Happy-End im Film und seinem Hang zum Erbaulichen in der Lyrik, woraus eine gewisse Begrenztheit seines Geschmacks hervorgeht, die von seinen sonstigen Auffassungen keineswegs gefordert wird, sich aber durchaus mit ihnen vereinbaren läßt. Was die Ethik angeht, so geht es auch hier darum, daß es in der Welt als einem Ganzen eine Lösung zu entdecken gibt, jedenfalls für Augen, die entsprechend vorbereitet sind.

Worin der Olmützer Kreis die Lösung erblickte, werden wir in Kürze beschreiben. Weniger deutlich wird anhand der Erinnerungen Engelmanns und der Berichte anderer Zeitgenossen, was sie sich unter der Identität der Logik mit Ethik und Ästhetik vorstellten. Wittgenstein hielt einige von ihnen dazu an, Frege zu lesen, und er redete mit ihnen über Kant und Schopenhauer, die ihnen, ebenso wie ihm selbst, so vertraut waren, wie man es damals von gebildeten Menschen erwarten konnte. Wittgenstein gebrauchte hin und wieder den Ausdruck »wie der große Kant sagt«, doch Engelmann hatte den Eindruck, daß er nicht an die Existenz synthetischer Urteile a priori glaubte (a. a. O., S. 104). Nun gibt es zwar tatsächlich eine gewisse Entsprechung zwischen Wittgensteins Zielsetzung und der Kants, denn dieser wollte das Wissen aufheben, um zum Glauben Platz zu bekommen, während jener die gesamte Ethik und Religion aus dem Bereich der Spekulation entfernen und für unausdrückbar erklären wollte. Doch die für Wittgenstein so wichtige Betonung des Logischen fehlt bei Kant völlig. Dabei kommt es gerade darauf an zu zeigen, daß auch die logischen Sätze – also das Beste, was die Philosophie überhaupt anstreben kann – nichts sagen. Die Logik bietet uns demnach keine Menge von wahren Sätzen, die von der Erfahrung unabhängig sind, und in dieser Hinsicht gleicht sie der Ethik. Daher kann Wittgenstein am 24. Juli 1916 schreiben: »Die Ethik handelt nicht von der Welt. Die Ethik muß eine Bedingung der Welt sein, wie die Logik.« Die Logik ist demnach das Paradigma des Unausdrückbaren: In ihr gibt es etwas zu sehen, aber nichts zu sagen. Zur Zeit der Olmützer Gespräche experimentierte Wittgenstein in seinen Tagebüchern mit dem Begriff der Operation (vgl. die späteren Ausführungen *Tractatus* 5.21 bis 5.254), und die Betonung dieses Begriffs spiegelt sich natürlicherweise und zu Recht in Engelmanns Darstellung von Wittgensteins Denken (a. a. O., S. 85). Die Logik verschafft uns die Kenntnis der Formen von Sätzen und ihren Beziehungen, und das ist eigentlich nichts anderes als die Erkenntnis, daß ein Satz mit Hilfe bestimmter Operationen aus anderen gewonnen werden kann. Daß dies möglich ist, ist keine logische *Tatsache*, und die Erkenntnis, daß es möglich ist, ist keine logische *Erfahrung*.

Genauso, wie in der Logik alles von der Betrachtungsweise abhängt, beruht in der Ethik alles auf der Art und Weise des Wollens (TB 29. Juli 1916: »Es scheint da sozusagen darauf anzukommen, *wie* man wünscht.«). Diese Abwandlung der Schopenhauerschen Auffassung kommt gerade zu dieser Zeit in Wittgensteins Manuskriptbänden und in den Gesprächen mit seinen Freunden zum Vorschein. Es wirkt beinahe so, als gäbe es hinter dem gewöhnlichen Leben des Wünschens und Wollens ein tieferes Leben und einen eigentlicheren Willen, dem Erfolg und Mißerfolg im normalen Leben gleichgültig sein sollten. Dementsprechend meint Wittgenstein in einer Unterhaltung mit Groag, deren Inhalt er später (am 9. April 1917) in einem Brief an Engelmann wiedergibt: »Wir schlafen. ... *Unser* Leben ist wie ein Traum. In den besseren Stunden aber wachen wir so weit auf daß wir erkennen daß wir träumen. Meistens sind wir aber im Tiefschlaf. Ich kann mich nicht selber aufwecken! Ich bemühe mich, mein Traumleib macht Bewegungen, aber mein wirklicher *rührt sich nicht*. So ist es leider!« Wie solche Gedanken in einen Schopenhauerschen Rahmen einzufügen sind, ist nicht leicht zu erkennen. Wittgenstein selbst schreibt um diese Zeit, am 2. August, in sein Tagebuch: »Die völlige Unklarheit aller dieser Sätze ist mir bewußt«, doch die allgemeinen Umrisse seiner damaligen

Gedanken und ihrer Widerspiegelung in den Gesprächen mit seinen Olmützer Freunden stehen zweifelsfrei fest. Das Ethische – das gute, das glückliche, das harmonische Leben – ist nicht durch ein objektives Merkmal ausgezeichnet, durch etwas innerhalb der Sphäre des Willens, wenn man diesen als handelnde Instanz begreift, die die Tatsachen der Welt verändert, sondern das gute Leben ist im Gegenteil gekennzeichnet durch ein metaphysisches oder transzendentales Merkmal, durch eine Einstellung des wollenden Subjekts im tieferen Sinne: eine Einstellung, die das Elend der Welt überwinden und hinnehmen kann und imstande ist, ihre schönen Seiten als vom Schicksal gewährte Wohltaten anzusehen, auf die jederzeit verzichtet werden kann. Ebenso wie bei Schopenhauer, behält man auch hier den Eindruck zurück, daß das Elend in der Welt vorherrscht, und daß man dem Tod nicht nur ins Auge blicken, sondern ihn auch willkommen heißen können muß. Als die Rede auf einen Olmützer Freund kam, der in einer Schlacht gefallen war, meinte Wittgenstein: »Es könnte ihm nichts Besseres passieren.« Den Selbstmord jedoch scheint er aus ähnlichen Gründen abgelehnt zu haben wie Schopenhauer, nämlich weil er der höchste Akt der Selbstbejahung des Willens – und zwar des Willens im gewöhnlichen Sinne – sei. Daher schreibt er auch, daß, wenn der Selbstmord erlaubt ist, alles erlaubt ist. Doch dann zögert er und fragt sich im letzten Eintrag der erhaltenen Tagebücher (10. Januar 1917): »Oder ist nicht auch der Selbstmord an sich weder gut noch böse!« Den Selbstmord Weiningers fand er, wie er den Olmützer Freunden erzählte, beunruhigend. (Wittgensteins spätere Briefe an Engelmann zeigen, daß ihn der Gedanke an den Selbstmord eine ganze Zeitlang nicht losließ, und sie zeigen ebenfalls, daß er meinte, der Selbstmord beinhalte einen *Mißbrauch* des Willens.)

Es ist nicht leicht, eine geistige Einstellung als ganze zu beschreiben. Wittgenstein und seine Freunde hatten wahrscheinlich auch das Gefühl, daß sie diese Einstellung erkundeten, ja sie überhaupt erst schufen und sie bisher noch nicht völlig begriffen hatten. Die Hinnahme der Tatsachen der Welt und das Sichabfinden waren sicher nur ein Teil dessen, was sie anstrebten; eigentlich suchten sie weit eher die Versöhnung mit den Höhen und Tiefen in der eigenen Seele. Jeder Leser von Wittgensteins Briefen – und insbesondere der Briefe an Engelmann – wird das Thema wiedererkennen. In dem gleichen Brief, in dem Wittgenstein die Gemeinheit des Selbstmords analysiert (21. Juni 1920), spricht er auch von dem »Zustand, *wenn man über eine bestimmte Tatsache nicht hinweg kommt*«, und ähnliche Gedanken haben wir schon in den Tagebüchern aus der Anfangszeit des Krieges wahrgenommen. Ebenfalls hierhin gehört die Bewunderung, die Wittgenstein laut Engelmanns Bericht (S. 60) für die Selbsterkenntnis des Pilgers in der Tolstoischen Geschichte empfand. »Die Sünde war stärker als ich«, gesteht der Pilger und macht keinen Versuch, seine Handlung zu entschuldigen. In der anderen Waagschale liegt Wittgensteins Begeisterung für den Ausruf Dmitrij Karamasows »Heil dem Höchsten auch in mir!«. Und es ist wichtig, daß gerade Dmitrij, der zügellose Mensch, diese Worte äußert. Als Lehrer war Dostojewski nach Wittgensteins Meinung sogar Tolstoi überlegen, wahrscheinlich weil das Gefühl, auch in den Tiefen der menschlichen Natur gebe es noch etwas Gutes, selbst in einem nicht lebenswerten Leben könne man etwas vom Glück entdecken, bei Dostojewski stärker zum Ausdruck kommt als bei Tolstoi. Im Juli 1916 verweist Wittgenstein auf Dostojewski, um die genannte Einstellung zum Willen und zur Welt zu veranschaulichen. Das richtige Wollen verleiht der Welt einen Sinn, ohne etwas an ihr zu verändern: »Und insofern hat wohl auch Dostojewski recht, wenn er sagt, daß der, welcher glücklich ist, den Zweck des Daseins erfüllt.«[45] Das wesentliche Merkmal dieser Einstellung liegt nach Wittgensteins Auffassung in dem Verzicht jeglicher Einflußnahme auf das Geschehen, und dementsprechend führt er den Gedanken Dostojewski in diffiziler Weise fort: »Oder man könnte auch so sagen, der erfüllt den Zweck des Daseins, der keinen Zweck außer dem Leben mehr braucht. Das heißt nämlich, der befriedigt ist.« Bei Dostojewski sagt der Starez zu den

45 TB, 6. Juli 1916. Hier bezieht sich Wittgenstein vermutlich auf *Die Brüder Karamasow*, Erster Teil, Zweites Buch, Kapitel IV, wo der Starez Sossima sagt: »Denn fürs Glück sind die Menschen geschaffen, und wer ganz glücklich ist, ist würdig, sich selber zu sagen: ›Ich habe Gottes Gebot auf Erden erfüllt.‹« Dt. Übers. von R. v. Walter, Zürich: Manesse, 1964, S. 91.

kleingläubigen Frauen, dieses Glück und die Antwort auf alle ihre Fragen und Zweifel seien nur durch tätige Liebe zum Nächsten erreichbar. Klar ist, daß die Resultate nach seiner wie nach Wittgensteins Auffassung keine Rolle spielen, doch im Hinblick auf das Ziel, das man dem Leben setzen sollte, wird er deutlicher als Wittgenstein, während dieser, gleichsam auf einer höheren Abstraktionsebene, nichts weiter sagt, als daß wir mit der Welt in Einklang stehen müssen. Dabei scheint ihm der Gedanke vorzuschweben, daß uns das Leben selbst in jedem Augenblick ein deutliches Ziel setzen wird, das wir anstreben sollten. Halten wir uns nicht daran, werden wir ein schlechtes Gewissen haben.[46]

Wie in den Reflexionen der Tagebücher, so fand er auch in den Gesprächen mit den Olmützer Freunden den Übergang vom Ethischen zum Religiösen. Gemeinsam las man in der Bibel, vor allem im Neuen Testament. »Es muß mehr sein als menschliche Inspiration«, sagte Engelmann, als er Groag bestimmte Stellen vorlas. Wittgenstein hielt es für das beste, die Bibel auf lateinisch zu lesen. Die großen Bausteine dieser Sprache sagten ihm immer zu, aber außerdem war da freilich das Distanzierte, das Hieratische, das die lateinische Sprache dem Text verlieh – also genau das Gegenteil jener Familiarität mit den heiligen Dingen, die Wittgenstein so abstoßend fand. Das Neue Testament war demnach nicht bloß eine Reihe von Lebensregeln, sondern wenn man richtig auf den Ton oder Ansatz einging, waren sie es, die sich als dem Leben angemessen erwiesen. »Von Religion verstehe ich nichts«, sagte er zu Groag, »doch es gibt etwas nach dem Tode, aber etwas ganz anderes, als wir uns vorstellen können«. Engelmanns Gedicht[47], in dem die Seele nach dem Tode erkennt, daß die Flammen, die sie umgeben, nichts anderes sind als die Liebe Gottes, bringt die gleiche Einstellung zum Ausdruck. Indem die Seele dies erkennt, erwacht

46 Konkret spricht das Gewissen wie der Starez bei Dostojewski. Vgl. TB, 8. Juli 1916: »Wenn mein Gewissen mich aus dem Gleichgewicht bringt, so bin ich nicht in Übereinstimmung mit Etwas. Aber was ist dies? Ist es *die Welt*? ... Zum Beispiel: es macht mich unglücklich zu denken, daß ich den und den beleidigt habe. Ist das mein Gewissen?«

47 Abgedruckt in Engelmanns *Briefe und Begegnungen*, S. 55 f., sowie in der Ausgabe von Wittgensteins *Briefen*, S. 79 f. Wittgenstein schätzte das Gedicht so sehr, daß er es seiner Schwester Mining vorlesen wollte.

sie aus einem Traum; und unser Leben *ist* ein Traum, wie Wittgenstein im Gespräch mit Groag gesagt hatte. Durch die Religion würde man zur richtigen Betrachtungsweise der Welt gelangen, man würde sie als Wachender sehen und sich zugleich mit seinem Schicksal abfinden: Falls seine Manuskripte verlorengingen, meinte er, so wäre es Gottes Wille[48] (eine Bemerkung, die nach Groags Ansicht auch Bescheidenheit im Hinblick auf den Wert des eigenen Werks zeigte); und der Krieg war deshalb willkommen, weil man durch ihn zu der Einsicht gezwungen wurde, daß man in Gottes Hand lag. Problematisch blieb freilich, daß man sich im Feld, wie im normalen Leben, anständig verhalten mußte (wieder das Wort »anständig«!). In dieser Hinsicht war es vor allem Engelmann, der die gleichen Skrupel empfand wie er. Sie hatten beide einen Hang zur Selbstgeißelung, wie sich aus ihrem Briefwechsel ersehen läßt (obwohl es eigentlich eher ein Thema für ihre Gespräche war).

Wittgensteins militärische Ausbildung ging zügig voran und wurde einige Male nur kurz unterbrochen. Er meinte, er lerne nicht fleißig genug (»Ich bin ein Schweinehund«). Einmal litt er an einem schweren Darmkatarrh, und so kam es, daß Engelmann ihm von der Mutter gekochten Haferflockenbrei hinausbrachte in seine am Stadtrand gelegene Wohnung. Dabei klekkerte Engelmann etwas von dem Brei auf seinen Mantel, und als Wittgenstein den Eintretenden vom Bett her mit den Worten begrüßte: »Lieber Freund, Sie überschütten mich«, konnte Engelmann erwidern: »Nein, ich überschütte mich.« An dieser Art von Humor fand Wittgenstein ebenso Gefallen wie an der gezeigten Sorge um den kranken Freund. Der Darmkatarrh war anscheinend ein häufiger wiederkehrendes Leiden, denn in einem Brief an Engelmann beschreibt er die Arznei des Olmützer Dr. Hahn als »die *einzige* welche mir je genützt hat«. Später pflegte er ungewürzte, fade Speisen zu essen, Dinge, die, wie er meinte, kleine Kinder mögen; und gelegentlich erklärte er, daß er diese schlichte Ernährungsweise keineswegs als Buße empfand, sondern genau das war, was ihm schmeckte. Seine Ernährungsweise war mehr oder weniger die eines Menschen, der

48 Undatierter Brief in Engelmann, a. a. O., S. 17, *Briefe*, S. 79.

Magengeschwüre hat, und wahrscheinlich ist das Leiden, zu dem er ohnehin neigte, durch die Widrigkeiten des Krieges noch verstärkt worden.

Am 1. Dezember wurde Wittgenstein Fähnrich in der Reserve; später wurde die Ernennung auf den 1. Oktober zurückdatiert. Seine bisherigen Dienstgrade waren: Kriegsfreiwilliger Kanonier, ab 1. Juni 1916 Vormeister und ab 1. September 1916 Korporal. Auch als Offizier blieb er bei der 4. Batterie des 5. Feldhaubitzregiments (dem späteren Feldartillerieregiment 105), dem er seit März 1916, also nach Verlassen der Werkstatt angehörte. Die Offiziersausbildung scheint bereits vor Weihnachten zu Ende gewesen zu sein, und so fuhr er nach Wien, nachdem er die Weihnachtsgeschenke für Engelmanns Mutter sorgfältig verpackt und in einem Wäschekorb abgeliefert hatte.

Der Aufenthalt in Olmütz war zwar vorüber, doch gelegentlich besuchte er den Ort wieder, denn dort befand sich das Depot seines Regiments. Mit den Olmützer Freunden blieb er ohnehin in Verbindung. In Wien angekommen, begab er sich schleunigst zu Loos, um ihm etwas von Engelmann auszurichten. Fritz Zweig war ebenfalls dort und besuchte seinerseits Wittgenstein. Engelmann kam nach Wien, als Wittgenstein gerade abgereist war, doch wahrscheinlich begann seine Freundschaft mit der Familie Wittgenstein – in die er bald wie ein Angehöriger aufgenommen wurde – schon damals.

Nach Hermine Wittgensteins »Familienerinnerungen« war dies auch in etwa die Zeit, in der Ludwig dem Staat eine Million Kronen für den Erwerb eines 30 cm-Mörsers schenkte. Die Datierung scheint zuzutreffen, denn in einem der Formulare, die Gürth zur Zeit des Beförderungsantrags ausfüllte, wird Wittgensteins Jahreseinkommen mit 300 000 Kronen angegeben, und es ist gut möglich, daß er nach drei oder vier Jahren bescheidener Lebensweise den entsprechenden Betrag übrig hatte. Hermine macht sich in ihrer Darstellung ein wenig lustig über die unpraktische Art, in der die Schenkung vorgenommen wurde. Von seiten des Staates, sagt sie, gab es kein Verfahren, das Geld für den beabsichtigten Zweck einzusetzen, also wurde es an den kaiserlichen Wohltätigkeitsfonds überwiesen und versickerte später in der Inflation, so daß es ebenso verschwendet war wie die nach dem Tode ihres Vaters gespendeten 600000 Kronen, die für die Krebsforschung bestimmt waren, aber durch nachlässige Verwaltung nie genutzt wurden. Hier könnte man freilich erwidern, daß das Geld nicht schlimmer vergeudet wurde als alle übrigen Gelder, die der Staat in Form von Steuern einnahm, und insofern war es ebenso ein Beitrag wie die eine Million von Ludwigs Bruder Paul, der sich diesmal wie sein Vater verhielt und sich um die Herstellung von Militärmänteln kümmerte. Richtig ist freilich, daß diese Handlung ein weiteres Beispiel ist für die Art, in der sich Wittgenstein von seinem Geld distanzierte und dessen Verwaltung anderen überließ. Der andere bemerkenswerte Aspekt dieser Spende ist der schlichte Patriotismus der Geste, der völlig absah von seinem vor den Olmützer Freunden keineswegs verschwiegenen Pessimismus hinsichtlich des Kriegsausgangs.

Ab 9. Januar war Wittgenstein wieder im aktiven Dienst. Seine Batterie gehörte nun zu einer kroatischen Division, der HID 42, und damit zur Honvedarmee oder, anders ausgedrückt, zur ungarischen Territorialarmee, die nacheinander unter dem Kommando der Feldmarschall-Leutnants Šnarić, Lipošćak (März bis Juni 1917) und Mihaljević stand. Damit gehörte seine Einheit zum 13. Korps unter Feldmarschall v. Csicserics und zur 3. Armee unter Generaloberst von Tersztyánszky. Die Namen dieser Personen sowie der Städte und Flüsse, die eine Rolle spielten, vermitteln eine gewisse Vorstellung davon, was es hieß, zur Doppelmonarchie zu gehören. Im großen und ganzen standen die österreichisch-ungarischen Truppen in diesem Abschnitt in den gleichen Positionen, in denen sie den ermattenden russischen Vormarsch zum Stillstand gebracht hatten, als Wittgenstein zu seinem Lehrgang aufgebrochen war. Der Anfang des Jahres 1917 war eine vergleichsweise ruhige Zeit im Gebiet zwischen den Karpaten und dem Dnjestr. Nur gelegentlich unternahmen die HID 42 (sowie die ID 5, der andere Batterien von Wittgensteins Regiment angehörten) kleinere Angriffe über die Bystrzyca Solotwinska in Richtung Bohorszcsany. Im März kam es plötzlich zu reger Spähtrupptätigkeit, denn man hoffte, daß die Februarrevolution die Versorgung, die Kampfbereitschaft und die Moral der gegnerischen Truppen in Mitleidenschaft gezogen hatte. Zumindest wurden Nachrichten gebraucht. Wittgenstein meldete sich freiwillig, um am 15. März, dem Rücktrittstag des Zaren, einen Spähtrupp in Richtung Drwiniacz zu führen. Berichtet wird darüber in einem lobenden Militärbericht, in dem es heißt, der Spähtrupp sei unter höchst schwierigen Wetterbedingungen unterwegs gewesen und habe äußerst nützliche Nachrichten mit zurückgebracht.[49]

Die Truppen, die der HID 42 und der 3. Armee gegenüberstanden waren zu diesem Zeitpunkt weder von der Propaganda der Roten noch sonstwie politisch stark beeinflußt. Den Russen gelang es sogar, ein wenig vorzurücken, und aus den Karten der Kriegszeit geht hervor, daß Wittgensteins Division noch Ende Juni gegenüber von Lachowce lag. Nun wurde deutlich, daß ein Angriff der Russen unmittelbar bevorstand (es war, wie sich herausstellte, ihr letzter größerer Angriff in diesem Krieg), und die Reserveeinheiten der 3. Armee, darunter auch Wittgenstein, sollten den Angriff bei Rosulna erwarten. Daher gerieten sie auf dieser Seite in die Schlacht um Stanislau-Kalusz, bei der die 8. russische Armee unter Kornilow die österreichisch-ungarischen Truppen hinter die Linie der Bystrzyca Solotwinska bis zur Lomnica zurückdrängte, wo (in Wittgensteins Abschnitt) bei Ldziany die Stellung gehalten wurde. Dieser russische Vormarsch war ziemlich erfolgreich. Ein ganzes tschechisches Regiment lief zum Feind über. Vor allem waren nun die ostgalizischen Ölfelder bedroht. Die 3. Armee wurde durch deutsche Einheiten verstärkt, und General Kritek wurde zum Befehlshaber ernannt. Die Stellung wurde erfolgreich gehalten. Besondere Erwähnung in der offiziellen Kriegsgeschichte findet die Leistung der Abwehr, der es gelang, einen Angriff auf die HID 42 zurückzuwerfen.[50] Auf diese Tage (10. bis 20. Juli) bezieht sich ein weiterer Belohnungsantrag für Wittgenstein. Er erhielt die Silberne Tapferkeitsmedaille erster Klasse, weil er die Aufgabe des für die Feindbeobachtung verantwortlichen Offiziers trotz des schweren Beschusses hervorragend erfüllte. Der Feind habe dadurch schwere Verluste erlitten. Das Geschützfeuer war auf bedrohte Stellungen gerichtet, die dem Kommandanten der Batterie sonst nicht erkennbar

49 Verzeichnis über Tapferkeitsmedaillen, FHR 5, 3. Armee, Kriegsarchiv Wien.

50 *Österreich-Ungarns letzter Krieg*, VI.278.

gewesen wären.[51] Dies war natürlich keine Gelegenheit für Untertreibungen, doch daß Wittgensteins unmittelbare Vorgesetzte große Stücke auf ihn hielten, geht deutlich aus den Dokumenten hervor. Ähnliche Äußerungen finden sich in einem teils von ihm selbst, teils von seinen Vorgesetzten verfaßten Bericht über seine Tätigkeit vom 30. September 1916 bis zum 30. September 1917. Unter der Rubrik, in der nach der Eignung zum Einsatz auf höherer Kommadoebene gefragt wird, trägt Reserveleutnant Scholz ein, daß Wittgenstein zum Mannschaftsführer geeignet sei. Doch angesichts seiner besonderen Charaktereigenschaften und aufgrund seiner (zweifellos unbegründeten) Zweifel an der eigenen Tauglichkeit zur Erfüllung anderer Aufgaben sei es kaum nützlich, ihn in anderer Form denn als Beobachter einzusetzen. Er habe sich hervorragend verhalten, besonders bei den Kämpfen um Ldziany. Außerdem erwähnt Scholz unter einer anderen Rubrik Wittgensteins guten Einfluß auf seine Untergebenen, was sich namentlich in der Schlacht selbst ausgewirkt habe.[52]

Dies war die letzte Offensive der Russen. Sie war von Kerenski befohlen worden, weil er hoffte, durch einen Erfolg Unterstützung für seine Kriegspolitik zu gewinnen. Geführt wurde die Offensive von Brussilow und nach dessen Niederlage bei Zborów von Kornilow, der kurz darauf einen Staatsstreich im Interesse des Militärs versuchte; doch dieser Versuch scheiterte aufgrund des chaotischen Zustands der russischen Streitkräfte. Die Kampfmoral der Infanterie war schlecht. Die Offiziere hatten ihre Autorität eingebüßt, und die von Kerenski abgeordneten »Delegaten« bewirkten kaum etwas. In einem Bericht von General Fox an Lloyd-George[53] heißt es, die Koordination und Organisation der Artillerieunterstützung sowie der Versorgung seien völlig unzureichend gewesen. Die österreichisch-ungarische 3. Armee überquerte die Lomnica und begann ihren Vormarsch am 23. Juli. Aus Wittgensteins eigenem offiziellen Bericht geht hervor, daß er zusammen mit der HID 42 vorrückte, die beiden Arme der Bystrzyca überquerte,

51 Verzeichnis über beauftragte Auszeichnungen, FHR 5, 3. Armee, Kriegsarchiv Wien.

52 Vormerkblatt für die Qualifikationsbeschreibung, Kriegsarchiv Wien.

53 D. Lloyd-George, *War Diaries*, 2. Band, S. 1527.

der ID 36 Hilfe leistete bei der Eroberung von Starumia (24. Juli), weiterzog nach Kolomea, Kniaze und schließlich in Tagesmärschen von zehn bis zwanzig Kilometern in etwa dem Lauf des Pruth folgend nach Czernowitz. Hier wurden sie ungefähr zwanzig Kilometer westnordwestlich der Stadt einen oder zwei Tage aufgehalten, denn die Russen wollten ihren Proviant retten, während die kaiserlich-königlichen Truppen durch Mangel an Futter (dem Kraftstoff jener Tage) und fehlende Eisenbahnverbindungen behindert wurden. Der Aufenthalt dauerte jedoch nicht lange. Am 3. August nahm Wittgenstein mit seiner eigenen Division zusammen mit der ID 5 an der Eroberung der Stadt teil.

Die Stadt Czernowitz war zwar klein, doch mit ihren drei Domen, einer Synagoge, einer Universität, ihrem Gemisch von Völkern, Religionen und Sprachen bildete sie ein Zentrum der Kultur. Im Ersten Weltkrieg ging sie öfter als ein dutzendmal in verschiedene Hände über, anschließend wurde sie zu einer rumänischen Kleinstadt. Heute ist sie eine Kleinstadt in der Ukraine. Was mit dieser Entwicklung dahinging, war vielleicht nicht gerade ruhmreiche Pracht, aber etwas ging tatsächlich verloren, und Wittgenstein nahm das wahr. Seine englischen Freunde in ihren »unbelagerten Städten«, um mit Rilke zu reden, haben dergleichen nicht erlebt.

An diesem Ort und in seiner Umgebung verbrachte Wittgenstein den Rest des Herbstes im Stellungskrieg. Nur einmal mußte er ein wenig vorrücken, um am 27. August eine Höhe namens Dolzok einzunehmen; und damit wurde dem Artillerieduell in diesem Abschnitt anscheinend ein Ende bereitet. In der Nähe gab es keine hervorstechenden strategischen Ziele mehr, und der größte Teil der HID 42 wurde nach Norden verlegt, doch Wittgenstein blieb nach eigener Darstellung zurück, bis das von den Bolschewiken geschlossene Waffenstillstandsabkommen am 29. November wirksam wurde.

Seit Januar war Wittgenstein nun ohne Unterbrechung an der Front, und darüber, wie es ihm in dieser Zeit in geistiger Hinsicht erging, ist wenig bekannt. Es gibt nur eine Postkarte und zwei Briefe an Engelmann aus der Zeit vor den wichtigsten Einsätzen dieses Jahres sowie zwei Postkarten und zwei kurze

Mitteilungen aus der Zeit danach.[54] An die Front zurückgekehrt, ist er – nach dem deprimierenden Weihnachtsaufenthalt in Wien – wieder imstande zu arbeiten. Da er die zugeschickten Bücher von Ehrenstein[55], wie wir gesehen haben, abscheulich findet, bittet er »als Gegengift« um Mörikes Gedichte und einen Band Goethe, wobei er sich, wie Engelmann meint, »gerade die ›klassischsten‹ Verse von Goethe in strengster Form« aussucht.[56] Richtig ist, daß viele der Gedichte Goethes, die er zur Kennzeichnung des betreffenden Bandes nennt (Venezianische Epigramme, Elegien und Episteln), in klassischen Metren geschrieben sind. Zu bedenken ist dabei jedoch, daß der gleiche Band in Gestalt der Römischen Elegien auch Goethes Absage an die Moralvorstellungen, Verantwortungsbindungen und sogar den Geschmack seiner Zeit und seiner eigenen Vergangenheit enthält, während ein einfacheres, erotisch geprägtes Leben gepriesen wird. Es mag sein, daß Wittgenstein sich nicht nur mit dem Weisen von Weimar identifizieren konnte, sondern auch mit dem Idylliker in seiner Kammer hinter dem Corso. Zweifellos gibt es Parallelen zwischen dem unkonventionellen Verhalten Goethes nach seiner Rückkehr von der italienischen Reise und dem unkonventionellen Verhalten Wittgensteins nach dem Krieg: Die absichtlich ungezwungene Kleidung beider ist nur ein Anzeichen, das auf einen weit tiefer reichenden Bruch mit der Vergangenheit verweist. Engelmann betont die bereits erwähnte Wertschätzung Mörikes, besonders die genaue Entsprechung von Stil und Inhalt, doch die hier genannten Gedichte Goethes zeigen, daß kom-

54 Dies sind die Briefe Nr. 78-82 und 84-86 in der Suhrkamp-Ausgabe. Der Brief Nr. 83, der das Groag geliehene Manuskript und Engelmanns Gedicht erwähnt, dürfte meines Erachtens Anfang 1918 geschrieben sein. Denn zu dem Zeitpunkt, da er geschrieben wurde, hatte Wittgenstein kurz vorher Engelmann getroffen und plante, wenig später seine Schwester Hermine zu sehen. Keine dieser beiden Bedingungen war Anfang 1917 gegeben. Überdies war es laut Groags Erinnerung Ende 1917, als Wittgenstein ihm die Manuskripte lieh. Dieser Umstand ist von einiger Bedeutung für die Vorgeschichte des *Tractatus*.

55 Vgl. oben S. 326 u. 387. Engelmann für sein Teil hatte Zweifel in bezug auf Ehrenstein, hielt ihn vielleicht für einen Poseur. Jedenfalls pflegte er folgenden Schüttelreim zum besten zu geben: »Man ehrte gern den Ehrenstein / Nur seine Werke stören ein'.«

56 Engelmann, a. a. O., S. 65.

plexere Gedanken Wittgensteins Geschmack bestimmten als jene »Rhythmen für ein wohl gesittetes und mannhaftes Leben« aus Engelmanns Platonzitat. Wittgenstein sah zwar tatsächlich einen Zusammenhang zwischen Mörike und Goethe, doch hier meinte er wohl eher den Goethe der Iphigenie.[57] Der bereits angeführte Brief über Uhland sollte uns jedoch lehren, mit allen derartigen Deutungen vorsichtig umzugehen.

Neben diesen Gedichtbänden bittet Wittgenstein um eine Bibel in kleinem, aber noch leserlichem Format. Zweimal berichtet er, daß er zur Arbeit imstande sei, beziehungsweise daß sein Gehirn kräftig arbeite (letzteres schreibt er während des vorhin geschilderten österreichischen Vormarschs im August), doch da aus dieser Zeit kein Notizbuch erhalten ist, ist sonst nichts weiter darüber bekannt. Er wünscht sich, besser und gescheiter zu sein, was ja ein und dasselbe sei, und er wiederholt gegenüber Engelmann seine Äußerungen über das Leben als Traum, die wir bereits gestreift haben. Doch im allgemeinen deutet er an, daß er nicht imstande sei, die persönlichen Dinge, die er zu sagen hätte, niederzuschreiben.

Wir wissen – oder können den Schluß ziehen –, daß seine Arbeit inzwischen so weit fortgeschritten war, daß er Groag ein Manuskript mit im Tractatusstil numerierten Bemerkungen überlassen konnte, und zwar womöglich, als er auf dem Rückweg nach Wien in Olmütz Station machte.[58] Ebenso kennen wir einige der Auswirkungen seines Nachdenkens über das eigene Wesen beziehungsweise können diese Wirkungen erschließen. So schreibt er am 16. Januar 1918 an Engelmann: »Es ist allerdings ein Unterschied zwischen mir jetzt und damals, als wir uns in Olmütz sahen. Und dieser Unterschied ist soviel ich weiß der, daß ich jetzt *ein wenig* anständiger bin. Damit meine ich nur daß ich mir jetzt ein wenig klarer über meine Unanständigkeit bin als damals.« Eine Lösung, die er in diesem Winter in die Tat umsetzen wollte, war ein Wechsel zur Infanterie. Vielleicht machte er auch den Versuch, wieder einen Mannschaftsdienstgrad zu erhalten, doch daraus wurde allem Anschein nach nichts. Der Versuch, die Waffengattung zu

57 Vgl. Wittgensteins Brief an Russell vom Januar 1914, *Briefe*, S. 48.

58 Diese Datierung wird durch Groags eigene Erinnerung gestützt sowie durch die eben gegebene Beschreibung des betreffenden Manuskripts.

wechseln, war eine ernster zu nehmende Sache. Die Gelegenheit dazu bestand, denn in der österreichisch-ungarischen Armee wurde damals eine allgemeine Umstellung vorgenommen, weil der Krieg im Osten vorüber war. Außerdem fand in diesem Winter eine Umorganisation der Infanteriedivisionen statt sowie eine Neunumerierung der Artillerieregimenter. Dennoch wirkte Wittgensteins Bitte äußerst seltsam, und die Leute im Stab konnten gar nicht klug daraus werden, wieso ein Offizier eine gefährlichere statt einer weniger gefährlichen Aufgabe übernehmen wollte. Er drang mit seinem Antrag bis zu General Löbl vor, der mit Wittgensteins Schwester Gretl bekannt war, und offenbar wurde ein Umstellungslehrgang genehmigt.[59] Gretl und Mining standen in Briefwechsel, denn Gretl, die die amerikanische Staatsangehörigkeit besaß, hatte sich in die Schweiz abgesetzt. In ihren Briefen berichten die beiden über die Erfolge ihres Bruders und freuen sich, daß er jetzt in Heimatnähe versetzt würde. Zu ihrer Erleichterung kam es aber schließlich doch zu der Entscheidung, bei der Artillerie zu bleiben. Die Gründe für diesen vernünftigen Beschluß sind nicht bekannt, doch seine Freunde verstanden die Motive, weshalb er den Wechsel wünschte: Er wollte eben in der Lage der größten Gefahr sein. Hier spielt freilich auch eine gewisse Bejahung des Todes herein, aber es war außerdem eine Möglichkeit, sich in eine Situation zu bringen, in der er gezwungen war, den selbstgesetzten Maßstäben gerecht zu werden. In dem bereits zitierten Brief an Engelmann vom 16. Januar fährt Wittgenstein fort: »Wenn Sie nun sagen, daß ich keinen Glauben habe, so haben Sie *ganz recht*, nur hatte ich ihn auch früher nicht. Es ist ja klar, daß der Mensch der, so zu sagen, eine Maschine erfinden will um anständig zu werden, daß dieser Mensch keinen Glauben hat. Aber was soll ich tun?«

Wittgenstein war inzwischen zum Reserveleutnant befördert worden; nun wurde er an die Südfront versetzt, wo er, wie es scheint, am 10. März eintraf. Von seinem ursprünglichen

59 Mitteilungen über diese Vorgänge verdanke ich Heinrich Groag. Ebenfalls darüber berichten die Briefe von Margaret Stonborough an Hermine Wittgenstein, die ich eingesehen habe, als sie sich im Besitz von Thomas Stonborough befanden.

tschechischen Regiment wurde er abkommandiert und zu einem Gebirgsartillerieregiment versetzt. Sein neues Regiment war das galizische GAR 11, das zur 11. Armee unter General v. Scheuchenstühl gehörte. Er wurde im Nordosten der venetischen Ebene stationiert, also am rechten Flügel der im Trentino aufgestellten österreichisch-ungarischen Streitkräfte, deren allgemeine Strategie darauf abzielte, hinunterzumarschieren und im Gleichtakt mit einer entsprechenden Attacke über den Piave soviel wie möglich von der reichen Nachschub versprechenden Ebene zu erobern. Die Niederlage, die die Italiener im Oktober 1917 bei Caporetto erlitten hatten, war keineswegs entscheidend gewesen; sie sammelten ihre Kräfte am Piave und eroberten im Januar zwei österreichisch-ungarische Stellungen in der Gegend von Asiago, aus denen sie trotz wiederholter Gegenangriffe nicht vertrieben werden konnten. Sowohl Österreich-Ungarn als auch Italien standen unter Druck von seiten ihrer jeweiligen Verbündeten, die eine Offensive verlangten. Die österreichisch-ungarische Offensive war für den April geplant, fand aber erst im Juni statt, so daß sie der italienischen Offensive zwar zuvorkam, ohne die Italiener jedoch davon abhalten zu können, ihre eigene Offensive im Oktober zu beginnen. Die österreichisch-ungarischen Kräfte brauchten bis Juni, um die aus Rußland eingetroffenen Truppen umzustellen und in Bereitschaftsposition zu bringen (Wittgenstein befand sich im Mai auf einem Lehrgang), und in der Zwischenzeit führten sie den Stellungskrieg weiter, der vor allem im Gebirge aufgrund der schwierigen Lebensbedingungen und der schlechten Transportmöglichkeiten viele Unannehmlichkeiten mit sich brachte. Wittgenstein erinnerte sich auch später noch daran, wie er bei seiner Ankunft entdeckte, daß die Truppen ihre Stellungen mit Hilfe einer Seilbahn erreichen mußten, die eigentlich für Güter gedacht war. Als er sich Mut machen wollte vor der Fahrt nach oben, beruhigte ihn eine stille Gestalt, die in der Ecke des Schuppens saß und bloß sagte: »Fürchte dich nicht!«[60]

Gesundheitlich scheint es Wittgenstein nicht gut gegangen zu sein. In einem Brief an Engelmann bittet er um eine Medizin für

60 Mündliche Mitteilung von Arvid Sjögren.

seinen Magenkatarrh, und Wittgensteins Mutter in Wien bekam um diese Zeit von einem Offizierskollegen Wittgensteins einen in steifem, aber wohlmeinendem Ton gehaltenen Brief, aus dem sie erfuhr, ihr Sohn liege in Bozen im Lazarett. Vielleicht erhielt Wittgenstein seinen langen Sommerurlaub aus gesundheitlichen Gründen.

Doch zunächst mußte er an der österreichischen Offensive teilnehmen. Conrad, inzwischen Feldmarschall, aber nicht mehr Stabschef, sollte von Asiago und Monte Grappa aus mit 55 Divisionen angreifen, während Boroević zur gleichen Zeit mit 51 Divisionen den Piave überschreiten sollte. Ein dritter, vorbereitender und als Ablenkungsmanöver gedachter Angriff aus der Stilfser Gegend auf die nordöstliche Lombardei blieb ohne Ergebnis. Italienische Quellen und General v. Cramon, der deutsche Beobachter der österreichischen Streitkräfte, behaupten übereinstimmend, daß der Kampfgeist und die technische Vorbereitung der Österreicher ausgezeichnet waren. Die Disziplin war gut, und unter den verschiedenen Nationalitäten herrschte Eintracht. Wahrscheinlich wurde die Widerstandskraft der italienischen Kräfte unterschätzt, und außerdem wurde auf höchster Ebene der Fehler gemacht, daß man sich nicht auf eine einzige Offensive in der Ebene konzentrierte.[61] Die von Conrads Front, der Hochebene um Asiago, ausgehende Offensive wurde trutzig nach Radetzky benannt.

Wittgenstein marschierte am 15. Juni als Aufklärer einer Sturmbatterie beim ersten Angriff mit. In einem Belohnungsantrag wird beschrieben, wie er mitten im schlimmsten Maschinengewehr- und Artilleriefeuer die Gefechtsverhältnisse auskundschaftete. Als zwei Mann seiner Patrouille verletzt wurden, kümmerte er sich trotz des Trommelfeuers um ihren Abtransport und kehrte in die neue Gefechtsstellung zurück, die ihrerseits unter heftigem Beschuß lag. Als der Offizier und drei Mann von einer Granate verschüttet wurden, übernahm Wittgenstein die Stelle des Offiziers und leitete die Rettungsarbeiten unter Einsatz des eigenen Lebens. Als der Befehl erteilt wurde, das Geschütz zur Ausgangsstellung zurückzubringen, sorgte er trotz schwersten Trommelfeuers

61 Vgl. P. Broucek (Hg.), *Ein General im Zwielicht* (Memoiren von E. Glaise von Horstenau), Bd. 1, 1980.

für die Ausführung. Weiter heißt es: »Sein hervorragend tapferes Verhalten, Ruhe, Kaltblütigkeit und Heldenmut erweckte bei der Mannschaft vollste Bewunderung. Durch sein Benehmen gab er ein leuchtendes Beispiel soldatischer Pflichttreue und Pflichterfüllung.« Es wurde empfohlen, ihm die Goldene Tapferkeitsmedaille für Offiziere zu verleihen, also die höchste Auszeichnung überhaupt. Doch einer der unabhängigen Zeugen, ein Oberst Denzer, erhob den Einwand, der Einsatz habe sehr geringe Wirkung auf den Feind gehabt. Die Geschütze hätten oft stundenlang geschwiegen. Eine Goldene Medaille sei daher zuviel. Schließlich verlieh man Wittgenstein die Militärverdienstmedaille am Band mit Schwertern, ebenfalls eine hohe Auszeichnung, und über dieses Verfahren, die Tapferkeit am Erfolg zu messen, machte er sich später immerhin lustig. Eine gewisse Ironie liegt in dem Umstand, daß seine unmittelbaren Gegner in diesem Fall britische Soldaten waren.

Wittgensteins Heldenmut muß aus dem Rahmen gefallen sein, doch was er erlebte, war ein Mikrokosmos der Offensive insgesamt. Daß der Angriff bevorstand, war bekannt, und der Feind war gut darauf vorbereitet. Das gegnerische Artilleriefeuer wirkte überall verheerend: Feuerstellungen wurden zum Schweigen gebracht, Aufmarschgebiete standen unter heftigem Beschuß der Granaten, das Heranbringen von Nachschub und Reserveeinheiten wurde erschwert oder gar unmöglich gemacht. Die Österreicher versuchten über Hügel vorzudringen, deren Wälder voller Nester mit Maschinengewehrschützen lagen. Die Beobachtung der feindlichen Stellungen und der Auswirkungen des eigenen Geschützfeuers war nahezu ausgeschlossen. Am 16. Juni blieb Conrad nichts anderes übrig, als zur Ausgangsstellung zurückzukehren. Er sagte, er habe keine einzige Division, die fürs erste als kampftüchtig gelten könnte.

Die Offensive am Piave wurde ebenfalls zurückgedrängt, und nach einigen Schätzungen verloren die Österreicher insgesamt etwa 100000 Mann. Hier ist nicht der Ort, die weiteren Rückwirkungen dieses Geschehens auf die Kampfmoral der Armee, auf das ungarische Parlament und auf den Krieg insgesamt zu betrachten. Für Wittgensteins Zukunft wichtig wurde der Umstand, daß auch die Italiener Verluste erlitten hatten und nicht imstande waren, einen Gegenangriff einzuleiten. Die Österreicher brachten es zuwege, ein oder zwei örtlich begrenzte Angriffe im Asiago-Raum in entmutigend tapferer Weise abzuwehren, doch die Italiener konnten ohnehin kaum noch Nachschub aufbieten. An der Piavefront hatten sie schwere Verluste erlitten. Beide Armeen kehrten daher in ihre Ausgangsstellungen zurück: Die Österreicher, um ihre Kräfte wiederherzustellen, während General Diaz auf italienischer Seite neue Reserven herbeischaffte und einen ehrgeizigeren Plan ausarbeitete, der, wie weiter unten beschrieben wird, im Oktober ausgeführt wurde.[62]

Kurz nach der Asiago-Offensive erhielt Wittgenstein Heimaturlaub. Alles deutet darauf hin, daß der Urlaub vom 5. Juli (dem Tag, an dem er seinen Abschnitt eines »Vormerkblatts für die Qualifikationsbeschreibung« ausfüllte) bis Ende September reichte. Ob der Grund für diese lange Urlaubszeit in seinem schlechten Gesundheitszustand, der Erschöpfung oder einer Anhäufung bisher ungenutzter Urlaubstage zu suchen ist, steht nicht fest. Wittgensteins Entwicklung scheint im Krieg mehrmals plötzliche Beschleunigungsphasen durchgemacht zu haben; der jetzige Urlaub war gewiß ereignisreich und markierte in mancher Hinsicht einen Bruch mit dem bisherigen Leben und die ersten Anfänge einer neuen Rolle.

Ein Ereignis, das von großer Bedeutung war, aber nur sehr umrißhaft bezeugt ist, fällt nahezu gewiß in diese Zeit[63], und vielleicht war es der Beginn der neuen Entwicklung: Wittgensteins Onkel Paul traf ihn unerwartet und zufällig an einem Bahnhof (offenbar Salzburg) und fand seinen Neffen in äußerst elender geistiger Verfassung. Tatsächlich war Wittgenstein auf dem Weg, irgendwo im Gebirge, vermutlich im Salzkammergut, Selbstmord zu begehen. Der weltläufige Onkel Paul, über den strengere Tanten die Stirn runzelten, hatte viel für seinen Neffen und sogar für dessen Philosophieren übrig, und

62 Eine Darstellung dieser Offensive in L. Villaris Buch über den Krieg an der italienischen Front. Vgl. ferner den Artikel »Italian Campaigns« im 31. Band der 12. Aufl. der *Encyclopaedia Britannica*.

63 Das Ereignis hat sich auf jeden Fall während des Krieges und in der Nähe von Salzburg zugetragen. Wittgenstein befand sich dort im Juli 1918, und es gibt praktisch keinen anderen Zeitpunkt während des Krieges, der in Frage käme.

womöglich war dieses letztere Moment ausschlaggebend dafür, daß er ihn zu überreden vermochte, statt dessen mit nach Hallein zu kommen, wo Paul ein Haus besaß. Es erübrigt sich, nach den Gründen des geplanten Selbstmords zu fragen. Wittgenstein hatte das Gefühl, jetzt allein zu sein in der Welt. Er hatte gehört, daß sein englischer Freund David Pinsent als Testpilot eines Militärflugzeugs bei einem Unfall ums Leben gekommen war. Die rettende Umgebung des aktiven Diensts lag hinter ihm. Nun war er auf dem Weg zu seiner Familie, einer Atmosphäre und einer Reihe von Zwängen, denen er seit Jahren objektiv aus dem Wege gegangen war.

In Hallein und dann im August auf der Hochreith brachte er die Arbeit der letzten sechs Jahre zum Abschluß, indem er niederschrieb, was mehr oder weniger die letzte Fassung seiner *Logisch-philosophischen Abhandlung* darstellt, und sich (zunächst ohne Erfolg) um ihre Veröffentlichung bemühte. Dies war das Werk, das später von Moore den Titel *Tractatus Logico-philosophicus* erhielt und heute oft einfach *Tractatus* genannt wird.

Einiges über die faktischen Entstehungsbedingungen des Werkes ist bekannt, aber zwangsläufig nicht genug. Es bildet, wie Engelmann sagt, den Extrakt aus sieben großen Manuskriptbänden, und Engelmann ist ein Zeuge, der diesen Sommer zusammen mit Wittgenstein auf der Hochreith verbrachte. Drei dieser Manuskriptbände sind mit Sicherheit erhalten und inzwischen auch veröffentlicht worden.[64] Nach von Wrights Schätzung könnten in der Zeit der Lücken weitere vier Manuskriptbücher entstanden sein, doch derartige Schätzungen sind a priori bedenklich, und hinzu kommt, daß viele Einträge in Wittgensteins Notizbüchern (die nicht zusammenzufallen brauchen mit seiner »Arbeit«, womit er die Gedankenarbeit der Lösung von Problemen meinte) aus Zeiten aktiven Dienstes stammen. Es kann auch sein, daß sich Engelmann in seiner Erinnerung geirrt hat; wahrscheinlicher ist, daß er das heute unter dem Titel *Prototractatus* bekannte Manuskript in seine Rechnung einbezogen hat. Dieser Manuskriptband enthält eine frühere Fassung der *Abhandlung*, in der die einzelnen

64 Dies sind die *Tagebücher 1914-1916*, Werkausgabe Bd. 1. Frankfurt: Suhrkamp, 1984. Eigentlich müßte der Titel lauten: »Tagebücher 1914-1917.«

Bemerkungen in interessanter Weise angeordnet sind. Dieses Werk sollte (ebenso wie der *Tractatus* in seiner endgültigen Form) aus Einzelsätzen, Aphorismen oder Bemerkungen von höchstens Abschnittslänge bestehen und so numeriert sein, daß ihr logisches Gewicht deutlich würde. n.1 soll demnach eine Bemerkung zum Satz n sein, n.11 zum Satz n.1 und so fort. Eines der offensichtlichsten Vorbilder dieser Numerierung sind die *Principia Mathematica*, und in diesem Zusammenhang darf man nicht vergessen, daß Wittgenstein nach Russells Wunsch die ersten Kapitel dieses Werks neu schreiben sollte. Der Schluß, daß diese philosophischen Aussagen so eindeutig und logisch so klar miteinander verknüpft sind wie die Lemmata, Definitionen, Axiome und Lehrsätze eines logischen Systems, ist zwar paradox, aber mit Sicherheit beabsichtigt. Bei der Abfassung hat dieses Numerierungsverfahren (ebenso wie die Deweysche Dezimalklassifikation) den Vorteil, daß man stets im nachhinein eine neue Zahl zwischen zwei bereits gegebene einfügen kann, zum Beispiel n.111 zwischen die vorgegebenen Nummern n.11 und n.12, woraufhin man fortfahren kann mit n.111, n.112 (oder n.1101), sodann n.1121 (oder n.1111 oder n.1101 oder n.11001) und so fort (wobei stets weitere Möglichkeiten der Fortsetzung gegeben sind). Der Prototractatus-Manuskriptband gibt die Numerierung für die in dem Manuskript enthaltenen Sätze nur in äußerlicher Weise an, ohne daß diese Sätze selbst in der gewünschten Reihenfolge stünden.[65] (Es scheint, daß diese Sätze direkt oder auf Umwegen aus den datierten und erhaltenen und einigen ähnlichen Notizbüchern in den Prototractatus-Band übernommen worden sind.) Die besonders wichtigen Sätze 1, 2, 3, 4 und 5 stehen separat auf einer der ersten Seiten (6 und 7 kommen erst später), anschließend folgen die als Zusätze oder Anmerkungen gedachten Sätze; manchmal stehen diese in der gleichen Reihenfolge wie in den ersten Notizbüchern, ein andermal entspricht die Reihenfolge Wittgensteins Einfällen oder sonst einem Prinzip, das sich heute nicht einmal mehr erraten läßt. Kurz, es ist eine Frühfassung des Werks, in der Wittgenstein

65 Ein Faksimile des Manuskripts sowie eine Wiedergabe der intendierten Reihenfolge finden sich in der Ausgabe: *Prototractatus*, Hg. B. F. McGuinness, T. Nyberg, G. H. von Wright, London: Routledge and Kegan Paul, 1971.

die gewünschte Reihenfolge seiner Bemerkungen ausgearbeitet hat. Da das Manuskript großenteils mit dem beim Militär üblichen Stift geschrieben ist, neige ich zu der Annahme, daß es tatsächlich an der Front zusammengestellt wurde, zum Beispiel in Asiago. Vielleicht benutzte Wittgenstein dabei eine noch frühere, ebenfalls schon numerierte Abhandlung, die er Groag geliehen und kurze Zeit vorher zurückverlangt hatte (vgl. S. 402). Die andere Möglichkeit ist, daß der Prototractatus ebendas Manuskript war, das Wittgenstein Groag überlassen hatte (beziehungsweise eines von mehreren Manuskripten, die er ihm geliehen hatte), und für diese Annahme spricht wenigstens das Prinzip der Ökonomie. Sollte dies der Fall sein, stammt der Prototractatus im wesentlichen aus der 1917 an der Front verbrachten Zeit.
Auf jeden Fall gehe ich davon aus, daß Wittgenstein auf dem Weg von Italien nach Wien mit dem betreffenden Manuskript in Salzburg angekommen ist. Die Reihenfolge war noch nicht ideal, einige Bemerkungen mußten umgestellt werden, das Vorwort fehlte und einiges mehr. Doch im wesentlichen hatten seine Ansichten einen Grad der Reife und der Vollständigkeit erreicht, der eine Veröffentlichung geradezu verlangte. Nun setzte er sich in Hallein mit diesem Manuskriptband hin und überarbeitete die Numerierung und den Text selbst. Er fügte ein Vorwort hinzu – im wesentlichen das gleiche, das auch heute noch den *Tractatus* einleitet, doch damals enthielt es eine Danksagung an seinen Onkel Paul, die im *Tractatus* fehlt. Auf einer der ersten Seiten wurde die Widmung für den verstorbenen Freund David Pinsent hinzugesetzt, und gleich darauf folgt das Motto von Kürnberger, das, wie wir gesehen haben, vielleicht von Karl Kraus übernommen wurde. Die Widmung ist unser frühester Hinweis auf Wittgensteins großen Verlust. Erhalten ist auch ein rührender Brief an Dame Ellen, der sich im Besitz der Familie Pinsent befindet.
Auf Inhalt und Bedeutung dieser Arbeit werden wir in einem späteren Kapitel eingehen. Hier geht es uns um die Wirkung auf Wittgensteins Leben im Sommer und auf seine Stimmung. Folgendes sind die Entwicklungsphasen, die mit Sicherheit feststehen: Auf der Basis des nunmehr umgearbeiteten Manuskriptmaterials muß er eine Zwischenfassung hergestellt ha-

ben, die dann durch Neunumerierung sowie durch Streichungen und Hinzufügungen neuen Textmaterials eine Gestalt gewonnen hat, in der sie von einer Schreibkraft (vermutlich in Wien und wahrscheinlich in der Familienkanzlei in der Alleegasse) abgeschrieben werden konnte, so daß die beiden leicht voneinander abweichenden erhaltenen Typoskripte der *Abhandlung* sowie eine dritte bekannte Kopie entstanden.[66] Es mag sein, daß der Text zweimal abgeschrieben werden mußte, um genügend Durchschläge herzustellen, so daß Wittgenstein alles in allem vielleicht über vier (oder höchstens sechs) Exemplare verfügte. Bei wechselnden Aufenthalten in Hallein, Wien und auf der Hochreith wurde das Werk irgendwann im August abgeschlossen. »Die Arbeit meines Lebens« nennt er es, als er wieder an Russell schreiben kann: ein Buch, »das meine gesamte Arbeit der letzten sechs Jahre enthält. Ich glaube, ich habe unsere Probleme endgültig gelöst. Dies klingt vielleicht hochmütig, aber ich kann nicht umhin, es zu glauben.«[67] Gleich nach Fertigstellung der Maschinenschrift schickte er ein Exemplar an den Wiener Verleger Jahoda.

An Jahoda, denn Jahoda war der Verleger von Karl Kraus. Wittgenstein sah sein Werk als einen Beitrag zu den Zielen der *Fackel*. Später werden wir sehen, wie er den Sachverhalt in einem Schreiben an Ficker formulierte. Er hoffte, man würde Kraus wegen der Veröffentlichung um Rat fragen; vielleicht gab er auch einen dementsprechenden Wink. Mit dem Kreis um Kraus stand er in Verbindung. Loos war sein Freund, und Engelmann, der einstige Gehilfe von Kraus, war damals in Wien und besuchte Wittgenstein gerade zu dieser Zeit auf der Hochreith.

66 Es muß ein drittes Typoskript gegeben haben. G. H. von Wright erinnert sich, daß er es 1952 in Gmunden gesehen hat, und zwar zusammen mit einem Exemplar von Russells Einleitung. Dies war vermutlich eine frühere Übersetzung dieser Einleitung, denn es steht fest, daß das von Ostwald verwendete Exemplar von Russells Text verlorengegangen ist. Dieser Text beziehungsweise seine Übersetzung hätte außerdem zu dem Engelmann-Typoskript gehört, das erwiesenermaßen die Druckvorlage für Ostwalds Veröffentlichung war.

67 Wittgensteins Briefe an Russell vom 12. Juni und 13. März 1919.

8. Gefangenschaft und Heimkehr 1918-1920

Was Wittgenstein anschließend erlebte, war das Ende des Kaiserreichs: Finis Austriae. Und an der Front war das Erlebnis dramatischer als anderswo. Der September allerdings verlief ruhig, die Vollstreckung wurde noch einmal ausgesetzt. Nach Abschluß der Ernte besserte sich die Proviantlage ein wenig. Ein Angriff von britischer und französischer Seite im Asiagoabschnitt wurde abgewehrt. Zu diesem Zeitpunkt hielt sich Wittgenstein wahrscheinlich noch in Wien auf.[1] Am 22. September wurde ihm durch einen letzten formellen Akt die im Juni errungene Tapferkeitsmedaille verliehen. Doch gegen Ende des Monats, als er wieder in Italien war, wurde in Bulgarien der Waffenstillstand geschlossen, Ungarn war plötzlich ohne Schutz, die ungarischen Truppen verlangten die Heimkehr, die Umgestaltung Österreich-Ungarns in eine Föderation freier Einzelstaaten wurde angekündigt, und schließlich wurde ein allgemeines Waffenstillstandsabkommen gefordert.

Die Nachricht von der Forderung eines allgemeinen Waffenstillstands gelangte am 5. Oktober zu den Truppen, und von diesem Zeitpunkt an standen Erzherzog Joseph und die übrigen Befehlshaber vor der aussichtslosen Aufgabe, die Soldaten verschiedener Völkerschaften davon zu überzeugen, sie müßten um annehmbarer Friedensbedingungen willen ausharren. Dabei trugen diese Soldaten zerschlissene Uniformen, hatten keine Wäsche zum Wechseln und wurden von der Feindpropaganda ständig über die nationalen Probleme zu Hause auf dem laufenden gehalten. Was man in Wittgensteins Frontabschnitt mindestens ebensosehr fürchtete wie die Verschlechterung der Friedensbedingungen, war der unvorhersehbare Effekt der Entlassung hungriger und führerloser Soldaten, die dann auf dem einzigen Heimweg hastig den Rückzug antreten würden. Viele taten es wirklich, vor allem vielleicht Kroaten, Bosnier, Tschechen und Ungarn, aber auch zahlreiche Österreicher.

1 Aus einem Brief Gretls an Hermine Wittgenstein vom 16. September 1918 geht hervor, daß sie ihren Bruder in Wien vermutete. Seine nächste Feldpostkarte an Engelmann trägt das Datum 9. Oktober 1918.

Besonders akut wurden diese Schwierigkeiten nach dem am 24. Oktober erfolgten Angriff der Alliierten in den Sette Comuni, also in der Gegend um Asiago. Im Grunde war dieser Angriff eine Finte, denn der eigentliche Durchbruch sollte am Piave stattfinden. Zunächst gelang es der 38. Honved ID, zu der Wittgensteins Batterie gehörte, die britischen und italienischen Truppen abzuwehren und sogar den Berg Sisemol zurückzugewinnen. Wittgensteins Briefwechsel mit Engelmann und mit einem möglichen Verleger wurde bis zu diesem Datum weitergeführt. Vielleicht war es gerade zu diesem Zeitpunkt, daß ihm das einzige korrigierte Exemplar der vom Verleger abgelehnten *Abhandlung* zugeschickt wurde – man schaudert angesichts des Risikos.[2]

Immer wieder ist man verblüfft, wie die kleine Münze des Lebens – Briefe, Protokolle, Beförderungen, Auszeichnungen – auch inmitten der schwersten Krisen weiterzirkulierte. Doch schon bald mußte Wittgensteins Division sowie allen weiteren ungarischen Truppenteilen der 11. Armee die Heimkehr in Aussicht gestellt werden. Verstärkung wurde verweigert, und der bloßen Annäherung der von übergeordneten Einheiten entsandten Offiziere wurde Widerstand entgegengesetzt. Nur die Artillerie hielt sich an den Plan einer ununterbrochenen Frontlinie, die im Asiagoabschnitt bis zum 30. Oktober wirklich mehr oder weniger gehalten wurde. Die entscheidende Überquerung des Piave jedoch fand am 24. Oktober statt, und am 29. Oktober stand der Sieg von Vittorio Veneto fest. Die Österreicher flehten um Frieden, und ein allgemeiner Rückzug aus dem besetzten Gebiet wurde angeordnet.

Der Friede wurde zwar nicht sofort geschlossen, doch der Massenrückzug in die Heimat hatte bereits begonnen. In vielen Fällen lösten sich die Mannschaften je nach Volkszugehörigkeit in Grüppchen auf, legten nationale Abzeichen an, und mitunter kam es vor, daß sie Soldatenräte bildeten und Offiziere absetzten, die nicht die richtige Nationalität hatten. Dies waren die Umstände, unter denen sich Wittgensteins Bruder Kurt (eigentlich Konrad) das Leben nahm. In der Familie kursieren

2 Vgl. Wittgensteins Schreiben an Engelmann vom 22. und 25. Oktober 1918.

unterschiedliche Berichte über diesen Selbstmord. Vielleicht lag es daran, daß die Soldaten den Dienst verweigerten; vielleicht wollte er ihnen einen aussichtslosen Kampf ersparen; oder vielleicht wollte er einfach der Schande der Kapitulation und der Gefangenschaft entgehen. Einhelligkeit besteht darüber, daß sein starkes Ehrgefühl den Ausschlag gab.

Viele Soldaten, darunter auch hohe Offiziere, nahmen indes den nächsten Zug in die Heimat. Heinrich Groag war geistesgegenwärtig genug, einem einfältigen Lokomotivführer zu befehlen, ein Schild mit der Aufschrift »Olmütz« anzubringen. Auf diese Weise gelang immerhin einigen die Rückkehr nach Hause. Wittgenstein dagegen nicht. Man kann sich kaum vorstellen, daß sein Sinn für Gehorsam dergleichen zugelassen hätte. Er erreichte auf dem Rückzug Trient, wo die Österreicher von den seit dem 1. November widerstandslos vorrükkenden Briten und Franzosen überholt wurden. Am 3. November wurde Trient von den Italienern besetzt, und alle Soldaten der österreichisch-ungarischen Armee wurden zu Kriegsgefangenen erklärt. Auf österreichischer Seite glaubte man, der Waffenstillstand sei bereits 36 Stunden vorher, also zum Zeitpunkt der Verkündung der Einigung über die Friedensbedingungen, in Kraft getreten.[3] In diesen 36 Stunden wurden 300000 Soldaten gefangengenommen; 30000 von ihnen starben in der Gefangenschaft. Ebenfalls am 3. November legte Kaiser Karl den Oberbefehl über seine Truppen nieder. Ohne seine Herrschaft und Privilegien geradezu abzutreten, überließ er sie doch seinen Völkern.

Daher waren die gefangenen Österreicher erstaunt, daß man sie nicht nach Hause, sondern – nach Offizieren und Mannschaften getrennt – in Gefangenenlager schickte. Franz Parak berichtet, wie er, allmählich von einer Etappe zur nächsten vorrückend, in das unter dem Kloster eingerichtete Gefangenenlager von Cassino gelangte.[4] Wittgenstein geriet zunächst

3 Die von den Österreichern vertretene Auffassung erklärt auch Hermines Formulierung, er sei bei dem »sonderbaren« Waffenstillstand in italienische Kriegsgefangenschaft geraten (in Rhees (Hg.), *Porträts und Gespräche*, S. 25). Strenggenommen waren die Alliierten zweifellos im Recht.

4 F. Parak, »Als ich mit Wittgenstein in der Gefangenschaft war«, in: *morgen. Kulturzeitschrift aus Niederösterreich*, 33 (1984).

vielleicht nach Verona[5], anschließend irgendwann nach Como, ehe er im Januar 1919 Cassino erreichte.[6]

Parak schildert den trostlosen Schauplatz: zwei Barackenreihen, eine Lagerstraße, ein Exerzierplatz, hohe Mauern rundherum, die bittere Kälte im Winter[7], die Sonne, von der sie im Sommer auf die eisernen Bettgestelle in ihren engen Kammern getrieben wurden, der ständige Hunger. Eines Tages bemerkte Parak einen Neuankömmling: »Von vornehmer Abstammung hatte er ein schmales Gesicht mit einem edlen Profil, war von mittlerer Größe und mochte nach Gestalt und Aussehen noch nicht dreißig sein. Den Kragen der grünen Bluse hatte er geöffnet und den Hemdkragen darübergeschlagen, die Breecheshose steckte in Wickelgamaschen. Er ging barhäuptig, das braune Haar schien leicht gelockt. Wodurch er aber vor allem auffiel, war seine Art zu sprechen, die eine außerordentliche Bestimmtheit ausdrückte, und eine Bewegung des Kopfes, den er gewöhnlich gesenkt hielt, aber von Zeit zu Zeit aufwarf, indem er den Blick in die Ferne richtete. Es war Ludwig Wittgenstein.« Parak stellte fest, daß die militärischen Urteilsmaßstäbe nach Beendigung des Krieges immer mehr zurücktraten, und daß die Gefangenen einander eher nach ihrem früheren Zivilstand einschätzten oder danach, wieviel sie in Vorträgen, Lesungen oder im Gespräch zur Erleichterung des Zustands erzwungener Untätigkeit beizutragen vermochten. Nicht alle Aspekte von Wittgensteins Herkunft wurden sogleich deutlich. Er wirkte, wie es scheint, noch weniger förmlich und noch abgerissener als die anderen. Als man im Gespräch einmal auf Klimt und namentlich auf sein Bildnis Margaret Stonboroughs kam, nannte Wittgenstein es das Porträt seiner Schwester, woraufhin der Bildhauer Michael Drobil verdutzt ausrief: »Ja bist denn du ein Wittgenstein?«

5 Hier borgte Wittgenstein hundert Lire von einem gewissen Oberleutnant Sturm. Er vergaß es nicht und zahlte das Geld auf umständliche und penible Weise zurück. Vgl. Wittgensteins Brief an Hänsel vom 23. September 1925, in: Konrad Wünsche, *Der Volksschullehrer Ludwig Wittgenstein*, Frankfurt: Suhrkamp, 1985 (edition suhrkamp NF 299), S. 324f.

6 Nach Hayeks unveröffentlichter Skizze. Hayeks Darstellung beruht auf Auskünften Hänsels, dessen Weg der gleiche war wie der Wittgensteins.

7 Wittgenstein erzählte Arvid Sjögren, daß sie in ihren Kleidersäcken schliefen. Nie in seinem Leben habe er so schlimmen Hunger gelitten.

Das Thema dieser Unterhaltung ist durchaus typisch und dürfte mit einer Wandlung in Einklang stehen, auf die Parak hinweist: In vielen Fällen löst die Gefangenschaft – und in gewissem Maße der bloße Tatbestand der Niederlage – eine gewisse Hinwendung zum Geistigen aus. In vielen Kriegsgefangenenlagern während und nach den beiden Weltkriegen wurden (sofern die Umstände es überhaupt erlaubten) Vorträge und Aufführungen veranstaltet, Bücher waren ein begehrter Artikel, und durch die Erörterung persönlicher und religiöser Probleme wurden innige Freundschaften geschlossen, die im Leben des Alltags oder der Familie nicht so leicht möglich gewesen wären.

So verhielt es sich jedenfalls in Cassino, freilich nicht immer auf dem höchsten Niveau. So wird von einem ehemaligen oder Möchtegernschauspieler berichtet, der mit falschem Pathos Gedichte vortrug, was Wittgenstein zu der Bemerkung veranlaßte: »Da kann man nicht zuhören, es ist, als ob man einen elektrischen Schlag bekäme.« Es gab auch eine Ausstellung von Bildern, die im Lager entstanden waren, doch Wittgenstein tat sie alle bis auf ein einziges ab und meinte, ein echtes Bild wirke wie eine Ohrfeige. Parak erzählt auch von einem früheren Journalisten, der Vorträge über Philosophie hielt, denen Wittgenstein fernblieb. Dafür besuchte er aus Gründen, die noch deutlich werden, anscheinend gemeinschaftlich veranstaltete pädagogische Vorlesungen über »Logik und Unterrichtslehre«, die auf dem gleichnamigen Lehrbuch von Anton Hergeth basierten. Parak gegenüber behauptete er (wobei er vielleicht Coffeys Werk vergaß oder sich eine harmlose Täuschung[8] erlaubte), er habe zwar seine eigene logisch-philosophische Abhandlung geschrieben, doch was in einem Lehrbuch der Logik stehe, wisse er nicht. An den Vorlesungen fand er schließlich eine Menge auszusetzen, was nicht wundernimmt, denn die Herbartsche Tradition, in der dieses Lehrbuch stand, kannte nur die sogenannte aristotelische Logik. Von der Vielfalt der logischen Formen hatte sie nur eine begrenzte Vorstellung und erachtete die Logik zum Teil ebendeshalb für eine bloße Vorstufe der Philosophie, während schon der Titel von

8 Wittgenstein tadelte sich selbst häufig, weil er einen falschen Eindruck erweckt habe. Diese Selbstvorwürfe waren vielleicht nicht ganz unberechtigt.

Wittgensteins Werk besagt, daß nach seiner Auffassung die ganze Philosophie in der Logik aufgeht.
Charakteristisch ist jedoch, daß Wittgenstein die persönliche Unterhaltung in kleinen Gruppen oder mit einzelnen lieber war als alle diese öffentlichen Veranstaltungen. Dabei sollte man auch bedenken, wie er sich nach seiner Ankunft in England gefragt hatte, ob er einen Freund finden werde, und wieviel ihm später der Olmützer Kreis bedeutete. Er machte Kameraden ausfindig, die zu ihm paßten, wie zum Beispiel Parak, dessen im Lager geschriebene Erzählung, die ganz in lyrischem Ton gehalten und von Heimweh bestimmt war, er zu lesen wünschte. Andere hatte er bereits früher im Regiment oder am Anfang der Gefangenschaft kennengelernt. Der auch späterhin wichtigste dieser Freunde war Ludwig Hänsel, ein tief gläubiger Katholik, der künftig im österreichischen Erziehungswesen eine große Rolle spielte. Nach der Entlassung aus der Gefangenschaft wohnte Wittgenstein gelegentlich bei den Hänsels, stellte dort seine Bücher unter, benutzte ihre Anschrift für seine Korrespondenz und nahm großen Anteil am Wohlergehen und an der Erziehung ihrer Kinder. Zunächst waren es Hänsels Ernst sowie seine philosophische Schulung und seine philosophischen Bestrebungen, die ihn für Wittgenstein zum idealen Gefährten machten.[9] Die beiden nahmen morgens ihre Stühle, setzten sich auf dem Lagerplatz oder unter den Steineichen ins Freie und lasen gemeinsam Kant. Bücher erhielten sie, wie es scheint, durch die Spende einer »Schweizer Gesellschaft« (womit vielleicht das Rote Kreuz gemeint ist). Für die einzelnen Gefangenen war es schwierig, sich Bücher schicken zu lassen, doch Wittgenstein hatte später das Glück, die entsprechende Sondererlaubnis zu erhalten. Doch bis dahin hatte er nicht einmal seine geliebten *Grundgesetze* zur Verfügung und war darauf angewiesen, Hänsel Teile des Vorworts auswendig vorzutragen, um den Freund von der Großartigkeit dieses Texts zu überzeugen.[10] Die

9 Hayek berichtet, Wittgenstein habe Hänsel (vermutlich in Como) kennengelernt, als dieser Vorträge über Logik hielt. Die Vorträge habe er sich ruhig angehört, doch dann habe er Hänsel die symbolische Logik erklärt.

10 In einem Schreiben vom 24. Mai 1919 bittet er Engelmann, ihm Freges *Grundgesetze* zu schicken. Der Empfang wird jedoch nirgends bestätigt, und die Ausführungen in seinem Brief vom 31. Oktober 1920 könnten bedeuten, daß

Beziehung zwischen ihnen war durch die Offizierskameradschaft geprägt, und »Du, Hänsel« blieb auch weiterhin die Form der Anrede. Von ähnlicher Art war Wittgensteins langjährige Freundschaft mit dem Bildhauer Drobil. (Einige von Drobils späteren Porträtzeichnungen Wittgensteins sowie eine ihn darstellende Plastik sind erhalten; ferner gibt es eine Büste, die Wittgenstein selbst in Drobils Werkstatt modelliert hat.) Die wenigen erhaltenen Billetts und Briefe Drobils sind knapper als die Hänsels – man spürt den Unterschied zwischen dem schaffenden Menschen und dem Theoretiker –, doch beide gehörten zu der kleinen Gruppe von Menschen, die sich in der Unterhaltung mit Wittgenstein nicht wie Jünger, sondern wie Gleiche verhielten, was durch die offiziersmäßige Anrede noch unterstrichen wurde.

Das Verhältnis zu Parak war, wie er selbst in seiner gewinnenden Schilderung deutlich macht, anderer Art. Wittgenstein hatte ihn sich gleichsam zum Schützling auserkoren, denn ihn interessierten Paraks Erzählungen und sein Lehrerberuf. Paraks Beschreibung läßt erkennen, daß Wittgenstein einen überwältigenden Eindruck auf ihn machte. Dafür las er das Typoskript, das Wittgenstein bei sich hatte. Nach einem Regentag machten sie »unzählige Male die Runde um den kotigen Platz unter den Baracken«, und als Parak seine Begeisterung zum Ausdruck brachte, schob Wittgenstein den Arm unter den des anderen. Später trafen sie sich nachmittags: Parak schloß sich der aus Hänsel, Drobil und dem Literaturprofessor Alois Jungwirth bestehenden Gruppe an, der Wittgenstein *Schuld und Sühne* vorlas. Bei anderen Gelegenheiten unterhielten sich die beiden allein über dieses Buch oder über andere Werke der Literatur, oder sie pfiffen zweistimmig eine von Wittgenstein ausgewählte Fuge von Bach, der zu dieser Zeit Wittgensteins Lieblingskomponist war. Die von Parak überzeugend geschilderten literarischen Gespräche gehören zur Geschichte von Wittgensteins Entwicklung und werden weiter unten kurz besprochen. Das Verhältnis Paraks zu Wittgenstein ähnelt vielen späteren, und um das Wesentliche daran zu verstehen, sollte gezeigt werden, wie es dazu kam.

es in der neugegründeten Tschechoslowakischen Republik schwierig war, Bücher zu verschicken.

In der Sommerhitze lag Wittgenstein wie viele andere Kameraden in Gedanken verloren auf dem Bett und dachte, wie Parak meinte, über Umformulierungen der Sätze seines Buches nach. In Wirklichkeit wurden, wie die Maschinenschrift zeigt, nur wenige Korrekturen vorgenommen. Eher dürften ihn die Schwierigkeiten in seinem Inneren in Anspruch genommen haben.[11] Jedenfalls hatte Parak das Gefühl, daß seine Besuche nun nicht mehr so willkommen waren, ja daß Wittgenstein ihn überhaupt weit mehr mied, als durch bloße Launenhaftigkeit zu erklären gewesen wäre. Es gelang ihm, eine Aussprache herbeizuführen, bei der Wittgenstein manche interessante Auskunft gab. Parak bekennt, daß er selbst, wie Wieland nach der Ankunft Goethes in Weimar, von Wittgenstein so voll war wie der Tautropfen von der Sonne. Wittgenstein war zwar nur sieben Jahre älter, doch an Bildung und Begabung war er ihm himmelweit überlegen, so daß Parak gar nicht anders konnte, als jede Pore zu öffnen und soviel wie möglich von Wittgensteins Erkenntnissen in sich aufzunehmen. Doch »feinnervig und reizbar«, wie Wittgenstein war, zog er sich, wie eine Mimose, allmählich zurück von einer so engen Anklammerung. Dieses Bild scheint Wittgenstein selbst gebraucht zu haben, und anschließend meinte er, außer Parak habe er nur einen anderen Menschen dieser Art gekannt, nämlich die eigene Mutter. Wittgensteins Angehörigen entging nicht, wie er die Mutter auf Armeslänge von sich fernhielt, und die gleiche Haltung geht auch aus seinen Briefen an die Familie hervor, wenn er schreibt: »Viele Grüße an die Mama« – als ob es mit solchen Grüßen getan wäre! Und dabei muß einem natürlich auch der Ausruf »Nichts mehr davon!« aus der Berliner Zeit in den Sinn kommen. In späterer Zeit gab es ebenfalls Frauen, die ihm zu nahe kamen, und Männer, die – ähnlich wie es in einem Gedicht Goethes[12] heißt – in Wittgensteins Garten verpflanzt wurden, wo sie es allerdings nicht in allen Fällen zur Blüte brachten.

Vielleicht kann man im Anschluß an eine Formulierung Malcolms[13], der ich allerdings nicht ohne Einschränkungen zu-

11 Vgl. Wittgensteins Karte an Engelmann vom 25. April 1919.

12 *Gefunden*. Goethes Gedicht bezieht sich auf Christiane.

13 *Erinnerungen an Wittgenstein*, S. 132. Malcolm spricht dort von Wittgen-

stimme, sagen, Wittgensteins Tragödie habe darin gelegen, daß er sich stark nach Liebe sehnte, die Art, in der sie zum Ausdruck gebracht wurde, jedoch nur selten zu ertragen vermochte. Hier geht es uns darum, zu erkennen, wie sich diese Charakterzüge entwickelten und welche Faktoren auf sie einwirkten. Eine Veränderung oder Entwicklung, die durch Krieg und Gefangenschaft ausgelöst oder gefördert wurde, äußerte sich in seiner Reife, seiner Beherrschtheit und in seinem Einfluß auf andere, wie er im Falle Paraks zum Vorschein kam. Und dies war, wie man sagen muß, ein Fall, der zumindest auf seiten Paraks gut ausging. Durch die Zeitumstände wurden die beiden schon bald wieder getrennt, doch Paraks Erinnerungen an Wittgenstein blieben herzlich und positiv. Die Klärung ihrer Beziehung entsprang offenbar einem gesunden Urteilsvermögen und wurde geschickt vollzogen.

Etwa zu dieser Zeit gab es noch weitere Entwicklungen in Wittgensteins Persönlichkeit, die sich anhand von Paraks Darstellung erkennen lassen. Die Themen ihrer Gespräche reichten von der Beurteilung der Werke Paraks über Vergleiche zwischen Dostojewski und anderen Schriftstellern bis hin zu Wittgensteins religiöser Einstellung und seinen Lebensplänen. Wie so häufig bei Wittgenstein, erlaubt der ästhetische Aspekt den besten Zugang, wobei nicht allen seinen Werturteilen die gleiche Bedeutung zukommt. Zu dieser Zeit wollte er Haydn auf die gleiche Stufe stellen wie Beethoven und hielt Bach ohnehin für größer als jene beiden, doch schon wenig später konnte es vorkommen, daß er nur Beethoven oder nur Schubert gelten lassen wollte. Bei den großen Komponisten ist es eben so, daß man zu einem Zeitpunkt in gewissem Maße nur einen von ihnen wirklich erfassen kann. Etwas mehr läßt sich vielleicht in Wittgensteins kritische Äußerung über Wagners Musik hineinlesen: Man könne aus einer Sprache in eine andere nicht wortwörtlich übersetzen, meinte er. Das dürfte so zu deuten sein, daß Wagner seine literarisch geäußerten Ziele – die intendierte Aussage – allzu mechanisch in Musik überträgt. Damit nimmt Wittgenstein Abstand von seiner jugendlichen Hinneigung zu

steins »Bedürfnis nach Liebe sowie seine[r] Härte, welche Liebe zurückstieß«. Ich meine hier jedoch ein Element seiner Persönlichkeit, das keine Liebe wollte.

den Meistersingern und tut einen Schritt in Richtung auf eine weniger auf unmittelbaren Ausdruck bedachte Kunst, in der es nicht so sehr auf das ankommt, was gesagt wird, sondern eher darauf, wie es gesagt wird. Dies war auch sein wesentlicher Kritikpunkt im Hinblick auf Paraks Erzählungen: Dabei nannte Wittgenstein ein bestimmtes Adjektiv (dessen richtigen Ort in einer Novelle Kellers, aus der Parak es tatsächlich übernommen hatte, er anzugeben vermochte) und wies darauf hin, daß es nicht zu dem paßte, was Parak eigentlich sagen wollte. Er habe sich die Dinge nicht deutlich genug vorgestellt. Als Parak sich wehrte, damit ginge der ganze »Gehalt« dieser (der zweiten und nach seinem eigenen Gefühl besseren) Geschichte verloren, erwiderte Wittgenstein: »Die Sprache ist alles.« Man könnte es auch, um die Marschallin aus dem Rosenkavalier zu zitieren, so sagen: »Aber in dem Wie, da liegt der ganze Unterschied.«

In der Praxis hieß das, daß ihm – vielleicht besonders zu dieser Zeit – diejenigen Werke am meisten sagten, in denen eine moralische Lehre deutlich spürbar, aber zurückhaltend geäußert wird. Beispiele hierfür sind das Engelmann gegenüber gepriesene Gedicht von Uhland und die Novellen von Keller in ihrer Gesamtheit. In der Unterhaltung mit Parak las er lieber eine Parabel von Mörike vor, anstatt auf eine Stelle im Faust einzugehen, in der es Goethe nach Paraks Eindruck gelungen war, das Sexuelle literarisch zum Ausdruck zu bringen.[14] Der Anlaß zu dieser Auseinandersetzung war die gemeinsame Lektüre von *Schuld und Sühne*, und es ging um die Frage, warum Dostojewski nur die Seite Sonjas darstellt, die sie als Heilige erscheinen läßt, während ihre sündige Seite kaum berührt wird, obwohl sie natürlich den wesentlichen Hintergrund bildet für solche Szenen wie die, in der die Dirne dem Mörder aus dem Evangelium vorliest. Die Freunde – und ganz besonders Wittgenstein selbst – beschäftigten sich deshalb so eingehend mit diesem Buch, weil es ihnen um das eigene Leben ging. Nach Paraks Auffassung fand Wittgenstein Tolstois religiöse Gesinnung nicht ganz befriedigend, doch derartigen Wechseln des Schwerpunkts sollte man nicht zuviel Gewicht beilegen,

14 Vgl. Mörikes »Märchen vom sichern Mann« und Gretchens Monolog »Wie konnt' ich sonst ... «.

denn später kam Wittgenstein wieder auf Tolstoi zurück.[15] Aber freilich ist Dostojewski derjenige, der in den späteren Tagebuchaufzeichnungen aus der Kriegszeit zitiert wird; und zwar zitiert er *Die Brüder Karamasow*, die er im Gespräch mit Parak für noch großartiger erklärte als *Schuld und Sühne*. Es war Dostojewskis zutiefst »religiöse Einstellung«, die Wittgenstein schätzte. Mit dem Blick des Schriftstellers stellt Parak eine Verbindung her zwischen einem anderen Gespräch und *Schuld und Sühne*: Wittgenstein hatte sich nämlich als einen Wiedergeborenen bezeichnet, was Parak nicht im Sinne der Seelenwanderung auffassen konnte, da Wittgenstein vorher bereits gesagt hatte, es sei sinnlos, über ein früheres Leben, an das man sich nicht erinnern könne, nachzudenken oder dafür sühnen zu wollen. Aber dann fiel Parak diese Bemerkung wieder ein, als er den Schlußabsatz von *Schuld und Sühne* las: »Doch hier beginnt schon eine neue Geschichte – die Geschichte der allmählichen Erneuerung eines Menschen, die Geschichte seiner allmählichen Wiedergeburt, seines allmählichen Übergangs aus einer Welt in die andere, die Geschichte seiner Bekanntschaft mit einer neuen, ihm bisher völlig unbekannten Wirklichkeit.«[16] Dies war also der Wandel, der nach Paraks Überzeugung in Wittgensteins Persönlichkeit stattgefunden hatte: eine religiöse Bekehrung, eine empfundene Wiedergeburt, die ihn dazu veranlaßte, sein gesamtes Vermögen aufzugeben und ein ganz neues Leben zu führen, ein Leben, das diesen anderen, diesen inneren, religiösen Zielen gewidmet war. Parak verweist auf den Gegensatz zwischen Wittgensteins luxuriösem, behaglichem Lebensstil vor dem Krieg und seinem ganz entgegengesetzten Leben danach. Vieles schreibt Parak dem Zusammenbruch des Reiches zu, das den Hintergrund und die Basis für den Aufstieg der Familie Wittgenstein gebildet hatte. Diesem Umstand muß man tatsächlich einiges Gewicht beimessen, obwohl sich Wittgenstein schon zu

15 Später benutzte er zum Beispiel Tolstois Volkserzählungen im Unterricht, was seinerseits ein an Tolstoi (und Dostojewski) gemahnendes Unterfangen war. Auch Wittgensteins Beziehung zu den Angehörigen und zu seinem Vermögen erinnert stärker an Tolstoi, als Parak (S. 14) zulassen will. In diesen Hinsichten war keiner der beiden ungebunden.

16 Übers. von Richard Hoffmann. München: Winkler, 1977, S. 703.

Beginn des Kriegs im klaren darüber war, daß nur eine Niederlage dabei herauskommen konnte. Die Realität wirkte jedoch zweifellos stärker als die Erwartung. Ein weiterer Faktor war der Umstand, daß Wittgenstein nach dem Krieg erst wieder zu sich kommen mußte: Um all dieser Erlebnisse Herr zu werden, war ein Rückzug nach innen notwendig. Leavis erinnerte sich später, daß er 1930 in Wittgenstein einen Geistesverwandten erkannte, der ebenso wie er selbst vom Krieg gezeichnet und wie elektrisiert war.[17] Am wichtigsten ist jedoch vielleicht das bereits genannte Moment: daß der Krieg für Wittgenstein eine Erlösung bedeutete. Strapazen und Gefahr halfen ihm, sich auf das einzig Wesentliche zu beschränken, und die sich tagtäglich stellenden schweren Aufgaben – der »schweren Dienste tägliche Bewahrung« – ermöglichten ihm das Zusammenleben mit den Mitmenschen. Er war nicht mehr auf der Suche nach dem, was er werden sollte, sondern wußte jetzt, was er sein mußte. – Dies also scheint zu dieser Zeit seine geistige Verfassung gewesen zu sein. In äußerer Hinsicht mußte er freilich erst noch etwas werden, und Parak berichtet, daß er sich zwischen dem Priesteramt und dem Lehrerberuf zu entscheiden hatte. Ein vierjähriges Theologiestudium hätte jedoch zu lange gedauert, und deshalb hatte Wittgenstein vor, sich um Aufnahme in den obersten Jahrgang einer Lehrerbildungsanstalt zu bemühen. Zu Parak sagte er: »Zwar würde ich am liebsten Priester werden, aber ich werde auch als Lehrer mit den Kindern das Evangelium lesen.«

Damit soll in wenigen Worten (ähnlich wie mit jenem Zitat aus Dostojewskis Schlußabsatz) eine geistige Haltung zusammenfassend geschildert werden, um die Wittgenstein hart hatte ringen müssen und die untrennbar verknüpft war mit tiefen und schmerzhaften Selbstvorwürfen und dem Gefühl der Sündhaftigkeit früherer Einstellungen und Handlungen. Zu denken ist hier an die bereits genannte Stelle, an der Kügelgen von dem angesehenen Mann spricht, der zum elenden Sünder wird. Wittgenstein verstand das aufgrund seiner eigenen Erfahrungen. Gerade in der Zeit, in die die Kriegsgefangenschaft fällt, kommt er immer wieder auf das Thema zu sprechen, wie wich-

17 Persönliche Mitteilung an den Verfasser.

tig es sei, die eigenen Sünden zu gestehen – Sonja betont es gegenüber Raskolnikow, und bei Tolstoi wird gerade der Pilger als besonders fromm hingestellt, der bekennt, daß die Sünde stärker war als er selbst.[18] Das brütende Nachdenken im Gefangenenlager und die in den Briefen an Engelmann geäußerten Hinweise auf seine innere Verfassung passen zu diesem Muster. Etwa ein Jahr später drückt Hermine Wittgenstein ihre Beunruhigung in einem Brief an Hänsel aus, indem sie schreibt: »Ich hätte (oft) lieber einen glücklichen *Menschen* zum Bruder, als einen unglücklichen *Heiligen*!«[19] Und damit äußert sie zugleich die Einsicht, daß diese Art des Unglücklichseins zu den Kennzeichen des Heiligen gehört und wenig mit dem Gewicht der Sünden zu tun hat, die er womöglich begangen hat. Es hat keinen Sinn, jemanden aufgrund einer einzigen Phase seines Daseins einen Heiligen zu nennen, doch daß diese Zeit eine zutiefst religiös geprägte Epoche in Wittgensteins Leben war, läßt sich unmöglich verkennen.

Natürlich hatte er immer schon hohe Grundsätze vertreten; und das tat er auch weiterhin. Beispiele dafür sind sein Antrag, in das Mannschaftslager verlegt zu werden, als dort Typhus ausbrach, und seine ständige Weigerung, irgendwelche Privilegien in Anspruch zu nehmen. Mit der Schilderung dieser Weigerung kommen wir zu seinen Verbindungen mit der Welt außerhalb des Gefangenenlagers.

Seine Angehörigen hatten natürlich versucht herauszufinden, wo er sich aufhielt. Gretl lebte in der Schweiz und hatte mächtige Freunde unter denen, die sich vor dem Krieg dorthin geflüchtet hatten. Schon bald hatte sie mit Hoovers amerikanischem Hilfsprogramm zu tun. Im November stellte sie unverzüglich den wer weiß wie begründeten Antrag, Ludwig »auszutauschen« (womit sie schlicht seine Entlassung aus der Gefangenschaft gemeint haben muß). Erfolg hatte sie damit nicht, machte sich jedoch Hoffnungen, er werde aufgrund ihres Eintretens besser behandelt werden.[20] Sein genauer Auf-

18 Das erste Beispiel nennt Parak (S. 15), das zweite kommt bei Engelmann vor (S. 60).

19 Hermine Wittgenstein an Ludwig Hänsel, 13. Dezember 1920, in: Wünsche, S. 331.

20 Gretl Stonborough an Hermine Wittgenstein, 30. November 1918.

enthaltsort scheint damals unbekannt gewesen zu sein (oder man hatte ihn wieder aus den Augen verloren), denn in einem späteren Brief berichtet sie, ihre Nachforschungen mit Bezug auf Lukerl seien ohne Ergebnis geblieben.[21] Im Januar war die Verbindung zu ihm jedenfalls hergestellt, und es war möglich, ihm ein wenig Geld und ein paar Zigaretten[22] zukommen zu lassen. Die gefangenen Offiziere waren auf ihren Sold angewiesen, der ihnen von den Italienern ordnungsgemäß ausgezahlt wurde, doch das Geld reichte kaum, um das nötige Essen zu kaufen. (Aus diesem Grund war Wittgensteins am 1. November ausgesprochene Beförderung zum Oberleutnant von Bedeutung.)

Es wurden jedoch noch weitere Anstrengungen unternommen: Im März schrieb Elisabeth Gröger (jene Züricher Verwandte, die die Briefe zwischen Russell und den Wittgensteins weitergeleitet hatte) im Interesse des Gefangenen an den Kardinalstaatssekretär des Vatikans und bat um seine Entlassung aus humanitären Gründen, denn Wittgensteins Mutter habe alle anderen Söhne bis auf einen, der seinerseits eine schwere Kriegsverletzung davongetragen hatte, verloren und befinde sich selbst bei sehr schlechter Gesundheit. Keiner der unmittelbaren Angehörigen, schreibt Frau Gröger, wisse von ihrem Antrag. Ob sich der Kardinal imstande sehe, seinen großen Einfluß zur Geltung zu bringen?[23] Der Kardinal antwortete überaus höflich und aufmerksam: Signora Grögers Ersuchen sei eine edle und barmherzige Handlung zum Wohle einer leidenden Mutter, und der Heilige Stuhl werde tun, was in seiner Macht stehe, um zu helfen. Tatsächlich ließ der Kardinal sowohl an den Abt von Cassino schreiben – für den Fall, daß sich an Ort und Stelle etwas ausrichten ließe – als auch an den eher zuständigen Baron Monti, den Leiter des Fondo per il culto (dies war der übliche Weg der Verständigung zwischen

21 Gretl Stonborough an Hermine Wittgenstein, 25. Dezember 1918 (es ist allerdings nicht auszuschließen, daß dieser Brief 1917 geschrieben wurde).

22 Wittgenstein hatte offenbar zu rauchen begonnen. Diese Vermutung wird von Arvid Sjögren bestätigt.

23 Dieser Briefwechsel befindet sich in zwei Akten des vatikanischen Staatssekretariats: »1914 Guerra«, 244-2a, 89174 und 91234. Gefunden wurden diese Dokumente von Liliana Albertazzi, die mir freundlicherweise Kopien der Briefe zugänglich gemacht hat.

dem Heiligen Stuhl und der noch nicht offiziell anerkannten königlichen Regierung). Baron Monti wiederum wandte sich an die Staatskanzlei, und obwohl es ausgeschlossen war, sich auf familiäre Gründe, die ja bei jedem geltend gemacht werden konnten, zu berufen, sollte Wittgenstein zusammen mit zwei (man bedenke: nur zwei!) weiteren Österreichern einer speziellen medizinischen Untersuchung unterzogen werden, um festzustellen, ob eine vorzeitige Entlassung angezeigt sei, wobei versichert wurde, daß großzügige Kriterien angewandt würden. Frau Gröger sprach daraufhin ihren tiefen Dank aus, der Kardinal segnete sie väterlich. Und als Wittgensteins Mutter schließlich davon hörte, war sie überglücklich.

Sie hatten die Rechnung ohne den Gefangenen selbst gemacht. Er verweigerte jede Sonderbehandlung und wollte erst heimkehren, wenn dies auch seinen Kameraden möglich wäre.[24] Er schrieb die Verantwortung für den Eingriff seinen Angehörigen zu und machte der Mutter später Vorwürfe deswegen[25], obwohl sie in diesem Fall wahrscheinlich keine Schuld trug.

Wittgenstein konnte sich der Bevorzugung und der Hilfsangebote von seiten der Freunde kaum erwehren, denn nun bemühte man sich auch von England aus, etwas für ihn zu tun. Russell wandte sich an Keynes, der in Paris an der Friedenskonferenz teilnahm, sowie an George Trevelyan, der in Italien für das Rote Kreuz gearbeitet hatte. Keynes richtete eine entsprechende Bitte an die italienischen Amtsträger in Paris (und schrieb durch ihre Vermittlung an Wittgenstein), während sich Trevelyan an den Wissenschaftler und Forschungsreisenden Filippo de Filippi wandte.[26] Es bestand zwar eine gewisse Aussicht, Wittgensteins Entlassung erwirken zu können, doch die Hoffnung war gering. Er erhielt jedoch, womit eher zu rechnen war, die Erlaubnis, nicht nur kurze Postkarten, sondern längere Briefe über fachliche Themen zu schreiben, und schließlich durfte er auch Bücher, sogar gebundene Bücher empfangen. Daher bittet er Engelmann in einem Brief vom 24. Mai 1919, ihm Freges *Grundgesetze* zu schicken. Russells

24 Parak, S. 12.

25 Auskunft von T. Stonborough.

26 Die betreffenden Briefe finden sich im Russell-Archiv der McMaster University.

Introduction to Mathematical Philosophy erhielt er stückweise, damit es schneller befördert werden konnte.[27] Das Buch wurde in Keynes' Namen geschickt, denn Wittgensteins englische Freunde hielten es für klug, nicht unnötig darauf hinzuweisen, daß sich der Kriegsdienstverweigerer Russell für ihn einsetzte.

Und so kam Wittgenstein allmählich wieder in Berührung mit seinen eigentlichen Freunden und in gewissem Maße auch mit seinem eigentlichen Leben. Er wünscht sich, daß Russell zu ihm reisen könnte. »Aber wenn Du am anderen Ende der Welt wärst, und ich *könnte* kommen, so würde ich's tun«, schreibt er in einem Brief vom 13. März, den Russell kopieren ließ, um ihn an diejenigen zu schicken, die womöglich helfen konnten. Natürlich war Wittgensteins Wunsch – in charakteristischer Weise – unrealistisch, denn von allen eventuellen Besuchern (und Besucher gab es nicht) wäre Russell der letzte gewesen, den man zu ihm gelassen hätte.

Werk und Leben waren, wie stets, miteinander verknüpft: Weil Wittgenstein sein Werk erklären wollte, brannte er darauf, mit Russell reden zu können. Es war sein Lebenswerk, und er wollte es unbedingt veröffentlicht sehen. »Es ist bitter«, schreibt er am 12. Juni an Russell, »das vollendete Werk in der Gefangenschaft herumschleppen zu müssen und zu sehen, wie der Unsinn draußen sein Spiel treibt! Und ebenso bitter ist es zu denken, daß niemand es verstehen wird, auch wenn es gedruckt sein wird!« Die Maschinenschrift der Abhandlung hatte er bereits an Russell geschickt, doch nun hatte er – angesichts des eben eingetroffenen Buchs von Russell – die schwache Hoffnung verloren, der Freund könne sein Werk verstehen: »Ich hätte nicht geglaubt, daß das, was ich vor 6 Jahren in Norwegen dem Moore diktierte an Dir so spurlos vorübergehen würde.«[28]

Doch trotz all dieser pessimistischen Äußerungen lebte der Kontakt mit den Freunden und mit der Philosophie wieder auf. Im Mai und im Juni sprach er noch von inneren Qualen, von

27 Vgl. Wittgensteins Brief an Russell vom 12. Juni 1919 sowie die dazugehörige Anmerkung in *Briefe*, S. 87f.

28 Vgl. oben Anm. 27, S. 316.

der Unmöglichkeit zu arbeiten, von dem ständigen Nachdenken über die Frage, ob er je ein anständiger Menschen werden könne.[29] Im August war er soweit, daß er sogar Freges Brief ertragen konnte, dem er entnahm, daß Frege »von dem Ganzen kein Wort versteht«.[30] Wittgenstein berichtet seiner Schwester Mining, jetzt könne er wieder arbeiten, und einige Ergebnisse dieser Arbeit liegen in den Russell übermittelten Erklärungen vor.[31] Der Inhalt des Buches wird im nächsten Kapitel besprochen, doch auffällig ist, daß Wittgenstein den Kerngedanken auf eine einzige Formel reduzieren will: »Die Hauptsache ist die Theorie über das, was durch Sätze – d.h. durch Sprache – gesagt (und, was auf dasselbe hinausläuft, *gedacht*) und was nicht durch Sätze ausgedrückt, sondern nur gezeigt werden kann. Dies ist, glaube ich, das Hauptproblem der Philosophie.« Wichtig ist auch, daß diese Betonung der Grenzen des Ausdrückbaren zu einer Zeit ausgesprochen wurde, da es mehr denn je darauf ankam, lebenswichtige Entscheidungen zu treffen.

Wittgenstein hatte gefürchtet, mit einer Heimkehr nach Österreich sei vor Weihnachten nicht zu rechnen, doch nun ließen Gerüchte und Meldungen darauf schließen, daß die Rückkehr unmittelbar bevorstand.[32] In Viehwaggons hatte man sie hergebracht, wie Parak erzählt, nun sollten sie in Personenwagen zweiter Klasse heimkehren. Die italienische Wachmannschaft verließ den Zug in Villach. Parak stieg in einen Zug nach Niederösterreich um, während Wittgenstein zusammen mit den anderen Wienern reiste. Die beiden sahen einander nie wieder. Wittgensteins offizielle Entlassung datiert vom 26. August 1919, doch sein erster Brief aus Wien trägt das Datum 25. August. In diesem Brief schreibt er an Engelmann: »Es geht mir nicht sehr gut (nämlich geistig).«

Daß diese Heimkehr eine Lebenskrise bedeutete, ist kaum zu bezweifeln. Eine jener großen Wandlungen, die seinen Lebensweg ebenso wie den des Vaters markieren, bahnte sich an.

29 Wittgenstein an Engelmann, 24. Mai 1919; an Hermine Wittgenstein, 25. Juni 1919.

30 Wittgenstein an Russell, 19. August 1919.

31 Ebd. sowie Ludwig an Hermine Wittgenstein, 1. August 1919.

32 Ludwig an Hermine Wittgenstein, 19. Juli 1919.

Auch seine Schwester Hermine spürte das, und es war ja auch ganz natürlich. Der Krieg, der ihm das Leben gerettet und als Maschine zum Anständigwerden gedient hatte, war vorbei. Er mußte sich wiederfinden, wie er am 2. September an Engelmann schreibt. Er mußte nun selbständig – und nicht bloß den Vorschriften des Kriegs oder der Gefangenschaft gehorchend – seinen Platz in der Welt ausfindig machen.

Es lag, wie es scheint, in der Logik der Dinge, daß er den Dunstkreis der Familie nun verlassen mußte; und diesmal war es nicht möglich, vor den Angehörigen ins Ausland zu entkommen. Durch den Krieg hatten sie zwar Geld verloren, waren aber dennoch unvergleichlich viel besser daran als die Armen Wiens in jenem rauhen Nachkriegswinter der Inflation und des Hungers. Er war Soldat geworden, um zusammen mit dem Volk zu leiden; es war ausgeschlossen, jetzt zu den früheren Privilegien zurückzukehren. Früher hatte es mehrere gute Entschuldigungen gegeben: Das Geld gehörte nicht ihm selbst, sondern dem Vater; er trieb eben Logik, tat also, wozu er eine besondere Begabung hatte. Nun war die Logik jedoch zum Abschluß gebracht worden. Jetzt mußte er durch sein Leben zeigen, was er in seiner Schrift so indirekt mitzuteilen versucht hatte.

Damit sind die Umrisse gezeichnet, die Wittgensteins Motive erklären können für die unseres Wissens ersten beiden Schritte, die er nach der Rückkehr tat: Er verschenkte sein Vermögen an die Geschwister; und er begann als Untermieter in verschiedenen Wohnungen zu leben, die man für ihn ausfindig machte. Seine Anschrift sollte nicht mehr die Anschrift der »reichen Wittgensteins« sein. Er löste sich von ihnen, ohne die Verbindung mit ihnen zu verlieren, und verhielt sich wie ein moderner Alexius, der im Hause seines Vaters unter der Treppe lebte: intactam sponsam relinquens. Seine Schwester Hermine vergleicht ihn nicht mit dem heiligen, sondern mit einem anderen Alexius, nämlich mit dem Aljoscha der *Brüder Karamasow*, wo »gesagt wird, daß der sparsame und genaue Iwan wohl einmal in eine prekäre Situation kommen könnte, daß aber sein Bruder Aljoscha, der nichts vom Geld versteht und keines besitzt, bestimmt nicht verhungern würde, weil jeder mit Freuden mit ihm teilen und er es ohne Bedenken annehmen würde«.[33] Diese letztere Feststellung ist zwar, wie wir sehen werden, zutreffend und wichtig, doch sie trifft nicht ohne Einschränkungen zu.

Tatsächlich bestand er auf einer Aufteilung seines Vermögens. Zunächst ging er einfach zur Bank und verkündete zur allgemeinen Bestürzung, daß er das Geld nicht haben wolle.[34] Lange Beratungen mit den Familienanwälten waren nötig, ehe sie einsahen, daß Wittgenstein, wie einer der Notare es formulierte, »finanziellen Selbstmord« begehen wollte.[35] Im Verlauf dieser Beratungen betonte er immer wieder, daß Geld in keiner Weise für ihn zurückgelegt und dem zornigen Rat seines Onkels Paul entsprechend angelegt werden durfte.[36] Alles mußte so abgewickelt werden, als hätte Ludwig den Tod seines Vaters nicht überlebt. (Eine Ausnahme wurde, wie es scheint, insofern gemacht, als Gretl, die im Krieg weniger von ihrem Vermögen eingebüßt hatte, von der neuen Aufteilung ausgeschlossen wurde.)[37] In der gleichen Weise wurde auch 1926 vorgegangen, als der Vermögensanteil seiner Mutter aufgeteilt werden mußte.[38] Auch in diesem Fall bestand Wittgenstein darauf, daß nichts in seinen Besitz kommen dürfe, und wenn ihm etwas wichtig war, konnte er mit geradezu furchterregendem Nachdruck darauf bestehen.

Es gab Leute, die lächelten, als sie hörten, die Schenkung sollte Wittgensteins eigenen Verwandten zugute kommen. Adolf Loos zum Beispiel quittierte die Nachricht mit einem »Ach so«. Doch in mancher Hinsicht blieb gar keine andere Lösung

33 In Rhees (Hg.), S. 26. Die Gewohnheit, sich in Analogie zu den Figuren ihrer Lieblingsbücher zu sehen, hat sich über mehrere Generationen hinweg in der Familie gehalten. Manche bekamen ihre Namen oder Spitznamen nach Romanfiguren, wie Mining selbst zum Beispiel. Unter den Neffen findet sich ein Pierre und ein kaum verhohlener André, den man auch nach dem Sohn aus *Soll und Haben*, »der zu nichts Bösem imstande ist«, »Sohn Bernhard« zu rufen pflegte.

34 Engelmann an Hayek, 8. März 1953.

35 Rhees (Hg.), S. 26, Anm. 4.

36 Es dauerte lange, ehe Onkel Paul sich wieder mit den Nichten vertrug, die nach seiner Auffassung falsch gehandelt hatten.

37 Diese den Familienerinnerungen entnommene Darstellung wird durch einen undatierten, aber wahrscheinlich nach der Wirtschaftskrise von 1929 geschriebenen Brief Wittgensteins an Hermine bestätigt.

38 Nach Dokumenten, die sich seinerzeit im Besitz Clara Sjögrens befanden.

übrig: Das Geld war ja kein Goldhaufen, sondern gehörte zu einem kompliziert verschachtelten System von Besitzanteilen und Aktienpaketen. Ein Fremder oder eine wohltätige Einrichtung konnte nicht ohne weiteres Anteilseigner werden. Ferner ging es Wittgenstein darum, sich von seinem Erbe zu befreien, ohne es – sei es auch noch so indirekt – für sich selbst zu verwenden. Außerdem war er, wie er Engelmann mitteilte[39], nicht davon überzeugt, daß etwas Gutes dabei herauskäme, wenn er seinen Reichtum humanitären Zwecken nutzbar machte.

All dies war keineswegs als Tadel seiner Schwestern gemeint, denn sie waren sich der Verantwortung ihrer privilegierten Stellung durchaus bewußt. Gretl bereiste wahrscheinlich gerade zu dieser Zeit Amerika im Rahmen ihrer Hilfskampagne für das hungernde Österreich. Sie hatte auf eigene Kosten eine Zugladung Kondensmilch aus der Schweiz geschickt. Hermine, die während des Kriegs im Lazarett tätig gewesen war, bereitete sich eben darauf vor, eine Knabentagesheimstätte einzurichten und zu leiten. Später kam Wittgentein des öfteren auf die großzügige Hilfe seiner Schwestern zurück, wenn er ein eigenes wohltätiges Vorhaben durchsetzen wollte. Diese Vorhaben hatten stets etwas Persönliches, sollten von einer Einzelperson ausgehen und einer Einzelperson helfen; nie galt die Förderung einer Wohlfahrtsorganisation. In ähnlicher Weise pflegte sich Wittgenstein später an Keynes zu wenden, um sich bei diesem oder jenem Plan unterstützen zu lassen. Keynes nahm diese Bitten gutmütig auf[40], woraus hervorgeht, daß sich Wittgensteins Freunde in seinem Fall mit der Vorstellung abfinden konnten, es sei richtig, daß er ihr Geld in Anspruch nahm, aber nicht richtig, daß er sein eigenes behielt.

Nun fragt es sich, ob mehr hinter diesem persönlichen Imperativ stand als das Bedürfnis, die schwere Lage anderer Menschen zu teilen. In diesem Zusammenhang hat man auf eine spätere Tagebuchnotiz hingewiesen, in der es heißt: »Ich möchte z. B. nicht, daß meine Leute arm werden, denn ich wünsche ihnen eine gewisse Macht.«[41] Es ist jedoch keineswegs einleuchtend,

39 Engelmann an Hayek, 8. März 1953.

40 Gutmütiger jedenfalls, als Wittgenstein erwartete. Vgl. ihre Briefe vom Mai 1929.

41 Zitat nach einem Notizbuch von 1931. Abgedruckt in Nedo und Ranchetti

daß Wittgenstein mit seiner Handlung auf *Macht* verzichten wollte; vielmehr wollte er nur *die* Macht, nur *den* Einfluß, welchen er kraft seiner eigenen Persönlichkeit auszuüben vermochte. (Später werden wir sehen, daß er sich normalerweise ganz im klaren war über die ihm zustehenden Einkünfte, die er dann sparsam ausgab, aber großzügig und so anonym wie möglich stiftete.)

Nachdem diese Geldangelegenheit geregelt war, mußte er sein Leben gestalten. Ein der Religion gewidmetes Leben war noch nicht endgültig ausgeschlossen. Hänsel pflegte in seinen Erzählungen vom Besuch eines Klosters zu berichten, bei dem sich Wittgenstein durch den mürrischen Pförtner abstoßen ließ (es war ein Kloster der Barmherzigen Brüder oder der Franziskaner, denn dies waren die Orden, die Wittgenstein ins Auge gefaßt hatte). Ferner scheint es eine Reihe vorläufiger Anfragen gegeben zu haben, wie sie nicht selten an solche religiösen Einrichtungen adressiert werden. Als Russell im Dezember mit Wittgenstein zusammentraf (worauf später zurückzukommen sein wird), fand er ihn unglaublich verändert. An Lady Ottoline schreibt er am 20. Dezember 1919: »Aus seinem Buch hatte ich schon einen Anflug von Mystik herausgespürt, war aber doch erstaunt, als ich herausfand, daß er ganz zum Mystiker geworden ist. Er liest solche Leute wie Kierkegaard und Angelus Silesius und denkt ernsthaft darüber nach, Mönch zu werden.« Doch Russell meinte, dies sei »nur so eine Idee, keine wirkliche Absicht«. Wittgensteins wirkliche Absicht war, Lehrer zu werden.

Wenn er nicht Priester werden konnte, dann wollte er Lehrer werden, hatte er in der Gefangenschaft gesagt.[42] In mancher Weise entsprach diese Wahl seinem Naturell: Die Wittgensteins hatten, wie schon bemerkt, die Begabung oder das Bedürfnis zu belehren, und sie neigten dazu, alle Erziehung im Sinne der sittlichen Bildung zu begreifen. Beispiele sind die beiden Schwestern Mining und Gretl – die eine mit ihrer Knabentagesstätte, die andere mit ihren psychologischen Studien.

(Hg.), *Ludwig Wittgenstein. Sein Leben in Bildern und Texten*, Frankfurt: Suhrkamp, 1983, S. 149.

42 Dies zeigt übrigens, daß weder der Sozialismus noch die Schulreform bestimmenden Einfluß hatten auf seine Berufswahl.

Überdies haben wir bereits festgestellt, daß Wittgenstein sich selbst als eine Art Aljoscha gesehen haben mag, der aus dem Evangelium vorliest und den Knaben in seinem Kreis eine Inspiration für ihr ganzes Leben mit auf den Weg gibt.

Aber war es nicht doch ein Mißbrauch seiner Begabung? So, als wollte jemand, um mit Mining zu reden, ein Präzisionsinstrument benützen, um Kisten zu öffnen? Auf diesen Vorwurf antwortete Wittgenstein seiner Schwester mit einem charakteristischen Gleichnis: »Du erinnerst mich an einen Menschen, der aus dem geschlossenen Fenster schaut und sich die sonderbaren Bewegungen eines Passanten nicht erklären kann; er weiß nicht, welcher Sturm draußen wütet und daß dieser Mensch sich vielleicht nur mit Mühe auf den Beinen hält.«[43]

Er selbst sah in der Berufswahl demnach eine Entscheidung, die durch seine inneren Probleme bedingt war. Dabei handelte es sich aber nicht, wie völlig grundlos suggeriert worden ist[44], um Probleme des Lebens inmitten der moralischen Versuchungen Wiens, sondern um Probleme und eine Entscheidung, über die er sich schon im Gefangenenlager klar geworden war. Es waren die gleichen Probleme, die ihn immer wieder beunruhigten, nur daß sie jetzt durch die Betrübnisse des besiegten Landes verschärft wurden. War er sich selbst und anderen gegenüber ehrlich genug? Konnte er die anderen und ihre (in Zeiten der Demoralisierung ebenfalls deutlicher hervortretende) Gemeinheit ertragen, ohne über Gebühr die Geduld zu verlieren? Wie konnte er auf die als erstickend empfundenen Liebesbezeigungen seiner Angehörigen reagieren, die doch nicht schroff zurückgewiesen werden durften? Diese Probleme und alle Bedenken eines zu hoch strebenden und zu penibel tadelnden Gewissens haben wir bereits mehrfach zu schildern Anlaß gehabt. Warum sollten ihn diese Gedanken jetzt nicht zu einer Art Weltentsagung führen, zur Wahl eines geradlinigen Berufs, bei dessen Ausübung man nicht nur halbherzig vom Wert des eigenen Tuns überzeugt zu sein brauchte, der Mehrdeutigkeiten im Verhältnis zu den Mitmenschen ausschloß und der – im Falle der Entscheidung für ein der Religion geweihtes Leben –

43 Rhees (Hg.), S. 26.

44 Diese Hypothese stellt W. W. Bartley III. in seinem Buch über Wittgenstein auf.

eine gewisse Freiheit von Ablenkungen mit sich brachte, was zugleich die Freiheit bedeutete, sich dem inneren Leben der Meditation und der geistigen Entwicklung hinzugeben?
Und welchen anderen Beruf hätte er ergreifen können? Alles deutet darauf hin, daß er die Lehre seines eigenen, noch unveröffentlichten Buches ernst nahm: Er hatte den Gedankengang jetzt bis zum Ende der Philosophie durchgedacht, und nun hatte er nichts mehr hinzuzusetzen. Dies sagte er auch wenige Jahre später zu Keynes und Ramsey. So heißt es in einem Brief an Keynes vom 4. Juli 1924: »[...] ich habe selbst keinen starken inneren Trieb mehr zu solcher Beschäftigung. Alles was ich wirklich sagen mußte, habe ich gesagt und damit ist die Quelle vertrocknet.« In der Praxis gab es sowieso keine Möglichkeit, philosophisch tätig zu sein, ohne nach England zurückzukehren, und daran war im Jahre 1919 nicht zu denken. Er hatte nicht nur keine Position im österreichischen Universitätsleben, sondern er verachtete es geradezu. Am 22. November 1919 schreibt er an Ficker, sein Manuskript oder überhaupt »eine philosophische Arbeit einem Philosophieprofessor vorzulegen heißt, Perlen ...«. Alles in allem hatte er nun wenig übrig für das intellektuelle Leben in Österreich. In seinen Briefen an Ficker zeigt er sich reizbar, und eine Unterhaltung mit Loos, den er gleich nach seiner Heimkehr eilends aufgesucht haben muß, erwies sich als herbe Enttäuschung: »Vor ein paar Tagen besuchte ich Loos. Ich war entsetzt und angeekelt. Er ist bis zur Unmöglichkeit verschmockt! Er gab mir eine Broschüre über ein geplantes ›Kunstamt‹, wo er über die Sünde wider den Heiligen Geist spricht.[45] Da hört sich alles auf! Ich kam in sehr gedrückter Stimmung zu ihm und das hatte mir gerade noch gefehlt.«[46] Freunde berichten auch über eine Begegnung mit Kraus (die sicher nicht vor dem Krieg stattfand), bei der sich

45 In Loos' »Der Staat und die Kunst«, seinem Vorwort zu »Richtlinien für ein Kunstamt« (1919), heißt es: »Der einzelne darf irren – dem staate müßte ein irrtum [nämlich einen ›künstlermenschen‹ nicht als solchen zu erkennen] als sünde wider den heiligen geist angerechnet werden.«

46 In Arvid Sjögrens Besitz befand sich ein Exemplar von Loos' *Ins Leere gesprochen*, das eine Widmung enthielt, in der der Verfasser Wittgenstein für seine Anregungen dankt und die Hoffnung ausspricht, dieser möge seine Gefühle erwidern. Diese 1924 geschriebene Widmung zeigt, daß Wittgenstein die Verbindung zu Loos nicht völlig abgebrochen hatte.

Wittgenstein nicht enthielt oder nicht enthalten konnte zu sagen: »Freilich, Sie mit Ihrer widerwärtigen Eitelkeit, können dergleichen ja nicht verstehen.«[47] Wie aufrichtig die Entscheidung für den Lehrerberuf auch gewesen sein mag, es fragt sich doch, ob es nicht ein kümmerlicher Ersatz war für ein der Religion geweihtes Leben. Eine solche Auffassung läßt sich in Wittgensteins eigene Worte hineinlesen, wenn er an Engelmann schreibt: »Ihren Zustand glaube ich ganz zu verstehen. Denn ich befinde mich gerade jetzt in einem ähnlichen und zwar schon seit meiner Rückkehr aus der Gefangenschaft. Ich glaube es geht damit *so* zu: Wir gehen nicht auf der direkten Straße zum Ziel, dazu haben wir – oder ich wenigstens – nicht die Kraft. Dagegen gehen wir auf allen möglichen Seitenwegen und so lange wir auf einem solchen vorwärtskommen, geht es uns so leidlich. Wie aber ein solcher Weg aufhört, so stehen wir da und werden uns nun erst bewußt, daß wir ja nicht dort sind, wo wir hingehörten.«[48] Sofern dies die richtige Deutung ist, hat Wittgenstein in diesem Falle versagt, weil sein Glaube zu schwach war. Das würde auch erklären, warum er später das Empfinden hatte, er sei gerufen worden, habe aber nicht darauf geantwortet. Dennoch, eine Zeitlang hat es den Anschein, als habe er sich imstande gefühlt, ein »Mönch in der Welt« zu werden, wie der Starez es mit Aljoscha vorhatte.

Um die Entscheidung zu treffen, brauchte er nur einen kurzen Aufenthalt in Neuwaldegg und eine etwas längere Zeit auf der Hochreith. (Er ließ Engelmann raten, wofür er sich entschieden habe.) Am 25. September hatte er sich bereits in der Lehrerbildungsanstalt des dritten Bezirks angemeldet; in einem Brief an Russell spricht er ironisch von einer »sogenannten« Lehrerbildungsanstalt. Das Gebäude lag praktisch gegenüber der Stelle, an der er später zusammen mit Engelmann das Haus für Margarete Stonborough baute. Ganz in der Nähe nahm er sich ein Zimmer. An Engelmann schreibt er geheimnisvoll: »Es

47 Persönliche Mitteilung von Heinrich Groag an den Verfasser. Engelmann berichtet ebenfalls von einer Begegnung mit Kraus, der Wittgenstein anscheinend für einen Verrückten hielt, weil er sich so heftig absprechend über Kraus' Anhänger äußerte.

48 Wittgenstein an Engelmann, 16. November 1919. Vgl. die Deutung in Wünsche, S. 44f.

haben sich nämlich auch meine übrigen Verhältnisse geändert – gescheiter bin ich aber nicht geworden.« Die Anschrift wechselte er im gleichen Monat noch zweimal.

In dem gleichen Brief vom 25. September schildert Wittgenstein die Schwierigkeiten und das Regressive des Besuchs einer solchen Anstalt: »Ich sitze also wieder in einer Schule; und das klingt komischer als es ist. Es fällt mir nämlich ungemein schwer; ich kann mich nicht mehr so benehmen wie ein Mittelschüler, und – so komisch es klingt – die Demütigung ist für mich eine *so* große, daß ich sie oft kaum ertragen zu können glaube!« Tatsächlich waren die normalen Studenten an einer solchen Anstalt recht jung und hatten nicht einmal die Matura wie Wittgenstein, geschweige denn seine Bildung oder den umfassenden Bezugsrahmen, den er durch seine Studien und den Krieg erworben hatte. Doch die Erlebnisse der Linzer Zeit wiederholten sich nicht. Der Direktor der Anstalt erkannte, daß dieser seltsame ehemalige Soldat (eine in der Nachkriegszeit nicht ungewöhnliche Erscheinung) etwas Besonderes war, und gern nahm er ihn mit in sein Büro, um sich dort mit ihm zu unterhalten. Durch Wittgensteins Intelligenz und die Kraft seiner Persönlichkeit gelang es ihm stets, sich in Pädagogenkreisen Respekt zu verschaffen. Man erriet auch seine Herkunft, doch an diesem Punkt sagte er sich von den reichen Wittgensteins los und behauptete, nur entfernt mit ihnen verwandt zu sein.[49] Die Verstellung machte die Sache natürlich noch schlimmer, und er hatte den Eindruck, sie könne sich »verhängnisvoll« entwickeln.

Der Lehrplan der Anstalt stellte keine großen Anforderungen. Die eigentlichen Lehrfächer brauchte Wittgenstein aufgrund seines Maturazeugnisses nicht zu belegen, so daß nur der spezifisch pädagogische Unterricht zu absolvieren war, darunter Singen, Orgel- und Geigenspiel[50], Landwirtschaftslehre und Schönschreiben. In der Familie Hänsel wird noch heute ein in recht steifer Kurrentschrift abgefaßter Brief aus jener Zeit aufbewahrt; ansonsten schrieb Wittgenstein sein Leben lang lateinische Buchstaben. Im Zeugnis der Lehrerbildungsanstalt wird seine Leistung im Fach Schönschreiben als »befriedigend«

49 Wittgenstein an Hänsel (September 1919), in: Wünsche, S. 296.

50 Wittgenstein lernte zum Gebrauch im Unterricht Klarinette spielen.

bewertet; in allen anderen Fächern erhielt er die Note »lobenswert«, also eine Zwei. Auch im Schulpraktikum schnitt er mit »lobenswert« ab. In der Klasse las er, wie es in einem Brief an Engelmann vom 19. Februar 1920 heißt, den Kindern Märchen vor: »Das gefällt ihnen und ist mir eine Erleichterung.«

Die an der Lehrerbildungsanstalt verwendeten Lehrbücher werden von Konrad Wünsche treffend beschrieben.[51] Sie enthielten Allgemeinheiten, die den werdenden Lehrer anregen sollten, das Ziel jeder Stunde zu durchdenken, den Stoff vorzubereiten und nach assoziativen und sonstigen Hilfsmitteln Ausschau zu halten, um den Schülern den Stoff einzuprägen. An alle diese Vorschriften hat sich Wittgenstein in seiner späteren Tätigkeit gewissenhaft gehalten. Weniger klar – und an diesem Punkt vielleicht nicht sonderlich relevant – ist die Frage, ob es Wittgenstein ebenso wie der traditionellen Pädagogik lediglich darum ging, vorher aufbereiteten Stoff einzuimpfen, oder darum, durch aktives Lernen den Erwerb neuer Fähigkeiten zu ermöglichen. Dies läuft im wesentlichen auf die Frage hinaus, ob er sich den Gedanken der neuen Schulreform verschrieben hatte; und darauf muß sowohl mit Ja als auch mit Nein geantwortet werden. In der Praxis dachte er sich seine eigenen Lehrmethoden aus, womit er sicherlich vom Unterricht herkömmlicher Art abwich. Aber es gab auch vieles an der Schulreform, was er ablehnte, namentlich ihre Einstellung zur Schuldisziplin und zur Mitbestimmung des Unterrichtswesens durch die Schüler.[52] Aber diese Problematik gehört in den später zu erörternden Zusammenhang seiner Arbeit als fertiger Volksschullehrer. Man kann davon ausgehen, daß in der Lehrerbildungsanstalt kaum mehr als Lippenbekenntnisse zu den Gedanken der Schulreform abgelegt wurden, und selbst das wird selten vorgekommen sein. In der Anstalt selbst wurde eher »abgerichtet« als »Bildung« vermittelt (daher wohl Wittgensteins oben zitierte Ironie in bezug auf den Namen der Anstalt). An seiner späteren Philosophie wie an seiner Einstellung zu Kindern läßt sich ablesen, daß er

51 Wünsche, S. 49ff.

52 Vgl. E. C. Hargrove, »Wittgenstein, Bartley, and the Glöckel School Reform«, *Journal of the History of Philosophy*, 18 (1980), S. 453ff.

der Abrichtung als Element des menschlichen Denkens wie des gesellschaftlichen Lebens durchaus Bedeutung beimaß.

In seinem Privatleben schwankte Wittgenstein zu dieser Zeit zwischen Anteilnahme an Familiendingen und Distanzierung von seinen Angehörigen. Schon bald gab er das Zimmer in der Nähe der Lehrerbildungsanstalt auf und zog in das Haus der befreundeten Familie Sjögren in Hietzing. Mima Sjögren, geborene Hermine Bacher, war die Witwe eines schwedischen Ingenieurs, der als Direktor an einem von Karl Wittgensteins Walzwerken tätig gewesen war. Ihr Vater hatte ein anderes Walzwerk geleitet. Mit Ludwigs Schwestern war sie seit seiner Kindheit gut befreundet. Nun gehörten auch ihre Söhne zu der erweiterten Großfamilie, unter anderem deshalb, weil man meinte, Mima brauchte Hilfe und Anleitung bei der Erziehung der Jungen. Daher nahmen die Sjögrens teil an den sorgfältig vorbereiteten Festen, kamen im Sommer zu Besuch auf die Hochreith und an den übrigen Wochenenden in die verschiedenen großen Häuser in der Stadt. Mima leistete bei diesen Gelegenheiten kleine künstlerische Beiträge. Vor allem aber galt sie unter den dilettierenden Wittgensteins als ernster zu nehmende Künstlerin und wurde auch als solche anerkannt. Eine Reihe von Porträts ist erhalten, die ihre Begabung erkennen lassen. Auf Photographien ist die attraktive Mima eine auffallende Erscheinung und sticht sogar neben Margarete Stonborough hervor. Zwei ihrer Söhne, Arvid und Talla, kamen auf verschiedene Weise mit Wittgenstein in Berührung.[53] Talla war ein großer, gut aussehender und reizender Mensch, dem man die schwedische Herkunft ansah. Ihm wurde, wie es in Familien – jedenfalls in der Familie Wittgenstein – zu gehen pflegt, eine bestimmte Rolle zugeschrieben, nämlich die Rolle dessen, der die Dinge nicht ganz ernst nimmt: Freilich, beliebt würde er immer sein, doch problematisch blieb, was aus ihm werden sollte. Als Opfer für Frau Stonboroughs wohlmeinende Eingriffe in das Leben anderer bot er sich geradezu an. Dies war zumindest der Eindruck, den man von ihm hatte. (In Wittgensteins Leben spielte er erst sehr viel später eine Rolle.) Arvid war ebenfalls groß, aber beleibter; er war ein stiller Mensch und

53 Die hier wiedergegebenen Eindrücke beruhen auf den Erinnerungen mehrerer Zeitgenossen, darunter Arvid Sjögren selbst.

leistete mehr Widerstand. Er war derart freimütig und unabhängig, daß man meinte, er werde schon durchs Leben kommen. Sein Ernst, seine Unmittelbarkeit und Geradheit hatten für Wittgenstein jetzt etwas Anziehendes – bisher waren sie einander nur begegnet, wenn Wittgenstein Fronturlaub hatte, und damals war Arvid nichts weiter gewesen als ein lärmender Schuljunge. Von nun an waren sie häufig zusammen, und wie wir sehen werden, begleitete Arvid Wittgenstein später auf mancher Reise ins Ausland. Dies war der Beginn einer Freundschaft fürs Leben, die auch bestehen blieb, als Arvid merkte, daß er sich von Ludwig lösen mußte, denn Wittgenstein verlangte nach seiner Auffassung einfach zuviel von ihm. Wittgensteins Freunde mußten, wie er meinte, zu sehr an ihm hängen und zu sehr in der Freundschaft aufgehen. Gewiß, Ludwig redete eine Menge über Arvids Leben, doch für sich selbst stellte er ebenfalls hohe Ansprüche. Er war verstimmt, wenn er zu Besuch kam und das Licht am Eingang gelöscht fand oder feststellen mußte, daß sich Arvid gerade mit einer Tischlerarbeit für eine von Ludwigs Schwestern beschäftigte. Es bedurfte großer Gelassenheit, um als Freund mit Wittgenstein auszukommen. Doch Gelassenheit besaß Arvid, und zunächst kam es ihm jedenfalls gelegen, bei Ludwig die Rolle des Jüngers zu spielen. Vielleicht war er der erste Freund Wittgensteins, den man als Jünger bezeichnen kann, denn Pinsent und Engelmann waren ihm doch in weit höherem Maße ebenbürtig als dieser Beinaheneffe. Er war zwar ein Jünger, aber einer, der selbständig denken konnte; und dies war eine Seite von Arvids Persönlichkeit, die Wittgenstein stets anerkannte. An jedem Buch und jedem Vorfall, über den sie sprachen, wußte Arvid etwas Eigenes wahrzunehmen. Es war also nicht so, als hätte Wittgenstein dem anderen schlicht seinen Stempel aufgedrückt, sondern er beeinflußte ihn in diffiziler Weise. Unmittelbaren Einfluß nahm Wittgenstein auf eine praktische Entscheidung, die von manchen Angehörigen später bereut wurde: Er riet Arvid vom Studium ab, was dazu führte, daß der Junge nicht Ingenieur, sondern Mechaniker wurde. Es geschah immer wieder, daß Ludwig und seine Schwester Gretl jüngeren Mitgliedern ihres Kreises den Rat gaben, einen einfachen praktischen Beruf zu ergreifen, was mit Ludwigs eigenen Neigungen zu dieser Zeit völlig in Einklang stand. Der Gedanke eines akademischen Studiums wirklich wichtiger Dinge wird in seinem Buch ausdrücklich verworfen. Die Bereitwilligkeit, auf das Leben eines anderen Einfluß zu nehmen, bleibt dennoch erstaunlich. Wittgensteins Neffe Thomas Stonborough pflegte zu sagen: »Die ältere Generation ließ sich durch die Rechte der anderen keineswegs abschrecken.«[54] Aus einem späteren Brief Arvids an Wittgenstein läßt sich erschließen, daß dieser Arvid getadelt hatte, weil er »auf das Seelenheil seiner Freunde scheiße«.[55] Arvid antwortet darauf, Ludwig müsse die anderen, auch seine Verlobte, ihren eigenen Weg gehen lassen; in seinen besten Augenblicken könne er als Wegweiser dienen (der einfach dasteht). Falls Wittgenstein in dieser Angelegenheit des Studiums eine wichtigere Rolle gespielt hat als die des Wegweisers, so meinte Arvid Sjögren selbst gegen Ende seines Lebens, es sei irgendwie Bestimmung gewesen. Andere empfanden das Bedauern stärker als er.

Im November, vielleicht ein wenig früher, bezog Wittgenstein mit seinen Sorgen ein Zimmer im Haus der Sjögrens. Insoweit er mithalf bei der Erziehung der Jungen, entsprachen seine Pläne vielleicht denen anderer Personen; die Abstandnahme von der Alleegasse entsprach seinen eigenen. Ein Ergebnis des Aufenthalts in diesem Haus war die genannte Freundschaft fürs Leben – und zunächst gewann er einen Begleiter für seine Reise nach Holland, wo er Russell treffen wollte. Ein weiteres Ergebnis jedoch war der bleibende Zwist und eine gewisse Peinlichkeit in seinem Verhältnis zu Mima. Arvid selbst meinte, sie habe sich in Wittgenstein verliebt. Sicherlich fand sie es schwierig, mit seinem Bedürfnis nach Wärme und seiner Abneigung gegen Berührung zurechtzukommen – jener Anziehung und Abstoßung der Schopenhauerschen Stachelschweine –, die Wittgenstein zumal im Umgang mit Frauen empfunden zu haben scheint. Und zu dieser Zeit war Wittgen-

54 Persönliche Mitteilung an den Verfasser.

55 Undatierter Brief Arvid Sjögrens an Wittgenstein (vielleicht von 1931). Viele von Wittgensteins Freunden bestätigen, daß diese krasse Ausdrucksweise durchaus charakteristisch war für Wittgensteins mündliche Meinungsäußerungen. In der *ersten* Hälfte seines Briefes spricht Wittgenstein über Arvids Tugenden.

stein besonders empfindlich, was auch daraus hervorgeht, daß seine Schwester Hermine Schwierigkeiten hatte, mit ihm auszukommen: Es fiel ihr leichter, an Hänsel zu schreiben. Ludwig jedenfalls zog aus Hietzing fort und kehrte in den dritten Bezirk zurück. »Dieser Wohnungswechsel«, schreibt er am 24. April 1920 an Engelmann, »war von Operationen begleitet, an die ich nur zu denken brauche, damit es mir schwummerlich wird«. In der Folgezeit waren die Beziehungen prekär. Im Jahr darauf gab es zwar einen sorgfältig vorbereiteten Besuch, den sie ihm abstattete, doch im allgemeinen achteten seine Angehörigen darauf, Mima nicht einzuladen, wenn er erwartet wurde; und noch über zehn Jahre später sah ihr Sohn Arvid zu, daß er nur kam, sofern sie außer Haus war.[56]

Was die Mischung angeht, ist diese Episode charakteristisch für jene »inneren und äußeren« Aspekte, über die sich Wittgenstein fast immer in klagendem Ton äußerte. In diesem Fall hatten ihn das Verhalten oder die Erwartungen einer anderen Person berührt, und um der Lage Herr zu werden, mußte er an der Umgebung und an sich selbst Operationen vornehmen, die sein Innenleben, das er so mühsam in Ordnung zu bringen strebte, schwer in Mitleidenschaft zogen.

In diesem Licht müssen wir die Hauptsorgen in diesem Übergangsjahr sehen, in dem es ihm, wie seine Angehörigen merkten, natürlicherweise äußerst schwerfiel, sich selbst zu finden. In erster Linie war es das Verhältnis zu seinen Angehörigen und Freunden, das ihm Sorgen machte: ein Thema, das wir zum Teil schon behandelt haben. Von der Familie hatte er sich zwar gelöst, doch den Sonntagnachmittag mußte er regelmäßig bei seiner Mutter verbringen[57], was ihm aus Gründen, über die er in der Gefangenschaft mit Parak geredet hatte, Schwierigkeiten machte. Hänsel und seine Frau boten ihm eine Zuflucht, wenn die Masern oder andere Familienprobleme es zuließen.[58]

56 In einem undatierten Brief, der wahrscheinlich um 1935 geschrieben wurde, lädt Arvid Sjögren Wittgenstein zu sich ein, sofern seine Mutter zu dem fraglichen Zeitpunkt außer Haus sein sollte. Zu dieser Zeit wohnte Mima zusammen mit ihrem Sohn und ihrer Schwiegertochter in der Pierrongasse.

57 Vgl. Wittgenstein an Hänsel, 24. September 1919, in: Wünsche, S. 297.

58 Das Masernproblem wird erwähnt in Wittgensteins Brief an Hänsel vom März 1920, in: Wünsche, S. 298.

Hermine Wittgenstein dankte den Hänsels ganz rührend dafür und ließ ihnen Geschenke zukommen, die in dieser schweren Zeit überaus nützlich waren, wobei sie äußerst taktvoll erklärte, daß ihre Dankesschuld durch diese Aufmerksamkeiten keineswegs abgetragen werden konnte.[59] Er ging also zu Hänsel, wenn auch nicht allzu häufig; gelegentlich besuchte er den Bildhauer Drobil; und ganz selten kam Paul Engelmann[60], mit dem Wittgenstein, wie er selbst meinte, wirklich reden konnte. Das war kaum ausreichend. Daher schreibt er am 19. März 1920 an Russell (den er, wie weiter unten geschildert wird, im Dezember 1919 besucht hatte): »Wie gern möchte ich Dich wieder sehen. Ich bin nicht mehr im Stande mir neue Freunde zu erwerben und die alten verliere ich. Das ist schrecklich traurig. Fast täglich denke ich an den armen David Pinsent. Denn, so sonderbar das klingt, ich bin fast allen Menschen zu dumm!« Vielleicht konnten die meisten Menschen aus seiner Art zu denken nicht klug werden. (Arvid, der neue Freund, war da eine Ausnahme.) Dennoch mußte er trachten, die anderen zu akzeptieren. Diese Überlegung macht uns womöglich verständlich, weshalb er in einem Brief an Engelmann vom 16. November 1919 ausruft: »Die normalen Menschen sind mir eine Wohltat, und eine Qual zugleich.«

Der zweite Bereich, der ihm Sorgen machte, waren die Lehrerbildungsanstalt und seine Berufsvorbereitung. Die Demütigungen, die damit einhergingen, fand er, wie wir gesehen haben, schwer erträglich, und am 26. Januar 1920 beklagt er sich in einem Brief an Engelmann über seinen »schrecklichen Zustand«, während er Hänsel kurz vorher, am 16. Januar, um Rat, ja Hilfe bittet und schreibt: »Im Inneren geht es mir nicht besonders gut, da die Verhältnisse zu meinen Mitmenschen mich immer wieder in unangenehmer Weise beschäftigen. So wälze ich den Gedanken, ob ich hier bleiben oder wegziehen soll immer noch ohne Resultat im Kopf herum.« Dies führte allem Anschein nach zu einem seiner Versuche, ins Kloster zu gehen, und daher gewinnt man den Eindruck, daß dieser Ver-

59 Vgl. die Briefe von Hermine Wittgenstein an Ludwig Hänsel in: Wünsche, S. 327-329.

60 Andererseits sind sechzehn Briefe Wittgensteins an Engelmann aus diesem Jahr erhalten.

such zumindest teilweise in seiner Unzufriedenheit mit den Verhältnissen in der Lehrerbildungsanstalt wurzelte. (Hierauf spielt er vielleicht in seinem Brief an Engelmann vom 21. Juni 1920 an, wenn er vom »Meritorischen« seiner Angelegenheit schreibt, bei der ihm »von außen nicht zu helfen« sei.) Zum Teil dürfte der Versuch aber auch – und dies ist äußerst wichtig – auf seine eigene Unfähigkeit zurückgehen, sich mit den Verhältnissen abzufinden oder mit ihnen fertig zu werden. Innere oder äußere Gründe? Diese Frage läßt sich unmöglich beantworten, und als Wittgenstein am 16. November 1919 an Engelmann schrieb, er habe schon einige Male daran gedacht, sich das Leben zu nehmen, »aber nicht etwa aus Verzweiflung über meine Schlechtigkeit, sondern aus ganz äußerlichen Gründen«, meinte er vielleicht Äußerlichkeiten wie die Verhältnisse in der Lehrerbildungsanstalt, die eine Menge mit seinem Inneren zu tun hatten. Es ist womöglich von Bedeutung, daß der gleiche Brief das bereits angeführte Zitat enthält, in dem er davon spricht, daß er wenn schon nicht direkt, so doch indirekt auf ein Ziel zugehe. Wie er am 19. Januar 1920 an Russell schreibt, hatte er eine Zeitlang durchaus nicht das Gefühl, auf ein Ziel zuzugehen, sondern bloß zu vegetieren.

Ein dritter Bereich, der ihm Sorgen machte, war sozusagen der Abschluß des vorigen Lebensstadiums, nämlich der Versuch, sein Werk zu veröffentlichen.[61] Auch auf diesem Gebiet konnte das Gefühl nicht ausbleiben, daß ihm versagt blieb, was ihm gebührte, denn er war beinahe jedem Unglück ausgesetzt, das einem Autor widerfahren kann. Unmittelbar nach der Heimkehr aus der Gefangenschaft brachte er die wahrscheinlich dritte Maschinenschrift[62] seiner Abhandlung zu Braumüller, dem Verleger der Schriften Otto Weiningers. Der Verleger verlangte ein Gutachten von einem Philosophieprofessor, das sich Wittgenstein ohne weiteres von Russell erbitten konnte. Als Braumüller das Gutachten hatte, war er zwar bereit, das Buch zu nehmen, aber nur unter der Bedingung, daß Wittgenstein für Papier und Druck aufkäme. Wittgenstein hatte jedoch

61 Zum folgenden vgl. G. H. von Wrights Aufsatz »Die Entstehung des *Tractatus*«, in von Wrights Buch *Wittgenstein*, a. a. O., S. 77-116.

62 Ein Exemplar befand sich mit Sicherheit bei Russell, ein weiteres wahrscheinlich bei Frege.

kein Geld. Er könne es sich zwar beschaffen, schreibt er Mitte Oktober an Ficker, »*will* es aber nicht; denn ich halte es für bürgerlich unanständig ein Werk der Welt – zu welcher der Verleger gehört – in dieser Weise aufzudrängen: Das Schreiben war *meine* Sache; annehmen muß es aber die Welt auf die normale Art und Weise«. Eine durchaus berechtigte Reaktion. Doch wie Wittgenstein im gleichen Brief (der die genauen Daten allerdings im unklaren läßt) berichtet, hatte er sich inzwischen auch an »einen Professor in Deutschland« (offenbar Frege) gewandt, und hoffte, die Abhandlung durch dessen Vermittlung in einer philosophischen Zeitschrift erscheinen zu lassen.[63] Daß Frege »kein Wort« von der Sache verstanden hatte, scheint er dabei außer acht gelassen zu haben, allerdings nicht für lange, denn auf die Anfrage folgte ein Briefwechsel, der zum Ergebnis hatte, daß Wittgenstein »vor lauter Erklärungen ganz erschöpft« war, wie er am 6. Oktober 1919 an Russell schreibt. Zum Schluß habe der Verleger der Zeitschrift (wie es in dem bereits zitierten Brief an Ficker heißt) zugesagt, »die Arbeit zu übernehmen, wenn ich sie vom Anfang bis zum Ende verstümmeln, und mit einem Wort eine andere Arbeit daraus machen wollte« – also wieder eine Bedingung, die Wittgenstein nicht annehmen konnte.

Nun war Ficker an der Reihe. Wittgenstein erkundigte sich, ob das Werk nicht im *Brenner* erscheinen könne. Wenn Aussicht dazu bestünde, werde er das Manuskript schicken. Einstweilen wolle er nur folgendes dazu sagen: »Die Arbeit ist streng philosophisch und zugleich literarisch, es wird aber doch nicht darin geschwefelt.« Das »Schwefeln« war die große Gefahr sowohl in der Literatur als auch in der Philosophie, und gerade die Fragen, die Ficker und Kraus beschäftigten, konnte man nur dann richtig in den Blick bekommen, wenn man das Schwefeln

63 Gemeint ist die Zeitschrift *Beiträge zur Philosophie des deutschen Idealismus*, in der Freges Artikel »Der Gedanke« erschienen war. Einen Sonderdruck dieses Artikels erhielt Wittgenstein in der Gefangenschaft. Wittgensteins Briefe an Frege wurden im Zweiten Weltkrieg vernichtet. Erhalten sind nur die Notizen von Heinrich Scholz, die Aufschluß über die Anzahl der Briefe und ihren allgemeinen Inhalt geben. Die von Scholz angefertigte Liste verzeichnet etwa zehn Schreiben aus der Gefangenschaft (darunter die Bitte um ein Urteil über die Arbeit) und vier Briefe aus dem anschließenden Herbst.

in Acht und Bann tat. Im nächsten – häufig zitierten – Brief an Ficker schreibt Wittgenstein, sein Werk bestehe »aus zwei Teilen: aus dem, der hier vorliegt, und aus alledem, was ich *nicht* geschrieben habe. Und gerade dieser zweite Teil ist der Wichtige. Es wird nämlich das Ethische durch mein Buch gleichsam von Innen her begrenzt; und ich bin überzeugt, daß es, *streng*, NUR so zu begrenzen ist. Kurz, ich glaube: Alles das, was *viele* heute *schwefeln*, habe ich in meinem Buch festgelegt, indem ich darüber schweige.« Es ist ein kühner Anspruch, in seinem Buch »alles festgelegt« zu haben. Kein Wunder, daß er nicht damit rechnete, Ficker werde das sogleich einsehen. Vielleicht auch kein Wunder, daß Ficker es überhaupt nicht einsah. Jedenfalls wollte er Wittgenstein vertrösten und brachte zunächst offenbar Zweifel darüber zum Ausdruck, ob das Werk im *Brenner* am richtigen Platz sei, doch zugleich bot er an, es einem Philosophieprofessor (möglicherweise war ein Gymnasialprofessor gemeint) vorzulegen. Darauf antwortete Wittgenstein mit einem »Brandbrief«, wie er selbst später meinte, und schrieb: »Ja, wo meine Arbeit untergebracht werden kann, das weiß ich selbst nicht! Wenn ich nur selbst schon wo anders untergebracht wäre als auf dieser beschissenen Welt! – Von mir aus können Sie das Manuscript dem Philosophieprofessor zeigen (wenn auch eine philosophische Arbeit einem Philosophieprofessor vorzulegen heißt, Perlen ...) Verstehen wird er übrigens kein Wort. Und jetzt nur noch *eine* Bitte: Machen Sie's kurz mit mir und schmerzlos! Sagen Sie mir lieber ein rasches Nein als ein gar so langsames; das ist österreichisches Zartgefühl, welches auszuhalten meine Nerven momentan nicht ganz stark genug sind.«

Wie aus Wittgensteins weiteren Briefen hervorgeht, bot Ficker sogleich an, trotz der außergewöhnlichen Art des Buches und dem entsprechenden Risiko für sein kleines Verlagshaus im äußersten Notfall als Verleger einzuspringen. Also wieder ein Angebot, das Wittgenstein nicht annehmen konnte: Das Risiko, »die Existenz eines Menschen (wessen immer)« durch die Herausgabe seines Buches in Frage zu stellen, konnte er nicht verantworten. Anders verhielte es sich, wie er am 4. Dezember 1919 schreibt, wenn Ficker selbst das Buch für wertvoll genug hielte. »Ein Buch, auch wenn es ganz und gar ehrlich geschrieben ist, ist immer von *einem* Standpunkt aus wertlos: denn eigentlich braucht niemand ein Buch schreiben, weil es auf der Welt ganz andere Dinge zu tun giebt. Andererseits glaube ich sagen zu können: Wenn Sie den Dallago, den Haecker, u. s. w. drucken, *dann* können Sie auch *mein* Buch drucken.« Hier ist Wittgensteins Sorge um das »Meritorische« seiner Angelegenheit überaus verständlich. Erstaunlich ist hingegen der freundliche Ton, in dem er seinen Groll überwindet: »Und nun leben Sie wohl und machen Sie sich meinetwegen keine Sorgen. Es wird schon alles in Ordnung kommen.«[64] Ebenso schreibt er Ende Januar an Engelmann, Ficker werde sein ganzes Hab und Gut verlieren, wenn er das Erscheinen des *Brenner* nicht einstelle, und fragt: »Kann man ihm helfen?« Stets hatte er die Gabe – oder war es sein Fluch? –, in jeder Beziehung mit vollem Einsatz zu reagieren. Da er selbst außerstande war, sich verhalten zu äußern, verlor er die Geduld, wenn andere nur halbherzig Stellung nahmen.

Auch Wittgensteins Verzagtheit ist verständlich.[65] Es war, als hätten ihn Kraus und Weininger durch ihre Verleger Jahoda und Braumüller zurückgewiesen; Frege und Ficker hatten seine Arbeit tatsächlich abgelehnt. Es bestand zwar eine gewisse Möglichkeit, das Buch im Insel Verlag zu herauszubringen, weil Rilke bereit war, sich für ihn einzusetzen, doch Wittgenstein scheint nicht recht daran geglaubt zu haben – vielleicht zu Recht, denn es kam tatsächlich nichts dabei heraus. Hoffnung konnte er eventuell nur noch in die geplanten Besuche bei Russell und Frege setzen (zumindest auf den ersteren freute er sich schon sehr).

Das Zusammentreffen mit Russell gehört zu den Höhepunkten dieses Jahres. Das lag vielleicht daran, daß Wittgenstein nun seinen Verstand betätigen konnte, was ihm nur im Beisein

64 Wittgenstein an Ficker, 5. Dezember 1919. Der Brief enthält allerdings folgende, mit dem passenden Datum »6. 12. 19« versehene boshafte Nachschrift: »à propos: giebt es auch einen Krampus, der die schlimmen Verleger holt?«

65 Die Frage, ob dieser Faktor bei seinen Selbstmordgedanken eine Rolle spielte, wird weiter unten besprochen. Die Daten stimmen allerdings nicht ganz überein, denn am 16. November, an dem er sich in seinem Brief über diese Gedanken äußert, hatte er Fickers ersten abschlägigen Bescheid noch nicht erhalten.

bestimmter Personen gelang[66], sowie daran, daß wir ihn bei dieser Gelegenheit durch die Augen Außenstehender sehen können, die weniger voreingenommen waren als er selbst. Russell hatte in der Zwischenzeit mit anderen über das ihm zugeschickte Buch Wittgensteins diskutiert, namentlich mit Nicod, einem hervorragenden jungen Philosophen der Mathematik aus Frankreich, und Dorothy Wrinch, einer von Russell geförderten Studentin, die später als Kristallographin großes Ansehen errang.[67] Nun mußte er mit Wittgenstein selbst darüber sprechen, und sie entschieden sich für ein Treffen in dem neutralen Holland. Eine Rolle spielte vielleicht auch, daß ein Cousin Wittgensteins dort Botschafter war. Die Entscheidung wurde jedenfalls im Oktober getroffen, doch es war keine leichte Sache, Paß und und Einreisevisum zu besorgen. Wie man sich vorstellen kann, fiel es Wittgenstein sowohl aufgrund seines Vermögensverzichts als auch wegen der allgemeinen Währungsprobleme jener Zeit schwer, für die Reise zu bezahlen. Deshalb bat er Russell, alle seit der Vorkriegszeit in Cambridge gelagerten Bücher und Möbel aus seinem Besitz für ihn zu verkaufen. Russell erwarb alles selbst zu einem unabhängig geschätzten Preis. So sind einige der – oben im Zusammenhang mit Wittgensteins Einrichtung im Jahre 1912 geschilderten – Möbelstücke sowie die jetzt im Russell-Archiv befindlichen Bücher zum Glück erhalten geblieben und vermitteln uns eine gewisse Vorstellung von Wittgensteins anspruchsvollem Geschmack in der Zeit vor dem Kriege. »Das beste Geschäft meines Lebens«, meinte Russell, denn die Sachen waren mehr wert, als der Händler in Cambridge annahm. Er hielt die Formgebung der Möbel für wertmindernd.[68]

Russell traf Anfang Dezember in Den Haag ein. Wittgenstein kam am 12. Dezember; früher ging es anscheinend nicht. Er wurde von Arvid Sjögren begleitet, während Russell inzwischen mit Dora Black zusammen war, die aus Paris herbeige-

66 In einem Brief an Engelmann vom 29. Dezember 1919 spricht Wittgenstein von »der Betätigung meines Verstandes die Sie mir ermöglichen«.

67 Vgl. den zweiten Band von Russells Autobiographie, S. 95 ff.

68 Dieser Umstand und der gezahlte Preis (80 Pfund) gehen aus dem Briefwechsel mit dem Möbelhändler Jolley hervor. Die Briefe finden sich unter der Signatur W 51 im Russell-Archiv.

reist kam, um ihre gemeinsame Zukunft zu besprechen. Doch als sich die beiden Hauptpersonen trafen, war alles genauso wie vor dem Krieg in Cambridge: »Wittgenstein ist angekommen – kein bißchen verändert. Ich freue mich riesig über das Wiedersehen. Er ist so voller Logik, daß ich ihn kaum dazu bringen kann, über irgend etwas Privates zu reden. Er ist sehr lieb und womöglich ein bißchen weniger verrückt als vor dem Krieg. Ich war noch gar nicht aufgestanden, als er eintraf. Da hämmerte er an meine Tür, bis ich aufwachte. Seitdem hat er ohne Pause vier Stunden lang über Logik gesprochen.«[69] So ging es eine ganze Woche lang weiter. Sie sprachen das Buch Satz für Satz durch, und Russell meinte, Wittgenstein sei ein »prächtiger und wunderbarer« Mensch, »von einer Leidenschaft und Reinheit ohnegleichen«.[70] Auch Wittgenstein war entzückt, vor allem deshalb, weil Russell ihm versprach, dafür zu sorgen, daß sein Werk in England in einer zweisprachigen Ausgabe veröffentlicht würde. Russell selbst wollte es übersetzen und die Einleitung schreiben.

Dora Black forschte währenddessen in holländischen Bibliotheken über das Freidenkertum, und Arvid beschäftigte sich so gut er konnte. Die Mahlzeiten nahmen sie zu viert ein, und die Tischgespräche waren (soweit sich Dora Russell erinnert) oberflächlich. Russell meinte, Wittgenstein sei recht witzig gewesen, was vielleicht auf das gleiche hinausläuft. Was das Thema Krieg anging, erweckte Wittgenstein den Eindruck, sowohl Patriot als auch Pazifist zu sein. Er berichtete, er habe an der Ostfront mit Russen fraternisiert, und erzählte, wie sehr er sie bewunderte. Nach Russells Bericht verhielt sich Wittgenstein sehr stolz und wollte nicht über die Entbehrungen des Lebens in Wien reden oder tat sie mit einem Lachen ab. Er hatte keinen Wintermantel, sondern nur ein Regencape aus Gummi, das gar nicht warm hielt.

Wie sehr das tief mystische Element in Wittgensteins Denken Russell überraschte, wurde bereits erwähnt. Nach Russells Ansicht schätzte Wittgenstein die Mystik vor allem deshalb so hoch, weil sie ihn vom Denken abhielt; Wittgenstein hätte dem jedoch nicht zugestimmt. Dennoch waren die beiden froh über

69 Russell an Colette (Lady Constance Malleson), 12. Dezember 1919.

70 Russell an Lady Constance Malleson, 16. Dezember 1919.

das Wiedersehen, und ihre damaligen Briefe bestätigen diesen Eindruck. (Russells spätere Erinnerungen[71], die er schrieb, als sich die Meinungsverschiedenheiten zwischen ihnen verschärft hatten, sind eher satirisch gehalten.)

Auch in praktischer Hinsicht war Wittgenstein damals besonders leistungsfähig, wie er schon bald unter Beweis stellen mußte, denn Arvid erkrankte an einer schlimmen Grippe. Der Besuch bei Frege wurde abgesagt, und die beiden mußten mit den unzuverlässigen deutschen Zügen der Nachkriegszeit nach Wien zurückkehren. In Passau stellte sich heraus, daß vor Weihnachten kein Personenzug mehr nach Österreich fuhr, doch Wittgenstein sorgte mit der ihm zu Gebote stehenden Energie dafür, daß sie Plätze in einem Güterzug bekamen, wo er sich um seinen Freund kümmerte und ihn heil nach Hause brachte.

Der Veröffentlichung seines Buches schien nun nichts mehr im Wege zu stehen. (Im Januar hatte er allerdings, wie wir bereits gesehen haben, andere Sorgen, die ihn tief bedrückten.) Mit einer Einleitung von Russell würde jeder Verleger die Arbeit nehmen, zum Beispiel Reclam, der ihm von einem Freund Engelmanns empfohlen worden war. Allem Anschein nach war Reclam tatsächlich dazu bereit. Und als Russells Einleitung im April (nach Wittgensteins Ansicht nicht früh genug) eintraf, ließ er sie alsbald übersetzen, obwohl er – wie er am 9. April an Russell schreibt – sofort sah: »Ich bin mit so manchem darin nicht ganz einverstanden; sowohl dort, wo Du mich kritisierst, als auch dort, wo Du bloß meine Ansicht klarlegen willst. Das macht aber nichts. Die Zukunft wird über uns urteilen.« Als er die Übersetzung schließlich zu Gesicht bekam, war die Feinheit von Russells Stil verloren, und Wittgenstein meinte, es sei nichts übrig geblieben außer »Oberflächlichkeit und Mißverständnis«. Daher weigerte er sich, sie drucken zu lassen, und schrieb an Reclam, die Einleitung solle ihnen nur zur Orientierung über seine eigene Arbeit dienen. Russell möge ihm deswegen bitte nicht böse sein.[72] Sollte Reclam die Veröffentlichung ablehnen, werde er sich mit folgendem Argu-

71 Vgl. den zweiten Band seiner Autobiographie, S. 100f.

72 Wittgenstein an Russell, 6. Mai 1920. Dieser äußerst freimütige Brief ist im übrigen sehr herzlich gehalten.

ment trösten: »Meine Arbeit ist nämlich entweder ein Werk ersten Ranges, oder sie ist kein Werk ersten Ranges. Im zweiten – wahrscheinlicheren – Falle bin ich selbst dafür, daß sie nicht gedruckt werde. Und im ersten ist es ganz gleichgültig ob sie 20 oder 100 Jahre früher oder später gedruckt wird.« Prächtige Worte, aber wohl kaum die Sprache des praktischen Verlagswesens. Tatsächlich nahm Reclam das Buch nicht, und nun schreibt Wittgenstein am 7. Juli an Russell: »[...] ich werde vorläufig keine weiteren Schritte tun, um es zu publizieren. Hast Du aber Lust es drucken zu lassen, so steht es Dir ganz zur Verfügung und *Du kannst damit machen, was Du willst.* (Nur wenn Du am Text etwas änderst, so *gib an, daß die Änderung von Dir ist.*)« Es ist ein trauriger Brief. Wittgenstein schrieb ihn am gleichen Tag, an dem er sein Zeugnis von der Lehrerbildungsanstalt erhielt. Nun konnte er mit der Ausübung dieses Berufs beginnen, doch in dem Brief heißt es weiter: »Wie es mir gehen wird – wie ich das Leben ertragen werde – weiß Gott allein. Am besten wäre es vielleicht, ich könnte mich eines Abends hinlegen und nicht mehr aufwachen. (Vielleicht aber gibt es auch noch etwas besseres für mich.) Wir werden ja sehen.« Damit kommen wir auf den Gesichtspunkt zurück, von dem aus wir zunächst die Vorgeschichte der Veröffentlichung des Buchs betrachtet haben: die Sorgen, die ihm daraus erwuchsen, und die Auswirkungen auf sein Inneres. (Die weitere Veröffentlichungsgeschichte, mit der Wittgenstein selbst nur noch wenig zu tun hatte, wird im nächsten Kapitel geschildert.)

Offenbar war es eine Geschichte der Enttäuschungen und Ärgernisse, doch seine Stimmung wurde in erster Linie nicht davon bestimmt. Diese Geschichte war nicht die Ursache, sondern eine Bestätigung seines düsteren Weltbilds. Selbst wenn die Veröffentlichungsaussichten positiv waren, konnte er dennoch an Selbstmord denken und sich den Tod wünschen.

Wäre es nicht unmöglich, die genauen Motive für Wittgensteins Verzweiflung in der ersten Hälfte des Jahres 1920 zu rekonstruieren, so wäre es doch taktlos. Auffällig ist aber, daß er sich gerade zu der Zeit mit Todes- und Selbstmordgedanken quälte, da er sein Buch, das im Schweigen endet, drucken lassen wollte. (Auch die letzten Reflexionen in den erhaltenen Tagebüchern der Kriegszeit beschäftigen sich mit der Berechtigung des Selbstmords. Und im Spätsommer 1918 hatte er der Alternative gegenübergestanden, sich umzubringen oder das Buch abzuschließen.)

Die freimütigsten und düstersten seiner Gedanken brachte er Engelmann gegenüber zum Ausdruck, und es ist kein Zufall, daß Engelmann auch derjenige war, mit dem er über religiöse Dinge sprach. Am 9. Januar 1920 schreibt er, Engelmanns religiöse Bemerkungen seien noch nicht klar genug; vielleicht ließen sich diese Dinge gar nicht sagen. Damit dürfte gemeint sein, daß ihre schriftliche Formulierung ausgeschlossen ist. Denn natürlich hielt Wittgenstein es für möglich, mit jemandem, der – wie Engelmann – »den Menschen versteht«, unter vier Augen über die Religion oder persönliche Probleme zu reden. Ja für Wittgenstein war dieses Verfahren noch am ehesten heilsam.

Daß er Selbstmordgedanken hegte, bedeutete für Wittgenstein, daß er tief gesunken war. Es konnte vorkommen, daß er aus rein äußerlichen Gründen auf derartige Gedanken kam, und das machte die Sache erst recht schändlich, doch in diesem Fall hatten die Gründe sein Inneres in Mitleidenschaft gezogen. Sein Elend ergab sich daher stets in irgendeiner Weise aus dem Gefühl der eigenen Niedrigkeit und Gemeinheit. Und die Vorstellung, dem etwa durch Selbstmord nachzugeben, bedeutete, daß es ihm an Glauben fehlte oder daß er, wie er es ebenfalls ausdrückte, zum Teufel ging. Dies sind im großen und ganzen Wittgensteins eigene Worte aus den Briefen, die er in jenen Monaten an Engelmann richtete. Besonders deutlich sind seine Äußerungen in einem Schreiben vom 21. Juni 1920: »Ich bin nämlich in einem Zustand, in dem ich schon öfters im Leben war, und der mir sehr furchtbar ist: Es ist der Zustand *wenn man über eine bestimmte Tatsache nicht hinweg kommt*. Daß dieser Zustand kläglich ist weiß ich. Aber es gibt nur ein Mittel gegen ihn, das ich sehe, das ist eben mit der Tatsache fertig werden. Da ist es aber genau so, wie wenn jemand, der nicht schwimmen kann, in's Wasser gefallen ist und nun mit Händen und Füßen herumschlägt und fühlt, daß er sich nicht oben erhalten *kann*. In dieser Lage bin ich jetzt. Ich weiß, daß der Selbstmord immer eine Schweinerei ist. Denn seine eigene Vernichtung *kann* man gar nicht wollen und jeder, der sich einmal den Vorgang beim Selbstmord vorgestellt hat, weiß, daß der Selbstmord immer eine *Überrumpelung* seiner selbst ist. Nichts aber ist ärger, als sich selbst überrumpeln zu müssen. Alles läuft natürlich darauf hinaus, daß ich keinen Glauben habe!«[73] Dies schrieb er, nachdem Engelmann über einen Monat geschwiegen hatte, weil er verzweifelt war über Wittgensteins Weigerung, Russells Einleitung erscheinen zu lassen, so daß allem Anschein nach gar keine Aussicht auf Veröffentlichung mehr bestand. Man kann sich die Mühe sparen, Mutmaßungen anzustellen über die »bestimmte Tatsache«. Es handelt sich offenbar wie immer um ein Gemisch aller seiner Schwierigkeiten: mit der Familie, in bezug auf seine Ausbildung, mit der Wirtin und vor allem im Hinblick auf seine vielen Schwächen. Es ist ein Seelenzustand, der nur bei einem Menschen verständlich wird, der »natürlich« vollkommen sein will, wie Wittgenstein später einmal einer Bekannten gegenüber beteuerte.

Engelmann verstand ihn sehr gut und erläutert diesen Zustand wie folgt: »Wenn ich ein Mensch bin, der sich unglücklich fühlt und der weiß, daß sein Unglück in einem wesentlichen Mißverhältnis zwischen sich und dem Leben, wie es ist, besteht, so bin ich doch auf einem Irrwege und kann keinen Ausweg aus dem Chaos meiner Gefühle und Gedanken finden, solange mir nicht die allein entscheidende Erkenntnis kommt, daß an diesem Mißverhältnis nicht das Leben, wie es ist, schuld ist, sondern ich selbst, wie ich bin, schuld bin.«[74] Die Selbstmordversuchung – der drei seiner Brüder und der verehrte Weininger erlegen waren – und den durch einen eventuellen Selbstmord begangenen grundsätzlichen Glaubensverrat kann man als Außenstehender am besten verstehen, wenn man Engelmanns Schilderung des Hintergrunds seiner Freundschaft mit Witt-

73 Wittgenstein an Engelmann, 21. Juni 1920. Vgl. die Briefe vom 16. November 1919 (»bin heruntergekommen«, Gedanken an Selbstmord »aus ganz äußerlichen Gründen«), 29. Dezember (»Stimmung jetzt sehr gedrückt«), 26. Januar 1920 (»in schrecklichem Zustand«, Engelmanns Brief hat ihm »sehr wohl getan«), 19. Februar (die »äußeren Verhältnisse wirken aufreibend» auf sein Inneres), 30. Mai (fühlt sich »miserabel«, Ursache seine eigene »Niedrigkeit und Gemeinheit«, er ist »ganz und gar gesunken«).

74 Engelmann, S. 56f.

genstein und dessen eigene Bekundungen inneren Versagens ernst nimmt und diese Bekundungen vor allem im Sinne der Einsicht deutet, daß er nicht von Natur aus zur Vollkommenheit geschaffen war. Die vielfältigen Gelegenheiten, die ihn derart in Versuchung führten, stellen sich allesamt als verschiedene Formen des Mangels an Selbstbeherrschung dar.[75] Es war eine Art von Verzweiflung über die Situation des Menschen: eine Verzweiflung, die zu dieser Zeit und an diesem Ort durch das Klima der geschichtlichen Gegebenheiten begünstigt wurde; ihre Wurzeln jedoch waren, wie wir festgestellt haben, im Gesamtprozeß von Wittgensteins Entwicklung angelegt.

Mit den wie gewöhnlich unterstrichenen Worten *»Nun wir werden sehen!«* schließt der zuletzt zitierte traurige Brief, wenn man von den üblichen höflichen Grüßen an Engelmanns Mutter absieht. Irgend etwas mußte geschehen. Und in der Tat unternahm er selbst etwas: Im Sommer ließ er sich, anstatt Engelmann in Olmütz zu besuchen und dann auf die Hochreith zu gehen, als Hilfsgärtner im Stift Klosterneuburg anstellen. Am 19. Juli schreibt er an Engelmann: »Ich sehnte mich nach irgend einer regelmäßigen Arbeit, welche – wenn ich mich nicht irre – für meinen gegenwärtigen Zustand noch das Erträglichste ist.« Und in der wohltuenden Atmosphäre des reichen, die kleine Stadt und die weitläufigen Weingärten überragenden Stifts lebte er im stillen tatsächlich wieder auf. Das Stift lag gerade weit genug im Norden von Wien, daß Besucher nicht ohne Umstände hingelangen konnten, und dort befand man sich wie in einem der großen Cambridger Colleges, nur daß es

75 Bartley behauptet in seinem Buch über Wittgenstein, Schuldgefühle wegen homosexueller Episoden im Prater hätten eine große Rolle gespielt (hier fragt sich übrigens, wie Wittgenstein nachts aus dem weit entfernten Hietzing in den Prater gelangt sein soll). Ich habe dieser Hypothese (mehr kann es ja wohl nicht sein, eine Begründung fehlt allerdings ganz) keine sonderliche Beachtung geschenkt. Vor allen Dingen ist sie unnötig, wie ich hoffentlich deutlich gemacht habe, und darüber hinaus völlig unvereinbar mit dem, was ich in meinen ganz offen geführten Unterhaltungen über Wittgensteins damalige Probleme mit mehreren guten Freunden aus jener Zeit in Erfahrung gebracht habe. Außerdem muß man sich fragen, wie Engelmanns Erinnerungen oder Wittgensteins eigene spätere Geständnisse denkbar sind, wenn man Bartleys Auffassung unterstellt. Die beste Widerlegung der Darstellung Bartleys findet sich in den Artikeln von Rush Rhees und Wittgensteins Neffen J. J. Stonborough in der Zeitschrift *The Human World*, 1974.

zu wenige Fellows gab. Da wohnte er – einem Alexius immer ähnlicher – in der Gärtnerhütte, gleich neben dem Friedhof der Stiftsherren. (»Die Toten reden nicht«, sagte er zu Arvid.) Abends war er stets so müde, daß er nicht unglücklich zu sein brauchte; und die Oberköchin, die ihn ins Herz geschlossen hatte, versorgte ihn gut mit Mehlspeisen und manchmal sogar Fleisch vom Tisch der Stiftsherren.[76] In der Zwischenzeit wurde in der Schulbehörde seine Bewerbung um eine Lehrerstelle in Niederösterreich begutachtet.

Dort wollen wir ihn einstweilen verlassen und uns seinem Buch zuwenden. Für ihn war es eine Zeit der Krisen gewesen, und wie er sich seelisch befinden würde, war immer noch unsicher. Aber vielleicht war es – wie es ihm in der Gefangenschaft vorgeschwebt hatte – schon der Beginn einer neuen Geschichte, die Geschichte der allmählichen Erneuerung eines Menschen, die Geschichte seiner allmählichen Wiedergeburt.

76 Vgl. Wittgenstein an Engelmann, 20. August 1920; an Hänsel, 10. August 1920, in: Wünsche, S. 299.

9. Tractatus 1921/22

Wittgensteins Buch soll hier ein separates Kapitel gewidmet werden, denn es hatte seinen eigenen Entwicklungsgang. Im Inhalt spiegelt sich, wie wir sehen werden, die bisherige Lebensgeschichte seines Verfassers. Auch die Art der Veröffentlichung war in manchem charakteristisch für ihn, denn er überließ anderen die Entscheidung über sein Buch und dessen Herausgabe. Mit seinen späteren Schriften war es das gleiche. Alles sollte Gottes Willen anheimgestellt sein, wie er früher an Engelmann schrieb, von dem er sich seine Manuskripte per Feldpost schicken ließ.

Die einer Martha würdige Aufgabe, für die Veröffentlichung zu sorgen, lag in den Händen von Dorothy Wrinch, einer von Russell geförderten jungen Frau, die oben bereits erwähnt wurde. Russell selbst reiste im Herbst 1920 nach China, von wo er erst nach einem Jahr zurückkehrte. Miss Wrinch machte sich mit Tüchtigkeit und Geschick an die Arbeit.[1] Von der Cambridge University Press, an die sie sich wahrscheinlich zuerst gewandt hatte, erhielt sie am 17. Januar einen abschlägigen Bescheid. Es gibt keinen Verlag, der nicht Grund hätte zur freilich fruchtlosen Reue, doch die Cambridge University Press – in dieser Hinsicht parvi mater amoris – lehnte auch Wittgensteins spätere Schriften ab. Nun wandte sich Miss Wrinch an deutsche Herausgeber, schickte zunächst aber wohl nur eine Beschreibung des Werkes (das kurz genug war, um als längerer Artikel veröffentlicht zu werden) an eine Reihe von Zeitschriften, die aufgeschlossen waren für wissenschaftlich orientierte Philosophie beziehungsweise für die Auffassung, daß das Wesen der Wissenschaften in der Philosophie niedergelegt ist. F. Schumann verlangte jedoch für seine *Zeitschrift für Psychologie und Physiologie der Sinnesorgane*, die Arbeit müsse überwiegend psychologischen, nicht philosophischen Inhalt haben, was eine Annahme von Wittgensteins Abhandlung ausschloß. Ludwig Stein vom *Archiv für systematische*

1 Weitere Einzelheiten finden sich im Russel-Archiv unter der Signatur W. 51, »Wrinch«. Vgl. ferner von Wrights Artikel »Die Entstehung des *Tractatus*«, a. a. O.

Philosophie war zwar willens, den Artikel eines Schülers von Russell herauszubringen, doch mit dem Druck müsse gewartet werden. Er bat Miss Wrinch, im Mai noch einmal nachzufragen. Die Briefe Schumanns und Steins sind vom 12. Februar datiert. Eine weitere Antwort kam von Wilhelm Ostwald, dem Herausgeber der *Annalen der Naturphilosophie*. Sein Schreiben trägt das Datum 52.21 – eine seiner zahlreichen Schrullen, denn gemeint ist zweifellos der 21. Februar 1921. Nachdem er sich für die Verspätung seiner Antwort entschuldigt hat, schreibt er: »In jedem anderen Falle würde ich auf die Aufnahme des Aufsatzes verzichtet haben. Ich schätze aber Herrn Bertrand Russell so ungewöhnlich hoch als Forscher und als Persönlichkeit, daß ich den Aufsatz von Herrn Wittgenstein gern in meinen *Annalen der Naturphilosophie* veröffentlichen werde: die Einleitung von Herrn Bertrand Russell wird besonders willkommen sein.« Er könne die Arbeit in etwa zwei Monaten erscheinen lassen; Sonderdrucke stünden vielleicht schon früher zur Verfügung. Dieses Angebot nahm Miss Wrinch an und schickte die Maschinenschrift an Ostwald, der das Eintreffen auf einer Karte mit dem Poststempel 10. März 1921 bestätigte. Zusammen mit Wittgensteins Abhandlung sandte sie eine Abschrift von Russells Einleitung, die dann ziemlich ungenau erneut ins Deutsche übersetzt wurde.[2] Der Artikel wurde wie vorgesehen veröffentlicht, und anschließend stellte die Zeitschrift, wie zur Bestätigung der Botschaft von Wittgensteins Werk, ihr Erscheinen ein.

»Diesen Druck betrachte ich aber als Raubdruck, er ist voller Fehlern«, meinte Wittgenstein – eine Beschwerde, die ihrerseits (wie es häufig geschieht) gleich zwei Fehler enthält.[3] Der Einspruch ist allerdings nicht ganz unberechtigt, denn die Fahnen wurden ohne Sachverstand nur in Deutschland gelesen, und der Setzer interpretierte die verschiedenen maschinege-

2 Die frühere Übersetzung blieb vermutlich in Österreich. Sie muß heute als verloren gelten. Zu den Unterschieden zwischen der von Ostwald publizierten Fassung der Einleitung und der später in England veröffentlichten Version vgl. den Artikel von M. Teresa Iglesias in der Zeitschrift *Russell*, 1977, S. 25-28.

3 Wittgenstein an Engelmann, 5. August 1922. Wittgenstein macht hier nicht nur einen grammatischen Fehler. Auch die Behauptung, es handele sich um einen Raubdruck, ist keineswegs vertretbar.

schriebenen Hilfszeichen für Russells und Sheffers logische Notation nicht, sondern reproduzierte sie einfach (was vielleicht entschuldbar ist). An ein oder zwei Stellen wurden für den Abschreibenden bestimmte Anweisungen, ja sogar handschriftliche Fragezeichen Russells in den Text übernommen.[4] Dennoch war die Arbeit verständlich genug für die erste Lesergeneration, und wer heute ein Exemplar dieses – wie viele deutsche Veröffentlichungen der Nachkriegszeit – nicht sonderlich haltbaren, auf vergilbtem Papier schlecht gedruckten Bandes in die Hand nimmt, hat das Gefühl, mit den äußeren Zeitumständen des Werkes selbst in Berührung zu kommen. Sofern der Vergleich zulässig ist, fühlt man sich so ähnlich, wie wenn man eine Quartoausgabe der Werke Shakespeares vor sich hat – es nützt auch genauso wenig, wenn man einen besseren Text herstellen will.

Dies waren trotz allem seltsame Vorzeichen und merkwürdige Schirmherren für Wittgenstein: Russell, dessen Einleitung er mißbilligte, und Ostwald, der in seiner Person eine große Anzahl von Zügen vereinigte, die Wittgenstein nicht leiden konnte. Eine glänzende Laufbahn als Mitbegründer der physikalischen Chemie und Herausgeber einer unentbehrlichen Reihe wissenschaftlicher Klassiker hatte Ostwald frühzeitig aufgegeben, um sich in sein – nach der fixen Idee des »energetischen Imperativs« so benanntes – großes »Landhaus Energie« zurückzuziehen, wo er sich gleich mehreren Anliegen widmete: dem Pazifismus, der Entwicklung einer Universalsprache, dem wissenschaftlichen Monismus (über den er sogenannte Sonntagspredigten veröffentlichte) und anderen Dingen. Wittgenstein bezeichnete ihn als »Erzscharlatan« und fürchtete, Ostwald werde den Text nach seiner »blödsinnigen Orthographie« (einer weiteren Schrulle) verstümmeln.[5]

So etwas gehört zum Schicksal der Bücher, es ist beinahe »die

4 In der Bemerkung 5.535 zum Beispiel, wo Wittgenstein behauptet, alle Probleme gelöst zu haben, die Russells »Axiom of Infinity« mit sich bringt, ist ein vermutlich von Russell selbst mit Bleistift eingetragenes Fragezeichen nach dem Wort »Alle« einfach abgedruckt worden.

5 Wittgenstein an Russell, 28. November 1921. (Dieser Brief wurde nach der Veröffentlichung in Ostwalds *Annalen* geschrieben, von der Wittgenstein damals freilich noch nichts wußte.)

normale Art«[6], in der ein Werk von der Welt angenommen wird. Die anschließend publizierte englische Ausgabe verdankt sich ebenfalls einem Zufall: Miss Wrinch war mit C. K. Ogden befreundet, der 1912 das *Cambridge Magazine* ins Leben gerufen hatte. Schon vor dem Krieg hatte er unter Intellektuellen einen guten Ruf, und nach dem Krieg war ihm ein gewaltiger Erfolg beschieden. Wittgenstein war ihm aus dem Kreis um Russell und aus dem Moral Sciences Club der Vorkriegsjahre bekannt. Soeben hatte er die Resultate seiner Forschungen auf dem Gebiet des Sprachunterrichts in dem gemeinsam mit I. A. Richards verfaßten Buch *The Meaning of Meaning* zusammengefaßt, und das war eine für die damalige Zeit ungewöhnlich konkrete psychologische und soziologische Darstellung der Sprache. Nun stand er am Anfang einer großen Karriere als Herausgeber sowohl der vor allem sprachwissenschaftlich orientierten internationalen Zeitschrift *Psyche* als auch der bei Kegan Paul erscheinenden Reihe »The International Library of Psychology, Philosophy, and Scientific Method«, deren bloßer Titel ein Manifest ist. Zu den von Anfang an ins Auge gefaßten Autoren gehörten Jung, Vaihinger, Russell, Moore, und unter den geplanten Veröffentlichungen ist eine für Philosophen bestimmte Darstellung der Mathematik von Hardy zu nennen. Die neuen Wissenschaften sollten der britischen Kultur auf die Sprünge helfen, und neben dem letzten Wort aus Wien oder Triest sollten auch Cambridger Stimmen laut werden. Die Nachkriegszeit schien eine neue Wissenschaft zu verheißen, eine Wissenschaft vom Menschen. Kennzeichnend war vor allem das Interesse an der Sprache. Zu Recht kann man sagen, daß es Ogden und seinen Freunden tatsächlich gelang, ihre Bestrebungen in die Tat umzusetzen.

Ogden war der Mann, dem Dorothy Wrinch Wittgensteins Abhandlung kurz nach der Ablehnung seitens der Cambridge University Press zeigte.[7] Da er nicht sogleich etwas unternahm, schaute sie sich in Deutschland um, was das eben

6 Dies ist Wittgensteins Formulierung aus seinem Mitte Oktober geschriebenen Brief an Ficker.

7 Diese Mitteilung stammt von Miss Wrinch. Dies erklärt auch, wieso Ogden im nächsten Herbst an Russell herantreten konnte, um sich bei ihm wegen der Veröffentlichung zu erkundigen.

beschriebene Ergebnis zeitigte. Doch Ogden bewies mehr Spürsinn als Ficker, und zur gegebenen Zeit machte er Russell den Vorschlag, das Werk zu publizieren. Ganz gewissenhaft bat Russell Wittgenstein um eine weitere Veröffentlichungserlaubnis, die ihm selbstverständlich erteilt wurde. Wittgenstein arbeitete sogar aktiv mit, trug Korrekturen in einen Sonderdruck der in den *Annalen* erschienenen Fassung ein, las die von Ogden geschickten Fahnen und machte Anmerkungen zur Übersetzung, sobald sie bei ihm eintraf. Die Übersetzung scheint in erster Linie auf Frank Ramsey zurückzugehen, der in seinem kurzen Leben bedeutende Beiträge zur Ökonomie wie zur Philosophie der Mathematik leistete. Damals war er noch keine zwanzig Jahre alt, galt aber schon als Genie. Er stammte aus einer Akademikerfamilie, gehörte natürlich zu den »Aposteln«, wurde von Keynes gefördert und war gerade im Begriff, die Mathematik aufzugeben, um sich den »moral sciences« (wie man in Cambridge sagt) zu widmen und vom Trinity College ins King's College überzuwechseln. Vielleicht wußte man, daß er sich in der Schule (Winchester) im Deutschunterricht, der allerdings nicht zu seinen Hauptfächern zählte, hervorgetan hatte. Richard Braithwaite hat geschildert, wie Ramsey in Miss Pates Cambridger Schreibbüro zu schreiten pflegte, wo er die Übersetzung im Beisein Ogdens diktierte.[8] An den Stellen, die Russell ausführlich zitierte, wurde seine Fassung benutzt, denn Wittgenstein hatte gemeint, diese Übersetzungen seien ebenso maßgebend wie der deutsche Text. Mehrmals wurde Wittgenstein von Ogden um Rat gebeten. Die Idee, neben der Übersetzung auch das Original zu drucken, geht auf Russell zurück, doch Ogden machte sie sich ohne Umstände zu eigen, denn so ließ sich ein schwieriges Problem auf einleuchtende Weise lösen. In seiner Vorbemerkung zum Text schreibt Ogden, es sei nahezu unmöglich, den literarischen Ton des Originals auf andere Weise wiederzugeben.

Es fragt sich, ob Ogden und Ramsey beim Versuch, diesen Ton wiederzugeben, des Guten nicht vielleicht zuviel getan haben. Ehe 1961 die Neuübersetzung erschien, lernte eine ganze Generation englischsprachiger Philosophen das Werk in einer

8 Persönliche Mitteilung an den Verfasser.

Übertragung kennen, die durch das Vorhandensein des Originals auf der anderen Seite anscheinend nicht befreit, sondern eher gefesselt wurde. Mitunter liest sie sich wie eine Übersetzung aus einer toten Sprache, was vielleicht den stilistischen Effekt der Offenbarungsverkündung verstärken soll, der gewiß auch im Original beabsichtigt ist.

Als beinahe ebenso einflußreich wie die Übersetzung erwies sich die Wahl des Titels *Tractatus logico-philosophicus*, der sogar im Deutschen weitgehend den ursprünglichen Titel *Logisch-philosophische Abhandlung* verdrängt hat. Der ursprüngliche Titel ist, wie mir scheint, absichtlich zurückhaltend formuliert und gibt sich in gewisser Weise bescheidener als das Buch selbst. Der erste Titelvorschlag für die Übersetzung lautete *Philosophical Logic*, und unter diesem Titel wurde das Werk in der Verlagswerbung von Kegan Paul angekündigt. Dieser Gedanke war freilich völlig verfehlt, und daher schreibt Wittgenstein am 23. April 1922 voller Spott an Ogden: »Ich weiß gar nicht, was das heißt! So etwas wie philosophische Logik gibt es doch gar nicht. (Es sei denn, man meint, da das ganze Buch Unsinn ist, dürfe der Titel selbst getrost ebenfalls unsinnig sein.)« Statt dessen entschied man sich deshalb für Moores Vorschlag »Tractatus logico-philosophicus«, was Wittgenstein zwar nicht ideal fand, »aber es besagt doch in etwa das Richtige«. Die Anspielung auf den *Tractatus theologico-politicus* – ein Werk Spinozas, dessen Titel bekannter ist als sein Inhalt – war vielleicht keine sonderlich glückliche Idee. Schopenhauer tadelt das Werk wegen seines Optimismus, und Wittgenstein dürfte es kaum gekannt haben. Wenn er die mystische Anschauung der Welt als eines begrenzten Ganzen mit der Anschauung der Welt »sub specie aeterni« gleichsetzt (TLP 6.45), klingt das zwar tatsächlich nach einer Formulierung Spinozas (die allerdings nicht im *Tractatus theologico-politicus* steht), doch der Kontext in den Tagebüchern deutet darauf hin, daß er diese Anspielung – wie in vielen Fällen – nicht dem Original entnommen hat, sondern einem Zitat Schopenhauers aus Spinoza.[9] Der neue Titel verstärkte die Tendenz der Übersetzung, das Dogmatische und den geradezu bibli-

9 Vgl. *Tagebücher*, 7. Oktober 1916, und *Die Welt als Wille und Vorstellung*, Band I, § 34.

schen Ton von Wittgensteins Werk zu unterstreichen. Diese Tendenz ist, wie bereits angedeutet, nicht ganz unberechtigt. So beginnt das Werk mit einer Art Schöpfungsmythos: »Die Welt ist alles, was der Fall ist. Die Welt ist die Gesamtheit der Tatsachen, nicht der Dinge«, und endet mit einer mystischen Beschwörung des Schweigens angesichts des Unsagbaren, gleichsam einer Form von negativer Theologie: »Wovon man nicht sprechen kann, darüber muß man schweigen.« Außerdem entsteht der Eindruck einer Art von Offenbarung, so als spräche ein Weiser, ein Zarathustra. Freilich gibt es auch ungeschminkte Argumente, zum Beispiel an der Stelle 2.021-2.0212: »Die Gegenstände bilden die Substanz der Welt. Darum können sie nicht zusammengesetzt sein. Hätte die Welt keine Substanz, so würde, ob ein Satz Sinn hat, davon abhängen, ob ein anderer Satz wahr ist. Es wäre dann unmöglich, ein Bild der Welt (wahr oder falsch) zu entwerfen.« Doch der Rahmen der Voraussetzungen, in dem diese Argumente etwas leisten können, ist nicht klar umrissen, und welche Bedeutung den Argumenten im Gesamtplan zukommen soll, wird in einer bis heute nicht völlig erhellten Weise dem Numerierungssystem überantwortet.

Das soll nicht heißen, das Werk sei ohne Struktur. Im Gegenteil, es ist sorgfältig gegliedert in einer Weise, die gleich beschrieben wird. Im einzelnen jedoch behält es viele Merkmale des ursprünglichen Zibaldone, jener Reihe von Notizbüchern mit ihren aphoristisch gehaltenen Einzelabsätzen, aus denen es zusammengestellt wurde. In diesen Absätzen findet sich – wie in den Sammlungen der Aphorismen Schopenhauers und Lichtenbergs, die in gewissem Maße als Vorbild gedient haben müssen – nur ein überaus loser Zusammenhang zwischen den an einem bestimmten Tag beziehungsweise den in einem Abschnitt behandelten Themen. Der Autor mag das Gefühl haben, es gebe da eine innere Einheit; der Leser bleibt jedenfalls auf Vermutungen angewiesen, ja eigentlich soll er glauben, hier sei eine ganze Weltanschauung – eine Art zu denken und zu fühlen – gegeben, von deren Standpunkt betrachtet alles Gesagte einleuchtend wirke. Veranschaulicht wird das durch den auf das letzte Zitat folgenden Aphorismus: »Es ist offenbar, daß auch eine von der wirklichen noch so verschieden gedachte Welt Etwas – eine Form – mit der wirklichen gemein haben muß.« (2.022.) Zu behaupten, dies sei *offenbar*, ist eine *Herausforderung* an den Leser. Damit versucht Wittgenstein, uns die ganze Idee, daß verschiedene mögliche Welten im Inhalt, nicht aber in der Form variieren können, aufzuzwingen; denn als solche ist diese Auffassung eben nicht selbstverständlich. Freilich, wir haben weiter oben gesehen, aus welchen Gründen Moore zu der Ansicht gelangt war, die Bausteine der Welt seien nichts anderes als Begriffe, und weshalb Wittgenstein daraus die Auffassung machte, die Welt bestehe aus behaupteten Propositionen oder Tatsachen. Auf den ersten Blick plausibel wirkt vielleicht auch die Vorstellung, jede Alternative zur tatsächlichen Welt müsse in beschreibbarer Weise von dieser abweichen und würde daher eine andere Menge von Sätzen wahr machen. Durchaus nicht selbstverständlich dagegen ist weder der Gedanke, zugleich gebe es eine unberührt bleibende Substanz, sozusagen die Substanz aller möglichen Welten, noch der Gedanke, diese Substanz sei eine Art Form oder Muster aller möglichen Welten.

Indem Wittgenstein trotzdem behauptet, diese Gedanken seien offenbar, bringt er unter anderem die Forderung zum Ausdruck, der Leser müsse alles, damit es ihm einleuchte, gemeinsam mit dem Verfasser durchdenken. Warnend bereitet er uns darauf vor, wenn er im ersten Satz des Vorworts schreibt: »Dieses Buch wird vielleicht nur der verstehen, der die Gedanken, die darin ausgedrückt sind – oder doch ähnliche Gedanken – schon selbst einmal gedacht hat. – Es ist also kein Lehrbuch.« Eine weitere und äußerst charakteristische Ironie des Buches liegt nun darin, daß es ganz im Stile eines Lehrbuchs angelegt und gegliedert ist. Die Numerierung der Sätze imitiert (wie wir bei der Erörterung der letzten Phase der Entstehung des Buches gesehen haben) die logische Anordnung der *Principia Mathematica* und überhaupt die jeder mathematisch oder euklidisch ausgerichteten Abhandlung. Doch das Ordnungsprinzip, nach dem sich der Autor wirklich richtet, liegt keineswegs auf der Hand. Die literarische Form und der Gegensatz zwischen ihr und dem Inhalt sprechen aus, daß die Dinge tatsächlich – und zugleich, daß sie nicht – so einfach liegen, wie sie in dieser Darstellung wirken.

Doch in diesen Aussagen über die Form der Welt, von denen Wittgenstein paradoxerweise behauptet, sie seien offenbar, deutet er außerdem an, daß seine eigene (wie vielleicht überhaupt jede) Ontologie irgendwie sonderbar ist. Tatsächlich müssen die Gegenstände, die die Substanz der Welt ausmachen, völlig verschieden sein von den festen, zusammengesetzten Gegenständen mit ihren Eigenschaften und Beziehungen, aus denen die uns bekannte Welt besteht. Wittgensteins Gegenstände sind einfach so angelegt, daß sie die möglichen Bestandteile von Sachverhalten bilden. Ebenfalls ironisch und gewissermaßen sich selbst widerlegend sagt Wittgenstein bereits gegen Anfang des Buches (2.0121): »Etwas Logisches kann nicht nur-möglich sein. Die Logik handelt von jeder Möglichkeit und alle Möglichkeiten sind ihre Tatsachen.« Wieder erkennt man, daß Wittgensteins ganzer Ansatz – eben sein literarischer Stil – zum Teil deutlich machen soll, daß er womöglich nur scheinbar eindeutige Sätze über greifbare Gegenstände äußert, »trattando l'ombre come cosa salda«.[10] Der Status seiner eigenen Sätze ist etwas, was ihn ständig beschäftigt. Zu Recht schreibt er in einem bereits zitierten Brief an Ficker, die Arbeit sei streng philosophisch und zugleich literarisch. Ein Aspekt ihres literarischen Charakters ist, daß sie, ebenso wie ein Gedicht, kein austauschbares Vehikel für Aussagen ist, die sich auch anders artikulieren lassen, sondern durch ihre eigene Ausdrucksform etwas Einzigartiges zeigt oder mitteilt. Wie Wittgenstein im letzten Satz des Vorworts sagt, »zeigt« seine Arbeit etwas. Das Interessante und das eigentliche Rätsel des *Tractatus* besteht darin, daß er zugleich Gedanken zum Ausdruck bringt, von denen behauptet wird, sie seien unantastbar wahr. Das Werk ist also sowohl philosophisch als auch literarisch, doch es liegt (nach der Auffassung des *Tractatus*) im Wesen der Philosophie, daß ihre Gedanken den Sinn haben, uns von der Philosophie abzubringen. Wittgenstein ist zwar überzeugt, das Buch enthalte die im wesentlichen endgültige Lösung der behandelten Probleme[11], und Wert habe es in erster Linie insofern, als die Formulierung geglückt

10 »Diese Schatten wie etwas Stoffliches behandelnd« – also so, wie Statius den Schatten Vergils behandelt. Dante, *Purgatorio*, XXI, 136.

11 Ein Anklang an Freges Einleitung zu den *Grundlagen der Arithmetik*, S. V:

sei, doch eben weil er die endgültige Lösung kennt, darf er im letzten Satz des Vorworts schreiben: »Und wenn ich mich hierin nicht irre, so besteht nun der Wert dieser Arbeit zweitens darin, daß sie zeigt, wie wenig damit getan ist, daß diese Probleme gelöst sind.« Was für ein seltsames Buch, dessen Wert zur Hälfte darin besteht, seine eigene Belanglosigkeit zu zeigen!

Für den Leser ist es nach meiner Überzeugung eine große Hilfe, wenn er sich bei der Lektüre des Buches dieser literarischen Merkmale erinnert. Der aphoristische Stil und die mitunter rätselhaften Übergänge der Gedankenführung gehören zu seinem Kommentar über sich selbst. Sie zeigen etwas über das Wesen der Philosophie – und die ist ja schließlich der Gegenstand des Werkes. Es gibt zahlreiche interne Hinweise darauf, daß seine Aussagen nicht ganz buchstäblich aufzufassen sind. Dabei ist der *Tractatus* natürlich nicht das einzige philosophische Werk mit einer solchen Zielsetzung. Der Selbstzweifel des Philosophen findet sich in vielen skeptischen Werken. So gibt es auch hier Anklänge an Sextus Empiricus, der schreibt, nach Auffassung des Pyrrhonismus sei die Skepsis keine Zusammenstellung von Dogmen, sondern eine Lebensweise. Und Platon widmet den letzten Teil des *Phaidros* dem Nachweis, daß geschriebene Werke – und folglich auch der Dialog, in dem diese Meinung zum Ausdruck kommt – nicht geeignet sind, die Einsichten der wahren Philosophie zu vermitteln, die sich nur in der lebendigen Rede und in der Seele des Gesprächsteilnehmers niedergelegt fänden. Aus der gleichen Gesinnung schreibt Wittgenstein (4.112, 4.115): »Die Philosophie ist keine Lehre, sondern eine Tätigkeit.« »Das Resultat der Philosophie sind nicht ›philosophische Sätze‹, sondern das Klarwerden von Sätzen.« Die Philosophie »wird das Unsagbare bedeuten, indem sie das Sagbare klar darstellt.« Wichtig ist hier der nicht eindeutige Begriff »bedeuten«; klar ist jedenfalls, daß nichts geradeheraus gesagt werden kann. Die Philosophie ist eine Art von Erkenntnis, die sich nur indirekt darstellen läßt, wie schon Heraklit sagt: »Der Fürst, dem das Orakel von Delphi gehört,

»... und so hoffe ich die Frage wenigstens in der Hauptsache endgiltig zu entscheiden.«

erklärt nicht, verbirgt nicht, sondern deutet an.«[12] Und um die Entsprechung zu Platon noch frappierender herauszustreichen, scheint Wittgenstein die Methode seines eigenen Buchs zu verurteilen (6.53): »Die richtige Methode der Philosophie wäre eigentlich die: Nichts zu sagen, als was sich sagen läßt, also Sätze der Naturwissenschaft – also etwas, was mit Philosophie nichts zu tun hat –, und dann immer, wenn ein anderer etwas Metaphysisches sagen wollte, ihm nachzuweisen, daß er gewissen Zeichen in seinen Sätzen keine Bedeutung gegeben hat. Diese Methode wäre für den anderen unbefriedigend – er hätte nicht das Gefühl, daß wir ihn Philosophie lehrten – aber *sie* wäre die einzig streng richtige.« Es ist nicht unberechtigt, Wittgensteins ganze Philosophie als eine Art mystischer Offenbarung anzusehen, wenn man bedenkt, daß das »Mystische« ebendas *bedeutet*, was nicht ausgesprochen werden kann oder nicht ausgesprochen werden sollte. Wittgenstein selbst schreibt in der Bemerkung vor dem letzten Zitat (6.522): »Es gibt allerdings Unaussprechliches. Dies *zeigt* sich, es ist das Mystische.« Die Lektüre des Buches hat demnach tatsächlich einen Zweck; sie gleicht der Einweihung in die Mysterien, und sobald diese erreicht sind, kann man jene vergessen.

Dies sind freilich nur Prolegomena, und obschon der Leser dieses Buches von mir keinen Ersatz für die eigene Lektüre des *Tractatus* erwarten wird, ist er vielleicht überrascht angesichts einer Einleitung, die mit solchem Nachdruck den verborgenen Gehalt hervorhebt. Doch es ist nun einmal so, daß eine unvermittelte Darstellung der Thesen des *Tractatus* (wie sie von vielen meiner Vorgänger versucht worden ist – vestigia terrent[13]) häufig Verblüffung auslöst angesichts der plötzlichen Wendung des Gedankengangs, durch die jene Thesen selbst außer Kraft gesetzt werden. Das in Wittgensteins Werk errichtete Gebäude muß zwar untersucht werden, doch ich hoffe, über-

12 DK 22 B 93. Übers. von J. Mansfeld, *Die Vorsokratiker I*, Stuttgart: Reclam, 1983, S. 252.

13 Norman Malcolm erörtert immerhin Auffassungen, wie ich sie hier vertrete, gelangt jedoch zu einer entgegengesetzten Schlußfolgerung. (Malcolm, *Nothing is Hidden*, Oxford: Blackwell, 1986, vor allem Kapitel 2.) Viele frühere Interpreten versuchen zum Schluß verzweifelt, nicht nur das Kind, sondern auch das verschüttete Wasser wieder ins Bad zurückzubefördern.

zeugend dargelegt zu haben, daß man dabei nicht vergessen darf, wie wenig Halt dieses Gebäude hat.

Wer das Buch verstehen will, dürfte gut daran tun, zunächst die der Numerierung zufolge wichtigsten Thesen zu betrachten, also diejenigen, die nur mit einer ganzen Zahl oder höchstens mit einer weiteren Zahl hinter dem Punkt versehen sind. Die meisten dieser Bemerkungen stehen im *Prototractatus* wie gesagt am Anfang des Manuskriptbands; nur die zu 5 und 6 gehörigen Sätze mit einer weiteren Stelle sowie der Schlußsatz 7 sind erst im Zuge der Niederschrift hinzugekommen. Bei dieser Betrachtung sollte man darauf achten, wie das Werk um diese Sätze herum aufgebaut ist, wobei man natürlich nicht annehmen darf, daß das, was zuerst kommt, auch besonders grundlegend oder gar besonders leicht zu verstehen sei. Zu rechtfertigen ist sogar die Auffassung, das Werk sei wie Systole und Diastole um den Satz 4 herum angelegt, in dessen Umkreis das eigentliche Fundament der Argumentation liege.

Wittgenstein beginnt also mit den bereits zitierten gewaltigen Anfangssätzen, wonach die Welt alles ist, was der Fall ist. Dies kommentierend (daher die Nummer 1.1) ergibt sich, damit sei gemeint, daß die Welt nicht aus Dingen besteht, sondern aus Tatsachen, und ferner (1.2), die Welt zerfalle in Tatsachen, was heißt, daß diese Tatsachen unabhängig sind. Diese kommentierenden Aussagen führen hin zu These 2 und erscheinen gewissermaßen als deren Begründung. Dies ist ein allgemeines Merkmal und gehört vielleicht zum Sinn des Numerierungssystems. These 2 lautet: »Was der Fall ist, die Tatsache, ist das Bestehen von Sachverhalten.« Dieser These liegt der Gedanke zugrunde, daß eine (per definitionem wirkliche) Tatsache eine oder mehrere Möglichkeiten voraussetzt, die verwirklicht sind. Dies wiederum ist nur denkbar, sofern diese Möglichkeiten unabhängig von ihrer Verwirklichung zu begreifen sind. Mit anderen Worten, um eine Tatsache behaupten zu können, müssen wir Zugang haben zu einem Vorrat an geistig erfaßten Möglichkeiten, und ebendas besagt These 2.1: »Wir machen uns Bilder der Tatsachen.« Zu beachten ist, daß der Gedankengang stets von der menschlichen Fähigkeit ausgeht, Sätze zu behaupten (und folglich zu verstehen). Zitiert wurde bereits ein kurzes untergeordnetes Argument (2.021-2.0212), das die notwendige

Existenz einfacher Gegenstände in ähnlicher Weise mit Hilfe unseres Vermögens beweist, uns willkürlich eine Welt vorzustellen, und das heißt: vor der Kenntnis irgendwelcher Tatsachen sicher zu sein, daß das, was wir beschreiben, auch *möglich* ist. (Die Existenz einfacher Gegenstände besagt in etwa das gleiche wie die Existenz jenes eben genannten feststehenden Vorrats an Möglichkeiten.)

Die Merkmale, welche es dem Bild ermöglichen, etwas darzustellen, lassen sich – wie es in den Bemerkungen zu 2.1 durchweg geschieht – zu der Forderung verallgemeinern, jedes Bild müsse mit dem, was es abbildet, formale Eigenschaften gemein haben, und diese Eigenschaften werden in der These 2.2 durch eine im Grunde präskriptive Definition als logische Form der Abbildung bezeichnet. Das bedeutet, jedes Bild müsse eine Möglichkeit im Hinblick auf die Welt aufweisen, und zwar eine kontingente Möglichkeit, deren Gegenteil ebenfalls möglich ist. Umgekehrt gilt, daß etwas genau dann in der Welt möglich ist, wenn es durch ein Bild dargestellt werden kann. Nach den Bemerkungen 2.2ff. ergibt sich: »3 Das logische Bild der Tatsachen ist der Gedanke.« Gedacht werden kann *nur* das, was die eben festgehaltenen Mindestbedingungen erfüllt. Der nächste Schritt, 3.1, bedarf vielleicht keiner weiteren Begründung: »Im Satz drückt sich der Gedanke sinnlich wahrnehmbar aus.«[14] Das heißt, nur in der Sprache können wir einen Gedanken festmachen, und dementsprechend werden wir zum Schluß einsehen, daß die Grenzen des Denkbaren und dessen, was existieren kann, durch die Gesamtheit der logischen Wahrheiten über die Sprache bestimmt sind. Fürs erste geht es Wittgenstein um die Formung des Satzes als solche. Eine bloße Zeichenmenge kann keinen Sinn ausdrücken, sondern das ist nur durch die Tatsache möglich, daß Zeichen in einer bestimmten Weise angeordnet sind. Daraus ergibt sich die wichtige Folgerung: »3.2 Im Satze kann der Gedanke so ausgedrückt sein, daß den Gegenständen des Gedankens Elemente des Satzzeichens ent-

14 Im Prototractatus heißt es an dieser Stelle: »Der sinnliche Ausdruck des Gedankens ist das Satzzeichen.« In der späteren Fassung achtet Wittgenstein weniger sorgfältig darauf, wann er – wie hier – nicht den ausgedrückten Gedanken, sondern das ihn ausdrückende Zeichen meint.

sprechen.«[15] Für Wittgenstein ist das deshalb so wichtig, weil damit die grundsätzliche Möglichkeit verdeutlicht wird, jeden Satz so zu analysieren, daß er als aus einfachen Zeichen zusammengesetzt erscheint, die ihrerseits für Gegenstände stehen. Diese einfachen Zeichen – Wittgenstein nennt sie »Namen« – stehen in der Beziehung wechselseitiger Abhängigkeit zu den Sätzen: die einen bedingen die anderen. Daher lautet 3.3: »Nur der Satz hat Sinn; nur im Zusammenhange des Satzes hat ein Name Bedeutung.« In der zweiten Hälfte dieser These benutzt Wittgenstein mit gewohnter Ironie eine Überzeugung Freges, um einen von Freges Lieblingsgedanken zu bestreiten, nämlich den Gedanken, daß Namen wie Sätze sowohl Sinn als auch Bezug (»Bedeutung«) haben. Die neue Konzeption besagt, daß unsere einfachsten sprachlichen Fähigkeiten die Existenz einer Sprachebene implizieren, auf der die beiden wechselseitig abhängigen Momente oder Faktoren (theoretisch) erkannt werden könnten. Der eine dieser Faktoren ist die Tatsache der Verbindung, der andere das, was in der betreffenden Weise verbunden ist – Wittgenstein spricht hier in seiner halb technischen Terminologie von Funktion und Argument.[16] Mit diesen Faktoren ist in jedem Urteil gleichermaßen der Schlüssel zu allem gegeben, was sich mit der Sprache anfangen läßt; wobei nicht außer acht gelassen werden darf, daß hier von der rein theoretischen Grenze der Analyse die Rede ist. Es wird nicht so getan – und es braucht nicht so getan zu werden –, als wären wir imstande, diese Grenze zu erreichen. Die restlichen Bemerkungen, die zur These 3 gehören, werden wir hier nicht im einzelnen durchgehen. Gesagt wird dort, daß die Begriffe der Darstellung, des Sinns, der Möglichkeit, der notwendigen Folgerung nur in unserem Verständnis dessen, was im Satz enthalten ist, verankert sein können (zu denken ist hierbei an die zentrale Stellung, die die Problematik des Satzes in Wittgensteins Notizbüchern der Kriegszeit einnimmt). Wenn Wittgenstein diesen Abschnitt in der These »4 Der Gedanke ist der sinnvolle

15 Im Prototractatus weichen die späteren Thesen mit einer Stelle nach der 3 von der Tractatusfassung ab, doch im wesentlichen ist der Gedankengang der gleiche.

16 Eine ganz deutliche Formulierung dieses Gedankens findet sich in der Bemerkung 5.47.

Satz« gipfeln läßt, zieht er damit den Schluß, daß die Gesetze des Satzsinns zugleich die Gesetze des Denkens überhaupt sind. Kein Wunder, daß sich kurz darauf die Bemerkung anschließt, alle Philosophie sei Sprachkritik.[17] Damit ist das Kernstück des *Tractatus* erreicht. Das Wesentliche seiner Darstellung des Satzes ist in den Bemerkungen 4.01-4.0641 enthalten, wo zunächst die Abbildtheorie dargelegt wird: »4.01 Der Satz ist ein Bild der Wirklichkeit. Der Satz ist ein Modell der Wirklichkeit, so wie wir sie uns denken.« Interessant ist, daß fast alle Argumente in diesem Abschnitt entwickelt wurden, ehe Wittgenstein auf die Idee kam, Sätze ließen sich als Bilder auffassen. Man könnte sogar behaupten, daß gar nichts davon abhängt, ob man sie so auffaßt oder nicht. Der paradigmatische Bildbegriff liefert eine Möglichkeit, das, was im Hinblick auf den Satz logisch wahr sein muß, bequem zusammenzufassen. Wie so häufig ist, was wie eine Prämisse aussieht, in Wirklichkeit eine Konklusion.

Zu den wirklichen Prämissen gehört zum Beispiel, daß wir den Sinn eines Satzzeichens verstehen können, ohne daß er uns erklärt wurde (4.02). Dazu ist der Satz nur dadurch imstande, daß er die richtige Mannigfaltigkeit besitzt, nur dadurch, daß er – sei es implizit oder explizit – alle relevanten Elemente der Wirklichkeit darstellt. Er muß sozusagen (um eine von Wittgensteins eigenen Metaphern weiterzuführen) mit Hilfe von Bausteinen ein Modell zusammensetzen, wobei keine Zweifel bestehen dürfen, daß in der Wirklichkeit hinreichend ähnliche Bausteine vorhanden sind. Leistet der Satz dies, ist er selbst, weil er Sinn hat, ausreichend, die Möglichkeit dessen, was er sagt, zu gewährleisten (das heißt, dies ist äquivalent mit der Tatsache, daß er Sinn hat). Das bedeutet, daß es nach dem Verstehen des Satzes noch ein weiteres Stadium gibt, nämlich den Vergleich des Satzes mit der Realität (4.05). Alle diese Ausführungen über Sinn und Möglichkeit – bei denen man sich fragen

17 4.0031. »Allerdings nicht im Sinne Mauthners«, fügt Wittgenstein hinzu, denn Mauthner wollte in seinem monumentalen Werk *Kritik der Sprache* die verschiedenen Möglichkeiten aufzeigen, in denen die Sprache Denken und Wirklichkeit verfälscht, während sie nach Wittgenstein in ihrem allgemeinen Wesen mit den durch die Sprache gebotenen Möglichkeiten übereinstimmen.

mag, woher Wittgenstein mit solcher Sicherheit wissen kann, welches die richtigen Beziehungen zwischen diesen Begriffen sind – sind, wie sich herausstellt, nichts anderes als eine Reformulierung der These (beziehungsweise eine Erkundung der Bedeutung des Faktums), daß der Satz im wesentlichen etwas ist, was wahr oder falsch sein kann. Genau das hatte Wittgenstein schon 1913 im Gespräch mit Whitehead geäußert: »Der Satz hat zwei Pole, ›a‹ und ›b‹.« Als Whitehead, der auch mokant sein konnte, freundlich nachfragte, was denn wohl »a« und »b« sein könnten, erwiderte Wittgenstein »mit Donnerstimme«: »›a‹ und ›b‹ sind nicht definierbar.«[18] Im *Tractatus* (4.06) wird das so formuliert: »Nur dadurch kann der Satz wahr oder falsch sein, indem er ein Bild der Wirklichkeit ist.« Und damit will Wittgenstein sagen, daß diese Minimalbedingung – die Bipolarität – genau die Auffassung der Möglichkeiten und des logischen Raums nach sich zieht, die in den eben resümierten Abschnitten dargelegt wird.

Man könnte geltend machen, daß die Bemerkungen 4.06ff., welche die Bedingungen des Wahrseins (das heißt, des Wahr-oder-Falschseins) darlegen, den Angelpunkt des *Tractatus*, das logische Zentrum des Werkes bilden. Wittgenstein selbst greift in diesem Zusammenhang eine etwas frühere Bemerkung (4.0312) heraus: »Mein Grundgedanke ist, daß die ›logischen Konstanten‹ nicht vertreten. Daß sich die *Logik* der Tatsachen nicht vertreten läßt.«[19] Dies klingt, wie erinnerlich, an eine frühere Problemstellung Russells und Wittgensteins an, und das ist womöglich der Grund, warum diese Aussage als Drehpunkt dient, der die negative, sozusagen abschüssige Seite des Buches und seinen weit längeren zweiten Teil einleitet. Das Wahr-oder-Falschsein des Satzes wird, wie wir gesehen haben, durch das Prinzip der Stellvertretung der Gegenstände durch Zeichen ermöglicht. Mit anderen Worten, unser Vorrat an Zeichen, die sich verbinden lassen, ohne daß man sich vorher nach den Tat-

18 Dies ist übrigens die einzige Anekdote über Wittgenstein in V. Lowes Whitehead-Biographie. Entnommen ist sie dem zweiten Band von Russells Autobiographie, S. 101.

19 Ausführlicher erörtert habe ich diese Stelle in meinem Artikel »The *Grundgedanke* of the *Tractatus*«, in: G. Vesey (Hg.), *Understanding Wittgenstein*, London: Macmillan, 1984.

sachen erkundigen müßte, verbürgt die Sinnhaftigkeit unserer Äußerungen (aber freilich nicht ihre Wahrheit). Nun stellen wir fest, daß diese Bedingungen, die den Satz erst möglich machen, ihrerseits nicht in Sätzen zum Ausdruck gebracht werden können: Sie sind keine Sachlagen, die sich dank der Sprache probeweise zusammenstellen lassen. Daraus ergeben sich Konsequenzen auf der Ebene der Bestandteile von Sätzen. Wenn in einem logischen Rahmen Wörter auf neue Weise verbunden (oder Gegenstände als in neuer Weise verknüpft gedacht) werden, ist etwas gegeben, was sich behaupten läßt. Wenn nichts weiter gegeben ist als der logische Rahmen – wenn also hinsichtlich irgendwelcher genannten Gegenstände kein Irrtumsrisiko besteht –, gibt es auch keinen wahren oder falschen Satz. Um Wittgensteins eigenes Beispiel zu nennen: Wenn ich weiß, daß es regnet oder nicht regnet, weiß ich nichts über das Wetter.[20] Nun stellt sich die Frage, ob ich etwas über Negation und Disjunktion sowie über die Wahrheit und Falschheit der Sätze im allgemeinen weiß. Wittgenstein antwortet mit Nein: Was ich weiß, kann ich in einem Satz artikulieren; doch hier haben wir es mit etwas zu tun, was mir gegeben sein muß, ehe ich überhaupt einen Satz formulieren kann. Gäbe es so etwas wie die Frage nach dem Wesen von Wahrheit und Falschheit, wie wäre es möglich, sie zu beantworten? Mit meiner Äußerung nenne ich also keine allgemeine Wahrheit über die Bedeutung von Ausdrücken wie »nicht« und »oder« (dies sind die einzigen Ausdrücke des hier betrachteten Beispiels, die uns interessieren, nämlich die einzigen Ausdrücke, die, in neuerer Terminologie gesprochen, in dem betreffenden Satz »wesentlich vorkommen«). Auf diesem Gebiet gibt es keine Wahrheiten, folglich auch keinen Gegenstandsbereich, und deshalb stehen die logischen Konstanten (wie zum Beispiel die eben genannten »nicht« und »oder«) nicht für Gegenstände; sie fungieren nicht als Stellvertreter. (Wieder stellt sich heraus, daß der sogenannte Grundgedanke eine ganze komplexe Denkweise in sich begreift.)

Was wir durch die Äußerung solcher Sätze dennoch leisten – was Wittgenstein selbst folglich im *Tractatus* unternimmt –,

20 Als Wittgenstein diese Bemerkung niederschrieb, war er schon eine Zeitlang nicht mehr in England gewesen.

zeigt sich sogleich. Während in den Bemerkungen 4.0ff. die Hauptprämissen des Werkes enthalten sind, geben die Aussagen 4.1ff. einen zusammenfassenden Überblick über seine Schlußfolgerungen. Daher finden sich hier die bereits zitierten Äußerungen zur Philosophie: Die Philosophie wird in direkten Gegensatz gebracht zum eigentlichen Satz, der nunmehr (in 4.1) mit der Darstellung des Bestehens und Nichtbestehens von Sachverhalten gleichgesetzt wird. Aussagen, die dieser Beschreibung entsprechen, bilden (sofern wahr) den Inhalt der Naturwissenschaft, und die Philosophie ist keine Naturwissenschaft, ja überhaupt keine irgendwie geartete Wissenschaft oder Lehre. Neben der Äußerung von Wahrheiten gibt es eine davon verschiedene Tätigkeit des Verstehens und der Klärung. Es ist dieser Bereich – der Bereich des *Zeigens* im Gegensatz zum Bereich des *Sagens* –, dem die Philosophie angehört; und es nimmt durchaus nicht wunder, daß sich Wittgensteins eigenes Buch dadurch auszeichnet, daß es in neuer und überraschender Form darstellt, womit wir in gewissem Sinne schon vertraut sind. Das gilt zum Beispiel für seinen Gebrauch der Wahrheitstafeln (für ihn selbst eine Entdeckung aus dem Jahre 1912), um das wahre Wesen des Satzes aufzuzeigen. Der Satz ist danach im Grunde nichts anderes als eine Auswahl aus den Wahrheitsmöglichkeiten, und dadurch soll wiederum gezeigt werden, daß die sogenannte logische Wahrheit (ebenso wie die Kontradiktion) gar kein Satz ist, weil sie nichts sagt. Die entsprechende Wahrheitstafel ist, um mit Miss Anscombe zu reden, wie eine Landkarte, die leer bleibt. Daher sind alle Auseinandersetzungen in den formalen Wissenschaften irgendwie irrig, obwohl die Bedeutung des Verstehens oder des Zeigens dadurch nicht im geringsten beeinträchtigt wird. Dieses Verstehen oder Zeigen paßt nur nicht zu einem bestimmten Vorurteil (einem Vorurteil, das man ohne Zweifel dem eher wissenschaftlich orientierten Russell unterstellen darf).
Alle diese Aussagen müssen freilich im einzelnen nachgewiesen werden, und dies ist die Aufgabe, der die restlichen Abschnitte gewidmet sind. Die Thesen 4.5, 5 und 6 bestimmen in unterschiedlicher Terminologie die allgemeine Form des Satzes; die erste in umgangssprachlicher und impressionistischer Weise, die zweite mit Hilfe des in den Bemerkungen 4ff. erworbenen

Vokabulars, die dritte in Symbolen: »4.5 ... Die allgemeine Form des Satzes ist: Es verhält sich so und so.« »5 Der Satz ist eine Wahrheitsfunktion der Elementarsätze. (Der Elementarsatz ist eine Wahrheitsfunktion seiner selbst.)« »6 Die allgemeine Form der Wahrheitsfunktion ist: $[\bar{p}, \bar{\xi}, N(\bar{\xi})]$. Dies ist die allgemeine Form des Satzes.« In den so überschriebenen Abschnitten sollen diese Einsichten – beziehungsweise diese Einsicht – deutlicher ausgearbeitet werden (daneben gibt es allerdings auch Erläuterungen anderer Themen). So wird zum Beispiel in den Bemerkungen 5 ff. gezeigt, daß sich alle Sätze und alle unsere Operationen mit Sätzen durch Anwendung des bereits dargelegten Modells beschreiben lassen, und zwar aufschlußreich beschreiben lassen. Dementsprechend heißt es, das Schließen sei nichts weiter als ein Ablesen der Wahrheitsgründe, die zwei Sätzen gemeinsam sind; und eine überaus sinnreich angelegte Übersichtstabelle läßt erkennen, wie diese Erkenntnis auf einen einfachen Fall anzuwenden wäre, nämlich auf den Fall aller möglichen Kombinationen zweier unabhängiger Sätze. Diese Tabelle ermöglicht zugleich die Berechnung der Wahrscheinlichkeit, die die verschiedenen Kombinationen einander geben.

Ab 5.2 verwendet Wittgenstein den Begriff der Operation, um in allgemeiner Weise zu zeigen, wie sich Wahrheitsfunktionen von materiellen Funktionen unterscheiden, woraus sich dann ergibt, daß die Aussage, zwei Sätze stünden in einer bestimmten logischen Beziehung, keine Hypothese und folglich keine Wahrheit im eigentlichen Sinne ist. Allgemeiner gesprochen, läuft das auf folgendes hinaus: Wenn wir einen komplexen Satz äußern, zum Beispiel: »Es ist nicht der Fall, daß es nicht der Fall ist, daß es regnet«, dann verhält es sich nicht so, als würden wir damit von einem Gegenstand sagen, er habe eine gewisse Eigenschaft, und dann hinzufügen, dieser so bestimmte Gegenstand habe ebendiese Eigenschaft. (Hier ist, um es in Wittgensteins Terminologie auszudrücken, keine materielle Funktion gegeben.) Vielmehr verhält es sich so, daß wir auf den wirklichen Gegenstand der Aussage (sagen wir: *Regen* und *jetzt*) eines der möglichen Schemata von Wahrheitsgründen, eine mögliche Wahrheitstafel anwenden. Wendeten wir kein Schema an, gäbe es keinen Satz; doch von denen, die wir anwenden, ist eigentlich keines komplexer als die anderen.[21] Wir sind zwar ohne weiteres imstande, die verfügbaren Wahrheitstafeln in systematischer Weise vorzuführen, und können mit Hilfe anderer Verfahren zeigen, wie sich ein Ausdruck für eine mögliche Behauptung über unser Thema aus dem Ausdruck für eine andere Behauptung konstruieren läßt. Doch damit werden wir lediglich Merkmale des von uns gewählten Zeichensystems aufzeigen, und das Interesse an diesen Merkmalen wird wechseln je nachdem, ob wir oder diejenigen, denen die Sache vorgeführt wird, sie bemerkt haben oder nicht. Kaum einer wird Schwierigkeiten haben zu sehen, daß »Es ist nicht der Fall, daß es nicht regnet« eine andere Ausdrucksweise für »Es regnet« ist, doch einige der komplizierteren Fälle von Entsprechung oder Enthaltensein werden zunächst jedem von uns entgehen.

Der derart eingeführte Begriff der Operation ist bezeichnend für Wittgenstein. Es gibt vergleichsweise wenige Untersuchungen zu diesem Thema, und da diese Konzeption Logik und Mathematik anscheinend trivialisiert, wirkt sie nachgerade allzu ehrgeizig. Die Schwierigkeit liegt darin, daß sie uns auffordert, von einem liebgewordenen Modell abzugehen: von dem Modell der formalen Wissenschaften als einer Menge wahrer Aussagen. Wittgenstein leistet hier keinen Beitrag zur Lösung einer Reihe durchaus anerkannter Probleme, sondern fordert einen Wandel unseres ganzen Ansatzes. Man mag ihm ankreiden, daß er es unterläßt, anschließend ein vollständiges System der Logik und der Mathematik auf neuer Grundlage zu entwickeln. Er begnügt sich mit der bloßen Einsicht, was in mancher Hinsicht allerdings verständlich ist, denn schon die Einsicht ist nicht leicht zu gewinnen. Der Gedanke, es gebe zumindest zwei grundverschiedene Sprachverwendungen – eine zur Äußerung wahrer Aussagen, eine andere zur Vorführung von Merkmalen der Sprache selbst –, ist einerseits zwar

21 Diesen Gedanken könnte man auch so formulieren: In Wittgensteins Tabelle der möglichen Wahrheitsfunktionen von zwei Sätzen dienen alle Linien in gleicher Weise dem Zweck, einen Satz zu bestimmen; keine Möglichkeit wird bevorzugt (wobei Tautologie und Kontradiktion außer acht bleiben, denn sie sind eigentlich keine Wahrheitsfunktionen *von* den beiden betreffenden Sätzen).

attraktiv, andererseits jedoch ein Gedanke, den wir nicht ohne Widerstand akzeptieren. Ebenso, wie die Umgangssprache nach Wittgenstein Merkmale aufweist, die alles andere als geeignet sind, ihre wahre logische Form erkennen zu lassen, so scheint unser Tun im Hinblick auf die formalen Wissenschaften – das Schreiben von Logikbüchern, das Prüfen der Kinder im Rechenunterricht – vielfach vorauszusetzen, daß wir auch in diesem Bereich Vermutungen anstellen und Irrtümer begehen können, während es andere Hinsichten gibt – wir verlassen uns auf das Einleuchten bestimmter Erkenntnisse und sind unerhört frei bei der Wahl des Ausgangspunkts –, in denen wir durch unser Tun in eine andere Welt zu geraten scheinen. Mal sieht es so aus, als könnten wir den Unterschied zu faktenbezogenen Untersuchungen deutlich erkennen, doch dann geht die Einsicht plötzlich wieder verloren.

In 5.5 wird eine Operation definiert, die leistungsfähig genug ist, um alle Wahrheitsfunktionen zu erzeugen, und in den anschließenden Bemerkungen wird gezeigt, daß sie nicht nur bei der Wahl der Wahrheitsmöglichkeiten die Formulierung jedes Komplexitätsgrades gestattet, sondern zugleich auch die Formulierung allgemeiner Sätze. Sofern Sätze in der Anwendung eines Wahrheitsschemas auf einen geeigneten Gegenstand bestehen (Wittgenstein spricht hier von Funktion und Argument, die nicht anders zusammenkommen können als durch die Anwendung der durch Wahrheitsschemata artikulierten logischen Konstanten), benötigen wir im Gegensatz zur Überzeugung von Frege, Whitehead und Russell keine zusätzliche logische Konstante für den Ausdruck der Allgemeinheit. Durch sachgemäßen Gebrauch von Wittgensteins einziger logischer Operation können wir Wahrheitsschemata auf eine Satzvariable – eine Art von Funktion, die in jedem Satz implizit enthalten ist – anwenden und einen verallgemeinerten Satz jedes gewünschten Komplexitätsgrades bilden. Nehmen wir ein Beispiel: Negiert man gleichzeitig sämtliche durch »x ist sowohl Mensch als auch unsterblich« angegebenen Sätze, erhält man den Satz, daß alle Menschen sterblich sind. Der entscheidende Schritt liegt in dem Gedanken, daß sich eine Reihe von Sätzen mit Hilfe einer Funktion angeben läßt, das heißt durch die Verwendung eines logischen Urbilds wie »x ist F«.

Unnötig ist die fiktive Aufzählung aller möglichen Gegenstände a, b, c, ... zur Konstruktion des nicht minder fiktiven Satzes Fa v Fb v Fc ..., dessen Negation dann zur Definition der betreffenden Verallgemeinerung benutzt werden könnte (wobei F für »ist sowohl Mensch als auch unsterblich« stehen soll).

In den anschließenden kurzen Abschnitten versucht Wittgenstein zu zeigen (und sein Versuch ist zumindest interessant), daß die Identität keine eigene logische Konstante ist, die separat behandelt werden müßte, und daß sich Sätze der Form »A glaubt, daß p«, »A urteilt, daß p« ebenfalls in den Griff bekommen lassen. Für Russell waren diese Sätze, wie wir gesehen haben, besonders problematisch. Wittgenstein meint, hier gehe es nicht um eine Beziehung zwischen einem unabhängigen Subjekt A und einem Satz. Sonst wäre es möglich, daß A versehentlich in der gleichen Beziehung zu etwas stünde, was gar kein Satz ist; A könnte also zum Beispiel etwas nicht Satzartiges denken. Nach Wittgenstein ist A nichts weiter als eine Abfolge von Gedanken; und wenn wir einen von diesen Gedanken herausgreifen, stellt sich darüber hinaus nicht die Frage, wie er es fertigbringt, der Gedanke ebendes in Betracht gezogenen Sachverhalts zu sein. »›p‹ sagt p«, meint Wittgenstein, und das heißt: »p« kann gar nichts anderes sagen als p. Daß etwas gedacht wird, stellt man nicht dadurch fest, daß man gleichsam die psychische Temperatur mißt, sondern dadurch, daß man einen Satz betrachtet oder begreift. Daraus ergibt sich dann ohne weiteres, daß kein Unsinn geurteilt werden kann (technisch formuliert: Daraus, daß p gedacht wird, folgt, daß »p oder nicht-p«).[22]

Ist das Subjekt des Denkens und Urteilens demnach zusammengesetzt und folglich gar eine Seele (5.5421), erscheint es vielleicht naheliegend, daß sich Wittgenstein anschließend dem Thema Solipsismus zuwendet[23]: »5.6 *Die Grenzen meiner*

22 Weiter ausgeführt wird diese Interpretation in meinem Artikel »Language and Reality in the *Tractatus*«, in: *Teoria* 5 (1985), S. 140ff. Für diese Interpretation spricht auch, daß Russell sie sich in der zweiten Auflage der *Principia Mathematica* zu eigen macht.

23 Im Prototractatus wird dieses Thema allerdings früher behandelt, das Thema Urteilen dagegen später.

Sprache bedeuten die Grenzen meiner Welt.« »5.63 Ich bin meine Welt. (Der Mikrokosmos.)« Wittgenstein kann gewiß nicht umhin, an irgendeinem Punkt deutlich zu machen, daß es kein metaphysisches Subjekt gibt, das seinen eigenen Ort außerhalb der Welt wie außerhalb der Sprache hat – ein Gedanke, der in gewisser Form bei Schopenhauer und auch bei anderen philosophischen Autoren zu finden ist. Andernfalls würde Wittgensteins Beweis (wenn wir ihn als solchen gelten lassen wollen), daß die Naturwissenschaft im normalen Gebrauch der Sprache zur Behauptung des Wahren, aber möglicherweise Falschen besteht, während die formale Wissenschaft die unausbleiblichen Merkmale dieser Sprache aufzeigt, dennoch Platz lassen für eine metaphysische Wissenschaft der notwendigen Merkmale der Welt: Das Subjekt wäre ein solches Merkmal oder es würde alle derartigen Merkmale umfassen. Darauf erwidert Wittgenstein, daß alles Beschreibbare – und folglich auch alles Psychologische – zur Welt gehört und bloße Tatsache ist. Wenn man daraufhin einwendet, dennoch werde die Welt von einem bestimmten Standpunkt gesehen, so lautet die Antwort, daß der Standpunkt durch die Sprache und ihre Grenzen gegeben ist. Eine andere Beschränkung gibt es nicht, und diese Beschränkung ist nicht beschreibbar; ihre Beseitigung oder Aufhebung ist buchstäblich undenkbar und kann daher ebenfalls nicht zum Ausdruck gebracht werden.
In den Bemerkungen 6 ff. werden die Schlußfolgerungen gezogen, auf die wir schon die ganze Zeit hingewiesen haben. Die Logik besteht, wenn man sie wie in *Principia Mathematica* als System von Sätzen begreift, aus lauter Tautologien, Scheinsätzen, die, richtig aufgefaßt, sogleich ihre eigene Wahrheit – oder vielmehr: ihren Mangel an Wahr-oder-Falschheit, ihren Status als Scheinsätze – an den Tag legen (6.1 ff.). Die Mathematik besteht ebenfalls, wie sich erweist, aus Scheinsätzen, die jedoch nicht einmal den Anschein erwecken, sie könnten einen Wahrheitswert besitzen. Die Sätze der Mathematik sind Gleichungen, die jedesmal zeigen, daß zwei augenscheinlich verschiedene Operationsanwendungen in Wirklichkeit auf das gleiche hinauslaufen (6.2 ff.). In den Bemerkungen 6.3 ff. wird eine Darstellung der Naturwissenschaften gegeben und dargelegt, daß scheinbar notwendige oder nichthypothetische Prinzipien

der Wissenschaft eigentlich willkürliche Festlegungen eines Rahmens sind, in den die Gesetze eingefügt werden können. (Die Gesetze können sich ihrerseits freilich schlicht als wahr oder falsch herausstellen.)

Auf die letzten beiden Abschnitte des Werks haben wir schon im voraus ständig hingewiesen, doch der unvorbereitete Leser könnte ihren Inhalt überraschend finden, sofern er nicht durch den hieratischen Ton gewarnt wurde, in dem manche der rein logischen Aussagen vorgetragen werden. Einige der auf 6.3 folgenden Bemerkungen sowie 6.4ff. beschäftigen sich mit der Ethik sowie den Themen Gott, Freiheit und Unsterblichkeit. In 6.5ff. geht es um die Philosophie und die Problematik des Lebens. Das sind kaum mehr als drei Seiten, auf denen der eigentliche Gehalt des Buches steht; und das ist natürlich nur auf indirektem Wege möglich. Es gibt keine Tatsache, durch die eine Handlung, ein Lebensweg oder die Welt gut oder schlecht werden; dennoch kann man sie als gut oder schlecht auffassen oder erleben. Wittgenstein sagt über die Welt des Glücklichen oder des Unglücklichen, sie könne als Ganzes abnehmen oder zunehmen, wachsen oder schrumpfen (6.43). Buchstäblich genommen, wäre das natürlich Unsinn, denn wenn alles wächst, wächst gar nichts. Doch schon oft haben sich Mystiker dieser Ausdrucksweise bedient, um Hoffnung und Verzweiflung zu schildern.[24] Die Welt kann in bestimmter Weise gesehen und akzeptiert (oder verworfen) werden. Im wesentlichen kommt man gerade dadurch zur Ruhe, daß man es akzeptiert, daß den Tatsachen in der Welt kein Wert zukommt. Daher beruht die Ethik auf der Erkenntnis, was eine Tatsache in der Welt ist und was nicht. Dies ist auch der Grund, weshalb sie, ebenso wie die Logik, als transzendental bezeichnet wird. Und, um es ganz komprimiert auszudrücken, genauso verhält es sich mit der Philosophie und den Problemen des Lebens. Einer Lösung kommt man erst näher, wenn man, mit Hilfe des *Tractatus* etwa, einsieht, daß es keine wissenschaftliche und erst recht keine philosophische Lösung der Probleme des Lebens gibt (gemeint sind die Probleme Goethes

24 Einige Beispiele werden in meinem Artikel »The Mysticism of the *Tractatus*« genannt, in: *Philosophical Review*, 1966, S. 324f.

und Beethovens, wie Wittgenstein später schreibt[25]). In dieser Weise dient das Buch der Entwicklung einer Art »docta ignorantia«, und wer es liest, wird aus der richtigen Gesinnung heraus sagen können: »7 Wovon man nicht sprechen kann, darüber muß man schweigen.«
Wie man es auch nimmt, es war eine Tour de force, daß Wittgenstein in diesem Buch alle Probleme seines philosophischen Lebens miteinander verknüpfte und außerdem vieles sagte, was die hilflose und aussichtslose Situation des österreichischen Offiziers in einem Krieg, der nicht gewonnen werden konnte, wiedergab und betraf. Wittgensteins eigentlicher Ausgangspunkt war Russells Problemstellung in bezug auf die logischen Konstanten. Darauf antwortete er mit einer Darstellung der Sprache, die zum ersten Mal eine genaue Kennzeichnung der Merkmale gab, die nur den logischen und keinen sonstigen Sätzen zukommen. Später hat sich zwar herausgestellt, daß nicht alle Sätze der Logik durch Verfahren vom Typ der Wahrheitstafeln beweisbar sind – daß es kein Entscheidungsverfahren für das Ganze der Logik geben kann –, doch davon können wir hier absehen, obwohl es zum Teil der Grund ist, weshalb man heute nicht mehr annimmt, es gebe eine Sprachlogik, eine Logik allen Denkens, die wir zu formulieren versuchen können.[26] Statt dessen untersuchen die modernen Logiker verschiedene Logiken, verschiedene Kalküle und für möglich erachtete Interpretationen. Aber auch dieser Schritt wurde erst durch Wittgensteins Vermittlung möglich; er ist eine denkbare Reaktion auf die von ihm aufgeworfenen Probleme hinsichtlich der Unausdrückbarkeit der Logik. Wichtiger noch: Wer die auch den modernen Logiker angehenden Beziehungen zwischen Sprache und Wirklichkeit in irgendeiner Form allgemein erörtern – oder sich einer solchen Auseinandersetzung enthalten – will, der muß auch heute noch Wittgensteins Buch lesen.[27]

25 Vgl. *Vermischte Bemerkungen*, S. 462/25.

26 Vgl. Jean van Heijenoort, »Logic as Language and Logic as Calculus«, *Synthese* 17 (1967), S. 324-330.

27 Ein Beispiel, das zeigt, wie wenig man bei der Erörterung dieser Themen auf die Berücksichtigung des *Tractatus* verzichten kann, ist Dummetts weiter oben zitiertes Buch über Frege.

Der im *Tractatus* entwickelte mathematische Ansatz hat weniger Anhänger gefunden. Der Wert der Einsicht in die Wichtigkeit und Schwierigkeit des Versuchs, verschiedene Sprachebenen im Geiste auseinanderzuhalten, muß zwar anerkannt werden, doch die Einzelheiten von Wittgensteins Theorie müssen erst noch ausgearbeitet werden, sofern jemand anders als der Urheber dazu imstande ist. Eine gewisse Vorahnung seines späteren Interesses am Intuitionismus läßt sich auch hier schon aufspüren, und wer als Philosoph der Mathematik Stoff zum Nachdenken sucht, wird das Buch sicher nicht einfach beiseite schieben. Die These, Mathematik könne ohne die Theorie der Klassen getrieben werden (6.031), ist heute vielleicht ebenso aus der Mode wie die Idee der einen Sprachlogik; aber auch in dieser Hinsicht hat das Buch zur Verwerfung seiner eigenen Thesen beigetragen. Das anscheinend eher technische Problem, wieviel Mengenlehre für wieviel Mathematik nötig ist, spielt immer noch eine große Rolle, und seine Untersuchung führt immer wieder zu überraschenden Vereinfachungen. Und die fundamentale Auseinandersetzung zwischen Intuitionismus und Platonismus ist auch heute noch in einer Form lebendig, die die Philosophen dazu veranlassen könnte, einen ungewohnten Ausgangspunkt aufzusuchen, wie ihn der *Tractatus* in der Frühzeit dieser Disziplin darzustellen trachtete.

Wittgensteins Lösung von Russells »Problem der Materie« ist der Absicht nach ebenso entscheidend wie seine Lösung der logischen und mathematischen Grundlagenprobleme. Der *Tractatus* erklärt jeden Versuch einer Beschreibung der Elemente der Realität für sinnlos, denn diese Elemente müssen logischer Art sein, und die sind keiner Beschreibung fähig. Freilich, auf höherer Ebene ist es möglich, jede Tatsachenaussage in physikalischer Terminologie wiederzugeben; ebensogut läßt sich jede derartige Aussage durch Bezugnahme auf die Sinnesdaten des einzelnen paraphrasieren. Dies sind aber nur willkürliche Entscheidungen für einen bestimmten Rahmen, in dem eine Beschreibung vorgenommen werden kann. Keine der beiden Auffassungen ist die allein richtige, doch jede von ihnen kann für einen bestimmten Zweck hilfreich sein.[28] Die Behaup-

28 In der Bemerkung 6.3751 wird eine physikalistische Übersetzung im Sinne der Bewegungen von Teilchen benutzt, um zu zeigen, wieso es zum Beispiel

tung, diese oder jene Auffassung gebe eine Darstellung der wirklichen Bausteine der Welt, wäre eine metaphysische These.[29] Nach Russells Überzeugung besitzt die Wissenschaft einen derartigen Erkenntniswert, daß er für sein Teil die wissenschaftliche Methode auch in der Philosophie anstrebt. Der *Tractatus* dagegen bezieht im Hinblick auf die Frage der Stellung der Wissenschaft zweierlei Position: Einerseits besitzt nur die Wissenschaft (im Sinne von Naturwissenschaft) Erkenntniswert, denn sie ist die Gesamtheit der wahren Sätze. Andererseits erklärt sie nichts. Der Darwinismus gibt ebensowenig Aufschluß über das Wesen der Welt wie der Phänomenalismus. Er ist, genauso wie die Physik Newtons oder Hertz', nichts weiter als eine a priori mögliche Entscheidung über die Form, in der wir unsere allgemeinen Beschreibungen der Welt zum Ausdruck bringen. Es gibt verschiedene Überlegungen – etwa mit Bezug auf Anwendbarkeit, Konventionen, Irrtumstoleranz oder die Kompliziertheit der Beschreibungen –, die ausschlaggebend sein können für die Bevorzugung einer dieser Möglichkeiten, doch die Möglichkeiten selbst sind offenbar allesamt Konstruktionen, die in der Sprache angelegt sind. Hier versäumt Wittgenstein es vielleicht, der Fruchtbarkeit der wissenschaftlichen Begriffsbildung Rechnung zu tragen und die maßgebliche Rolle zu berücksichtigen, die das von vielen Wissenschaftlergenerationen in Zusammenarbeit oder durch Übereinstimmung geschaffene Korpus von Erfahrungen und Naturerforschung bei der Begriffsbildung spielt; denn ohne ein solches Korpus wären die Bedingungen für die Bildung derartiger Begriffe gar nicht gegeben.[30] Solche Bedenken betreffen

widersprüchlich ist, ein und dieselbe Stelle im Gesichtsfeld sowohl rot als auch grün zu nennen. Als Carnap und Neurath später viel Aufhebens von dieser Konzeption machten, schrieb Wittgenstein (am 8. August 1932) an Schlick, er habe sich schon im *Tractatus* mit dem Physikalismus auseinandergesetzt, allerdings nicht unter dieser »scheußlichen« Bezeichnung, aber in gewohnter Kürze.

29 In dem eben angeführten Brief erinnert Wittgenstein Schlick daran, daß sich der *Tractatus* ebensosehr gegen die Metaphysik der Physiker (also gegen den Physikalismus) wie gegen die Metaphysik der Philosophen richtet (also unter anderem auch gegen den Phänomenalismus).

30 Mach gibt in seiner *Wärmelehre* eine gute Darstellung dieses Gedankens mit Bezug auf einen bestimmten Bereich. Dieser Gedanke findet sich aber auch, wie ich meine, bei den von Wittgenstein verehrten Autoren Boltzmann und

allerdings nicht die Hauptsache, nämlich die Ablehnung jedes Anspruchs von seiten der Wissenschaft, die Phänomene zu *erklären*, sofern unter einer Erklärung mehr zu verstehen ist als die bloße Darstellung der Phänomene in klarer und leicht verständlicher Form. Natürlich hatte schon Mach geltend gemacht, dieser Erklärungsanspruch müsse zurückgewiesen werden. Doch Wittgensteins Position ist deshalb besonders interessant, weil sie nicht von einem empiristischen Vorurteil ausgeht, sondern von rein logischen Erwägungen.[31] Wichtig ist dieser Schluß auch im Hinblick auf den Kerngedanken des *Tractatus*, denn es ist kein Zufall, daß die in 6.3ff. geäußerten Bemerkungen zur Wissenschaft in der These 6.4 gipfeln: »Alle Sätze sind gleichwertig.« Ebensowenig, wie Tatsachenaussagen im Erkenntniszusammenhang etwas erklären können, so sind sie auch außerstande, der Welt Sinn zu verleihen. Der ganze Wert der Welt liegt, wie wir gesehen haben, im Bereich des Unausdrückbaren.

Die dritte Ausgangsfrage für Wittgenstein wie für Russell betrifft das Ich, und Wittgensteins Antwort auf diese Frage – beziehungsweise seine neue Frage – haben wir im wesentlichen bereits genannt. Zunächst hatte es den Anschein, als müsse das Ich entweder durch den Phänomenalismus in eine Reihe von Bewußtseinszuständen aufgelöst werden oder, bei idealistischem Ausgangspunkt, alles in sich aufnehmen und im Solipsismus münden. Wittgenstein macht sich beide Positionen zu eigen, nimmt ihnen aber beiden den Stachel. Während Russell gemeint hatte, der eigentliche Bezugsgegenstand des Ausdrucks »der eiserne Kanzler« sei ein Objekt O, das niemand außer Bismarck selbst kenne, ist das empirische Ich nach Wittgenstein nicht nur mir selbst bekannt, sondern es ist eine Reihe von Gedanken, die selbstverständlich beschrieben werden können.[32] Es gibt jedoch noch eine andere Einstellung zur

Hertz. Weiter ausgeführt habe ich dieses Thema in einem 1986 in Kirchberg am Wechsel gehaltenen Vortrag.

31 Aus diesem Grund hielten Schlick und andere Autoren Wittgenstein für einen der Begründer des *logischen* Empirismus (das zweite dieser Worte paßt allerdings nicht sonderlich gut auf Wittgenstein).

32 In einem Buch über »die Welt, wie ich sie vorfand« könnte, wie Wittgenstein in 5.631 meint, nicht vom Subjekt allein die Rede sein.

Welt, nämlich die der Identifizierung mit dem metaphysischen Subjekt, so daß man die Welt gleichsam mit der Objektivität und Neutralität der Sprache selbst betrachtet. Es ist zweifellos diese Weigerung, sich mit den Interessen des einzelnen Menschen zu identifizieren oder sich durch Hoffnung und Furcht beunruhigen zu lassen, die Wittgenstein schon zu Kriegsbeginn als den streng solipsistischen Standpunkt kennzeichnet.[33] Dies ist auch das Thema, auf das er in den Tagebüchern aus der zweiten Hälfte des Jahres 1916 immer wieder zurückkommt. Im *Tractatus* selbst stechen diese Fragen nicht im gleichen Maße hervor, doch auch hier umreißt Wittgenstein eine Einstellung zur Welt, die dem empirischen Ich jede Sonderstellung abspricht und dem Bestehen oder Herbeiführen bestimmter Sachverhalte keinen Wert beimißt. Diese Lehre als solche ist nicht so sonderbar wie die Weise, in der sie vorgetragen wird. Seinen Weg durch die technischen Probleme der Logik, in denen Russell keinen Wert finden durfte, hat er zwar tatsächlich entdeckt, doch gerade im Bereich dieser Probleme stößt er zugleich auf seine Lösung der Probleme des Lebens. Die Philosophie setzt Logik voraus, und die Logik zeigt, daß es keine Philosophie geben kann; doch ebendies, daß Philosophie unmöglich ist, erweist sich als die größte Befreiung. Frege hatte ihn von der Verfehltheit des Schopenhauerschen Idealismus überzeugt, den er als junger Mann vertreten hatte. Nun, da er Freges Standpunkt durchdacht hat, stellt er fest, daß Idealismus und Realismus letzten Endes zusammenfallen[34], daß er der Welt nur Herr werden kann, indem er ihr den Rücken zukehrt. Wie es ihm erging, als er diese Überzeugung in die Tat umsetzte, das wird unser nächstes Thema sein.

33 Am 8. Dezember 1914 stellt sich Wittgenstein in einer Geheimschrift-Notiz die Frage, ob ein Leben ohne Sinn mit dem streng solipsistischen Standpunkt zu vereinbaren ist; die Formulierung macht es ganz deutlich, daß dies der Standpunkt ist, den er anstrebt.

34 *Tagebücher*, 2. September 1916; vgl. *Tractatus*, 5.64.

Register

suhrkamp taschenbücher wissenschaft
Ästhetik, theoretische Texte zur Literatur, zur Kunst, zum Film und zum Theater

Adorno: Ästhetische Theorie. stw 2
– Einleitung in die Musiksoziologie. stw 142
– Die musikalischen Monographien. stw 640
– Noten zur Literatur. stw 355
– Philosophie der neuen Musik. stw 239
Benjamin: Der Begriff der Kunstkritik in der deutschen Romantik. stw 4
– Benjamin über Kafka. stw 341
– Charles Baudelaire. stw 47
– Ursprung des deutschen Trauerspiels. stw 225
Bourdieu u. a.: Eine illegitime Kunst. stw 441
Briegleb: Opfer Heine? stw 497
– ... unmittelbar zur Epoche des Faschismus. stw 728
Bürger, Chr.: Tradition und Subjektivität. stw 326
Bürger, Chr./Bürger, P. (Hg.): Postmoderne: Alltag, Allegorie und Avantgarde. stw 648
Bürger, P.: Vermittlung – Rezeption – Funktion. stw 288
– Zur Kritik der idealistischen Ästhetik. stw 419
Cerquiglini/Gumbrecht (Hg.): Der Diskurs der Literatur- und Sprachhistorie. stw 411
Chvatík: Mensch und Struktur. stw 681
Dewey: Kunst als Erfahrung. stw 703
Eco: Das offene Kunstwerk. stw 222
Enzensberger, Chr.: Literatur und Interesse. stw 302
Frank, M.: Das individuelle Allgemeine. stw 544
– Das Sagbare und das Unsagbare. stw 317
Goldmann: Soziologie des Romans. stw 470
– Der verborgene Gott. stw 491
Gombrich: Meditationen über ein Steckenpferd. stw 237
Gumbrecht/Link-Heer (Hg.): Epochenschwellen und Epochenstrukturen im Diskurs der Literatur- und Sprachhistorie. stw 486
Gumbrecht/Pfeiffer (Hg.): Materialität der Kommunikation. stw 750
– Stil. stw 633
– *siehe auch Cerquiglini/Gumbrecht*
Holenstein: Roman Jakobsons phänomenologischer Strukturalismus. stw 116
Jakobson: Poetik. stw 262
Jakobson/Pomorska: Poesie und Grammatik. Dialoge. stw 386
– *siehe auch Holenstein*
Jauß: Studien zum Epochenwandel der ästhetischen Moderne. stw 864
– Zeit und Erinnerung in Marcel Prousts »A la recherche du temps perdu«. stw 587
Kracauer: Der Detektiv-Roman. stw 297
– Geschichte – Vor den letzten Dingen. stw 11
– Theorie des Films. stw 546

204/1/8.90

suhrkamp taschenbücher wissenschaft
Ästhetik, theoretische Texte zur Literatur, zur Kunst, zum Film und zum Theater

Kracauer: Von Caligari zu Hitler. stw 479
Löwenthal: Schriften. stw 901-905
– Literatur und Massenkultur. stw 901
– Das bürgerliche Bewußtsein in der Literatur. stw 902
– Falsche Propheten. stw 903
– Judaica, Vorträge, Briefe. stw 904
– Philosophische Frühschriften. stw 905
Lugowski: Die Form der Individualität im Roman. stw 151
Meyer: Das Stilgesetz der Poesie. stw 790
Minder: Glaube, Skepsis und Rationalismus. stw 43
Panofsky: Die Renaissancen der europäischen Kunst. stw 883
Pothast: Die eigentlich metaphysische Tätigkeit. stw 787
Raphael: Marx Picasso. Die Renaissance des Mythos in der bürgerlichen Gesellschaft. stw 831
– Von Monet zu Picasso. Gründe einer Ästhetik und Entwicklung der modernen Malerei. stw 832
– Aufbruch in die Gegenwart. stw 833
– Raumgestaltungen. stw 834
– Die Farbe Schwarz. stw 835
– Wie will ein Kunstwerk gesehen sein? stw 836
– Bild-Beschreibu ng. stw 837
– Tempel, Kirchen und Figuren. stw 838
– Das göttliche Auge im Menschen. stw 839
– Natur – Kultur. stw 840
– Lebens-Erinnerungen. stw 841
Heinrichs (Hg.): »Wir lassen uns die Welt nicht zerbrechen ...« Max Raphaels Werk in der Diskussion. stw 794
Richards: Prinzipien der Literaturkritik. stw 484
Schadewaldt: Die frühgriechische Lyrik. stw 783
Segeberg (Hg.): Technik in der Literatur. stw 655
Szondi: Einführung in die literarische Hermeneutik. stw 124
– Das lyrische Drama des Fin de siècle. stw 90
– Poetik und Geschichtsphilosophie I. stw 40
– Poetik und Geschichtsphilosophie II. stw 72
– Schriften I. stw 219
– Schriften II. stw 220
– Die Theorie des bürgerlichen Trauerspiels im 18. Jahrhundert. stw 15
Watt: Der bürgerliche Roman. stw 78
Weimann: Literaturgeschichte und Mythologie. stw 204
Wellmer: Zur Dialektik von Moderne u. Postmoderne. stw 532
Wind: Heidnische Mysterien in der Renaissance. stw 697
– Kunst und Anarchie. stw 622
Wölfel: Jean-Paul-Studien. stw 742
Wollheim: Objekte der Kunst. stw 384

204/2/8.90

suhrkamp taschenbücher wissenschaft
Sprachphilosophie, Linguistik, Soziolinguistik, Semiotik

Apel: Der Denkweg von Charles Sanders Peirce. stw 141
Apel (Hg.): Sprachpragmatik und Philosophie. stw 375
Barthes: S/Z. stw 687
– Sade. Fourier. Loyola. stw 585
Bühler: *siehe Eschbach*
Chomsky: Aspekte der Syntax-Theorie. stw 42
– Reflexionen über die Sprache. stw 185
– Regeln und Repräsentationen. stw 351
– Sprache und Geist. stw 19
Coulmas: Über Schrift. stw 378
Ehlich (Hg.): Erzählen im Alltag. stw 323
– Sprache im Faschismus. stw 760
Eschbach (Hg.): Bühler-Studien. Bd. 1. stw 481
– Bühler-Studien. Bd. 2. stw 482
Goody/Watt/Gough: Entstehung und Folgen der Schriftkultur. stw 600
Grewendorf (Hg.): Sprechakttheorie und Semantik. stw 276
Grewendorf/Hamm/Sternefeld: Sprachliches Wissen. stw 695
Grewendorf/Meggle (Hg.): Sprache und Ethik. stw 91
Hörmann: Meinen und Verstehen. stw 230
Holenstein: Menschliches Selbstverständnis. stw 534
– Roman Jakobsons phänomenologischer Strukturalismus. stw 116
– Von der Hintergehbarkeit der Sprache. stw 316
Hymes: Soziolinguistik. stw 299
Jakobson: Poetik. stw 262
Jakobson/Pomorska: Poesie und Grammatik. Dialoge. stw 386
– *siehe auch Holenstein*
– *siehe auch Schnelle*
Lenneberg: Biologische Grundlagen der Sprache. stw 217
Maas: Sprachpolitik und politische Sprachwissenschaft. stw 799
Martens (Hg.): Kindliche Kommunikation. stw 272
Morris: Pragmatische Semiotik und Handlungstheorie. stw 179
– Symbolik und Realität. stw 342
Peirce: Phänomen und Logik der Zeichen. stw 425
– *siehe auch Apel*
Schnelle (Hg.): Sprache und Gehirn. stw 343
Searle: Ausdruck und Bedeutung. stw 349
– Geist, Hirn und Wissenschaft. stw 591
– Sprechakte. stw 458
Seebaß: Das Problem von Sprache und Denken. stw 279
Trabant: Traditionen Humboldts. stw 877
Tugendhat: Vorlesungen zur Einführung in die sprachanalytische Philosophie. stw 45
Wiggershaus (Hg.): Sprachanalyse und Soziologie. stw 123
Wunderlich: Studien zur Sprechakttheorie. stw 172

203/1/8.90